YIWU YEARBOOK 2011

义乌年鉴

义乌市志编纂委员会 《义乌年鉴》编辑部 编

上海人民出版社

义乌市志编纂委员会

《义乌年鉴》编辑部

主　　编　吴潮海

副 主 编　施章岳　张金龙　刘俊义（执行）

主编助理　傅　健

编　　辑　（按姓氏笔画排列）

王时龙　方锦沛　孔金玲　吕永良

孙清土　李丽莉　陈璎昱　金善富

孟祖平　赵晓青　潘爱娟

工作人员　张秀芳　陈方圆　虞金法

特约编审　陈金春

自2001年3月组建义乌市志编辑部后，《义乌市志》、《义乌年鉴》、《义乌丛书》修编工作，三驾齐驱，取得优异成绩。2010年11月，《义乌年鉴(2009)》在全国地方志系统第

市志主编吴潮海在全国表彰会上

二届年鉴评比中荣获一等奖。这是继2009年获得由中国版协年鉴工作委员会举办的第四届全国年鉴编纂出版质量评选综合一等奖后，又一次获得的全国性奖项。2010年，义乌市志编辑部荣获“浙江省方志系统先进集体”、“全国地方志系统先进集体”称号，12月，《义乌市志》主编吴潮海在人民大会堂领奖并受到国家领导人的接见。2011年2月，受到义乌市政府集体记功嘉奖。

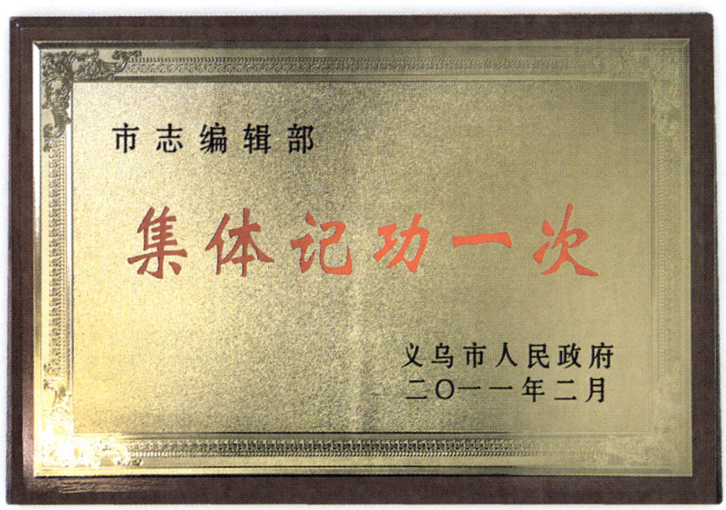

绣湖广场全景

商贸中心一瞥

梅湖体育会展中心

义乌江景

义乌国际博览中心

国际会展中心夜景

新北门街夜景

北苑乐购广场夜景

雪峰公园

商贸、金融中心

佛堂镇远瞰

苏溪自来水厂（市重点工程）

国际商贸城第五期建设工程（省重点工程）

市行政服务中心（市重点工程）

市广电中心（省重点工程）

佛堂老街改造（省重点工程）

佛堂安居工程（市重点工程）

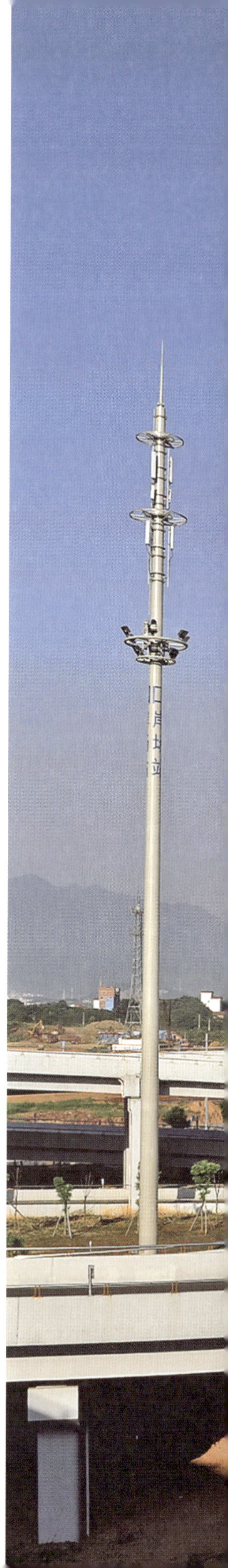

市内陆口岸场站（省重点工程）

2010年全市山地自行车大赛

上溪十里桃花坞

雪峰公园

赤岸美丽的山村

第三届中国义乌国际森林产品博览会

2010中国国际旅游商品博览会

2010中国义乌文化产品交易博览会

第十六届中国义乌国际小商品博览会

义乌兵后裔向义乌市副市长王迎捐赠义乌兵文物

“长城·义乌双向行”成员采访董家口村民

采访人员在罗文峪长城

金山岭长城
（以上图片均由金福根摄）

义乌市行政区划图
图例
市（县）政府驻地
镇(乡)政府 街道办事处 驻地
行政村
自然村
设区市界
县（市、区）界
镇（乡、街道）界
铁路及车站
高速公路、出入口
国道及编号
省道及编号
主要县乡道
次要县乡道
河流
水库、湖泊
山峰
义乌市
稠城街道
北苑街道
江东街道
稠江街道
后宅街道
城西街道
廿三里街道
佛堂镇
赤岸镇
义亭镇
上溪镇
苏溪镇
大陈镇
东阳市
江北街道
白云街道
吴宁街道
浦江
浦阳街道
浦南街道
仙华街道
诸暨市
兰溪市
金东区
武义县
永康市
东阳市
至宁波
至金华

荣誉义乌

◆ 1月11日，在北京举行的国家科学技术奖励大会上，义乌荣膺“全国科技进步先进市”五连冠之殊荣。

◆ 1月16日，由人民网举办的人民盛典暨责任中国2009人民网年度评选揭晓，义乌市荣获“新中国成立60周年最受关注的十大会展城市”称号。

◆ 4月3日，义乌市被全国绿化委员会授予“全国绿化模范县（市）”称号。

◆ 6月18日，在世博旅游论坛（浙江）暨浙江世博旅游名城新闻发布会上，义乌获得“浙江世博旅游名城”称号。

◆ 7月5日，义乌市被评为“浙江省农村住房改造优秀县（市）”。

◆ 7月23~26日，在第六届中国国际会展文化节上，义乌被评为“2009~2010年度中国十大品牌会展城市”。

◆ 8月14~15日，2010全国县域经济科学发展交流年会上公布第十届全国县域经济百强县（市）名单，义乌位列全国百强县（市）第八名。

◆ 10月9日，义乌市被国家部级联席会议授予“全国家电下乡工作先进县市”称号。

◆ 11月，义乌市获“中国塑料箱包（国际）工贸之都”称号。

◆ 12月10日，在全国纺织产业集群工作会议上，义乌市荣获“中国手套名城”称号。

数字义乌

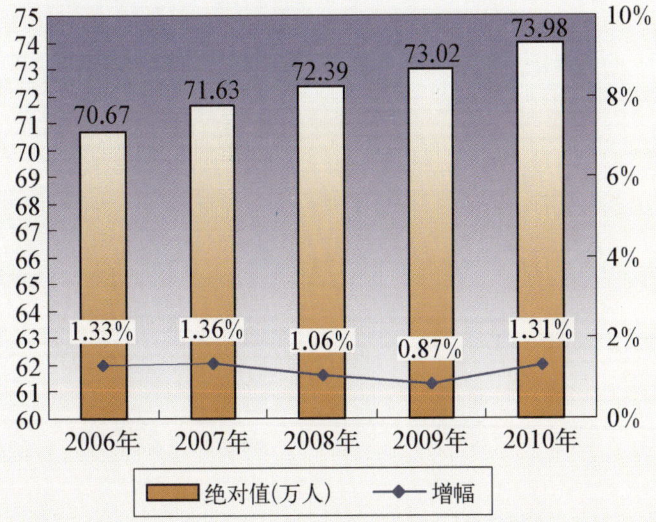

全市户籍人口

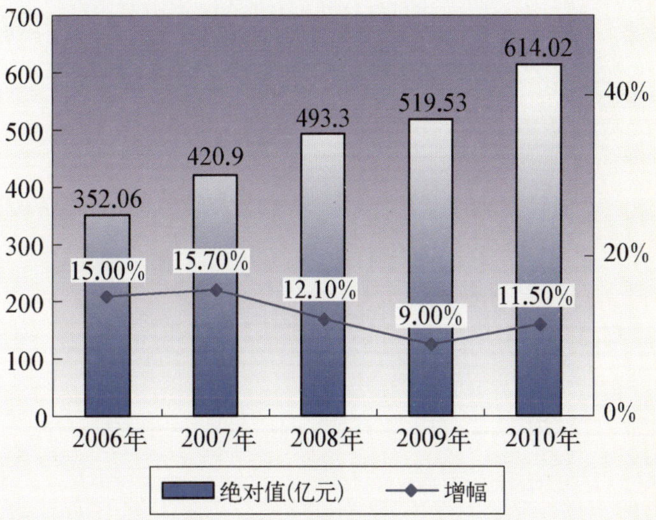

GDP

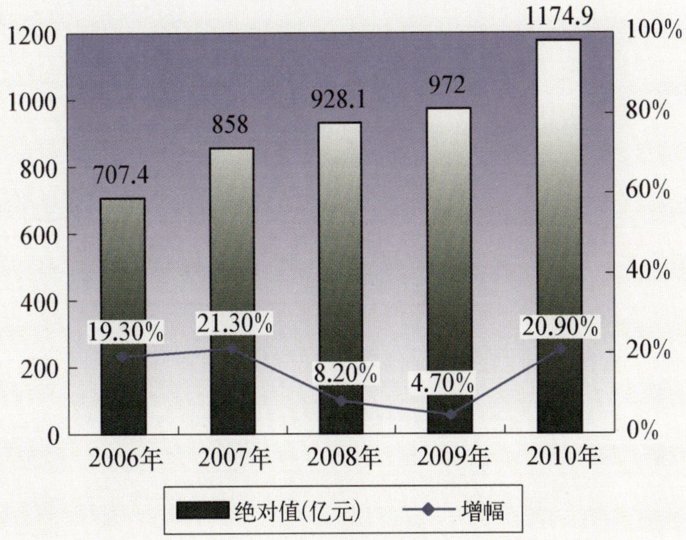

工业总产值

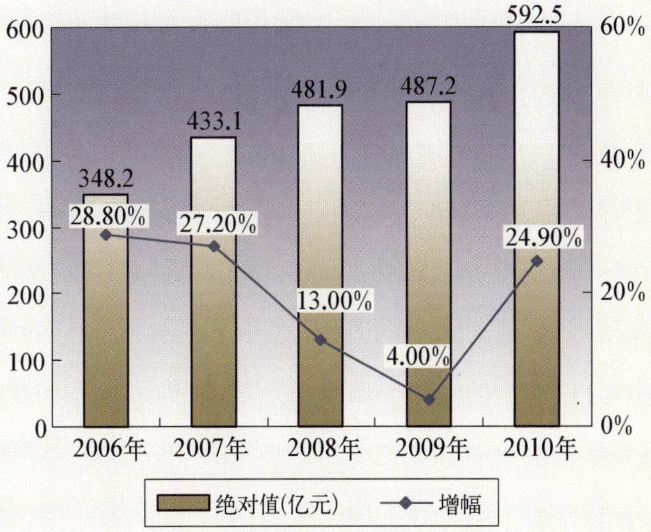

规模以上工业产值

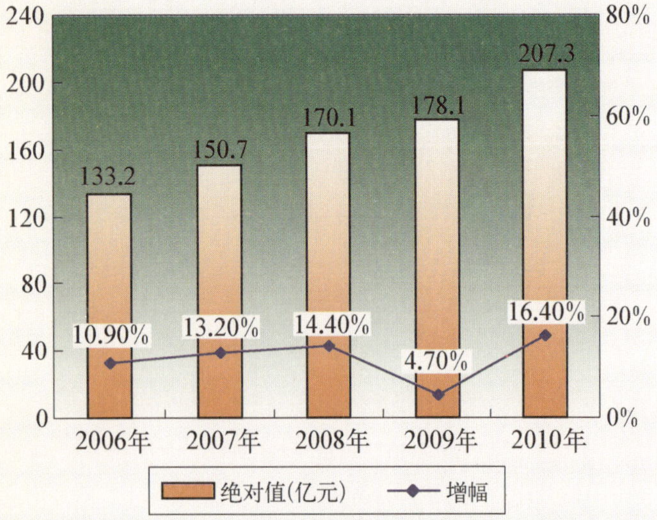

全社会固定资产投资

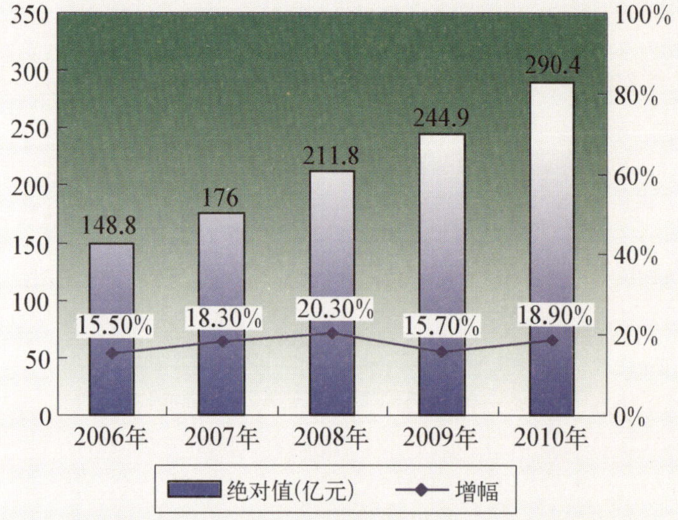

社会消费品零售总额

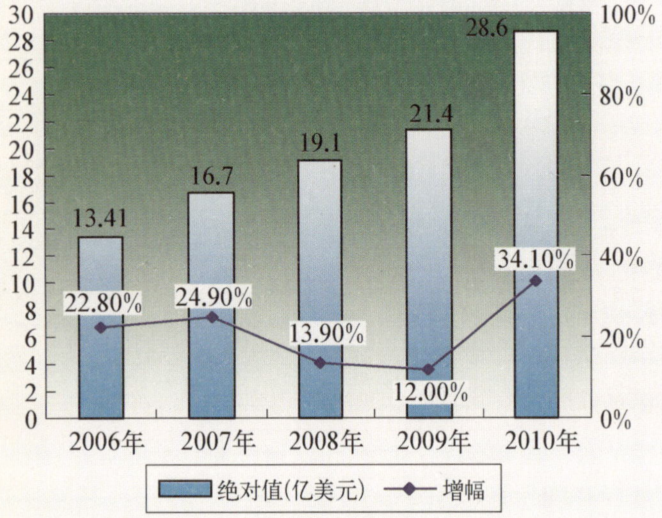

出口总额

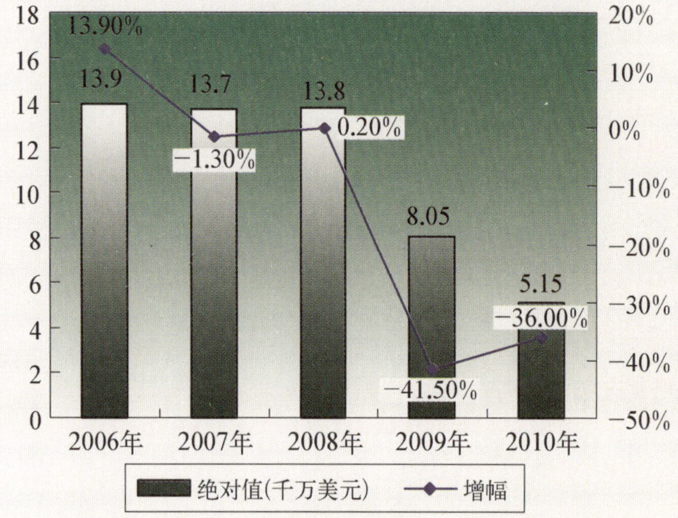

实际利用外资

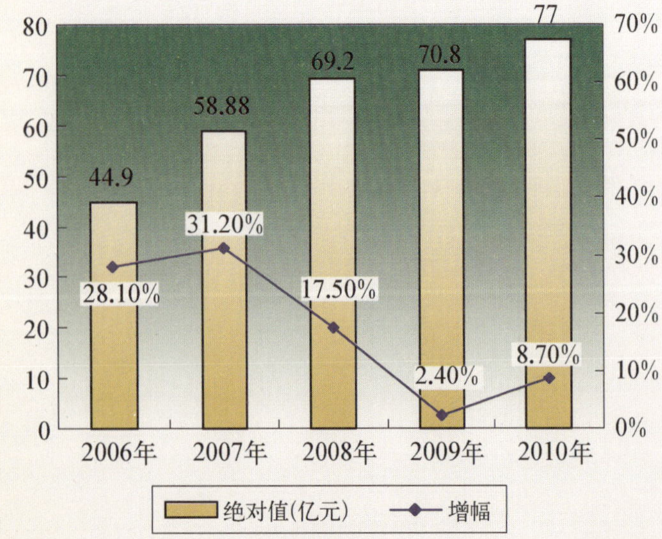

财政总收入

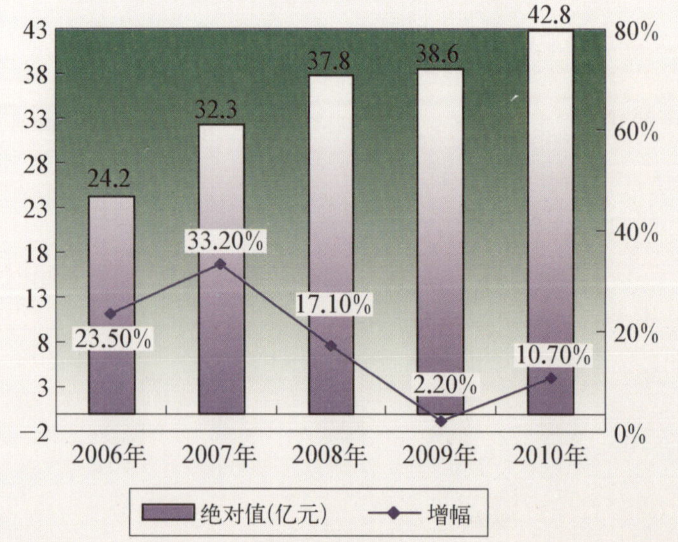

地方财政收入

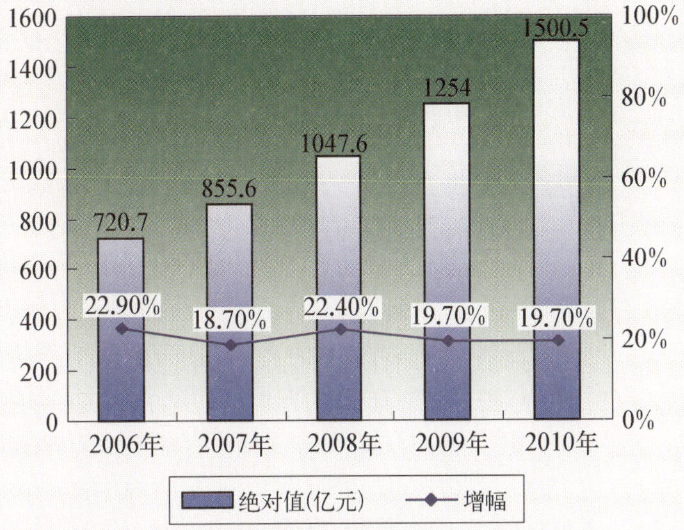

金融机构存款余额

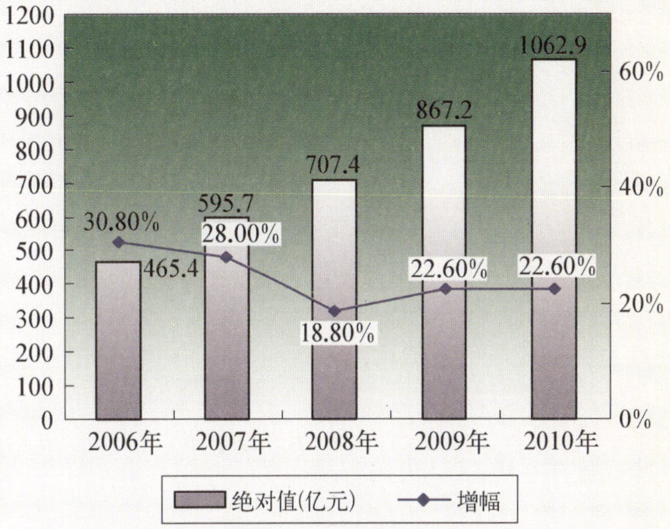

金融机构贷款余额

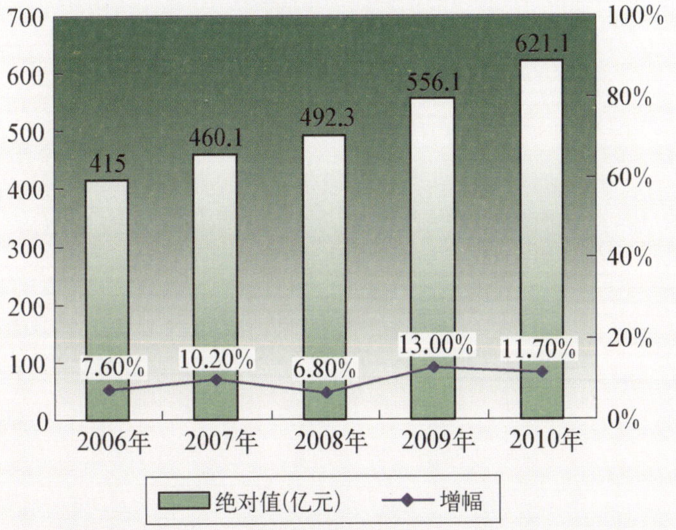

集贸市场成交额

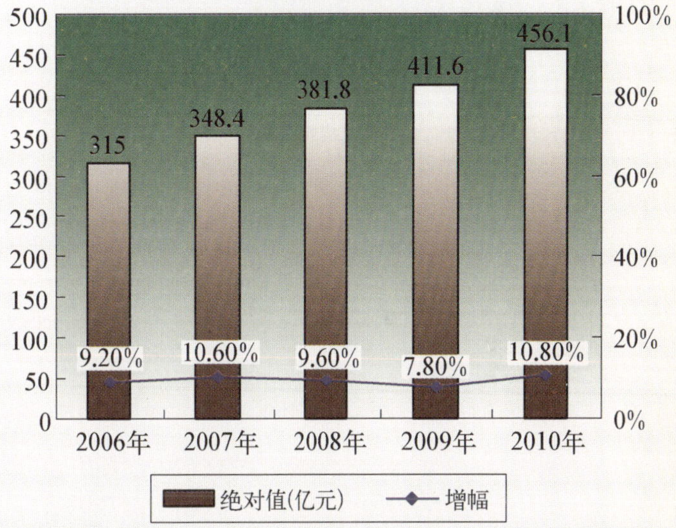

中国小商品城成交额

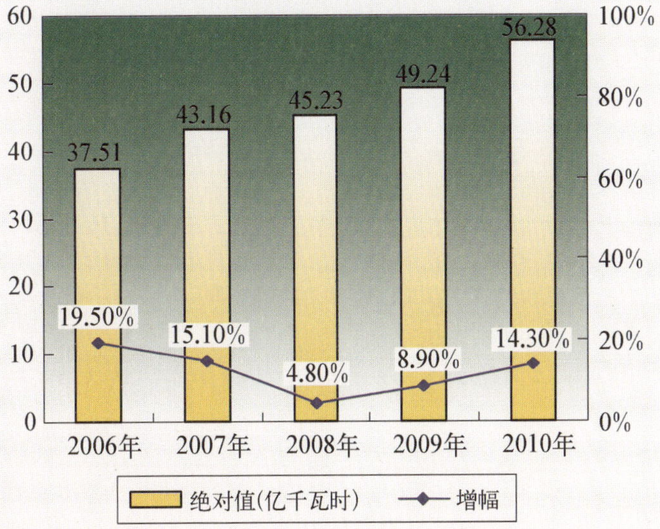

全社会用电量

注：仅包括电网供电

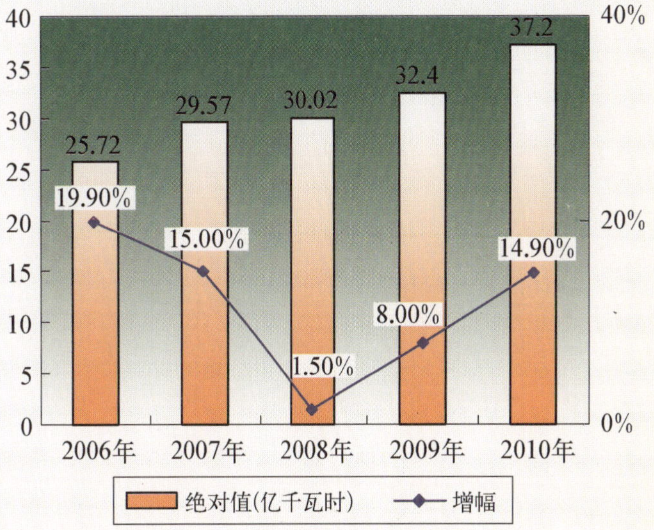

全市工业用电量

注：仅包括电网供电

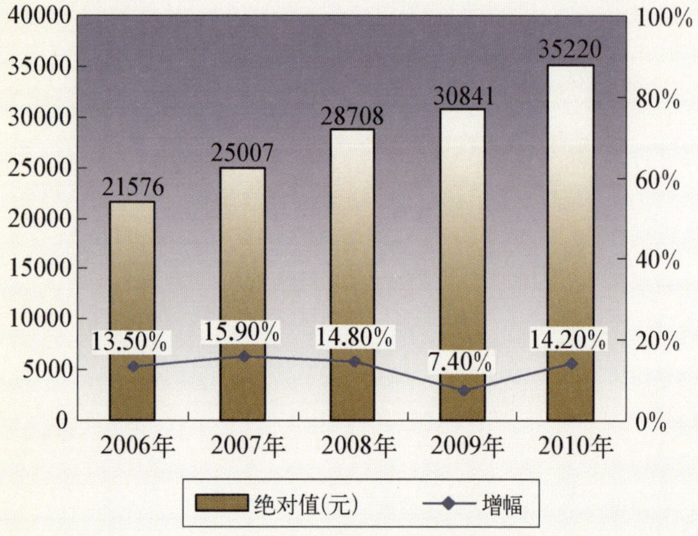

城镇居民人均可支配收入

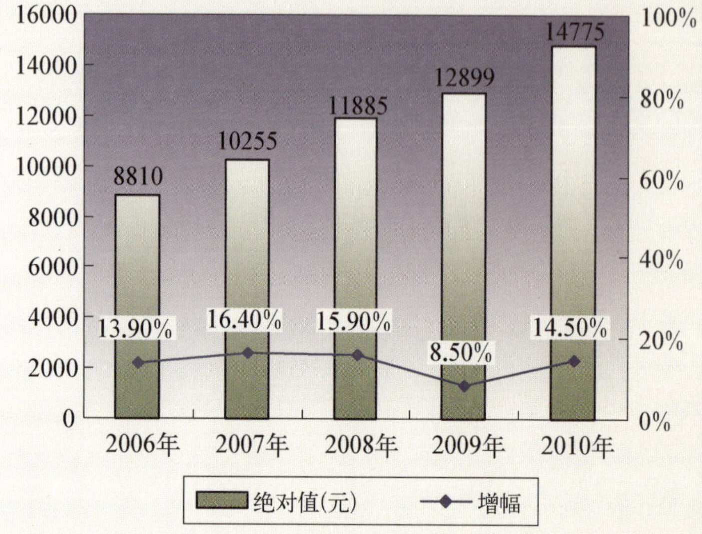

农民人均纯收入

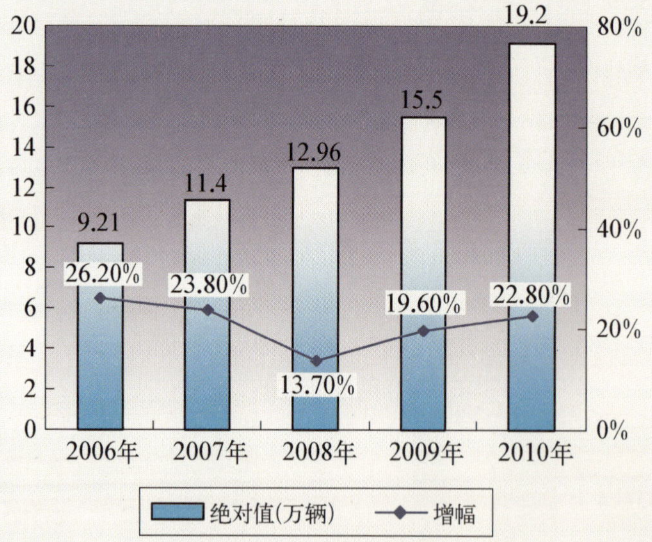

全市汽车保有量

编辑说明

一、《义乌年鉴》由中共义乌市委和义乌市人民政府主办，义乌市志（年鉴）编纂委员会主持，各部门、镇街供稿，义乌年鉴编辑部组织实施，按年度编纂，连续出版。

二、《义乌年鉴（2011）》以马列主义、毛泽东思想、邓小平理论和“三个代表”重要思想为指导，按照科学发展观的要求，全面、系统、客观地记述2010年义乌市开展创新创优、提质提效工作，着力推进两项改革，再创义乌发展新优势，扎实推进国际商贸名城建设等内容以及在政治、经济、文化和社会建设中取得的新成就、新经验及出现的新情况、新问题。力求体现时代特点、地方特色，为全面建设小康社会和义乌率先实现现代化服务，为续修地方志储备资料。

三、《义乌年鉴（2011）》收录时限为2010年1月1日至12月31日；作为背景资料，有些条目内容或表格中的数据适当上溯或下延。

四、《义乌年鉴（2011）》采用分类横排编纂法，按类目、分目、子目3个层次设计，个别子目设分子目。以条目为记述基本形式，均按事物时间发展的先后顺序排列，条目标题采用【 】表示。卷首增设专记。

五、《义乌年鉴》设置义乌人在外地类目，采用连续刊发的形式，分专题记述在外义乌人经商办厂、科研教学等方面的创业历程和不平凡的业绩，从侧面彰显义乌人的理想追求和时代风貌。《义乌年鉴（2011）》记述的是在科学领域有突出贡献的义乌籍人物，以出生年月为序排列。

六、《义乌年鉴（2011）》所用稿件均由市各部门、各单位专人提供，并经各单位负责人审定核实。所刊载的综合性数据均由市统计局提供，各单位提供的数据因计算口径有别而与统计资料不统一者，使用时以统计局为准，未收入统计资料的数据均由各单位提供（均按统计局规定的方法计算）。市领导名录由市委组织部提供。作者署名在分目之下。全书中出现的单位名称、专业术语，首次出现时用全称，此后一般用简称。

七、以义乌国际商贸城全景图作为各类目之首的背景图；页眉中“月季花”是义乌市花。

八、《义乌年鉴》前有中、英文目录，后有索引。索引主要采用主题分析索引方法，按主题词首字汉语拼音字母顺序排列。《义乌年鉴（2011）》除纸质出版物外，另有电子版本，内容一致。

由于编辑水平有限，疏漏和不完善之处，敬请广大读者见谅，并予指正。

要　　目

目　录

领导人员名单

中共义乌市委员会

义乌市人民代表大会常务委员会

义乌市人民政府

政协义乌市委员会

环 境 保 护

工 业 经 济

农村经济

民营经济

经济开发区

商贸流通·服务业

市　　场

对外经济贸易

交通·物流

邮政·信息业

会　展　业

旅　游　业

建筑业 · 房地产业

财政 · 税务 · 审计

金融 · 保险

经济监督管理

科学技术

教 育

文 化 事 业

新闻 · 传媒

医 疗 卫 生

体　　育

社 会 生 活

建制镇与街道

人　　物

统计资料选辑

附　　录

CONTENTS

专记

第十六届中国义乌国际小商品博览会

【概况】 10月21～25日，第十六届中国义乌国际小商品博览会暨第三届非洲商品展览会（简称“义博会”）在义乌国际博览中心举行。该展会由中华人民共和国商务部、浙江省人民政府、中国国际贸易促进委员会、中国轻工业联合会、中国商业联合会主办，浙江省商务厅、义乌市人民政府承办，主题是“全球采购，义乌风向”。

宣传力度加大，采购商参会踊跃。在央视、凤凰卫视等电视媒体播出“义博会”宣传片，通过谷歌、百度等搜索引擎进行“在线义博会”关键词的搜索推广，并注重“在线义博会”网站的建设。组织人员赴国内重点地区，通过走访当地政府部门、龙头企业开展实地招商，并在昆明举行第十六届“义博会”推介会。同时，参加春季“广交会”、“华交会”等知名展会，发放宣传资料和邀请函。成功对接义乌中国侨商会长峰会，来自全国各地的300名参会代表参观“义博会”，成为展会的重要客商群体。展会期间，来自209个国家和地区的13.44万名境内外采购商参会，同比增长9.0%，其中境外客商1.76万人，同比增长0.8%。境外贸易团队80个，到会外商数量居前四位的国家分别是韩国、伊朗、巴基斯坦、印度。

品牌结构优化，展会档次上新台阶。展会规模与上届总体持平，展览面积12万平方米，展位5000个，参展企业2621家，来自境外43个国家和地区及境内除海南、西藏之外的29个省（自治区、直辖市）。其中，外省企业604家，947个展位，占总展位数23%；省内（不含义乌）企业1165家，1740个展位，占总展位数的44%。品牌结构优化。参会省级以上品牌企业101家，其中国家级品牌企业61家，省级品牌企业40家。展会首次设立电子商务展区，有万客、远发、心叶、汇通等国内知名电子商务企业参展。

国际化程度提升，第三届非洲商品展同期举行。共有43个国家和地区的257家境外企业参展，设展位423个，展位数较上届增长75.5%，非洲的木雕和咖啡、韩国的文具用品、西班牙的橄榄油、澳大利亚的红酒和袋鼠皮、尼泊尔的提线木偶，构成了独特的异域风情。商务部主办的第三届非洲商品展与“义博会”同期举行，安排展位218个，来自阿尔及利亚、埃塞俄比亚等29个非洲国家的企业参展。同时，举行2010中非企业投资贸易洽谈会、塞内加尔商会—义乌商会洽谈会、澳大利亚产品推介会、巴塞罗那投资环境推介会等涉外经贸活动。其中，2010中非企业投资贸易洽谈会邀请苏丹、津巴布韦、布隆迪、乌干达、肯尼亚、坦桑尼亚等非洲各国的政府官员、企业家代表共40人参会，中非通过坦诚交流，达成了加强经贸交流的共识。

参展商品受青睐，展会经贸成效显著。展会实现成交额127.67亿元，同比增长10.6%。其中，外贸成交额11.6亿美元，占总成交额的60.9%，同比增长

14.1%。参展行业中成交额居前五位的分别是日用品、五金机电、工艺品、玩具、文化办公用品。其中,节能环保产品备受欧洲、南美、东南亚客商青睐,宁波鑫能光电公司的太阳能电磁板获得2000万元的外贸订单;生产LED路灯的浙江闪亮电子公司与俄罗斯客商签订外贸订单3000万元。数字油画、碳画、颗粒橡胶手套等富有创意的新产品受到热捧,集美观和环保于一体的金坚国际公司拳头产品——碳画,成交额1000余万元。全国妇联来料加工精品区达成合作意向1163项,实现意向成交额1.65亿元。

【第十六届“义博会”迪拜展】 6月8～10日,由商城集团与香港环球资源公司合作举办的2010“义博会”迪拜展,在阿联酋迪拜同期举行。义乌的王斌相框、爱德玛厨具、丰臻工艺品等43家企业参展,设展位60个,现场成交额36.71万美元,意向成交额153万美元。

【在昆明举行第十六届“义博会”推介会】 8月20日,在昆明举行第十六届“义博会”推介会。昆明市副市长阮凤斌、市政府副秘书长田文、市商务局局长洪莺、昆明市官渡区副区长刘显昌等出席推介会,昆明市及官渡区有关部门、内外贸生产企业、大型超市、相关行业协会、商会、螺蛳湾市场负责人和经营户代表共160余人参加推介会。义乌市委副书记陈秀仙在推介会上介绍义乌市经济社会发展基本情况及第十六届“义博会”有关情况,并真诚邀请昆明企业和商家进驻义乌市场,参加“义博会”。昆明市副市长阮凤斌在致辞时表示,第十六届“义博会”昆明推介会的举行,将进一步推进两地之间的交流与合作,昆明的企业家和经营户要抓住机遇,充分利用“义博会”和义乌市场的优势平台,密切双方经贸合作,谱写两地互利双赢、共同发展的新篇章。推介会受到众多媒体关注,新华社、中新社、《云南日报》、云南电视台、《春城晚报》、《昆明日报》、昆明电视台等20家新闻单位均派记者参加。

【第十六届“义博会”印度展】 9月8～10日,2010“义博会”印度展在印度孟买展览中心同期举行,宾王扑克、玫瑰伞业、安柔卫生用品等21家义乌企业参展,设25个国际标准展位,包括五金、电器、日用品、文体用品等10个行业。9月11日,考察印度德里的电子、礼品2个市场,实地了解当地居民对义乌小商品的需求情况。

【第十六届“义博会”暨第三届非洲商品展开幕】 10月21日上午,为期5天的第十六届中国义乌国际小商品博览会暨第三届非洲商品展览会在义乌国际博览中心开幕。30余个国家的驻华使领馆官员、政府官员、议员、社团负责人,国家有关部门、浙江省有关部门、金华市及友好城市、兄弟县(市)领导,义乌市有关领导,参展企业、贸易商代表等海内外嘉宾5000人出席开幕式。市长何美华主持开幕式,副省长龚正致辞。省委书记赵洪祝、省长吕祖善分别发来贺信对两大展会的开幕表示祝贺,并希望努力把“义博会”办成国际性的知名品牌展会,为促进全省经济发展方式转变和产业转型升级作出新的更大贡献。开幕式上,举行“非洲产品展销中心”授牌仪式,商务部副部长陈健授牌,市委书记黄志平接牌。开幕当日,实现成交额50.38亿元,比上届增长11.7%。其中,外贸成交额4.64亿美元,占总成交额的61.7%,同比增长21.8%。到会境内外专业观众3.5万人,同比增长7.3%,分别来自125个国家和地区。其中,境外客商9717人,同比增长15.1%。

【2010中非企业投资贸易洽谈会】 10月21日,2010中非企业投资贸易洽谈会在银都酒店举行。苏丹外贸部副部长法度尔·阿布达拉,津巴布韦中小企业合作部常务秘书长伊芙林·德芦芙,布隆迪国家旅游总局局长亘达哈尤·德欧,乌干达、肯尼亚、坦桑尼亚等国的企业代表,共20余人参会。商务部西亚非洲司副处长陈庆赞,省商务厅副处长孟浩,义乌市委副书记陈秀仙、副市长吴森民、有关单位负责人,以及在非洲投资的8位义乌企业家代表参加洽谈会。会上,市委副书记陈秀仙介绍了义乌经济特色、与非洲的商品贸易以及义乌企业在非洲的投资

等情况，并表示以此次洽谈会为契机，利用义乌市场的平台，积极推动双方企业家畅谈合作商机，在拓展发展空间上实现共赢，进一步增进中非友谊。苏丹外贸部副部长法度尔·阿布达拉、津巴布韦中小企业合作部常务秘书长伊芙林·德芦芙、布隆迪国家旅游总局局长亘达哈尤·德欧先后发言，对"义博会"、非洲商品展以及此次洽谈会的组织方表示感谢，并就本国的产业优势、投资环境等作全面推介。乌干达、肯尼亚、坦桑尼亚3国的企业代表，商城集团、新光集团等5家中方企业代表在会上发言，就如何进一步加强合作交流、拓展海外业务等进行深入探讨。

（周永勤）

2010中国义乌文化产品交易博览会

【概况】 4月20～23日，2010中国义乌文化产品交易博览会（简称"文博会"）在义乌国际博览中心举行。该展会由文化部、浙江省人民政府共同主办，浙江省文化厅、文化产业促进会和义乌市人民政府联合承办。展会宗旨是"提升文化内涵，壮大文化产业"，主题是"文化产品交易，文化创新发展"。

国家级展会效应显现，展会档次规格提升。2010"文博会"共设标准展位2371个，比上届增长58.07%，来自境内25个省（市）及境外16个国家和地区的998家企业参展，参展企业数同比增长46.12%。参展企业涵盖文化办公、体育娱乐、工艺美术、创意动漫及玩具、古玩书画和图书音像六大类，85%以上为生产企业，特装展位877个，占总展位数的37%。汇集广东的中山电玩、广东的端砚，江西的景德镇瓷器，福建的德化陶瓷，安徽的文房四宝，青海民间工艺、首饰，湖北、吉林、河南的工艺美术等国内文化精品和新品；美国蜜蜂扑克，国内的乐凯胶片、胡庆余堂药品、张小泉剪刀、北京大业传媒、浙江大圣玩具、浙江出版集团、中国虚拟经济区等著名厂商和品牌企业纷纷加盟。

采购商参会踊跃，专业化程度提高。参会专业观众8.39万人次，比上届增长23.03%；在线文博会网站4天点击量38.3万人次，同比增长96.45%。参会境外客商5641名，同比增长20.82%，分别来自也门、印度、韩国、巴基斯坦、日本、美国等118个国家和地区。参会境外贸易团队38个，来自马来西亚、韩国、新加坡、印度、阿尔及利亚、文莱等国家和地区。

展览交易活跃，内外贸易齐头并进。实现展览成交额28.07亿元，同比增长51.81%；外贸成交额16.90亿元，同比增长55.05%，占总成交额的60.21%。从交易情况分析，大单、长单明显增多。美国蜜蜂扑克作为世界顶级扑克牌生产商，首度参展，现场收获不小，并准备在义乌设立经销点。深圳轻松科技公司展出全球首创的设计发明专利产品——头部眼部按摩器，一个订单达25个集装箱。首次组团参展的安徽省企业，现场成交额60余万元，签单约200万元，同时从义乌采购100余万元的文化产品。据监测展会景气度和成交量的特有指标——展会贸易机会指数（TOI），此届展会达9.28，创历史新高。

展会新品众多，引领作用日益显现。注重展会功能的开发和运用，通过展览交易和相互交流、展示，带动文化产品的创新以及提升文化产品内涵、档次和附加值。抽样调查显示，展会上展示的新产品占1/3。展会上一幅6.5米长的十字绣版《清明上河图》，由于融入了文化元素，产品报价28万元。玩具企业与动漫企业商谈合作，实现玩具与动漫的有效嫁接，推进了产业链的整合。

国际特色日趋明显，经贸交流合作增多。2010"文博会"将"国际文化交流区"提升为"国际文化产品展销区"，来自美国、日本、泰国、韩国、德国、乌克兰等13个国家的26个机构申领了103个展位。展会期间，中国对外文化集团与浙江新远文化产业集团，就投资1亿元的浙江文化艺术中心大剧院合作项目签订框架协议。坦桑尼亚达累斯萨拉姆市与义乌市签订友好交流备忘录；俄罗斯联邦国际批发商城派出专门团队到展会推介市场。各类非政府间的文化交流活动进一步展开，日本福冈九州日中民间文化交流协会

30家会员单位整体加入“卖文化”国际团队，为参会客商进行歌舞、茶道表演和民间艺术展示等。

【“文博会”正式升格为国家级展会】 2月24日，文化部办公厅正式批复，同意与浙江省人民政府联合主办2010中国义乌文化产品交易博览会，“文博会”正式升格为国家级展会。自2006年创办以来，“文博会”已成功举办4届。

【2010“文博会”北京新闻发布会】 3月16日，在文化部新闻发布厅举办2010“文博会”新闻发布会。新华社、《人民日报》、中新社、《中国青年报》等40余家媒体参会。新闻发布会当日，人民网即刊发《2010年文博会4月开幕　文化部首次参与主办》报道，新华社、《经济参考报》、《中国青年报》、《国际商报》等媒体刊发《2010中国义乌文化产品交易博览会将于4月举行》、《文化部将参办文博会拉动地方经济》、《2010中国文博会4月开展》、《文化产业将获金融强力支持》等报道，称其“是目前国内唯一的外贸主导型文化展会”。据统计，至3月22日，有关媒体共刊发、转载相关报道80余篇。

【2010“文博会”开幕】 4月20日上午，2010中国义乌文化产品交易博览会在义乌国际博览中心开幕。中共浙江省委书记、省人大常委会主任赵洪祝宣布2010“文博会”开幕。国家有关部委领导，全国10个省(自治区、直辖市)宣传文化系统领导，浙江省有关部门、金华市及省内外地市、兄弟县(市)宣传文化系统，13个国家的75名驻华使领馆官员，国际友好交流城市、工商团体及协会代表，参展商、采购商、市场经营户代表等海内外嘉宾5000余人出席开幕式。为支持青海玉树抗震救灾，开幕式上启动市民募捐活动。

(周永勤)

2010中国义乌国际森林产品博览会

【概况】 11月1～4日，由国家林业局、浙江省人民政府主办，全国木材行业管理办公室、中国林业产业协会、浙江省林业厅、义乌市人民政府承办的2010中国义乌国际森林产品博览会(以下简称“森博会”)在义乌国际博览中心举行。以“扩内需、拓市场、保增长”为宗旨，以“引领低碳经济，共享森林产品”为主题。在前两届“森博会”基础上，第三届“森博会”在展会规模、国际化、专业化程度上均有明显提升，已成为全国性的重量级林业展会。

规模宏大，居亚洲林业专业展会之首。主展馆展览面积5万平方米，设国际标准展位2160个，来自国内20个省(自治区、直辖市)及日本、俄罗斯、韩国等30余个国家和地区的1200家企业参展。与上届相比，参展企业增加20%，展位增加20%，展览面积增加11%。同时，“森博会”还在国际商贸城、义乌家具市场、义乌副食品市场设3个分展馆，展览面积430万平方米。来自100余个国家和地区的11.26万名境内外采购商参会，其中境外客商6326人，比上届增长22.6%。

外向度高，国际影响力进一步扩大。境外参展企业参展积极性高，来自日本、俄罗斯、韩国、泰国、尼泊尔、坦桑尼亚、莫桑比克、中国台湾等30个国家和地区的250家企业参展，占全部参展企业的21%，比上届增加70%，展位数473个，占总展位数的22%，比上届增加90%。其中泰国有13家企业报名参展，展位16个，是国外最大的一个展团。境外采购商众多，来自100余个国家(地区)的6326名境外客商到会参观、采购，比上届增加22.6%。其中境外贸易团队24个，比上届增加4.3%。到会外商居前10位的国家和地区分别是韩国、巴基斯坦、中国香港、法国、埃及、美国、日本、德国、中国台湾、约旦。尼日利亚、埃塞俄比亚、莫桑比克、马达加斯加、坦桑尼亚等20余个国家驻华使领馆官员出席开幕式及相关活动。外贸交易比例大幅提升，外贸成交额14.89亿元，占总成交额的52.8%，比上届增长66.5%。实现展览成交额28.21亿元，比上届增长13.6%。

结构合理，展会层次明显提升。从参展区域看，国内有来自浙江、福建、安徽、山东、黑龙江、新疆、湖北等20个省(自治区、直辖市)的950家企业参展，展位1687个。国内除浙江省外，尤以华东地区增速迅猛，其中福建省127个展位，安徽省77个展位。按展位分，浙江省内占52%，浙江省外占27%；境外有来自30余个国家和地区的250家企业参展，展位473个，占21%。从产品的技术含量看，精深加工产品占90%以上，原材料、粗加工产品不到10%。从参展企业品牌层次看，品牌企业呈上升趋势，共有287家，展位737个(不包括台湾及国外企业)。从展位装修水平看，特装企业比上届大幅增加，达91家，展位494个。

专业办展，服务水平进一步提高。实行分类布展，除国际展区等少数展区以外，大部分展区实行专业化分类布展。主展馆设森林食品、台湾农林精品、竹木工艺品、竹木日用品、竹木家居、林木机械、花卉园艺、森林休闲用品及省市展区、国际展区十大展区。设置专业展览，下设台湾农林精品展、地板专业展、森林食品专业展3个专业展览，凸显了“森博会”的主流特色展品。提供专业化服务，安排2000余名专业人员为各位客商提供展会咨询服务、展期房务预订、客商票务预订、车辆调度、医务支援、翻译服务、商旅及现场协调等个性化服务。安排200余名青年志愿者为“森博会”提供导引、翻译和搬运等志愿服务，并增设医疗、平安等志愿者服务队。

经贸活跃，为国内商业机会最多的林业展会。多渠道、全方位地开展采购商邀请工作。组织人员参加第二十届“华交会”、春季“广交会”、广州国际家具博览会等20余个大型展会，与各展会采购商进行广泛交流，宣传推介“森博会”。以小分队的形式，到陕西、江苏、湖南、四川、黑龙江、安徽、山东、江西、福建等10余个林业资源丰富的省(市)召开座谈会、推介会，走访企业推介“森博会”。利用电视、网络等媒体宣传“森博会”，中央电视台一套、新闻综合频道、上海东方卫视，从7月初开始，连续4个月每天滚动播出“森博会”广告。向外贸公司、各地商会寄发采购商邀请函。“森博会”给广大参展商带来了商机，德清的“升华云峰”参展商在展会第一天实现开门红，获俄罗斯采购商订单160万元；福建省的“香山红木”参展商，展会期间售出单价50万元的花梨木桌椅5套，并获订单300余万元；浙江年年红实业有限公司接国内外订单1000余万元；浙江凯尔泰竹业有限公司获订单1600万元；新昌南洲竹业公司获订单500余万元，达成购销意向500万元。展会期间共实现总成交额28.21亿元，其中外贸14.89亿元，占总成交额52.8%。

两岸携手，浙台林业开展深度合作。省政府、省林业厅、省台办把台湾农林精品展当作2010年两岸交流的重要活动予以高度关注。4月，省林业厅厅长楼国华、市委副书记陈秀仙率团赴台湾开展“森博会”推介活动，其间召开10余场专题推介座谈会。6月12日，省长吕祖善访问台湾时，中国义乌国际森林产品博览会组委会与南投县农会签订《南投县森林产品赴义乌森博会展示展销合作协议》。台湾200家农林企业参展，展位400个，占总展位数的18.6%，参展企业和展位数量均比上年翻了一番。参展产品有台湾特色水果系列、金门高粱酒系列、南投八茶区的高山茶、冻顶乌龙茶系列，日月潭香菇以及凤梨酥、水果蜜饯、水果酵素、有机米、蜂蜜、桧木工艺品等岛内深加工农林产品。台湾馆实现总成交额2亿元。“森博会”期间，还举办台湾馆日、台湾参展商座谈会等与台湾农林精品展相关的主题活动。

活动重量化，更加注重实效。除展览、交易活动外，组织全国林业产业基础数据应用培训班、2010中国林业会展高层峰会、“中国木地板之都”授牌仪式暨南浔地板推介会、每日商报·“森博会”采购团活动，联合杭城大型超市开展“森博会”专项采购活动，实现展会与杭城终端消费市场无缝对接，为采购商提供一条全新的绿色通道。开展以“走进山水温州，体验森林旅游”为主题的温州森林旅游义乌推介会和180名游客赴温州旅游首发式。举行浙江省林业产业转型升级研讨会、“森林浙江”图片展、“台湾馆日”活动、台湾参展商座谈会、“森博会”总结表彰大会等20余项配套活动，提升“森博会”的影响力，增强吸引力。

影响广泛，展会知名度进一步提高。2010“森博会”规格高，规模大，活动丰富，特色鲜明，受到国内外媒体高度关注，参与宣传报道的有60余家国内外主流媒体的100名记者。央视财经频道、央视农业军事频道、浙江卫视、《中国日报》、《中国经济导报》、《商务时报》、《中国绿色时报》、《香港文汇报》、《香港大公报》、《国际商报》等主流报纸、杂志，国际广播电台、中国新闻图片、人民网、TOM、腾讯、新浪、新华、网易、阿里巴巴等主流通讯社、主流网站均作报道。据统计，至11月20日，刊出(播出)“森博会”各类报道500余篇，点击率1000万人次，其中“森博会”专业网站点击率143万人次。

【2010中国义乌国际森林产品博览会开幕】 11月1日上午，以“引领低碳经济、共享森林产品”为主题的2010中国义乌国际森林产品博览会在义乌国际博览中心举行开幕式。全国政协副主席白立忱宣布第三届中国义乌国际森林产品博览会开幕。省委书记赵洪祝专门发来贺信，对“森博会”开幕表示祝贺。国台办常务副主任、海峡两岸关系协会常务副会长郑立中，台湾新党主席郁慕明，台湾“两岸发展研究基金会”董事长丁守中，国家林业局副局长、党组副书记祝列克，省委常委、副省长葛慧君，省政协主席周国富，浙江省原政协副主席张蔚文等海内外嘉宾75人出席开幕式。开幕式上，祝列克、葛慧君、郁慕明等分别讲话，对第三届“森博会”开幕表示祝贺，并提出殷切期望。义乌市委书记黄志平致欢迎辞，义乌市市长何美华主持开幕式。

【举行2010“森博会”新闻发布会】 10月31日，在义乌市银都酒店举行第三届中国义乌国际森林产品博览会新闻发布会，全国木材行业管理办公室主任孙建，中国林业产业协会副秘书长石峰，义乌市委副书记陈秀仙，市委常委、副市长王清池等出席新闻发布会，《人民日报》、新华社、中央电视台、凤凰卫视、中新社等新闻媒体的80余名记者到会采访。浙江省林业厅副厅长邢最荣主持会议，陈秀仙向与会记者介绍义乌经济社会发展基本情况和2010“森博会”有关情况。2010“森博会”于11月1～4日在义乌国际博览中心举行，1200家企业参展，设国际标准展位2160个，展览面积5万平方米。下设台湾农林食品专业展、地板专业展、森林食品专业展3个专业展览。除展览、交易活动外，还组织开展中国林业会展高层峰会、全国林业产业发展暨全国林业产业基础数据应用培训会议、浙江省林业产业转型升级研讨会、新产品新技术新品种推介会、“中国木地板之都”授牌仪式暨南浔地板产品推介会等20余项配套活动。

【全国林业产业基础数据应用培训班开班】 11月1日，第三次全国林业产业基础数据应用培训班在义乌举办，来自全国林业系统的60名林业产业管理人员参加培训。培训为期2天，对数据库系统总体结构、总体功能、业务流程以及下一步的工作计划做全面介绍，对数据库系统每个具体功能的使用方法进行详细的讲解与演练。

【“中国木地板之都”授牌仪式在义乌举行】 11月1日上午在义乌国际博览中心C1馆南浔地板专区举行“中国木地板之都”授牌仪式暨南浔地板产品推介会。浙江省委常委、副省长葛慧君，中国林业产业协会秘书长、中国林产工业协会会长王满，中国林产工业协会秘书长石峰以及金华市市长陈昆忠，义乌市领导何美华、王清池等参加授牌仪式。

浙江南浔是一个被业内专家誉为“没有森林的木业大区”，拥有木业生产加工企业及个体户1200余家。2009年规模以上企业产值达90亿元、销售额88亿元，实木地板产销量占全国60%以上。有20余家企业的产品获“中国驰名商标”称号，9家企业的产品获“浙江省名牌”称号，6家企业的商标获“浙江省著名商标”称号。2010年，南浔被中国林产工业协会命名为“中国木地板之都”。

南浔地板专区是历届义乌“森博会”最大的展示专区。2010“森博会”的南浔区有9家规模较大的地板企业参加，设展位115个，举办推介活动3场，展示地板系列产品200余种。

【“森博会”台湾馆日活动启动】

11月1日上午，2010“森博会”台湾馆日活动正式启动。浙江省政协主席周国富，国台办常务副主任、海峡两岸关系协会常务副会长郑立中，台湾新党主席郁慕明，台湾“两岸发展研究基金会”董事长丁守中，省林业厅厅长楼国华，省台办主任裘小玲，省台办副主任林呈生，义乌市领导黄志平、何美华等参加启动仪式。丁守中在致辞中说，义乌是一座充满生机和活力的城市，通过参加义乌“森博会”，台湾知名的农特产品可以借义乌这个平台向国内、国外发展，创造无限商机；义乌市民亦不必千里迢迢赶赴台湾，就能享受到台湾特色美食，互惠互利；并就如何深化两岸林业经贸合作成果提出让台湾与义乌有直航的班机或者包机的希望。此次展会有200家台湾企业参展，展位数400个。参展产品有金门高粱酒、南投高山茶、冻顶乌龙茶、日月潭香菇、凤梨酥、有机米、阿里山的桧木工艺品等。11月3日，举行2010“森博会”台湾参展商座谈会，座谈会上，台湾参展企业代表畅所欲言，纷纷在展区展品展期设置、加大专业采购商邀请力度、软硬件服务等方面提出有益的意见及建议。会上一致认为“森博会”台湾馆的设立，为台湾企业开拓国内外市场提供了良好的契机。

【首届中国林业会展高层峰会】 11月2日在义乌举行首届中国林业会展高层峰会。由中国林业产业协会和浙江省林业厅主办，义乌市人民政府承办，海纳会展公司协办。全国木材行业管理办公室、中国林业产业协会、浙江省林业厅、义乌市委领导以及国内会展媒体专家、林业会展主办机构、会展专业主流媒体代表出席峰会。会议由原中国对外贸易中心(集团)常务董事、总经理、党组副书记，中国对外贸易中心副主任陈八荣主持，义乌市委副书记陈秀仙、浙江林业厅副厅长邢最荣、国家林业局木材行业管理办公室主任孙建等领导致辞。来自林业、会展业、传媒界的专家学者围绕中国林业会展的发展方向、转型升级、林业会展规范管理、大现代会展前提下的绿色会展、品牌以及森林产品博览会的未来发展等问题进行深入研讨。北京伟士佳合展览策划有限公司董事长、中国国际门业展览会常务秘书长陈伟以“中国林产工业会展行业品牌化建设”，吉林省博览事务局副局长程跃勇以“政府主导型展会组织方式的改革创新——博览局模式”，国家会议中心许锋以“政府主导型会议的发展新动力”，北京大学访问教授应丽君以“我国林业产业与会展业的转型升级——以‘义乌森博会’为例”为主题进行演讲。会议特邀专家赵慰平就德国有关会展的经验发表演讲——“专业组办机构与政府如何协作发展”，并由中国林业产业协会倡导发出《林业会展规范发展倡议书(征求意见)稿》。会上发布《会展绿皮书》之《政府主导型展会发展报告(2010)》，总字数35万字，图表232幅，涉及样本300余个，涵盖国家举办的三级三类政府主导型展会。与会代表共同签署《关于促进林业会展经济健康发展的倡议书》。

（徐小英）

2010中国国际旅游商品博览会

【概况】 6月24～27日，2010中国国际旅游商品博览会(简称“旅博会”)在义乌国际博览中心举行。展会由国家旅游局和浙江省人民政府主办，中国旅游协会、浙江省旅游局和义乌市人民政府承办，办展宗旨为“拓展旅游产业功能、推动旅游商品创新、促进国家内需增长”，办展主题为“汇聚商品、创造商机、接轨世博、提升旅游、推动创新”。

展会规模进一步扩大，成交量进一步增长。与首届“旅博会”相比，2010“旅博会”在展会的规模和参展企业档次上有了新的提高。通过组织小分队赴全国11个重点旅游商品产业基地、重点行业、重点市场的省份开展有针对性地招展，邀请到来自国内外1585家企业参展，设展位2256个，比上年增长3.4%，全国31个省(自治区、直辖市)包括新疆生产建设兵团全部参展。参会观众10万余人次，参会贸易团队82个。实现交易额27.69亿元，比上届增长17.3%。一大批参展企业从中受益，其中浙江兴美电动汽车有限公司获 3370 余万元的成交额；河北石家庄一企业生产的宫灯吸引了 20 余家企业来洽谈；首次参展的义乌丹晨酷潮五趾鞋，吸引山东、辽宁、陕西、重庆、江苏等省市经销商的加盟代理；江苏的刺绣、福建的陶瓷、青海的玉石等各省（区市）及国外的优质而富有特色的旅游商品均受到青睐。

市场化程度全面提升，市场影响力进一步增强。博览会市场化运作方式逐步实现由政府主导型向政府引导与市场运作相结合的方向转变。按照突出展示、博览、营销、导向、推进办会原则，对 2010“旅博会”的展位布局和参展行业方面进行调整，扩大行业馆的范围，在上年的基础上减少一个省市馆，增加一个行业馆。100 余个买家当场与北京原野小木屋客户签下 30 套小木屋的定单。山东山野特工贸公司的山野房车，每辆 300 余万元，意向成交 10 余辆。广西桂林永盛工艺品有限公司已参加两届旅游商品博览会，在首届博览会上该企业签下五六十万元的小纸扇订单，企业的生产规模也由此扩大，2010 年“旅博会”中，该企业再次签下 100 万元订单。四川遂宁灵广竹艺坊生产的竹编工艺制品，在首届博览会中签下的订单还未做完，此届“旅博会”又签下 10 余万元的订单。

国际化程度进一步提高，外贸成交量进一步增长。韩国、加拿大、阿尔及利亚、新加坡、巴基斯坦、马来西亚、法国、日本、南非、西班牙等 31 个国家和地区的企业参展，境外展位数 367 个，比上届增长 198.37%。博览会期间，有来自韩国、巴基斯坦、中国台湾、新加坡、印度、哥伦比亚、日本、沙特阿拉伯、尼日利亚、巴西等 91 个国家和地区的 7156 名境外贸易商参会，参会的境外贸易团队 56 个。实现外贸成交额 12.63 亿元，占总成交额的 45.63%，比上年同比增长 46.5%。在国际展区，西班牙最大葡萄酒原酒生产商“洛萨诺家族庄园”的展位获得 200 万元的意向订单；加拿大一位客商在展会期间预订兴美电动汽车公司的 1000 辆双门双座掀背式电动汽车；东吴进出口有限公司负责人与原马来西亚驻华大使、马中友好协会会长马吉德签订 1000 万美元的委托采购订单。义乌市东吴工艺品有限公司负责人与马来西亚巴生中华总商会会长梁家兴签订 1000 万美元的旅游、工艺品、酒店设备等产品的意向订单。

参展商品范围进一步扩大，创意和特色商品受青睐。2010“旅博会”组委会对参展范围进行适当的调整，重点突出酒店用品、旅游装备品、旅游户外用品和旅游纪念品 4 个门类，从珠宝翡翠到地方小吃，品种繁多。具有创意的旅游商品给义乌经济带来新的增长点，展会期间，创意园业务承接额 1018 万元。

【2010“旅博会”开幕式】 6 月 24 日，2010 中国国际旅游商品博览会在义乌国际博览中心开幕。国家旅游局有关司局、国家有关部委、全国各省（自治区、直辖市）和新疆生产建设兵团旅游局、浙江省有关部门、浙江省各市政府及旅游局领导，参展商、贸易商以及法国、日本等 30 余个国家的外国驻华使领馆官员、社团负责人等 5000 余人出席开幕式。浙江省委书记、省人大常委会主任赵洪祝，浙江省省长吕祖善向博览会发来贺信，国家旅游局副局长王志发出席开幕式并致词，浙江省副省长王建满宣布博览会开幕。

2010 中国国际旅游商品博览会设展位 2256 个，参展种类有：旅游装备产品、宾馆酒店装备用品、旅游用品、旅游纪念品四大门类。

【在上海举行 2010“旅博会”推介活动】 5 月 18 日，2010 中国国际旅游商品博览会在上海举行推介活动，来自中央电视台及沪、浙、苏等 80 余家媒体参加活动。义乌市副市长傅春明在推介会上介绍旅游商品博览会基本情况。2010 中国国际旅游商品博览会将于 6 月 24～27 日在浙江义乌国际博览中心举行。由国家旅游局、浙江省人民政府联合主办，中国旅游协会、浙江省旅游局、义乌市人民政府承办。博览会以“汇聚商品、创造商机、接轨世博、提升旅游、推动创新”为办展主题，共设国际标准展位 2000 个，参展范围包括旅游装备产品、宾馆酒店装备用品、旅游用品、旅游纪念品四大类。博览会期间还举办中国旅

2010 中国国际旅游商品博览会展厅

游商品开发论坛、中国旅游商品大赛、工艺美术大师作品展、购物旅游节等活动。上海市旅游局副局长程梅红在推介会上说，长期以来，上海与义乌联系紧密，交往频繁，在各个领域开展广泛合作，义乌为上海带来众多商机，越来越多的上海企业在义乌找到了做大市场的新平台。两地更可以借助世博会这个平台，开展更为广泛及更高层次的合作，让旅游商品博览会的举办成为世博会的一个新亮点。

【中国旅游商品开发论坛】 为倡导节能减排、低碳出行，为旅游新产品、新技术、新创意提供展示平台，推动旅游商品、旅游装备业、旅游制造业的新发展，推动旅游商品市场的全面繁荣，6月24日下午，中国旅游协会在义乌国际博览中心二楼发布厅，举办以新创意、新技术、新产品、新发展为主题的中国旅游商品开发论坛，各省（自治区、直辖市）旅游局分管领导和相关处室负责人、部分参展企业及采购商、演讲专家以及《中国旅游报》、《中国旅游通讯》、中国旅游协会网站等媒体参加此次论坛。清华大学教授柳冠中、中国工业设计协会副秘书长宋慰祖、中国美术学院设计艺术学院副院长赵阳等专家分别就旅游商品的研发设计方法、旅游商品的市场营销和旅游装备的开发与设计发表演讲。

【举办德国风情啤酒节贵宾专场活动】 为丰富2010旅游商品博览会活动内容，不断增强义乌作为中国优秀旅游城市的影响力，6月24日晚，浙江省旅游局在义乌海洋酒店广场采用德国烧烤自助餐形式举行德国风情啤酒节旅游商品博览会贵宾专场。国家旅游局、浙江省旅游局以及其他各省（自治区、直辖市）旅游局分管领导和相关处室负责人、浙江省各地市政府领导、金华市各县市政府领导等约500人参加活动。活动由浙江省旅游局局长赵金勇致辞，除烧烤自助餐外，还安排了德国乐队表演（互动）、抽奖等环节。

【2010中国旅游商品大赛】 6月24～27日“旅博会”期间，在义乌市国际博览中心举办中国旅游商品大赛。大赛以“中国文化 地方特色”为主题，由中国旅游协会承办，各省（自治区、直辖市）旅游局（委）、旅游协会协办，邀请国内有关的知名专家学者组成评审委员会。参赛商品是具有中国文化和地方特色的旅游纪念品、工艺品中的精品，并已在市场销售的实物类商品（不包括食品、烟酒和服装类商品）。各省（自治区、直辖市）旅游局（委）、旅游协会均选送15件（项）最具浙江省特色的旅游商品参赛，共有10个金奖、20个银奖和50个铜奖作品在展会期间集中

展示。

【购物旅游节】 6月23～27日，市政府组织市委宣传部、市场贸易发展局、风景旅游管理局、中国小商品城集团股份有限公司等单位举办义乌购物旅游节。6月23日，在国际商贸城购物旅游中心广场(二区西大门)启动，市委、市人大、市政府、市政协有关领导，活动协调小组成员单位领导，参与活动企业单位、媒体记者、经营户代表、社会观众等500人参加启动仪式。购物旅游节包括购物旅游板块(由商城集团组织国际商贸城相关行业和旅游购物中心经营户开展商品促销活动)、商场超市板块(组织世纪联华、解百、有加利、好又多、银泰、滨江、乐购等大型商场超市，各自开展直接让利等形式多样的促销活动)和家居生活板块(由家具市场、家电市场、通信市场以及各家电卖场组织商家各自开展形式多样的促销活动)三大系列特色活动。

【美食文化节】 6月24～27日，为丰富2010"旅博会"展会内容，向中外客商展示义乌国际化都市美食文化，义乌市旅游局、义乌市工商联、义乌市广播电视台、义乌市餐饮宾馆行业协会等单位在义乌国际博览中心、各指定餐饮单位等地举办2010"旅博会"美食文化节。以"国际化的都市，国际化的美食"为主题，汇聚义乌地方特色美食及异域风味美食，集中用喷绘展架、LED视屏，结合情景剧展示，并以文艺表演、互动游戏和餐饮赠券形式与参观者互动，30个餐饮单位参加此次活动。

【2010"旅博会"总结表彰会】 6月27日上午，国家旅游局在义乌国际博览中心二楼新闻发布厅召开2010"旅博会"总结表彰会，会议由中国旅游协会秘书长刘志江主持，国家旅游局、浙江省旅游局及义乌市领导，其他各省旅游局领导和领队，各省参展商代表以及浙江省各地(市)旅游局、义乌市旅游局领队，媒体记者等180人参加会议。国家旅游局党组成员吴文学为2010旅游商品博览会作总结报告，浙江省旅游局领导宣布旅游商品博览会参展单位获奖名单，中国旅游协会领导宣布2010中国旅游商品大赛获奖作品名单。

(黄晓英)

第十六届"义博会"暨第三届非洲商品展媒体报道目录

序号	媒体	标题	时间	备注
1	人民网	全球客商会义乌　博览天下小商品 第16届义乌国际小商品博览会开幕	10月21日	
2		2011年，去义乌买"南非大钻石"	10月21日	
3		买小商品　看大世界——第16届义博会21日开幕	10月21日	
4		周国富参观义博会展馆　赞义乌是个充满活力的市场	10月22日	
5		义博会助力拉链企业　优质产品抢占市场		
6	中央电视台新闻联播	义乌国际小商品博览会：境外采购团数量创历届之最	10月21日	
7	中央电视台财经频道	[十一五·中国经验]浙江义乌小商品市场日进亿元	10月20日	
8		[十一五·中国经验]从买全球货卖全球货到小商品义乌造的飞跃	10月20日	
9		[十一五·中国经验]义乌指数已成世界上小商品价格风向标	10月20日	

续 表

序号	媒 体	标 题	时 间	备 注
10	中央电视台	义乌：人民币升值 侨商采购变谨慎	10月21日	
11		侨商看好义乌创意小商品	10月21日	
12		义乌博览会今日开幕，非洲商品扎堆入驻	10月21日	
13		电子商务走进义博会，现场秒杀活动夺眼球	10月21日	
14		义乌博览会："大半个"非洲进中国	10月22日	
15		义乌博览会 非洲很"动感"	10月22日	
16		非洲客商卖啤酒发国旗	10月22日	
17	新华网	第16届义博会暨第三届非洲商品展开幕	10月20日	共计331条，包括视频、通稿、图片
18		今年义博会品牌企业参展数比去年增10%	10月20日	
19		12万名海内外客商云集义博会	10月21日	
20	新华社	义博会5天成交额达127亿元	10月25日	新浪、搜狐等9家媒体转载
21	中新网	非洲商人"摆摊"义博会 优惠政策筑巢引凤	10月22日	网易等15家媒体转载
22		中非今年贸易额望超千亿美元 十年来增速33.5%	10月21日	网易、浙江都市网等9家媒体转载
23		第16届中国义乌国际小商品博览会开幕	10月21日	新浪、搜狐、网易等15家媒体转载
24		全球80余家媒体聚焦第十六届中国义乌商品博览会	10月21日	
25	解放日报	非洲产品展销中心落户义乌	11月1日	
26	消费日报	第16届义博会暨第三届非洲商品展在义乌举行	10月25日	
27	中国贸易报	第16届义博会隆重开幕	10月22日	
28		谈义乌会展业——专访义乌市委副书记陈秀仙	11月初	
29	世界博览	义博会专题	21期	2页
30	世界日报	第十六届义博会开幕，同期举办非洲商品展览会，开拓更广商贸市场	10月22日	台湾《经济日报》、《台湾联合时报》等媒体均刊发相关报道
31	加州时报	第十六届义博会开幕，同期举办非洲商品展览会，开拓更广商贸市场	10月22日	和讯网、中国证券网等5家媒体转载
32	网 易	第16届中国义乌国际小商品博览会开幕	10月21日	
33	搜 狐	第16届中国义乌国际小商品博览会开幕	10月21日	
34	腾 讯	第16届中国义乌国际小商品博览会开幕		
35	中国广播网	第16届义博会暨第三届非洲商品展览会21日在义乌开幕	10月21日	新浪网转载
36	阿里巴巴	第16届义博会21日隆重举行	10月21日	
37	凤凰网	第16届义博会暨第三届非洲商品展在浙江义乌举行	10月21日	
38		非洲产品展销中心正式落户义乌	10月21日	

续 表

序号	媒 体	标 题	时 间	备 注
39	香港文汇报	义博会 5000 展位引 130 国客商	10 月 22 日	
40	香港大公报	中非贸易额有望超 1000 亿美元	10 月 23 日	
41	香港商报	非洲产品展销中心正式落户义乌	10 月 24 日	
42	浙江日报	义乌国际小商品博览会开幕	10 月 22 日	头版头条
43	浙江卫视	第 16 届义乌小商品博览会开幕	10 月 21 日	
44		非洲商品展落户浙江义乌	10 月 21 日	
45		义乌电子商务发展	10 月 21 日	
46	浙江经视	义博会非洲展堪比非洲博览会	10 月 23 日	
47		第十六届中国义博会开幕	10 月 21 日	
48		义博会上吆喝电子商务　浙江网商赚人气	10 月 22 日	
49		参展商各出奇招　“义博会”夺人眼球	10 月 24 日	
50		企业借力义博会助推转型升级	10 月 25 日	
51	浙江教育频道	第 16 届义博会暨非洲商品展开幕	10 月 21 日	
52	浙江影视频道	万商云集义博会	10 月 21 日	
53	浙江钱江都市频道	第 16 届义博会开幕	10 月 21 日	
54	浙江民生休闲频道	第 16 届义博会开幕	10 月 23 日	
55	现代金报	义博会昨开幕	10 月 22 日	
56	商务时报	浙江义乌引领小商品“标准革命”	10 月 22 日	
57	国际商报	中非特刊	11 月 1 日	2 篇
58	钱江晚报	义博会明天开幕　会展亮点抢先看	10 月 20 日	
59		首次设立电子商务展区　举办多场流行趋势发布会	10 月 20 日	
60		5 千展位昨晚已完成最后布展　将笑迎全球 12 万客商	10 月 20 日	
61		走,到“义博会”淘金去	10 月 21 日	
62		非洲产品展销中心明年落户商贸城	10 月 21 日	
63		义博会昨天开幕了 参展商使劲解数“博眼球”　采购商掘地三尺“淘宝贝”	10 月 22 日	
64	都市快报	网商抱团抢滩义博会　现场玩网购秒杀	10 月 22 日	
65	市场导报	非洲产品展销中心正式落户义乌	10 月 22 日	
66		第十六届义博会开幕	10 月 21 日	
67		一个国家试点城市的扬弃	10 月 26 日	
68	上海东方卫视	第 16 届义博会暨非洲商品展在义乌开幕	10 月 22 日	
69		非洲商品展销中心落户浙江义乌	10 月 23 日	

续 表

序号	媒 体	标 题	时 间	备 注
70	每日商报	义博会如商业大片"上映" 首日成交额突破50亿	10月25日	东方网、网易等3家媒体转载
71	中国经济网	外贸商都很关注的义乌国际小商品博览会	10月21日	
72		义博会首日"闪亮"摘得3000万元订单	10月22日	网易等5家媒体转载
73	中国企业新闻网	义乌市场对外拓展出现新亮点 非洲产品展销中心正式落户义乌	10月21日	
74	中国视频网	"大半个非洲"来到义博会	10月22日	
75	浙江在线	会展亮点抢先看 中国义乌国际小商品博览会明天开幕	10月20日	
76		呜呜祖拉吹响义乌名气 非洲企业抱团参加义博会	10月23日	网易、浙江都市网转载
77		非洲产品展销中心正式落户义乌 21日去看义博会吧	10月21日	
78	广州电视台	侨商会推波助澜 义博会精彩纷呈	10月21日	
79	金华日报	第十六届义博会昨隆重开幕	10月22日	
80		义博会的"非洲之年" 非洲商人为何选择义乌	10月25日	新华网转载
81	金华电视台	义博会非洲商品唱主角	10月21日	
82		来料加工高手联手艺	10月21日	
83	金华晚报	第十六届义博会上午开幕	10月21日	
84		"义博会"首日精彩连连	10月22日	
85		全国女经纪人义乌淘金	10月25日	
86	浙中新报	第16届义博会昨隆重开幕且喜添"新丁"	10月21日	
87		非洲七国欲借义博会搭建更好的中非贸易平台	10月22日	

2010"文博会"媒体报道目录

序号	媒 体	标 题	时 间	备 注
1	人民网	第五届义乌文博会开幕 老字号新动漫齐聚一堂	4月21日	
2	新华网	中国义乌文化产品交易博览会正式升格为国家级展会	4月20日	共刊发报道、图片、视频185条
3		义乌文博会客商云集要"加座"	4月20日	10家媒体转载
4		2010年义乌文化产品交易博览会盛大开幕	4月21日	南方网转载
5	新华社	浙江"非遗"瑰宝首度集体亮相义乌文博会	4月22日	新民网、网易、浙江都市网、浙江在线等13家媒体转载
6		2010义乌文博会规模成交双双创历史新高	4月25日	

续 表

序号	媒 体	标 题	时 间	备 注
7	中央电视台新闻频道	义乌文博会各级领导为玉树捐款	4月20日	
8		从产品到创意　义乌谋划“新名片”	4月24日	
9		青海民间传统工艺绽放义乌文博会	4月24日	
10		义乌文博会闭幕	4月27日	
11	中国广播网	浙江省委书记义乌文博会现场为玉树捐款	4月21日	
12	经济日报	2010中国义乌文博会开幕	4月21日	中国经济网转载
13	中新社	义乌文博会齐聚天下客　开幕首日吸引30国采购商	4月20日	新民网等7家媒体转载
14		义乌文博会聚全球爱心　浙江省委书记带头为玉树捐款	4月20日	环球网、人民网等13家媒体转载
15		浙江非遗成文博会点睛之笔　中外客商享视觉盛宴	4月21日	光明日报、人民网等29家媒体转载
16		海峡两岸传承文化血脉　欲借义乌“东风”招揽客商	4月21日	人民网、新民网、网易等25家媒体转载
17		义乌文博会落幕　展会规模创历史新高	4月26日	
18	消费日报	2010义乌文博会开幕　赵洪祝出席并向灾区捐款	4月26日	
19		浙江义乌召开2010文博会新闻发布会	4月20日	
20	中国文化报	2010中国义乌文博会开幕	4月22日	文化部网站、网易等6家媒体转载
21	中国网	文化产业,义乌新名片	4月23日	
22	浙江日报	2010义乌文博会开幕　刘延东致贺信赵洪祝宣布开幕	4月20日	浙江在线转载
23		义乌文博会演绎经济大戏　文化产业成义乌新名片	4月23日	中国经济网、浙江在线转载
24		2010义乌文博会开幕　主席台设起捐款箱	4月21日	8家媒体转载
25		义乌文博会成果丰硕 成交额增5成,90多个国家地区参会	4月25日	
26	香港大公报	文博会亮点纷呈　展位数再创新高	4月21日	
27	香港文汇报	文博会捐款1千万　浙江省委书记赵洪祝带头捐款	4月21日	
28	凤凰网	2010中国义乌文化产品交易博览会4月在浙江义乌举行	4月20日	
29		2010中国义乌文化产品交易博览会主题馆开展	4月23日	浙江市场导报转载
30	新浪网	文博会:演绎经济大戏	4月23日	
31	上海文汇报	中国文化产品交博会在义乌举办　浙江省委书记赵洪祝为玉树捐款	4月23日	
32	中国贸易报	义乌文博会开幕　2010年文博会昨日举行新闻发布会	4月20日	
33	中国改革报	2010中国义乌文化产品交易博览会在义乌举办	4月22日	
34	浙江卫视	2010中国义乌文博会开幕	4月20日	

续 表

序号	媒 体	标 题	时 间	备 注
35	浙江在线	2010 义乌文博会开幕　预计实现经贸成交额 20 亿以上	4 月 21 日	
36	浙江在线	老朋友带新朋友　不少新面孔亮相义乌文博会	4 月 21 日	
37	浙江在线	忙碌的浙江人为爱心停步　义乌文博会多了项特殊议程	4 月 21 日	10 家媒体转载
38	浙江在线	卖的不是 DVD　文博会“中国虚拟经济区”引关注	4 月 23 日	
39	浙江经视	新浪网精彩亮相义乌文博会	4 月 22 日	
40	浙江影视文化频道	2010 义乌文博会开幕	4 月 24 日	旅游指南
41	浙江民生休闲频道	2010 中国义乌文博会开幕	4 月 25 日	
42	浙江电台	2010 中国义乌文博会开幕	4 月 21 日	
43	浙江新闻网	新中国大阅兵图片展亮相义乌　文博会迎全球宾客	4 月 20 日	
44	中国企业新闻网	国家级文化产品交易博览会 4 月在义乌举行	4 月 20 日	
45	现代金报	义乌文博会升格为国家级展会	4 月 20 日	
46	现代金报	义乌文博会上浙江省委书记赵洪祝以个人名义带头捐款	4 月 20 日	
47	都市快报	义乌文博会首次设立主题馆	4 月 20 日	
48	青年时报	8 万商人“采购”文博会	4 月 21 日	
49	钱江晚报	老字号新动漫齐聚文博会　升格为国家级展会的义乌文博会昨开幕，规模及人气均超以往任何一届	4 月 21 日	浙江在线、中国网等 20 家媒体转载
50	钱江晚报	浙报集团亮相　创意十足	4 月 21 日	新华网、中国网等 11 家媒体转载
51	钱江晚报	文博会“国际馆”浓浓异域风情　乌克兰画家的生意经	4 月 22 日	网易、浙江在线等 6 家媒体转载
52	市场导报	2010 义乌文博会今开幕	4 月 20 日	
53	市场导报	义乌文博会升级国字号　将迎来 7 万客商	4 月 19 日	
54	市场导报	义乌文博会市场收益明显　带动产业整体提升	4 月 26 日	
55	金华日报	义乌文化产品博览会：文化演绎经济大戏	4 月 19 日	浙江在线等 3 家媒体转载
56	金华日报	义乌 2010 文博会开幕	4 月 21 日	
57	金华新闻联播	文博会新品多　今天带你看新奇	4 月 23 日	
58	金华新闻联播	2010 中国义乌文博会今天开幕	4 月 20 日	
59	新闻零距离	义乌文博会今开幕　特色展区夺眼球	4 月 21 日	
60	萧山日报	10 家萧山特色文创企业亮相文博会	4 月 22 日	
61	宁波日报	义乌文博会开幕　宁波集中展示非物质文化精品	4 月 21 日	
62	绍兴日报	义乌文化产品交易博览会开幕	4 月 21 日	

2010"森博会"媒体报道目录

序号	媒体	标题	日期	备注
1	人民网	台湾农林特产　亮相义乌森博会	11月2日	
2		义乌国际森博会开幕 白立忱宣布开幕　周国富等出席	11月2日	
3		第三届森博会圆满落幕	11月4日	
4		第三届森博会十大亮点	11月3日	
5		"森博会"4天成交28.21亿竹木家居　成交额最大	11月5日	转载《钱江晚报》
6		义乌森博会我市展团拿下订单1.55亿元	11月5日	转载
7		2010义乌国际森博会引领林业产业转型升级	11月2日	
8	央视财经频道	上午8:30《第一时间》(两条新闻)	11月3日	
9		下午15:00《交易时间》(森博会落幕)	11月4日	
10	央视农业军事频道	亚洲最大林业展会在浙江义乌开幕	11月7日	
11	凤凰卫视	亚洲最大林业展会在义乌举行	11月2日	
12	中央人民广播电台	第三届中国国际森林产品博览会在义乌举行	11月1日	
13	新华网	义乌森博会1800个展位"名花有主"	10月31日	共计124条,包括视频、通稿、图片
14	中新网	义乌举行亚洲最大林业展会　千余企业欢迎市民采购	11月1日	网易等15家媒体转载
15		台湾新党主席郁慕明将到义乌吆喝土特产	10月31日	
16		义乌森博会引领低碳经济(6张)	11月3日	
17	中国日报	台湾120家企业参展义乌森博会	11月1日	图片3张
18	中国经济时报	台湾农林产品进驻森博会	11月3日	
19	中国国门时报	义乌森博会引领低碳经济	11月8日	
20	中国贸易报	第3届森博会在义乌开幕	11月3日	
21	消费日报	来自日本、俄罗斯、韩国、泰国、尼泊尔、坦桑尼亚、莫桑比克、中国台湾等30多个国家和地区的数百家企业参展	11月1日	
22	新　浪	仍位列亚洲林业展会之首　义乌"森博会"11月1日开幕	11月3日	
23	网　易	连战宴中的名菜"旗鱼酥"也到义乌森博会上来了	11月2日	都市快报转载
24	搜　狐	2010义乌国际森博会引领林业产业转型升级	11月2日	
25	腾　讯	温州搭台在义乌唱响"森博会"	11月1日	
26	东方网	第3届义乌森博会主题活动更重实效　展会规模再创新高	10月31日	
27	文汇报	义乌森博会引领低碳经济	11月中旬	挂到东方网上
28	中国广播网	第三届中国国际森林产品博览会在义乌举行	11月1日	新浪网转载
29	中国质检网	义乌森博会引领低碳经济	11月8日	

续 表

序号	媒 体	标 题	日 期	备 注
30	凤凰网	台湾新党主席郁慕明将到义乌吆喝土特产	10月31日	
31	香港文汇报	义乌森博会引逾10万客商	11月3日	中金在线转载
32	香港大公报	台湾新党主席郁慕明到义乌吆喝土特产	11月2日	
33	浙江日报	义乌国际森博会开幕　白立忱宣布开幕　周国富等出席	11月2日	
34	浙江卫视	森博会开幕式	11月1日中午	
35		森博会开幕式、现场展馆	11月1日晚上	
36		森博会闭幕式	11月4日	
37	浙江经视	森博会开幕式及现场展馆	11月1日	
38		木材原材料上涨	11月3日	
39	浙江民生休闲频道	16:10《休闲江南》播出森博会相关报道	11月6日	
40	浙江影视频道	17:30《旅游指南》播出森博会报道	11月6日	
41	中国经营报	义乌举行第3届森博会,实效可观	11月5日	
42	国际商报	绿色　低碳　环保　义乌国际森博会领跑亚洲林业展	11月4日	A14版
43	钱江晚报	“森博会”4天成交28.21亿　竹木家居成交额最大	11月5日	
44	都市快报	连战宴中的名菜“旗鱼酥”也到义乌森博会上来了	11月2日	
45	市场导报	森博会一场绿色产品的饕餮盛宴	11月5日	
46	中国经济导报	义乌举办国际森博会	11月4日	
47	中国经济网	亚洲最大林业展会在浙江义乌举行	11月1日	人民网等5家媒体转载
48	中国企业新闻网	第3届森博会圆满落幕　成为引领中国林业专业展会风向标	11月4日	
		森博会成林业经济平面镜　首发平台折射产业风向	11月9日	
49	焦点装修网	共享森林　大庄竹材引领森博会低碳经济风向标	11月9日	
50	浙江都市网	“森博会”成林业经济平面镜　首发平台折射产业风向	11月8日	
51	台湾小吃网	台湾120家企业参展义乌森博会	11月2日	
52	中国会展网	第三届义乌森博会11月举行　首设台湾农林精品馆	11月1日	转载新浪家居网
53	中国产业网	义乌森博会搭台《政府主导型展会发展报告》发布	11月2日	
54	中国林业网	郁慕明义乌森博会推销台湾林产品	11月4日	
55	浙江在线	南浔获“中国木地板之都”称号	11月2日	
56		第3届义乌国际森博会开幕引领林业产业转型升级	11月2日	农博会网转载
57	浙江电台	第三届中国义乌森博会开幕	11月1日	
58	中国绿色时报	郁慕明义乌森博会推销台湾林产品	11月4日	
59	中国林业网	郁慕明义乌森博会推销台湾林产品	11月4日	全程跟踪森博会,并做出相应报道

2010“旅博会”媒体报道目录

序号	媒体	标题	时间	备注
1	中央电视台新闻联播	义乌：2010中国国际旅游商品博览会吸引众多中外客商	6月26日	
2	新华社(共115篇，含通稿、网络、图片等)	义乌：中国(义乌)国际旅游商品博览会魅力初显	6月24日	新浪网转载
3		2010中国国际旅游商品博览会突显“低碳”主题	6月25日	网易、搜狐等22家媒体转载
4		2010中国国际旅游商品博览会在义乌举行	6月25日	浙江新闻网等2家媒体转载
5	人民网	2010中国国际旅游商品博览会在义乌开幕	6月25日	中国网、新民网等12家媒体转载
6	中新社	中国国际旅博会无缝对接世博　国际展位增长170%	6月23日	网易、新浪等12家媒体转载
7		浙江制造搭乘旅游快车　产业融合催生转型升级	6月23日	浙江都市网、新浪、网易等12家媒体转载
8		国外客商集体“抢滩”旅博会　借义乌平台走全球路	6月25日	新民网等11家媒体转载
9	中新网	14家湘企组团参展在浙江义乌举办的国际旅博会	6月25日	
10	中国广播网	2010中国国际旅游商品博览会将在义乌举行	6月23日	新浪、网易等6家媒体转载
11	经济日报	浙江加快推进旅游制造业　义乌小商品转型升级	6月25日	中华网等2家媒体转载
12	中国青年报	2010中国国际旅游商品博览会十大亮点	6月23日	
13		发展旅游商品将提高我国旅游产业收益——2010中国国际旅游商品博览会在义乌举办	6月27日	
14		2010中国国际旅游商品博览会今日义乌开展	6月24日	
15	消费日报	2010中国义乌旅博会趋向“低碳环保”	6月25日	
16	中国网	中国旅游商品开发论坛在义乌召开	6月25日	
17	浙江日报	中国国际旅博会开幕	6月24日	人民网等10家媒体转载
18		中国国际旅博会落幕	6月28日	新浪等3家媒体转载
19		十大亮点打造全国最大“旅游商品博览会”	6月24日	网易、新民等5家媒体转载
20	浙江在线	中国国际旅博会开幕　义乌上演一台专业贸易盛会	6月25日	
21	凤凰网	2010中国国际旅游商品博览会6月在浙江义乌举行	6月23日	
22	千龙网	中国旅游商品开发论坛在义乌召开	6月28日	新浪网转载
23	香港文汇报	义乌旅游商品博览会今开幕	6月24日	
24	网　易	2010中国国际旅游商品博览会开幕	6月25日	
25	新　浪	2010中国国际旅游商品博览会将在义乌开幕	6月25日	
26	腾　讯	中国国际旅游商品博览会在义乌开幕	6月24日	
27	搜　狐	2010中国国际旅游商品博览会开幕	6月24日	

续 表

序号	媒 体	标 题	时 间	备 注
28	每日商报	吃、住、行、游全攻略　体验“小联合国”的旅博会	6月23日	
29	旅游浙江网	2010中国国际旅游商品博览会新闻发布会召开	6月24日	
30	金华日报	中国国际旅游商品博览会在义乌举行	6月25日	
31		金华旅游品旅博会上“短腿变长”	6月26日	
32		旅博会让中国观念“走出去”	6月28日	
33	中央人民广播电台	2010旅博会开幕	6月24日	3分钟
34	世博周刊外文版	专题“旅博会”	14期刊发	
35	浙江电台	中国国际旅游博览会在义乌开幕	6月24日	
36	浙江卫视	中国国际旅游商品博览会开幕	6月24日	午间新闻快报等播出，共5篇
37	浙江经视	中国国际旅游博览会在义乌开幕	6月24日	2分半钟
38	浙江民生休闲江南	2010旅博会的休闲产品度假胜地	7月3日	
39	杭州电视台	中国国际旅游博览会在义乌开幕	7月4日晚上	“行走”栏目中播出，2分半钟
40	浙江影视文化频道	2010旅博会资讯和一个专题	7月3日	先播一个2分钟资讯，30分钟专题等剪好再播
41	国家旅游局旅游网	2010中国国际旅游商品博览会举办新闻发布会 2010中国国际旅游商品博览会拉开大幕 2010中国国际旅游商品博览会举行总结表彰会 发布会、开幕式、国家旅游会议、论坛、表彰会	6月23～27日	3篇
42	中国旅游卫视	开幕及情况介绍 户外运动全场介绍 台湾208个展位及商品	7月1日	“旅游看今天”栏目，3篇
43	上海东方卫视	2010旅游商品博览会在义乌举行	6月26日	“今日长三角”节目中播出，1分半钟
44	海口电视台	2010旅游商品博览会在浙江义乌举行	6月28日	“热带播报”中播出，2分钟
45	钱江晚报	2010旅博会圆满落幕	6月29日	
46	旅客报	2010旅博会的盛况	7月20日	资讯版面
47	东方早报	2010旅博会国际展位增六分之一	6月25日	
48	香港大公报	旅游制造业依托旅博会转型升级	6月27日	
49	都市快报	环保类产品，受青睐于义乌旅博会	6月25日	
50	香港商报	2010旅博会在义乌举办	6月25日	
51	中国经济网	旅游制造业——2010旅博会	6月26日	

“长城·义乌双向行”活动

【概况】 明嘉靖三十八年(1559),戚继光招募义乌兵抗倭,所向披靡,为荡平东南沿海倭患,屡建殊勋奇功;隆庆(1567～1572)、万历(1573～1619)年间,又随戚继光北上戍边,修守长城,留下了不灭的业绩。据统计,参与修守长城的义乌兵总人数约1万人,因修筑长城的工程十分浩大,守边任务十分艰巨,不少义乌兵就在长城沿线定居了下来,形成了义乌兵后裔村。自2002年开始,义乌市志编辑部先后10次派员专程调查义乌兵“南抗倭、北抗虏”的史实,2010年,又邀请长城沿线的部分义乌兵后裔来义乌寻根访祖。《金华日报》、《秦皇岛晚报》、《浙中新报》、《义乌商报》等媒体对“长城·义乌双向行”活动进行跟踪报道,中央电视台以此为线索,制作专题片《野性长城探秘》。两地亲情寻访互动,在相隔400年后,成为激发两地经济文化发展的动力之源。

【重走义乌兵戍边路】 4月17～29日,义乌市志编辑部联合中国社会科学院、《义乌商报》、义乌电视台等新闻媒体,与义乌市总工会、市档案局、市作家协会、市摄影家协会等单位与团体的代表20人,组成义乌寻访团,开展“重走义乌兵戍边路”活动。寻访团成员从山海关到辽宁省绥中县、河北省抚宁县、迁西县、遵化市以及北京密云县等长城沿线考察,先后走访曹家房子村、花户庄、叶根台村、小河口村、板厂峪、龚家村、三屯营等义乌兵后裔村,并实地考察山海关、老龙头、桃园东13号敌台、唐帽西17号敌台、九门口长城、董家口长城、青山关、水上长城、松棚营、罗文峪、汤泉阅兵处、金山岭长城,行程1000余千米,与当地政府和村民座谈,发现长城沿线有关义乌兵的功德碑10余处。

【义乌兵后裔桑梓行】 8月21～23日,义乌市志编辑部邀请来自河北、辽宁、北京、天津等省市的10余位义乌兵后裔,回归故里寻根访祖。他们中有来自天津蓟县的王欢生,辽宁绥中县叶根台村的叶庆海、曹家房子村的曹长鹤,河北抚宁县董家口的陈庆魁、骆瑞丰,龚家楼的龚玉泉,板厂峪的许国华,城子峪的张鹤珊,河北遵化罗文峪的金山以及长城协会的贾建弥。在义乌迪元酒店召开“明朝义乌兵后裔桑梓行座谈会”,副市长王迎代表市委、市政府致欢迎辞。会上,义乌兵后裔许国华向义乌市人民政府赠送了板厂峪长城碑帖拓片。会后,义乌兵后裔分别赴佛堂镇倍磊三村、石北村,义亭镇叶前村,稠城街道松门山村、下骆宅村,后宅街道曹村等村访祖。义乌的父老乡亲用最高规格迎接义乌兵后裔,村庄道路两边插满彩旗,锣鼓班、秧歌队提前在村口迎接,打开祠堂正门迎亲人,让义乌兵后裔感受到了家乡人的热情。倍磊、叶前等村分别进行祭祖活动并向义乌兵后裔赠送家谱。其间,义乌兵后裔还参观义乌中学、体育博览中心、国际商贸城等地。

【秦皇岛·义乌经济文化交流活动周】 11月,秦皇岛市组织“义乌兵专列”——包括义乌兵后裔在内的600余人,由秦皇岛市副市长邢留逮带队,从山海关始发直达义乌,开展“秦皇岛·义乌经济文化交流活动周”。11月20日,义乌市政府在国际商贸城四区南大门新闻发布厅举行活动周启动仪式,副市长王迎致欢迎词并向来自秦皇岛的客人及义乌兵后裔介绍义乌市场发展情况,秦皇岛市副市长邢留逮也作了热情洋溢的讲话。活动仪式上,秦皇岛市政府向义乌市政府赠送明边防武备图、清边口巡防图,义乌兵后裔向义乌市博物馆赠送义乌兵留下的长城砖、火铳、石雷、箭镞等兵器及陶罐、温酒壶、烘笼等生活器具,义乌市志编辑部回赠雍正《义乌县志》。当天,“秦皇岛·义乌兵·明长城·货郎鼓　公元1569～2010故土回访图片展”同时在国际商贸城四区启动。活动周期间,秦皇岛市和义乌市进行广泛的接触交流。义乌兵后裔相对集中的抚宁县板厂峪村和义乌市江东街道许宅村签订《亲情友好村协议》。

(潘爱娟)

义乌·中国小商品指数

【概况】 2010年景气指数整体

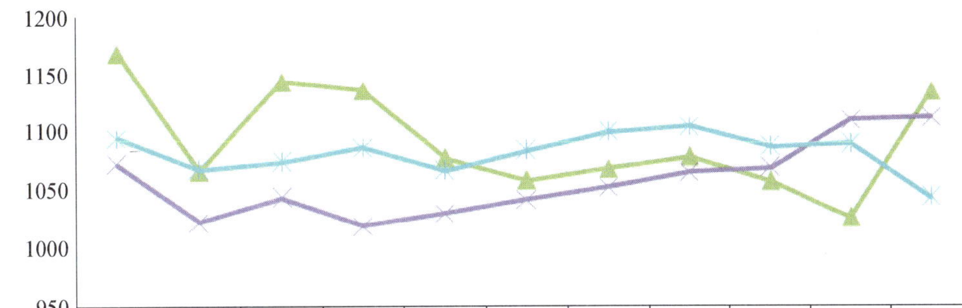

	1月	3月	4月	5月	6月	7月	8月	9月	10月	11月	12月
2008年	1168.3	1067.0	1143.7	1136.5	1078.3	1058.9	1068.8	1079.3	1057.6	1026.6	1135.2
2009年	1072.7	1023.2	1044.1	1019.7	1030.6	1042.4	1053.0	1065.7	1069.7	1110.7	1112.8
2010年	1095.7	1068.4	1074.6	1087.1	1067.5	1084.3	1100.5	1105.2	1087.7	1090.2	1043.8

2008～2010 年中国小商品景气指数走势图

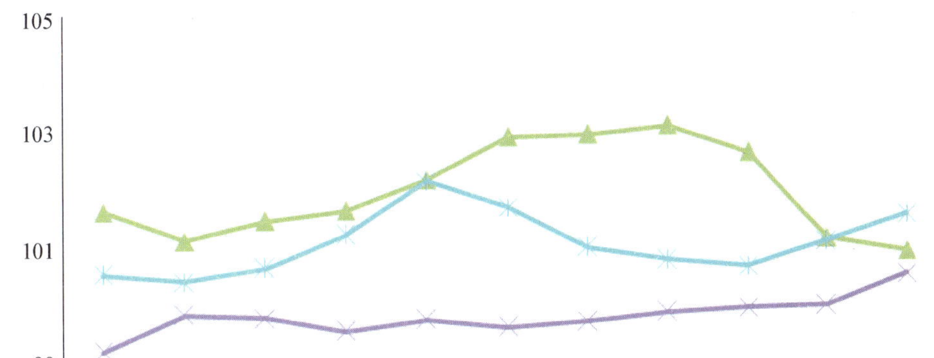

	1月	3月	4月	5月	6月	7月	8月	9月	10月	11月	12月
2008年	101.66	101.16	101.5	101.67	102.2	102.92	102.97	103.12	102.66	101.2	100.99
2009年	99.26	99.89	99.84	99.61	99.81	99.68	99.77	99.94	100.01	100.05	100.6
2010年	100.59	100.47	100.69	101.26	102.18	101.72	101.04	100.83	100.73	101.16	101.62

2008～2010 年中国小商品价格指数走势图

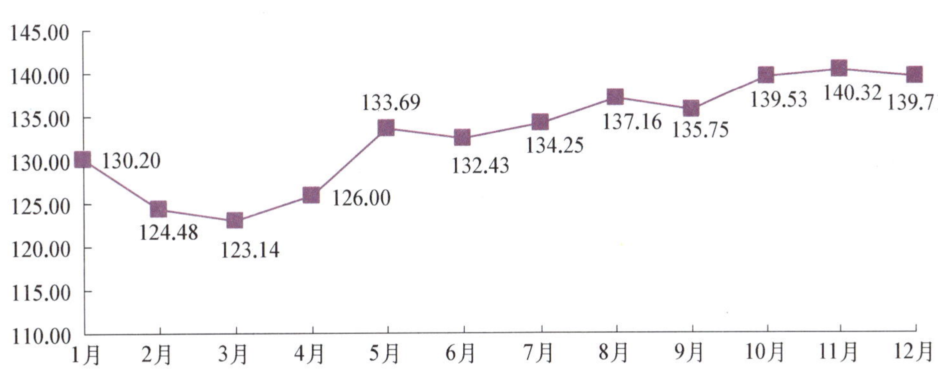

2010 年义乌市场信用综合指数走势图

走势平稳，前10个月的景气指数稳稳地处在上年指数上方，年平均景气指数为1082.32点，同比上涨2.76%，呈现慢牛走势。从趋势图上看，前高后低，年末出现四年来首次“挂尾”，然而11月和12月掉头向下，两个月平均同比下跌4.03%，显示在国内外多重不利因素的影响下，市场盘整压力见长。此外，义乌指数编制办与浙江工商大学统计学院课题组的研究表明，根据“时差相关分析法”测算，义乌小商品景气指数是全国经济景气值与消费者信心指数值的先行指标，先行期大致在4个月左右。

从行业15大类看，2010年景气指数平均值同比11涨4跌，市场整体较2009年景气。其中涨幅最大的为电子电器类、工艺品类和护理及美容用品类，涨幅分别为25.94%、24.20%和15.74%；跌幅最大的为首饰类、鞋类和服装服饰类，跌幅分别为8.16%、5.45%和5.42%。

价格指数方面，2010年从开市初价格指数就强势抬头，连涨3个月，后因经营压力显现而向下调整。下半年以来，受整体通胀预期、CPI高企涨幅创28个月新高等因素影响，义乌价格指数掉头向上，呈继续上涨趋势。

从景气指数的具体构成看，市场得益于商户薄利多销的策略，规模指数是支撑景气指数平稳上涨的主因。据义乌指数监测显示，全年规模指数走势平稳；效益指数在8、9月份为年内高点，全年呈现外凸的抛物线形状，显示年初由于经济复苏，市场效益向好，随后通货膨胀抬头，原材料上涨，使得商户利率被挤压，效益减低。

（义乌指数编制办公室供稿）

2010年义乌市场信用指数

【概况】 2007年9月开始运行的义乌市场信用指数（Yiwu Marketing Credit Index，YMCI），由义乌市工商行政管理局和北京大学中国信用研究中心共同研发编制而成，是国内首个市场信用指数。其间，YMCI模型经过2次优化。2010年8月评审通过的新模型由4大分类指数构成，共20个基础指标、7个参考指标，精简原有8大特征分类指数，取消原有10大行业分类指数，继续保留YMCI及分类指数的五色灯及波动预警2个子系统，重点从商品质量、交易活跃、客商满意和风险可控方面4个维度来显示本区域内市场信用建设发展的运行状况、波动幅度、变化特征和未来趋势，较好地量化反映义乌市场信用的发展变化情况和特征，预示预警市场信用变化发展趋势和潜在风险。它已成为指引义乌市场主体走向诚信经营的风向标，反映义乌市场信用状况的晴雨表。YMCI的编制和发布，增强了义乌市场信用的水平和竞争力，也成为义乌市经济社会软实力的一大象征。

在2010年12月22日上午举行的义乌市场信用建设推进会暨义乌民营企业景气指数发布会上，举行义乌市场信用指数在中国经济网上线发布仪式，义乌市场信用指数正式破除地域限制，借助中国经济网的强大平台，进一步扩大影响，实现市场信用意识向更广领域、更深层次的发展。

2010年义乌市场信用综合指数情况分析 2010年义乌市场信用综合指数呈蜿蜒状平稳上升态势，年中虽有起有伏，但未改总体增长格局，最终YMCI从年初的130.20攀升至年末的139.71，增长7.30%。这一走势表明，义乌市政府能够结合自身实际深入贯彻落实科学发展观，通过开展“两创两提”（创新创优，提质提效）活动，提高市场监管和服务部门效能，促使市场信用建设再上新台阶，2010年被列为年度十大平台建设内容之一的现代信用监管平台的构建基本完成，市场发展进一步繁荣。2010年，全市集贸市场总成交额621.1亿元，同比增长11.7%，其中中国小商品城成交额456.1亿元，首次突破450亿元关口，同比增长10.8%，为最近10年市场成交额增长的最好成绩。

义乌市场信用综合指数预警监测状况 根据YMCI波动预警子系统的监测，2010年全年市场信用综合指数的变化特征呈现稳中有升的格局，其中变动幅度处于“N”状态（Normal：正常，即波动处于“－5%～5%”之间）的，有10个月，占83.33%；处

YMCI 2010 年波动预警状况

时 间	YMCI 数值	YMCI 波动幅度	YMCI 波动预警标识
1 月	130.20	≥5%	B
2 月	124.48	−5%～5%	N
3 月	123.14	−5%～5%	N
4 月	126.00	−5%～5%	N
5 月	133.69	≥5%	B
6 月	132.43	−5%～5%	N
7 月	134.25	−5%～5%	N
8 月	137.16	−5%～5%	N
9 月	135.75	−5%～5%	N
10 月	139.53	−5%～5%	N
11 月	140.32	−5%～5%	N
12 月	139.71	−5%～5%	N

于 B 状态(Better：变好，即波动处于"≥5%")的，有 2 个月，占 16.67%。

根据 YMCI 五色灯预警子系统的监测，2010 年全年市场信用综合指数均为绿色灯标识，表明义乌市场信用状况一直处于安全状态。这主要得益于历史上义乌商人一贯重视诚信经商的传统，市场信用建设的基础良好，同时也是一直以来义乌市政府加强市场监管、引领市场主体注重信用建设的结果。

义乌市场信用综合指数月度特点 随着中国经济从国际金融危机中走向复苏，义乌商品出口市场渐显活跃，海关月度出口标箱数大幅增加，2010 年 1 月与 2009 年 12 月相比，增长 38.89%，业绩成长指数大幅上升，该分类指数为 135.36，环比上升 13.17%。主要受此带动，2010 年 1 月 YMCI 攀升至 130.20，比上月净增长 6.78 个百分点，环比上升 5.49%，显示为趋好状态。

2 月，YMCI 有明显回落，收于 124.48，环比下降 4.39 个百分点。这主要是由于华尔街金融风暴的影响尚未完全消除，包括中国经济在内的世界经济回升的基础尚不牢固，需求仍显不足，加上一些国家贸易保护主义的抬头和春节假期市场休市等因素，致使义乌市场业绩下滑。

3 月，YMCI 小幅回落，收于 123.14，环比下降 1.08 个百分点。主要是由于当月受到知识产权指数(−9.26%)、商品质量指数(−7.94%)和市场环境指数(−5.75%)的拖累。

4 月，由于外贸出口量的大幅上升和地方财政收入的增多，业绩成长指数在上月的基础上攀升 17.36%，从而拉动义乌市场信用综合指数，YMCI 收于 126.00，环比上升 2.32 个百分点。

5 月，义乌市场信用综合指数收于 133.69，环比上升幅度较大，比上月增长 6.10 个百分点。在 YMCI 波动预警子系统监测下，市场信用综合指数的波动大于 5%，处于"B"状态。

6 月，义乌市场信用综合指数收于 132.43，与 5 月相比下降 0.94 个百分点，主要是由于知识产权指数下降幅度较大引起的。在 YMCI 波动预警子系统监测下，市场信用综合指数的波动大于−5%小于 5%，处于"N"状态。

7 月，义乌市场信用综合指数为 134.25，主要是由于金融信贷指数对综合指数的贡献。本月 YMCI 环比增长 1.37%，其中金融信贷指数的贡献度占 1.44%。在 YMCI 五色灯预警子系统监测下，处于"绿色灯"区域，市场信用保持安全状态。在 YMCI 波动预警子系统监测下，环比增长 1.37%，处于"N"状态。

8 月，由于知识产权指数攀升，YMCI 收于 137.16，相比 7 月上升 2.17 个百分点。在 YMCI 五色灯预警子系统监测下，8 月义乌市场信用综合指数处于"绿色灯"区域，市场信用保持安全状态。在 YMCI 波动预警子系统监测下，环比增长 2.17%，处于"N"状态。

9 月，受知识产权分类指数回调的影响，义乌市场信用综合指数收于 135.75，与 8 月相比下降 1.03 个百分点。在 YMCI 五色灯预警子系统监测下，9 月义乌市场信用综合指数处于"绿色灯"区域，市场信用保持安全状态。在 YMCI 波动预警子系统监测下，市场信用综合指数的波动大于－5%小于 5%，处于"N"状态。

10 月，受业绩成长指数和市场环境指数的上涨影响，义乌市场信用综合指数上升至 139.53，环比增长 2.78%。在 YMCI 五色灯预警子系统监测下，10 月义乌市场信用综合指数处于"绿色灯"区域，市场信用保持安全状态。在 YMCI 波动预警子系统监测下，市场信用综合指数的波动大于－5%小于 5%，处于"N"状态。

11 月，是新模型正式实施的第一个月，义乌市场信用综合指数收于 140.32，与 10 月相比，增长 0.57%。其中，交易活跃指数和风险可控指数的上涨，是助推 11 月 YMCI 上升的直接原因。本月交易活跃指数 145.49，比上月增长 6.37%；风险可控指数 146.98，比上月增长 10.90%。

12 月，由于市场信用风险加大，风险可控指数处于变坏（Worse）状态，YMCI 降至 139.71。在 YMCI 五色灯预警子系统监测下，12 月义乌市场信用综合指数处于"绿色灯"区域，表明义乌市场整体信用水平处于安全状态。在 YMCI 波动预警子系统监测下，市场信用综合指数的波动大于－5%小于 5%，处于"N"状态。

2010 年 1～10 月份月综合指数和分类指数一览表

	1月	2月	3月	4月	5月	6月	7月	8月	9月	10月
YMCI	130.2	124.48	123.14	126	133.69	132.43	134.25	137.16	135.75	139.53
市场环境指数	122.34	121.18	114.21	111.66	105.81	105.51	107.53	112.01	105.59	122.79
主体素质指数	118.48	118.04	119.18	126.82	141.4	163.74	163.08	162.89	162.76	162.13
业绩成长指数	135.36	95.21	127.73	149.9	142.99	144.2	144.81	139.16	140.18	181.04
金融信贷指数	96.01	96.37	98.55	100.7	103.82	105.29	117.97	112	118.68	104.91
公平竞争指数	133.09	133.03	133.58	129.48	133.76	136.02	137.32	137.77	136.54	137.09
商品质量指数	137.49	139.13	128.09	123.68	119.21	125.04	128.03	127.75	133.11	131.97
知识产权指数	163.9	141.98	128.83	135.36	210.56	157.37	147.96	187.13	160.47	162.24
消费维权指数	139.9	141.72	135.92	138.91	138.78	139.61	139.2	139.44	138.45	139.12

2010 年 11～12 月份月综合指数和分类指数一览表

	11月	12月
YMCI	140.32	139.71
商品质量指数	130.35	132.83
交易活跃指数	145.49	146.35
客商满意指数	144.37	143.9
风险可控指数	146.98	138.63

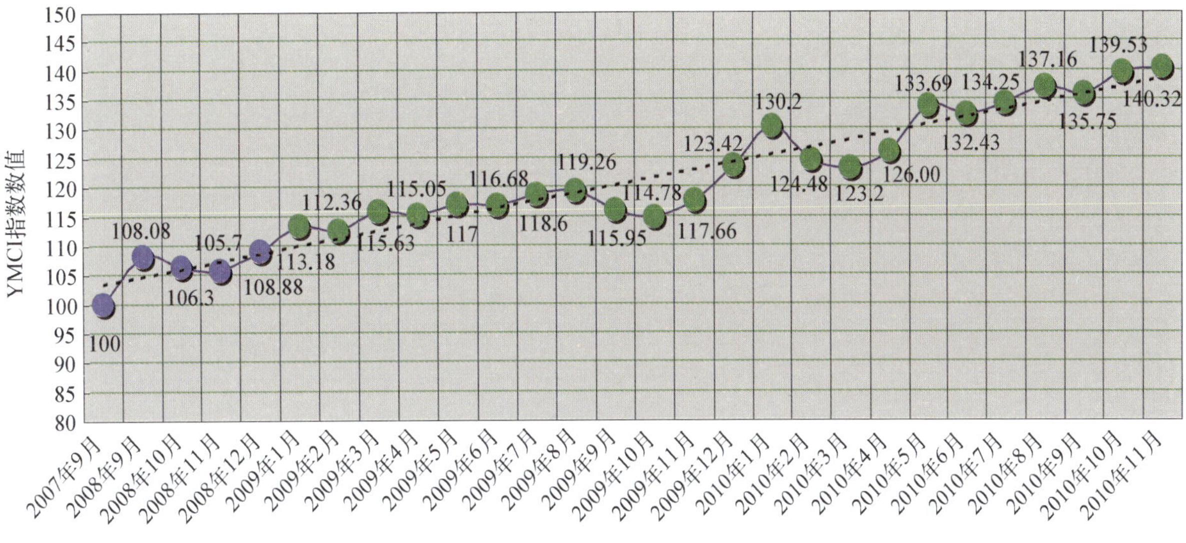

YMCI 走向趋势图

YMCI 监测数据表明，由于义乌内外贸发展态势总体良好，3、4 月业绩成长指数稳步上升，分别为 127.73 和 149.9。

（摘自《2010 年义乌市场信用指数运行分析报告》）

2010年义乌市经济运行分析

工业经济运行情况分析

2010年义乌市工业经济总体上运行态势良好，企业经营情况明显改善，外贸出口加快恢复，节能减排、淘汰落后产能稳步推进，结构调整和发展方式转变取得积极进展。

一、主要经济指标完成情况

工业产值保持较快增长，增幅趋于平稳。全年全市实现工业总产值1174.86亿元，同比增长20.9%。规模以上企业实现工业总产值592.54亿元，同比增长24.92%，增幅比上年同期提高20.94个百分点，其中一季度增长24.24%，二季度增长20.5%，三季度增长25.65%。经济运行平稳性进一步得到巩固，实现销售产值1164.16亿元，同比增长18.22%，增幅比上年同期提高13.29个百分点，产销率达97.38%。实现工业品出口交货值146.6亿元，同比增长33.4%，增幅比上年同期提高33.64个百分点。工业用电量达37.24亿千瓦时，同比增长14.93%，增幅比上年同期提高6.98个百分点。

国内市场稳定增长，外贸出口回升显著。出口在上年较低基数上加快增长。全年工业企业外贸出口产品交货值为146.6亿元，比上年同比增长33.4%，比2008年同比增长19.68%，出口占销售产值比重为13.51%。工业企业内外销增长幅度基本持平，其中无缝内衣、工艺品、圣诞用品等行业的出口增长尤为明显。

工业投资大幅提高，技术改造对工业拉动作用加强。1～9月技改备案项目176个，总投资额58.34亿元，比上年同期增长73%，其中2000万元以上项目56个，总投资额比上年同期增长92.6%。工业性投资37.02亿元，比上年同期增长100%。技术改造对促进工业内涵式发展的作用进一步加强，工业结构调整明显得益于技术改造，据估算，2010年市财政用于技改的资金总计3100万元左右，比2009年的2100万元增长47.6%。

经济效益明显改善。全市规模以上工业企业实现利润同比和环比都出现大幅增加，同比增速36.18%，增幅比上年同期提高36.69个百分点。

工业亿元大户支撑，确保全市工业稳步走高。1～12月，1202家规模以上工业企业中有114家累计上亿元工业企业完成工业总产值303.1亿元，占全市规模以上工业总产值的51.15%，两项指标分别比上年同期增加21家和提高2.81个百分点，平均每家亿元企业完成工业产值2.66亿元，比全部规模以上工业企业平均产值水平高出5.4倍。这些企业中产值比上年同期实现增长的有107家，占上亿元企业数的93.86%。其中产值超2亿元的企业有46家，实现累计产值198.76亿元，其中产值5亿元以上的企业是：华鼎、梦娜、三鼎、浪莎、王斌、华川、华统、真爱、新光、芬莉、宝娜丝、伊美、伟海、顺时针、伟龙、博尼，这些骨干企业的平稳增长有力地支撑了全市工业经济保持较快增长。

二、工业经济运行面临的问题和困难

全球经济复苏基础的脆弱对工业企业出口的压力增加，当前，欧美失业率居高不下，各国高偿债率导致政府紧缩财政支出，社会总需求受到压缩。欧洲主权债务危机的延续可能会加剧欧元对人民币的贬值，针对中国的贸易保护和救济措施也明显增多，对义乌市外贸出口的负面效应可能会逐步显现。

经营环境复杂多变，企业生产经营难度增加。能源、原材料价格快速上涨，用工压力加大。1～8月，工业品出厂价格同比上涨5.6%，而原材料、燃料、动力购进价格同比上涨10.5%，成本普遍上涨20%～25%。中小企业反映融资难的呼声有所增加。尽管商业银行采取单独安排小企业新增贷款规模、单独考核办法，义乌市也对小企业信贷实施风险补偿，但中小企业融资难的问题很难在短期内得到实质性改善。银行存款准备金率连续三次上调，企业融资成本增加。对出口不稳预期担心增加，义乌市以外销为主的加工制造企业，特别是劳动密集型企业，受汇率预期波动的影响，不敢接大单、长单。新的房产调控政策不断出台，对工业经济运行的影响不容忽视。

节能降耗任务重、时间紧、压力大，对工业经济运行影响较大。自8月份开始开展节能降耗、有序用电工作，全市控制用电量过快增长虽然取得明显成效，但同时"开二停一"、"停产15天"等措施也使众多的工业企业不能正常生产，严重影响了工业产值增长，拉低了工业总产值的增幅。经统计，义乌8～9月份企业避峰限电超过7000万千瓦时，相当于单月避峰损失1/10的产值(两个月近20亿元)。

三、2010年工业经济几项重点工作及2011年对策建议

强化目标运行监控。上半年，市经发局对全市工业总量目标进行分解，并落实至各镇(街)，做到计划早安排、早落实。各镇(街道)对本区和重点企业计划进度完成情况进行认真分析，每月通报一次任务完成情况，做到定任务、定目标、定措施、定奖惩，确保目标责任落到实处。强化工业经济运行分析监测工作，坚持月监测、季分析，做到"以月保季、以季保年"。

扎实做好节能降耗工作，确保完成年度和"十一五"能耗控制目标。一是对耗能大户重点监控，实行能耗总量目标控制，及时采取功能性措施，加强项目管理和有序用电管理。二是严格控制新建高耗能项目，提高项目节能准入门槛，把节能评估审查作为项目核准备案的强制性前置审核条件，对达不到行业节能标准、单位产品能耗定额要求的项目不予核准、备案；已经建成的，限期整改，限期整改后仍不达标的，停产或予以关闭。三是全面落实节能降耗责任制，每月对重点耗能大户能耗指标完成情况进行通报，严格考核。四是发挥节能奖励资金作用，采取"以奖代补"形式，鼓励企业做好节能工作；加大政策支持力度，加快节能技术、工艺、设备的推广。五是由市领导带队，对重点用能企业进行分片督查。六是全力抓好淘汰落后产能工作，从源头上抓好节能。2010年市3家企业均提前完成淘汰落后产能的任务，年可节能5000吨标准煤。

抓好项目工作，确保重大工业项目快建设、早建成、早投产。一是千方百计抓好项目促进，找准当前开工项目进展慢、投资缓的症结和节点，进行分类梳理，全力推动年内开工项目尽早开工。二是对三鼎集团年产30万吨锦纶切片、30万吨弹丝加后道，中汽零产业基地，无缝产业科技园等重大项目加大协调力度，及时发现项目引进、建设过程中的矛盾和问题，定期召开项目协调会，积极有效地为项目建设提供优质服务。三是对全市亿元以上重大工业项目实行领导包干负责制，与项目业主单位共同研究，抓好项目组织、协调工作的每个环节。四是加大督查力度，及时通报情况，推动工作落实、项目落实、责任落实。五是进一步完善工业投资工作奖励办法，努力在全市上下营造齐心协力抓项目的局面。六是着眼长远，科学谋划，扎实做好"十二五"规划和项目储备工作，努力形成项目建设开工一批、储备一批、规划一批的良好格局，为全市经济社会发展提供有力的投资保障。

积极推动企业兼并重组和上市工作，提升企业核心竞争力。一是消除企业兼并重组的制度障碍，清理废止各种不利于企业兼并重组和妨碍公平竞争的规定。二是加强对企业兼并重组的政策扶持和引导，加强与财政、税收、国土、人劳等部门的协调，减轻企业兼并重组成本负担和加快兼并重组进程。三是鼓励引导企业创新体制、转换机制，进一步完善法人治理结构，整合内部产业资源和生产要素，建立健全有效的生产和管理模式。四是不断完善扶持政策，充实上市后备企业库，强化引导和服务，开辟绿色通道，帮助企业多渠道、多形式上市。

培育战略性新兴产业和壮大总部经济，形成新的经济增长点。一是加快整合建设义乌经济开发区和义乌工业园区两大省级开发区，积极引进节能环保、新能源、新材料、生物医药、电子科技、信息网络和汽车零部件制造等产业。二是注重与义乌市优势传统产业的结合，把战略性新兴产业的发展与传统产业的改造提升密切结合，加大运用高新技术和先进适用技术来改造提升传统工业。三是重点发展企业总部经济楼宇群，加大经济开发区总部经济区的招商引资力度，优选项目，集聚先进制造业，推动产业链向创意、研发、检测、培训等领域延伸，强化产业支撑，增强可持续发展能力。

抓协调服务，为企业排忧解难，努力优化企业发展环境。以"两创两提"主题活动为契机，继续开展为企业解难题办实事活动，提高为企业服务的能力和水平。继续把为企业办实事、解难题、做好事作为服务企业的中心环节来抓，进一步形成服务企业的长效机制和有效模式，提高办事效率和办事质量。要进一步加强部门间的沟通和协调，形成重工扶工的合力，强化服务意识，提高工作效能，减轻企业负担，切实为企业健康发展营造良好环境。要进一步加强工业经济运行的监测和分析，把握经济运行动态，对工业经济运行中出现的新情况、新问题能及时预测、预警并提出快速反应对策。要加强政策调研，加强对政府政策的宣传和贯彻落实，用足用好现有政策，充分发挥职能作用，当好政府参谋、企业助手。

（义乌市经济发展局供稿）

金融运行形势分析

2010年，全市各金融机构顺应宏观调控形式，落实"有扶有控"的导向要求，存款增势平稳，贷款增势较快，信贷结构不断优化，信贷投放适度、平稳、有序。

存款增长平稳，增势有所回落。截至2010年12月底，义乌市本外币存款余额1500.5亿元，比年初增加242.4亿元，同比增加36.1亿元，增幅19.7%。其中企事业单位存款、储蓄存款、其他存款余额分别为380.4亿元、836.4亿元和283.3亿元，分别比年初增加102.9亿元、103.2亿元和36.1亿元。其中企事业单位存款出现快速增长，同比增加56.0亿元，主要是由于企业定期存单质押贷款的增加带动企业定期存款大幅增加90.6亿元，同比增加58.0亿元。储蓄存款增长乏力，分流明显，同比减少56.4亿元。其他存款增长较明显，同比增加35.7亿元，主要是由于银行承兑汇票余额同比增加54.2亿元，带动保证金存款增长。

贷款增长较快，增势趋于平稳。截至2010年12月底，义乌市本外币贷款余额1062.9亿元，比年初增加195.7亿元，同比增加35.7亿元，增幅22.6%。主要是受适度宽松的货币政策及积极的财政政策影响，企业贷款需求旺盛，贷款增量创新高。从投放节奏看，受货币政策回归常态并转为稳健的影响，贷款增量在保持相对均衡的格局下逐季减少，4个季度新增贷款分别为84.3亿元、53.6亿元、41.9亿元和15.9亿元。从期限结构看，中长期贷款占比得到提升，新增中长期贷款占比同比提高13.6个百分点，主要是由于银行加大技改贷款、固定资产贷款等中长期贷款投放力度。从贷款主体看，新增企业贷款占比72.2%，同比提高1.6个百分点。一方面是中小企业的信贷支持力度不断加大，全年新增企业贷款卡1392户，新增贷款超过17亿元。另一方面是各行纷纷创新推出更加符合小企业需求的信贷产品。从投放机构看，国有银行与地方银行仍然是信贷投放的主体，占全年新增贷款58.8%，受股份制银行数量增加影响，股份制银行的新增信贷市场份额逐年上升，同比提高2.4个百分点。从投放币种看，人民币贷款同比增加37.8亿元，同比增幅22.7%；外币贷款同比减少2649万美元，同比增幅10.2%，增速低于人民币贷款增速12.5个百分点，主要是由于进出口贸易融资同比减少5628万美元。

顺应宏观调控导向，优化提升信贷结构。2010年，金融机构顺应经济转型升级内在要求和宏观调控导向要求，坚持“有扶有控”信贷政策，合理把握信贷投向，结构不断得到优化，投向趋于合理。从投向行业看，一是国家十大振兴行业成为投放重点，全年新增贷款90.5亿元，快于全市平均贷款增速1.5个百分点，其中新增固定资产与技改贷款19亿元，金融成为支持企业转型升级的重要推手。二是积极落实绿色信贷政策，严格控制“两高一剩”行业贷款增长，环境违法企业存量贷款下降10%，同时新增节能减排贷款2.01亿元。三是严格落实房地产宏观调控政策，坚决遏制投机行为，满足个人合理的购房贷款需求，个人住房消费贷款比年初增加3.6亿元，同比减少2.1亿元。从投向结构看，制造业仍然是贷款的主要投向。12月底，制造业、批发零售业、房地产与建筑业、商务服务业、交通运输仓储业、农林牧渔业、住宿餐饮业及其他行业贷款余额占比分别为72.0%、11.2%、6.5%、3.7%、2.7%、1.5%、1.5%和0.9%；同时，中小企业成为投向重点，12月底，大中小企业贷款余额占比为10.0∶41.8∶48.2，中小企业贷款余额占比同比提高1.2个百分点，其中小企业贷款余额占比同比提高1.7个百分点。

创新力度加大，助推经济转型。2010年，金融机构抓住义乌经济正处于转型升级关键期的有利时机，在中国人民银行金融创新服务指引的指导下，加大金融创新力度，有针对性地推出一系列体现区域经济特点、契合多层次需求的融资和金融服务模式。稳步推进跨境贸易人民币结算试点业务，加大对外贸企业的金融服务。试点实施后，办理跨境贸易人民币结算业务17笔，金额1782万元。开展信贷产品创新，全方位、多层次地加大对中小企业的信贷支持力度。如恒丰银行义乌支行成功发行“中小企业集合票据”，义乌市企业首次实现在银行间债券市场融资，拓宽了企业融资的渠道与视野。义乌农村合作银行成功发放金华辖区首笔商标专用权质押贷款，中信银行率先发放专利权质押贷款等。人民银行义乌支行积极指导成立个人本外币兑换特许公司，5月11日，义乌中国小商品城本外币兑换有限公司成立；同时，指导中国银行10月26日办理全国首笔个人远期结售汇业务，推进了外汇管理工作。

信贷风险趋于稳定，不良贷款处置加快。截至2010年12月底，全市不良贷款余额12.1亿元，比年初下降2.2亿元，不良贷款率1.13%，比年初下降0.52个百分点。受经济形势好转等有利因素影响，2010年新增不良贷款3.7亿元，比上年减少2.1亿元。同时，不良贷款处置有所加快，全年收回及处置不良贷款5.9亿元。

金融市场快速发展，结售汇规模高位增长。2010年底，义乌市已有银行业金融机构18家(另有3家正在筹建)及2家小额贷款公司，保险机构36家，证券公司营业部9家，期货公司5家，同时工商银行等成功升格为分行，国资、民营担保公司良性发展。在进出口额较快增长的带动下，外汇收支高位增长，2010年跨境涉外收支达到180.5亿美元和3.55亿美元,分别增长35.9%和45.1%;银行累计办理结售汇金额179.2亿美元和1.87亿美元,分别增长20.2%和17.7%。跨境收支与结售汇规模双双达到历史最高水平。

(中国人民银行义乌市支行供稿)

消费市场运行态势分析

2010年,在宏观经济形势进一步好转、国家促进消费政策继续实施和延续的大背景下,义乌市消费市场承接上年良好的发展态势,总体上继续保持平稳较快增长,消费需求旺盛,市场持续活跃。

一、消费市场高位增长

居民消费需求旺盛。据初步统计,全市2010年实现社会消费品零售总额290.4亿元,同比增长18.9%,在全国经济强县中位居前列。规模企业拉动消费作用明显,以世纪联华、银泰为代表的重点骨干企业起到支撑作用。从监测的11家企业来看,实现同比增长的有9家,增长10%以上的有8家。其中7家大型商场超市实现销售额15.3亿元,同比增长23%。

热点消费明显集聚。体现生活质量提升的汽车、家用电器、金银珠宝、通讯器材等高档耐用消费品销售仍保持高速增长。汽车消费势头强劲,全年新车上牌33405辆,同比净增28.7%,特别是中高档车销势良好,其中进口车销售3749辆,同比销量翻了一番,车辆购置税55501万元,比上年同期增长53%;服装类、珠宝类商品销售快速增长,三大商场的服装珠宝实现销售额4亿元,同比增长50%;化妆品销售继续走俏,各大商场超市实现销售额1.4亿元,同比增长27%;家用电器继续热销,新虹、五星等四大卖场销售额2.26亿元,同比增长14.4%。

政策效应继续放大。在国家惠民政策的有力推动下,政策扶持产品持续旺销。全市家电下乡产品销售继续呈现强劲势头,销售量为36630件,销售额9155万元,同比分别增长56%和65%;汽车、摩托车下乡销售9459辆,销售额3.09亿元;家电以旧换新吸引众多市民消费,全市共计销售五类家电36224台,销售额1.44亿元。

餐饮服务消费持续升温。全市住宿餐饮企业发展势头强劲,经营主体增量发展。全年餐饮消费额23.13亿元,同比增长14%,快速餐饮发展成为一大亮点,"匆忙客"等一批品牌快餐因适应义乌快节奏的城市生活而发展迅猛,全市餐饮业新增各类主体839个;住宿消费总额2.80亿元,同比增长21.4%,其中15家星级宾馆住宿率67.42%,比上年提高9.16个百分点;旅游市场红火,市内旅行社组团旅游28.72万人次,同比增长28.3%。

特殊行业运行平稳。生猪定点屠宰量继续保持增长,年屠宰量106.62万头,同比增长10.79%,其中本地消费量851773头,同比增长19.9%。盐业供应稳中有升,全市食用盐供应量1.65万吨,同比增长11.54%;汽车更新换代现象明显,二手车市场全年成交17260辆,同比增长6.27%。拍卖业平稳有序,市内7家拍卖公司共举办各类拍卖活动210场次,与上年同比增加8场,拍卖成交额10.82亿元。

二、消费市场繁荣的主要因素

居民收入持续增长。2010年,全市城镇居民人均可支配收入35220元,农民人均收入14775元,同比分别增长14.2%和14.5%。城乡居民收入的增加,使消费能力不断提升,为消费增长提供了保证。

网络体系逐步完善,消费环境明显改观。大型商业网点的优化,使得可供居民选择商品的余地加大。如义乌银泰,销售比上年翻了近一番。全市农村社区商业网点不断增加,有加利等龙头企业加快农村连锁配送店的建设和升级步伐,农村配送额增长19.5%。全市农村建立连锁配送店590家,社区连锁便利店总数137家。另外，新兴24小时便利店发展态势迅猛，如“十足”便利店，年内新开设28家，总数85家，辐射范围向城郊农村扩展。

扩大内需政策的有力推动。家电汽车下乡、以旧换新等一系列扩大内需的政策继续加大力度，有力促进了即期消费的实现。以汽车为例，在小排量车购置税减免、汽车下乡、以旧换新等政策的综合作用下，车市异常火爆。

物价上涨助推消费额增加。2010年，居民消费价格指数和商品零售价格指数分别上涨6.1%和6.2%，直接助推消费增长。

商家积极促销造势。大型百货商场在促销期间的销售占全年销售的60%以上。全市共开展大型促销活动80余场，激发居民的消费热情，拉动了市场消费的增长。

三、下一步走势及工作重点

加快大型商业网点建设进度。鉴于大型网点的带动作用和集聚作用，以重大商贸业招商政策为契机，抓紧落实市区北门街荷花芯地块、稠江商贸区等大型零售网点项目，加快已落地项目的建设，引进国内外知名商贸零售企业，提升零售业档次，完善城市商业功能。

谋划特色商业街的布局。品牌和特色是零售业吸引消费者的立足之本，应鼓励引进国内外高端、时尚的著名品牌，培育一批国内外知名品牌专柜、专卖店和专业街。以篁园服装市场开业为契机，加快周边商业街的布局，形成与市场相配套的零售特色街；以银泰等网点为龙头，改造提升工人路时尚休闲服饰特色街。

健全社区农村商业流通体系。完善社区商业便民服务体系，积极推广凤凰社区大力发展社区商业经验，配套各类便民商业服务网点，完善市级96150家政服务平台的建设。提升发展餐饮业，扶持“放心早餐”工程建设，发展特色餐饮集聚区，形成多层次、特色化的餐饮服务网络。加快农村中心镇的商贸设施建设，在中心镇适当布局一些较大规模的超市、购物中心，提高中心镇连锁网点覆盖面。

（黄　建）

2010年义乌市城乡居民收支情况分析

城镇居民收支情况分析

2010年,义乌市城镇居民收入保持平稳增长态势,人均可支配收入35220元,总体收入水平居全省第一;城乡社会和谐发展,城乡居民之间收入差距呈缩小态势。

一、可支配收入的构成与变动趋势

根据城镇居民抽样调查显示,2010年义乌市城镇居民人均可支配收入35220元,比上年增加4379元,增长14.2%,增速同比上升6.8个百分点,扣除价格因素,实际增长10%,实际增幅同比上升2.6个百分点。与金华市区与全省比较:比金华市区城镇居民人均可支配收入25029元增加10191元,高出40.7%,比金华市区增幅9.2%增加5个百分点;比全省27359元增加7861元,高出28.7%,比全省增幅11.2%增加3个百分点。其中,工资性收入15883元,同比增长6.1%;经营净收入5604元,同比增长18.8%;财产性收入10016元,同比增长30.1%;转移性收入3717元,同比增长7.6%。

义乌市2010年城镇居民人均可支配收入构成情况

项目	2010年		2009年	
	人均(元)	占比(%)	人均(元)	占比(%)
可支配收入	35220	100	30841	100
1. 工资性收入	15883	45.1	14969	48.5
2. 经营净收入	5604	15.9	4718	15.3
3. 财产性收入	10016	28.4	7700	25
4. 转移性收入	3717	10.6	3454	11.2

可支配收入增长原因有4个方面:一是工资性收入略有增长,2010年城镇居民人均工资性收入为15883元,同比增长6.1%,其增长主要是受政策性因素影响,如政府出台提高社会最低保障工资、教师增资及补发工资等一系列调资政策,刺激私营企业也在不同程度上提高职工薪酬。二是经营净收入增长较快,在全球金融危机的情况下,政府大力扶持私营企业渡过金融危机的“寒流”,使个体、私营企业主的收入能得到保证和提高,使2010年城镇居民人均经营净收入增长较快,为5604元,同比增长18.8%。三是财产性收入大幅增长,2010年城镇居民人均财产性收入为10016元,同比增长30.1%,主要是由于出租

房屋收入增加引起的。城镇居民人均出租房屋收入8136元,同比增长26.0%。其增长的主要原因为出租房屋总供给量增加,闲置出租房屋少,租金有所提高,因而导致出租房屋收入比上年增加,增长幅度较大,从而引起市城镇居民人均财产性收入大幅增长。四是转移性收入增长7.6%,城镇居民人均转移性收入3717元,同比增长7.6%,主要是养老金或离退休金增加引起的。城镇居民人均养老金或离退休金收入3465元,同比增长10.0%,其增长的主要原因是离退休人员养老金标准提高。企业退休人员普遍提高养老金标准,并全部得到兑现;行政事业单位离退休人员提高养老金标准,退休教师养老金大幅提高;企事业单位普遍提高了离退休人员的节日补贴。

义乌市2010年城镇住户收入指标

单位:元

项 目	2010年	2009年	增加额	增幅(%)
人均可支配收入	35220	30841	4379	14.2
1. 工资性收入	15883	14969	914	6.1
2. 经营性收入	5604	4718	886	18.8
3. 财产性收入	10016	7700	2316	30.1
(1) 利息收入	535	451	84	18.6
(2) 股息与红利收入	469	401	68	17
(3) 出租房屋收入	8136	6458	1678	26
4. 转移性收入	3717	3454	263	7.6
(1) 养老金或离退休金	3465	3151	314	10
(2) 赡养收入	331	326	5	1.5

二、收入增长主要特点

根据横向资料显示,在全省16个经济强县(市)中,只有义乌市城镇居民人均可支配收入突破35000元,全省平均27359元,增长11.2%。市城镇居民人均可支配收入居全省之首,萧山区位居第二,绍兴县位居第三;增幅最大的是义乌市,其次是绍兴县。最低收入群体的收入大幅度增长。将120户调查户分成5组,不同层次组的城镇居民人均可支配收入跟2009年比有增有减。其中增加最快的是最低收入组,人均可支配收入12324元,同比增长30.7%;其次是次高收入组,人均可支配收入38940元,同比增长14.4%;第三是次低收入组,人均可支配收入21686元,同比增长14.3%;第四是高收入组,人均可支配收入79380元,同比增长6.4%;下降的是中收入组,人均可支配收入25428元,同比下降2.4%。高低收入组差距缩小,城乡居民之间的收入差距呈缩小趋势。从城镇居民和农村居民看,2009年,城镇居民人均可支配收入是农村居民人均纯收入的2.39倍,而2010年为2.38倍,说明义乌市城乡居民之间的收入差距有逐渐缩小趋势。

义乌市2010年按五等五个层次分组城镇居民人均可支配收入情况

项 目	总体平均	高收入组	次高收入组	中收入组	次低收入组	最低收入组
2010年人均可支配收入(元)	35220	79380	38940	25428	21686	12324
2009年人均可支配收入(元)	30841	74582	34045	26061	18974	9427
增减绝对值(元)	4379	4798	4895	633	2712	2897
增长率(%)	14.2	6.4	14.4	−2.4	14.3	30.7

城镇居民人均消费性支出情况分析

根据城镇住户抽样调查资料显示，2010年，义乌市城镇居民人均消费性支出24202元，比上年增加2582元，增长11.9%，增速同比上升7.2个百分点，扣除价格因素，实际增长7.8%，实际增幅同比上升3.1个百分点。与金华市区和浙江省比较：比金华市区城镇居民人均消费性支出17386元，增加6816元，高出39.2%，比金华市区的增幅9.7%，增长2.2个百分点；比全省城镇居民人均消费性支出17858元，增加6344元，高出35.5%，比全省的增幅7.0%，增长4.9个百分点，其中城镇居民八大类消费支出均有所增长。

食品支出有所增长，恩格尔系数略有下降。2010年义乌市城镇居民人均食品支出7723元，同比增长11.6%，占消费性支出的31.9%，即恩格尔系数为31.9%，比上年同期的32.0%，下降0.1个百分点。构成食品支出的9项支出中除在外饮食支出略有下降外，其余几项均有不同程度的增长，其中肉禽蛋水产品类支出1612元，同比增长4.7%；糖烟酒饮料类支出963元，同比增长25.7%；蔬菜类支出670元，同比增长22.5%；粮油类支出528元，同比增长8.9%。此4项支出的大幅增长直接导致一季城镇居民人均食品支出的增长。

衣着和居住支出分别增长20.3%和10.8%。2010年市城镇居民人均衣着支出2139元，同比增长20.3%。其增长的主要原因：一是春节发生的时间差异，2月份是春节，购买服装发生在1、2月份，而上年度的春节是在1月份，有的家庭户购买春节服装在上年的12月份，使购买服装、鞋类的数量增加。二是物价上涨，使购买服装的单价有所上升，从而导致一季度衣着支出的大幅增长。人均居住支出2729元，同比增长10.8%，主要是住房装潢支出和水电燃料及其他支出增加引起的。城镇居民人均住房装潢支出1119元，同比增长12.5%；水电燃料及其他支出1144元，同比增长27.3%。

家庭设备用品及服务支出增长迅猛。2010年市城镇居民人均家庭设备用品和服务支出1519元，同比增长31.6%。其中耐用消费品支出686元，同比增长47.2%，其增长的主要原因是居民家庭户搬新房，更新家具，从而引起人均家庭设备用品和服务支出迅猛增长。

医疗保健与交通和通讯支出分别增长9.1%和6.6%。2010年市城镇居民人均医疗保健支出1296元，同比增长9.1%，其增长的主要原因是药品费和滋补保健品支出的增加引起的。城镇居民人均药品费支出734元，同比增长20.3%；人均滋补保健品支出300元，同比增长14.9%。人均交通和通讯支出5366元，同比增长6.6%，主要是燃料支出和通信支出增加引起的。人均燃料支出895元，同比增长37.0%；人均通信支出1080元，同比增长15.1%。

教育文化娱乐服务支出增长11.0%。2010年，市城镇居民人均教育文化娱乐服务支出2779元，同比增长11.0%，主要是文化娱乐用品及旅游支出的增加引起的。人均文化娱乐用品支出675元，同比增长23.2%；人均参观游览和团体旅游支出666元，同比增长20.9%。

其他商品和服务支出增长较快。人均其他商品和服务支出为651元，同比增长12.6%。

2010年义乌市城镇居民家庭消费支出情况

单位：元

项　　目	2010年	2009年	增加额绝对值	增减(%)
消费性支出	24202	21620	2582	11.9
一、食品	7723	6921	802	11.6
1. 肉禽蛋水产品类	1612	1539	73	4.7

续 表

项　　目	2010年	2009年	增加额绝对值	增减(%)
2. 蔬菜类	670	547	123	22.5
3. 粮油类	528	485	43	8.9
4. 糖烟酒饮料类	963	766	197	25.7
二、衣着	2139	1778	361	20.3
三、居住	2729	2463	266	10.8
1. 住房装潢支出	1119	995	124	12.5
2. 水电燃料及其他	1144	899	245	27.3
四、家庭设备用品及服务	1519	1154	365	31.6
1. 耐用消费品	686	466	220	47.2
2. 家庭日用杂品	501	400	101	25.3
五、医疗保健	1296	1188	108	9.1
1. 药品费	734	610	124	20.3
2. 滋补保健品	300	261	39	14.9
六、交通和通讯	5366	5036	330	6.6
1. 交通	4286	4098	188	4.6
燃料	855	624	231	37.0
2. 通信	1080	938	142	15.1
七、教育文化娱乐服务	2779	2503	276	11.0
1. 文化娱乐用品	675	548	127	23.2
2. 参观游览和团体旅游	666	551	115	20.9
八、其他商品和服务	651	578	73	12.6
1. 金银珠宝饰品	223	85	138	162.4

（朱庆生）

农村居民收支情况分析

2010年是“十一五”计划的收官之年。义乌市各级党委、政府严格执行年初制订的各项计划，把加快农村发展、提高农村居民生活质量、加速城乡一体化进程放在重要位置，狠抓各项惠农政策的落实，加大对农村基础设施的投入力度。义乌市农村经济呈现良好发展态势，农村居民收入快速增长。据抽样调查，义乌市农村居民2010年人均纯收入14775元，较上年增加1876元，同比增长14.5%，超出年初8%的预期。

一、收入增长情况

工资性纯收入增长13.4%。2010年，市农村居民人均工资性收入6948元，较上年增加821元，同比增长13.4%。其中人均在非企业组织中劳动得到的收入249元，较上年增加36元，增长16.7%；人均本乡地域劳动收入 6046 元，较上年增加 579 元，增长 10.6%；人均外出从业收入 654 元，较上年增加 208 元，增长 46.5%。

家庭经营性纯收入增长 7.7%。2010 年，义乌市农村居民人均家庭经营性收入 4764 元，较上年增加 340.5 元，同比增长 7.7%。第一产业年人均纯收入 1188 元，较上年增加 28 元，同比增长 2.7%。其中种植业年人均纯收入 963 元，较上年增加 73 元，同比增长 8.3%。义乌市农村居民非农产业年人均收入 3692 元，较上年增加 313 元，同比增长 9.3%。其中第二产业人均年纯收入 1291 元，较上年增加 176 元，同比增长 15.8%；第三产业人均年纯收入 2401 元，较上年增加 137 元，同比增长 6.1%，第三产业中的批零贸易、饮食业年人均纯收入 1736.7 元，较上年增加 181 元，同比增长 11.7%。

财产性纯收入增长 35.1%。2010 年，义乌市农村居民财产性人均纯收入 2021 元，较上年增加 525 元，同比增长 35%。其中租金人均纯收入 1630 元，较上年增加 395 元，同比增长 31.96%。

转移性纯收入增长 22.0%。2010 年，义乌市农村居民转移性纯收入 1042 元，较上年增加 188 元，同比增长 22.0%。其中离退休养老金人均纯收入 423 元，较上年增加 53 元，同比增长 14.3%。

二、收入增长的主要特征

工资性收入增长仍占主导地位。据抽样调查，2010 年义乌市农村居民工资性收入较上年增加 821 元，同比增长 13.4%，对年人均纯收入增长的贡献率为 43.8%。可以看出工资性收入增长仍为农村居民纯收入增长的主要动力。从工资收入结构来看，在本乡镇内务工收入增长对工资性收入增长的贡献率为 70.4%，在本村附近工厂打工赚取工资仍是农村居民收入的主要来源。而外出从业工资性收入增长(主要为在乡外县内务工)对工资性收入增长的贡献率虽只为 25.3%，但增长较为迅速，增幅 46.5%。2010 年，义乌经济贸易发展积极向好，加之物价上涨，生活消费支出增多，推动了务工工资的增长，越来越多的农民开始倾向于去离家较远但收入更高的工厂打工，义乌农村务工人员流通的范围开始变大，这将有利于农村剩余劳动力的合理转移。

政策扶持、农产品价格上涨促使农业收入增长。2010 年，义乌市继续加大对农业的扶持力度，出台增加粮食补贴、深化土地改革、帮助解决农产品流通环节上的阻碍等一系列措施，并且卓有成效。再则虽然由于上半年“倒春寒”等恶劣天气频发，农业产量有所减少，但是因为蔬菜等农产品价格普遍上涨，有的价格更是涨了几倍。两方面因素促使义乌农民务农收入增长。据抽样调查，人均农业收入增长率为 8.3%。

义乌市农村第二、第三产业快速复苏。2010 年，义乌农民人均从家庭经营二、三产业获得纯收入 1291 元，较上年增加 313 元，同比增长 9.26%，对人均年纯收入增长的贡献率为 16.7%。增收的原因：社会主义新农村建设，不仅给农村二、三产业创造良好发展机遇，也给农民提供大量的就业机会，同时带动了农村相关服务业的发展，促进了农村劳动力就地转移及农民收入的增加；经历过 2008 年经济危机后，从 2009 年下半年开始，随着外部经济形势的好转，义乌市场开始回暖，客流量增加，交易量增大，订单增多，促进了义乌市二、三产业的快速复苏。

租金收入增长成为义乌市农民增收亮点。义乌是商贸名城，每年都有大量的外来人员到义乌来经商打工。乐业必先安居，租房成为外来务工人员到义乌后的首要事项。随着新农村建设的深入，至 2010 年底，全市累计有 181 个村启动旧村改造，其中 97 个村实施全拆全建，54 个村基本完成改造。旧村改造后，农民手头空余房屋增多，“吃租金”成为农村居民另一项主要收入来源。据抽样调查，租金人均纯收入 1629 元，较上年增加 395 元，对年人均纯收入增长的贡献率为 21%。2010 年来义乌务工的人员增加，而且务工工资也大幅增加，房租也跟着水涨船高，2010 年全市农村房租涨三成以上。

总体上看来，义乌市农民增收呈现多点开花态势，工资性收入，二、三产业收入，租金收入均快速增长，各项政策的落实和经济环境的好转使得农村居民从中获益。

（杨　程）

大 事 记

“十一五”(2006～2010)50件大事

2006年

1月1日,义乌至宁波“海铁联运”正式开通。

同月12日,全国纺织工业工作会议上,义乌被命名为“中国袜业名城”和“中国无缝针织服装名城”。

同月13日,义乌被命名为“浙江省首批体育强市”。

同月17日,全省第一张澳门籍个体户工商营业执照在义乌颁发。

2月22日,市委制定《关于开展新时期“义乌精神”大讨论活动的实施意见》,新时期“义乌精神”表述语概括为“勤耕好学,刚正勇为,诚信包容”12个字。

4月5日,义乌首次开通直达越南边境口岸的客车。

同月7～9日,首届中国义乌(国际)文化产业博览会在梅湖会展中心举行。

10月22日,由国家商务部和义乌市政府共同编制的义乌·中国小商品指数正式向全球发布。

12月31日,义乌被省委、省政府命名为“浙江省示范文明城市”。

12月,经国务院批准,义乌市被列为全国首批外事审批权试点县级市(区)。

2007年

2月12日,义乌市被国家环保总局命名为“国家环保模范城市”。

4月4日,义乌市成为全国首批新农村电气化市。

同月26日,中国国际贸易促进会批复同意义乌单独组团出国办展。

5月23日,义乌被中国包装联合会授予“中国商品包装印刷企业基地”称号。

10月2日,义乌—香港直飞航线开通。

同月中旬,义乌被列为全国唯一的国家知识产权试点县(市)。

11月9日,义乌国际商贸城名列“浙江最值得去的50个景区”之一。

12月6日,义乌市被国家旅游局命名为“中国优秀旅游城市”。

同月14日,义乌研制的全国首台单机最大功率(3200 kW)瓦斯气发电机组投产仪式举行。

同月21日,全国首个出口饰品监管示范区落户义乌。

2008年

1月23日,全国首个市场信用指数发布平台在义乌建立,并成功发布首期义乌市场信用指数报告。

2月1日,义乌市被国家住房和城市建设部授予“国家园林城市”称号。

4月1日,义乌市被国家食品药品监督管理局命名为“国家食品安全示范市”。

4月30日,省政府办公厅下发《关于印发2008年浙江省深化改革实施意见的通知》,义乌市被列为“浙江省统筹城乡综合配套改革试点区”。

6月25日，义乌市志编辑部被中国地方志指导小组确定为全国第二轮修志工作试点单位。

10月7日，根据中央政策研究室和中央财经领导小组办公室发布调研报告，义乌被列为全国改革开放18个典型地区之一。

10月21日，义乌市被中国塑料加工工业协会命名为“中国合成革国际工贸基地”。

10月31日至11月2日，首届中国义乌（国际）森林产品博览会在梅湖会展中心举行。

12月1日，义乌“从鸡毛换糖到世界超市”、“外来建设者参政议政”和“强县扩权改革”入选浙江省改革开放30周年100个典型事例。

同月18日，义乌市被浙江省关注森林组委会命名为“浙江省森林城市”。

2009年

2月9日，市政府出台《关于全面推进新农村建设实施意见》。

3月27日，在“综合改革年”活动暨国有资产管理体制改革动员大会上，宣布重组成立义乌市国有资产经营有限责任公司、小商品城恒大开发有限责任公司、市交通发展有限责任公司和市公用事业有限责任公司。

4月28日，义乌市被中国书法家协会命名为“中国书法之乡”。

7月8日，由中国城市竞争力研究会发布的“中国城市分类优势排行榜”中，义乌市跻身全国县级市综合竞争力第十五位，成长竞争力第九位。

同月15日，义乌海关正式开关，并对外办理业务，这是杭州海关区内首个设立在县级市的隶属海关。

9月7日，国际商业杂志《福布斯》发布“中国大陆最佳商业城市榜”，义乌市名列其中。

10月16日，总投资18亿元的义乌国际博览中心建成并投入使用。

11月2日，全国区域教育发展特色示范县（市、区）评估验收专家组授予义乌市“全国区域教育发展特色示范市”称号。

同月12～15日，首届中国国际旅游商品博览会在国际博览中心举行。

12月16日，义乌市获“全国商标发展百强县”第二位。

2010年

1月11日，国家科学技术奖励大会在北京举行，义乌荣膺“全国科技进步先进市”五连冠。

同月16日，由人民网举办的人民盛典暨责任中国2009人民网年度评选揭晓，义乌市荣获“新中国成立60周年最受关注的十大会展城市”，“义博会”荣获“新中国成立60周年最受关注的十大会展”。

△ 第三次全国文物普查通过省级验收，义乌市新发现133处古遗址和古建筑。

2月25日，国家文化部正式发函批复，同意与浙江省人民政府联合主办2010中国义乌文化产品交易博览会，义乌“文博会”正式升格为国家级博览会。

5月17日，义乌市被全国绿化委员会授予“全国绿化模范县（市）”荣誉称号。

7月5日，义乌市被评为“浙江省农村住房改造优秀县（市）”。

7月21日，市委十二届八次全体（扩大）会议暨市政府第七次全体会议召开，审议通过《中共义乌市委关于推进生态文明建设的决定》。

8月14～15日，2010全国县域经济科学发展交流年会上公布第十届全国县域经济百强县（市）名单，义乌位列全国百强县（市）第八名。

11月，义乌市获“中国塑料箱包（国际）工贸之都”称号。

12月10日，在全国纺织产业集群工作会议上，义乌市荣获“中国手套名城”称号。

2010年大事记

1月

7日，中共中央政治局委员、中央军委副主席徐才厚在义乌考察。

△“长三角最具投资价值县市”评选在上海“第四届长三角投资发展论坛”会上揭晓，义乌市荣获“最具创新力奖”，在4个入选县（市）中排名第二。

△义乌市现代物流发展领导办公室成立，成为全省首家正式挂牌成立的专门物流管理职能机构。

11日，国家科学技术奖励大会在北京举行，义乌荣膺“全国科技进步先进市”五连冠。

15日，民进义乌支部成立。

16日，由人民网举办的人民盛典暨责任中国2009人民网年度评选揭晓，义乌市荣获“新中国成立60周年最受关注的十大会展城市”，“义博会”荣获“新中国成立60周年最受关注的十大会展”。

△第三次全国文物普查通过省级验收，义乌市新发现133处古遗址和古建筑。

20日，华夏银行义乌支行开业。

△在人力资源市场举行全市“反盗抢”公开宣判处理大会。

△经海关总署批准，浙江贝克曼服饰股份有限公司成为义乌市首家海关管理AA类企业。

28日，首批中外特色农副产品馆在义乌副食品市场名特优新农副产品展销中心试营业。

△国家级城镇化与村镇建设动态监测关键技术研究项目示范基地落户义乌市，佛堂镇和苏溪镇作为东部典型的快速发展村镇成为该项目的试点基地。

29日，佛堂镇成为全省首个“大综合”行政执法试点镇。

2月

1日，政协义乌市第十一届四次会议召开，4日闭幕。

2日，义乌市十三届人大四次会议召开，5日闭幕。

5日，《丽水市、义乌市进一步加强区域合作框架协议》签约仪式在义乌海洋酒店举行。

10日，《化妆笔行业联盟标准》对外发布正式实施。

24日，“创新创优、提质提效”主题活动6000人动员大会在梅湖体育馆举行。

25日，国家文化部正式发函批复，同意与浙江省人民政府联合主办2010中国义乌文化产品交易博览会，义乌“文博会”正式升格为国家级博览会。

3月

8日，义乌至上海直达世博会班车，获世博会直通车“通行证”。

10日，市委、市政府出台《关于进一步加强人口与计划生育工作的实施意见》，奖励农村计生工作。

12日，国家知识产权局批复同意义乌市为国家知识产权示范城市创建市。

13日，国务院研究室专家来义乌调研国际贸易综合改革工作。

15日，义乌商贸服务业集聚区入选省级产业集聚区。

25日，老红军冯志祥(1910～1987)的骨灰由广西迁葬赤岸镇神坛村。

27日，中共中央政治局常委、中央纪委书记贺国强到义乌视察。

4月

1日，佛堂镇列入全国经济发达镇行政管理体制改革试点。

8日，义乌第一条库存专业街——梅湖库存贸易专业街一期市场试营业。

13～15日，义乌遭遇14年来最严重的倒春寒，最低温度跌至4℃至6℃。

20日，2010中国义乌文化产品交易博览会在义乌国际博览中心开幕，23日闭幕，实现成交额28.07亿元。

21日，央视“寻宝·走进义乌”大型民间收藏鉴宝活动在国际商贸城2区西大门进行宝物海选，11件民间宝物入围藏品。

23日，2010“书香义乌”读书活动节启动，“义乌讲坛”同时开讲。

24日，义乌市首届广场汽车文化节在绣湖广场举行，当场成交汽车100余辆。

27日，全国县级市首块巨幅银幕(高10米，宽18米)落户义乌影都，当晚举行《叶问2》首映。

28日，第五十九届中国教学仪器设备展示会在义乌国际博览中心开幕。

29日，原中共中央政治局常委、中央纪律检查委员会书记吴官正视察国际商贸城后，精辟概括义乌市场拥有全国“四个最”(市场全国最大、商品全国最多、质量全国最好、价格全国最廉)。

5月

4日，原中共中央政治局常委、国家副主席曾庆红到义乌视察。

△“我最喜欢的公园”评选揭晓，30个候选公园中，绣湖公

园、绣湖广场、骆宾王公园、江滨主题公园、鸡鸣山公园分别列前5名。

8～10日，首届义乌食品展览会在义乌国际博览中心举行，20多个省、自治区、直辖市的173家企业参展。

11日，经国家外汇管理局批准，浙江首家本外币兑换公司在义乌国际商贸城正式开业，可换15种货币。

13日，义乌市中国石化经营有限公司正式成立。

16日，2010年第五届中国义乌汽车用品零配件展览会、第四届义乌摩托车·休闲车·电动车及配件用品展在国际博览中心同时开展。

17日，义乌市被全国绿化委员会授予“全国绿化模范县(市)”荣誉称号。

22～24日，第五届汽车展览会在国际会展中心举行，设标准展位622个，到会外商8000余人次。

25日，台湾媒体联合采访团来义乌考察采访。

26日，义乌市首家旅游开发有限公司义乌市莱山葫芦湾旅游开发公司成立。

27～28日，津巴布韦考察团来义乌访问。

28日，在浙江省国际会议展览业协会第二届委员大会上，义乌“义博会”、“文博会”、“袜机展”荣膺“2009浙江十大品牌展会”。

△杭长铁路客运专线义乌段开工建设。

28～30日，第二届义乌家装建材博览会在国际博览中心举行，设展位409个，180余家企业参展，成交额2亿元。

6月

1日，义乌市人民调解委员会暨医疗纠纷人民调解委员会成立。

2日，义乌市书画研究院正式挂牌成立。

8日，2010“义博会”迪拜展在阿联酋迪拜国际展览中心拉开序幕，义乌43家企业和市场经营户参展，设展位60个。

9日，恒丰银行义乌支行开业。

14～16日，举行2010年爱心书包漂流活动，认捐5000只书包。

17日，义乌市正式被纳入全国第二批跨境贸易人民币结算试点城市。

18日，在“世博”旅游论坛(浙江)暨浙江“世博”旅游名城新闻发布会上，义乌获得“浙江世博旅游名城”称号。

△第五届义乌莲藕节开幕，“藕王”重2.35千克。

21～22日，新加坡副总理兼内政部长黄根成访问义乌市。

24～27日，2010中国国际旅游商品博览会在义乌国际博览中心开幕，实现交易额27.69亿元。

30日，佛堂倍磊青年农民陈江彬编成《义乌家谱总目录》，记录了义乌现存新编和民国时期修的558部家谱信息。

7月

5日，义乌市被评为“浙江省农村住房改造优秀县(市)”。

7日，《商务部办公厅关于公布第五批全国社区商业示范区名单的通知》，稠江街道凤凰社区被评为“全国社区商业示范社区”。

9～12日，在2010年第七届浙江国际传统武术比赛中，稠城街道福田社区和下骆宅村木兰拳代表队荣获团体4项金奖。

15～16日，马来西亚考察团访问义乌。

16日，浙江2010年“百名法学家百场报告会”义乌专场在市委党校举行。

20日，浙江省首个审计科研基地落户义乌。

21日，市委十二届八次全体(扩大)会议暨市政府第七次全体会议召开，审议通过《中共义乌市委关于推进生态文明建设的决定》。

22日，在国家工商行政管理总局商标局、中国商标协会公布的“中国商标发展百强县”名单中，义乌位居第二。

23～26日，在第六届中国国际会展文化节上，义乌被评为“2009～2010年度中国十大品牌会展城市”。

△第六届中国国际会展文化节在商贸城举行，来自50多个会展城市的600余人来义乌共话“低碳经济与会展文化”。

24～25日，清华大学、北京大学、人民大学等著名高校的60

余位博士、硕士来义乌开展社会实践活动。

29日,工行义乌支行升格为全国首家县域二级分行。

8月

1日,义乌市正式开通首条免费心理咨询热线(号码为8525544)。

5日,国家第二批"保护与促进中华老字号名录"(零售、食品类)公示,义乌"丹溪牌"酒成为"中华老字号"。

6日,中央610办公室检查组来义乌检查指导反邪教基层基础建设。

9日,浙江省首条生猪屠宰自动化线在义乌投产。

10日,义乌特种车辆有限公司开发的水陆两栖全地形功能车,首次亮相北极科考队,作为"冰站"考察的主要交通运输工具。

10~11日,斐济总理乔萨亚·沃伦盖·姆拜尼马拉马访问义乌。

14~15日,2010全国县域经济科学发展交流年会上公布第十届全国县域经济百强县(市)名单,义乌位列全国百强县(市)第八名。

18~21日,坦桑尼亚商务代表团来义乌考察,双方就建立"义乌经贸合作区"达成初步意向。

19日,义乌警方破获全国最大货运代理诈骗案。

21日,长城脚下义乌兵后裔来义乌开展"往桑梓寻根访祖,探先人勇武遗风"的寻根活动。

25日,义乌至香港直航航班开通,每周一、三、五、日各往返一班。

26日,义乌首部儿童电影《哈啰·义乌》在国际商贸城四区南大厅开机拍摄。

△纳米比亚共和国考察团访问义乌。

9月

2日,第十二届中国电视外宣"彩侨奖"揭晓,义乌广电台选送的电视系列片《义乌传奇》和《王选与她的日本友人》双双荣获一等奖。

9日,澳大利亚帕拉玛塔市市长保罗·加拉德访问义乌,双方签署了友好交流备忘录。

12~13日,哥伦比亚、巴拿马和哥斯达黎加等国的州、市及地方党政代表团到义乌考察经济发展情况。

20日,《义乌市大中专院校毕业生户口"非转农"实施办法》出台,10月15日"非转农"政策将在全市各镇(街道)全面实施。

同月,义乌异国风情街入选首批"省特色商业示范街"。

10月

9日,义乌市被国家部级联席会议授予"全国家电下乡工作先进县(市)"称号。

11~13日,原中共中央政治局委员、原全国政协副主席杨汝岱来义乌考察市场和企业发展情况。

14日,"迎盛会、讲文明、树新风"文明劝导活动在绣湖广场启动。

19日,义乌中国侨商会长峰会开幕。

20日,央视二套"经济信息联播"报道"十一五·中国经验　义乌篇"。

21~25日,举行第十六届义博会暨第三届非洲商品展,实现展览成交额127.67亿元。

28日,首家农机粮食合作联社——义和粮食机械化专业合作社挂牌成立。

31日,全面启动第六次全国人口普查入户登记工作。

11月

1~3日,第三届中国义乌国际森林产品博览会举行,实现展览总成交额28.21亿元。

4日,《义乌市城乡建设志》出版发行。

8日,浙江省新农村建设题材舞蹈大赛暨第十九届义乌文化艺术节开幕。

9日,全国首个县级市贸仲委办事处和贸促会签证点落户义乌。

17日,2010中国义乌国际机械工业展览会在义乌国际博览中心举行。

18日,第六届义乌红糖节在义亭镇西楼村开幕。

△义乌创意园首届"创意文化节"开幕。

20日,秦皇岛·义乌经济文化交流活动周启动。

21~22日,全国人大常委会副委员长华建敏来义乌考察。

22日，浙江省流行色协会、色彩教育委员会授予义乌创意园“色彩教学示范基地”、“色彩搭配示范基地”称号。

24日，中国内衣委员会落户义乌。

24～26日，第十一届袜子、针织及染整机械展在国际博览中心举行。

26～29日，2010中国（义乌）国际珠宝饰品展在梅湖会展中心举行。

11月，义乌箱包行业获得“中国塑料箱包（国际）工贸之都”称号，成为国家级产业基地。

12月

6日，义乌市人民政府与中国科学院计算机技术研究所签订《共建新型数字商务平台，打造“东方商谷”战略合作框架协议》。

8日，义乌市广播电视商务频道正式开播。

10日，在全国纺织产业集群工作会议上，义乌市荣获“中国手套名城”称号。

17日，义乌市志编辑部被评为全国地方志系统先进集体，受到党和国家领导人的接见和表彰。

22日，义乌市发布全国首个县域民营企业景气指数。

23日，中国国民党革命委员会义乌市总支部成立。

24日，义乌市党政代表团赴衢州考察学习，双方就推进两地资源与产业合作进行交流。

27日，义乌市首个“城市综合体”——义乌世贸中心在国际商贸城金融商务核心区奠基。

（陈金春）

市情概览

自然地理

【位置面积】 义乌市位于浙江省中部，地处金衢盆地东缘，位于北纬29°02′13″～29°33′31″，东经119°48′52″～120°16′25″。东接东阳市，西连金华市金东区、兰溪市，南邻永康市、武义县，北与浦江县和绍兴的诸暨市交界。全市南北长58.18千米，东西宽44.41千米，境界总长309.75千米。地域土地面积1105平方千米，占浙江省陆域面积的1.09%。距浙江省省会杭州108千米。南通广东、福建，西接长江腹地，东通上海。浙赣铁路复线纵贯义乌境内，公路四通八达，有省道杭金线、义浦线、嵊东义线，杭金衢高速公路纵贯西部。民航义乌机场先后开通广州、北京、深圳、汕头、厦门、南京、郑州等地航班，形成了公路、铁路、航空的立体交通。义乌是面对太平洋的黄金通道，是目前全球最大的小商品集散中心，被联合国、世界银行等国际机构确定为世界第一大市场。

【土地资源】 根据2009年全市第二次土地调查，全市土地总面积110453.09公顷。其中耕地23551.37公顷，园地6433.29公顷，林地48944.36公顷，草地1080.03公顷，城镇村及工矿用地15856.03公顷，交通运输用地5075.62公顷，水域及水利设施用地7171.69公顷，其他土地2340.70公顷。

【水资源】 义乌市水资源相对匮乏。2010年，全市水资源总量8.20亿立方米，其中地表水7.30亿立方米，地下水1.28亿立方米，灌溉回归水0.38亿立方米。全市人均水资源占有量为1123立方米（按户籍人口73万人计算），约为全国人均水平的二分之一。全市共有小（二）型以上水库107座，总库容2.32亿立方米；1万～10万立方米山塘617座，蓄水总量0.17亿立方米；泵站工程262处，总装机容量1.46万千瓦；全市有效灌溉面积2.116万公顷，水利工程年实际供水量2.60亿立方米。

【矿产资源】 至2009年，义乌市区域内已发现矿产21种，其中金、含银多金属、铜、钼、钴土、锰等金属矿6种；萤石、重晶石等冶金化工原料非金属矿产2种，石墨、云母、花岗岩、大理岩、水泥用凝灰岩、建筑用凝灰岩、建筑用砂、砖瓦用泥（页）岩及黏土等建筑材料和其他非金属矿产8种，煤、铀和矿泉水各1种，经过踏勘的矿点、矿化点153处。全市萤石资源较为丰富，矿体呈脉状产出，质量较好，萤石资源尚有较大的找矿潜力。金、铜、含银多金属等金属矿种皆为矿点、矿化点，目前尚无开发利用价值。

【植物资源】 义乌市域内植物资源丰富。高等植物迄今已发现的有157科、1282种，其中森林植物107科、337属、636种。针叶树种主要有马尾松、杉木、水杉等；阔叶树种主要有木荷、青冈栎、枫香、苦槠等；竹种以毛竹、哺鸡竹、早竹、雷竹为主；灌木树种有映山红、马银花、乌饭、盐肤木、茅栗、檵木、化香等。属于国家一级保护的植物有南方红豆杉，属于国家二级保护的植物有银杏、榧树、长叶榧、七子花、香果树、樟树、榉树、厚朴、凹叶厚朴、浙江楠、花榈木、杜仲、金钱松、鹅掌楸等 14 种。经 1997 年、2000 年、2002 年、2008 年 4 次对全市古树名木的调查，共有古树名木 1321 株(其中两株名木树龄小于 100 年)，其中 100～299 年的三级古树名木 1109 株，300～499 年的二级古树名木 137 株，500 年以上的一级古树 73 株，树龄 1000 年以上的 2 株，分别为大陈镇红峰村 1100 多年的银杏和义亭镇杭畴村 1000 多年的樟树。

【野生动物资源】 野生动物资源较丰富，主要为脊椎野生动物，有 77 科 274 种。其中两栖纲主要有义乌小鲵、大鲵(娃娃鱼)、东方蝾螈、虎纹蛙等 8 科 19 种；爬行纲主要有龟、鳖、蛇类(五步蛇、眼镜蛇)等 8 科 39 种；鸟纲主要有草鸮、红角鸮、八哥、小天鹅等 41 科 156 种；哺乳纲主要有穿山甲、水獭、獐、野猪等 20 科 60 种。列入国家保护的陆生野生动物有 34 种(一级 4 种、二级 30 种)。无脊椎野生动物主要有蛛形纲 10 科 17 种，多足纲 1 科 1 种，昆虫纲 116 科 233 种。有森林害虫 17 目、109 科(含有待鉴定 17 科)、453 种(含有待鉴定 91 种)，森林害虫天敌 7 目、30 科、97 种。

(徐小英)

【气象资料】 义乌市地处金衢盆地的东缘，属亚热带季风气候区，具有光温同步、雨热同季、四季分明、温暖湿润、光照充足、雨量充沛的特征。春、秋季短，夏、冬季长；春、夏季多雨，秋、冬季干燥。但同时也常受持续低温阴雨、洪涝、高温、干旱、雷电、冰雹、大风和霜(冰)冻、寒潮、大雪等自然灾害天气影响。

2010 年度气候总体特征为春汛早和梅汛暴雨多、夏季高温无干旱、台风影响小、入冬暴雪早。总体上来说属灾害性天气较多而灾害程度却相对较轻的年份之一。

年平均气温比常年偏高，但比 2009 年偏低。2010 年平均气温 17.7℃，比常年偏高 0.5℃，比 2009 年偏低 0.6℃。总体上来说是 20 世纪 90 年代初以来连续偏高的年份。年内 4 月、6 月和 10 月比常年平均气温明显偏低，1～3 月、8～9 月、11～12 月均为较大的正距平。年内气温变化幅度比 2009 年偏小 1.5℃，负距平最大值在 4 月，偏低 2.1℃；正距平最大值在 2 月，偏高 2.2℃。年极端最高气温 40.3℃(出现在 8 月 4 日)，比 2008～2009 年高 1.3℃，比 2007 年偏低 0.6℃，比历史极端最高气温值 42.0℃(出现在 2003 年)偏低 1.7℃；年极端最低气温 －3.5℃(出现在 12 月 16 日)，比 2009 年偏高 1.3℃，与 2008 年持平，该极端最低值仍是 1992 年以来在 －5.1℃～1.9℃区间振荡；月平均气温的年较差 24.2℃，比 2009 年偏低 0.9℃，比 2008 年偏低 2.1℃，比 2007 年偏低 1.9℃，与 2006 年值接近。

全年日最高气温≥35℃的天数有 45 天，比常年平均值偏多

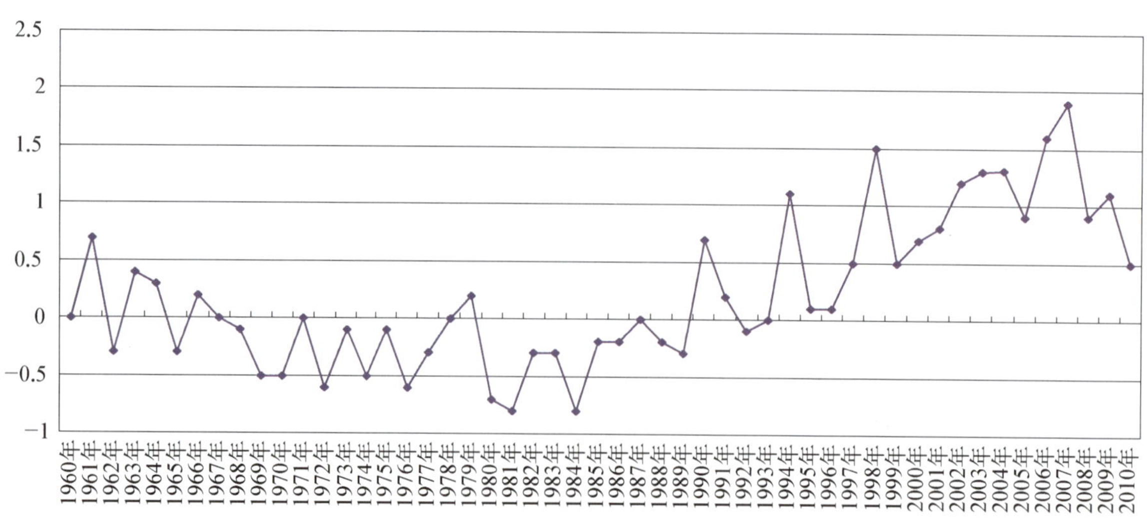

义乌市历年年平均气温曲线图(历年平均气温 17.2℃)

14天,比2009年天数偏多3天,比2008年天数偏少6天。全年日最低气温≤0℃的天数20天,比常年平均值偏少2天,比2009年少1天,比2008年少6天,但近3年来均属较多。

年总降水量偏多。2010年总降水量1910.0毫米,比常年平均值偏多506.9毫米,比2009年降水总量偏多533.5毫米,是1959年有气象记录以来最多的年份;年内8月和11月比常年偏少一成～三成;2～3月、9～10月和12月均比常年同期降水量偏多5成以上。总体来说,除8月明显偏少之外,有8个月雨量明显偏多。全年降水日数159天,比常年平均值偏多7天,比上年增多17天,近3年来逐年增多;年内,9月降水日数偏多4天和6月偏少3天为最大振幅。日雨量达50毫米以上的暴雨日数5天,比常年平均值(3天)偏多2天,年度暴雨日数是1994年以来最多的年份。

2010年降雨现象(降水量含0.0 mm)194天,近4年连续增多,比降水日数(降水量≥0.1 mm)多35天,比近9年的降水日数平均值多3天;可见微量降水日仍较多。

年日照时数连续偏少。2010年日照时数1547.9小时,比常年平均值偏少362.8小时,与2009年相比偏少217.1小时,是1989年以来最少的年份。年内除8月和12月比常年略偏多一成左右之外,1～2月、4～7月、9～11月均比常年偏少一成～五成多,特别是6月阴雨天气多,日照时数比常年偏少近六成,是年内偏少成数最多的月份。

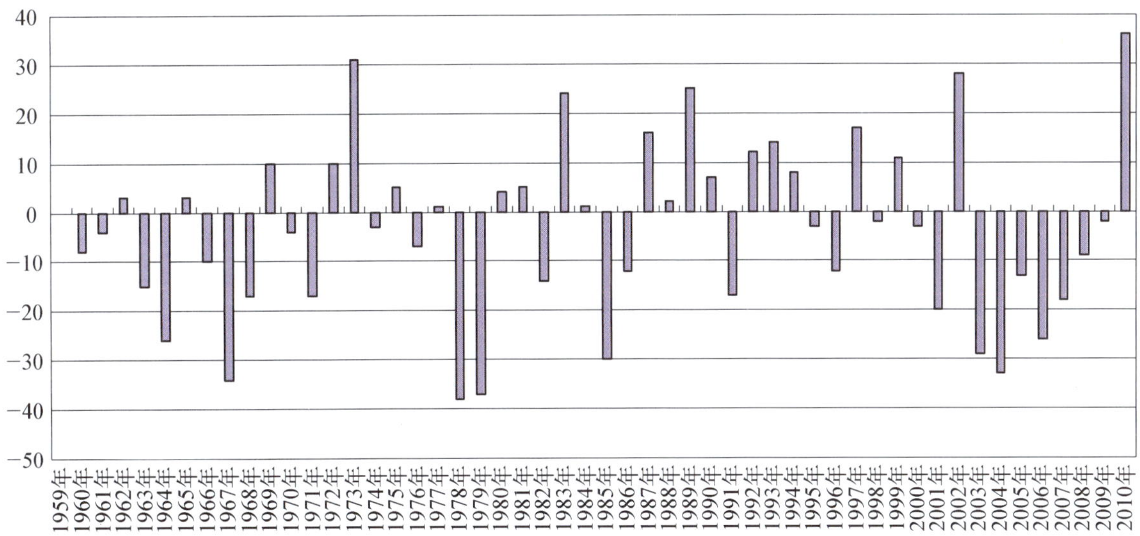

义乌市历年年总降水量距平百分率图(历年平均1403毫米)

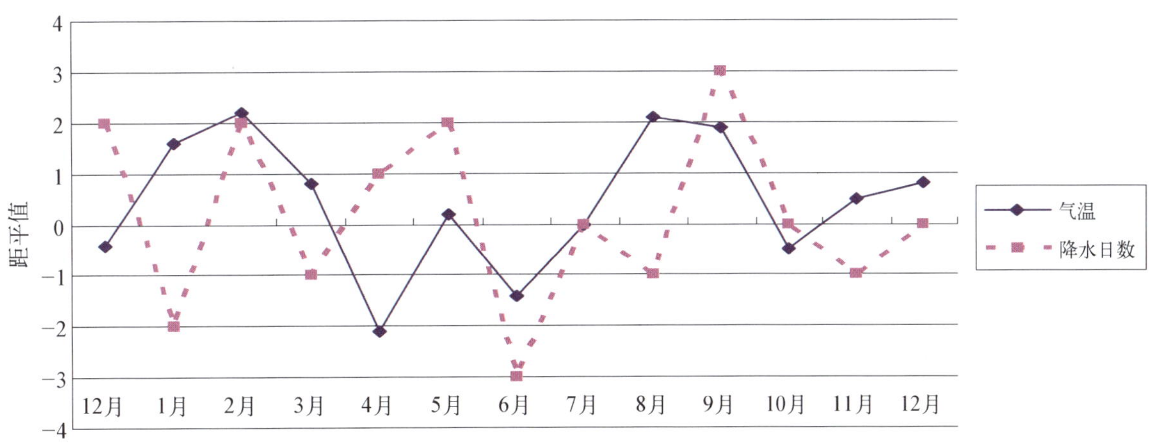

2010年义乌市月平均气温与降水日数距平值曲线图

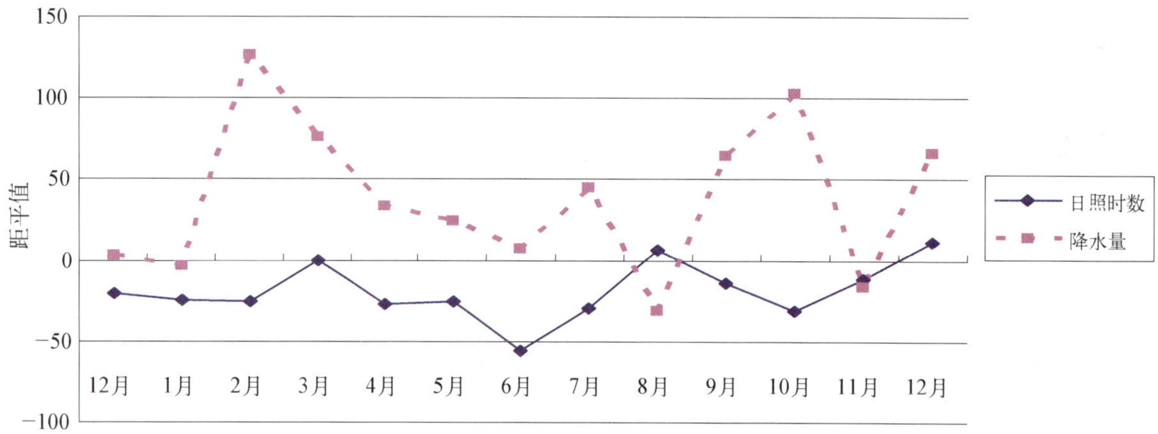

2010 年义乌市月降水量与日照时数距平值曲线图

年内重大天气气候事件总体有：

罕见春汛 1 月 30 日至 2 月 7 日、2 月 9～16 日、2 月 25 日至 3 月 9 日基本为持续阴雨天气。1 月降水量 61.9 毫米，与历年平均 64.3 毫米相比尚属正常；2 月降水量 192.8 毫米，比历年平均 85.3 毫米偏多 1.26 倍；3 月 1～9 日降水总量 178.7 毫米，比历年平均 35.8 毫米偏多 5 倍，破历史同期最多纪录。2 月至 3 月 9 日止总降水量 371.5 毫米，比历年平均 121.1 毫米偏多 3.1 倍，其中 2 月 25 日到 3 月 9 日总降水量 212.9 毫米，比历年平均 63.0 毫米偏多 3.4 倍。统计 2～3 月连阴雨的总降水量达 381.9 毫米，也是历年同期平均的 2 倍～3 倍。

倒春寒和秋季低温 4 月份有两次明显冷空气影响过程：12～14 日受强冷空气影响，过程降温幅度达 9.1℃，其中13～16 日日平均气温低于 11℃，出现倒春寒；21～22 日受较强冷空气影响，过程降温幅度达 8.1℃。9 月 22～23 日受强冷空气影响，出现一次明显的降温、降水过程，日平均气温的过程降温幅度达 13.2℃，24～30 日高空环流较平，多短波槽活动，出现连续阴雨天气，对农业生产造成较大影响。

梅汛暴雨多 梅汛期多雨阶段从 6 月 17 日进入，至 7 月 17 日梅雨期结束。2010 年梅雨的特点：一是梅雨期长，达 30 天，比常年偏多 8 天，是 1999 年以来最长的，入、出梅时间均比常年偏晚，入梅时间比上年早，出梅时间是 1999 年以来最晚的。二是梅雨量大，义乌观测站降水量达 370.8 毫米，是 1999 年以来最多的。三是梅雨期暴雨过程频繁，全市共出现 5 次系统性强降水过程，分别出现在 6 月 17～18 日（18 日日雨量 57.5 毫米）、20～21 日（20 日日雨量 61.2 毫米）、25 日（日雨量 69.8 毫米）和 7 月 5～6 日（6 日日雨量 33.3 毫米）、8～9 日（9 日日雨量 27.4 毫米）。四是梅雨期间有高温，6 月 30 日至 7 月 5 日受副热带高压控制，出现晴热高温天气，最高气温达 35.0℃～37.1℃。在梅汛期多雨阶段的地域分布中，义乌北部降水量达 330 毫米左右，其他地区 380 毫米～390 毫米，南部山区为最多。

夏季高温无明显干旱 8 月初受强大的副热带高压控制，出现近年来最热的多高温天气，其中 8 月 3～4 日的最高气温分别达 40.2℃、40.3℃；8 月中旬受副热带高压控制，出现连续晴热高温天气，其中 10～16 日连续 5 天日最高气温都在 38℃以上；8 月 22～25 日副热带高压再次加强控制，以晴热高温天气为主。但由于 8 月 4～7 日副高减弱，受海上东风波西移影响，部分地区出现 7 级～9 级雷雨大风、短时暴雨、局部冰雹等强对流天气，高温天气有所缓解；8 月 15～17 日、20～21 日受高空低压槽东移和副高压边缘影响，出现大范围的强雷阵雨天气；8 月 26～28 日，副高压减弱东退，受高空槽、低层切变与弱冷空气影响，午后到夜里大部分地区出现 7 级～9

级雷雨大风、短时暴雨、强雷电、局部冰雹等强对流天气。阶段性高温与过程性降水天气相继间隔出现，所以未发生明显干旱。

台风影响小 2010年台风影响小，相对较明显的是9月10～11日受台风"莫兰蒂"环流影响，10日后半夜起影响义乌市，大部分地区出现了强降水，截至11日上午10时，降水达50毫米以上的有10站，其中达80毫米以上的有3站，最大的出现在分水塘，达89毫米。风力不大，仅7级以下。

强对流天气强 2010年9月13日17点到19点之间义乌城区发生强对流天气。义乌观测站雷暴记录自17点12分开始至18点54分结束，雷暴方位自偏东至天顶到偏西，其中17点52分至18点02分出现大风，最大风速出现在17点55分，达27.5 m/s(风力10级)，17～18点降水量达31.7毫米，18点03分至05分出现最大直径达8毫米的冰雹。

灰霾天气多、影响大 2010年度霾日数94天，比多年同期平均27天偏多3倍多，其中1月和3～4月、6月霾天气现象比多年平均偏多明显，特别是3月21日北方沙尘暴扩散南下，义乌市受其影响最为严重，霾和浮尘天气致使能见度不到3千米。

入冬暴雪早 2010年12月15～16日义乌出现暴雪天气。这次暴雪天气从15日上午起影响义乌，大部分地区出现了暴雪，截止到16日上午8点，全市各镇街积雪情况如下：稠江街道、北苑街道、城西街道、佛堂镇、义亭镇、后宅街道15厘米，大陈镇、赤岸镇12厘米，稠城街道、江东街道、苏溪镇、上溪镇10厘米，廿三里街道8厘米，山区30厘米～40厘米。据气象资料显示，这次暴雪是1985年以来，在12月中旬出现的最大一次降雪。

2010年度义乌市各气象要素和1971～2000年平均值一览表

项　　目	2010年	历年平均	距　平	2009年
年平均气温(℃)	17.7	17.2	+1.5	18.3
年降水量(mm)	1910.0	1403.1	+506.9	1376.5
年降水日数(天)	159	152.1	+7	142
年日照时数(小时)	1547.9	1910.7	−362.8	1765.5
日最低温度≤0℃(天)	20	22.4	−2	20
日最高气温≥35.0℃(天)	45	30.6	+14	40
日最高气温≥37.0℃(天)	19	—	—	16
日最高气温≥40.0℃(天)	2	0.2	—	0
年极端最低温度(0℃)与日期	−3.5(16/12)	−10.9(1977)	—	−4.8(24/1)
年极端最高温度(0℃)与日期	40.3(4/8)	42.0(2003)	—	39.0(19～20/7)
稳定通过10℃初日	3月12日	3月25日	早13天	3月9日
平均温度≤22℃初日	9月23日	9月20日	迟3天	10月3日
平均温度≤20℃初日	9月28日	9月30日	早2天	10月12日
年度终霜日	3月11日	3月12日	早1天	3月8日
年度初霜日	12月8日	11月17日	迟21天	11月3日
无霜期(天)	271	249	+22	239

（赵贤产）

历史人文

【建置沿革】 秦王政二十五年(前222),建县名乌伤,属会稽郡。西汉仍因秦制,王莽改乌伤为乌孝。东汉建武初复名乌伤,属会稽郡。宝鼎元年(266),原会稽郡西部分出设东阳郡(郡治在长山,即今金华市区),乌伤县归东阳郡管辖。唐武德四年(621),东阳郡改称婺州,废乌伤县设绸州。分置乌孝、华川两县。武德七年(624),废稠州,两县合而为一,称义乌,属婺州,这是县名义乌之始。元代,义乌隶属婺州路。元至正十八年(1358),婺州路一度改置宁越府。至正二十年,改名为金华府,义乌隶属金华府。民国初,撤销府一级建制,义乌县直属于省。民国3年(1914),以道代府,义乌县属金华道。民国16年,道废,仍为省、县两级制。民国24年,省下设行政督察专员公署,义乌属第四区。民国36年,属第五区,民国37年4月,属第三区,7月,属第八区。1949年5月8日,义乌解放。中国共产党领导下的义乌县人民政府在稠城镇建立,隶属金华专区。1970年后属金华地区行政公署,1985年7月起属金华市。1988年7月,经国务院批准,义乌撤县设市,仍隶属金华市。

【行政区划】 2010年,义乌市下辖6个建制镇,7个街道,716个村委会,91个居委会。6月17日,市政府批复(义政发〔2010〕55号)同意撤销后成村民委员会,并入江南、临江社区居民委员会。后成村南门街以西区块并入江南社区,南门街以东区块并入临江社区。同日批复(义政发〔2010〕54号)同意撤销青岩刘村民委员会,并入商苑社区居民委员会。12月20日,市政府批复(义政发〔2010〕124号)同意撤销北苑街道下仓居民委员会(下仓、上马青、下马青三个自然村),成立拥军社区居民委员会。同意撤销北苑街道何麻车居民委员会,成立望道社区居民委员会(注:拥军社区、望道社区组建工作到年底未完成)。

义乌市2010年村(居)情况一览表

镇、街道	村委会		居委会	
	数量	名称	数量	名称
佛堂镇	96	芳山、大田、赵朱、石楼、起鸣、晓联、梅林、稽亭、雅樟、前案、王宅、王江、杨宅、和溪、湖干、丹山、上叶、下叶、安头、方前、翁村、桥西、张宅一村、张宅二村、张宅三村、王存、南殿口、盛村、楼村、前王、东山、田心一村、田心二村、田心三村、田心四村、光明、雅西、鲁雅、后塘、新店、毛陈、隔湖、舟墟、雁畈、后阳、吴溪叶、江南街、奕岩头、寺前西、寺前街、宝山头、徐塘下、靖安塘、下前王、后力山、塘下洋、湖滨、侯芹、泽塘、葛仙、金山、上村、寺口、联盟、联群、上陈、小官余、芦塘下、南朱村、花园口、新塘西、倍磊一村、倍磊二村、倍磊三村、倍磊四村、倍磊埠头、塔山、云山、王新、骆村、上傅、陈村、白马、团力、六石、钟村、继成、坑口、石壁、剡溪、三角店、石门坑、小六石、八岭坑、南王店、画坞坑	11	(大成社区)、长塘、小吴溪、下市、新市基、王蒲潭、头甲、老市基、竹园、王斗、湖山殿下(社区)
赤岸镇	66	蒋坑、盆塘、柏峰、后山、溪西、巽村、塘边、胡坑里、大新屋、雅端、江头、东朱、石城、乔亭、薛村、乔溪、楼仓、环院、上谷、黄路、鱼曹头、南青口、下八石、上八石、神坛、大树下、午山干、下前旺、雅治街、赤岸一村、赤岸二村、赤岸三村、赤岸四村、南深塘、田沿、新樟、南杨村、山盆、上吴、里城、晓丰、井潭、杨盆、丫溪、胡陈、尚阳、前川、朱店、湾塘、五柳、莱山、大桥、官余、青坑、古寺、慈溪、羊印、止方、后金宅、下水碓、下清溪、上清溪、石牛栏、大门里、三丫塘、三角毛店	1	赤岸

续 表

镇、街道	村委会		居委会	
	数量	名称	数量	名称
义亭镇	62	白塘、山景、鲍宅、雅宇、全村、前宅、后张、市口、西后畈、西吴、西杨、张家、吴村、傅宅、陇头朱一村、陇头朱二村、陇头朱三村、陇头朱四村、田塘、西田、青肃、上宅、车路、上滕、下店、下滕、先田、西楼、大楼、缸窑、何店、前屋、俞村、上胡、陈店、木桥、叶前、枧畴、杭畴、古亭塘、龙华院、下新屋、芦塘、念亩山、雅文楼、石塔一村、石塔二村、王山顶、新樊村、仰科郑、新西河、王阡一村、王阡二村、王阡三村、王莲塘、铜山前、里后张、白塔塘、畈田朱、早溪塘、上包西塘、下包西塘	6	(重阳)、陈家、义亭、荷店塘、旺吴桥、车站
上溪镇	76	岩口、余车、东余、云门、祥贝、樟村、五塘、宅山、寺西、上潘村、关胡村、上横塘、雅童、毛界、岩下、周村、楼角、上山、马岭、仙坪、白岩、仙溪、斯何、上深塘、贝家、山坞、长富、溪华、新西楼、后矮、水碓张、后溪、上楼宅、贾伯塘、红桥头、富塘下、下楼宅、石鼓后、里美山、五平山、乔里何、金傅宅、上溪一村、上溪二村、上溪三村、黄山一村、黄山二村、黄山三村、黄山四村、黄山五村、上白塔塘、荷市、新民、和平、南平、塘西、沈宅、王村、仇宅、前山、西坞、沿华、下宅、后宋、苍黄、上店、水碓、溪田、寺口蒋、派溪头、冷坞坪、苦竹塘、萧皇塘、寺口陈、毛塘楼、古塘下	2	镇中、镇东
苏溪镇	68	新院、蒋宅、后店、车站、苏院、马丁、新中、徐丰、立塘、密溪、洪流、东青、杜村、苏南、邢宅、新乐、王界、向东、韩界、长府、同春、同裕、三联、联合、上楼、青春、翁界、下屋、溪北、双溪、花厅、殿下、仙下、仙顶、龙华、屏风石、里西岗、杨梅岗、油碑塘、湾头下、齐山楼、月白塘、徐樟塘、余家殿、塘里蒋、里外甘、里宅、高岭、木城、石塘、下陈、新厅、上甘、范家、畈田、东宅、张浒、上西陶、后山坞、塘头应、东湖门、东殿前、西山下、上大路、楼下张、上山下、东陶、东洪	1	胡宅(社区)
大陈镇	48	团结、杜桥、金都、红旗、湖山、甘山、凰升塘、温草塘、北金山、大陈一村、大陈二村、大陈三村、朝塘、婆姆、西岸、芦柴、善坑、郎坞、板坞、马畈、春林、溪后、大畈、银甘山、楂林一村、楂林二村、杨塘岭、里楼山、李孟宅、上坑仁、大岭下、同坑殿下、杜门、红峰、宦塘、义北、灯塔、双园、东联、新建、高路、山府、北山、后田畈、楼家坞、立山黄、岩界、八里桥头	1	后畈
稠城街道	59	王牌、西力、联平、大王、湖塘、宗宅、西张、十里牌、抱湖塘、思古塘、洋塘桥头、杏园、麻车、江北下朱、田畈村、尚经、云溪、洛店、罗店、全宅、江村、清塘、齐街、九如堂、下娄店、官端前、东岗山、六石塘、东象山、立碑塘、楼西塘、东前王、东傅宅、花园下、白塘畈、下骆宅、白岸头、八脚坎、下华店、前黄宅、新塘下、堂阁、下沈、西界、屋基、洪界、前上周、森屋、前店、溪前、下兆、殿前、荷叶塘、过溪楼、下西陶、东大鲁、祖科塘、西罗店、毛竹园	16	绣湖、江滨、胜利、通惠、向阳、市场、车站、宾王、孝子祠、下车门、词林、银苑、雪峰、长春、福田、诚信
江东街道	52	赤塘、宗塘、山口、金星、徐村、东上、许宅、后园、供店、前流、永和、红星、江南、西赵、毛店、后房、马村、九联、西陈、孔村、潘村、张村、毛店山脚、平畴、下湾、侯儿村、新兴、江干、后湖、下朱、下王、尚仁、大元、青南、西谷、西塘、沙溪、南山坑、塔下洲、东山头、上麻车、下麻车、青岩傅、大湖头、船埠头、白莲塘、观音塘、石塔头、青口、东新屋、龚大塘、下傅	8	商苑、临江、江南、鸡鸣山、东洲、南苑、五爱、端头

续 表

镇、街道	村委会		居委会	
	数量	名称	数量	名称
稠江街道	33	诸宅、龙回、象山、官塘、前仓、新村、贾里、喻宅、春联、柯村、何村、江湾、新屋、下柳、高庚、崇山、红联、后申塘、官清畈、下沿塘、古母塘、下何宅、水冰塘、东王界、西王界、杨梅院、上金村、中金村、下金村、犁头山、羊角山、官塘下、上崇山	11	兴业、凤凰、锦都、松门里、永祥、昌德、高新、黎明、杨一、杨二、杨三
北苑街道	26	沈村、季宅、曹道、莲塘、前洪、万村、茂后、楼宅、畈东、青溪、柳一、柳二、柳三、高桥、杨街、塘坦、后明塘、下山头、王高畈、金山脚、上连树、宇宅口、新后傅、游览亭、上里角塘、下里角塘	11	幸福、建设、迎宾、复兴、四季、丹溪、何麻车、石桥头、下仓、留雅、黄杨梅
后宅街道	48	下畈、全备、寺前、洪家、后余、上周、雅楼、何界、叶宅、溪坦、大方、李祖、塘下、岭脚、上方、倪村、黄宅、下万、陈宅、大傅宅、曹村、岩南、上金、下金、鹤田、后傅、前傅、苏街、吴宅、下旺、俊塘、山塘、坞灶、广口、湖门、新华、前毛店、后毛店、马踏石、马交塘、杨畈田、三川塘、北岭塘、西关田、深塘下、红塘畈、下余山、三里店	14	黄龙、宅二、永宁、上洪、上河、遗安、万界、十二山头、洪华、西河、后里、杜元(新凉亭、德胜)
廿三里街道	35	朱村、深塘、李宅、埠头、钱塘、何宅、后义、陶店、王店、东莲塘、葛塘、张思、陈陀、派塘、西澄、华溪、联五、里兆、西京、李塘、泉塘、大岭、里忠、群益、塘下店、郑山头、下朱宅、石柱下、八足塘、张家园、光耀境、麻车塘、活鱼塘、楼山塘、屏石头	8	东新、廿三里、上社、如甫、后乐、下娄、东陈、西田畈
城西街道	47	五一、六一、七一、西方、枫溪、五星、毛店桥头、西俞、新江村、横塘、东红、横山、山翁、于宅、殿口、蒋母塘、益公山、夏迹塘、井头徐、新双溪、西毛店、塘下郑、六甲里、山边程、夏演、流下、前塘、溪干、桥头、荷村、流村、夏楼村、后叶、上杨村、里界、平桥、里京、水涧、鲤鱼山、吴坎头、流大塘、何斯路、分水塘、黄山坞口、深塘坞、石明堂、何泮山	1	龙山社区
合　计	716		91	其中城市社区36个，农村社区4个，居委会51个(其中挂名居委会6个)

备注：1. 其中赤岸镇的赤岸，义亭的重阳，上溪的镇东、镇中，后宅的新凉亭、德胜、城西的龙山、佛堂的大成8个居委会(社区)只是落实管理集体户口，没有正式成立班子。湖山殿下(社区)和胡宅(社区)目前仍按行政村体制运行。

2. 苏溪镇的向东、殿下、下屋、张浒、西山下、东殿前、畈田、楼下张、东宅、上大路等10个村的日常工作委托义乌工业园区管理。

2010年义乌市各镇(街道)地域面积一览表

镇(街道)名称	面积(平方千米)	镇(街道)名称	面积(平方千米)
佛　堂	134.1	江　东	91.60
苏　溪	109.1	稠　江	38
上　溪	102	北　苑	36.6
大　陈	136	后　宅	67.88
义　亭	54	廿三里	72.2
赤　岸	150	城　西	60.2
稠　城	52.96	工业园区	17.34

(张锦寿)

【人口变迁】 2010年末，全市户籍人口739838人，比上年增加9655人，其中迁入6018人，迁出1720人。全年出生人口9955人，其中男性5688人，女性4267人，人口出生率13.4‰；死亡人口4437人，人口死亡率6.04‰，人口自然增长率为4.2‰。本地人口中，男性376889人，女性362949人；18岁以下149273人，18岁～35岁179015人，36岁～60岁294460人，60岁以上117090人。登记办证的外来人口共1433154人（实际在册1336159人），其中男性725502人，女性610657人，男女性别比例118.81∶100；其中18岁～35岁的796859人，占59.64%；大专以上学历38991人，比上年增长58.62%。48个少数民族的74650人暂住义乌，占外来人口总数的5.59%。来自外省的1198404人，占89.69%，其中10万人以上的有江西、贵州、河南、安徽、浙江、湖南6个省，占76.45%；10万人以下1万人以上的有湖北、四川、云南、重庆、广西、福建、陕西、江苏、山东9个省（市），占19.78%。分布城区的外来人口708851人，占53.05%。

义乌市2010年外来人口情况一览表

暂住人口户籍地各省排名（万人以上）	暂住人口户籍在浙江省各地市（人）		暂住人口户籍地超万人的县（市）
江　西	金　华	40583	江西弋阳
贵　州	温　州	35288	湖南溆浦
河　南	衢　州	21536	江西上饶
安　徽	丽　水	11644	河南太康
浙　江	台　州	8832	江西乐平
湖　南	杭　州	8347	江西贵溪
湖　北	绍　兴	6338	河南永城
四　川	宁　波	2546	河南柘城
云　南	湖　州	1328	云南镇雄
重　庆	嘉　兴	968	浙江兰溪
广　西	舟　山	345	江西铅山
福　建			安徽定远
陕　西			浙江苍南
江　苏			河南鹿邑
山　东			安徽蒙城
			贵州兴仁

（蒋健国）

【义乌人文】 义乌人才辈出，素有“文化之邦”的美称，孕育了一大批文人志士。“初唐四杰”之一的骆宾王，宋代抗金名将宗泽，政治家、思想家徐侨，元代“儒林四杰”之一的黄溍，金元四大医家之一、丹溪学派创立者朱丹溪，明代主修《元史》被朱元璋称为“浙东二儒”之一的王祎，明代名将吴百朋和随戚继光严惩倭寇、威震四方的“义乌兵”，清初治河专家朱之锡，清末著名学者、汉宋调合学派代表之一朱一新，当代著名的教育学家、语言学家、《共产党宣言》中文全译本首译者陈望道，著名的棉花科学家、农业教育家、中国棉作科学奠基人冯泽芳，作家、诗人、文学评论家冯雪峰，历史学家吴晗等。除了这些闻名于世、被历代传颂的华夏英杰外，还有各个历史时期在全国范围内有一定影响的政治人物和各个领域的拔尖人才。

【古建筑——黄山八面厅】 原名振声堂。坐落在义乌市上溪镇黄山五村，距义乌城区25千米。八面厅屋主陈子寀（1720～1793），因经营火腿致富，遂于清乾隆五十五年（1790）前后筹建八面厅，后又令其孙陈正道设计督造。清嘉庆元年（1796）破土动工，嘉庆十八年（1813）落成挂匾。取名“振声堂”，意为“振兴家声”。因振声堂主体建筑中轴线上依次为花厅、门厅、大厅、堂楼（后厅），与中轴线相交的两条副轴线南北两侧各有两个厢厅，共有八座厅堂，后人俗称“八面厅”，又因坐落在黄山村，故称“黄山八面厅”。

黄山八面厅

HUANG SHAN BA MIAN TING

黄山八面厅为典型的清中、后期浙中民居建筑，是义乌及浙中地区保存规模较大的代表性古建筑之一。不但规模宏大，而且具有布局分区明确、功能复合，构造主次有别、特色鲜明，装修装饰繁简有度、三雕并绝、地方特色表露明显等风格特征。其蕴涵的文化内涵也很丰富，尤其是砖、石、木雕艺术具有很高的研究价值。

黄山八面厅坐西南朝东北，占地面积2908平方米，现存建筑三路六院，共56间，计2600余平方米。黄山八面厅的门厅和大厅是整个建筑的核心，居中3间为敞开厅，两侧各配夹室1间，置楼梯上下，其他6厅分布在东南西北四周。在结构上，每座院落都有正厅、厢房、走廊、天井，自成系统。厅与厅之间两相对称又各具特色，门厅内部有走廊小道，廊廊相连，厅厅相通。对外有大小门户8扇，从任何一扇门进入，都可从檐下不湿脚走遍大小8座厅堂。门厅和正厅之间设天井，天井居中方正，用条石墁地。门厅坐西北朝东南，硬山顶，滚瓦花脊，屋面覆小青瓦，檐口用花沿滴水。两侧山墙设三花马头墙，用三合土铺地。面阔5间，进深9檩，明、次间敞开，梢间用板壁隔断。明间5架抬梁，前、后双步梁用4柱，次间边缝为穿、抬混合式，中柱落地，前后两双步。扁作梁，梁架多为冬瓜梁形制，梁下施雀替，梁架结点多用斗承接。金柱为圆形木柱，瓜楞状石雕柱础，下垫覆盆。前金柱间置屏门。屏门上方的大额枋上悬挂“振声堂”匾额。明间设屏门通后院。次间用穿、抬混合式，隔架主柱，连双步梁，前金柱与檐柱间置船篷轩。梢间与次间用板壁相隔，前后均设门，内有扶梯通走廊的楼层。大厅后檐廊2层。后檐柱为方形石柱，后檐用撑(又称牛腿)出挑。

前院边廊门厅与大厅两侧以边廊相连，边廊为硬山顶单坡水，片瓦脊，两端与门厅、大厅的马头墙相连。角椽处铺硬红陶天沟瓦，与门厅、大厅的檐口相接形成“四水汇檐”之势。走廊面阔3间，廊宽2.05米，2层，楼板下设天花，明间设石壶门通两侧院落。

堂楼为硬山顶重檐，滚瓦花脊。屋面覆小青瓦，阴阳合瓦，压七露三。檐口用花沿滴水。面阔5间，进深7檩。设楼板。明、次间底层为敞开厅，明间底层梁架为5架梁，前后双步用4柱，上层为穿斗结构。次间为隔架主柱用双步梁，两侧为厢房。大厅后设檐廊，两侧槅门出入，可通南北跨院西院厢房。大厅后檐墙用磨砖丝缝，居中开内宅门通后檐廊。后院作为内宅。后院为四合院，地热较前抬升，堂楼居中3间为楼下厅，居中作中堂布置。两边为洞头屋，光线较暗，设楼梯上下。

南、北跨院平面呈对称布局，分东、西院4个厢厅。东院排7插2围合，居中3间为楼下厅，明间后檐墙开南北台门出入，天井条石铺地；西院排5插1围合，明间为客堂，天井卵石铺地。每个院落都开合有致，开可以通各个院落，合可以独立门户。每座院落都有正厅、厢房、走廊、天井，东西院间隔以院墙，每个院落又通过前廊与整个建筑贯通，走廊设弄堂门。东厢厅面阔7间，进深四柱，左右厢房各两间。明、次间为敞开厅，明间底层为五架梁，前后双步用四柱，上层为穿斗式。西厢厅面阔5间，进深四柱，左右厢房各一，西厢厅为穿斗结构。东、西院之间以砖墙相隔，并通过前面的穿廊贯通，是典型的江南民居建筑布局。

八面厅主体建筑结构用材硕大，在中轴线建筑群中，为适应高大、宽敞的体量需要，门厅、大厅在结体上以抬梁为主，且柱梁等用材硕大。如大厅内柱直径接近60厘米，最大的抬梁断面高度超过80厘米。

黄山八面厅的文物价值更多地体现在木雕、砖雕、石雕“三雕”上，精妙的构思和精湛的工艺把整座建筑变成了艺术的海洋。其中石雕集中在门厅的地栿、门枕石和各个厅堂的柱础上，有吉祥兽、瓜果花卉、暗八仙等图案。砖雕分布在外墙门面、窗框和斗拱上，重点部位采用浅浮雕和深浮雕结合的手法刻画出了“老子西出函谷关”、“子路问道”、“姜太公钓鱼”等典故人物，也有团鱼、瑞鹤、蝙蝠等动物图案，次要位置用回纹、卷草、素面磨砖装饰。都说八面厅是东阳木雕发展到巅峰时期的杰作，木雕的精美程度可想而知。除了椽条、木柱，所有的檩条、梁枋、斗拱、牛腿、雀替、门窗、天花上都成了当年雕花工匠的舞台。一气呵成的浮雕、层次分明的圆雕以及浑然天成的透雕无不是刚中有柔，柔中有刚；粗犷中见细微，细微中显粗犷。木雕的图案起到了寓教于乐的作用，包括神话人物、历史故事、飞禽走兽、亭台楼阁、几何纹饰等题材，听说其间的不少戏曲曲目已无证可考，由此吸引了众多历史、戏曲、民俗方面的专家前来考察。2001 年 6 月，黄山八面厅被国务院公布为第五批全国重点文物保护单位。2004 年，由国家文物局和义乌市人民政府共同出资对黄山八面厅进行全面的保护修缮，使其宏大的规模、整齐的格局、精美的雕刻得到更好的保护。

【传统民俗】 **新屋上桁** 义乌人称建房为起新屋。建房地基决定后，屋主先就地举行“买地”破土仪式，要选吉时，时辰要与房主的生辰属相相生相合，不能相冲相克。“买地”是用块肉作福礼，致祭土地神，略锄地基四周，在周边淋上鸡血，或用鸡血拌和的茶叶米，撒向四周，然后请风水先生定向，请泥水匠打好边桩。建房开工，宴请承建各业匠作作头。席上有一只全鸡，按规矩取食：石工吃鸡爪，泥工吃鸡头、翅膀、白肉，木工吃鸡腿脚，瓦工吃鸡颈，土工吃鸡肋、内脏。正中间主梁（栋桁）到了吉时才架上。架设主房栋桁时，先在栋桁中段贴上写有“紫微拱照”四字的大红纸，按垂直位置，两头放于“三脚马”上，建主陈牲醴香烛于八仙桌，加五谷、五金、五行属品少许于碟，及两盘现金，整衣冠祭拜天地，礼拜完毕以酒酹地。然后由泥、木二工作头共祭鲁班。架主梁时作头要“喝彩”木作，把红布缚于六尺杆与角尺，倚于栋柱。双双向栋桁叩拜行礼，酹杯酒于桁上，遍滴全根，并覆盖红布，宣告礼成。木匠两人，腰束两端染红的新苧麻辫，插定斧、锤、凿，分别从两头攀扶上登木架，至栋柱顶。吉辰一到，鸣放炮仗，两手握系在桁端的麻绳，将桁徐徐上提，随手按接栋柱，楔入栋尖定妥。桁上一头挂米筛、剪刀、镜、尺一副，另一头挂内放雌雄两只鸡的竹笼。定妥后，两人提上装于布袋的馒头，从栋梁架上向四下乱抛，让围观的人群抢接。馒头扔毕，于主桁两栋柱顶，各缚一根挂有灯笼、梢头带枝的连根淡竹；把青、红、蓝三色布各 1 匹披挂在从“前小步”经栋桁至“后小步”的桁上。晚间，竹上灯笼点燃蜡烛，3 日后，一一卸下。接着钉椽盖瓦，叠墙封檐。挂过栋桁的鸡，自家只喂不宰。20 世纪 80 年代起，除了少数大山区，木结构房无人再建。但一些由建主自己雇工建造的，开工前还要择吉时破土，祭土神，撒鸡血米；房顶虽无栋桁，还是要选个吉日作架桁仪式，届时抛馒头，也有人家把抛馒头改为散抛内放现金的红包；房顶也置竹竿挂灯笼，并披青红蓝三色布。

迎龙灯 民间有传统迎龙灯习俗，始于汉，盛于唐，原为京官与民同乐，欢度元宵佳节的一种喜庆活动。龙灯多为板凳龙，龙头、龙身、龙尾和宫殿用樟木雕刻而成，大小形态根据当地传说而设计。目前分布义乌全市各镇、街道的板凳龙、布龙、竹节龙、花灯、少年灯、人物灯等共有 400 多条。迎龙灯时间大都在春节至元宵期间，最早的约在（农历）正月初六，迟的到正月二十左右，最迟到清明。人们在迎龙灯活动中，当迎龙灯队伍经过住户门口时，户主往往“摆香案”，点上一炷香或三炷香，手持行灯，向龙王叩头跪拜，祈祷龙王施福人间，以兆风调雨顺、五谷丰登、国泰民安、家人安康。龙灯前有火把灯笼引路，由村里的男人抬着，走过大街小巷到达家家户户。每家门前摆好祭祀用品迎接龙灯的到来。龙灯到家门时先放鞭炮迎龙灯，然后龙灯停下休息放烟火庆贺。最后放鞭炮送龙灯。家家户户都要走到，大的村子甚至要两三天才走完。龙头是不能落地的，所以前后左右各有村里的年长者保护着龙头。灯头下架，一般都放在祠堂里面，由于现在义乌普遍旧村改造，很多村镇的祠堂都进行了修缮。准备接板灯前，都会有专人绕村打铜锣，喊叫“接灯咯”，人们扛着板凳灯，准备接龙灯。接好灯，人们开始放鞭炮、烟花请灯神，以祈福来年好运。义乌传统迎龙灯习俗从古到今保留下来，早先迎龙灯是虔诚的，主要是保佑来年风调雨顺，所以女人是不能参加迎灯的。现在迎龙灯是一种娱乐活动，男女老少齐上阵，绕灯、做花样灯、旋龙灯、拉龙灯，形式多样，甚是壮观。

（除署名外均由陈金春撰稿）

【义乌方言——词语辑录】 义乌方言与普通话同是以古汉语为主体发展而来的，为古汉语一脉相传，它们之间有很多共同之处，所使用的词语基本相同，如“山”、“水”、“大”、“小”、“读书”、“高兴”等。但由于语言发展的不平衡性，义乌话与普通话之间又存在差异。义乌话很多词语传承古汉语而来，词汇中保留了较多古汉语的成分，一些日常字词可在古籍中找到来源，而在普通话中已经消失不再使用。还有不少形象生动独具表现力的词语，形成浓厚的义乌地方特色。现辑录部分列于下表。

义乌方言与普通话语词（释义）对照表

义乌话	注音	普通话（释义）
曝热头	bu^{35}	晒太阳
簸	pe^{55}	扬场（～麦）
鲎	xəɯ^{55}	虹
缀	tɯɤ^{534}	以针线连缀。～被，～纽子儿
纫	lən^{113}	缝
汏（涤）\摆	dᴀ^{35}\pᴀ^{534}	涮，过水
呔	dᴀ^{412}	喊叫
埭（量词）	dᴀ^{35}	一～路
挨	tsən^{534}	挤
擎	gæ^{113}	举
忖	ts'ɯ^{534}	想
惊	kuæ^{334}	怕
跈	tsie^{55}	用力伸腿
炊	tɕ'y^{334}	蒸（～馒头）
煠	zuᴀ^{312}	水煮
爊	o^{334}	今作“熬（āo）”（～羹）
氽	t'ɯ^{55}；t'ɯ^{5534}	① 隔水蒸煮 ② 被水漂走
熯	xɯ^{55}	熟食加热
食	zai^{312}	吃（饭、茶、酒、香烟等，通用）
嬉	ɕi^{334}	玩
供	tɕiᴀuŋ^{334}	供养
共份人家	dʑiᴀuŋ^{35} bən$_{55}^{35}$ nᴀuŋ$_{11}^{113}$ kɔ$_{55}^{334}$	同一家
起身	tɕ'i$_{55}^{534}$ sən^{334}	出嫁
歇夜	ɕie$_{55}^{23}$ jiæ^{35}	收工
调排	dɯɤ$_{11}^{113}$ bᴀ$_{33}^{35}$	准备，打算
嫌憎	ȵiæ$_{11}^{113}$ sən^{55}	嫌
盲怨	mæ$_{11}^{113}$ y(e)^{55}	诬赖

续 表

义乌话	注 音	普通话(释义)
苦痛	k‘u$_{55}^{534}$ t‘ʌuŋ^{55}	疼惜
讨信	t‘o$_{55}^{534}$ sən^{55}	询问
浼人	mai^{312} nʌuŋ^{113}	托人,雇请人
搅戏儿	ko$_{55}^{534}$ ɕin^{334}	当儿戏,闹着玩,玩儿
翻畚斗儿	fɔ$_{33}^{334}$ mən$_{33}^{334}$ tɤ: n$_{55}^{534}$	翻跟斗
扑(搏)跌儿	p‘ʌu$_{31}^{312}$ bʌu$_{31}^{312}$ tiæn^{213}	摔跤
掰腿	p‘ æ$_{55}^{213}$ t‘e^{213}	劈腿
斡兜转	wo$_{33}^{334}$ dəɯ$_{33}^{334}$ tsɯ$_{334}^{55}$	兜圈子
眠熟	min$_{11}^{113}$ zʌu^{312}	睡觉
歇力	ɕie$_{55}^{213}$ lai^{312}	休息
霍闪	xʌu^{55} ɕye$_{55}^{534}$	闪电
浞雨	dzʌu$_{33}^{312}$ y^{412}	淋雨
热头	ȵie$_{33}^{312}$ dəɯ^{113}	太阳
河路	wo$_{11}^{113}$ lu^{35}	银河
落(雪、雨、雾)	lɔ^{312}	下(雪、雨、起雾)
庭凙	dən$_{11}^{113}$ dɔ^{312}	冰凌
塕	ʌuŋ^{534}	灰尘
轮盘	lən$_{11}^{113}$ bɯ$_{33}^{113}$	辘轳
学堂	ɣɔ$_{33}^{312}$ dun^{113}	学校
笃塞弄	tʌu$_{32}^{213}$ sai$_{32}^{213}$ lʌuŋ^{35}	死胡同
昨年\上年	zɔ$_{33}^{312}$ ȵiæ$_{312}^{113}$\zɯʌ$_{33}^{412}$ ȵiæ$_{312}^{113}$	去年
作穄	tsɔ$_{55}^{213}$ tsi^{55}	庄稼
燥作	So$_{33}^{55}$ tsɔ$_{334}^{213}$	旱地作物
佛豆	və$_{33}^{312}$ dəɯ$_{55}^{35}$	蚕豆
蚕豆\细细豆儿	zɯ$_{11}^{113}$ dəɯ^{35}\si$_{33}^{55}$ si$_{33}^{55}$ dɤn$_{334}^{35}$	豌豆
落苏	lɔ$_{35}^{312}$ su^{334}	茄子
卢穄	lu$_{11}^{113}$ tsi^{55}	高粱
天萝	t‘iæ$_{33}^{334}$ luo$_{55}^{113}$	丝瓜
金荔枝	tɕiən$_{33}^{334}$ li$_{55}^{35}$ tsi$_{534}^{334}$	苦果
辣虎儿\辣茄儿	lɔ$_{31}^{312}$ fun$_{55}^{534}$\lɔ$_{31}^{312}$ gən^{113}	辣椒
樱珠	æ$_{33}^{334}$ tɕy^{55}	樱桃
梅儿	mæn^{113}	杏子

续 表

义 乌 话	注 音	普通话(释义)
马龙斗	mɯʌ$_{44}^{412}$ lᴀuŋ$_{11}^{113}$ təɯ^{55}	马兰头
蓬儿	bon^{113}	鼠曲草
千年青	ts'iæ$_{33}^{334}$ ȵiæ$_{33}^{113}$ ts'ən$_{55}^{334}$	万年青
烊	jɔ^{113}	融化
子\卵	tsɿ^{534}\lən^{412}	蛋
牲徒	sæ$_{33}^{334}$ du$_{55}^{113}$	牲口、畜牲
雁鹅	ɣᴀ^{35} wo^{113}	大雁
蚊刺儿	mən$_{11}^{113}$ ts'ɿn^{55}	孑孓变的小蚊子
犁头蝮儿	li$_{11}^{113}$ dəɯ$_{35}^{113}$ pon$_{334}^{213}$	蝮蛇
鸡脚爬儿	tɕi$_{33}^{334}$ tɕiɔ$_{55}^{213}$ bɯʌn^{113}	鸡爪
翼梭	je$_{21}^{312}$ suo$_{113}^{334}$	翅膀
虾弓\虾儿	xɔ$_{33}^{334}$ kɔn$_{55}^{334}$\ xɔn^{334}	虾
涴衲儿	uo^{55} nɯn^{312}	尿布
馋兜	zᴀ$_{11}^{113}$ tɯn^{334}	围兜(小儿用)
踏步儿	dɔ$_{33}^{312}$ bun^{35}	台阶
阶沿	kᴀ$_{33}^{334}$ je$_{55}^{113}$	阶下
门堂	mən$_{11}^{113}$ duŋ$_{33}^{113}$	天井
嵌门	k'ɔ^{55} mən$_{55}^{113}$	窗户
火熜	xuo$_{55}^{534}$ ts'ᴀuŋ^{334}	手炉
面汤水	mie^{35} t'un$_{55}^{334}$ ɕy^{534}	洗脸水
台桌	de$_{11}^{113}$ tsᴀu$_{334}^{213}$	桌子
交椅儿	ko$_{33}^{334}$ ɥyn$_{3}^{334}$	椅子
骨牌凳	kuə$_{5}^{213}$ bᴀ^{113} nən^{55}	方凳
麻将桌	mɯʌ$_{11}^{113}$ tsɯʌ$_{22}^{55}$ tson^{334}	小方桌
柴架	zᴀ$_{11}^{113}$ kɔ^{55}	木柴
瓢羹	bie$_{11}^{113}$ gæn^{334}	汤匙
箸	dzi^{35}	筷子
燥箕	so$_{33}^{55}$ tɕi^{334}	淘米箩
斗碗	təɯ$_{55}^{534}$ uᴀ^{534}	海碗
垃屑	lɯ$_{35}^{312}$ sɯ^{213}	垃圾
帽髦	mɯɤ^{35} ti^{55}	瓜皮帽
零碎	lən$_{11}^{113}$ se$_{55}^{534}$	物什

续 表

义乌话	注音	普通话(释义)
料作	lɯɤ^{35} tsɔ^{213}	材料
闲接儿	ɣɔ$_{11}^{113}$ tsiæn$_{334}^{213}$	闲食,零食
沙糖	suᴀ$_{33}^{334}$ duŋ$_{55}^{113}$	红糖
糖霜	duŋ$_{11}^{113}$ suŋ$_{55}^{334}$	白糖
白糖	bæ$_{23}^{213}$ duŋ^{113}	麦芽糖
事干	zɿ$_{33}^{35}$ gɯ^{55}	事情
名件	mən$_{11}^{113}$ tɕie^{412}	名堂
念笑	ȵiæ$_{11}^{35}$ sɯɤ^{55}	玩笑
晚娘	mᴀ$_{35}^{412}$ ȵiɔ$_{55}^{113}$	继母
信妇	sən^{55} bu^{412}	儿媳妇
搭底	tɔ$_{51}^{213}$ ti$_{55}^{534}$	排行最小
麻痘鬼儿	mɯᴀ$_{11}^{113}$ dəɯ$_{11}^{35}$ tɕyn$_{55}^{534}$	黄毛小子
小娘儿	sɯɤ$_{55}^{534}$ ȵiɔn^{113}	女孩
小个儿	sɯɤ$_{55}^{534}$ kᴀn^{55}	男孩
认同年	ȵiən^{35} dᴀuŋ$_{11}^{113}$ ȵiæ$_{35}^{113}$	结拜
请娘\奶婆	ts'ən$_{55}^{534}$ ȵiɔ^{113}\nᴀ^{35} bɯɤ$_{55}^{113}$	女仆
独天自\独天梗儿	dᴀu^{312} t'iæ$_{55}^{334}$ zi$_{55}^{35}$\ dᴀu^{312} t'iæ$_{55}^{334}$ kuæn$_{113}^{534}$	光棍
白骗(痞)(一作伯嚭)	bæ^{312} p'i^{534}	说大话不兑现
撮白儿	ts'ə^{213} bæn^{312}	扒手
蛮搏	mᴀ$_{11}^{113}$ pᴀu$_{334}^{213}$	傻
近觑	dʑiən^{534} tsi^{55}	近视
胡头	wu$_{11}^{113}$ dəɯ$_{33}^{113}$	脑袋
项颈	ŋ^{35} tɕin^{534}	脖颈
毛管	mɯɤ$_{11}^{113}$ guən^{534}	汗毛
馋吐\馋漦	zᴀ$_{11}^{113}$ t'u$_{55}^{534}$\zᴀ$_{11}^{113}$ zi^{35}	唾液
胡苏	Wu^{113} su$_{55}^{334}$	胡子
借手	tsiæ^{55}	左手
顺手	ʑyən^{35}	右手
荡拳倮儿	duŋ^{35} dʑye$_{312}^{113}$ kuon^{55}	拳头
腰盘	iɯɤ$_{33}^{334}$ bɯɤ$_{55}^{113}$	腰
猢狲头儿	wu$_{11}^{113}$ sɯ$_{33}^{334}$ dɯn$_{334}^{113}$	膝盖
㞞	zᴀuŋ^{113}	窝囊

续 表

义 乌 话	注 音	普通话(释义)
筋脉	tɕiən$_{33}^{334}$ mæ^{312}	血管
贴膊	t'iæ$_{55}^{213}$ pᴀu^{213}	赤膊
褪皮	t'ən^{55} bi^{113}	蜕皮
褪帽	t'ən^{55} mɯɤ^{35}	脱帽
烧热	sɯɤ$_{55}^{334}$ ȵie^{312}	发烧
冻冰	nᴀuŋ^{55} mən^{534}	冻疮
搭舌	tɔ$_{55}^{213}$ dʑien^{213}	口吃
跷脚	tɕ'ie$_{33}^{334}$ tɕiɔ^{334}	瘸腿
准脉	tɕyən$_{55}^{534}$ mæ^{312}	切脉
跸	bai^{312}	驱赶
趟	bai^{312}	赶路
倒	to^{534}	死
滚轮	guən$_{33}^{312}$ lən^{113}	圆形
煞笑	suᴀ$_{31}^{312}$ sɯɤ^{55}	好玩,有趣
生伙	sæ$_{33}^{334}$ xuo^{55}	显得多
跌苦	tiæ$_{55}^{312}$ ku^{534}	落拓潦倒
爊糟	o$_{33}^{334}$ tso^{334}	脏
腻腥人	ȵi$_{11}^{113}$ sən$_{33}^{334}$ nᴀuŋ$_{55}^{113}$	令人作呕
尽气	zən$_{33}^{35}$ tɕ'i^{55}	完整的
得过	tai$_{31}^{213}$ kuo^{55}	舒服
咸酸	ɣɔ$_{11}^{113}$ sɯ$_{55}^{334}$	咸味
辣人	lɔ$_{3}^{312}$ nᴀuŋ^{113}	辣味
挨(多音字)	ᴀ^{55} ᴀ^{334}	① 密集 ② 蹭
半散两(八)结	pɯ^{55} sɔ$_{55}^{334}$ lɯʌ$_{55}^{312}$ (pɯʌ$_{55}^{213}$) tɕiə^{213}	不上不下,不完整
熟套	zᴀu$_{35}^{312}$ t'o^{55}	熟练
乌风猛雨	u$_{33}^{334}$ fᴀuŋ$_{33}^{334}$ mæ$_{33}^{312}$ ɥy^{412}	狂风暴雨
乌天黑地	U$_{33}^{334}$ t'iæ$_{33}^{334}$ xai$_{55}^{213}$ ti$_{55}^{35}$	昏天黑地
腥气八哄	sən$_{33}^{334}$ tɕ'i$_{33}^{55}$ pɯʌ$_{55}^{213}$ xᴀuŋ$_{55}^{334}$	① 腥味重 ② 小气
打乌\无脚寻	næ$_{55}^{213}$ u^{334}	遗失,失踪
口筋健	k'əɯ$_{55}^{213}$ tɕiən$_{33}^{334}$ dʑie$_{55}^{35}$	唠叨
团近	dɯ$_{11}^{113}$ dʑən^{312}	附近
齐整	zi$_{11}^{113}$ tsən^{534}	美貌

续 表

义 乌 话	注 音	普通话(释义)
软静	ȵye$_{11}^{412}$ zən$_{44}^{312}$	温柔
安脊 安脊定骨	ɯ$_{33}^{334}$ tsai$_{334}^{213}$ dən^{35} guə^{213}	安宁
闹暖	nuŋ^{35} nən^{412}	热闹
壮	tsuŋ^{55}	① 肥胖 ② 壮实
奣糟	tsi$_{33}^{334}$ tso$_{55}^{334}$	麻烦,烦恼
克	k'ə^{213}	悭吝
蛮	mᴀ^{113}	① 粗鲁 ② 淘气
一兜转	iə$_{2}^{213}$ təɯ$_{55}^{534}$ tsɯ^{55}	一圈
落焐	lɔ$_{31}^{312}$ u^{55}	妥当
笔笃	pə$_{55}^{213}$ tᴀu^{213}	陡
巴结	pɯʌ$_{33}^{213}$ tɕə$_{334}^{213}$	卖力
骨作	kuə$_{55}^{213}$ tsɔ^{213}	轻浮得意之状
名工	mən$_{11}^{113}$ kᴀuŋ$_{55}^{334}$	能干
背命	pe$_{33}^{55}$ mən^{35}	拼命
宽慢	k'uᴀ$_{33}^{334}$ mɯʌn$_{334}^{35}$	慢慢地,慢点
倒光	to$_{55}^{534}$ kuŋ^{334}	丢脸
冷静	læ$_{55}^{312}$ zən^{412}	冷清清
倒灶	to$_{21}^{213}$ tso^{55}	糟糕
作兴\无数	tsɔ$_{21}^{213}$ ɕiən^{334}\n$_{11}^{113}$ su^{55}	可能
只惊	tsə$_{55}^{213}$ kuæ$_{55}^{334}$	恐怕
张来\碰记儿	tsɯʌ$_{33}^{334}$ le$_{55}^{113}$\bæ^{35} tɕin^{55}	兴许,大概
究起\到究	tɕiəɯ^{55} tɕ'i^{55}\to^{55} tɕiəɯ^{55}	究竟
统个	t'ᴀuŋ^{534} kᴀ^{55}	总共
偏生	p'ien$_{33}^{334}$ sæ$_{55}^{334}$	偏偏
乱头\乱滚\盲估	lən^{35} dəɯ$_{55}^{113}$\ lən^{35} kuən^{213}\mæ$_{11}^{113}$ ku^{213}	胡乱
煞介	suᴀ$_{55}^{213}$ kᴀ^{55}	索性
无没	n$_{11}^{113}$ mai^{35}	没有
难\难好	nɔ^{113}\nɔ$_{11}^{113}$ xo$_{33}^{534}$	不可以,不能
危险\惊(恇)人	wai$_{11}^{113}$ ɕie^{213}\kuæ^{334} nᴀuŋ^{113}	很
劈空	p'ai$_{33}^{213}$ k'ᴀuŋ^{334}	突然
乌漏(捞)记儿	u$_{55}^{334}$ ləɯ$_{55}^{35}$ tɕin^{55}	几乎
若讲	zɯʌ$_{11}^{113}$ kuŋ$_{55}^{534}$	如果

续 表

义 乌 话	注 音	普通话(释义)
虽则	ɕyai$_{33}^{334}$ tsiæ^{55}	虽说
净洁	zən$_{44}^{412}$ tɕie^{312}	洁净
热狂	ȵie$_{33}^{312}$ guŋ^{113}	狂热
怪责	kuA$_{33}^{55}$ tsæ^{334}	责怪
疑狐	ȵi$_{11}^{113}$ wu$_{55}^{113}$	狐疑

说明：注音采用国际音标，并在音标后标以声调。声调以五度制表示，上标为单字调值，下标为发生连读变调时的实际调值。汉字下带波浪线的为同音替代字。

（赵晓青）

经济社会发展

【综合经济实力】 2010年，全市实现地区生产总值614亿元，按可比价格计算，比上年增长11.5%，增速比上年加快2.5个百分点。其中第一产业实现增加值17.2亿元，增长5%；第二产业实现增加值265.5亿元，增长10.4%；第三产业实现增加值331.4亿元，增长12.7%。全市人均生产总值8.35万元(按户籍人口计算)，增长10.3%，按2010年平均汇率折算为1.23万美元。产业层次进一步提升，三次产业结构由上年的2.8∶43.8∶53.4调整为2.8∶43.2∶54.0。全年实现农业总产值25.2亿元，增长17.5%，粮食播种面积1.76万公顷，粮食总产量10.5万吨，分别下降5%和5.4%；全市拥有规模以上农户和农业企业2300余家，其中农业龙头企业227家。全年实现全部工业总产值1174.9亿元，增长20.9%。其中规模以上工业企业累计完成产值592.5亿元，增长24.9%；完成销售产值574.5亿元，增长25.1%。全年完成全社会固定资产投资额207.3亿元，增长16.4%。其中限额以上固定资产投资完成192.4亿元，增长17.8%；全年商品房销售面积87.1万平方米，增长15.1%；商品房销售额67.6亿元，增长27.6%。全年实现社会消费品零售总额290.4亿元，增长18.9%，全市实现集市贸易成交额621.1亿元，增长11.7%，其中中国小商品城成交额456.1亿元，增长10.8%。全年完成自营进出口总额31.2亿美元，增长32.7%。其中出口28.6亿美元，增长34.1%；进口2.6亿美元，增长19.2%。全年完成财政一般预算收入77亿元，增长8.7%，高于上年6.3个百分点，完成地方一般预算收入42.8亿元，增长10.7%，高于上年8.5个百分点。全年一般财政预算支出42亿元，增长17.6%。年末全市金融机构存款余额突破1500亿元，达到1500.5亿元，比年初增加242.4亿元，增长19.7%，增速与上年持平。年末金融机构贷款余额突破千亿大关，达到1062.9亿元，比年初增加195.7亿元，增长22.6%。全年平均居民生活费用物价指数同比上涨6.1%，食品、燃料、建筑材料价格上涨是拉动CPI上行的主要因素。全年城镇居民人均可支配收入3.52万元，增长14.2%，农村居民人均纯收入1.48万元，增长14.5%，城镇居民家庭恩格尔系数31.9%，农村居民家庭恩格尔系数34.1%，分别比上年降低0.1个和0.4个百分点。城镇居民人均住房面积36.7平方米，农村居民人均住房面积68.8平方米，分别比上年提高2.5平方米和0.8平方米。每百户城镇居民家庭汽车拥有量43.3辆，每百户农村居民家庭拥有汽车18辆。

【基础设施建设】 全年基础设施投资完成47.4亿元，增长7.3%。全市105项重点工程和重大产业项目共计拨付使用建设资金62.1亿元，为全年计划投资数的61.7%。新行政服务中心、国际会议中心主体工程、机动车驾考中心等一批建设项目已投入使用或基本完工。全年共安排13个交通重点项目、58个农村公路项目,计划总投资100余亿元。主要工程包括义乌至浦江公路义乌段工程,浙赣铁路义乌货站至甬金高速公路徐村互通连接线工程,03省道义乌段改建工程(老铁路改造暨快速通道建设工程),37省道义乌青口至苏溪段改建工程等。年末建成区面积达到90平方千米,比上年增加7平方千米。城区新建绿地面积42公顷,新增绿地养护面积57万平方米。至年底全市实有城市道路面积1283万平方米,绿地面积2936公顷。新建天然气主干管30余千米。全年自来水供水总量7095万吨,日供水能力达到30万吨,年末实有公共汽车营运车辆833辆,出租汽车1313辆。

【各项社会事业】 全市现有普通高等学校1所,在校学生0.86万人;普通中小学校118所,在校学生13.7万人;中职学校5所,在校学生1.12万人;幼儿园300所,在园幼儿6.12万人,学前3年入园率为96.04%;特殊学校1所,在校学生64人:在校学生(含幼儿)总计20.7万人。普高教育继续保持高位稳定,2010年高考上重点线人数达757人,上线人数4258人,上线率92.9%;全面启动总投资达12亿元的15个省市重点投资项目建设,基本完成总投资为8400万元的13个校舍维修改造项目,校安工程取得阶段性成效。教师队伍继续壮大,新录用师范类和非师范类毕业生和社会优秀人才300多名,700余名教师参加省、市、县三级培训。

2010年全社会R&D经费投入达6.35亿元,比上年增长8%;规模以上工业新产品产值57.8亿元,增长48%,年末全市有科技机构85家,R&D活动人员3940人,分别比上年增长9%和10%。新创建省级高新技术研发中心3家,组织实施省级科技计划项目86项、国家级计划项目3项、国家重点新产品项目2项、科技型中小企业创新基金项目1项、省级重大专项4项。新认定国家火炬计划重点高新技术企业4家、高新技术企业5家,累计共21家。全年专利申请量2347件,授权专利量2336件,其中发明专利64件。

建筑面积2.1万平方米的新图书馆建成,文化馆、博物馆新馆建设前期准备工作有序开展。全年送戏下乡349场,送电影下乡8408场。数字电视整转工作有序推进,到年底全市数字电视用户达到19.9万户。

在全市建成16个小康健身工程示范点和15个晨晚练点,新增健身路径86条、篮球场75个、小型健身场所3个,赠送室内外乒乓球桌100张。竞技体育水平得到进一步提升,全年共组队参加金华市以上比赛10次,共获得金牌23枚、银牌35枚、铜牌27枚。体彩销量达1.45亿元,增长4.3%。

全市共有各类医疗卫生机构679家。其中,综合性医院6家,专科医院10家,卫生单位7家,镇街中心卫生院13家,社区卫生服务站63个,村卫生室379个,个体诊所等201家。实有床位数2424张,公立医疗单位在编人员3530人,其中专业技术人员3302人(拥有高级职称284人,中级1085人,研究生学历113人)。2010年,全市公立医疗单位总诊疗511万人次,出院68006人次。5岁以下儿童死亡率6.2‰,婴儿死亡率4.2‰,产妇住院分娩率达100%。

全年城镇新增就业人数1.18万人,实现农村劳动力转移1.09万人,失业率控制在2.95%。2010年底,全市城镇职工基本养老保险参保24.7万人;城镇职工基本医疗保险参保20.9万人;工伤保险参保32.6万人;失业保险参保11.3万人;女工生育保险参保9.6万人;被征地农民养老保险参保18.3万人,其中3.2万人按月领取养老保险金;土地承包经营权流转农民养老保险参保1.4万人,享受人数达9974人;城乡居民医疗保险参保51.1万人,参保率达90.5%;城乡居民养老保险参保人数达21.2万人,其中享受人数达9.4万人。

全市五保对象615人,供养率达100%,年人均供养标准达到8000元以上。全年共发放物价补贴269.7万元。城镇最低生活保障标准调至400元/月·人,农村最低生活保障标准调至240元/月·人,发放低保金1737万元。发放慈善救助款695.1万元,1406户困难群众受益。累计救助996位重大疾病患者,共支出救助资金508.2万元。

（何永亮）

城市创建

【概况】 2010年，巩固国家卫生城市创建成果，全年全市发动102.80万人次参加环境整治，整治面积20.01万平方米，除“四害”药物消杀面积10.57万平方米，清理窨井、阴沟84.57万处，疏通下水道、电缆沟107.12万处，清理屋顶平台、庭院、地下室162.13万处，清理杂物堆、垃圾堆179.7万处，清理积水容器1026.76万个，生态养鱼5826处，投放鱼苗98.78万尾。加强对创建问题的督查，在义乌创建网上发布限期整改问题120余个，对重点难点创建问题开督办单14件，完成市领导签字督办创建重点难点问题5件，累计解决创建问题210余件。11月18日，省爱卫办下发《命名2010年浙江省卫生村的通知》，命名北苑街道游览亭村等13个村为“浙江省卫生村”。12月21日，浙江省爱国卫生运动委员会下发《关于命名和确认除四害先进城区的通知》，确认义乌市为“灭蚊先进城区”，12月28日，省爱卫办下发《关于确认浙江省卫生镇（乡）的通知》和《关于命名和确认浙江省卫生先进单位的通知》，上溪镇、苏溪镇通过“浙江省卫生镇”复查；义乌市钱塘凯信大酒店有限公司、中国小商品城集团股份有限公司海洋酒店被评为“省卫生先进单位”；义乌商报社等10个单位通过“省卫生先进单位”复查。

健康城市建设。年内，开展健康城市基线调查统计分析；完成《义乌市建设健康城市调查报告》的撰写；举行万人长跑暨全民健身活动、义乌市全球洗手日活动、世界卫生日、世界无烟日宣教活动、健康早餐工程、健康素养巡回演讲活动。进行健康细胞的培育和评估，12月13日，市政府下发《关于命名稠城街道孝子祠社区等为义乌市健康社区（村）的通知》，孝子祠社区等5个社区被命名为“义乌市健康社区”；佛堂镇13个村被命名为“义乌市健康村庄”；浙江迪元仪表有限公司等12家企业被命名为“义乌市健康企业”；义乌中学等5家学校被命名为“义乌市健康学校”；义乌市中心医院等4家医院被命名为“义乌市健康医院”；华美达广场义乌之江大酒店、浙江中国小商品城集团股份有限公司海洋酒店被命名为“义乌市健康宾馆”；义乌农村经济发展有限公司、中国小商品城集团股份有限公司国际商贸城第四分公司被命名为“义乌市健康市场”。

文明城市创建。开展群众性精神文明创建活动，组织文明出行劝导、文明出行查纠违规、交通秩序专项治理等活动，解决机动车抢行、自行车占道骑行、行人乱穿马路和乘坐公交车不排队等现象。利用墙景美化、公益广告、宣传栏等载体，加大文明素质教育力度。全年，共出动人员3.20万人次，劝导、查纠违规行为1200余起，进行墙景美化1.71万平方米，发布公益广告4500余条，制作宣传栏5.41万期。开展“文博会”、“义博会”等展会环境卫生创建和氛围营造专项行动。对宗泽路新建图书馆、档案馆建设工地周边清运建筑垃圾40余吨，清除杂草1.34万平方米。在江东东路修建4500余米长、2.2米高的琉璃瓦围墙，在城区30个主要路口制作大型户外喷绘广告牌30余个，安放交通指示显示屏4个。在各主要地段悬挂灯笼680余组、LED中国结126套、路灯灯杆广告500余处，为各大展会营造良好的氛围。

【“义乌精神”宣讲活动】 2月20日，网友“夏冰南子”在百度义乌吧上发表诗歌《义乌欢迎你》，人民网、新浪网、新华网等数十家网站转载这首诗歌，社会反响强烈。义乌市作协在天涯社区、义乌社区、稠州论坛等网站开展“关注外来建设者诗歌征集”活动，3天收到130余人创作的286篇作品。3月5日，选编其中90余首诗汇成诗集《春天放歌》出版。3月11日，《春天放歌》2010诗歌朗诵会召开，现场赠阅1000册给外来建设者。活动的开展，使广大外来建设者感受到义乌这座城市对他们的包容、感激与关爱，进一步丰富了新时期“义乌精神”的内涵。

【爱国卫生月、世界卫生日活动暨“十小”行业质量安全整治行动】 4月7日，在绣湖广场举行

市长何美华参加爱国卫生月活动

2010年爱国卫生月、世界卫生日活动暨“十小”行业质量安全整治行动启动仪式。至12月底，全市共查处各类无证无照或证照不全的经营者8124家，其中食品加工小作坊134家、小食杂店3760家、小餐饮店2697家、小药店253家、小农资店27家、小菜场111家、小音像店111家、小美容美发店979家、小液化气供应店52家；要求129家停止营业，274家限期整改。

【农村和社区文明创建现场会】 5月18日，在城西街道召开农村文明创建工作现场会，全市13个镇(街)的宣传委员、分管创建领导、创建办主任和文明创建先进村代表60余人参会，与会人员实地参观城西街道七一村和何斯路村，听取何斯路村文明创建工作经验介绍。7月16日，召开全市社区文明创建工作现场会，与会人员实地参观丹溪社区文化活动场所、宣传教育阵地、居民楼道文化等文明创建工作情况，明确了社区文明创建着重要抓好社区建设与管理、社区人防物防技防水平、环境卫生、市民文明行为等20项重点内容，掀起了新一轮社区文明创建的热潮。

【推进农村未成年人“春泥计划”行动】 6月，组织“春泥计划”工作回头看，印发《关于深入实施“春泥计划”的通知》和《义乌市“春泥计划”工作考评办法》。年内，新增240个村实施“春泥计划”，至年底，全市344个村实施“春泥计划”。投入经费200万元，建立辅导员等工作队伍343支，青少年活动俱乐部104家。开展未成年人道德实践、社会体验、文体娱乐及关爱外来建设者子女等活动680余次。

【“服务进社区，和谐千万家”活动】 8～9月，组织开展“服务进社区，和谐千万家”社区公益行活动。先后组织志愿者1600余人次在东洲社区、丹溪社区、江滨社区、佛堂镇朝阳路广场开展便民服务进社区、社区居民才艺展示、义拍义卖慈善捐款、困难居民关爱行动、低碳生活科普宣传等活动20余次，培育良好的社区文明风尚。

【文明出行系列活动】 9月22日，开展“无车日”系列活动，党政机关、企事业单位的公务车，除应急机动车外，全部封存一天；设立“无车区”，上午9时至11时，在义东路(江东路至环城南路段)、县前街(信访局门口至城中中路段)和江滨南路(新科路至永顺路段)将短时隔离，只对行人、自行车、公共汽车、出租车以及公安、消防、急救等特种车辆开放，其他社会车辆不允许进入无车路段。9月26日，在绣湖广场举行“关爱生命，文明出行”

市委书记黄志平向过往司机赠送车用垃圾桶和倡议书

浙中城市群首届“车德日”义乌站活动。10 月 14 日，在市民广场举行“迎盛会，讲文明，树新风”文明劝导活动启动仪式，机关各部门代表、志愿者代表、出租车司机代表、学生代表等 1000 余人参加启动仪式，提出“文明行车，文明走路，文明乘车”的文明出行倡议。启动仪式后，全市 70 余个机关部门 2000 余名工作人员到城区各主要路口进行文明劝导，形成全社会共同倡导文明交通行为的良好氛围。同时，在稠州论坛和新义乌论坛上开展义乌“十大不文明交通行为”网络票选活动，调查征集评议义乌市民的“不文明交通行为”，列出市民反映最强烈的“十大不文明交通行为”，在稠州论坛、新义乌论坛等网站和义乌电视台进行公开曝光批评，网友参加点击投票和帖子留言达 2.45 万人次。

【结对共创文明活动】 义乌市“双百结对、共创文明”活动每 5 年一轮，2005 年 8 月至 2010 年 12 月，全市投入共建资金 716 万元，落实共建对子 127 对。走访贫困户 2784 户，为农村办各类实事 452 件。培育了一批先进典型，党校、赤岸镇雅端村共建对子荣获省“‘双万结对、共创文明’活动先进”称号；烟草专卖局(分公司)、大陈镇大畈村和北苑中心卫生院、北苑街道黄杨梅村共建对子荣获金华市“‘双千结对、共创文明’活动先进”称号；艺术学校、江东街道许宅村共建对子参加金华市“双千结对、共创文明”文艺汇演，表演的丝弦合奏《金色的季节》获二等奖。

【健康城市中期评估工作】 9 月，开展健康城市中期评估工作。按照《义乌市建设健康城市三年行动计划(2009～2011)》安排，义乌市建设健康城市指标任务 116 项，其中依靠问卷调查测评的满意度、知晓率等指标 13 项，健康细胞建设指标 9 项，其他具体工作指标 94 项。至年底，全市 106 项指标提前完成，占全部指标的 91.38%。实现了时间过半，任务过半的目标。

(吴延斌)

领导人员名单

中共义乌市委员会

市委书记

黄志平

市委副书记

何美华

陈秀仙(女)

市委常委

宋英豪

王清池

缪永法

葛国庆(女)

江宏勋(至2010年12月)

斯建民

潘文锋

汤兆武(至2010年3月)

赵国荣

果　凯

米　斌

吴益中

汤飞帆(2010年6月任)

义乌市人大常委会

主　任

童香娣(女)

副主任

方浩福

骆　亘

楼林忠

楼林禄

陈有德

丁鼎星

义乌市人民政府

市　长

何美华

副市长

宋英豪

王清池
汤兆武(至 2010 年 3 月)
果　凯
米　斌
汤飞帆(2010 年 7 月任)
王奎明
季金甫
吴森民
傅春明
王　迎(女)
楼初阳(至 2010 年 3 月)
陈小忠
丁进跃(2010 年 3 月任)

市长助理
熊方明

政协义乌市委员会

主　席
杨林章

副主席
黄分田
朱　斌
王荣山
刘　峻
颜新香(女)
朱友成
王萃忠
杨桂芳(女)
龚有群

中共义乌市纪律检查委员会

书　记
葛国庆(女)

副书记
胡爱芬(女)
吴济茂
余绍国

义乌市人民检察院

检察长
翁跃强

义乌市人民法院

院　长
范锡祥(2009 年 9 月至 2010 年 1 月代院长)
范锡祥(2010 年 2 月当选)

中共义乌市委员会

重要决策

【出台深化集体林权制度改革的若干意见】 1月30日，市委、市政府出台《关于深化集体林权制度改革的若干意见》。《意见》要求以科学发展观为指导，明晰集体林地使用权和林木所有权，放活经营权，落实处置权，保障收益权，推进配套改革，创新林业发展体制机制，激发林业发展活力，促进传统林业向现代林业转变，力争通过3年改革，建立起产权归属清晰、经营主体到位、责权划分明确、利益保障严格、流转规范有序、监管服务有效的现代林业产权制度，逐步形成集体林业的良性发展机制，实现资源增长、农民增收、生态良好的目标。

【作出在全市开展“创新创优、提质提效”主题活动加强执行力建设的决定】 2月8日，市委、市政府下文，决定在全市干部队伍中开展“创新创优、提质提效”主题活动，全面加强执行力建设。在现阶段新形势下，全市干部队伍中存在的一些问题阻碍市委、市政府决策的贯彻落实，损害干部队伍的整体形象，制约全市经济社会发展。在全市开展“创新创优、提质提效”主题活动，加强执行力建设，就是要通过加强干部队伍培训，完善责任体系，强化干部绩效考核，建立健全监督体系，严格执行责任追究，切实提高全市干部工作能力和办事效率，进一步增强全市干部群众的创业创新激情，优化整体发展环境，树立党委政府立党为公、执政为民的良好形象，力争在深化思想解放、弘扬创新精神、完善责任体系、落实责任追究、提高群众满意度等方面取得成效。市委、市政府成立领导小组和办公室，负责对“创新创优、提质提效”主题活动的组织、协调和指导。各镇(街道)、各部门也均成立相应机构，明确工作人员，抓好具体组织实施工作。

【出台《关于建设都市农业促进城乡统筹发展的若干意见》】 3月23日，为加快建设都市农业，全面提升现代农业发展水平，扎实推进城乡统筹发展，市委、市政府出台《关于建设都市农业促进城乡统筹发展的若干意见》。《意见》提出，围绕国际商贸名城建设目标，按照工商业反哺农业、城市支持农村的原则，统筹城乡协调发展，努力打造现代农业园区、特色农业产业基地、休闲观光农业带三大发展平台，做大做强农业专业合作联社、龙头企业、农业展贸三大经营主体，有效构建农业科技、农业生态、农业保障三大支撑体系，综合开发农业的生产、生活、生态与文化功能，建设与城市化相协调、具有鲜明地域特色的都市农业新格局。到2015年，基本形成产业特色明显、优质高效和持续增长的都市农业框架；到2020年，基本建成与国际商贸名城相配套，人与自然和谐发展，以市场化、规模化、产业化、科技化为主要标志，集经济、社会、生态效益于一体的都市农业体系。具体表现：农民收入保持较快增长，全市农民人均纯收入年递增8%以上；农业产业化经营格局基本形成，农业规模化种(养)面积和农户覆盖率2015年达70%以上，2020年达85%以上。农业科技水平不断提高，科技在农业增长中的贡献率2015年达65%，2020年达75%。农业机械化基本实现，农业综合机械化水平2015年达72%，2020年达78%。农村生态环境大为改善，2015年，农村水体污染加重、土壤物理性质变差的趋势得到扭转，2020年，农业废弃物得到资源化利用，工业与生活废水得到有效处理。

【出台《关于加快推进现代服务业和先进制造业产业集聚区建设的若干意见》】 4月16日，根据省委、省政府建设大平台大产业大项目大企业的要求，市委、市政府出台《关于加快推进现代服务业和先进制造业产业集聚区建设的若干意见》，旨在扎实推进义乌市现代服务业和先进制造业产业集聚区建设，加快全市经济发展方式转变。《意见》要求依托义乌市场优势，按照集约化、规模化、现代化、信息化要求，统一产业集聚区基础设施和产业规划，合理定位产业集聚区功能，拓展产业发展空间，优化资源要素配置，加快体制机制创新，努力打造"三中心、两高地"。重点推进国际商贸城分区、浙江义乌经济开发区整合提升区、义乌工业园区、生产要素市场、国内物流中心五个区块建设，力争取得重大进展。为顺利推动五项重点工作的开展，市委、市政府对产业集聚区建设的组织领导进行调整。成立市现代服务业和先进制造业产业集聚区建设工作领导小组，由市委主要领导任组长，市委、市政府分管领导任副组长，相关镇(街道)、部门主要负责人为成员。创新五个区块建设管理体制。义乌工业园区管理委员会机构单设；撤销国际商贸城建设指挥部，成立义乌市国际商贸城管理委员会；成立浙江义乌经济开发区整合提升建设指挥部；成立义乌市生产要素市场建设指挥部；成立义乌市国内物流中心建设指挥部。

【出台《关于加快总部经济发展的若干政策意见》】 5月21日，市委、市政府根据义乌市现代服务业和先进制造业产业集聚区的建设重点，出台《关于加快总部经济发展的若干政策意见》。《意见》旨在通过实施积极的土地支持政策，设立总部经济奖励基金，鼓励入驻企业做大做强，完善行政服务机制，重大项目实行"一事一议"等举措，鼓励和促进总部经济发展，加快现代服务业和先进制造业产业集聚区建设，推动经济转型升级，提升城市综合竞争能力。争取经过5年至10年的努力，总部经济发展框架基本形成，总部经济集聚效应明显提高，金融商务区和经济开发区中心区的总部经济建设粗具规模。

【作出《推进生态文明建设的决定》】 7月21日，经中共义乌市委十二届八次全会审议通过，市委作出《关于推进生态文明建设的决定》。《决定》提出义乌市建设生态文明的总体要求：按照省委推进生态文明建设的要求，紧紧围绕建设国际商贸名城目标，大力发展生态经济，不断优化生态环境，注重建设生态文化，着力完善体制机制，打造"富饶和谐、宜商宜居"的生态义乌。建设生态文明的主要目标是：力争通过5～10年的努力，建成全国生态文明示范市。到2015年的主要目标是：生态经济加快发展，全面完成省下达的"十二五"单位生产总值能耗下降指标，资源能源高效利用。围绕商贸业，重点发展现代服务业，加快发展新兴产业，整合提升传统优势产业，积极发展高效生态都市农业，培育一批资源节约型、环境友好型企业，循环经济、清洁生产形成较大规模，形成具有义乌特色的现代生态经济体系。生态环境不断改善。全面完成省下达的"十二五"主要污染物减排任务。建成一批环境保护和生态建设重点工程，水污染、大气污染、噪声污染、农业面源污染、固体废弃物污染等突出问题有效解决，全市各河(溪)流水质普遍达到控制目标，饮用水源达标率达到100%，空气质量在保持总体良好的基础上污染指数逐步降低，生态安全保障体系基本形成。生态文化日益繁荣。生态文明教育不断加强，绿色创建活动广泛开展，生态文明理念深入人心，健康文明的绿色生活方式初步形成，推进生态文明建设的精神支撑更加有力。体制机制不断完善。建立"市、镇(街道)、村"三级生态文明创建体系，形成部门联动机制，完善党政领导班子和领导干部综合考核评价机制、生态补偿机制、生态应急保障机制、资源要素市场化配置机制以及财税金融扶持政策，初步建立符合可持续发展要求的社会管理体系。到2020年的主要目标是：建立符合可持续发展要求的经济结构、生态环境系统和社会管理体系，基本实现经济社会发展与资源、环境承载力相适应，把义乌建设成为具有较发达的生态经济、优美的生态环境、和谐的生态家园、繁荣的生态文化、可持续发展能力较强的国际商贸名城。

【出台《关于全面加快旅游业发展的政策意见》】 12月9日，市委、市政府结合义乌市商贸旅游发展实际，出台《关于全面加快旅游业发展的政策意见》。《意见》要求围绕建设国际商贸名城目标，依托市场繁荣、国际化程度较高等优势，进一步确立旅游业作为市支柱产业的地位，积极构筑以购物旅游为龙头、会展商务旅游为配套、休闲文化旅游为支撑的旅游发展新格局，拓展旅游市场，壮大旅游产业，提升旅游素质，努力把义乌市打造成国内外知名的商贸型旅游目的地城市。力争到2011年底，年游客接待人数达800万人次，境外游客达到较大比重，年旅游总收入达到85亿元。购物旅游进一步发展壮大，旅游业素质得到明显提升，华东及国内、国际旅游市场得到较大拓展。到2015年，年旅游收入达到125亿元，旅游项目开发和景区、景点建设取得较大进展，购物旅游、会展商务旅游成为国际有影响力的品牌，浙江国际化旅游目的地城市及华东国际黄金旅游线重要节点城市的地位初步确立。到2020年，年旅游人数、旅游收入持续较快增长，旅游事业全面发展，成为产品丰富、特色鲜明、服务优良、环境和谐的国际知名商贸型旅游目的地城市。

重要活动

【争取中国义乌国际贸易综合改革试点】 1月8日，浙江省发改委副主任、省经济体制改革工作领导小组办公室主任姚作汀主持召开中国义乌国际贸易综合改革试点方案论证会，以征求省级相关部门意见和专家评审相结合的方式进行评审。12日，浙江省常务副省长陈敏尔赴义乌专题调研打造产业集聚新平台工作。19日，姚作汀召集省转变经济发展方式综合配套改革试点专家组组长卓永良等有关专家，对改革方案进行讨论，提出五方面修改意见。22日，姚作汀专程到义乌，与义乌市共同讨论修改试点方案。23日，浙江省成立由省长吕祖善任组长，常务副省长陈敏尔、副省长龚正任副组长的“中国义乌国际贸易综合改革试点协调小组”。28～29日，浙江省发改委领导带领义乌市委、市政府领导赴北京，向国家发改委副主任彭森、综合体改司司长孔泾源、副司长徐善长汇报改革试点工作。彭森指出，义乌具有良好的小商品国际贸易基础，在义乌开展试点很有意义，也很有必要。国家发改委积极支持义乌开展国家级国际贸易专项改革试点。2月1日，外交部非洲司司长张明到义乌调研“非洲产品展销中心”建设，表示将大力支持和协助义乌建设该中心。2月初，国务院研究室综合司司长陈文玲等听取义乌市改革试点相关情况汇报。商务部合作司、西亚非洲司、外贸司组成调研组，就设立“非洲产品展销中心”等改革项目到义乌进行实地调研。23日，龚正召集省发改委、商务厅以及义乌市政府负责人，专题听取改革试验总体方案和改革要点汇报，对推进改革试验工作作了重要指示。3月12日，姚作汀主持召开中国义乌国际贸易综合改革试点协调小组办公室会议，听取改革工作汇报，并研究改革重大问题研究任务分解方案。文化部副部长欧阳坚、文化产业司司长刘玉珠，孔泾源听取义乌市改革工作情况汇报。13日，陈文玲率调研组到义乌调研国际贸易综合改革工作。调研组认为，义乌是一个非常独特、非常有研究价值的地方，研究义乌就等于研究了全国改革开放的进程，也就等于研究了未来中国市场转型升级的方向，对于全国来说具有很强的示范意义和引导性的战略意义。16日，孔泾源专程到义乌考察调研改革试点工作，并举办“科学发展：制度基础与改革开放”为主题的专题报告，为义乌争取国际贸易综合改革试点工作进行思想准备和理论辅导。4月14日,吕祖善主持召开省经济体制改革工作领导小组第五次全体成员会议。会议审议并原则通过义乌市上报的改革总体方案,要求进一步完善后抓紧上报国家发改委。5月10日,省政府致函国家发改委,要求设立"中国义乌国际贸易综合配套改革试验区",并附改革总体方案。13～15日,彭森率领由发改委、商务部、海关总署、税务总局、银监会等有关部委领导组成的调研组,到义乌实地调研改革工作,并在杭州召开义乌国际贸易综合配套改革工作汇报会。彭森表示,在义乌开展国际贸易综合配套改革意义重大,国家发改委将对改革方案进行认真研究、协调,在与有关部委取得一致意见后,尽快上报国务院,把此项改革工作开展好。7月9日,交通部部长李盛霖到义乌实地考察物流等工作,表示要将义乌市作为部省共建的重要交通枢纽之一,并在技术、资金等方面给予支持。6月上旬至7月中旬,国家发改委就改革总体方案向26个有关部委和委内11个相关司局,广泛征求了意见。26个部委都表示支持义乌开展国际贸易综合配套改革。7月25日,中共中央政治局常委、国家副主席习近平在国务院研究室《研究报告》第13号《关于在义乌进行国际贸易综合改革试点的调查与建议》上作出重要批示,指导义乌国际贸易综合改革试点。随后,浙江省委书记赵洪祝、省长吕祖善专门就贯彻习近平副主席重要批示精神、推进义乌改革作出重要批示。8月2日,陈敏尔、龚正受省委、省政府主要领导委托,召开中国义乌国际贸易综合配套改革协调小组专题会议,学习传达贯彻习近平副主席重要批示精神,研究部署改革工作。9月27日,最高人民检察院渎职侵权检察厅副厅长李忠诚、海关总署缉私局副局长李文健、杭州海关缉私局政委朱英伟一行到义乌市调研。8月至12月,国家发改委向26个国家部委征求义乌国际贸易综合改革总体方案修改意见。浙江省充分吸收国家部委意见建议,进一步完善总体方案后,向国家发改委发函,要求转报中国义乌国际贸易综合改革试点总体方案。

【中央纪委书记贺国强来义考察】 3月27～28日,中共中央政治局常委、中央纪委书记贺国强在中共浙江省委书记赵洪祝、省长吕祖善等陪同下,就加快经济发展方式转变、保持经济平稳较快发展以及加强党风廉政建设和反腐败工作等问题到义乌专题调研。贺国强书记走访考察国际商贸城及梦娜袜业公司等企业,详细了解经营情况,鼓励企业自主创新,着力掌握核心技术、培育自有品牌,进一步提升国际竞争力。在走访义亭镇旱溪塘村的纪检室时,贺国强书记详细了解村务监督工作的开展情况,认为建立村务监督委员会很有推广价值。

【第三届"泛长三角"经济论坛在义乌举行】 5月20日,以"发挥市场优势,推进经济发展方式转变"为主题的第三届"泛长三角"经济论坛在锦都酒店举行。由浙江省政府参事室主办,上海、江苏、安徽三地政府参事室协办,义乌市委、市政府承办。来自北京、天津、上海、吉林、江苏、安徽、湖南、四川、陕西、浙江十省、市政府参事室领导及参事代表,义乌市级领导班子、市机关各部门主要负责人、各镇(街道)党政主要负责人参加论坛。市委书记黄志平致辞。国务院参事室党组成员、副主任陈鹤良,省政府副秘书长夏海伟分别在开幕式上致辞。陈鹤良充分肯定了义乌经济社会发展所取得的成就。商务部原副部长、中国国际经济交流中心秘书长魏建国,国务院发展中心市场经济研究所所长任兴洲,中国社会科学院财贸所副所长荆林波分别作题为"应对后金融危机挑战,积极探索中国外向型经济发展新途径"、"新时期中国专业市场发展的任务和走向"、"专业市场的创新与升级"的精彩演讲。市长何美华结合义乌发展实际,以"抢抓机遇,推进义乌市场转型升级"为题发表演讲。上海、江苏、安徽、浙江等省、市与会代表作了互动交流发言。论坛就市场繁荣发展、转变经济发展方式等方面进行研究探讨。

【开展"创新创优、提质提效"活动】 2月24日,在梅湖体育馆召开全市机关干部"创新创优、提质提效”6000人动员大会。主题活动按计划稳步有序推进。开展督查问责大行动。畅通数字城市96150、市长信箱、政风行风热线、信访局等效能投诉渠道。整合多层次、多领域社会监督员队伍，由市级老领导、党代表、人大代表、政协委员、群众代表等组成7个督查组严查工作纪律。自活动开展后，39个单位共计80名工作人员，因违反机关效能建设有关规定受到处理。开展执行理念大提升。运用市委理论中心组学习会、单位党委（组）学习会、市委党校等载体，举行《加强政府执行力》、《提升机关执行力》、《提升执行理念》等专题报告。通过开展主题活动动员报告、“五查五看”活动、强化执行力宣传活动等，加深对“创新创优、提质提效”深刻内涵、精神实质和根本要求的理解和把握，开展重点工作大攻坚。开展“比学赶帮超”大竞赛活动。把镇（街道）10项重要工作和机关部门5项重要工作作为竞赛内容，每月底对竞赛排名情况予以通报，并每季度在媒体上进行公示。对“比学赶帮超”竞赛排名靠前的先进单位进行总结宣传，对排名持续靠后的单位则追查原因，实施问责，形成你追我赶、争优创先的浓厚氛围。创新工作机制推动工作落实。开展“网格化管理、组团式服务”工作，全面实施“村情八问”工作法，推进各地各部门重点工程、信访维稳、新农村建设、改革创新、基层党建等各项工作任务的落实。各镇（街道）、各部门创新推出“一线工作法”、“联村联帮制度”、“蚂蚁战法”、“3＋1”工作机制、“定期集体会诊”等办法，共推出299项特色亮点工作，有效解决223项重点难点问题。开展工作目标任务大督查活动。围绕推动“两项改革”、“四个十”等全市中心目标任务，对全市重点工程和重要工作进行了9次专项督查，有力推进了浙赣铁路义乌货站至甬金高速徐村出口连线工程、西城路延伸工程、环城北路三期工程、37省道临时便道工程等工程节点难点问题。各部门、各镇（街道）也对照年初确定的目标任务，以及创业承诺情况，进行自查自纠，全力推进工作任务落实。开展政府服务大改善，推进行政审批新提速。各部门自我加压，优化流程，审批明显提速。全市33个部门354个审批服务项目的承诺时限进行缩减，共压缩承诺时限2416日。全市41个部门的882个审批服务项目平均提速2.7日，比法定时间压缩了82.7%。创新便民便企新举措，推出“关注空巢老人、延伸窗口服务”便民办证活动，设立“阳光假日”、“特服窗口”等人性化便民服务，开辟办证“绿色通道”，实行“一窗式”登记办理，建立便民值班制度，设置办事咨询台，组织召开银企对接会等，全市共推出便民服务新举措460项，市场发展环境、企业服务环境、市民办事环境、投资审批环境均有了明显改善。拓展审批监察新途径。通过开展电子监察，实现对各审批窗口的全方位监督，及时发现和纠正行政“不作为”、“慢作为”、“乱作为”行为。义乌市行政审批电子监察系统实现100%覆盖，42个部门的776项行政审批业务全部纳入其中。开展体制机制大创新。把建立健全体制机制作为加强执行力建设的根本内容，推动机关效能和执行力建设常态化。活动开展后，市级层面共制定下发10个配套制度文件，各镇（街道）、各部门新出台486项政策制度，修改完善了614项政策制度。开展效能建设大评议。组织开展“两创两提”主题活动大评议。按照年初制定的《主题活动考核评议办法》、《基层站所、机关科室民主考评实施办法》，对108个镇（街道）和部门、198个基层站所和机关科室，分成5个组进行评议，新设立的行政审批科单独列为一个考评小组，评议内容重点是履行职责、行政效率、政务公开、依法行政、作风建设、廉政建设、责任追究和处理群众投诉情况等，考评结果及时向社会公布，并运用到参评单位主管部门“两创两提”主题活动考核中。组织开展“效能双十佳”评选活动。从履行职责情况、行政效率情况、政务公开情况、依法行政情况、责任追究和处理群众投诉情况等方面作为“效能十佳单位”评选标准，从政治坚定、勤政廉洁、作风优良、依法行政、业务精通、成绩突出等方面作为“效能十佳个人”评选标准，通过推荐、审定、投票、公示等环节，评选出“效能双十佳”，通过典型引路，弘扬先进，鞭策后进，不断推进全市机关执行力建设。

【开展“网格化管理、组团式服务”活动】 3月31日至4月1日,市委书记黄志平率市党政代表团赴舟山市普陀区考察,重点学习对方开展“网格化管理、组团式服务”工作的先进经验。市领导陈秀仙、斯建民、吴益中,相关部门和镇(街道)负责人20余人随同学习考察。8月4日,下发《关于成立义乌市“网格化管理、组团式服务”工作领导小组的通知》,陈秀仙任组长,宋英豪、王清池、缪永法、葛国庆、斯建民任副组长,领导小组办公室设在市两创两提办。9月1日下发《关于印发〈“村情八问”工作法〉的通知》、《关于印发〈义乌市2010年“网格化管理、组团式服务”工作要点〉的通知》,全力推进安全生产、创建工作、综治维稳信访、便民利民、重点工程、基层组织建设、村级财务、计划生育等重点工作。6日下发《关于在全市开展网格服务团队星级考评的通知》抄告单和《新增“网格化管理、组团式服务”工作的考核》抄告单。9日召开全市“网格化管理、组团式服务”工作推进会,陈秀仙对工作进行了全面部署,黄志平作了重要讲话。10月15日,在义亭镇召开“网格化管理、组团式服务”工作推进会,市网格办正副组长、电信局分管领导、各镇(街道)党(工)委副书记、组织委员及网格办负责人等90余人参加了会议,市委常委、组织部长缪永法全面回顾总结前阶段工作,并研究部署下阶段工作任务。

重要会议

【市委十二届七次全体(扩大)会议】 1月8日,市委十二届七次全体(扩大)会议在市委党校报告厅召开。何美华主持会议,黄志平在会上作《创新创优 提质提效 着力推进两项改革 再创义乌发展新优势》工作报告。会议认真贯彻党的十七届四中全会、省委十二届六次全会和中央、全省经济工作会议精神,总结回顾2009年工作,研究部署2010年主要任务。会议提出,要以“创新创优、提质提效”为义乌2010年及今后一个时期的工作主题,着力推进两项改革,切实转变经济发展方式,继续实施改革开放和科技创新,提高效能、优化环境,再创义乌发展新优势。全市要创新10大工作机制,打造10大发展平台,建设10大重点工程,办好10大民生实事。会议还确定了2010年度全市经济增长的预期目标:地区生产总值增长10%左右,地方财政收入增长7%以上,全社会固定资产投资增长11%左右,消费品零售总额增长14%以上,城镇居民人均可支配收入增长7.5%以上、农村居民人均纯收入增长8%以上。

【全市“创新创优、提质提效”主题活动动员大会】 2月24日,全市“创新创优、提质提效”主题活动动员大会在梅湖体育馆召开。何美华主持会议,黄志平作动员讲话。市级班子领导、离退休老干部、各镇(街道)及市机关各单位全体干部、各事业单位中层以上干部、四大国有企业及核心企业中层以上干部、各重点工程建设指挥部负责人、民主党派主要负责人和部分在基层的党代表、人大代表、政协委员、市决咨委委员、市委市政府特邀督查员、市效能与行风监督员、市党风廉政建设工作特邀监督员、市场经营户代表、企业负责人代表6000人参加会议。会议回顾总结义乌改革开放30年来快速发展的宝贵经验。在充分肯定义乌干部队伍战斗力的同时,指出干部队伍中存在的“禁止了允许的”、“允许了禁止的”两类问题,存在着“能做的不做”、“能突破的不突破”、“该批的不批”、“能快的不快”、“该精的不精”等现象。市委、市政府决定通过开展“创新创优、提质提效”主题活动,认真加以克服,创新工作思路和举措,着力破解制约科学发展的困难和矛盾,以精良的机关效能和执行力,扎实推进国际商贸名城建设。会上对获得2009年度先进党组织和先进个人、市级先进工作者,以及受市委嘉奖单位和市政府记功单位进行表彰。

8月10日,市委、市政府在市政府八楼会议室召开全市“创新创优、提质提效”主题活动推进会。市长何美华主持推进会,纪委书记葛国庆代表市“两创两提”办公室作工作报告。会议充分肯定“两创两提”主题活动开展以来取得的成效和对各项工作的推进。要求全体党员干部深化思想认识,努力做到“三个转变”:从“抓作风”向“抓发展”转变;从“要我抓”向“我要抓”转变;从“突击性的”向“正常化的”转变。要求各单位进一步明确工作任务,狠抓工作落实,对下半年的工作任务进行再细化、再明确、再落实,针对薄弱环节,集中力量、集中时间、集中精力攻坚破难,确保圆满完成年度各项工作目标任务。会上,市纪委副书记胡爱芬通报上半年机关效能建设督办查处和投诉举报受理处置情况。市政府法制办说明了32项疑难问题执法主体明确情况。市综合行政执法局、市建设局、稠城街道、稠江街道、商城集团作典型表态发言。

【全市农村工作会议】 3月3日,市委、市政府在义乌剧院召开全市农村工作会议。陈秀仙主持会议,何美华作工作报告,黄志平作重要讲话。会议再次强调“三农”工作的重要性,同时指出2010年农村工作具体要抓好以发展都市农业为载体,加快农业发展方式的转变;以培育建设中心镇、中心村为抓手,加快推进城乡新社区建设;以提高农村生活质量为重点,加快构建农村公共服务体系;以增强农村发展活力为目的,不断深化农村体制机制改革;以开展“两创两提”主题活动为契机,完善提升“三农”管理服务水平五方面工作。会议表彰了2009年度新农村建设示范村代表、十佳农业龙头企业、十佳农民专业合作社。

【市委十二届八次全体(扩大)会议暨市政府第七次全体会议】 7月21日,市委、市政府在市委党校报告厅召开市委十二届八次全体(扩大)会议暨市政府第七次全体会议。何美华主持会议,黄志平在会上作《坚定信心 狠抓落实 以生态文明建设推动义乌科学发展》工作报告。会议充分肯定了上半年的工作成绩,同时,从宏观形势和义乌发展实际出发,客观分析义乌市下一步发展面临的诸多挑战、重大机遇和优势等。明确指出以市场转型升级为核心,抢占市场发展制高点;以拓展发展空间为重点,增强工业经济竞争力;以重大项目建设为支撑,培育城市经济增长点;以开展两项改革为动力,再造体制机制新优势;以编制三项规划为契机,谋划科学发展新蓝图;以加快农房改造为抓手,争创新农村建设示范区;以办好民生实事为导向,提升人民群众幸福感;深化“两创两提”主题活动,全力以赴狠抓落实等下半年八项任务。会议根据省委十二届七次全会精神,全面部署生态文明建设,审议通过《中共义乌市委关于推进生态文明建设的决定》。全会提出全市建设生态文明的总体要求:按照省委推进生态文明建设的要求,紧紧围绕建设国际商贸名城目标,大力发展生态经济,不断优化生态环境,注重建设生态文化,着力完善体制机制,打造“富饶和谐、宜商宜居”的生态义乌。建设生态文明的主要目标是:力争通过5～10年的努力,建成全国生态文明示范市。

(杨　航)

组织工作

【概况】 2010年,围绕服务全市经济社会发展大局,建立完善学习实践科学发展观长效机制,把村干部队伍建设、党员队伍建设、党员干部现代远程教育等方面有效做法制度化。全面开展“商城先锋”创先争优活动。深入开展“网格化管理、组团式服务”工作,围绕构建城乡统筹基层党建新格局,扎实推进农村基层组织建设,创新开展“两新”组织、社区和市场等党建工作,认真抓好党员队伍建设,积极推进党内民主,有效促进了基层的和谐、稳定和发展。认真抓好组织部门“讲党性、重品行、作表率”活动和“组工干部下基层”活动。至年底,全市共有771个村(居),书记770名,村委主任767名。全年发展党员1628名,共有党员51577名。有各级党组织2457个,其中党(工)委95个,党总支84个,党支部2278个。

【城乡基层党组织结对共建活动】 4月,按照“以城带乡、资源共享、优势互补、协调发展”的要求,创立“机关+强企(协会)+弱村”的结对共建新模式,组织全市99个机关(事业单位、国企)、453家具有较强经济实力的私营企业和62个行业协会党组织组成共建小组，与全市集体经济年收入低于3万元以下的361个农村党组织结成共建对子。明确以加强村级组织建设、制定新农村建设规划、发展村集体经济、解决热点难点问题、党建资源共享为主要内容，积极建立长效帮扶机制，完善工作责任制、结对共建联络员制、帮扶单位定期服务制等工作制度，着力促进集体经济薄弱村全面发展，实现城乡党建工作互促互进。

【首次组织工作新闻通报会】 5月13日，设立新闻发言人制度。根据规定，新闻发言人主要负责组织工作重要信息的发布。6月28日，召开第一次新闻通报会。会上主要通报近年来义乌组织工作的开展情况及今后组织工作思路和重点工作。新华社、中新社、人民网、《浙江日报》等12家新闻媒体记者，以及全市各镇(街道)组织委员、相关党委分管党建工作领导、党代表、人大代表、政协委员共70余人参加通报会。

【“网格化管理、组团式服务”工作】 5月25日，制定下发《关于全面推行“网格化管理、组团式服务”工作的意见》，对“网格化管理、组团式服务”工作进行深化和完善。全市13个镇(街道)划分出163个大区块网格、954个小区块网格。同时，结合大学生村官“村情民情图”，完善基层政务网格化管理系统，在义亭镇开展平台整合和建设的试点并取得较好成效。9月，市委召开“网格化管理、组团式服务”工作推进会，全面推行“村情八问”工作法、基层政务网格化管理信息平台建设等工作。

【建立健全非公有制企业和新社会组织党建工作长效机制】 5月25日，市委组织部制定出台《关于进一步加强非公有制企业党的建设的意见》和《关于进一步推进新社会组织“党建双扩、品牌互动”工程的意见》，明确今后三年非公有制企业和新社会组织党建工作的目标任务和工作举措，力争通过三年的努力，到2012年底，全市从业人员30人以上的非公有制企业基本实现党的组织覆盖，30人以下的非公有制企业基本实现党的工作覆盖，70%以上非公有制企业党组织达到“五好”要求；全市10%规模以下新社会组织实现党的组织覆盖，90%规模以上新社会组织党组织达到“五好”要求，创建一批新社会组织党组织示范典型。

【“商城先锋”创先争优活动】 5月27日，组织召开全市“商城先锋”创先争优活动动员大会，全面部署开展以深入学习实践科学发展观为主题的创建先进基层党组织、争当优秀共产党员活动。参加创先争优活动的基层党组织2228个、党员4.9万名。活动期间，开展“创新创优、提质提效”主题活动，努力转变干部作风、提高干部执行力，形成狠抓落实、服务基层的良好态势。开展党性和实事“双承诺”活动、争当“发展强、党建强”先进单位活动、党群共建活动、城乡基层党组织结对共建活动、先进典型培育活动等，吸引广大党员、群众参与到活动中来。出台学习实践科学发展观长效机制建设系列文件，推进“网格化管理、组团式服务”工作、党内关爱系列活动，做好村级组织换届选举工作，进一步构建城乡统筹基层党建新格局。开展“比学赶帮超”竞赛活动和“重点工程当先锋”专项行动，充分发挥广大党员干部的工作积极性，克难攻坚争当先锋，全力推进各项重点工作的开展。

【完成城市社区换届选举】 7月23日，召开全市城市社区换届选举工作动员大会，全面启动城市社区换届选举工作。选举采用先党组织后居委会的方式进行。全市36个城市社区，30个进行换届选举，5个新成立社区同步产生领导班子，1个社区因2009年底已进行选举任期顺延至下一届，其中10个社区开展党组织“公推直选”试点。全市35个有选举任务的社区，共选举产生新一届社区两委班子成员218名，其中，社区党组织班子成员147人，社区居委会成员121人，两委交叉兼职50人。

【村级组织集中教育整顿和后进村帮扶整转】 10月14日，召开村级组织集中教育整顿和后进村帮扶整转工作动员会，专题部署后进村帮扶整转、农村“双十佳”及“好搭档”评选、村两委班子群众满意度调查、村务公开和民主管理“难点村”治理、村级财务届末审计、村干部届末述职等10项工作任务，要求以54个党组织软弱涣散村作为后进村帮扶整转工作的重点，以点带面，深入推进村级组织集中教育整顿。至12月，54个重点村全部完成帮扶整转。在村级组织集中教育整顿和后进村帮扶整转过程中，5名涉嫌违法违纪的村干部被判处缓刑，对28名村干部进行诫勉谈话，对2名村党组织书记作出免职处理，对1名村干部作出严重警告处理。64个村务公开和民主管理“难点村”全部完成治理，13个财务审计难点村完成审计。

【开展非公有制企业“双强争先”活动】 10月18日，召开非公有制企业“双强争先”活动动员大会，在全省率先启动非公有制企业“双强争先”活动。同日，义乌市委下发《关于在全市非公有制企业中深入开展争当“发展强、党建强”先进企业活动的实施意见》，明确非公有制企业“双强争先”活动的六年目标和“发展强、党建强”先进企业的“六好”标准，提出实现“发展强”的“六促”要求和实现“党建强”的“六抓”举措。

【成立中共义乌市社会工作委员会】 10月27日，义乌市机构编制委员会正式批复，同意设立中共义乌市社会工作委员会，为市委派出机构，负责领导和指导全市非公有制经济组织和新社会组织党建工作。市社会工作委员会挂靠在市委组织部，内设办公室，与市委组织部组织二科合署办公。市社会工作委员会定编5名，设书记1名、专职副书记1名，中层领导1名。

【评选第二届农村“双十佳”和首届“好搭档”】 10月底，开展第二届农村“双十佳”和首届“好搭档”评选活动。评选工作主要是通过镇(街道)推荐初步候选人、部门联审确定正式候选人、组织考察和评委打分确定正式人选等程序进行，共评选出何德兴等10位十佳农村党组织书记，何允辉等10位十佳村民委员会主任及陈樟伟、陈福弟等10对书记、主任好搭档。

【全市农村党组织换届选举】 11月19日，启动村级组织换届试点工作，12月20日开始，全面铺开村级组织换届工作。通过严格选举程序、严把选人标准、

义乌市村级组织换届选举工作动员大会

严肃选举纪律，采取“公推直选”的方式，顺利完成农村党组织换届选举工作。通过选举，共选举产生新一届党组织组成人员2011人，其中连任1190人，占总数59.17%；高中以上文化程度1130人，占56.24%；35周岁以下347人，占17.26%；女性148人，占7.36%；平均年龄42.5岁。

【“乐众惠民”社区党员志愿服务活动】 12月9日，市委组织部和市委社工委联合制定下发《关于全面开展社区党员志愿服务活动的实施意见》，明确社区党员志愿服务的基本原则和主要举措，要求各社区统一建立“乐众”党员志愿服务站和“惠民”议事会，逐步形成“生活在社区、奉献为社区”的党员管理新机制。12月13～19日，组织开展社区党员志愿者“注册周”活动，注册登记党员志愿者3821人。

干部工作

【概况】 2010年，推进干部人事制度改革，创新干部选拔任用提名办法，健全完善干部工作系列制度，推进干部工作信息公开工作，进一步提高选人用人公信度。完成部分机关部门、镇（街道）领导班子调整和新设机构班子配备工作，先后于4月、6月、8月进行3个批次干部调整，涉及领导干部62人。6月中旬至7月上旬，开展市管干部和部管干部谈心谈话活动。做好5批次18人的干部挂职安排和12名军转干部安置工作。创新开展干部教育培训工作，举办各层次主体班25期3000余人次，其中外出办班9期292人次。由各镇（街道）、职能部门组织实施非主体班次培训全市各线干部，培训人员达10万人次。开展干部选拔任用四项监督制度的学习和贯彻，加强干部监督管理工作。围绕建设高素质人才队伍，做好人才指导和服务工作，加快引进高层次人才和紧缺人才，促进大学生就业创业，做好大学生村官管理工作。2010年面向社会公开招录公务员134人；从国有企事业单位到整建制转入（即新参公人员）152人；减少77人，至年底，镇（街道）和机关部门共有班子成员508人，公务员队伍总人数4211人。

【竞争性选拔干部工作】 6月4～13日，开展市机关部门公务员公开选调工作。3人经笔试、考察等环节进入365管委会、市委党校工作。7～10月，开展公开选拔领导干部工作，经过组织推荐、个人自荐报名、资格审查、笔试、面试、组织考察等程序，选拔产生廿三里街道办事处副主任、市交通局总工程师。11月18～20日，进行中层职位跨部门跨镇（街道）竞争上岗，推出市科协办公室主任等18个中层正职职位，其中4个职位由于报名人数不足被取消，165人参加报名，通过笔试、面试、考察和公示等程序，14人走上新的工作岗位。

【公务员户口调查清理】 3月16日开始，4月15日基本结束，由纪检、组织、公安、人事等部门联合下发《义乌市公务员户口迁移暂行规定》和《关于开展户口调查清理工作的通知》，分调查摸底、自查自纠、整改规范3个阶段，对全市4053名公务员开展户口调查清理工作，195名公务员从农村迁出户口，40人办理农转非、退出集体经济组织成员等手续。

【干部人事制度改革】 4月29日，下发《关于建立领导干部经济责任年度报告制度的通知》，进一步规范干部经济责任，从严管理干部。5月27日，市委出台《领导班子和领导干部专项考察实施办法》、《领导干部日常监督考核量化评价试行办法》，与2009年12月25日出台的《领导班子和领导干部年度考核实施办法》等构建年度考核、专项考察、日常量化考核“三位一体”的领导干部考核评价新体系。同日，出台《关于进一步加强规范管理，切实发挥退出现职领导干部作用的意见》以及《义乌市中层（股级）及以下干部轮岗和交流工作实施办法（试行）》，加强干部管理使用工作。5月开始，创新干部任前公示方法，在原有公示内容上，增加拟任人选照片、简历等，进一步推进干部工作信息公开。6月11日，下发《关于进一步加强市管干部个人有关事项报告工作的若干意见（试行）》。8月4日，出台《义乌市领导干部经济责任审计评价办法》和《义乌市领导干部经济责任审计结果运用及责任追究办法》。8月17日，出台《义乌市委组织部管理干部年度考核实施办法》，进一步从严管理干部，加强对组织部管理干部的监督考核。10月15日，出台《义乌市市管正职领导干部离任交接办法(试行)》。

【人才沙龙活动】 2010年开始，每季度举办一次人才沙龙活动。3月14日，举行2010年第一届人才沙龙。5月20日，举行2010年第二届人才沙龙，浙江麦思特管理顾问有限公司总裁方永飞主讲"执行力建设：赢在中层"。全市人才工作联络员及300名企业中高级管理人员参加。8月13日，举办第三季度人才沙龙，组织50名从事电子商务的人才，赴杭州参加全球电子商务应用高峰论坛。12月27日，以"民营企业参与全球分工与协作：人力资源管理面临的机遇与挑战"为主题的第四季度人才沙龙在人才市场报告厅举行。全年共有660人参加人才沙龙活动。

【与丽水市干部人才合作对接工作】 根据《丽水市、义乌市进一步加强区域合作框架协议》，与丽水市委组织部开展两地干部人才工作合作对接，10月，丽水市6名干部到义乌市经济发展局、司法局、林业局等部门开展为期3个月的挂职锻炼，5人参加义乌市中青年干部培训班，7人参加义乌市举办的复旦大学副局级领导干部研修班。

【大学生村官培养和管理】 3月底至6月底，组织全市大学生村官开展"串百家门、知百家事、绘村情图"活动。6月，对在岗大学生村官进行民主测评及半年考核。10月，对聘期已满的86名村官进行考核，除1人自主创业放弃续聘外，其他均进行续聘。6月19日，20个镇(街道)事业岗位面向服务期满两年及以上的大学生村官招考，240名符合条件的大学生村官报考。9～12月，在村(社区)两委换届选举工作中，27名大学生村官进入农村(社区)两委班子。10月12～13日，举办大学生村官更新知识培训班。8月，形成《关于大学生村官创业发展状况的调研报告》，12月26日，制定出台《义乌市扶持选聘到农村和社区工作高校毕业生创业的实施办法(试行)》，从放宽准入条件、提供创业补助、给予小额担保贷款等方面扶持大学生村官自主创业。全年，50余名大学生村官开展30个创业项目，占10.9%。义乌市自2006年选聘大学生村官，共5批，累计选聘618名大学生村官，累计离岗181人，其中140人考入公务员、事业单位，23人考入国企，16人另行择业，2人考入研究生，2010年底在岗437人。

【建立"义乌干部教育网络学院"和七一村干部教育培训基地】 8月，开始筹建"义乌干部教育网络学院"，10月29日，正式开通运行"义乌干部教育网络学院"，由在线学习、互动交流、在线考试、服务管理等四大系统组成，提供300门多媒体课件和5000小时的视频点播资源库，可浏览首期1200本在线电子图书，共享100余万册各类论文期刊。8月23日，制定《义乌市教育培训学分制考核管理办法(试行)》，对考核对象在线和线下参加各类学习的情况进行登记、审核和管理。10月，七一村干部教育培训基地正式挂牌开通运行。

(方丹云)

宣传工作

【概况】 2010年，市委宣传部推进学习型城市创建。组织开展"建设学习型党组织"典型案例评选活动和"好书荐读"活动。举办"提升执行力"等专题学习会、报告会15次，编辑印发《理论学习参考》17期2万余册，发放《2010年党员读本》及党员作业本1.4万套。"义乌着力打造《学习型城市建设导刊》"被评为全省建设学习型党组织典型案例。强化舆论引导和宣传推介，对"两创两提"、"商城先锋、创先争优"、市场发展、工业转型升级、体制机制创新、四大展会、重点工程、民生工程等工作进行深入报道，在《义乌商报》、义乌电视台、义乌电台等媒体头版、主要新闻栏目开设"创新创优、提质提效"和"商城先锋、创先争优"专栏。注重网上舆论引导，全年编印网上舆情摘报291期。推进城市、市场、展会、商品"四位一体"主题外宣活动。在中央电视台、东方卫视、香港亚洲电视等媒体上开展广告宣传，每天播出义乌形象片6次以上。“义博会”、“文博会”、“旅博会”、“森博会”四大展会期间，国家级主流媒体和境外知名媒体在重要时段和版面刊发、转载报道1400余篇。2010年，来义采访报道的新闻记者2000余人次；省级以上媒体刊播新闻3500余篇(条)，专题性报道280余篇(条)，中央电视台专题栏目30篇，“新闻联播”播发涉义报道10篇(条)，安排外地媒体对驻义客商采访200余次，发放外宣资料6万余册、光盘6000余张。开展乡风文明和思想道德建设活动，全年，45个行政村申报创建“乡风文明村”，31个达到市创建标准，其中4个达到示范村标准。推进“春泥计划”。全市177个村组织实施“春泥计划”，投入创建经费302万元，建立辅导员等工作队伍177支，青少年活动俱乐部223家，组织开展各具特色的青少年教育实践活动2470余次。在全市中小学开展“文明礼仪伴我成长”原创童谣征集评选暨诵读活动、“五星红旗升起来”等主题活动64个(项)。8月，义乌市未成年人思想道德建设工作经验在金华市工作会议上做典型发言。开展文化建设和社科普及活动，举办全民健身节、第十九届农村文化节、红糖节等文化活动，“义博会”、“文博会”、“旅博会”、“森博会”等展会期间，在国际博览中心广场和绣湖广场组织文艺演出15场。在全省率先建立电视节目大众评审机制。开展全市范围内社科人才情况的摸底调查和统计分析。调查数据显示，义乌市2010年社科人才队伍总人数177人，其中具有中高级职称130人。完成国家级课题1项，省部级8项，地厅级84项。参与2010年度金华市级社科课题申报工作并进行审核，推荐申报课题22项。

【“创新创优、提质提效”主题活动宣传】 2月24日，全市“创新创优、提质提效”主题活动动员大会在梅湖体育馆召开，6000人参加。中国新闻网当日发布报道《义乌六千干部新年大誓师 两创两提共建商贸名城》。同月25日，人民网发布报道《浙江义乌新年重点治庸治懒 6千名干部誓师》，新华网、浙江在线、腾讯、搜狐、网易等发布和转载报道《6000名干部新年誓师：倾力推进义乌新发展》。3月22日，《浙江日报》头版头条刊发《义乌治理10种“慢作为”》报道，新华社、中新社、《经济日报》、《香港文汇报》等媒体也相继刊发《浙江义乌问责慢作为》、《构建政企联络机制 义乌群策“强者恒强”路径》、《义乌：外来建设者入

市委理论学习中心组学习会

党》、《义乌：48次群众举报催生一份治理行政慢作为清单》等报道。5月起，“创新创优　提质提效”主题活动文艺节目在13个镇（街道）巡回演出。2010年，《义乌商报》累计刊发相关稿件800余篇；义乌广播电视台播出各类相关消息1350余篇，其中电视750余篇，广播600余篇。在全市树立固定宣传广告牌100余块，全市所有电子显示屏及100辆公交车、100辆出租车、城区600余台楼宇液晶电视上制作和粘贴主题活动宣传标语。“创新创优、提质提效”主题活动氛围浓厚。

【寻宝·走进义乌】 4月21日，“寻宝·走进义乌”大型民间收藏鉴宝活动在义乌市举行，活动由2010中国义乌文化产品交易博览会执委会和中央电视台“寻宝”栏目组联合主办。活动期间，参与海选的藏品1500余件，经专家组评定选出12件精品，其中清代著名画家查士标的一幅山水画真迹被评为义乌的“民间国宝”。《寻宝·走进义乌(上)》于5月30日在央视首播，5月31日和6月5日重播；《寻宝·走进义乌(下)》6月6日首播，6月7日和6月12日重播。节目首期收视人数达900万人。

【“书香家庭”评选】 7月26日，市委宣传部、市妇联、市文广新局、市教育局、团市委、市学建办联合下发《关于开展义乌市2010年度“书香家庭”评选活动的通知》，在全市组织开展“书香家庭”评选活动。活动历时4个月，经基层组织的初选、推荐、申报和入户考察与组织联评相结合的严格评审，授予张灿健等10户家庭为义乌市2010年度“书香家庭”称号，王翠玲等12户家庭为义乌市“书香家庭”提名奖获得者，并予以表彰。

【电影《哈啰·义乌》开机拍摄】 8月26日，义乌首部儿童电影《哈啰·义乌》在国际商贸城四区南大厅开机拍摄。影片由市委宣传部、中国小商品城集团股份有限公司、义乌宏隆文化传播有限公司联合摄制，以一群中国和阿富汗、美国、韩国、法国的小孩在义乌发生的一系列啼笑皆非的故事为线索，用孩子的视角看义乌，展现中外友人之间的友爱、友谊，从侧面反映了义乌改革开放以来所取得的成就，是一部颇具义乌元素的电影。

（黄　昕）

统战工作

【概况】 2010年，出台《关于进一步做好培养选拔党外干部工作的意见》和《关于健全完善聘请民主党派成员、无党派人士担任特约人员工作制度的意见》等文件，规范党外干部选拔和党外人士作用发挥机制。原民进金华直属义乌支部和民盟金华直属义乌支部转为基层组织，成立民进义乌支部和民盟义乌支部，原民革义乌支部升格成立民革义乌总支。至年底，共有6个民主党派在义乌市成立了地方或基层组织，有成员287人。

开展“和谐寺观教堂”创建活动，排除安全隐患、化解矛盾纠纷，净居禅寺、城西基督教会通过“和谐寺观教堂创建”考核，成为全省首批获得全国“和谐寺观教堂创建”先进集体。组织非公有制经济人士学习培训班2期，培训人员500人次，引导非公有制经济人士爱国、敬业、诚信、守法、贡献。加强对商会建设的指导，促进商会组织发展。年内，经民政登记成立的在义乌异地商会共27家，在异地义乌商会10家。通过举办侨商会长峰会、开展留学生创业园项目调研、承办“甬台义”三地留学生创业经验交流会；加强与国内外侨团的联系交流等活动，搭建侨资源服务经济发展的平台。探索统战工作进社区(村居)。出台《关于开展社区(村居)统战工作的实施意见》，从指导思想、工作范围、工作目标、工作任务等方面进行具体而明确的规定，在全市重点统战对象多、民族宗教工作任务重的社区(村居)开展统战工作组织网络、宣传培训、活动服务进基层试点。2010年，市委统战部先后获“全省统战工作先进集体”、“全省统战信息工作二等奖”、“全省民宗系统信息工作先进集体”，义乌市“两创两提”工作先进单位和“效能建设十佳单位”荣誉称号。

【举办在义侨商座谈会】 1月12日，组织在义乌的25名侨商召开座谈会，与会侨商结合自身企业发展实际，就侨联组织机构建设、留学生创业园建设、产业结构调整、打造侨商总部经济等方面提出 30 余条意见建议。得到市委、市政府的高度重视。年内，全国侨商会长峰会顺利召开，侨商总部经济大楼建设着手实施，留学生创业园进入前期调研阶段。

【成立义乌市海外联谊会】 6 月 25 日，义乌市海外联谊会正式成立，首批 128 名会员来自港澳台同胞、侨胞侨属、归国留学生和在义经商创业的侨商代表，选举产生万钧等 35 名理事、监事，市委常委、统战部长赵国荣为会长。

【开展“履职爱岗争先”活动】 7 月 1 日，在全市民主党派组织中开展以“建言献策”评先、“社会服务”评先、“爱岗敬业”评先为内容的“履职爱岗争先”活动。活动期间共收集各类意见建议 30 条，开展送医送药、法律讲座、爱心支教等社会服务活动 20 次，累计投入活动经费 10 余万元。

【“缘来一家人”爱心慈善拍卖活动】 9 月 4 日，为引起全社会更加关注外来建设者子女的教育问题，留联会发动 20 余名会员捐赠 36 件私人珍藏物品用于慈善拍卖，共募集拍卖资金 5 万元。所得款项购买图书 2000 册、爱心文具 500 件、乒乓球桌 2 张等学习用品和运动器械，捐赠给佛堂育才民工子弟学校。

【义乌中国侨商会长峰会】 10 月 18 日，以“国际贸易挑战与应对策略”为主题的“义乌中国侨商会长峰会”在义乌大酒店举行，由省侨联、中国侨商联合会主办。来自全国 40 余个省市级侨商会(其中省级 21 个，副省级 6 个)的 200 余名侨商会长以及义乌企业家和市场经营户代表 300 人参加峰会。会议期间，举办国际贸易挑战与应对策略论坛，与会专家结合自身研究情况，就当前国际经济趋势、宏观经济政策解读、海外侨界社团的发展、电子商务运用等进行深入细致的解读，并就“国际贸易挑战与策略”主题展开讨论。

【羌族同胞在义乌喜过羌历新年】 11 月 6 日，在义乌创业的 10 户 30 余名羌族同胞欢聚一堂，在四川人在义乌大酒店举办“郎酒情—大禹羌历年—魅力新北川”大型庆典活动。参加庆祝的群众围着熊熊燃烧的篝火跳起了欢快的萨朗舞蹈，呈现出一幅“火焰升起来、米酒举起来、皮鼓敲起来、萨朗跳起来、羌笛吹起来、酒歌唱起来”的精美别致的民族风情画卷。

【新阶层人士联谊会成立】 12 月 8 日，新阶层人士联谊会正式

义乌中国侨商会长峰会开幕式

成立，首批240名会员来自全市非公经济人士、中介组织从业人员及民营企业管理和技术人员，会议选举产生由63名理事组成的理事会领导班子。

【义行天下·义商感恩行动】 12月10日，市委统战部、工商联启动全市非公经济人士开展"千企联千村"、"千商联千户"行动，组织全市非公经济人士开展走访农村老革命、老党员、老模范和贫困户、特困户活动。活动期间，帮扶困难群众4222人，资助金额677万元，捐赠实物价值592万元。

（龚春强）

机关党建

【概况】 2010年，市直机关工委充分发挥机关党组织的"协助、监督"职能和党员的先锋模范作用，认真抓好组织设置、支部换届、党员发展、党费收缴等基础性工作。全年新建党总支1个、党支部16个，55个党支部进行换届选举。发展新党员593名，收缴党费304.4万元，接转组织关系1934人。组织开展民主评议党员工作，评选先进典型，全年表彰优秀共产党员298名，先进基层党组织75个，优秀党务工作者13名。对321名入党积极分子进行培训，举办党务干部培训班2期，培训人员191人次。开展机关党建课题调研理论征文活动，收到73个基层党组织的论文188篇，经评审，有24篇论文获奖。加强机关纪委建设，共成立32个直属机关纪委。加大对违纪党员的处置力度，全年处理违纪党员21名。开展"亮身份、展风采、促覆盖"和"双强争先"活动，加强市直机关非公企业和新社会组织党组织规范化建设，培育星级党组织11家。开展清明节纪念革命先烈活动，举办市直机关干部乒乓球赛、篮球赛，开展党员关爱基金募捐、走访慰问生活困难党员和"万名党员联万户"活动。全年募集党员关爱基金59.1万元，走访慰问生活困难党员180人，送出慰问金20余万元，结对帮扶农村困难群众7000余人。

【"公推直选"试点】 7月开始，机关工委选择市委组织部机关党支部、市委党校直属机关党总支、市国土局直属机关党委3个层面党组织进行公推直选试点。各试点单位采取党组织推荐、党员群众（或3名以上党员群众联名）推荐、党员个人自荐相结合的方式，公开推荐下届党组织领导班子成员初步人选。经资格审查，民主测评，按照不低于20%的差额比例确定委员候选人预备人选，等额或差额不低于20%的比例确定书记、副书记候选人预备人选。经组织考察、公示报批后确定正式候选人，并召开全体党员大会直接选举产生新一届领导班子。在试点成功的基础上，34个机关党组织进行

全市机关党的工作会议

了公推直选换届。

【"创业、创新、创品牌"活动】 年初起，机关工委在市直机关各级党组织中组织开展机关党建"创业、创新、创品牌"活动。其目的就是运用品牌管理的理念，探索基层党建工作新的模式、方法和机制，使基层党建工作更加务实、更有生机活力。5月27日，组织召开推进会，总结经验，研究分析问题，质监局等3个单位在会上进行经验交流。年底，机关工委组织专家对50个部门单位申报的82个党建品牌进行审核联评，确定市卫生局"一亮三抓"等10个优秀品牌，予以通报表彰。

（朱庆军）

老干部工作

【概况】 至2010年底，全市有离休干部203人，其中易地离休干部27人，垂直管理11人，军干所7人，安置在外省、县(市)8人；享受地专级3人，县处级90人、科级110人；抗日战争时期参加革命工作30人，解放战争时期参加革命工作173人；平均年龄82岁，年龄最大的93岁，最小的76岁。曾担任义乌地方县级实职离休干部9人，退休干部27人。年内，全市去世离休干部13人。

思想政治建设。市委、市政府领导对老干部工作高度重视，凡重要会议和出台重大政策均邀请老干部代表参加座谈，并注重老干部提出的意见和建议。其中，在11月27日召开的义乌"双江"综合治理座谈会上，向老干部征求意见和建议10条。注重老干部政治理论学习，坚持每月3日组织离休干部政治理论学习小组组长学习；每月10日组织全市离休干部政治理论学习；每月各单位、各系统也分组组织老干部学习。7月6～7日，在市委党校召开全市老干部读书会，162名离休干部参加，市委书记黄志平向老干部通报全市经济社会发展情况，并对做好老干部工作提出具体要求。浙江省委党校教授和金华市第二医院专家分别为老干部讲授《国际国内形势》、《老年人心理健康知识》，全年参加学习活动的老干部2000余人次。进一步推进离退休干部党支部建设，8月10日，市机关离退休干部支部换届。11月19日，市易地安置离休干部支部换届。12月21日，局总支换届选举。

生活待遇。加强离干特殊护理费的审批制度，对不满85周岁但生活不能自理的离休干部及时审批特殊护理；对满85周岁的离休干部及时审批高龄补贴。安排困难补助经费8万元、特困帮扶经费5万元用于离干病故困难补助、离干及离干遗孀春节困难补助、离干特困帮扶等。落实离休干部医疗待遇，5月5～7日，组织老干部在市中心医院体检，168名老干部参加体检。市医保处为每位离休干部印制特殊人员病历卡，为抗日战争时期和解放战争时期参加革命工作的离休干部无固定收入配偶或遗孀发放社会保障卡。重大节日走访慰问老干部。春节前分6个组，分别由市领导带队走访慰问曾担任过县级实职的34名离退休干部，送上慰问金和慰问品。年内，累计看望慰问住院和生活困难等老干部及老干部遗孀460余人次。

活动阵地。老干部活动中心在日常活动正常开展基础上，以10个兴趣活动小组为载体，开展创建摄影走廊、举办"如歌岁月"演唱会、义乌市首届老干部运动会等健康文明活动。全年组织乒乓球、门球、象棋、健身、摄影、书画比赛20余次，参加活动人数累计3000余人次。老年大学办学成果上新台阶，开设书法特色课，其中，义乌老年大学书法课被金华市老年教育协会列为金华市老年教育特色课程。至年底，老年大学开设37个专业，56个班级，学员1037名。

【老干部活动】 1月28日、29日，分别召开全市老干部、担任过县级实职退休干部春节团拜会，老干部局局长在会上对2009年的老干部工作做汇报并致新春贺词。3月4日，"三八"妇女节组织全市22名离退休女干部到杭州西溪湿地和东方文化园游览。4月8日，组织全市离休干部和家属257人到东阳花园村参观考察新农村建设。6月8～9日、6月10～11日，分两批组织老干部及其家属87人到上海世博会参观。9月29日，为5对老干部金婚夫妇和7对老干部钻婚

老干部活动室

夫妇举行婚庆庆典;为 52 位 80 岁、85 岁、90 岁以上的老干部举行集体祝寿活动,并赠送金婚、生日礼物。10 月 25 日,邀请部分参加过抗美援朝的老干部代表 29 人在老干部局一楼会议室,举办纪念抗美援朝 60 周年座谈会。

【提高部分离休干部医疗待遇】 根据浙组通〔2009〕38 号《关于提高部分离休干部医疗待遇的通知》,规定 1937 年 7 月 7 日至 1945 年 9 月 2 日参加革命工作的县处级及以下离休干部,提高享受副司局级医疗待遇。义乌市符合上述条件的离休干部 26 人。

【深化精神慰藉工作】 根据全省老干部局局长会议精神,开展深化老干部精神慰藉工作为新时期的重点工作。3～6 月的每月 15 日,组织活动中心和老年大学工作人员参加由金华市委老干部局主办的老干部心理知识培训。5 月 10 日、7 月 7 日分别请市精神卫生中心、金华市第二医院心理专家为老干部举办心理知识讲座。6 月,金华市委老干部局组织心理专家送课到义乌,为老干部讲授心理健康知识,100 余人参加听课。财政拨款 7.5 万元购置心理类书籍、心理测试系统等设备;拨款 6.5 万元装修聊天室、休息室,8 月投入使用。9 月开始,每月 10 日请市精神卫生中心心理医生到老干部局为老干部讲座辅导。年内,共组织心理健康讲座 7 次,参加听课人数 900 人次。

【获省首批老干部“满意家园”称号】 3 月,省委老干部局下发《关于在全省老干部活动中心开展创建“满意家园”活动的通知》,组织开展创建“满意家园”活动。加大老干部活动中心软硬件建设,对照条件、制度、硬件设施落实到位。做好按摩室、阅览室、乒乓球室等活动室的正常开放。布置温馨的活动环境,以 10 个兴趣活动小组为载体,开展日常活动。12 月 31 日,通过省委老干部局“满意家园”创建工作检查组的考核验收,被授予浙江省首批老干部“满意家园”称号。

(杨　英)

党史工作

【概况】 2010 年,市委党史研究室通过收集党政机关有关文件、会议资料,结合有关报刊材料,向各部门征集部门大事记,10 月初,形成《新世纪义乌纪事》(2009)初稿,并在《义乌史志》、党史网站上广泛征求意见,召开座谈会讨论。11 月,《新世纪义乌纪事》(2009)正式出版,共计 12 万字,发行 2000 册。完成中国共产党义乌历史(第二卷)第一篇初稿,共 4 章 6 万余字。组织编写社会主义时期专题 28 个,编写《义乌史志》4 期,合计 40 余万字,发行 6000 册。

【编写社会主义革命和建设时期专题】 年初,下达社会主义革命和建设时期专题编写任务。3 月,组织承担编写任务的主笔赴东阳学习取经,7 月赴南京学习。实施半月报告制度,定时定节点地分析每个专题进展情况,讨论解决每个专题写作的具体问题,全体承担编写任务的干部共查阅档案 500 余册,复印资料 8600

余页。累计撰写社会主义革命和建设时期专题28个,计12万字。

【革命遗址普查】 2月,成立党史胜迹普查工作领导小组,确定革命遗址普查工作实施方案,明确责任分工。分资料准备、实地走访调查、文字资料核实3个阶段开展普查工作。对义乌境内的48处革命遗址进行实地核对、采访、摄像。至5月底,形成《义乌市革命遗址普查工作报告》、《义乌市革命遗址目录》、全国革命遗址普查县级党史部门统计表(义乌)、义乌市革命遗址普查登记表48份、义乌市革命遗址照片等书面和电子文档普查成果,并报送金华市委党史研究室审核通过。

【撰写《当代中国城市发展》丛书浙江省综合卷·义乌篇】 编纂《当代中国城市发展》丛书,是经中共中央书记处批准的一个全国性重要项目。2009年7月,省委办公厅转发《当代中国城市发展》丛书浙江省综合卷编纂方案。根据省委党史研究室工作要求和部署,中共义乌市委党史研究室承担《当代中国城市发展》丛书浙江省综合卷义乌篇的撰写任务。2010年2月,启动该课题的研究编写工作。通过征集资料,走访调研,4月形成初稿。10月,定稿上交省委党史研究室。课题稿分"义乌置县古风悠远"、"从农业小县到商贸城市的嬗变"、"浙中商贸中心的形成"、"建在市场上的城市"、"别具一格的工业化道路"、"城乡一体和谐发展"、"商业文化的发展与繁荣"、"蓬勃发展的服务业"、"强县扩权与政府行为"、"义乌城市发展背景"、"义乌城市未来前瞻"11章,共4万余字,全面总结义乌城市发展历程。

【为编写《浙江专业市场发展回眸》提供资料】 《浙江专业市场发展回眸》是浙江省委党史研究室启动的重要专题研究之一,全书由综述、地市篇、档案文献资料、典型案例、大事记、图片、统计图表等部分组成。3月,中共义乌市委党史研究室根据部署要求,结合义乌实际,确定编写"浙江省义乌中国小商品城"和"浙江省义乌农贸城"两个典型案例。5月,在收集资料、走访市场、征求部门意见基础上,形成初稿。10月,定稿上交省委党史研究室。两个案例共1.2万余字,分别介绍两大市场群的概况、发展过程、经营门类。

【拍摄《义乌市革命遗址总汇》】 5月,在原有的革命遗址资料基础上,编写1万余字的《义乌市革命遗址总汇》纪录片文字解说,并对义乌市境内48处革命遗址进行拍摄,9月摄制完成片长30分钟的纪录片《义乌市革命遗址总汇》。

【拍摄《九十年丰碑——义乌市党史陈列馆巡礼》】 9月初,摄制宣传片《义乌市党史陈列馆巡礼》,片长25分钟,配有8000余字文字解说。

(潘桂倩)

党校工作

【概况】 2010年,市委党校举办义乌市主体班次29期,培训4710人次;公务员知识更新培训班4期,培训2700余人次。完成2010年度全市初任公务员培训班,承接包括中央党校民族班、省委党校领导干部进修班、中青班等在内的全国各地外来培训班次62期,培训各级领导干部3200余人。全年申报校级课题9项,金华市级课题13项,省级课题9项;浙江省社科联、省委党校系统8项课题结题(其中优秀课题2项),新立项5项;金华社科联15项课题结题,新立项8项。利用党校场地和硬件优势,承接德国经济大学MBA班义乌异地教学活动;承接机关、企事业单位各类培训、会议620余期次。先后接待中央党校后勤服务部考察团、国家行政学院研究生院领导、国家行政学院应急管理人员培训基地筹备领导小组成员、《人民日报》人民论坛杂志社考察组、美国驻上海领事馆官员等40余批次。

【与浙大合作办学】 1月15日,由市委组织部、市委党校、市财政局、市经济发展局和浙江大学联合举办的"浙江大学工商企业转型升级总裁研修班(义乌班)"在市委党校开学,共有学员50

人。这是义乌和浙江大学在干部培训领域的首次合作。研修班主要面向义乌市企事业单位高级管理人员、董事长、总经理、副总经理及经验丰富的管理人员，在浙江大学、义乌市委党校两地实施，培训课程一年内完成，每月集中授课两天。通过课堂讲授、案例教学、团队学习、现场教学、参观考察等多种形式，提升学员应对挑战、创新企业管理的实际工作水平。12月，首届研修班结业。

【获全省党校系统科研工作先进】 2009年度，市委党校稳步推进“科研强校”发展战略，明确课题任务，整合科研力量，依托各类平台，提高课题申报的品位，共有省委党校系统7项课题结题(其中优秀课题4项)，2010年新立项课题8项；省社科联课题结题1项；金华社科联15项课题结题。2010年1月，荣获全省党校系统第二届优秀科研组织奖。

【市委书记黄志平在党校调研报告上批示】 5月，市委书记黄志平就市行政学院上报的《整合基层社会治理资源　扎实推进服务型基层党组织建设——对“网格化管理、组团式服务”在我市创新运用的思考》一文作出批示：“该调研材料很深刻，很有针对性。请有关领导同志组织力量研读，并转化为工作部署意见，在镇(街道)分管领导干部层面上部署布置，再在镇(街道)主要领导会议上强调。”充分肯定党校调研工作。《整合基层社会治理资源　扎实推进服务型基层党组织建设——对“网格化管理、组团式服务”在我市创新运用的思考》一文在深入调研的基础上，解读以舟山市为代表的“网格化管理、组团式服务”工作模式的内涵、实质，并结合实际，分析“网格化管理、组团式服务”在全市推广的优势，对该模式在义乌的运用提出意见建议。

【公推直选开展党总支换届】 市委党校是义乌市公推直选开展党总支换届选举试点单位之一。7月2日，在学校综合培训楼召开党员大会。在前期党组织推荐、党员和群众无记名推荐、党员个人自荐、资格审查、党员民主测评的基础上，采用公推直选方式开展党总支换届选举。以无记名投票方式直接投票选举总支书记、委员，并当场计票、宣布计票结果。根据得票数，在6名公推出的候选人中选举产生毛新荣、朱雅君、胡国富、黄琦、鲍中夫5人为新一届中共义乌市委党校总支部委员会委员，胡国富当选为党总支部书记。

【签署校镇合作办学协议】 10月9日，市委党校与义亭镇党委、江东街道党工委合作协议签约仪式在党校举行。市委党校常务副校长胡国富与义亭镇党委书记蒋文新、江东街道党工委书记骆西良分别签署《中共义乌市委党校　中共义亭镇委员会全面合作协议》、《中共义乌市委党校　中共江东街道工作委员会干部培训合作协议》，双方根据协议要求，在党员干部培训、开

第七届长三角地区党校校长论坛现场

发教学基地、干部交流培养、典型案例提炼等方面开展合作。

【长三角地区党校校长论坛在义乌召开】 10月14～16日，由中共义乌市委主办，义乌市委党校承办，《江南论坛》杂志社协办，浙江省委党校和上海市委党校、江苏省委党校共同支持的第七届长三角地区党校校长论坛在义乌市委党校召开。来自上海、江苏、浙江三地省、市、县(市)70余家党校，120余名代表参加会议。会议就加强党校工作创新，推进党校事业科学发展的成功做法；如何充分发挥党校在服务地方经济社会发展的重要作用，实现三地优势资源共享互补，推动后经济危机和后世博时期长三角地区科学发展等方面进行交流与探讨。义乌市委党校作《立足创特色　强化主渠道　服务促发展》发言。大会在深入研讨的基础上，发表《第七届长三角地区党校校长论坛义乌宣言》。

【出台《关于进一步加强党校工作的实施意见》】 11月22日，市委办下发《关于进一步加强党校工作的实施意见》，《实施意见》共分“新形势下加强党校工作的重要性”、“加强党校工作的总体要求”、“党校教学”、“党校科研”、“党校队伍建设”、“资源整合”、“组织保障”七个部分，对新形势下加强和改进党校工作明确规定和要求，对今后党校事业和干部教育培训工作科学发展作出整体部署。

（朱　倩）

信访工作

【概况】 2010年，全市信访总量16327件(人)次，其中受理群众来信2050件，接待群众来访2620批1.43万人次。来信来访反映问题主要集中在新农村建设、村级组织建设、房地产开发、市场贸易、劳资劳务、涉法涉诉以及特殊群体等方面。认真做好上海“世博会”等各重要敏感时期的信访稳定工作，未发生群众上访滋事事件。开展信访积案化解，“大接访”暨市领导全员下访约访活动。有关部门建立“党代表接待日”、“局长接待日”等接访制度，年内，市领导参加下访约访168人次，接待群众884批2940余人次。同时推出信访“绿色邮政”和“网上信访”等便民利民新举措，受到群众认可。在省信访工作目标管理年度考核中连续五年跨入全省信访工作优秀市行列，得到中央督导组的充分肯定。

【“环沪护城河”信访维稳工作】 4月15日至11月15日，开展上海世博会“环沪护城河”信访稳维工作。其间，排查梳理71件重点信访事项进行交办，严格落实“一周一排查”、“一事一通报”制度，实现“不惹事、不出事、平安无事”目标，市信访局被金华市委、市政府授予世博会“环沪护城河”安保工作先进单位。

【信访“绿色邮政”开通】 4月30日，市信访局和市邮政局在市委党校举行信访绿色邮政开通仪式。为畅通信访渠道，减少群众诉求成本，凡义乌市域范围内群众反映问题，写给市信访局、重量在20克以下的平常信函，只需在信封右上角注明“群众来信”字样，一律免贴邮票。年内，共收到群众“绿色邮政”件276件，办结率100%。

【市信访协会第三届会员代表大会】 4月30日，市信访协会第三届会员代表大会在市委党校召开，第三届信访协会会员代表和第二届信访协会理事会成员29人参加会议。会议选举产生新一届信访协会领导机构，信访局副局长江泽阳当选为新一届信访协会会长。会议指出第二届理事会坚持正确的办会方向，发扬团结合作的精神，遵照《信访协会章程》规定，在信访理论学术研究、开展信访工作宣传、提出工作意见建议、化解信访问题等方面取得了成绩。会议提出，新一届协会要在关心支持信访部门工作上有所作为、在信访理论研究上有所作为、在宣传信访工作上有所作为，为做好新时期信访工作献计献策。

【《信访条例》宣传月活动】 5月，全市开展《信访条例》颁布实施五周年宣传月活动。通过组织现场咨询服务、送《条例》进村企、《条例》培训和知识竞赛、《条例》集中宣传日等形式，保证宣传月活动有序进行。活动期间，接受群众现场咨询500余人，发

《信访条例》宣传月活动

放《信访条例》及宣传单3万余份，制作横幅50余条，组织100余名信访干部及大学生“村官”参加《信访条例》测试。

【信访积案化解专项活动】 5～11月，全市开展信访积案化解活动。坚持“一件积案、一套班子、一个方案、一抓到底”的原则，通过市领导亲自包案、亲自协调，各责任单位全力化解，至11月底，省级挂牌交办义乌市16件积案中，成功化解13件，化解率81.3%；市本级交办33件信访积案中，结案化解27件，化解率81.8%，均超额完成上级提出60%的年度化解任务。

【义乌市“网上信访”工作中心挂牌】 10月9日，义乌市“网上信访”工作专题会议暨“网上信访”工作中心授牌仪式在市政府三楼电视电话会议室举行。市“网上信访”工作领导小组成员，各镇(街道)、相关部门分管信访工作领导、信访办(室)主任100余人参加会议。市领导宋英豪、斯建民为义乌市网上信访工作中心授牌，并点击开通“网上信访”。年内，共受理网上信访事项4014件，均按程序规范要求一一办理答复，做到“件件有落实”。

【市信访局被确定为省信访局“创先争优·能力建设活动”联系点】 11月12日，根据《关于在全省信访系统开展“以创先争优为动力，加强信访干部队伍能力建设”活动的实施意见》，义乌市信访局被确定为省信访局“创先争优”联系点。联系点在省信访局及联系领导的指导下，积极围绕服务中心、提高能力、解决问题、促进和谐开展创先争优活动，力争走在其他县(市、区)前列，努力把联系点建成全省信访系统创先争优活动示范点。12月31日，省信访局副局长周维亮到义乌调研指导“创先争优·能力建设活动”，组织召开由市创先争优办、组织部、政法委、国土局、农业局、人力资源和社会保障局、义亭镇等领导参加的创先争优座谈会，到江东街道及鸡鸣山社区进行实地考察指导。

【中央信访工作督导组来义乌督导检查】 11月27日，由中组部、民政部、人力资源和社会保障部、最高人民检察院、国家信访局等组成的中央信访工作督导组一行9人来义乌市督导检查信访工作。在市接待大厅，查看群众来访接待设施和工作流程，详细查阅市联合接访等有关信访工作资料台账，接访大厅翔实完备的资料档案、工作人员良好的精神面貌给督导组留下了深刻印象。在鸡鸣山社区实地考察时，该社区构建多元化的信访维稳队伍、以社区邻居节和文化节为载体构筑起的本地居民与少数民族居民、本地居民与外国居民、邻里之间关系融洽、和谐相处的大社区环境，得到了高度评价。同时督导组对义乌市信访工作的规范化、制度化建设给予了充分肯定。

(舒东阳)

义乌市人民代表大会常务委员会

综　述

2010年，市人大常委会召开常委会会议7次，作出决定决议4项，听取和审议工作报告20个，组织开展执法检查及视察12次，任免国家机关工作人员98人次。举办《统计法》、《人口与计划生育法》等8个专题法制讲座，组织31次人大机关政治理论学习。开展工业转型升级、市场发展、新农村建设等14个课题调研。健全监督工作机制，制定《市人大代表约见地方国家机关负责人暂行办法》，支持保障代表依法行使职权。强化监督事项公开工作，向市民征求市人大常委会监督工作计划建议55条，并将市人大常委会审议意见及“一府两院”半年工作报告、审计工作报告等在媒体上公开，接受全社会监督。邀请市民15人、外来建设者20人、外籍人士10人旁听市人代会，进行视频直播，提高人大工作的民主化、公开化程度；坚持市人大常委会与市政府领导班子工作沟通会议制度。坚持镇（街道）人大负责人列席市人大常委会会议制度，全年召开镇（街道）人大工作汇报交流会议3次，邀请140名基层代表列席市人大常委会会议。做好人大信访工作，年内受理和接待群众来信来访194件（次）。做好兄弟单位来义考察及国外议会团体来访的接待工作，共接待286批次2600余人次。

重要会议

【市十三届人民代表大会第四次会议】 2月1～5日，市十三届人民代表大会第四次会议在稠城举行。出席会议代表293名，列席人员243名。会议听取市长何美华作《政府工作报告》、市人大常委会主任童香娣作《义乌市人民代表大会常务委员会工作报告》、市人民法院代院长范锡祥作《义乌市人民法院工作报告》、市人民检察院检察长翁跃强作《义乌市人民检察院工作报告》。审查市发展和改革局、市财政局受市政府委托提交的《义乌市2009年国民经济和社会发展计划执行情况及2010年国民经济和社会发展计划草案的报告》（书面）、《2009年全市综合财政预算执行情况和2010年综合财政预算草案的报告》（书面），20个部门的预算草案提交大会审查。大会经过认真审议，通过上述各项报告，并作出相应决议。会议确定“大力推进国际贸易综合改革，再创义乌发展新优势”和“大力实施城市畅通工程，加快推进城乡公交一体化”两个议案为大会议案，收到代表10人以上联名提出的建议230件，代表10人以下联名和个人提出的建议173件，会后交市政府和有关部门研究办理。会议指出，2010年是实施“十一五”规划的最后一年，也是经济形势十分复杂的一年，更是蕴含重大机遇、大有作为的一年，必须增强忧患意识，保持清醒头脑；必须增强机遇意识，坚定发展信心；必须增强创新意识，谋求更大突破；深入学习实践科学发展观，认真贯彻市委十二届七次全会精神，坚持以“创新创优、提质提效”为主题，以国际贸易综合改革和统

义乌市第十三届人民代表大会第四次会议

筹城乡综合配套改革为动力，以创新十大工作机制、打造十大发展平台、建设十大重点工程、办好十大民生实事为抓手，进一步增强综合竞争力、可持续发展能力和抗风险能力，努力保持经济平稳较快发展，维护社会和谐稳定，全面完成“十一五”发展目标任务。

【市十三届人大常委会会议】 市十三届人大常委会第二十次会议1月7日举行。会议审议通过《关于召开义乌市第十三届人民代表大会第四次会议的决定》；审议通过市人大常委会代表资格审查委员会关于补选的市十三届人大代表的资格审查报告；审议通过市人大常委会主任会议关于补选金华市人大代表的议案；会议组织学习《中华人民共和国节约能源法》。

市十三届人大常委会第二十一次会议1月22日举行。会议初审市财政局受市政府委托提交的《关于2009年全市综合财政预算执行情况和2010年综合财政预算草案的报告》、市十三届人大四次会议日程草案、市十三届人大四次会议组织人事建议名单；审查通过市十三届人大四次会议代表分团分组方案和列席人员名单；通过《市人大常委会工作报告》（讨论稿），决定提交市十三届人大四次会议审议。

市十三届人大常委会第二十二次会议3月22日举行。会议审议通过市人大常委会2010年工作要点；听取并审议市政府《关于工业经济运行情况的报告》、《关于国税工作情况的报告》；分别听取市建设局、教育局、人事劳动社会保障局负责人关于落实市人大常委会工作评议意见的报告；通过有关人事任免和代表辞职事项。会议组织学习《中华人民共和国统计法》。

市十三届人大常委会第二十三次会议5月11日举行。会议听取并审议市政府《关于我市医疗卫生及疾病防控防治工作情况的报告》；通过有关人事任免提请事项，组织学习《中华人民共和国传染病防治法》。

市十三届人大常委会第二十四次会议7月29日举行。会议听取并审议市政府、市法院、市检察院关于2010年上半年工作情况的报告。听取并审议市政府《关于2010年上半年国民经济和社会发展计划执行情况的报告》、《关于2009年综合财政决算情况的报告》，审查批准2009年财政决算。听取并审议市政府《关于2009年财政同级审计工作的报告》、《关于国有资产监督管理及运行情况的报告》、《关于市十三届人大四次会议议案和代表建议意见办复情况的报告》。听取并审议市政府《关于现代林业产业发展和集体林权制度改革情况的报告》。会议通过有关人事任免事项，组织学习《中华人民共和国全国人民代表大会和地方各级人民代表大会选举法》。

市十三届人大常委会第二十五次会议9月29日举行。会议听取并审议市政府《关于2010年1～8月财政预算执行及全年收支变动预测情况的报告》、《关于2009年度财政同级审整改情况及市人大常委会审议意见办理落实情况的报告》、《关于人口和计划生育工作情况的报告》、《关于2010年十大民生实事办理落实情况的报告》。会议审议通过《义乌市人民代表大会代表约见地方国家机关负责人暂行办法》。会议表决通过接受有关市人大常委会委员辞职的议案。

组织学习《中华人民共和国人口和计划生育法》。

市十三届人大常委会第二十六次会议11月30日举行。会议听取并审议市政府《关于我市“五五”普法规划实施情况的报告》。表决通过有关代表辞职事项，组织学习《中华人民共和国村民委员会组织法》、《中华人民共和国全国人民代表大会和地方各级人民代表大会代表法》。

视察监督

【深化财政预算监督工作】 年初，开通财政在线监督系统，实现人大与财政在线联网，对全市335个国库集中支付单位的用款情况进行实时监督，促进财政资金规范化管理。在2月召开的市十三届人大四次会议期间，设立财政预算电子查询系统，实施财政预算“全口径”审查、20个部门预算草案上会审查。

【视察创意园运行情况】 3月16日，市人大常委会组织13名人大代表对义乌工商职业技术学院创意园进行视察，实地考察创意园运行情况，听取学院负责人关于学院发展和创意园工作情况的报告。针对创意园发展过程中遇到的一些困难和问题，提出要创造条件，不断增强创意园的活力；面向市场，突出特色，不断增强创意园的竞争力；加大宣传，大力推介，不断扩大创意园影响力等。

【开展水污染防治“一法一条例”执法检查】 4～7月，开展水污染防治“一法一条例”执法检查活动。针对市水环境保护面临的困难和挑战，要求政府以“十一五”污染减排和“811新三年行动”为抓手，把水污染防治与经济结构调整结合起来，加强水污染防治重点区域、重点领域的执法监督，推进小流域整治和污水处理厂建设，切实保障人民群众饮水安全。

【视察农村住房改造工作】 4月9日，市人大常委会组织12名人大代表对全市农村住房改造情况进行视察，先后实地考察稠城街道田畈村、楼西塘村，北苑街道凌云社区游览亭村、杨街村的住房改造情况，并听取相关部门的工作情况汇报。针对农村住房改造工作中存在的建设用地指标紧张、村庄建设规划质量不高、电力设施等配套工程建设农户负担较重等问题，提出要强化规划引领作用，高标准高起点编制规划；着力创新完善机制措施，提高政策保障能力；切实提高政府服务和管理水平，进一步优化农村住房建设环境；进一步加快农村基层组织建设等建议。

【视察法院民商事案件审判和执行工作】 4月27日，市人大常委会组织10名人大代表对法院民商事案件审判和执行工作进行视察，听取法院负责人相关工作情况的汇报，并查阅有关案卷资料。针对民商事案件审判和执行中存在的审判质量和效率有待提高、执行力度与群众要求还有差距等问题，提出要进一步重视民商事案件审判和执行工作，努力化解社会矛盾；进一步贯彻司法为民宗旨，不断完善审判流程中的便民、利民举措；进一步完善工作制度，努力提高办案质量和效率；进一步加强队伍建设，确保公正司法等建议。

【视察医院建设情况】 4月28日，市人大常委会组织14名人大代表对浙大医学院附属义乌医院和新中医院建设情况进行视察，先后实地察看两家医院施工现场，并听取卫生局有关工作情况的汇报。针对工程建设中遇到的一些困难和问题，提出要健全组织、充实人员，进一步提高工作效率；落实责任、形成合力，确保工程建设进度；严格管理、狠抓质量，确保工程建设和资金运行安全；统筹考虑、科学规划，努力建成民心工程等建议。

【开展三部门工作评议】 5月，市人大常委会向全体市人大代表发函征求意见，确定市农业局、综合行政执法局、安全生产监督管理局为工作评议对象。7～8月，组织评议调查组，通过座谈、走访、接待来信来访等形式，开展调查研究。建立代表评议指导组，发动全体市人大代表开展评议调研，收集人民群众意见、建议230余条。9月10日，召开市人大常委会组成人员及部分代表，市人大常委会评议调查组、指导组成员，法检两长，市政府各组成部门党政正职，各镇政府、街道办事处主要负责人，接受评议部门中层以上干部参加的评议会。会上，评议部门负责人分别作工作情况报告，市人大常委会评议调查组和部分代表上台作评议发言，常委会组成人员就部门工作进行满意度测评。根据常委会提出的评议意见，3个接受评议意见的部门，认真制定整改方案，扎实开展整改落实工作，取得较好成效。

【视察物流业发展情况】 5月12日，市人大常委会组织12名代表对物流业发展情况进行视察，先后实地察看城西国内物流中心、内陆口岸场站等工程建设情况，并听取相关情况的汇报。针对物流业发展中存在的物流企业整体素质偏低、缺少现代物流服务体系支撑、物流基础设施不完善等问题，视察组提出，要进一步完善物流业发展规划，加快推进物流业集聚发展；深化改革，加快完善海关、口岸监管等物流服务体系；进一步理顺管理体制，加强相关部门之间的协调沟通；丰富和完善专业物流机构发展模式，提升现代物流业发展水平。

【视察民族宗教工作】 6月12日，市人大常委会组织10名人大代表对市民族和宗教工作情况进行视察，先后对童店城隍庙、江东基督教堂、福田禅寺和鸡鸣山社区进行实地察看，并听取相关情况汇报。针对市民族宗教工作中存在的宗教场所建设较为无序、管理难度较大，基层宗教工作组织网络不够健全等问题，提出要切实加强对民族宗教工作的领导，深入开展民族宗教政策宣传，依法管理，构建维稳的长效机制等建议。

【视察食品安全工作】 7月13日，市人大常委会组织12名人大代表对食品安全工作进行视察，先后对赤岸镇朱店村邦豆食品厂、绿环废弃油脂回收站和彭源食品有限公司进行视察，并听取市食品药品监督管理局的工作情况汇报。针对市食品安全监管工作中存在的问题，督促有关部门深入贯彻实施《食品安全法》，提升食品检测能力，加强重点领域的执法监管，全面提高食品安全保障水平。全市开展豆制品、"地沟油"等专项整治，打击震慑了食品安全领域的违法行为。

【视察检察院侦查监督工作】 7月16日，市人大常委会组织9名人大代表对市检察院侦查监督工作进行视察，并听取市检察院有关工作情况汇报。针对侦查监督工作中存在的问题，提出要明确工作重点，重点加大对社会危害性大、严重影响群众安全感的刑事犯罪以及各类严重经济犯罪案件的侦查监督；要延伸监督的视野，切实加强对行政机关移送犯罪线索工作的监督；要切实加强干警队伍建设，提高政治业务素质。同时要求有关部门完善工作机制，自觉接受检察机关的法律监督等建议。

【视察职业教育工作】 11月3日，市人大常委会组织10名人大代表对市职业教育工作情况进行视察，先后对国际商贸学校和浙江机电技校进行实地察看，并听取相关工作情况汇报。针对职业教育发展中存在的经费投入不足、专业教师缺乏、校企合作机制不完善、专业设置不合理等问题，提出要转变观念，提高全社会对职业教育的认识；加大投入，改善职业学校基础设施条件；创新机制，拓宽校企合作办学的路子；整合资源，全面提升办学质量，走特色办学之路等建议。

【视察公安机关执法规范化情况】 12月21日，市人大常委会组织16名人大代表对公安机关执法规范化工作进行视察，先后实地察看新看守所、城西派出所等单位，强调要进一步加强执法管理，提高执法效能，严格办案程序，不断提升公安机关执法公信力。

选举和任免

【概况】 1月7日，市人大常委会第二十次会议补选唐金花为义乌市出席金华市第五届人民代表大会代表。2月5日，市十三届人民代表大会第四次会议依法选举范锡祥为义乌市人民法院院长。3月22日，市人大常委会第二十二次会议决定任命丁进跃为义乌市人民政府副市长，决定免去楼初阳义乌市人民政府副市长的职务，任命朱海平、王陆阅为义乌市人民检察院检察委员会委员。5月11日，市人大常委会第二十三次会议决定免去汤兆武义乌市人民政府副市长的职务，决定任命蒋民为义乌市民政局局长，决定免去陈纪荣义乌市民政局局长的职务，决定任命余青为义乌市人事劳动社会保障局局长，决定免去陈余良义乌市人事劳动社会保障局局长的职务。7月29日，市人大常委会第二十四次会议决定任命汤飞帆为义乌市人民政府副市长，任命杨均琪为义乌市人民检察委员会委员，任命朱小玲、卢阳娟、毛建英、林明波、杨斌、黄颖、毛志君、王侃、金春良、王秀兰、斯丽红、丁国嵘、侯化槐、何登勤、郑国建、陈丹誉、吴淑清、黄一杭、张华文、王春洋、王新吉、毛君伟、叶芹弟、成丽丹、朱正华、朱国军、陈凤仙、孟剑英、王芬、厉茂洪、陈沛元、陈宝新、金伟民、胡亚男、楼岗、何日辉、吴晓华、周丹瑛、斯燕华、方诚、应文飞、陈波、骆贤亮、吴廷生、张雪梅、何耀俊、贾惠青、蒋巧琴、冯德泰、朱红星、朱翠玉、宋丹彤、楼晓晶、丁旭华、王一飞、刘剑军、朱堂辉、何清俊、陈健智、骆铠铠、蒋旭俊、王凡坚、吴旭璐、范甲盛、苗琴跃、金程程、郑欢欢、赵杨根、杜志贵、季忠林、施珊珊、杨菁华、俞斌、赵淼、张太山、张笑英、陈翠英、何正统、陈义强、陈亮、周耀民、黄红斌、黄瑾、虞敷洪、朱晓芬、杨中滨、何德兴87人为人民陪审员。9月29日，市人大常委会第二十五次会议决定接受王彧因工作变动辞去义乌市十三届人大常委会委员职务。

代表工作

【概况】 积极贯彻落实《代表法》，搭建代表活动平台，促进代表作用发挥。坚持定期开展学习培训、视察调研活动，参与协助基层矛盾化解，全年接待选民群众1800余人次，收集、反映各类意见建议600余条，促进群众关注的热点难点问题的解决。组织代表参与全市“创新创优、提质提效”主题活动，精心组织代表参与机关效能督查，并先后开展“我为‘两创两题’进一言”、“守法纪、作表率，创新业、比贡献，求履职、争先进”、“集社情民意、谋科学发展、促两创两提”等专题活动，编发简报专刊12期，征集代表意见、建议282条。

【人大代表履职情况公开和述职】 11月1日至12月10日，落实代表履职情况登记和公开制度，组织96名市人大代表向选区选民述职，夯实代表的履职基础，增强代表责任意识，密切代表同原选举单位和人民群众之间的联系。

议案建议办理

【概况】 做好议案建议办理工作，建立完善市政府领导领衔办理、市人大常委会领导牵头督办、重点承办部门办理工作测评、建议承办“二次反馈”等制度。至年底，市十三届人大四次会议期间代表提出的403件建议，已办理落实114件，正在办理落实176件，取得一定办理成效83件，留作今后工作中创造条件继续办理26件，留作参考的4件；代表对办理落实情况表示满意235件、基本满意123件、不满意2件、表示理解43件。

【办理《关于大力推进国际贸易综合改革，再创义乌发展新优势的议案》】 该议案为市十三届人大四次会议大会议案之一。为推动议案的办理落实，3月，市委、市政府专门设立国际贸易改革工作办公室，统筹协调改革工作；召开主任会议专题听取关于国际贸易综合改革相关工作情况的报告，提出针对性的建议，同时发动各级人大代表充分发挥职能优势，为国际贸易综合改革工作献计献策。向省委、省政府和国家发改委等部委汇报改革工作情况，沟通协商、修改完善改革方案。优化发展环境，推进“义乌港”、国际商贸城五区、生产资料市场及商贸服务业集聚区等建设。改革试点争取工作取得阶段性成果，义乌改革试点写入省委“十二五”规划建议、省政府“十二五”规划纲要和2011年省政府工作报告，并把国际贸易综合改革列为全省开展转变经济发展方式综合配套改革的重要内容之一。

【办理《关于大力实施城市畅通工程，加快推进城乡公交一体化的议案》】 该议案为十三届人大四次会议大会议案之一。5月24日，市政府第33次常务会议原则通过综合解决城市交通问题工作方案，并研究《义乌市2010—2014年优先发展城乡公交五年行动计划》。开展城市交通基础设施建设，加快完成江滨南路、宾王圆盘等10余处拥堵路段、交通节点改造。开展沪江小区、篁园等重点区块交通组织优化，完成全市指路系统改造设计和城区23个路口信号灯改造。加大对非法营运等的查处力度，查处涉嫌非法营运车辆5600余辆，查处出租车等营运车辆违章3500余起。研究出台《义乌市城乡规划一体化改革的实施意见》，加快编制《义乌市城乡公交客运一体化规划》，在全市全面实施“城乡公交1.5元一票制”、“农村支线1元一票制”。

（楼高健）

市政府与市人大重要工作沟通座谈会

义乌市人民政府

重要政事

【国际贸易综合改革试点工作】 1月，省委、省政府成立由省长吕祖善任组长的中国义乌国际贸易综合改革试点协调小组。4月，吕祖善主持召开省经济体制改革工作领导小组第五次全体成员会议，审议并原则通过义乌市上报的改革总体方案。5月，省政府致函国家发改委，要求设立"中国义乌国际贸易综合配套改革试验区"，并附改革总体方案；国家发改委副主任彭森率领由发改委、商务部、海关总署、税务总局、银监会等国家有关部委领导组成的调研组，到义乌实地调研改革工作，并在杭州召开义乌国际贸易综合配套改革工作汇报会。7月，中央领导对改革试点作出重要批示。8～12月，国家发改委就改革试点总体方案向26个国家部委征求意见，改革试点总体方案基本成型。

【完成新一轮市级土地利用总规修编】 1月，完成赤岸镇和北苑街道两个试点镇（街道）的规划基数转换工作。3月，在总结试点镇（街道）规划基数转换经验的基础上，召开全市规划基数转换培训和任务交办会，全面开展规划基数转换工作。4月，顺利完成全市基数转换工作并通过金华市国土资源局审查确认。5月，确定规划管理信息系统软件提供商，并将规划转换基数导入该系统进行测试，基数转换成果通过测试。6～8月，对中心城区、中心镇规划建设用地范围、交通能源、水利等重大基础设施建设项目、民生用地、旅游用地等范围进行收集，明确市级重点建设区块。8月，编制规划主要控制指标分解初步方案。9月，主要规划指标分解方案正式下发各镇（街道），规划空间预布局工作县乡两级同步展开。10月，规划成果（听证论证稿）编制完成，在《义乌商报》等媒体网站刊登《听证公告》。11月，完成县级听证、论证工作，广泛征求市委、市人大、市政协和各镇（街道）、部门及相关单位的意见建议，修改完善后上报金华市审查，并通过金华市国土局组织的论证。12月，市级土地规划成果数据库通过省国土资源厅验收，规划成果上报省国土厅审查。

【启动佛堂镇"大综合"行政执法试点】 1月4日，以政府令形式公布《义乌市深化综合行政执法试点工作实施办法》。同月29日，义乌市深化综合行政执法试点暨佛堂镇开展"大综合"行政执法启动仪式在佛堂镇政府举行。4月7日，召开深化综合行政执法试点工作专题推进会，要求各部门高度重视、精心组织、密切配合、有序推进试点工作。5月19日，佛堂镇、市执法局、市卫生局、市交通局召开工作协调会，就如何提高工作效率，检查管理与违法处罚同步等问题进行协调。佛堂镇通过开展"大综合"行政执法改革，创新"条块结合、以块为主"管理模式，实行镇综合执法办公室和市综合行政执法局佛堂大队合署办公，编制35人，在佛堂镇区域内统一行使国土、农业等19个行政部门划转给综合行政执法部门的2163项行政处罚事项。全年佛堂执法大队处置群众投诉举报2454次，处置率100%,同比增长369.22%;处理各类案件2295起,同比增长25.7%,罚款75.6万元;其中办理简易程序案件1284起,同比增长25.7%;立案查处一般程序案件1011起,同比增长340.5%,其中涉及19项新划转职能案件共671起,是2009年19个划转职能部门划转前在佛堂镇处罚410起的1.64倍。拆除违法建筑面积4万余平方米。帮助农民工追缴工资169人次,合计76.19万元;支付民工返乡费0.99万元。取缔非法行医诊所46家次,查扣药品器械50余箱;查扣非法营运车辆211辆,拆除各类广告2000余平方米。组织开展环保、国土、农业、卫生、文化等各类专项执法活动118次,试点工作取得显著成效。

【"登革热"疫情防控】 1月27日,出台《义乌市2010年登革热防控工作方案》,部署抓好灭蚊防治、环境整治和动态监测等工作,严防疫情再发,并通过全民动员、跟踪督查和网格化责任分工等措施,探索建立"登革热"防控长效管理机制。坚持发动群众灭蚊与专业消杀相结合、物理防治和化学消杀相结合,全年发动干部群众参与环境整治102.8万人次,组织专业消杀10余万人次,消杀面积累计10亿平方米。生态防治水体养鱼5706处,放鱼苗97.21万尾。清理窨井阴沟84.58万处、下水道(电缆沟)107.12万处;清理庭院、地下室、屋顶花园162.13万处,杂物堆、垃圾堆144.73万处;清理积水容器1026.76万个,环境整治面积20余亿平方米。全年未发生本地感染病例,及时有效处置过境"登革热"病例1例。

【全面启动基本药物制度试点】 2月,成立基本药物工作领导小组及办公室,全面负责基本药物确标和使用监管工作。2月24日,全市各卫生院全面实施浙江省首批基本药物零差价销售。3月,根据上级有关文件精神,义乌市由卫生、发改、财政、人劳、药监5部门联合下发《关于义乌市实施基本药物制度工作方案(试行)》,对全市实施基本药物制度从实施机构、实施内容、实施步骤以及保障措施四方面做出规定和部署,进一步明确职责要求、工作任务。8月,出台《义乌市基层医疗机构实行国家基本药物制度经费补助办法(试行)》。10月,明确全市农村社区卫生服务机构设置和编制配备要求,保障医疗卫生机构的正常运行,推进国家基本药物制度顺利实施。2010年,全市实施基本药物制度的基层医疗机构总诊疗169.95万人次,门急诊均次费用同比下降20.39%;累计药品销售总收入7217.23万元,累计药品让利4089.46万元,药品价格平均降幅56.67%,其中基本药物使用比例69.86%以上。

【筹备"非洲产品展销中心"】 2月,由国家商务部合作司、西亚非洲司、外贸司等组成的商务部调研组到义乌市调研"非洲产品展销中心"项目。4月,非洲产品展销中心招商手册通过邮局分发到49个商务部驻地经商处。6月,分别接待来自布隆迪、埃及、南非、佛得角等驻华使馆官员、贸易商来义乌实地考察,"非洲产品中心"作为中非经贸领域合作项目,得到广泛认同。7月,市政府领导赴非洲推荐"非洲产品展销中心"项目。8月,非洲侨商骆玲娟、陈建南等贸易商就申请入驻中心相关事项进行商洽,计划申请场地500平方米以上,主要用于经营南非钻石、红酒和埃及家居、铜制工艺品等特色非洲产品。10月20日,"非洲产品展销中心"授牌仪式在第16届中国义乌国际小商品博览会上隆重举行,由国家商务部副部长陈健授牌。

【加快低丘缓坡综合开发利用】 3月1日,市政府经过认真调研后,出台《义乌市人民政府关于加强低丘缓坡综合开发利用工作的意见》,对低丘缓坡开发利用提出目标、要求、原则,明确开发利用的重点和政策。3～5月,义乌市城规院开展《义乌市低丘缓坡宜建地块规划》编制工作。编制过程中,领导小组办公室和规划单位征求各相关部门的意见,实行多部门联合审查,剔除不符合市域总体规划、土地利用总体规划等大规划或不宜建设的地块。3月底,省林业厅森林资源处处长卢苗海应邀到义乌听取开发利用低丘缓坡情况汇报,提出业务指导意见。5月14日,领导小组办公室组织省、市有关专家评审并通过《规划》。

此后规划单位充分吸收审查会上专家、领导的意见，对《规划》文本进行较大幅度的修改、完善。6月3日，省林业厅厅长楼国华到义乌考察指导低丘缓坡开发利用工作，要求义乌抓住机遇，加快开发利用的步伐。7月16日，以义政发〔2010〕71号文件印发给各镇(街道)，公布了39个地块作为重点地块(后增加1块，共40块，3661.71公顷)，要求各镇(街道)优先加以开发利用。全市40个重点地块中，除6个地块未启动控制性详规编制外，其他均启动了重点区块控制性详规编制工作，大部分地块已完成或基本完成编制。12月20日，佛堂、赤岸、大陈、江东4个镇(街道)共6个林地征占用项目获省林业厅批准，上述项目总用地面积282.13公顷，其中林地面积151.93公顷，义乌市低丘缓坡宜建地块开发利用工作取得重大突破。

【义乌商贸服务业集聚区入选省级产业集聚区】 3月15日，根据省发改委《浙江省产业集聚区发展规划编制导则》要求，完成义乌市产业集聚区的总体方案编制，经市委、市政府讨论通过后方案上报省发改委，经专家论证，正式确定为“义乌商贸服务业集聚区”。6月，启动集聚区的规划编制工作，由市发改局牵头，委托浙江省发展规划研究院进行编制。9月，市政府常务会议、书记办公会议先后对发展规划进行市级层面的咨询论证。10月21～22日，省发改委会同经信委、科技厅、国土厅、环保厅、建设厅、交通厅、水利厅、商务厅等省级部门和有关专家组成联合调研组，对发展规划进行调研论证。11月11日，省产业集聚区规划建设工作领导小组第二次会议审议同意规划方案。12月31日，《义乌商贸服务业集聚区发展规划》以浙发改地区〔2010〕1251号文件印发，义乌市商贸服务业集聚区正式开始建设。

【第六次人口普查】 3月，成立由分管副市长为组长的义乌市第六次人口普查领导小组。4月，全市13个镇(街道)完成组建人口普查领导小组、办公室。5月，全市802个村、居相继成立第六次人口普查工作小组。6月，在佛堂镇长塘居委会完成第六次人口普查综合试点。7月，完成全市普查指导员和普查员的选聘，共选聘“两员”8000余人。8月，完成普查区和普查小区的划分和绘图工作，共划802个普查区和5191个普查小区。9月，完成对普查指导员和普查员的清查摸底业务培训工作。9月30日上午，在绣湖广场举行第六次全国人口普查宣传月启动仪式，拉开全市人口普查宣传月的序幕。10月，对全市8000余名普查指导员和普查员分别进行正式入户登记业务培训。10月31日20时至11月1日零时全市上下根据省里统一安排同步开展“零点行动”。11月，全市全面开展第六次全国人口普查入户登记工作。12月，全市第六次人口普查全面进入报表审核和处理阶段。

【实施新一轮市场行业布局调整】 5月24日，义乌市场行业布局调整工作领导小组办公室正式公布新一轮市场行业布局调整方案，主要包括国际商贸城五区市场、新篁园市场、义西生产要素市场的行业布局。明确国际商贸城五区(三期二阶段)主要布局进口商品馆和床上用品、纺织品、针织原材料、汽车用品及配件等行业；篁园市场主要布局服装等行业；国际商贸城一区市场东侧扩建工程用于饰品及配件行业扩容，国际商贸城三区五楼(原进口馆区块)用于画业行业扩容；义西生产要素市场主要布局生产要素类行业。

【推进杭长铁路客运专线义乌段建设】 5月27日，成立由市长何美华任组长的杭长铁路客运专线义乌段工程建设领导小组，领导小组下设指挥部。根据省委、省政府统一部署，沿线政府的工作任务是做好征地拆迁，协调施工中的矛盾，为铁路建设提供良好服务，确保无障碍建设。10月20日，义乌境内33.78千米线段涉及大陈、后宅、城西、上溪、义亭5个镇(街道)55个行政村的79.28公顷铁路红线内建设用地完成征收并移交给铁路部门。铁路正线建设用地征收仅用两个月，比省推进计划提前4个月，名列金华段第一、浙江段前茅。12月底，合计1721.35万元补偿经费全部兑付给相关村和村民，其中674项(处)果木、苗圃等特种种养殖项目完成评估，共补偿经费307.69万元；占用水塘113口，18.87万平方米，共1055.57万元补偿经费；迁移坟墓1072穴，共85.76万元补偿经费；拆除水埠头、景观长廊等，共272.33万元补偿经费。12月底，涉及15个村476户农户和8家企业(农场)的拆迁房屋，完成361户农户和8家工厂(农场)总面积6.69万平方米房屋的评估。184宗需确权的拆迁房屋土地，完成确权80宗；约11.6万平方米拆迁房屋，完成拆除4430.51平方米。大陈江特大桥、朱高尖隧道、义乌东特大桥、下万特大桥、麻山隧道、义乌西特大桥等重点节点工程相继施工。施工单位完成桥梁桩基2527根，承台212个，墩身162个，完成隧道成洞620.17延长米、仰拱填充747.2米，完成路基开挖土石方87万立方米，完成产值35920万元。2010年，全面完成浙赣铁路电气化改造义乌移线工程配套项目的建设扫尾工作，铁路义乌移线工程建设画上圆满句号；12月从铁路义乌移线工程应付上海铁路局的投资款中，争取扣回360万元，解决33项浙赣电气化遗留问题，为杭长铁路客运专线顺利建设提供了保障。

【发展总部经济】 5月26日，出台《关于加快总部经济发展的若干政策意见(试行)》，提出经过5年到10年努力，基本形成总部经济发展框架，努力把金融商务区建设成为浙中地区最具活力的商务核心区、最具潜力的金融发展高地和现代服务业高度集聚的城市精品区；把经济开发区中心区逐步建成区域性先进制造业总部基地和国家级小商品创新研发示范基地。6月18日，成立由市长任组长的促进总部经济发展领导小组。7月11日，出台《关于加快总部经济发展若干政策意见的实施细则(试行)》，明确经济开发区总部经济区选商标准。7月16日，出台《关于金融商务区总部经济发展实施细则(试行)》，明确金融商务区具体准入条件、扶持政策等。7月20日，总部经济区正式开始报名招商。总部经济区规划用地约16公顷，总建筑面积约150万平方米。至年底，总部经济区咨询报名企业800余家，其中申报独立建设总部大楼的企业18家，申报联建总部大楼的行业协会、商会有15家，参与联建企业300余家；金融商务区4个项目相继动工，累计完成投资14.78亿元。

【加快保障性住房建设】 6月3～4日，组织市房改办、人劳社保局、财政局等赴嘉兴、杭州调研考察经济适用住房、公共租赁住房政策。7月6日，组织讨论《义乌市经济适用住房管理办法(草案)》。8月16日，组织讨论《义乌市公共租赁住房管理办法(草案)》。10月29日，市政府正式出台《义乌市经济适用住房管理办法》、《义乌市公共租赁住房管理办法》。义乌市首个经济适用住房项目，位于江东街道南洲花园二期，用地面积3.07公顷。项目总建筑面积约7.15万平方米，拟安排经济适用住房464套，土石方工程于11月17日开工。

【开展跨境贸易人民币结算试点】 6月17日，义乌市正式被纳入全国第二批跨境贸易人民币结算试点城市，人民银行义乌市支行积极组织各金融机构及企业，开展跨境贸易人民币结算业务推广工作。6月23日，中国银行义乌市支行成功完成金华市首笔跨境贸易人民币结算业务。12月，经积极推荐争取，义乌辖内共有144家企业获准成为首批出口试点企业。至年底，全市银行业金融机构共为9家企业办理各项跨境贸易业务累计16笔，涉及金额1595.2万元人民币。

【加快电子商务发展】 10月，出台《关于加快电子商务发展的意见》和《义乌市促进电子商务发展扶持政策(试行)》，明确电子商务发展"一都二中心"目标，即打造小商品电子商务之都，建成全球最大日用消费品网货采购中心、全国网商集聚中心。提出加快电子商务发展的四大工作重点，即培育壮大电子商务经营主体、普及深化电子商务应用；完善电子商务配套支撑体系、强化电子商务服务支撑；加快创业平台建设，促进电子商务产业集聚发展；建立健全保障机制，营造电子商务良好发展环境。至年底，全市共有各类网商4万余家,年交易额逾400亿元。

重要会议

【市政府常务会议】 市政府第23次常务会议1月4日召开。会议听取2010年重点工程计划和重大产业类项目计划、政府重要创新工作和十大民生实事工作计划、全市校舍安全工程建设等情况的汇报,讨论并原则通过《义乌市深化综合行政执法试点工作实施办法》、《义乌市加快推进残疾人事业发展的实施意见》,认为在新的一年里,市政府的工作应该更加突出重点、更加突出创新、更加突出实干,确保经济社会平稳较快健康发展。

市政府第24次常务会议1月11日召开。会议审议并原则通过《政府工作报告(送审稿)》、《关于2009年全市综合财政预算执行情况的报告》及有关行政处分事项等议题。会议强调,2010年应更加注重经济结构调整和发展方式转变,更加注重改革推动和开放带动,更加注重平台建设和工作突破,更加注重民生改善和社会稳定,全面完成"十一五"发展目标任务,加快推进国际商贸名城建设。

市政府第25次常务会议1月25日召开。会议讨论《2009年度市政府集体记功事项》、《进一步加强人口和计划生育工作的若干意见》、全市安全生产形势和节前检查活动安排的情况等议题。会议决定给予在2009年度经济社会发展中成绩突出的市教育局、市民政局、市林业局、市旅游局、义乌出入境检验检疫局、稠城街道办事处、中国建设银行股份有限公司义乌分行、市帮扶企业稳定健康发展办公室、市支援青川县板桥乡灾后恢复重建指挥部9个单位分别集体记功一次;会议听取市政府第六次全体会议方案及市政府第六次全体会议报告提纲的汇报,决定于2月5日召开市政府第六次全体会议。

市政府第26次常务会议2月8日召开。会议讨论并原则通过《义乌市现代服务业和先进制造业集聚新平台总体方案》,要求进一步修改完善后提交市委研究。

市政府第27次常务会议2月22日召开。会议听取《中国义乌国际贸易综合改革试点总体方案(征求意见稿)》和《关于加强低丘缓坡综合开发利用工作的意见(送审稿)》汇报,讨论并原则通过《中国义乌国际贸易综合改革试点总体方案(征求意见稿)》,要求进一步修改完善后,尽快上报省政府、国务院研究决策;会议讨论并原则通过《关于加强低丘缓坡综合开发利用工作的意见(送审稿)》,要求各镇(街道)、有关部门进一步明确工作职责,加强协调配合,抓紧编制开发利用实施规划和项目建设,抓实低丘缓坡综合开发利用工作,为义乌市经济社会发展提供必要的土地保障。

市政府第28次常务会议3月11日召开。会议讨论并原则通过《关于加快工业经济转型升级若干政策意见》和《关于建设都市农业、促进城乡统筹发展的若干意见》等议题,并听取春季"登革热"防控工作、《义乌工业园区整合提升实施方案》和《义乌市重大投资项目联合办理暂行办法》等情况汇报。会议在审议《关于建设都市农业、促进城乡统筹发展的若干意见》时指出,义乌市在建设都市农业上拥有扎实的基础,应从三方面入手建设都市农业:通过打造都市农业发展平台,优化农业布局结构;做强做大农业经营主体,提升产业化水平;构建农业支撑体系,进一步加强领导、加大投入,积极推进都市农业发展。

市政府第29次常务会议4月6日召开。会议讨论并原则通过《关于深化医药卫生体制改革实施意见》、《义乌市金融商务区世贸中心建筑设计方案评审及后期运作有关情况》、《义乌市工业用地规划控制指标调整方案》、《义乌国际商贸城分区区级中心控制性详细规划》、《义乌市荣誉市民评选暂行办法》5项议题。

市政府第30次常务会议4月19日召开。会议讨论分析一季度经济形势,认为全市各项经济指标平稳较快增长,经济运行回升向好势头更加巩固。会议强调,要统一认识,优化服务,加强领导,增强信心,突出抓好加大投入、提升质量、深化改革三大重点,推进全市经济发展再上一个新台阶。会议审议并原则通过《义乌市医疗纠纷预防与处理暂行办法》等议题。

市政府第31次常务会议5月4日召开。会议研究部署校园安全工作，审议并原则同意《义乌市被征地农村居民养老保险实施办法》有关条款调整、《义乌市罚没物品管理和处置暂行办法》。《义乌市被征地农村居民养老保险实施办法》，《办法》中调整的条款为两项：一是调整缴费标准，被征地农村居民养老保险费缴费标准由原《办法》一次性缴纳6000元调整为“一次性缴纳7000元、36000元两档，由参保人自由选择”，以后缴费标准由原《办法》每年公布一次调整为“随我市经济发展由市政府适时调整”。二是调整享受待遇，被征地农村居民养老保险养老金标准由原《办法》每人每月170元，调整为“缴费7000元的为每人每月205元，缴费36000元的为每人每月340元，以后养老金标准随经济发展由市政府适时调整”。

市政府第32次常务会议5月12日召开。会议讨论《关于加快总部经济发展的若干政策意见(试行)》和《义乌市国有企业负责人经营业绩考核暂行规定》2项议题。会议原则通过《关于加快总部经济发展的若干政策意见(试行)》，认为义乌市已基本具备发展总部经济的基础与条件，应从全市实际出发做好经济开发区和金融商务区发展总部经济的定位，要求相关部门尽快出台发展总部经济的实施细则，做好相关政策衔接工作，加快推进总部经济建设。会议原则通过《义乌市国有企业负责人经营业绩考核暂行规定》，要求进一步修改完善。

市政府第33次常务会议5月24日召开。会议讨论《义乌市低丘缓坡宜建地块规划》、《义乌市综合解决城市交通问题工作方案》、《义乌市2010—2014年优先发展城乡公交五年行动计划》3项议题。关于加快低丘缓坡综合开发利用问题，会议原则通过《义乌市低丘缓坡宜建地块规划》，要求牢固树立生态观念，因地制宜，做到保护生态与开发建设相结合；结合市域总体规划、土地利用总体规划以及交通网络发展规划等，进一步拓展思路，用好、用足低丘缓坡资源；加快开发利用工作步伐，按照工业开发、新农村建设、都市农业等发展需要，尽早明确近期开发利用的具体地块与项目，明确分工、落实责任、细化到位、启动建设。会议研究《义乌市2010—2014年优先发展城乡公交五年行动计划》，原则通过《义乌市综合解决城市交通问题工作方案》。

市政府第34次常务会议6月21日召开。会议讨论《义乌市义西生产资料市场群空间布局规划》、《关于重大商贸服务业项目招商意见》、《义乌市国民经济和社会发展第十二个五年规划基本思路》等议题。会议原则通过《义乌市义西生产资料市场群空间布局规划》，要求有关部门认真研究市场形态、经营业态，根据不同的形态、业态，结合物流、仓储，明确义西生产资料市场定位，确定空间布局方式。会议原则通过《关于重大商贸服务业项目招商意见》。会议在审议《义乌市国民经济和社会发展第十二个五年规划基本思路》时，要求各有关部门在认真评估“十一五”规划的实施执行情况的基础上，牢牢树立科学发展观，紧紧围绕“转型、统筹、创新”六个字，突出转型意识、强化统筹观念、增强创新理念，以中国义乌国际综合贸易改革试点、产业集聚新平台建设等为抓手，全面推进义乌经济社会持续健康发展。

市政府第35次常务会议7月12日召开。会议讨论《义乌市篁园市场交通组织优化方案》、《宾王特色街区综合整治策划》2项议题。会议原则通过《义乌市篁园市场交通组织优化方案》，要求进一步完善深化后制定实施方案，确保市场顺利开业。会议原则通过《宾王特色街区综合整治策划》，要求进一步明确定位，立足现有资源，开展基础设施、环境卫生等综合整治，形成设施完善、风格独特、品位高端、特色明显、环境美丽、产品丰富、服务优良的异国风情街区。

市政府第36次常务会议7月26日召开。会议专题贯彻落实全会精神，并对下半年政府工作进行研究部署，要求紧紧围绕“工作以项目化推进、项目按责任制落实”主线，抓好重大规划，重大改革，重大平台、工程、项目建设，抓好重点民生实事落实。会议研究审议《义乌市城市旅游规划》和《义乌市农村“空心村”改造实施意见》，原则通过《义乌市农村“空心村”改造实施意见》，要求进一步修改完善后抓紧实施。

市政府第37次常务会议8月9日召开。会议讨论新“811”环境整治和节能减排情况、杭长铁路客运专线建设工程所涉及拆迁安置、《关于加快电子商务发展的意见》、《促进电子商务发展的扶持政策》及有关行政处分事项等议题。会议原则通过《关于加快电子商务发展的意见》等议题，认为义乌市应立足自身特色，发挥自身优势，系统研究电子商务发展规划、政策，加大政策扶持力度，把电子商务作为现代商贸服务业集聚发展的重要内容，积极引进电子商务经营主体；努力建设物流、配送、仓储等设施，健全电子商务配套功能，努力构建电子商务发展平台。会议审议通过有关行政处分事项的议题。

市政府第38次常务会议8月16日召开。会议审议并原则通过《义乌市深化医药卫生体制改革2010—2011年重点任务实施计划》议题，听取《关于在非洲建设义乌经贸合作区工作设想和建议》及节能降耗有序用电等情况汇报。在审议《义乌市深化医药卫生体制改革2010—2011年重点任务实施计划》、《义乌市农村(社区)医疗卫生服务体系建设与改革实施方案》和《义乌市基层医疗卫生机构实行国家基本药物制度经费补助办法(试行)》时，会议要求以科学发展观为统领，进一步明确工作重点，统筹推进全市医药卫生体制改革，到2011年，基本医疗卫生制度全面覆盖城乡居民，基本药物制度初步建立，基本公共卫生服务全面普及，明显提高基本医疗卫生可及性，有效减轻居民就医费用负担，切实缓解“看病难、看病贵”问题。会议强调，要按照“保基本、强基层、建机制”主基调，以农村为重点，加快农村(社区)医疗卫生服务体系建设和改革，通过新建一批、改造一批、“购买服务”发展一批社区卫生服务站(村卫生室)，形成比较完善的城乡医疗卫生服务体系。

市政府第39次常务会议8月30日召开。会议审议并原则通过《义乌市关于加快管道天然气开发利用的若干意见》、《苏溪镇向东村等十个行政村委托给工业园区管委会管理方案》。在听取《新一轮土地规划修编控制指标分解方案》与《2010年度新增建设用地指标安排方案》汇报后，会议强调，要根据义乌今后十年科学发展的需要，认真、科学、细致地编制土地利用规划，为工业开发、商业布局、新农村建设等提供必要的用地保障。

市政府第40次常务会议9月19日召开。会议讨论《义乌商贸服务业集聚区发展规划》、《义乌市域加油站布局规划》、《义乌市环城生态风景林建设总体规划》、《关于企业上市培育政策修订的建议》、《义乌市工业用地招标出让试点工作方案》等议题。会议在听取《义乌商贸服务业集聚区发展规划》汇报时强调，各相关部门要突出义乌市商贸特色，强化国际贸易核心，大力发展电子商务、现代物流、总部经济、创意经济、研发设计、仓储式销售等现代服务业，努力增强与之相匹配的产业支撑，进一步完善市集聚区发展规划。会议审议通过《义乌市域加油站布局规划》，并原则通过《义乌市环城生态风景林建设总体规划》、《关于企业上市培育政策修订的建议》、《义乌市工业用地招标出让试点工作方案》。

市政府第41次常务会议10月11日召开。会议讨论《关于加强市场商位管理的意见》，针对市场经济回暖，商位租金上涨过快的现象，会议原则通过《关于加强市场商位管理的意见》，要求研究相应措施，加强市场管理，确保市场繁荣。会议听取了2010年政府主要工作任务进展与完成情况汇报，要求各镇(街道)、各部门对目前进展难度大、完成存在困难的工程、任务进行梳理，加大协调力度，组织开展现场办公，创造条件，尽最大的努力，争取突破，争取完成各项工作任务；并在此基础上开展调查研究，着手谋划明年的重点工作、重大项目、重要民生实事等；深入思考，科学编制义乌“十二五”发展规划，并切实做好与上级的衔接沟通工作，争取更多支持。

市政府第42次常务会议11月4日召开。会议听取《义乌市2011年十大民生实事征集方案》等汇报，审议并原则通过《义乌市公共卫生与基层医疗卫生事业单位绩效工资实施办法》及撤销相关人员行政处分事项等议题。会议在进行《义乌市2011年十大民生实事征集方案》讨论时指出，要在认真贯彻落实党的十七届五中全会精神、深入学习实践科学发展观的基础上，继续开展十大民生实事工作，重点抓好群众高度关注、迫切需要解决的，涉及群众切身利益最直接、最现实的民生事项；抓好覆盖面广、影响力大、实施后群众普遍可以得到实惠的事项。

市政府第43次常务会议11月15日召开。会议讨论关于《义乌市佛堂镇总体规划(2009—2020)》及《义乌市国际文化中心综合体项目招商方案》等有关事项。会议原则通过《义乌市佛堂镇总体规划(2009—2020)》，要求佛堂镇在新形势下，按照城市的发展目标，科学定位、科学规划，在重视规模扩张的同时，从产业结构优化、空间布局合理、文化特色凸显、生态环境改善等方面来提升内涵。在听取《义乌市国际文化中心综合体项目招商方案》情况汇报后，会议强调，要创新思路，进一步完善规划，按照公开、公平、公正的要求，积极探索引进市场化资源，加大招商引资力度，加快开发建设。

市政府第44次常务会议11月27日召开。会议讨论《义乌市土地利用总体规划(2006—2020年)》修编情况和全市节能降耗有序用电工作情况。会议对《义乌市土地利用总体规划(2006—2020年)》修编工作提出了建议意见，要求进一步修改完善后，尽快提交审批。会议强调，各镇(街道)、各部门应认真落实土地利用总体规划，通过向上级积极争取政策支持，向外积极争取建立合作关系，向下积极争取挖掘潜力的方式，多渠道做好工作，满足建设需要。

市政府第45次常务会议12月20日召开。会议讨论《义乌市城乡公交客运一体化规划》、《义乌市中央商务区二期城市设计方案》、《义乌市集中供热规划方案》及有关行政处分事项等议题。会议审议并原则通过《义乌市城乡公交客运一体化规划》，强调要按照"城乡衔接、长短结合、多式联运"的要求，在认真调查、深入研究的基础上，科学合理设置站点、安排线路、调度行车时间与密度，实现公交方便、快捷。会议审议并原则通过《义乌市中央商务区二期城市设计方案》，认为中央商务区二期建设条件已日趋成熟，应积极研究新型商贸发展形态、城市建设模式，综合考虑交通组织、地下空间利用、文化娱乐设施、电子商务办公等因素，完善规划，加快开发，为国际商贸名城增添新亮点。会议审议并原则通过《义乌市集中供热规划方案》及有关人事处分事项。

市政府第46次常务会议12月27日召开。会议讨论并原则通过《关于建设义乌中国汽车零部件产业基地的框架合作协议》，要求各相关部门积极尝试创新招商方式，抓住汽车检测中心等建设重点，努力把义乌中国汽车零部件产业基地，建设成为经济发展的新增长点；会议原则通过《义乌市政府机构改革初步方案》、《国际商贸城五区市场及篁园市场经营大户生产企业招商政策》、《义乌市粮食生产功能区建设规划》及撤销相关人员行政处分事项等议题，并听取市消防安全生产、规范性文件清理等工作情况汇报。

【市政府全体会议】 2月5日下午，市政府召开第六次全体会议，全面贯彻落实市委十二届七次全会扩大会议和市十三届人大四次会议精神，市长何美华从着眼长远抓规划、突出重点抓投入、创新创优抓突破、提质提效抓落实四方面强调，要求各镇(街道)、各部门深入思考所面临的新的机遇和挑战，真正把心思放在抓大事、求突破、促发展上，真正把精力放在解民忧、疏民困、办实事上，为全面完成2010年各项目标任务、加快国际商贸名城建设而努力奋斗。相关部门、单位负责人围绕2010年各自工作具体目标、主要任务，在会上作表态发言。市委常委、常务副市长宋英豪主持会议。

市委十二届八次全体(扩大)会议暨市政府第七次全体会议7月22日在市委党校召开。市委书记黄志平代表市委、市政府作工作报告，回顾总结2010年上半年工作的同时，部署下半年要着力抓的八方面重点工作，要求从五大方面加快推进生态文明建设。市长何美华主持会议，并就贯彻全会精神提出3点意见。会议审议通过《中共义乌市委关于推进生态文明建设的决定》，明确建设生态文明的总体要求，按照省委推进生态文明建设的要求，紧紧围绕建设国际商贸名城目标，大力发展生态经济，不断优化生态环境，注重建设生态文化，着力完善体制机制，打造“富饶和谐、宜商宜居”的生态义乌。建设生态文明的主要目标是：力争通过5～10年的努力，建成全国生态文明示范市。

政务信息

【概况】 2010年，强化服务领导决策意识，围绕政府中心工作，完善制度、筑好网络、建强队伍，促使信息渠道更畅、质量更优、报送更快，较好地发挥了参谋助手作用。全年编发《义乌信息》227期，其中普刊63期、增刊11期、专报56期、紧急97期。上报各类政务信息980余条，被金华市级刊物采用205条，省级信息刊物录用162条。《义乌市场外贸出口持续转暖但喜中有忧》、《一季度义乌对印度、巴西等新兴市场出口增势强劲》和《义乌反映近期该市规模较大电子商务网站集中遭受“黑客”攻击》3条信息先后被国务院办公厅信息刊物采用。《义乌市强化经纪业务行政引导　助推来料加工业稳健发展》、《义乌构建动态预警平台　有效提升外贸诈骗防控能力》、《义乌市“四强化”举措构建知识产权市场自律保护体系》、《义乌市解决外来建设者子女就学问题的做法、存在困难及建议》、《创新模式搭建高效透明政府管理服务平台——义乌市“数字城市”建设的主要做法》和《义乌市加快发展现代物流业建设区域物流高地的实践与探索》等12条信息获省政府领导批示，其中《义乌市打造生态型国际商贸城的主要做法》被省府办信息刊物《政务工作交流》采用，供全省交流学习。2006年开始，义乌市府办连续5年被省政府办公厅评为全省政务信息工作先进单位。义乌市府办被评为2010年度金华市政务信息工作先进集体一等奖，金华市报送《每日要讯》信息先进单位。

（以上均由朱毅撰稿）

法制建设

【概况】 2010年，贯彻国务院、省政府关于推进依法行政工作的文件精神，紧扣“创新创优、提质提效”主题，加强政府自身建设，加强公民权益保障，努力提高政府服务能力和管理水平。全年共审查部门行政规范性文件15件，向金华市政府和义乌市人大备案行政规范性文件25件。全面开展行政规范性文件清理工作，组织全市30余个行政机关开展行政处罚自由裁量权细化、量化工作，适时开展行政案卷评查指导工作。通过开展各种形式的法制培训，提高行政执法人员的业务水平。积极化解行政争议，全年收到行政复议案件58件，其中受理57件（维持24件，驳回申请3件，撤销2件，申请人自撤28件），不予受理1件。组织行政机关参与行政诉讼271件，积极探索建立行政案件自纠机制，2010年办理土地自纠案件53件，以判决方式结案的案件败诉率分别比2007年、2008年、2009年下降30%、21%和33%。

【深化综合行政执法试点工作取得成效】 1月，开展深化综合行政执法试点工作，在前期试点基础上，由综合执法局在全市范围内集中行使水务渔政、农业、建设等部门的500项行政处罚权，同时，由综合执法局在佛堂镇行政区域内集中行使发展改革（物价、粮食）、经济发展、教育、民政、劳动保障、交通、林业、文化广电新闻出版、卫生、计生、环保、安监、市场贸易发展、旅游、民防、国土16个部门的1663项行政处罚权，实行“大综合”行政执法体制。深化试点后，基层镇（街道）政府的履职能力明显提高，全市依法行政工作得到进一步推进。

【行政处罚自由裁量权细化工作】 5月，为规范行政执法工作程序，从源头上防止和减少自由裁量的随意性，保证法律、法规、规章的正确贯彻实施，组织除海关、检验检疫、国安等垂直管理部门以外的35个行政执法机关开展行政处罚自由裁量权细化工作，共梳理法律、法规和规章300余部3000余条款，并根据工作实际需要细化为1万余条。

【进一步完善行政执法责任制】

6月,为进一步规范行政执法行为,加强对行政行为的调查、检查、听证、审核、批准程序和一系列行政执法的制度建设,开展进一步完善行政执法责任制工作。通过明确各执法机关的职权,避免了执法机关之间职权交叉、彼此牵制。通过制定行政执法评议考核办法,将各项行政行为纳入行政执法责任制评议考核,及时发现执法过程中存在的问题,督促行政执法机关整改。通过健全执法过错责任追究制度,对经行政复议决定或者法院判决撤销、变更的行政行为相关责任人员进行过错责任追究。

【规范性文件清理工作】 7～10月,组织全市行政机关开展规范性文件的清理工作,该项活动坚持立"新法"与改"旧法"并重,对不符合经济社会发展要求,与上位法相抵触、不一致,或者相互之间不协调的规范性文件进行清理并向社会公布。共清理市政府规范性文件259件,其中继续有效的177件,需要修改的28件,废止的37件,宣布失效的17件。

（方宜圣）

议案办理

【市十三届人大四次会议议案和代表建议办理】 2月1～5日,市十三届人大四次会议期间,议案审查委员会确定议案两件,议案的主题分别是《关于大力推进国际贸易综合改革,再创义乌发展新优势》、《关于大力实施城市畅通工程,加快推进城乡公交一体化》;代表10人以上联名提出的建议意见、10人以下联名和个人提出的建议意见(以下统称建议)403件。市政府会同市人大常委会于2010年4月2日举行人代会议案和代表建议交办会,两件议案由市政府主持办理,403件代表建议交由市府办等65家承办单位办理。议案和代表建议全部按要求于7月2日之前完成答复。

据统计,403件代表建议中,代表对承办单位办理落实情况表示满意的235件,表示基本满意的123件,表示理解的43件,表示不满意的2件。答复件中提出的承诺事项,当年已落实或开始落实的共373件,留作今后工作中创造条件办理落实的26件。

（何海生）

行政审批

【概况】 2010年,义乌市365便民服务中心受理各类事项63.44万件,其中即办件53.4万件,承诺件10.04万件,共办结各类事项63.43万件,日均办件超过2000件,按时办结率近100%,群众评议满意率99.9%。全年完成政府采购275次,采购预算金额约5.03亿元,实际中标额3.77亿元,节支率达24.9%;完成工程招投标496项621个标段,工程预算投资额44.03亿元,中标额32.99亿元,节支额11.04亿元,平均让利率25.06%。完成国有土地拍卖、挂牌、协议298宗,全年收取出让金57.9亿元。13个镇(街道)共办结各类事项11.97万件,其中即办件11.37万件,承诺件6019件。集中开展审批服务项目提速工作,全市33个部门对354个审批服务项目的承诺时限进行缩减,共压缩承诺时限2416日。全市41个部门882个审批服务项目平均提速2.7日,比法定时间压缩82.7%。

【重大投资项目联合办理】 6月,市重大投资项目联合办理工作正式启动,在行政服务中心设立联办办公室。建立联办项目数据库,对全市2010年重点工程和重大产业项目计划中的新建项目、前期项目和符合联办暂行办法中规定的投资项目的审批进展情况实施常态管理。实行项目跟踪服务制度、全程代办制度、"绿色通道"制度和项目联合审批回访制度,修订完善联办检查考评办法,对联办工程中的服务质量、工作纪律、办理效率、联审程序、依法行政、意见落实等情况进行督促检查,确保联办工作的落实。全市61个项目列为重大投资项目联合办理工作范围。至年底,联办办公室为国际商贸城建设管委会上报6个子项目(国信项目、世贸中心项目、五星级酒店项目、浙商银行项目、新华期货项目、兴业银行项目)、廿三里街道LED衬底材料项目、华川集团瓦楞纸技改项目、国际商贸城五小区福田和殿山菜市场项目10个项目召开5次联办会议，加快项目办理效率，在金融商务区世贸中心项目“三证一章”（营业执照、机构代码证、税务登记和公章刻制）办理中，创造3小时办结的“联办速度”。

【数字城市建设】 10月13日，数字城市二期建设系统（家政服务、GIS服务平台、呼叫中心、12333人劳社保咨询服务）投入试运行。至此，数字城市业务系统具备了地图浏览、地图测量、空间查询、地图定位、地图标注、数据叠加功能、家政服务同GIS地图服务结合等功能。数字城市96150平台全年共接听电话13.28万个，呼出电话11.33万个，受理案件12.11万件，处置率99.6%，其中问题举报694件、问题投诉5.97万件、咨询求助5.61万件、建言献策1721件、语音转接342件、其他2699件。受理案件涉及54个职能部门，其中34个局、13个镇（街道）、7个企业。投诉类事项居前10位的是：违章建筑、街面秩序、噪声污染、出租车、市容环境、大气污染、客运、市场管理、机动车乱停放、宣传广告。

【新行政服务中心启用】 12月27日，新行政服务中心正式启用。新行政服务中心总建筑面积6.46万平方米，是原365便民服务中心6000余平方米的10倍。一楼至三楼为服务大厅，集中市公安、工商、建设等35个职能部门的行政审批科，以窗口形式提供服务，全市涉民涉企、办事频率高的事项均入驻中心，占全市审批项目总数的82.7%。共设立窗口291个，集中办理许可类和服务类项目726项。同时设立房产、评估、会计、税务等中介窗口24个。四楼为公共资源交易平台，开展货物、工程、服务三大类项目的政府采购、全市公共建设工程的招投标交易。五楼设置办公区和数字城市综合服务平台。六楼为档案食堂等配套用房。新行政服务中心初步建成了集行政审批、便民服务、资源配置、效能监察、市民互动为一体的综合性公共服务平台。经统计，日均接待群众1万余人，日均办件7000余件。

（吴潮华）

招投标监管

【概况】 至2010年12月底，累计完成建设工程招投标项目496

义乌市行政服务中心启用仪式

项621标段，预算投资额44.03亿元，中标价33亿元，节支额11.04亿元，平均让利率25.06%。在镇街招投标中心招标的工程建设项目849项，预算投资额3.82亿元，中标价3.03亿元，平均让利率20.94%。土地交易备案37项，土地面积72.69公顷，出让金114.50亿元。累计完成政府采购项目405项，预算8.51亿元，实现采购金额6.28亿元，节约财政资金2.23亿元，节资率26.2%。产权交易备案共21宗，交易金额2379.3万元。

【组织招投标业务人员赴杭州培训】 1月21～26日，义乌公共资源办组织镇（街道）招投标中心、招标代理机构等单位34人，分2批到杭州参加省发改委组织开展的招投标工作专题培训。培训内容包括《中华人民共和国招标投标法实施条例（草案）》、《浙江省公共资源交易中心管理办法（草案）》等法律、法规释义和招标投标标准格式文本应用等。培训结束后，34位参加培训的学员获得省委党校颁发的结业证书。

【决算审核招标项目论证】 5月，召集财政、审计、采购中心、镇（街道）代表及专家20余人，召开决算审核招标项目论证会，对全市决算审核项目招标方式、资格条件、评标办法等进行统一规范。

【实施预算编制质量抽查】 6月实施预算编制质量抽查，招标选择2家预算编制审核单位，向62个部门和施工单位发放招标代理（预算编制）工作质量调查表，进行项目实施抽查。共查处预算编制质量偏差超过5%的项目4个，处罚招标代理单位3家。

【政府采购和产权交易编制需求调研】 上半年，进行公共资源管理系统项目建议书政府采购和产权交易部分编制需求调研。政府采购重点体现如何与省财政厅政府采购管理系统衔接，产权交易实现网上公告、信息发布等。

【实施中标履约行为的标后检查】 11月，对部分市重点工程建设项目的施工、监理单位项目部管理人员到岗到位情况和工程施工进度情况进行检查，共查处不按合同派驻项目部管理人员的单位8家，人员13名，分别给予列入不良行为记录、公示1～2年的处罚。

（朱庆文）

人事·编制

人　事

【公务员招考录用】 1月16日，在稠州中学、宾王中学、绣湖中学、城镇职校4个考点183个考场进行笔试，5406名考生参加公务员招考。3月27日，入围考生260人分8组在市委党校进行面试。3月30日，入围体检考生194名在金华卫校进行体检。经体检、复查、复检，134人体检合格入围考察。5月5日开始考察，6月4日结束。考察后确定131名拟录用人员，并于7月5日、8月9日分2批进行公示。经向金华市公务员主管部门请示报批，金华市公务员主管部门分3批先后予以批复录用。

【新增参照公务员法管理单位】 4月15日，经金华市人事局批准，对市社会保险管理处、市医疗社会保险管理处、市农村社会养老保险管理处、市畜牧兽医局、市能源监察大队、市财政项目预算稽核中心、市农村经营管理站、市农业机械管理站、市固体废物管理中心、市供销总社10家单位的150名参照公务员法管理机关（单位）工作人员予以登记。11月29日，经省公务员局批准，市林业种苗管理站、市林业有害生物防治检疫站、市机关财务管理核算中心、市水土保持监督站、市城市社会调查队（市普查中心）、市人民政府企业上市工作办公室6家单位列为参照公务员法管理事业单位。

【大学生村官招聘】 7月24日，在市稠州中学丹溪校区（江东南路433号）进行笔试，865名考生参加全日制高校毕业生到农村工作招考。8月7日，入围考生34人在市委党校进行面试。8月10日，34名入围体检考生在金华卫校进行体检。经体检、复查、复检，29人体检合格。考核后确定 20 名拟录用人员。

【事业单位考试录用】 7 月 17 日,在梅湖会展中心举办招聘会,2243 人参加竞聘 43 个事业单位岗位。7 月 31 日,在工商职业技术学院举行笔试,设 78 个考场。8 月 21 日,在市委党校进行面试,设 4 个考场,入围面试考生 132 名。8 月 25 日,进行体检,体检后确定考察对象 43 名,经考察确定拟聘用人员,公示后按期聘用。全年全市录用事业编制工作人员 764 名,其中教育系统 316 名、卫生系统 352 名、其他单位 96 名。

【军转干部安置】 8 月 29 日,进行军转干部安置笔试。实行公开、公平、公正原则,采取考试、考核相结合的办法,以总成绩从高分到低分和自主选择相结合安置岗位。全年共安置军转干部 53 名,其中团职 12 人,营以下和技术干部 41 人。安置市级机关 26 人,镇(街道)机关 8 人,事业单位 19 人。另安置家属 4 人。年内,走访慰问义乌市退休、失业、退养和企业在职军转干部,发放慰问金和报刊费 87.1 万元,对生活困难的失业军转干部发放生活补助 6.1 万元。

(虞晓军)

编　　制

【概况】 2010 年底,义乌市设市委工作部门 9 个,部门管理机构 2 个,挂靠政府部门机构 1 个,市委办管理机构 1 个。市政府工作部门 26 个(不含监察局、民族宗教事务管理局),派出机构 2 个,特设机构 1 个,议事机构的办事机构 1 个,直属正科级事业单位 7 个。群团 8 个,人大办事机关 7 个,政协办事机关 5 个。省以下垂直管理机构 3 个,另设检察院、法院。下设 6 个镇,7 个街道。事业单位 415 家,其中镇(街道)事业单位 73 家。市级机关行政编制 843 名,街道编制 359 名,镇编制 324 名,政法专项编制共 1512 名,综合行政执法专项编制 411 名,省以下垂直单位编制 306 名,地税专项编制 219 名,物价专项行政编制 12 名。全市核定事业编制 13352 名,实有 14919 名(其中未核编事业单位实有 3612 名)。

【配合综合行政执法改革定员】 2009 年 9 月,经省政府批复同意义乌市实行深化综合行政执法试点工作,2010 年,分 3 个层面推进深化综合行政执法试点工作,将原农业监察大队和水政监察大队(均已参照公务员管理)实行成建制划转到综合行政执法局,核销 2 家单位事业编制 24 名。1 月,在佛堂镇区域内进行大综合执法试点,在原有职能基础上,集中行使发展改革、经济发展、教育、民政等 19 个部门的 2163 项行政处罚事项,并积极争取增加综合行政执法专项编制。8 月,省编委办批复同意增加义乌市综合行政执法专项编制 81 名。

【事业单位编制管理】 2010 年,在 2009 年分类的基础上,对全市承担行政职能事业单位(以前称为监督管理类事业单位)重新进行梳理,共确定 71 家事业单位为承担行政职能事业单位。3 月,会同财政部门对全市机关事业单位 2010 年度临时用工指标进行审核,共核定临时用工指标 8798 名。年内,全面完成 2009 年度事业单位年检工作,全市 278 家事业单位通过年检,年检率、合格率 100%。共办理事业单位法人设立登记 5 家、变更登记 54 家、证书补领 4 家。10 月,结合义乌市实际,在调研及与相关部门沟通协商基础上,对市基层卫生服务机构设置和人员编制核定,共核定 13 个镇街卫生服务中心人员编制 2081 名,其中正式编制 1322 名,临时用工指标 759 名。在全市实行事业单位登记管理联络员制度,同时,举办 2 期事业单位网上登记管理培训班,282 名联络员参加培训。

(吴伟俊)

外事·侨务

外　　事

【概况】 2010 年,共接待各级代表团外事 290 批 1869 人次,其中副部长以上 18 批 274 人次。因公出国审批 40 批 134 人次,审核 45 批 198 人次,办理因私签证 280 批 373 人,办理邀请外商 344 批 366 人次,代办企业因私出国(境)签证 310 批 412 人次,代办领事认证 62 批 121 份,处理和协助处理涉外涉侨案(事)件 131 起。5～10 月,应邀参加国外驻华使领馆、城市和机构在世博会展馆举办的 20 余场活动。2010“文博会”有 12 个国家 29 个驻华使领馆、国际友好交流城市及工商团体、协会的官员和代表 74 人出席,首设“国际文化产品展销区”,展位数 103 个,成交额 126.59 万元。2010“旅博会”有 32 个国家的驻华使领馆和各级政府官员、友好交流城市和工商团体代表 92 人出席,国际区展位数 34 个。2010“义博会”有 31 个国家和地区的 40 批代表团 130 人出席,国际区展位数 52 个,成交额 98.6 万元。2010“森博会”有来自 16 个国家和地区的 30 位驻华使领馆官员和机构代表出席,实现国际展位数 30 余个。

【与美国圣安东尼奥市签订友好合作意向书】 3 月 23 日,副市长王奎明在海洋酒店代表义乌市政府与美国战琬瑜女士一行 6 人签署义乌市与圣安东尼奥市友好合作意向书,约定两市在交通物流、贸易、旅游、教育和文化等领域开展互利互信的合作。

【与西班牙巴塞罗那市签订合作协议书】 继 2008 年签署经济合作备忘录后,2010 年 9 月 2 日,义乌市与巴塞罗那市在上海世博园签署合作协议书。市长何美华与巴塞罗那市市长乔迪·俄瑞武分别代表两市政府在协议书上签字。协议内容包括:双方将致力于加强义乌与巴塞罗那的经贸关系,共享在重要经贸问题上的信息公开,包括可能影响到两市经贸关系的经济和贸易政策动态。双方将交流各自市场的价格信息并交换两市相关组织发行的出版物和简讯。双方同意,如一方要求,另一方将提供市场信息和联系方式。双方将积极促进旨在工业和商业合作项目的互访。双方将为访问的经贸代表团提供一切合理的协助,包括但不局限于为代表团提供相关的市场信息并引荐相关生产企业的代表。

【与澳大利亚帕拉玛塔市签订友好合作备忘录】 9 月 9～11 日,澳大利亚帕拉玛塔市市长保罗·加拉德率领考察团来义乌市访问。10 日,市长何美华出席义乌和帕拉玛塔商务对接会暨友好交流合作备忘录签字仪式,与帕拉玛塔市市长保罗·加拉德签署友好交流合作备忘录。备忘录规定,双方在经济发展、教育、环境保护、管理以及其他两市共同感兴趣的领域交流经验,密切两市之间的联系;加强合作,推动两市的经济发展,共同探索商机;加深对两市历史文化的了解及两市市民间的相互理解,促进跨文化交流、长久友谊和城市间的合作机遇。义乌市人民政府和帕拉玛塔市市政厅指派义乌市人民政府外事与侨务办公室和帕拉玛塔市市长办公室为双方的联络机构,负责友好交流合作沟通和协调。

【密克罗尼西亚联邦总统莫里访问义乌市】 5 月 2～3 日,密克罗尼西亚联邦总统伊曼纽尔·莫里一行 6 人在中国驻密大使张卫东、外交部美大司司长郑泽光和浙江省外办有关领导陪同下访问义乌市。市委书记黄志平会见代表团,市长何美华陪同参观,市委常委、副市长米斌全程陪同代表团在义活动。莫里总统非常感谢义乌的盛情款待,他说 2007 年来访时,就对义乌的活力与生机印象深刻,两年后再度访义,发现义乌更朝气蓬勃。总

密克罗尼西亚联邦总统伊曼纽尔·莫里(左六)与市委书记黄志平(左七)合影

统提出下一步要大力发展该国的旅游业，努力争取开通和中国的直航，并邀请义乌人民前往密克罗尼西亚。

【日本前首相鸠山由纪夫关注义乌】 6月12日，义乌市外侨办一行3人应邀赴上海参加2010世博会"日本馆日"活动。在沪期间，参加"联接起来！为了和美的未来"主题音乐会及"日本馆日"招待晚宴。在"日本馆日"招待晚宴上，日本前首相鸠山由纪夫专程出席并致辞，对中日未来交流寄予厚望。晚宴期间，鸠山由纪夫与冯美兰进行亲切交谈。冯美兰热情介绍义乌最新发展情况，并邀请鸠山由纪夫来义乌访问。

【新加坡副总理访问义乌】 6月21～22日，以新加坡副总理黄根成为团长的代表团一行10人访问义乌市。市委书记黄志平宴请黄根成一行，市长何美华陪同参观。黄根成对义乌市的热情接待和周到安排表示感谢。他高度肯定了义乌人民的创业精神并且邀请义乌企业到新加坡投资创业，将新加坡作为义乌商品进入东盟的一个平台。在义期间，新加坡代表团参观了国际商贸城（一区、二区）、历史陈列馆、进口商品馆和浙江梦娜袜业有限公司。

【博茨瓦纳副总统访问义乌】 7月22日，博茨瓦纳副总统蒙帕蒂·梅拉费一行20人，在外交部非洲司副司长等陪同下访问义乌市。市委书记黄志平宴请蒙帕蒂·梅拉费一行，市长何美华、副市长米斌等陪同参观义乌家具市场和国际商贸城（一区、二区）。蒙帕蒂·梅拉费希望能够加强双方中小企业之间的交流和合作，以此帮助博茨瓦纳创造富有活力的经济。

【斐济总理访问义乌】 8月10～11日，斐济总理乔萨亚·沃伦盖·姆拜尼马拉马一行，在外交部美大司参赞马占武等陪同下访问义乌市。市委书记黄志平会见代表团，市长何美华、副市长米斌陪同参观国际商贸城（一区、二区）、进口商品馆和家具市场。当姆拜尼马拉马得知义乌可以在国际商贸城给斐济提供场地，用以展销斐济的特色产品，且义乌市市场拥有非洲乌木、红木家具等深受欢迎的木制产品时，十分高兴，认为这是此次中国之行的一个重大成果，表示将由斐济驻华大使何志美负责和义乌市相关部门就具体细节作进一步的沟通。姆拜尼马拉马总理诚意邀请义乌市领导前往斐济访问，表示亲自发邀请函。

斐济总理乔萨亚·沃伦盖·姆拜尼马拉马参观义乌市场，市长何美华陪同

【纳米比亚住房与农村发展部副部长访问义乌】 8月29日，纳米比亚住房与农村发展部副部长普里西拉·布克斯女士率该国企业家一行53人来访义乌市。副市长汤飞帆向普里西拉简要介绍义乌经济社会发展情况及四大展会情况，表达与纳米比亚首都温得和克建立友好城市的愿望，希望尽快建立友好交流关系，为两地企业合作提供良好机遇。普里西拉表示此行就是为寻求双方的合作，今后将会介绍更多的代表团来义乌考察学习。汤飞帆邀请普里西拉出席"义博会"，并希望能够推荐纳米比亚产品进驻非洲产品展销中心，推荐企业参加"义博会"非洲商品展。普里西拉和随访人员均对

"义博会"和非洲产品展销中心非常感兴趣，普里西拉明确表示将尽快把纳米比亚国内特色产品介绍到非洲产品展销中心，并介绍纳米比亚旅游官员与义乌市对接，表示将派团参加2011年义乌举办的"旅博会"。考察团一行参观国际商贸城(一区、二区)、进口商品馆等。

【义乌市代表团访问南非、埃及、阿联酋】 4月12～23日，以常务副市长宋英豪为团长的义乌市政府代表团一行6人赴南非、埃及、阿联酋进行考察，在约翰内斯堡举行义乌市场及非洲产品展销中心推介会，与埃及亚历山大省省长阿德尔·拉比布、议长塔瑞克·埃尔凯伊，阿联酋迪拜海关、杰贝·阿里自由区和迪拜经济发展局人员分别座谈。13日，宋英豪在南非约翰内斯堡举办"非洲产品展销中心"专场推介会。埃及华人联谊理事会会长陈建南、秘书长吴先青、常务副会长王虎等当地知名华侨华人，贸易商代表西门子贸易公司总经理穆罕默德，中国驻埃及使馆经商处一秘夏曙光，随员侯斌共30余人出席座谈会。其间，陈建南代表当地华侨华人致简短致辞后，宋英豪向来宾介绍义乌简况及非洲产品展销中心情况。出席座谈会的当地贸易商对非洲产品展销中心表示极大的兴趣，并对中心场地、希望引进的产品种类、优惠政策、关税等问题提问，宋英豪一一进行详细解答，并邀请当地贸易商和华人华侨到义乌市场参观考察。

【义乌市代表团访问日本、澳大利亚和中国澳门特别行政区】 5月31日至6月11日，以市委书记黄志平为团长的考察团一行6人对日本福冈、北九州、名古屋、大阪、东京和澳大利亚悉尼、帕拉玛塔、墨尔本等城市及中国澳门特别行政区进行访问考察。代表团考察日本福冈市国际礼品展会场，日本北九州生态工业园区和"家电回收再利用制造工厂"，名古屋的丰田产业技术纪念馆；与澳大利亚帕拉玛塔市市长保罗·加拉德，墨尔本市政府议员杰尔·卡特，阿拉瑞特市政府首席执行官史蒂芬·切伯尔等进行会谈；拜访澳门中联办副主任高燕和澳门贸促局主席张祖荣，就如何更多地引进葡语系国家产品进入义乌进口商品馆、加强两地展会和物流合作等事项进行讨论，市委书记黄志平介绍义乌经济社会发展的最新情况以及在国际金融危机之后的良好发展态势，并邀请澳门的政界、商界人士来义乌考察。

【义乌市代表团访问阿根廷、智利和巴西】 6月26日至7月7日，以市长何美华为团长的义乌市政府代表团一行6人，赴南美考察。代表团实地考察了巴西最大的小商品批发市场圣保罗二十五街区市场、巴西最大的港口桑托斯、阿根廷布宜诺斯艾利斯十一街区批发市场、智利圣地亚哥中央区批发市场和伊基克自由贸易区。在伊基克的自由贸易区，中国商品占39%，圣保罗二十五街区市场70%以上商品来自义乌。从义乌进货的经营户，一般每年进口大约50～100个标准货柜不等。圣地亚哥的一位台湾客商，每年从义乌市场组货达500余个标准柜，以批发经营日用小商品为主。在伊基克自由贸易区，客商做的大多是整柜进出的大宗贸易，经营的商品有玩具饰品、工艺品、文体用品等。

【义乌市翻译协会成立】 11月27日，市外侨办牵头成立义乌市翻译协会。会员51人，单位会员代表17家。翻译协会将通过其"翻译行业协会"、"翻译研究学会"等职能的实现，加快义乌市翻译行业的产业化、规模化、国际化、专业化进程，并朝着健康有序的方向发展。

【义乌市代表团访问牙买加、加拿大】 12月12～21日，以市委副书记陈秀仙为团长的义乌市政府代表团一行6人，先后对牙买加蒙特哥贝市、加拿大旺市进行友好访问。代表团实地考察蒙特哥贝会展中心、蒙特哥贝市港口、自由区等地，与蒙特哥贝市市长查尔斯·辛克莱尔进行会谈。与加拿大旺市新当选的市长茅里奇奥·贝维拉加和多位政府官员、商界代表进行交谈。在多伦多，代表团拜访加中贸易理事会。

侨　务

【概况】 至2010年，年平均有10万人次海外华侨华人与义乌进行各种经贸往来，在义乌发展创业侨商2000余人。5月，第五届世界华侨华人社团联谊大会赴浙江考察团一行来义访问。该团由来自36个国家和地区的100余名华侨华人组成。考察期间，考察团对义乌市投资项目表示出极大的兴趣，表示要深入考察。10月，举办“义乌中国侨商会长峰会”，以“后危机时代国际贸易挑战与策略”为大会主题。来自30个省、市的250余名侨商会会长、秘书长，以及在义侨商、企业代表参加会议。12月，义乌侨商会副会长王慧斌和经营西班牙馆的周亮洪当选义乌市劳动模范。2010年，外侨办共接待38批485名华侨华人。

【“侨法宣传角”成立】 4月20日“侨法宣传角”成立，省侨办领导送来国侨办的“侨法宣传角”牌匾，对义乌市的侨务工作给予充分的肯定，并对今后更好地开展侨务工作提出新要求。在新的进口商品馆内专设“侨法宣传角”，将其作为长期的“为侨服务”站点，其中有海外安全知识和领事保护知识等宣传材料，为广大在义侨商提供更直接的侨法知识服务。

【举办“外侨服务月”活动】 5月25日，举办“外事与侨务服务月”活动。启动仪式上，义乌市外侨办向义乌市外事与侨务工作法律顾问颁发聘书；向义乌市部分企业和市场经营户颁发“国际交流示范单位”和“国际交流示范经营户”牌匾。开展现场咨询活动，发放800余份咨询材料。主要内容为海外领事保护知识，侨政法规知识，邀请外国人来华、出国境、领事认证、APEC商务旅行卡知识，外国人在义生活工作和工商登记咨询等。外交部领事司选派出国签证处、来华签证处、领事保护中心的人员来义乌进行现场解答。邀请资深律师作为义乌市外事与侨务工作的法律顾问，共有国内及美国、西班牙和阿联酋等国的12名律师应邀担任义乌市外事与侨务工作法律顾问，为义乌市涉外涉侨企业和在义外国人、华侨华人及归侨、侨眷侨属，港澳同胞及其眷属提供法律服务。

（王　宁）

涉台事务

【概况】 2010年，两岸关系和平发展的势头进一步增强，义乌与台湾地区之间的交流与合作取得新进展。全市有常驻台商2000余人，台资企业及驻义办事处300家，全年有1.8万人次台胞来义旅游观光、考察访问和贸易洽谈。邀请台湾新党主席郁慕明、台湾“两岸发展研究基金会”董事长丁守中、台湾南投县长李朝卿、义乌旅台同乡会等42批900余人次到义考察访问。开展宽领域、多层面赴台交流活动，年内组织民营企业协会、台联会、卫生系统、个体劳动者协会等14批53人次赴台交流访问，其中公务考察团组5个、商务考察及学术研讨团组9个，赴台旅游3000余人。做好服务台商工作，发挥台商权益保障工作联席会议机制，为台商协调处理涉及生产经营、经济纠纷和其他实际问题250余件。市台办与教育局出台《关于进一步做好台湾同胞子女在我市中小学和幼儿园就读工作的若干意见》，台胞子女入学享有义乌市民同等待遇，协调帮助台商解决子女就学11人。

【义乌旅台同乡会清明回乡探亲祭祖】 4月2日，义乌旅台同乡会返乡省亲团一行15人回乡探亲祭祖。台胞们利用清明扫墓间隙，参观佛堂古镇，举行《义乌人在台湾》新书首发仪式，向台办、市志办、博物馆和台联会等单位捐赠书画50余件。

【2010中国国际旅游商品博览会设立台湾馆】 在6月24日开幕的2010中国国际旅游商品博览会上，设立台湾馆，120家台湾企业参展，标准展位206个，旅游商品200余种，开展4天，台湾馆现场成交额500余万元。

【市台联与台协会员结对互动活动启动】 6月28日，义乌市台联会与台协会在市委党校举行会员结对互动启动仪式，此次共结成39对帮扶对子，双方在生产经营和日常生活上互帮互助，增进两岸同胞之间感情的融洽。

【农贸城副食品市场台湾馆试营业】 8月29日，位于义乌农贸

义乌市台联·台协成员结对互动启动仪式

城副食品市场三楼名特优新产品展销中心的台湾馆开始试营业。台湾馆总经营面积 1000 平方米，经营台湾各地的名特优新农副产品，主要有阿里山高山茶、金门高粱酒、贡糖和小米酒等 1500 余种农副产品，当天成交额 20 余万元。

【义乌游泳健儿畅游台湾日月潭】 9 月 12 日，应台湾南投县四季早泳会邀请，义乌市游泳协会首次组团赴台参加 2010 年第二十八届日月潭万人泳渡嘉年华会，35 人参加泳渡日月潭活动，刘宏华第一个游完全程。台湾南投县日月潭万人泳渡活动始于 1983 年，是全世界最大型的水上泳渡活动，全程 3300 米。

【第三届中国义乌国际森林产品博览会专设台湾农林精品馆】 11 月 1～4 日，200 家台湾农林企业，400 个展位，1000 余种台湾农林产品在"森博会"上展出，展会 4 天内总成交额 2 亿元人民币。

【第六次台胞台属联谊会代表大会】 11 月 12 日，义乌市台胞台属联谊会在天恒大酒店召开第六次会员代表大会。省台谊会、金华各县市台联会、义乌旅台同乡会代表和市台联会员代表共 200 余人参加会议。审议通过会长黄国宝代表义乌市台联会第五届理事会所作的《工作报告》；修改台联会的《章程》；选举产生第六届理监事会，理监事会由 45 名理事会成员和 3 名监事会成员组成，黄国宝任会长，丁秀清等 13 人为副会长，朱林忠为监事长，黄建辉为秘书长。会议肯定了五届理事会在凝聚台胞台属、加强义台交流和服务在义台商等方面取得的成绩，提出在完善自身建设、加强联谊交流、服务台胞台属、推动义台合作和积极参政议政上要有所作为，为义乌建设国际商贸名城作出新的贡献。

【市台协会召开第六届第一次会员大会】 11 月 18 日，义乌市台湾同胞投资企业协会在颐和大酒店召开第六届第一次会员大会，台协会员 200 余人参加会议。会议审议并通过第五届理监事会的工作报告，选举产生第六届理监事会。林正雄和陈栋樑分别连任新一届协会会长和监事长。大会同时选举产生常务副会长 1 名、副会长 13 名、常务监事 1 名、理事和监事 48 名。市台协会自 1998 年成立后，秉持联络在义台商、交流两岸经济信息、为台商提供急难帮助、维护台商合法权益、促进义台经济发展的宗旨，取得较好成绩。

（陈金苗）

接待工作

【概况】 2010 年，以提高接待服务水平为目标，自觉增强责任意识，较好地履行接待部门的职能工作，圆满完成各项接待工作任务。共接待来宾 1910 批 6.3 万人次，其中接待国家领导人 9 批 9 人次，副部级以上领导 278 批 780 人次。重要来宾有：中共中央政治局常委、中纪委书记贺国强，中共中央政治局委员、中央军委副主席徐才厚，原中共中央政治局常委、中央纪律检查委员会书记吴官正，原中共中央政治局常委、中华人民共和国副主席曾庆红，原中共中央政治局委员、全国政协副主席杨汝岱，原最高人民法院院长肖扬，全国政协副主席、台盟中央主席林文漪，全国政协副主席白立忱，全国人大常委会副委员长华建敏。

2010 年部分省部级以上领导来义情况

来义时间	来访单位和职务	姓名	级别	人数	主要事宜
1月7日	中共中央政治局委员、中央军委副主席	徐才厚	国家级	60	视察国际商贸城
1月12～13日	浙江省委常委、常务副省长	陈敏尔	部级	70	参加全省常务副市长座谈会
3月3日	国务院发展研究中心副主任	刘世锦	部级	10	参观华鼎锦纶、梦娜袜业
3月27～28日	中共中央政治局常委、中纪委书记	贺国强	国家级	100	视察国际商贸城、梦娜袜业、早溪塘村、大楼村
4月17日	中央外宣办公室副主任	董云虎	部级	10	考察国际商贸城
4月19～20日	浙江省委书记	赵洪祝	部级	20	参加2010中国义乌文化产品交易博览会
4月19～20日	国家文化部副部长	欧阳坚	部级	5	参加2010中国义乌文化产品交易博览会
4月19～20日	浙江省委常委、宣传部部长	茅临生	部级	5	参加2010中国义乌文化产品交易博览会
4月19～20日	浙江省副省长	郑继伟	部级	8	参加2010中国义乌文化产品交易博览会
4月28日	浙江省副省长	王建满	部级	30	检查高速公路计重收费不停车收费工作
4月28日	国务院法制办副主任	袁曙宏	部级	25	考察国际商贸城、义乌横店电影城
4月29日	原中共中央政治局常委、中纪委书记	吴官正	国家级	60	视察国际商贸城
5月4日	原中共中央政治局常委、中华人民共和国副主席	曾庆红	国家级	80	视察国际商贸城
5月6日	原中央军委委员、空军司令员	乔清晨	部级	15	考察国际商贸城
5月11～12日	人力资源和社会保障部副部长	杨志明	部级	10	考察国际商贸城
5月13～15日	国家发改委副主任	彭森	部级	50	调研义乌国际贸易综合改革试点工作
5月19～20日	国务院参事室党组成员、副主任	陈鹤良	部级	100	参加第三届“泛长三角”经济论坛
5月24日	海关总署副署长	李克农	部级	20	考察国际商贸城、国际物流中心海关监管点

续 表

来义时间	来访单位和职务	姓　名	级　别	人　数	主　要　事　宜
5月26～28日	国资委副主任	黄淑和	部　级	10	参加全国县级国资监管体制改革现场会议
5月26～28日	浙江省委常委、副省长	葛慧君	部　级	5	参加全国县级国资监管体制改革现场会议
6月2日	全国供销总社副主任	顾国新	部　级	10	考察农贸城、国际商贸城
6月5日	国土资源部党组成员、纪检组长	王寿祥	部　级	15	考察国际商贸城
6月7日	吉林省省长	王儒林	部　级	80	考察国际商贸城、梦娜袜业
6月19日	国家审计署审计长	刘家义	部　级	30	考察国际商贸城
7月8日	交通运输部部长	李盛霖	部　级	10	考察国际商贸城、内陆口岸场站
7月21～22日	浙江省副省长	龚　正	部　级	10	考察异国风情街
7月29～30日	全国供销总社副主任	赵显文	部　级	20	考察国际商贸城
8月8日	广西壮族自治区主席	马　飚	部　级	50	考察国际商贸城
8月13日	中宣部副部长、中央外宣办主任、国务院新闻办主任	王　晨	部　级	20	考察国际商贸城
8月14～15日	中国宋庆龄基金会副主席	杨绍明	部　级	5	考察国际商贸城
8月19～20日	交通运输部副部长	高宏峰	部　级	30	考察国际商贸城、内陆口岸场站
8月19日	天津市委副书记、市长	黄兴国	部　级	150	考察国际商贸城、梦娜袜业
8月23日	中国人民银行副行长	杜金富	部　级	15	考察国际商贸城、棒杰针织
9月1～2日	浙江省委常委、省委政法委书记、公安厅厅长	王辉忠	部　级	15	考察反恐工作
9月4日	国家信访局副局长	徐令义	部　级	80	考察国际商贸城
9月9日	中国联通集团公司董事长	常小兵	部　级	20	考察联通公司营业厅
9月9日	中纪委副书记	张惠新	部　级	10	考察国际商贸城
9月10日	天津市委副书记、滨海新区区委书记	何立峰	部　级	70	考察国际商贸城、梦娜袜业
9月15日	质检总局副局长	孙大伟	部　级	200	参加“发展中国家技术法规宣讲会”
9月18日	青海省委书记	强　卫	部　级	70	考察国际商贸城、梦娜袜业
9月28～29日	新疆维吾尔自治区党委书记	张春贤	部　级	100	考察国际商贸城、梦娜袜业
10月11～13日	原中共中央政治局委员、全国政协副主席	杨汝岱	国家级	20	视察国际商贸城、森宇集团

续 表

来义时间	来访单位和职务	姓名	级别	人数	主要事宜
10 月 13～14 日	原最高人民法院院长	肖 扬	国家级	20	视察国际商贸城
10 月 13 日	浙江省委常委、组织部部长	蔡 奇	部 级	35	考察非公企业党建工作
10 月 17～18 日	全国妇联副主席、书记处书记	甄 砚	部 级	15	参加全国妇女来料加工展示展洽活动
10 月 22～24 日	全国政协副主席、台盟中央主席	林文漪	国家级	20	视察国际商贸城
10 月 24 日	中国进出口银行行长	李若谷	部 级	10	考察国际商贸城、梦娜袜业
10 月 31 日至 11 月 1 日	全国政协副主席	白立忱	国家级	15	参加 2010 中国义乌国际森林产品博览会
11 月 7 日	教育部副部长	陈小娅	部 级	10	考察国际商贸城
11 月 21～22 日	全国人大常委会副委员长	华建敏	国家级	30	考察国际商贸城
12 月 3～4 日	浙江省副省长	王建满	部 级	10	参加物流高层研讨会
12 月 10 日	浙江省政协党组书记	乔传秀	部 级	10	考察国际商贸城、新光饰品

（李斯斯）

政协义乌市委员会

重要会议

【市政协十一届四次全体会议】 1月31日至2月4日，市政协十一届四次全体会议在稠城举行。共有委员291名，出席会议委员288名。会议听取和审议主席杨林章作的《十一届常委会工作报告》和副主席朱斌作的《关于十一届三次会议以来提案工作情况的报告》，与会委员列席市十三届人大四次会议，听取和讨论市长何美华所作的《政府工作报告》和其他报告。17名委员作大会发言。会议通过《政协义乌市第十一届委员会第四次会议决议》、十一届政协提案委员会《关于十一届四次会议提案审查情况的报告》。市委书记黄志平、市长何美华和市委、市政府领导参加大会开幕式和闭幕式，并参加分组讨论。会议邀请少数民族代表、外地在义商会会长和商界人士代表共30人列席开幕式并参加座谈，市委、市政府有关领导到会听取建议和意见。

【市政协常委会议】 市政协十一届十二次常委会议1月11日在北苑街道召开，会议审议通过关于召开政协义乌市第十一届委员会第四次会议的决定和有关事项，审议并通过《市政协义乌市第十一届委员会常务委员

中国人民政治协商会议义乌市第十一届委员会第四次会议

会工作报告》及报告人，审议《市十一届政协常委会关于市政协十一届三次会议以来提案工作情况的报告(草案)》及报告人，协商通过有关人事事项。

市政协十一届十三次常委会议2月4日在稠城召开。会议听取政协义乌市第十一届委员会第四次会议秘书长汇报大会讨论情况，审议通过《市政协十一届四次会议决议(草案)》，审议通过《市政协十一届四次会议提案审查情况的报告(草案)》。

市政协十一届十四次常委扩大会议6月29日在江东街道召开。会议听取市委常委、副市长宋英豪代表市政府所作的《关于我市申报深化国际贸易综合配套改革相关情况的通报》。举办"创新创优、提质提效"百名委员论坛，14名委员作专题发言。会议邀请部分政协委员、特邀委员和22个政府部门领导参加。

市政协十一届十五次常委会议9月27日在桐庐召开。会议听取副市长丁进跃代表市政府所作的《关于发展我市总部经济情况通报》，考察学习桐庐、富阳等地经济社会发展情况和总部经济运营情况。

【市政协主席会议】 市政协十一届三十五次主席会议1月7日召开，会议审定2009年度政协各项先进名单；协商市政协十一届四次全会有关事项。审议《十一届政协常委会工作报告(讨论稿)》，审议《市政协十一届三次会议以来提案工作情况的报告(讨论稿)》，协商召开政协十一届十二次常委会议有关事项；审议《调整、增补十一届政协委员名单(草案)》等人事事项。

市政协十一届三十六次主席会议3月1日召开，会议听取市政府《关于国际贸易综合改革试点总体方案通报》，围绕义乌市国际贸易综合改革试点申报推进工作开展专题议政。

市政协十一届三十七次主席会议4月7日召开，会议视察佛堂镇和义亭镇的"登革热"防控工作，会议听取市政府有关全市开展"登革热"防控工作情况的汇报，围绕科学合理的"登革热"防控工作专题议政。

市政协十一届三十八次主席会议5月5日召开，会议听取市政府有关解决城市交通问题的意见，协商讨论《义乌市解决城市交通问题工作方案(征求意见稿)》，提出有关建议。

市政协十一届三十九次主席会议6月11日召开，会议视察国际文化中心二期、环城北路三期等工程建设现场，听取市政府有关全市重点工程建设进展情况汇报，协商委员论坛、政协书画联谊会筹备有关事宜。

市政协十一届四十次主席会议7月23日召开，会议听取政协提案办理工作情况汇报，讨论提案督办有关事宜。

市政协十一届四十一次主席会议8月26日召开，会议听取国际商贸城管委会工作情况汇报，与政府有关部门共同探讨管委会工作。

市政协十一届四十二次主席会议9月20日召开，会议视察义乌市火车站形象工程整治现场，听取火车站和后宅车站管理委员会办公室关于火车站运营管理情况和新扩客站规划建设情况的汇报，提出有关建议。

市政协十一届四十三次主席会议10月20日召开，会议学习贯彻中共十七届五中全会精神，协商四季度政协工作。

市政协十一届四十四次主席会议11月26日召开，会议听取市政府关于2010年十大民生实事进展落实情况的通报，听取稠城街道和苏溪镇关于阳光大道全线贯通工程进展情况的汇报，听取国资局关于新建城区菜市场(北苑石桥头)建设情况的汇报，提出有关建议。

市政协十一届四十五次主席会议12月30日召开，会议审定2010年度政协各项先进名单；协商市政协十一届五次全会有关事项，审议《十一届政协常委会工作报告(讨论稿)》；审议《市政协十一届四次会议以来提案工作情况的报告(讨论稿)》，协商召开市政协十一届十六次常委会议有关事项。

重要活动

【组织视察全市重点工程、重要工作和政府民生实事落实情况】 4月7日，市政协领导在市政府分管副市长、政府相关部门领导的陪同下，实地视察佛堂镇、义亭镇"登革热"防控工作实施情况，并形成《市政协主席会议视察我市登革热防控工作情况纪要》报送市政府。各镇(街道)工委分别组织全市政协委员200余名对“登革热”防控工作实施情况开展专项视察。6月11日,市政协领导率20名政协委员在市政府分管副市长、政府相关部门领导的陪同下,采取现场重点视察、集中听取汇报并座谈讨论等形式,对国际文化中心二期、环城公路与阳光大道连接线等工程建设情况进行专项视察,形成《市政协主席会议视察市重点工程建设情况纪要》,对解决工程涉及的一些关键环节和具体问题提出意见建议。9月20日,市政协领导率部分政协委员实地视察火车站,听取相关部门汇报,形成《市政协主席会议视察铁路义乌客站情况纪要》,火车站环境整治取得一定成效,并对下阶段火车站整治改造提出具体意见。11月26日,市政协十一届四十四次主席会议专题听取十大民生实事落实情况的汇报,市政府分管副市长、政府相关部门领导参加了汇报会,形成《市政协主席会议关于对2010年度市政府十大民生实事落实情况的协商意见》。12月22日,市政协领导带领政协机关各办(室)正副主任,政协镇(街道)工委正副主任在市政府分管副市长、政府相关部门领导的陪同下,实地视察义亭镇、城西街道绿色村庄工程实施情况,听取相关部门汇报,形成《市政协关于我市绿色村庄工程实施情况的视察意见》,总结三年村庄绿化成果,提出下阶段村庄绿化建议。

【“创新创优、提质提效”百名委员论坛】 6月29日,市政协举办“创新创优、提质提效”百名委员论坛,委员们围绕水资源开发利用、城市空间发展规划、物流业发展、宗教文化建设、教育水平国际化等方面,提出为拓展城市空间、促进水资源利用、保障农业生产和改善水环境,建议加快双江湖综合开发,强化组织领导、深化细化规划、及时调整农保区;加快城市规划管理由“平面坐标式”向“空间塑造式”转变,合理规划城市功能分区,在适宜的区域规划布局高层建筑形成若干城市中心,同时深入实施城乡统筹主体规划,全市“一盘棋”规划到底;充分运用信息技术在义乌市物流业发展中的作用,制定物流信息标准化规划、建设共享信息平台、培养专业物流人才;注重宗教文化建设,加快双林寺建设开发,建设义乌的“商海”与“佛国”,成立双林风景区历史遗留问题处置领导小组,创新双林寺体制机制,发扬傅大士文化;提高国际教育交流合作层次,创办国际化学

6月11日,市政协第三十九次主席会议代表视察市部分重点工程建设

校，提高教育的国际化能力以适应国际商贸名城的建设需要。《开发“双江湖”，打造新义乌》的发言，引起市委、市政府主要领导的高度重视，市政协提出的开发“双江湖”的建议已列入“十二五”规划。

重要建议

【《关于深化义乌国际贸易的几点建议》】 3月29日，市政协办向市委、市政府报送《关于深化义乌国际贸易的几点建议》，分析义乌国际贸易过程中存在的一些问题及原因，建议向上申请赋予本级政府更多有效的管理权限，获得更多授权，争取外汇自愿结售汇制度试点，真正成为自由进出的陆地港；培育成熟的市场主体；加大进口商品馆的培育；探索积极有效的关检合作机制；探索更加实际的涉外税收管理模式；实行功能区域集聚化，搭建国际贸易大服务平台。市长何美华4月4日批示：“市政协关于深化义乌国际贸易的几点建议非常重要，针对性很强，几个关键问题如何破解有实际的内容，请在国际贸易改革试点方案中予以吸纳，力争上级部门的支持。我市各相关部门要积极开动脑筋，力争在创新体制机制上有新的作为。”4月6日，《义乌信息》增刊第5期对该调查报告作全文转发。

【《市政协主席会议视察我市登革热防控工作情况纪要》】 4月12日，市政协办向市政府报送《市政协主席会议视察我市登革热防控工作情况纪要》，肯定“登革热”防控工作成果，但防控形势仍然严峻，提出要宣传发动，全民行动抓防控；突出重点，多管齐下强防控；落实责任，强化督查促防控的建议。

【《市政协主席会议视察国际商贸城管委会纪要》】 8月31日，市政协办向市政府报送《市政协十一届41次主席会议纪要》，分析目前国际商贸城管委会工作中存在金融商务区项目落地障碍较大、金融商务区地下空间利用规划工作滞后、征地拆迁安置工作难度较大、历史遗留问题处置有难度等问题。建议集聚合力，强势推进建好金融商务区，妥善安置好拆迁企业和农户，扎实推进拆迁农户的大社区建设，抓紧完善地下空间开发利用规划。

【《关于环绣湖地区文化资源开发利用情况的视察调研报告》】 9月13日，市政协办向市委、市政府报送《关于环绣湖地区文化资源开发利用情况的视察调研报告》，分析了环绣湖地区拥有丰富的历史文化元素，但在旧城改造过程中，老城区遗存文化资源太少。建议对环绣湖地区历史文化资源进行保护开发，适时复建朝阳门、黄二贤祠，深度挖掘义阳王文化，发挥金鲤坊区块的文化展示作用，丰富骆宾王公园的展示，复建戚宅里和城隍庙等代表性建筑，建设文化长廊，对市府大院的大楼立面、大门、围墙进行传统民族风格改造。

【《市政协主席会议视察铁路义乌客站情况纪要》】 9月28日，市政协办向市政府报送《市政协主席会议视察铁路义乌客站情况纪要》，自客站广场管委会办公室成立后，火车站环境整治取得一定成效。建议客站及客站广场配套设施改造的相关规划和客运站的二期建设尽早实施，深入研究铁路客站的人车分流方式，加强窗口形象工程建设，不断改进窗口服务质量，建立整治监管长效机制。

【《关于我市“异地奔小康”工作的视察报告》】 11月17日，市政协办向市政府报送《关于我市“异地奔小康”工作的视察报告》，对“异地奔小康”的有关村庄进行调查摸底，分析当前“异地奔小康”工作中还存在着建设用地落实难、工作机制尚未理顺、农民意愿和认识存在差距等困难。建议市委、市政府成立“异地奔小康”工作领导小组，确保用地指标，明确工作举措，强化部门和镇(街道)的联动机制，实行土地整理复垦等工作与“异地奔小康”工作的捆绑考核。市委副书记陈秀仙、市长何美华分别作出批示。

【《义乌市学校卫生工作情况调研报告》】 11月29日，市政协办向市政府报送《义乌市学校卫生工作情况调研报告》，报告分析了义乌市部分学校卫生设施及周边环境较差，学校校医严重缺编，高考考生体检近视、超重、听力下降的发生率较高，学生精神疾病状况时有存在，建议进一步加强标准化建设，改善学校卫生工作条件；进一步加强部门合作，保障学校卫生管理与监督；进一步加强师生教育，增强各种疾病防控意识；进一步加强食品管理，落实食品安全责任制度；进一步加强队伍建设，提高学校卫生工作水平。

【《关于加快推进义乌老小区改造的视察报告》】 11 月 29 日，市政协办向市政府报送《关于加快推进义乌老小区改造的视察报告》，分析义乌老小区改造工作中存在的主要矛盾和问题，提出成立老小区改造工作领导小组，设立常设机构，明确牵头部门，建立组织协调机制；建议制定全市老小区更新改造统一规划，按各老（旧）小区功能定位，分步实施，逐个改造；统一全市老小区更新改造政策，明确整治的基本内容和标准、原则与目标、资金筹措、实施步骤与要求；建议建立政府投入与市场运作相结合的科学投入机制，为改造任务的顺利完成提供资金保障。

【《加快工业转型升级　发展高新技术产业》】 12 月 6 日，市政协办向市政府报送《加快工业转型升级　发展高新技术产业》的调研报告，分析当前义乌市企业技术创新、政府创新平台建设中存在的主要困难和难题，并建议科学制定和完善全市高新技术产业发展规划，高起点建设专业高新技术产业科技园；积极鼓励高新适用技术改造传统产业；进一步加大招商招才力度，高起点引进国际先进技术；加强基础设施与条件建设，提高支撑高新技术产业发展的能力与效率。

【《市政协视察我市公安工作情况纪要》】 12 月 14 日，市政协办向市政府报送《市政协视察我市公安工作情况纪要》，肯定公安在维护社会总体稳定和市场持续繁荣中的作用，建议继续抓好打防控工作和执法规范化建设，把防范群体性事件摆在公安工作的重要位置；改进服务态度，深化服务内涵，提升服务水平和质量；创新和完善各项体系和机制。

【《关于加快义乌市休闲农业发展的建议》】 12 月 31 日，市政协向市政府报送《关于加快义乌市休闲农业发展的建议》，分析义乌市休闲农业散小无序、结构单一、投入不足的主要问题。建议突出重点，抓好农业休闲观光区建设；立足节点，注重农业科技园区建设；创新特色，加快“农家乐”乡村旅游发展；政策激励，营造休闲农业良好发展环境。

专门委员会与基层工委

【提案委员会】 1 月 31 日市政协十一届四次会议召开后，共立提案 410 件。经主席会议审定，列为重点提案 7 件。会议提案于 4 月 2 日分别交由 66 个单位办理。至 7 月 2 日，送交的 410 件提案全部办理完毕。据统计，委员提案被承办单位采纳的有 304 件，占提案总数的 74.1%；基本采纳的有 79 件，占 19.3%；留作参考的 27 件，占 6.6%；对未采纳的提案，相关承办单位都作了原因说明。共收到委员反馈意见表 375 件，反馈率为 91.5%。其中表示满意的或基本满意的 372 件，表示不满意的 3 件。对委员反馈不满意的办理件，经过承办单位面商沟通和重新办理，得到提案人理解，达到基本满意。对 7 件重点提案，经主席阅批后送市政府，由市政府领导批示落实市府办具体承办，并实行分管主席与分管副市长一对一督办方式。11 月中下旬，由政协领导带队，分 10 个小组，对 27 件“两重”提案办理落实情况进行督查。27 件重点提案和重要提案全部得到采纳或基本采纳。

【城市与市场发展委员会】 3 月，针对进一步深化义乌国际贸易课题组织城市与市场发展委委员进行深入调研，通过组织部门、企业、行业协会、市场经营户多次座谈，调研分析原因，探讨对策措施，形成《关于深化义乌国际贸易的几点建议》，上报市委、市政府，得到市委、市政府主要领导的充分肯定。调研报告在《义乌信息》增刊全文转发。6 月，组织城市与市场发展委委员参观上海世博会，体验“城市，让生活更美好”的理念；考察西宁、拉萨的民族贸易市场发展情况和中国—尼泊尔樟木口岸市场，通过与当地政府、商人、浙商、义乌商人的沟通互动，推介义乌市场和“义博会”。7 月，组织城市与市场发展委委员专题视察国际商贸城五区市场建设情况，提出要按计划按步骤扎实推进工程建设，加快市场的配套建设等建议。11 月，组织部分委员开展关于加快发展义乌市电子商务的调研。

【工业与科技委员会】 3 月，组织工科委委员就新煤场建设进行专题调研，走访相关部门，了解实际情况，并形成调研报告报市政府。副市长吴森民在调研报告上作重要批示，要求市府办牵头，有关部门做好征地建设工作。5 月，就如何加快义乌市高新技术产业发展开展专题调研，分析发展高新技术产业面临的问题和困难，并提出对策建议报送市政府。9 月，组织工科委全体委员专题视察市创新平台建设，实地视察义乌工商职业技术学院创意园和义乌经济开发区管委会育成中心，提出 3 条建议意见，以视察意见形式报送市政府。

【社会与法制委员会】 4 月，组织社法委委员对后宅街道的维稳全员责任制工作进行视察，实地视察大傅宅村和火车新客站，听取有关维稳全员责任制向村居延伸工作情况的汇报和有关世博安保工作开展情况的汇报。11 月，组织政协社会与法制委委员专题对市伊斯兰教工作进行视察，实地了解位于江滨西路的伊斯兰活动场所——清真寺的修缮情况；到义江服饰厂和鸡鸣山社区，了解伊斯兰教的外籍人员的生产经营和生活起居情况，并提出意见和建议。12 月，部分社法委委员对市公安工作进行视察。实地视察公安局看守所、新看守所、城西派出所，听取公安局关于公安工作情况及看守所监管工作的汇报，形成调研报告报市政府。为推动政府建立共同预防和打击经济诈骗犯罪的长效机制，11 月，政协社法委对市场经营情况进行实地调研，走访经侦大队，听取了有关单位的建议和对策，撰写《整合力量 共同预防和打击外贸欺诈犯罪》的调研报告。

【医药卫生委员会】 2010 年围绕新一轮医改，组织委员开展义诊、扶贫工作。4 月，组织 10 余名委员赴后宅街道上方村，开展义诊。9 月，为借鉴外地先进经验，医药卫生委员会分 3 批次组织 10 余名委员到广东、上海、山东等地进行考察调研。全年共组织专家义诊 10 余次，服务群众 4000 余人。

【文化与文史资料委员会】 6 月，组织佛堂镇主要领导赴丽水莲都区大港头考察油画专业村发展经验，为佛堂古镇保护开发工作建言献策。9 月，组织文史委全体委员对环绣湖地区文化资源开发利用情况进行专项视察，形成《关于环绣湖地区文化资源开发利用情况的视察调研报告》报市委、市政府。12 月，组织文史委全体委员对国际商贸城新旅游购物中心进行专项视察，形成调研报告《义乌购物旅游的发展空间研究》报送市委、市政府。

【港澳台侨委员会】 6 月，接受哈尔滨市侨联邀请，组织部分委员赴哈尔滨参加“哈洽会”，拓宽与黑龙江省的联系渠道，了解市企业家在黑龙江的投资创业情况。11 月，组织港澳台侨委全体政协委员，到稠城街道解放新村和前大路，视察老小区改造工作进展情况，形成《关于加快推进义乌老小区改造的视察报告》并报送市政府。12 月，组织市台办、口岸办、民航局赴宁波学习宁波至台湾空中航线开通经验。同月，组织全体委员视察委员企业好安居公司在上海虹桥开拓新市场情况。港澳台侨界政协委员配合统战部门成功举办侨商峰会，开展慈善募捐活动和创二代论坛。留联会为海外留学生积极争取留学生创业园。

【农业与农村委员会】 5 月，组织农业农村委委员和相关部门负责人，对上溪“十里桃花坞”休闲农业区建设进行专项视察，通过实地视察、听取汇报和座谈讨论，向市政府提出针对性的意见和建议 3 条。10 月，组织农业农村委委员和相关部门负责人，对市“异地奔小康”工作进行专项视察，视察组考察大陈镇、廿三里街道的安居房建设现场，分析存在问题，提出优先安排土地指标、多样化安置等建议，并向市政府报送视察报告。市领导何美华、陈秀仙、王清池分别作出批示。市府办及时落实廿三里街道“异地奔小康”工程的用地指标。5 月和 10 月分别组织专委会成员和农业界委员赴四川成都和富阳考察休闲农业发展经验。12 月，开展休闲农业发展问题专题调研，形成《加快义乌市休闲农业发展的建议》的调研报告，并报送市政府。

【基层工作委员会】 上溪镇工委组织政协委员开展培训，参加党风廉政和重点工程督查，创新政协委员联村制度。义亭镇工委针对当地群众关心的“开二停一”限电措施，提出“定总量”的改进意见，得到供电局的采纳。北苑街道工委丰富工委活动，定期组织委员开展各种视察和调研，其中《化解信访矛盾、走出工作困境》，入选市政协十一届五次全会大会发言。佛堂镇工委紧扣社会焦点问题，开展高层建筑消防安全等视察，组织委员赴台州临海考察文化历史保护工作。大陈镇工委组织委员赴杭州乔司劳改农场对大陈籍劳改人员进行帮教、赴四川青川县慰问援建工作人员，组织委员参与镇督查提交的建议《再造一片政协林》得到镇党委采纳。江东街道工委组织委员参与植树，开展送医下乡，调研电子商务发展。稠江街道工委组织委员参加稠江总部经济调研，赴延安革命老区考察。稠城街道工委组织委员开展老小区改造视察、后进村帮扶、大社区规划论证会等，全年为公益事业捐款 20 余万元。后宅街道工委认真落实提案办理，推荐政协委员担任执行力监督员，组织委员视察后宅中心卫生院康复中心建设。赤岸镇工委组织委员视察农家乐发展情况，调研华川集团垃圾焚烧发电技术改造项目和低丘缓坡综合利用开发工作。11 月 30 日，在省政协召开的政协工作向基层延伸座谈会上，义乌市政协介绍的题为“构建‘四位一体’格局，推进政协工作向基层延伸”的经验，得到省政协主席周国富的肯定。

【教育委员会】 组织教育委(界)委员学习《国家中长期教育改革和发展纲要(2010 年—2020 年)》和《义乌市师德建设实施办法》。9 月，组织教育委(界)委员对绣湖小学、苏溪镇中、佛堂镇小、大成中学的学校卫生工作情况进行调研，形成《义乌市学校卫生工作情况调研报告》，11 月报送市政府。10 月，组织教育委委员赴哈尔滨第五中学等学校与幼儿园考察学习学校体育卫生工作。

(朱小玲)

中共义乌市纪律检查委员会(监察局)

综　　述

2010年,全市各级纪检监察组织共受理群众来信来访和电话举报539件(次),查处党员干部违法违纪案件137件,其中大案73件,要案7件,移送司法机关追究刑事责任21人,挽回直接经济损失300余万元。查办原盐业管理局局长王某、原供销总社副主任楼某、原文广新局副局长施某、稠城街道正镇级调研员蒋某违法违纪案等大案要案。查处廿三里街道原下朱宅村党支部书记朱某受贿案,稠城街道屋基村党支部书记、村委主任受贿及村干部私分工程款案等一批农村干部违法违纪案件。

重要会议与活动

【市纪委第五次全会】 3月11日,在北苑街道多功能厅召开市纪委第十二届五次全体(扩大)会议。市级班子领导,市纪委委员,各镇(街道)党政正职、人大主任、政协主席、纪(工)委书记,市机关各单位党政正职、纪委书记,受表彰的优秀纪检监察干部参加会议。会议的主要任务是:以邓小平理论和“三个代表”重要思想为指导,深入贯彻落实科学发展观,认真贯彻党的十七大、十七届四中全会、上级纪委全会精神和市委十二届七次全会精神,回顾总结全市2009年党风廉政建设和反腐败工作,研究部署2010年工作任务。全会审议通过市委常委、纪委书记葛国庆作的《创新创优　提质提效　全面提升执行力　努力开创党风廉政建设和反腐败工作新局面》工作报告。

【吴官正来义视察】 4月29日,原中共中央政治局常委、中央纪律检查委员会书记吴官正在省委常委、省纪委书记任泽民的陪同下来义视察,金华市委书记徐止平,金华市委常委、公安局局长毛善恩,市领导黄志平、何美华、葛国庆陪同视察。吴官正视察了国际商贸城,对商品营销模式、销售渠道、市场运行情况进行了解。

【全市纪检监察工作会议】 7月9日,在市政府八楼会议室召开全市纪检监察工作会议。市纪委委员,各镇(街道)纪(工)委书记、副书记、委员,市机关单位纪委书记(纪检组长)、纪委委员、纪检员,分管纪检监察工作领导参加会议。市委常委、纪委书记葛国庆作《狠抓落实　务求实效　不断深化党风廉政建设和反腐败工作》工作报告。

【开展创新创优、提质提效主题活动】 3～12月,全市开展“创新创优、提质提效”主题活动。在充分征求意见的基础上,市纪委牵头制定下发《义乌市“创新创优、提质提效”考核评议办法》、《义乌市“创新创优、提质提效”责任追究办法(试行)》、《义乌市治理行政“慢作为”暂行办法》等10个配套制度文件,同时对工作作风、工作纪律、重点工程和重要工作等开展多领域的专项督查,严肃查处各类违反机关效能建设规定的行为,通报批评13个部门,对39个单位的80

名违反工作纪律的工作人员进行处理。明确32个疑难问题的责任主体，有效解决了因部门之间职权不明、职能交叉、管理重叠、管理真空等原因造成的推诿扯皮难题。实现行政审批电子监察全覆盖，对各审批窗口进行全方位监督，及时发现和纠正行政"不作为"、"慢作为"、"乱作为"行为。主题活动的开展，进一步提升了机关效能，全市各单位公开工作承诺事项300项，推出便民服务新举措460项，审批服务项目平均提速2.7天。

【学习贯彻《廉洁从政准则》】 8～11月，在全市范围开展学习贯彻《中国共产党党员领导干部廉洁从政若干准则》活动。8月，将《廉洁从政准则》"52个不准"释义汇编成册，发放给全市市管干部。9月15日，在党校报告厅举行学习贯彻《中国共产党党员领导干部廉洁从政若干准则》报告会，由原省纪委常委、中央纪委监察部杭州培训中心主任杨夏柏作专题辅导报告。10～11月，在镇(街道)和机关举行"画说《廉洁从政准则》"图片展。

制度建设

【开展岗位廉政风险防控体系建设的意见】 3月14日，制定《关于在市场中开展岗位廉政风险防控体系建设工作意见》，在市场中开展岗位廉政风险防控体系建设工作。围绕权力运行和监督，紧密结合单位的行政、业务工作实际，分领导岗位、中层岗位和其他重要岗位3个层次，深入查摆思想意识、制度机制、岗位职责、工作流程、外部环境等"五类廉政风险"，并按风险发生几率或危害损失程度，确定风险等级，在一定范围内公示。对确认的岗位廉政风险，锁定履权界限，规范操作程序，实行权力的相互制衡，并建立完善相关制度和责任追究办法。运用行政电子监察系统，对业务工作流程以及查找出的岗位廉政风险，通过网上行政业务流程的优化和制衡作用，进行实时监察和数据测量，实现岗位廉政风险的动态监控，及时纠正工作中的失误和偏差，化解廉政风险。

【加强农村财务监督管理】 6月13日，出台《关于进一步加强农村财务监督管理工作的意见》，通过加强农村财会代理中心建设、严格货币资金管理、完善村支出户管理制度、完善开支审批手续、完善村级工程项目管理制度、执行村级财务管理责任追究制度6项措施，创新设计了《义乌市村级工程项目款支付监审单》、《义乌市农村财会代理村村级存款领用监审单》及监督把关的程序，切实规范农村财务管理。

【禁止党员干部、市场管理人员参与市场商位炒作的若干规定】 11月2日，下发《关于禁止党员干部、市场管理人员参与市场商位炒作的若干规定》，禁止党员干部、市场管理人员炒作市场商位从事营利活动，对违规炒作商位者给予相应的党纪政纪处分。要求全市各单位，特别是市场业主单位和从事市场管理的单位，加强对所属工作人员的管理教育，严格执行工作人员及其亲属拥有商位申报和公示制度。

行政监察

【概况】 年内，开展执行力建设、公共资源交易监督管理情况、援建物资管理及援建工程项目落实情况、履行安全生产工作职责情况5项执法监察。开展土地执法监督检查，督促相关职能部门拆除、停建、整改22处违法占地行为，处分相关责任人13人。开展"千局万站优化发展环境"主题活动，各单位结合自身职能推出优化发展环境新举措。深化民主评议活动，238个基层站所(机关科室)、参与市场管理的部门接受民主考评。办好"政风行风热线"广播直播节目，接听(收)群众来电(短信)1225人次，现场答复726次，调查反馈61件(次)。开展工商系统民主评议行风活动和国土、民政、农业系统行风评议"回头看"。加强医德医风建设，坚决纠正医药购销和医疗服务中的不正之风。抓好教育收费规范治理，全面落实免费义务教育政策。

(吴枝燕)

民主党派·工商联

民主党派

中国国民党革命委员会义乌市总支部

【概况】 2010年，中国国民党革命委员会义乌市总支部委员会（简称“民革总支”）共有党员37人，其中女性13人，大专以上学历34人，具有中、高级职称的29人，有台、港、澳和海外关系的27人。其中担任金华市政协委员的3名、人大代表1名，担任义乌市政协委员8名、常委3名，在党委、政府部门任实职的3名。2010年，民革义乌支部被民革浙江省委评为“省先进支部”称号，委员任关兴被评为“全省先进党员”。

年内，共提交人大建议意见、政协提案共计25件，在2010年“两会”期间，委员任关兴就城西街道何斯路村的新农村建设情况进行调研，撰写《何斯路——一个看得懂学得会的新农村标杆》调研文章，认为何斯路村新农村建设的做法和经验值得总结、借鉴和推广。在2010年第三届百名委员论坛中，副主委吴虹霞作《义乌城市空间发展规划的思考与建议》发言，为义乌未来城市的空间规划发展提出设想和建议。上述两篇调研文章被市政协评为“2010年优秀调研奖”。吴虹霞、任关兴两人荣获“2010年度市政协工作先进”称号。

组织学习和培训。年内，组织9名党员分别参加金华市委党校培训、统战理论培训班和政协委员培训班学习，两名新党员参加民革金华市委统战理论学习培训。每月定期组织党员学习中共十七大、十七届四中全会、十七届五中全会精神。开展学习和践行社会主义核心价值体系主题活动两次；开展“创业创新，提质提效大讨论”、“履职爱岗争先”活动、庆祝浙江民革组织成立60周年活动，98人次参加活动。

开展各项活动。年内，分季度组织党员郊游，举办养生讲座，品尝赤岸农家餐，参观浦江生态农业发展，考察温州瑞安支部建设等活动。在老人节和春节期间对老党员进行慰问，探望患病党员并送去慰问金。参与各种捐赠、义诊义讲、助学扶贫、义务献血等慈善事业活动，2010年玉树发生地震，党员陈庆票捐赠大米5吨、“水星”牌被子500条，计17万元，安排两辆专车送往玉树灾区。

【接待上级组织考察、调研】 5月，民革省委主委计时华一行4人考察义乌基层组织建设，围绕如何发挥党派在当地经济社会中的作用展开座谈，20人参加座谈会，并结合自身工作实际提出相应的建议。9月，民革中央办公厅一行10人考察义乌经济建设，参观考察国际商贸城等地，对义乌的经济建设给予充分肯定，对义乌支部的发展建设寄予厚望。年内，建德市、景德镇市、青岛市等地支部来义考察交流，并就支部组织建设、参政议政等工作交流学习。

【参政议政活动】 3月15日，参加民革浙江省委农业与生态建设委员会组织的赴建德考察农产品质量安全现状专题调研，就加强浙江省农产品安全，提出全面做好农产品质量检测网点建设，不断促进产地自检能力提升；抓好“三品”供应平台，逐步推行农产品质量安全追溯制度，保证百姓能够买到“放心”食品；发展专业合作组织建设，积极吸收分散农民进入组织，全面提高食品质量安全的意见，并形成调研报告。5月，参加市政协组织关于“休闲农业发展”的专题调研，通过对上溪“十里桃花坞”等休闲农业区的实地考察，开展座谈讨论。针对义乌休闲农业发展存在的“散小无序，产业层次低；结构单一，缺乏吸引力；投入不足，基础设施差”等问题，提出“关于规划布局、投融资政策和公共基础设施建设”等6条措施建议，并形成《加快义乌市休闲农业发展的建议》的调研报告，以市政协办公室名义报送市政府，为市政府领导决策提供参考。10月，参加由市政协组织对市“异地奔小康”工作的专项视察，实地考察大陈镇、廿三里街道的安居房建设现场，分析存在问题，提出优先安排土地指标、多样化安置等建议，并向市政府报送视察报告。市领导何美华、陈秀仙、王清池分别作出批示。在市政协领导的协调推动下，市府办及时落实廿三里街道“异地奔小康”工程的用地指标，推动“异地奔小康”工程的开展。

【开展祖国统一联谊工作】 4月3日，台北义乌同乡会理监事访问团一行23人回义乌扫墓探亲，其间举行《义乌人在台湾》新书赠书仪式，委员何恃坚撰写报告文学《义乌台湾一家亲》，发表于2010年《文学界》杂志第七期上。5月，主委周灯荣随同民革金华市委主委张解放、秘书长赵舒接待台湾淡江大学EMBA联谊会一行16人来义乌参观考察，陪同考察国际商贸城，并介绍了义乌目前网络市场的发展规划。台湾淡江大学EMBA联谊会一行表示，回到台湾后将通过网络更多关注义乌的经贸信息，和大陆更多地交流合作。年内，支部与市台办、台协共同协作，在第三届“森博会”上设立台湾农林精品展，并积极协助台商进行商品展示，200家台湾农林企业参展，展位400个。金门高粱酒、南投高山茶、冻顶乌龙茶、日月潭香菇、凤梨酥、有机米、阿里山桧木工艺品等台湾精深加工农林产品参展。“森博会”台湾馆的设立，为台湾企业开拓市场提供良好的契机。

【升格总支】 12月23日，中国国民党革命委员会义乌市总支部成立大会在之江饭店四楼会议室召开。民革省委、民革金华市委及各兄弟支部、市民主党派代表到会祝贺，到会人员62人。大会选举产生由周灯荣、吴虹霞(女)、贾章献、楼文炜、冯秀勤(女)、何恃坚、任关兴7人组成的总支部委员会；选举周灯荣为总支主委，吴虹霞(女)、贾章献、楼文炜为总支副主委。

（何　彦）

中国民盟义乌市支部

【概况】 2010年，民盟义乌市支部有盟员21人，分布于教育、司法、艺术、新闻等领域，下设社会、中小学、工商学院3个活动小组。盟员中具有高级职称8人，中级职称13人，其中本科11人，硕士8人，博士2人。金华市政协委员1人，义乌市政协委员2人。

支部盟员大多为所在工作岗位的骨干人员，对自身单位部门或义乌市经济社会发展都作出了突出贡献并获得较高的荣誉。2010年盟员金晓芳、王伟成、曹心意被评为义乌市第八届专业技术拔尖人才，曹心意还获得浙江省第十批特级教师荣誉称号，金晓芳被评为金华市新世纪“321人才工程”第二层次培养人选。

【参政议政活动】 3月初，针对义乌市英语培训市场存在的问题，支部委员张旭亮与余锦芳对英语培训市场消费群体的基本情况进行调查，为义乌市英语培训产业提出了合理化的建议。6月，委员张旭亮参与义乌市委组织部调研课题，参与完成《义乌农村基层民主政治建设研究》等研究报告，对上级政府建立规范有序的村民群众政治参与途径，提升村民民主素养，培养村民公民政治文化品格，提升村民群众的人文品质提供了调研依据。7月，民盟省委举办“民盟县级组织现状和发展趋势”调研，进一步深入调查和研究新时期、新阶段民主党派县级组织的发展状况，研究讨论加强民主党派组织发展的对策。民盟义乌支部积极组织人员，认真调研和讨论，提交“民盟义乌支部组织发展现状及应对措施”调研报告和“民盟义乌支部发展沿革”等材料。12月23日，在义乌市委书记召集的义乌市各民主党派对义乌市“十二五”规划方案的讨论会上，支部委员翁春菊代表民盟义乌支部就人才资源问题、土地资源问题、信息资源问题、义乌总部经济发展中应当注意和关注的问题及重点关注外来儿童就学5个方面提出富有建设性的意见和建议。年内，翁春菊先后参与《义乌市土地市场交易管理办法》、《国有土地使用权转让和土地用途改变管理办法》、《义乌市地下空间开发利用管理暂行规定》、《义乌市城乡统筹改革试点方案》、《义乌市工业用地招标拍卖出让试点方案》等政策的拟制和修改讨论工作，为义乌市集约利用土地资源、缓解用地紧张等问题提供有效政策依据。

【成立义乌市支部】 7月，民盟金华市委会批准义乌直属支部升格为民盟义乌市支部。8月18日，民盟义乌市支部成立大会在义乌市之江大酒店举行。民盟浙江省委，义乌市市委、人大、政协、统战部有关领导出席成立大会，民盟省委、民盟金华市委及下属各支部、市民主党派代表到会祝贺，到会人员70人。大会通过民主选举，产生以吴光东为支部主委、余锦芳为支部副主委，张旭亮、翁春菊、曹心意等为委员的民盟义乌市支部第一届委员会。

【社会爱心服务】 2010年，民盟义乌支部积极发挥人才专业结构优势，热诚服务地方经济、社会发展。借助“义乌义工之家”平台，为贫困学生与爱心捐助人士之间搭建沟通的桥梁，委员余锦芳、张旭亮和盟员王健均为义工之家成员。1月31日，民盟义乌支部委员一行9人到义乌市上溪镇溪华毛坪村、溪华下半村、斯何东片村和仙溪东片村为“义乌义工之家”长期一对一帮困的12位小学生送上爱心助学金（400元～800元每人）。4月14日，青海省玉树地震发生后，全体盟员为灾区捐款捐物，共捐款6400元。10月12日，委员曹心意参加浙江省特级教师协会“携手丽水”送教活动，为丽水市高中历史骨干教师开设高三复习课。11月20日，参加“义工之家”组织的与义乌聋哑学校聋哑人帮扶结对活动。同月28日，参加“义工之家”组织的爱心助学“手牵手”活动，先后走访稠江西王界村部分贫困儿童。

（曹心意）

中国民主建国会义乌市总支委员会

【概况】 2010年，中国民主建国会义乌市总支委员会（简称“民建义乌总支”）共有会员72人，由经济界、教育界、医学界、法律界等各界人士组成。其中大专以上学历49人，硕士研究生学历3人，中级以上职称32人，高级职称21人，担任企业董事长、厂长、经理39人，会员企业34家。16名会员担任行业协会（商会）正、副会长。民建义乌总支有总支委员9人，其中主委1人，副主委3人；下设5个支部，有正副主任15人。会员中担任省人大代表1人，金华市人大代表1人，金华市政协委员3人，义乌市政协委员19人，其中担任政协副主席1人，政协常委3人。

2010年“两会”期间，民建人大代表、政协委员共提交人大议案18件、政协提案71件。其中汪宁提交的《充分发挥行业协会的作用》提案被评为2009年度市政协优秀提案；张鑫林提交的《关于规划新建义乌植物园和动物园的建议》被评为2010年度重点提案。翁荣金在省人代会上提交《关于要求加大浙中大学教育投入的议案》等建议案16件。

民建义乌总支响应中共义乌市委统战部提出的《关于在全市民主党派组织中开展“履职爱岗争先”活动的意见》，制定下发《民建义乌总支开展“履职爱岗争先”活动的实施方案》，并成立活动领导小组，各支部积极动员全体会员参加。10月，民建义乌六届总支届满，选举产生七届总支新领导班子成员，汪宁当选为主委，翁荣金、朱琴芳、陈呈钢当选为副主委。翁荣金被评为2010年度全国优秀民建会员，民建义乌总支被评为“2006～2010年度浙江省民建先进基层组织”。

参与社会公益事业。会员企业浪莎集团创办的“浪莎三农学院”出资500万元完成对6000名农民工的培训计划。春蕾助学工程，民建会员与全国各地

100余名贫困女童结对，帮助她们完成学业。民建义乌总支为青海玉树地震灾区捐款1万元。

【开展横向交流】 民建义乌总支把扩大交流合作当做一项重要工作，与民建台州市椒江区委会多方联络、沟通协调，决定建立友好组织。12月21日，民建椒江区委会一行13人来义乌落实建立友好组织的相关事项，双方签订《建立友好组织协议》。

（陈呈钢）

中国民主促进会义乌市支部委员会

【概况】 2010年，中国民主促进会义乌市支部委员会（简称“民进义乌支部”）共有会员24人，由经济界、教育界、医学界、文艺界等各界人士组成。其中大专以上学历19人，硕士研究生学历2人，中级以上职称17人，高级职称6人，界别特色占会员总数60%。民进义乌支部有委员5人，其中主委1人，支部委员4人，会员中担任义乌市政协委员2人（其中王旭建在政协义乌市第十一届常务委员会第十二次会议增补），金华青联常委、义乌青联常委各1人，会员3人，行业商会副会长2人，行风监督员1人。年内，新发展会员3人，转入4人。委员何玲玲的论文《打铁先要自身硬》获民进省委统战部征文三等奖。

【成立义乌支部】 2009年10月16日，在中国民主促进会金华市委会直属义乌支部的基础上，向金华民进市委会上报成立中国民主促进会义乌市支部委员会有关材料。2009年12月17日，金华市委会金进〔2009〕第21号文批复同意成立中国民主促进会义乌市支部委员会，并任命王旭建、何大妹、楼程卫为民进义乌市首届支部委员会支部委员，王旭建为主任委员。2010年1月15日，中国民主促进会义乌市支部委员会成立大会在义乌海洋大酒店召开。浙江省政协、民进省委会、金华市委、义乌市委、市人大、市政府、市政协有关领导，民进义乌市支部全体会员出席成立大会；民进金华市各基层组织主委和义乌市民主党派、工商联代表等到会祝贺，参会人员90人。7月31日，根据组织发展需要，经支部全体成员会议，增补何玲玲、陈永福为支部委员。

【参政议政活动】 2010年，民进义乌市支部会员积极履行职能，通过支部政协委员及其他方式，向政协大会、政府有关部门及上级组织提交《在行政区域内建立统一规范的行政许可的材料申报制度》、《统筹市政基础配套建设 告别路面“老破脸”》、《尽快建立完整的物业管理机制》、《可否聘请市民拍违章缓解制止交通拥堵》、《幼儿健康问题“红灯”即亮》等8篇提案或信息材料。其中王旭建《继续努力 进一步推进我市新农村规划和合理有序发展》的提案作为市政协全会的大会发言材料，并得到市长何美华批示交办。

11月25日，民进义乌市支部委员会会员前往义乌佛堂镇育才民工子弟学校进行帮教活动，给该校学生送去《让生命充满爱》的感恩教育，会员何玲玲还对学校教师的教学活动进行了点评。

（王旭建）

中国农工民主党义乌市总支部

【概况】 2010年，中国农工民主党义乌市总支部共有党员54名，其中医卫界35人，教育界和其他界别19人，高级职称31人。党员中有省人大代表1人，金华市人大代表2人，义乌市政协委员7人（其中常委2人），新发展党员3人，其中环保博士1人，计生局中层干部1人。年内在国家级、省级刊物发表专业论文80篇。

参政议政。向浙江省、金华市、义乌市人大和政协“两会”提交提案、建议47件。2月，副主委吴亦代表总支部在政协义乌市十一届四次会议上发言。参加市委、市政府举行的民主协商会、座谈会、情况通报会10次，就义乌经济社会可持续发展、领导干部作风建设、科技创新、构建和谐社会、成立医调会等方面提出意见、建议40条。受聘担任行风监督员4人次。

开展社会服务活动。全年参加各类下乡义诊20余人次，组织送医送药下乡2次，发放健康宣传资料1000份，下乡支教7次。全体党员捐款3000元帮助建设泉州邓演达纪念馆；捐款3

万元、捐物12.09万元援助玉树灾区;捐资2万元结对助学两人,助孤寡老人1人;捐资10万元用于助学、铺路。

党内荣誉。4月,主委龚菊莲撰写的《祖国,我把青春献给您》获农工党省委会庆祝"双60"征文比赛二等奖、金华市委统战部优秀作品。11月,龚菊莲被农工党中央委员会评为"全国2007~2009年社会服务先进个人"。年底,农工党义乌第二支部被农工党金华市委员会评为"2010年度先进基层组织"。

【成立医调会】 近年来,义乌医疗纠纷频发,医患关系欠和谐。自2007年,每年农工党义乌市总支部均有针对性的建议、议案提交,但始终未得到有效解决。2010年农工党总支部再次组织党员中医卫界的人大代表、政协委员6人,分赴廿三里、上溪卫生院等地进行专题调研。2月,总支副主委吴亦代表总支部在市政协会议上作《建议尽快出台义乌市医疗纠纷预防和处理办法,要求成立义乌市医疗纠纷调处委员会》的发言,提出医患关系紧张的6大主要矛盾及解决途径,受到市委、市政府重视。6月,义乌市医疗纠纷人民调解委员会正式成立,由市司法局、市卫生系统、市保险公司等部门5人组成。自建立至年底,受理医疗纠纷71件,其中成功调解56件,建议医疗鉴定、起诉至法院15件。

【流动人口管理调研】 随着社会主义市场经济深入发展,流动人口规模持续扩大,对促进城市经济发展起到了重要作用,但也增加了城市治安、建设、文教、社会管理等方面的负担。1月,农工党义乌市总支部成立专题调研组,10人分赴5个流动人口数量比较多的镇(街道)了解义乌市流动人口管理情况,分析城市流动人口生存现状,联系义乌实际,形成《浅析和谐社会下城市流动人口的管理转型——义乌流动人口管理经验初探》调研报告,系统地介绍了义乌流动人口管理成效,探讨流动人口的管理经验,以改善城市流动人口的社会地位、生活现状,促进社会和谐,加快城市化进程。10月,总支部主委龚菊莲在农工党浙江省委会与德清县政协共同举办的新农村建设论坛上作发言。

(张宏彬)

九三学社义乌市委员会

【概况】 2010年,九三学社义乌市委员会有社员92人,分布于工业、农业、教育、卫生、金融、法律等领域,下设医卫、中心医院、工业、科教4个支社。社员中具有高级职称61人,中级职称31人。年内共有22人次参加上级社组织和市委统战部组织的各种培训学习会议。至年底有义乌市政协委员14人,金华市政协委员2人,金华市人大代表1人。2010年,共发展新社员5名。

利用"两会"平台积极参政议政。2010年共提交提案、议案26件,内容涉及工业、农业、市场、产业升级、卫生体制改革、环境卫生保护等方面。其中滕世助社员代表社市委所作《深度开发义乌江,打响义乌旅游品牌》的大会发言,得到市政协、市政府的高度重视,并整理成《加快义乌江旅游深度开发与佛堂古镇保护利用开发有机结合、打造义乌特色旅游文化品牌》的提案,被市政协评为2010年重点提案和优秀调研奖。社员王新健的《古镇开发应有系统工程的理念,突出人文元素》提案中有3点建议得到佛堂古镇开发保护利用领导小组指挥部的充分吸纳;社员王井和的《尽快实施建立温州医学院护理学院义乌分院》提案被市政协评为2009年度优秀提案。社员滕世助、骆兴洪、赵红英分别被九三学社金华市委会授予"2005—2009年参政议政先进个人"。吴中兴、滕世助被市政协评为2009年度政协工作积极分子。王荣山、黄武宁、骆兴洪被评为"义乌市第八批拔尖人才"。宋大桥、陈玉飞被评为义乌市首届名中医。年内有3名社员被聘为监督员。社市委开展"一事一议"活动,共收集信息、社情民意40条。社市委每季度编辑简讯一期,供社员横向沟通与交流。在社中央第五届"九三论坛"论文征集活动中,社员赵红英撰写的论文《培育总部经济,促进义乌市场转型的路径选择》被社中央评选为优秀论文。

【社会服务工作】 1月17日,社市委组织部分社员赴上溪镇敬老院走访慰问108位孤寡老人,给他们送去价值1.59万元的“真爱”牌毛毯。4月7日，组织门诊部医务人员筹集善款1万余元，以帮助西南旱区群众抗旱救灾。4月14日，社市委向义乌市红十字会捐款1万元，支援青海省玉树县人民抗震救灾。5月21日，组织门诊部医务人员联合市总工会赴赤岸雅治街村，为210余农民做医疗体检。9月25日，中心医院支社组织内、外、妇、儿、口腔、脑外、骨科等专家14人赴革命老区——上溪镇仇宅村开展义诊咨询活动，共接待村民200余人，免费为村民提供4000余元的常用药品及发放高血压、糖尿病等常见病防治的宣传资料。11月5日，组织部分社员到佛堂镇毛陈希望学校进行助学捐赠活动，向该校捐赠课桌椅100套及篮球、排球、羽毛球、乒乓球等体育运动器材，价值1.4万余元。

（吴胜兰）

工　商　联

【概况】 2010年，义乌市工商业联合会管理各类商会65个，其中镇街道商会13个，市场商会1个，行业协会2个，异地商会39个，在外义乌商会10个。会员1.74万人，其中企业会员1.44万人，新发展商会会员1663人。年初，市工商联被浙江省工商联、金华市工商联评为先进集体。

组织政治理论学习和宣传教育活动。全年组织各种学习会、座谈会、联谊会5次，政治学习43次。举办非公人士学习培训班、讲座2次，参加人员500人次。联合开展“义行天下——义商回报社会感恩行动”，引导非公有制经济人士积极回馈社会。加强基层商会党建工作，认真指导非公有制经济组织创先争优活动，宣传信息工作继续走在全省前列，年内，荣获浙江省工商联系统宣传工作优秀单位。

商会组织建设。2010年组建上海义乌商会、义乌市瑞安商会、义乌市武义商会、义乌市澄海商会、义乌市衢州商会、义乌市江西商会、义乌市永康商会、义乌市桐庐商会、义乌市安徽商会、义乌市青田商会、义乌市湖南商会、义乌市天台商会12家在义异地商会。开展“十有”先进异地商会创建工作，年底，对义乌市宁波商会等18家异地商会达到“十有”先进异地商会规范化建设标准进行表彰。建立申请筹建异地商会办事流程图和一次性告知单，为异地商会建设提供绿色通道，在申请筹建方面实行首问责任、专人负责、挂号处理。指导36家异地商会开展民政登记，引导行业商会、异地商会针对行业发展特点、会员企业需求开展各项服务。开展新经济组织管理服务机制创新工作，助推和谐社会建设。

参政议政。充分发挥工商联执委、常委中人大代表和政协委员的作用，深入了解非公有制企业发展中体制机制上存在的问题，探索参政议政工作新思路、新途径，积极建言献策。年内，深入商会组织和会员企业，形成调研报告3篇，其中《强化指导抓落实　解决问题促转型》被省刊采用，《异地商会在义乌的“发展样本”》被列为全省非公经济人士思想政治工作优秀案例。在2010年市政协全会上，工商联界政协委员提交48个提案，其中兼职副主席金尔升牵头的提案《应尽快立项建市总商会大楼》被市政协确定为重点提案；4位工商联执常委在市政协全会上作发言和书面交流。全年组织撰写调研报告4篇，征集建议意见51条。完成工商联（总商会）网站改版，在网站上开办网上办事，提高办事效率。

融资服务。市工商联与工行、建行等金融机构建立合作协议的同时，引导所属的基层商会、异地商会与有关金融机构签订合作协议。年内，各金融机构为24个商会组织提供58亿元的授信额度。引导由义乌市苍南商会发起，以专业化运作方式组建的浙江豪邦担保有限公司，为中小企业提供担保及融资咨询服务，在试运行期间，为72家企业担保解决资金1.2亿元，缓解了企业资金困难。

做好“民企二代接班人”的培养工作。2010年，市工商联在调研和各基层商会推荐的基础上，报市委统战部审核后确定金罕岗等25名“民企二代接班人”作为培养对象，并于10月份组织18名“民企二代接班人”参加由金华市委统战部主办的培训班。

机关信息化建设。2010年，向浙江工商杂志、浙江商会网站上报信息30条，被浙江工商杂志采用3条，浙江商会网站采用20条。向市两办上报信息17条，《义乌信息》采用3条。通过义乌商会会刊，编发有关政策信息、机关和商会动态、企业风采等内容，2010年刊印9期，分发到执委以上会员1800份。利用义乌商会网站宣传非公有制经济发展最新成果，累计发放信息55条。刊发《义乌商会》简报9期，上报信息65条。

【友好来往】 4月15日，与乌鲁木齐市天山区工商联、黄岩区工商联、武义县工商联、河北省唐山市工商联签订友好商会协议，促进了两地之间的经济交流与合作。加强与境外商会和非政府组织的联络，6月13日，接待西澳中华总商会外商一行23人。10月22日，塞内加尔考拉克工农商会一行5人考察团来义考察。全年，接待外地工商联来访35批次，共340人次。

【向社会献爱心】 5月，开展为西南旱灾灾区、玉树地震灾区、贵州缺水地区捐款的活动。在市工商联的倡议下，所属各商会踊跃参加捐款、捐水、献岗位活动，为玉树地震灾区捐款325.89万元；为西南灾区捐款58.28万元，提供就业岗位1996个。华鼎锦纶、棒杰针织、正味食品、宾王扑克、祥艺礼品5家会员企业和义乌市温州商会积极参与市委统战部组织的为贵州省赫章县缺水地区建设“同心水窖”捐款18万元。12月10日，开展“义行天下·义商感恩”行动，通过组织非公经济人士开展“千企联千村”、“千商联千户”活动，走访老革命、老党员、老模范和走访贫困户、特困户，增强广大非公经济人士的感恩心、责任心和事业心，进一步树立义商“致富思源、富而思进、义利兼顾、德行并重”的良好形象。华川集团、能达利集团、博尼服饰、梦娜袜业等13家企业分别与13个村签订结对帮扶协议。

【市工商联第九届一次常委会】 7月28日，市工商联第九届常务委员会第一次会议在市委党校召开。市工商联主席楼瑞清作《工作报告》，会议增补4人为义乌市工商联第九届执行委员会委员，增补2人为义乌市工商联第九届常务委员会委员。

【上海义乌商会成立】 9月2日，上海义乌商会在沪成立。至2010年在上海创业的义乌人有1万余人，其中注册规模企业100余家。陈萍当选首届上海义乌商会会长。

【社会责任情况调查】 12月，市工商联组织106家执委企业和51家异地商会，对全市106家规模民营企业近年履行社会责任的情况作调查分析，收回履行社会责任、就业、纳税情况统计表106份。

（何庆荣）

人民团体

总工会工作

【概况】 2010年，义乌市总工会新组建工会184家，其中工会联合会6家，涵盖1201家个私企业。换届工会76家。新增职工3.2万人，发展会员3万名，累计全市有基层工会3459家，职工32.55万人，会员32.49万人，其中企业工会3081家，村级、社区、联合工会54家，涵盖非公企业4091家。

加强职工素质教育。2010年，加大工会干部培训力度，举办企业工会主席培训班，1200余人受训。加强专业技工培训，共培训15.71万人次，务工人员(农民工)培训39.38万人次。举办高级职工技能培训班3期，300余人参训。举办职业病防治培训，受训3800人。开展职工野外拓展培训，120余家企业的6200人接受培训。举办文艺演出和放映科教电影40余场(次)。

扶贫帮困送温暖。2010年春节前夕走访慰问特困、困难职工家庭300户，发放慰问金34.3万元，为15户特困职工家庭，争取到慈善医疗救助金9.3万元。为57名困难职工发放医疗、生活救助金15.85万元。为90余家非公企业返乡农民工购买返程车票1万余张，并对在义川籍2名优秀建设者实行免费乘机返乡过年优惠。“五一”前夕，组织10余名专家医生、技术能手、法律工作者在赤岸雅治街村开展“红五月”支农送科技下乡活动，提供医疗、法律宣传咨询、电脑家电维修服务700余人次。组织维权工作者下企业、街道、社区开展普法宣传9次，发放各类法律宣传资料7512份，举办法律培训8次，受训人员549人次，为义乌电台“工会纵横”栏目组稿50期。

完善职工社会保障。关注职工心理健康。与《浙中新报》联合开展心理咨询“大篷车”社会公益活动，为三鼎织带、梦娜袜业、伟海拉链等9家非公企业的700余名农民工举办互动式心理辅导讲座。建立企业职业互动保障，下发《关于开展企业在职职工重大疾病医疗互助工作的意见》，30余家规模企业通过职代会建立医疗互助保障基金会。开展企业“强促活动”，对36家申报企业进行验收考核。开展农民工免费健康体验，全年为200余家企业2.56万名农民工安排体检。

维权机制建设不断完善。开展劳动关系和谐企业创建活动，下发《义乌市总工会深化平安(和谐)企业创建工作的实施办法》，对100余名镇(街道)及重点骨干企业工会主席进行业务培训，并把该项工作列入镇(街道)工会工作考核内容。至2010年底，共受理投诉案件105起，办结99起，调解成功率达94.2%；为职工出庭仲裁代理4起，诉讼代理4起；担任劳动争议案件仲裁87件；接待集体来访4批193人；为职工追讨工资及挽回经济损失118.18万元。3月13日，中央电视台“新闻调查”栏目以“谁为农民工维权”为题，用44分钟时间，详细解读义乌工会的社会化维权模式。

文化共享工程进企业。全市各基层工会建成“职工书屋”、“职工电子书屋”55家，藏书总量41.06万册，电子读物9962册，报刊 4969 份，供阅 2.7 万人次。

工运理论研究新突破。2010 年，撰写工运调研报告与调研论文 200 余篇，其中公开在书刊发表 169 篇；编纂出版工运专著《工会创业创新，工运提质提效》计 63 万字。在《经济日报》、《工人日报》、《工运研究》、《中国工运》、《浙江工运》、《影响力人物》及经济日报社主编的《理论与实务》、中国工人日报社主编的《工会工作创新》等专业论著中，发表工运理论研究文章 47 篇。

【企业社会责任评证推行工作】5 月，义乌工会推荐梦娜袜业在北京人民大会堂举行企业社会责任发布会。倡议企业进一步履行社会责任，在推进企业转型升级中进一步增强企业核心竞争力。11 月，以纪念胡锦涛总书记对义乌工会社会化维权工作重要批示 6 周年为契机，召开企业社会责任研讨会，总结、借鉴全国各地经验，使企业社会责任义乌标准的评证工作日臻完善。11 月 30 日，浙江省人民政府研究室《调研与思考》刊发义乌工会专题调研文章《企业社会责任义乌标准的实践与启示》，副省长陈加元作重要批示，省政府并以《决策参阅》总第 42 期专刊，发动全省领导干部学习、借鉴义乌工会先进经验。

【《义乌工运史话》出版发行】11 月，葛海有主编、历时 17 年编撰的《义乌工运史话》由人民日报出版社出版发行。全书 109 万字，其中史话 45 万字。该著作共分 3 卷，第一卷为《人文底气》，共 14 章，记载从古代到中华人民共和国成立时期义乌工人革命与斗争史。第二卷为《民本张力》，共 18 章，重点记载中华人民共和国建立至党的十一届三中全会召开时期义乌工人运动的发展状况。第三卷为《人本维权》，共 16 章，记述改革开放 30 年来义乌工人主人翁地位和工会作用的发挥，尤其是义乌工会社会化维权义乌模式的创新。

（葛海有）

共青团工作

【概况】 2010 年，义乌市共有镇（街道）、机关、学校、企事业单位基层团委 62 个，下属团支部 1876 个，登记在册团员 6.02 万人，专职团干部 5 人。2010 年，团市委以提升共青团的社会服务力和影响力为突破点，各项工作不断跃上新台阶。城西街道七一村团总支被评为“全国五四红旗团组织”，义乌市少工委被评为省级先进少工委，商城集团团委被评为省级先进团委。

加强青少年思想政治教育。2010 年，在全市广大青年干部中开展“优质服务年”活动，举行“创新创优、提质提效”集体宣誓暨全市青年干部“优质服务年”活动启动仪式、全市青年干部两创两提情景剧大赛，开展“青年文明号”为民服务“三进”行动、“我为集体献一策”大讨论、“青年文明号”创建、青年岗位能手评选等活动，涌现出青年文明号集体 45 个，青年岗位能手 62 人。开展“村村都有好青年”评选活动，举办“好青年”培训班，表彰农村好青年 723 人。

开展以“五月的花海”、“同在蓝天下，共庆六一节”为主题的教育实践活动和“书香义乌”系列活动。开设“义乌大讲坛”，举办“骆宾王”少儿诗歌大赛，助印《孝经》7 万本。举办两届现代音乐节，开展首届“青年文学之星”评选活动。组织少先队员赴北京寻访开国老将军，增强爱国主义精神。开展“义乌人的幸福观”调查，开通青少年心理健康热线，招募 9 名专业的心理志愿者进行青少年心理问题咨询，接听热线电话 300 个，对青少年心理问题进行有效的排解。

推进统筹城乡团建工作。新建“两新”团组织 339 个，“两新”组织团建纳入基层党建考核的做法得到团省委的充分肯定。结合义乌市实际，深入推进市场团建工作，以电子商务为切入点，开展专题调研，举办培训。开展义乌优秀网商评选和“青年文明号”商位创建活动，年底授牌“青年文明号”商位 84 家。服务外来务工青年群体，协助组建上饶市等 4 个驻义团组织，加强调研总结，将统筹城乡团建工作纳入全省重点调研课题。

促进青年就业创业。2010 年，新建青年就业见习基地 15 个。实施青年创业小额贷款项目，全年发放青年创业小额贷款

3000余万元，帮扶创业青年160余人。开展青年就业技能培训，组织开展大学生村官创业发展状况大调研，深入分析大学生村官的创业现状及存在问题，为有关部门制定政策提供参考。

青年志愿者行动。2010年，志愿者队伍不断壮大，志愿者QQ群由原先4个增至8个。举办志愿者大讲堂，对志愿者负责人和骨干进行培训，组织1000余名志愿者参与“文博会”、“义博会”等博览会的服务工作，圆满完成各项工作任务。开展“爱润旱区”捐助活动，收到各界爱心捐助款25万余元。推进志愿者工作的社会化运作，市志愿者协会下属“爱心公社”、“四季风”、“义工之家”等民间志愿者组织各项活动，形成“书包漂流”、“绿色骑游”等项目，社会影响力不断提升。

【青年集体宣誓“优质服务年”行动】 3月，举行青年集体宣誓暨优质服务年行动启动仪式，学习型青年文明号创建，我为集体献一策大讨论，对青年文明号“创新创优、提质提效”主题活动进行动员部署，号召全市青年干部职工积极开展“优质服务年”行动，通过开展学习型“青年文明号”创建、“我为集体献一策”大讨论和“青工技能比武”等活动，通过开展为民服务、情景剧大赛、“青年文明号标兵集体”和“青年岗位能手”有效提升团员青年的凝聚力和战斗力。

【便民服务活动】 3月4日，组织青年在稠城街道词林社区菜市场外开展“3·5”浙江省志愿者日主题活动暨“学雷锋，树新风，青春助发展，志愿促和谐”便民服务一条街活动。市建设局、市环保局、市国资局、市场发展局、国贸学校等17个部门100余名志愿者，现场为群众提供电子商务政策宣传、房地产政策宣传和咨询、健康咨询、修理水电、家电、理发等20项服务。在活动中，各单位发挥专业技术，共计服务1000余次，发放各类宣传资料1000余册。

【绿色环保行动】 3月14日，市志愿者协会200余名成员来到赤岸镇下水碓村，参加以“奉献力量、奉献爱心、整合队伍、集体练兵”为主题的植树节活动。志愿者们种下自己所认领的树苗，并悬挂印有义乌市志愿者协会爱心手的卡片，并签上自己的姓名，取名“志愿者爱心林”。当天，在爱心林中栽种现场捐赠的树苗350株。同时，组织深化“保护母亲河行动”、“青春装点新农村行动”等共青团品牌绿色环保行动，开展“奉献美丽青春、共建美丽乡村”主题实践活动和各种形式的环保意识、绿化意识教育。5月4日，举行“FOR OUR FUTURE——新青年 低碳行”五四环保活动。旨在发挥当代青年表率作用，倡导低碳生活模式，呼吁社会关心环保，共建共享绿色。活动设计“为玉树祈福献爱心”、“节能灯进社区”、“废旧电池回收”、“低碳经济模型展”、“垃圾分类指导”、“自行车低碳骑行宣传”、“环保小窍门海报展”、“环保主题秀”、“环保知识有奖问答”等内容，来自稠城街道共建委员会100余名团员青年志愿者参加活动。活动期间，累计回收废旧电池1箱，发放环保袋1000只，市民环保手册800余本，节能灯30箱。

【走进青藏高原爱心书包漂流活动】 6月14～16日，爱心公社在绣湖广场举行2010年“走进青藏高原爱心书包漂流”活动。共募集5300余只爱心书包。9月4日，由22名助学团成员赴青海、西宁等捐赠爱心书包。该活动从启动到募捐结束，共持续2个多月。

【共青团关爱农民工子女志愿服务行动】 2010年，团市委加大对农民工子女的关爱力度，通过“一助一”、“多助一”等形式对农民工子女开展丰富多彩的关爱活动，切实让孩子们感受到关爱温暖。9月18日，市青少年宫工作人员和义工之家80余名志愿者开展“心手相牵、快乐成长”为主题的“共青团关爱农民工子女志愿服务行动”，组织13个乡镇偏远地区的65名农民工子女参观义乌市儿童乐园、海底世界，让他们度过一个特别的中秋。

（楼航宇）

妇联工作

【概况】 2010年，义乌市有镇

(街道)妇联13个,村(居)妇代会771个,社区妇联36个,机关、企事业单位妇委会74个,专职妇联干部38人。做好妇女信访接待工作,开通12338妇女维权服务热线,接待来访妇女168人次。继续拓展小商品来料加工业务,至年底,来料加工业务已辐射省内各地及31个省(自治区、直辖市),带动从业妇女150万人,支付加工费40余亿元。其中,义乌市有385个集中加工点,2.06万名妇女从事来料加工工作,经纪人359名,来料加工费7549万元。驻义乌来料加工联络处19个,其中,省外3个(山东台儿庄、江西上饶县、安徽安庆市)。开通浙江省妇女来料加工推广中心网站。

强化组织创新。2010年创建新光集团、森宇集团和巨龙箱包3家女大学生创业就业实践基地,共接收女大学生473人,其中63.8%成为基层管理人员。11月2日,成立义乌新社会经济组织中首个妇联组织——苍南商会妇工委。驻义19个来料加工联络处、淘宝大学等单位成为妇联工作的合作单位。

开展各项活动。开展“春蕾计划”活动,全年新结对“春蕾女童”76人,续结276人,总计352人。开展农村妇女两癌筛查工作,该项工作被列为市“保增长、促民生、保稳定”工作的重要工程,确定3年内为全市35～59岁农村妇女进行一次全面检查。2010年,为1.17万名妇女进行检查。举办第二届“浪漫七夕”机关事业单位单身男女联谊会,240位来自机关事业单位的单身青年男女参加活动,现场有21对青年男女意向配对成功。开展低碳生活小窍门征集活动,共收集300余条,其中34条报送金华,被评为金华市低碳生活小窍门征集活动组织奖。组织企业家代表参加“相约世博盛会,共话合作发展”2010长三角妇女企业家世博群英会,促进长三角女企业家的区域联合。积极配合全国、全省、金华市妇联工作组织全市妇女开展活动,凸显义乌市妇联建设“坚强阵地,温暖之家”的工作特色,被全国妇联授予“全国城乡妇女岗位建功先进集体”称号。“市场带千村”工作被列为全国妇联干部培训教材,《人民日报》、《中国妇女报》等新闻媒体均报道。七一村、何斯路村、早溪塘村、孝子祠社区、临江社区被评为“全国妇联基层组织建设示范村(社区)”,市武术协会木兰拳分会被命名为首批“全国妇女健身示范站点”,新光集团董事长周晓光被评为“全国三八红旗手标兵”,城西街道何斯路村何樟根家庭被评为“第七届全国五好文明家庭”。新命名全国级巾帼文明岗1家(浙江河马实业有限公司销售部)、省级巾帼文明岗6家(义乌市第二人民医院二病区、中医院内科组、社会保险管理处办事大厅、自来水有限公司供水服务中心、宾王幼儿园、大可服饰商行)。

【举办电子商务大讲堂】 3月5日,电子商务大讲堂在市委党校报告厅举行开班仪式,800余名妇女参加首期培训,工商学院党委副书记贾少华为学员们上第一堂课。并在一周内向社会公开招募具有电子商务实际经验者,组成5人讲师团到各镇(街)讲授。4月初,联合市委组织部、市人劳社保局在宾王小学举办“义乌市电子商务大讲堂”走进稠城活动。各镇(街道)、机关妇联干部及稠城辖区内妇女300人出席听课。至年底,大讲堂在13个镇(街道)及全国、浙江省来料加工经纪人培训班开办,3460名妇女和650名经纪人参加培训。

【小商品来料加工再创业绩】 5月下旬,由省扶贫办,省妇联主办,义乌市人民政府承办的全省来料加工业务对接洽谈会在国际商贸城一期四个中庭举行。全省40个县(市、区)的450名经纪人参加业务对接洽谈,设展位64个,达成合作意向1256项,加工费1.13亿元。10月中旬,“义博会”期间开展全国妇女市场带千村来料加工展示洽谈活动,来自28个省(自治区、直辖市)600余名经纪人参加,设展位106个,达成合作意向1163项,意向成交额1.65亿元。2010年,全国妇女“市场带千村”项目办公室、浙江省妇女来料加工推广中心共接待来自安徽、河南、江西、江苏等31个省(市、自治区)1423位来访者。举办来料加工业务培训班12期,培训1336人。开展台儿庄、江山、婺城来料加工对接活动,达成合作意向76项,成交来料加工业务5650万元。

【中国农产品流通经纪人协会女经纪人分会第一次会员代表大会】 10月18日，中国农产品流通经纪人协会女经纪人分会第一次会员代表大会在义乌召开，全国妇联副主席、书记处书记甄砚，全国妇联党组成员、发展部部长崔郁等有关领导出席会议。来自全国各地的100余名经纪人会员及义乌的60余名女经纪人代表参加会议。会上，全国妇联发展部就女经纪人培训班和"市场带千村"项目成果展示展洽活动向与会人员进行部署，市妇联对前期准备工作作汇报。浙江省妇联向义乌市委党校授予"浙江省妇女来料加工推广中心培训基地"称号。会后，举行全国女经纪人培训班，200名来自北京、天津、黑龙江、浙江、安徽、青海、陕西、宁夏、新疆等28个省（自治区、直辖市）的女经纪人骨干参加培训。印发来料加工展示展洽简介1万册。市妇联工作受到全国妇联领导的充分肯定，并致感谢信。

（金慧康）

科协工作

【概况】 2010年，市环境保护科学产业联合会、市农业机械学会、市养蜂协会、市科普作家协会等先后完成换届选举。及时更选新理事会成员，对会员进行重新登记，学会按时进行年检，规范各种收费。

各项学术活动。年内全市各学会共开展学术交流46次，培训活动38次，学术交流和培训活动由国内逐步走向国际。如香梅中药文化研究会与浙江中医药大学联合举办世界中医药联合会中药现代化研讨会，来自美国、日本、中国中医药学界的专家学者70余人参加。由义乌市医学会主办，德国拜耳公司协办的心脑血管疾病预防学术讲座4月16日在市中心医院学术报告厅举行。

青少年科技运动会。组织高中、初中、小学10所学校参加省、全国无线电测向、航模、创新、电子制作等比赛，获一等奖144个，二等奖242个，三等奖377个。市科教中心荣获第十二届全国青少年电子制作锦标赛优秀组织奖、2010年浙江省航海模型活动先进集体。张溢、朱炜、王道军、陈祖群被评为省科技比赛优秀裁判员。

课题研究决策咨询工作。市气象学会承担的科研项目《义乌降水分布特征和评估应用的研究》通过评审。《义乌市水资源承载力与水资源开发技术研究》、《义乌市火箭人工增雨作业技术研究与应用》项目分别获得2010年义乌市科技进步奖二等奖和三等奖。同时，向省科技厅申报《雷电对义乌社会经济与生活的影响及预警技术研究》，向市科技局申报《雷电预警技术研究》课题。

农函大工作。2010年招农函大学生3220人。开设企业安全生产班、新农村建设班（包括工程管理、新社区农民改善生活质量的卫生保健）、发展现代农业班（依托农技协、基地开设特色种植养殖班、休闲观光农业）、市场电子商务班。

外出考察学习。6月，市科协组织在职干部、职工，市级学会（协会、研究会）秘书长，镇（街道）科协主席、秘书长，农函大站站长、教务主任等80余人分2批赴上海参观世博园区，感受广大科技工作者的成果。

【首批科技教育特色学校评选活动】 为全面贯彻实施国务院《全民科学素质行动计划纲要》，进一步加强中小学校科技教育工作，全面推进素质教育的实施，9～11月，在全市中小学校中开展科技教育特色学校申报评选活动，该活动每3年评选1次。由学校申报，经教育局与科协共同认定，对符合条件的学校进行命名表彰，并给予一定的奖励，评选具体标准共6大块20条。全市25个中小学参加申报，经过评选，义乌四中、上溪中学、后宅中学、绣湖中学、廿三里二小、福田小学、宾王小学、后宅小学、大陈小学、稠城三小、保联小学、夏演小学12所学校榜上有名。

【首届社区科普活动日】 1月28日，由市科协、市科普作家协会和北苑街道丹溪社区联手推出的义乌市首届"社区科普活动日"在义乌乐购超市广场举行。活动中为社区居民送上免费的春联、科普宣传手册《食品与健康》和挂图等1万份，发送迎新春科普年画2000余张，接待咨询

1000余人次。义乌市人大常委会副主任、市科普作家协会顾问楼林禄现场为市民书写春联。

【青少年科技运动会】 4月29～30日，义乌市中小学科技运动会无线电测向比赛在稠州中学丹溪校区举行。来自全市各中小学的98支代表队、2350名运动员先后参加2米波段和80米波段的装机和场外无线电测向比赛。11月17日，义乌市中小学科技运动会航模比赛、创新大赛在稠州中学丹溪校区举行，比赛项目为无线电测向比赛、航模比赛、创新大赛。比赛为期5天，分小学、初中、高中三组，航模、创新两大模块进行。来自全市中小学的104支代表队、4580名运动员分别参加手掷飞机、小发明、机器人创意等27个项目比赛。

【"金桥工程"项目】 11月4日，金华市科协组织有关专家，分别对义乌市计算机培训中心承担的"计算机考试模块的研究与应用"金桥工程项目和稠江街道新水农庄承担的"法国白玉蜗牛引进繁殖与推广技术研究"金桥工程项目进行验收。验收组到义乌市计算机培训中心进行实地查看，听取项目负责人的汇报，审阅有关图片和文字资料。认为该项目针对计算机应用能力培训考试现状及外来务工人员培训学习开展市场调查分析，在计算机考试模块开发设计、从题库抽卷、自动改卷、评卷分析实现无纸化等方面，达到立项预期目标。取得较好的社会效益和经济效益，一致同意通过验收，并建议加大其他科目无纸化考试推广应用。 （吴志强）

文联工作

【概况】 2010年，市文联加强文艺活动场所建设，创造优越的文艺工作环境，将华川书舍列为创作基地。采取"请进来，走出去"办法，加大与名家、名编、名刊的联系，请国家知名艺术家来义体验生活、指导授课、创作作品，以提升义乌文艺内涵。开设"文艺大讲坛"，在现有"国学讲堂"基础上，进一步拓宽内容及参与对象，开展讲坛系列活动，以形成浓厚的学习氛围。年内，华川书舍举办专家讲座20余场，书画展览30余次。出刊《枣林》文学杂志6期，并出版两期增刊《春天放歌》与《你好，阳光》。

作家协会成果丰硕。年初，举行《春天放歌》系列活动，137位作者通过文学方式表达对外来建设者的关爱，编写《春天放歌》诗歌集，举行2010年《春天放歌》诗歌研讨会、朗诵会，《文艺报》、中国作家网、《浙江日报》、浙江在线等媒体均进行连续跟踪报道。举办义乌市首届文学之星大奖赛，从征文到初评公示、现场复赛历时5个多月，评选出一等奖3名，二等奖6名，三等奖9名，优秀奖16名，编辑出版作品集《你好，阳光》。与上溪镇政府共同编纂《风华上溪》，由浙江人民出版社出版，以文学解读上溪，全方位地反映该镇乡土自然和历史人文资源。邀请《文学自由谈》主编任芙康、文学评论家顾建新、上海散文学会会长钱汉东、北京军旅作家王贤根等来义乌讲课。年内，组织出版著作有王雪虹的《文缘碎语》，胡子龙的《流浪的行板》，毛冰清的《零碎玻璃》，孙潭清的《象牙塔撷英》，苏良姿、江文辉散文集《夏季秋来的海际》，黄克庭小小说集《逃离地球》。贾祥龙编剧《傅大士传奇》获首届全国戏剧文化奖金奖，何恃坚的《义乌台湾一家人》在《文学界·中国》发表。在《文艺报》、《浙江作家》、中国作家网、浙江作家网等发表义乌市作协活动信息30余条。

美术家协会举行"丹青赤岸"采风写生活动，组织10余名美术创作骨干参加"农民画时代"首届全国农民绘画作品展览，其中8件作品入选。举办中国画6人展、义乌市美术教师作品展、金美宝国画展、龚成钢国画展、义乌市第十九届文化艺术节书画展、刘万杰书画作品展。同时，邀请王宏理主讲《文人与文人画》，中国美术学院教授、研究生处处长毛建波主讲《畅神而已》解读，原杭州市画院副院长、国家一级美术师郎承文主讲《个性化创作的生命力》，原浙江省美协主席团委员、金华市美协主席、研究馆员汪苗主讲《美术创作的题材与意境》，浙师大美术学院教授、国画家、美术理论家王义淼主讲《美术理论与创作的关系》。

书法家协会举办书法骨干培训班4期，举办石君一书法讲座，刘恒书法讲座，沈浩、王宏理、贝立新、贾伟建、杨柳萌、傅建华书法讲座。配合举办杨守春书法展、孙智能书法展、“月是故乡明”名家书画展、义乌市书画研究院画师作品展、傅建华书法作品展。组织参加反腐倡廉书法比赛、领导干部书法赛、第五届全浙中青展、第七届全浙展。

音乐家协会举行各类文化活动50余场，组织演奏家石叔城钢琴演奏会、义乌市“敦煌杯”第一届青少年钢琴大赛、浙江“海伦杯”少儿钢琴比赛。楼亚群歌曲作品《古镇船埠》获2010年全国新农村原创歌曲比赛金奖，《论道情艺术的发展改革与音乐创新》在台湾浙台文化大讲堂宣读并发表，《大学生牛倌》获全国新农村建设歌词征文银奖，音乐剧《带绿色回家》获华东二省一市“姑苏杯”音乐剧大赛一等奖。

舞蹈家协会先后为赤岸镇等6个镇(街道)举办舞蹈培训班，邀请上海国际排舞推广委员会主任秦建伟来义指导教学，培训骨干600余人。4月底，全市各镇(街道)15个舞协的骨干成员，前往海宁市文化馆参加全省排舞培训。

戏剧家协会全年组织演出107场次，送戏下乡177场。由上溪镇政府创作剧本和经费投入的新戏《龙凤奇缘》，首次将市民间传说搬上婺剧舞台，开创剧目创排工作的3个“创新”。排练并演出《鸡毛飞上天》，用现代婺剧形式解读改革开放30年义乌的嬗变，经省文化厅专家2次评审，该剧目作为全省20台优秀剧目12月参加2010年第十一届浙江省戏剧节。

曲艺家协会组织开展文艺演出，义乌道情被国务院列入国家级非物质文化遗产保护项目。为更好传承弘扬振兴道情艺术，创办“曲苑书场”，全年演出150余场，听众1万余人次。孝义书场、佛堂古镇书场演出70余场。举办义乌道情培训班，编排节目到“十里丰”农场及省第一监狱进行演出。李艺屏创作的小品《持窗帘》参加浙江省小品大赛获创作二等奖，李艺屏、刘大伟、黄瑞祥、毛利杭获表演二等奖。曲协主席叶英盛与文化馆馆长楼亚群参加第三届中国曲艺高峰论坛，并代表中国曲艺之乡发言。10月，叶英盛《鸡毛换糖换出一个新世界》赴上海参加国际艺术节展演。

摄影家协会举办义乌市新农村建设成果摄影比赛，上溪桃花节摄影比赛，“一帆杯”赤岸风光摄影大赛。参加浙江省举办的“浙江古村、古镇风情摄影作品展”。配合市志编辑部义乌兵专题，摄协赴河北等地创作。在“浙江古村、古镇风情摄影作品展”中，金福根的《棕香满堂》组照和金必亮的《月色古桥》分别获优秀奖。楼子荣在“聚焦美丽的金华”旅游风光风情摄影大赛(全国)中获优秀奖，《巧夺天工》在中国“恒好·全球华人看世博·恒源祥”摄影大赛中获优秀奖。邀请省摄影家钱明和国内著名摄影师卢广、应敏来义授课。

婺剧联谊会组织全体会员赴缙云仙都与缙云促进会交流婺剧文化，并举行“义乌市第二届戏迷票友大奖赛”，联谊会的选手们获得1金3银2铜的好成绩。

越剧联谊会参加第三届“顾锡东戏剧艺术”长三角越剧票友大赛，4人获“群星奖”，并获“组织奖”。第二届中国越剧艺术节上曹杰荣获总决赛十强。与上海市闸北区铁新越友联谊会联合举行“平安世博、精彩你我”越剧演唱会。

【首届青年“文学之星”大奖赛评比揭晓】 5月18日，为发现和培养文学新人，激发文学创作热情，繁荣文学事业，市文联、团市委、义乌商报社、市广播电视台联合举办首届青年“文学之星”大奖赛。参赛对象为年龄在18周岁～40周岁之间，在义乌工作一年以上或在外工作学习的义乌籍文学爱好者(省级作协会员不参加)。参赛体裁为小说、诗歌、散文。设置一等奖3名，每人奖金3000元；二等奖6名，每人奖金2000元；三等奖9名，每人奖金1000元；非义乌作协会员的获奖者可吸收为义乌市作协会员，并赠阅2010年全年《枣林》。参赛作品择优在《枣林》、《义乌商报》等报纸杂志上刊登，并结集出版，邀请部分优秀作者参加采风活动。获一等奖选手授予义乌市首届青年“文学之星”称号。87名符合参赛条件的青年递交了100余件参赛作品。11月1日，首届青年“文学之星”大奖赛评比揭晓,龚安琪、龚建卫、周波分别获散文、诗歌和小说一等奖,卢圣爱等6人获二等奖,朱若奎等9人获三等奖。

【"丹青赤岸"采风写生活动】 5月28日,由赤岸镇政府、市文联和市美术家协会举办的"丹青赤岸"采风写生活动启动,为期2个月。市50余名画家深入赤岸农村体验生活,采风写生,用绘画的形式,描绘该镇丰富的人文历史、自然风光,以及欣欣向荣的新农村景象。编成写生作品集《丹青赤岸》,年底出版。

【桃花坞摄影获奖作品展】 6月10日,义乌市文联、上溪镇政府联合主办的"2010上溪十里桃花坞"阳春三月踏青赏花乡村旅游摄影大赛获奖57幅摄影作品在绣湖华川书舍展出。十里桃花坞摄影比赛从3月20日启动至4月20日结束。摄影家通过独特的艺术视野,记录十里桃花坞的光和影,充分展现上溪多姿多彩的人文风情、乡村特色。

【义乌市书画研究院正式挂牌成立】 6月20日,义乌市书画研究院正式挂牌成立。主要职责是书画创作研究、交流,属义乌市文联下属的全额拨款事业单位。当日,举行画展,展示义乌30余名画师的30余幅书画作品。

【"月满华川"义乌籍书画名家作品展】 9月20～26日,义乌市文联与市政协、商城集团联合主办的"月满华川·义乌籍书画名家邀请展"在绣湖畔华川书舍开幕。展出作品40余件。

(市文联供稿)

社科联工作

【概况】 2010年,围绕市委、市政府在改革开放和现代化建设中迫切需要解决的理论和实践问题,发动全市社科工作者努力进行现实问题的调查和研究,积极做好年度重点课题的申报和推荐工作,全年全市共获省社科联研究课题2项,金华市级重点立项课题17项,一般课题42项。组织全市各学会、协会和有关单位及个人参与省社科联第三届社科研究优秀成果奖申报工作及金华市第十六届社会科学优秀成果评奖申报工作并进行审核,推荐申报优秀社科成果6项,获省社科联第三届社科研究优秀成果三等奖、金华市第十六届社会科学优秀成果二等奖各1项。

(市社科联供稿)

残联工作

【概况】 2010年,投入残疾人事业各项经费1747万元,完成残疾人生活救助5779人,实施残疾人康复866人,开展精神病人免费施药1666人,完成残疾学生助学405人次,通过集中办证和上门办证相结合,全年新办《残疾人证》1396本。

残疾人共享小康工程。全面实施残疾人基本生活保障工程、重度残疾人托(安)养工程和残疾人康复工程,至年底,全市865名贫困重度残疾人全额享受生活保障金和补助金;95名重度残疾人纳入集中托养,2399名残疾人纳入居家安养。组织实施"助明"、"助听"、"助视"、"助行"行动,完成白内障复明手术623例、助听器验配53台、助视器验配62台、假肢安装8例。加大残疾人集中托养机构培育力度,12月,制定下发《义乌市残疾人爱心家园计划实施方案》,年底,全市首家残疾人爱心家园——义乌市康乐残疾人爱心家园建成。

残疾人康复工作。1月,义乌市残联低视力儿童康复训练服务部挂牌成立。9月、10月,分别举办康复技术指导员和社区康复协调员培训班各1期,140名康复技术指导员和130名康复协调员参加培训,通过培训,康复协调员实现100%持证上岗。投入康复补助经费466.1万元,完成聋儿语训8人,智残儿童康复训练124人,培训聋儿家长25人,培训智残儿童家长31人;肢残儿童机构康复训练31人,肢体残疾人社区康复训练102人,盲人定向行走训练3人。供应各类残疾人辅助器具1380件,其中免费赠送335件。开展无障碍设施进家庭活动,为110户残疾人家庭免费安装淋浴椅、坐便器或无障碍扶手。

残疾人就业工作。完成审核按比例安置残疾人就业企业

465家,新增25家;按比例安置残疾人就业1710人,新增226人。完成残疾人就业保障金征收1927万元。全市在就业年龄段,有劳动能力和求职意愿的残疾人就业率95%,残疾人就业工作得到浙江省副省长陈加元的批示肯定。

残疾人扶贫工作。进一步加大残疾人创业扶持力度,3月,制定出台《义乌市残疾人创业扶持实施细则》。年内无偿扶持残疾人个体创业121人,发放扶持资金54.3万元。新建残疾人扶贫示范基地3个,其中勇凯体育用品厂被评为金华市级残疾人扶贫示范基地。至年底,全市有残疾人扶贫示范基地18个,安置残疾人就业138人,投入基地扶持资金29.5万元。继续实施残疾人"三通工程",为残疾人免费安装互联网宽带12户。做好农村贫困残疾人住房救助工作,协助建设部门完成残疾人危旧房修缮、改造31户。

残疾人教育培训。全年开展残疾学生助学341人次,完成贫困残疾人子女助学64人,投入助学经费51万余元,救助率100%,三残儿童入学率100%。义乌市残联被评为省级残疾人助学工作先进单位。加强残疾人职业技能培训,组织残疾人各类技能培训班16期,投入培训经费29万元。在金华市第二届残疾人职业技能比赛中,取得3个第二名和1个第三名的好成绩。

残疾人事业宣传。编发《自强之路》13期,在各级各类刊物发表文章60余篇。如期完成残疾人事业宣传一条街移址重置工作,沿南门街新设立残疾人事业宣传灯箱广告30块。5月16日,在绣湖广场举行以"加大扶持与救助力度,帮扶农村贫困残疾人"为主题的第二十次全国助残日大型宣传活动,活动形式有残疾预防、康复保健、残疾人优惠政策解答、法律咨询等。活动现场进行爱心义卖拍卖活动,筹得善款17960元,全部用于定向扶助贫困残疾人。成功举办义乌市第四届肢残人歌唱比赛。

组织维权。9月,召开市政府残工委全体会议,审议制定《义乌市人民政府残疾人工作委员会工作规则》和《义乌市人民政府残疾人工作委员会成员单位工作职责》,建立健全残工委的工作机制。在市委党校举办残联系统干部培训班,对全市60名残疾人工作者进行业务培训。结合审批服务事项清理提速工作,完成残联救助平台的完善提升,残疾人生活护理补助和教育补助实现网上申报、在线审批,实现压缩办理承诺时限10天。加强残疾人信访维权和普法宣传,年内接待残疾人来访200余人次,受理来信7件,信访案件办结率100%;印发《浙江省残疾人保障条例》等普法宣传资料1万余册。

【残疾人体育创佳绩】 3月19日,义乌市第一届残疾人运动会暨金华市第四届残疾人运动会选拔赛在市福田小学举行。全市13个镇(街道)150余名残疾人参加田径、游泳、羽毛球、乒乓球4大项90小项的比赛,为2010年金华市第四届残疾人运动会和省第八届残疾人运动会选拔选手。4月,在金华市第四届残疾人运动会上,义乌市共夺得金牌45枚、银牌31枚和铜牌13枚,以总分578.5分取得团体总分第一名和金牌总数第二名的好成绩,并荣获组委会颁发的组织奖。6月,在浙江省第八届残疾人运动会上,义乌市参赛运动员夺得金牌10枚、银牌3枚和铜牌1枚。

【残疾人就业洽谈会】 5月11日,义乌市第八届残疾人就业洽谈会在市委党校举行,55家用工企业参加招聘,提供就业岗位200余个,365名残疾人参加就业洽谈,100余名残疾人与用工单位达成就业意向。全市13个镇(街道)分别举办残疾人就业洽谈会,213名残疾人与用人单位达成就业意向。

【开展"爱国主义教育一日游"活动】 8月11日是全国首个"肢残人活动日",活动日的主题是"消除障碍,快乐畅行"。为让肢残人共同庆祝这个具有特殊纪念意义的日子,市肢残人协会组织协会全体委员30余人,前往赤岸镇神坛村冯雪峰故居参观游览,学习革命先辈冯雪峰刚正勇为的高尚情操。在冯老故居生平事迹陈列室里,参观陈列物品,听讲解员讲述冯老参加革命后艰苦卓绝的生涯。在故居厅堂观看冯雪峰生平事迹纪录片,参观故居后山坞冯雪峰家族墓地,加深对冯雪峰的了解,表示要学习冯老自信自强的品质,认真做好每项工作,努力为社会作贡献。

【举办"聋之友"联欢会】 8月14日,由市聋人协会举办的"聋之友"联欢会在市委党校举行。来自义乌、东阳、永康等县(市)的60余名聋哑人,先后登台表演小品《网络》、舞蹈《青花瓷》、手语舞蹈《感恩的心》等节目。此次活动搭建了与周边地区残疾人互相认识沟通的平台。

【首届残疾人文化艺术周活动】 8月17日,义乌市首届残疾人文化艺术周活动启动仪式暨义乌市残疾人文化艺术作品展在绣湖公园举行,共展出书法、绘画、剪纸、刺绣等艺术作品60余件。文化艺术周期间,相继举办"聋之友"联欢会、肢残人"爱国主义教育一日游"和残疾人励志电影专场放映等文化活动,并结合"广电低保"工程,为221户困难残疾人家庭免费安装数字电视。

【商人斯建松为瘫痪在床残疾人献爱心】 8月17日,商人斯建松走访5位瘫痪在床的贫困重度残疾人,给他们送去了空调床垫。斯建松是义乌市子中百货贸易有限公司总经理,从事空调床垫的销售业务。因为身体原因,创业过程异常曲折和艰辛,在市残联及亲人和朋友们的帮助下,生意逐渐进入正轨。在取得成功后,不忘回报社会,主动联系市残联,希望能够给贫困重度残疾人捐赠空调床垫。瘫痪在床的重度残疾人由于身体翻转困难,天气一热就容易长疮。空调床垫能够调控温度,可以在8℃~40℃之间便捷地选择使用者需要的温度,冬暖夏凉,舒适宜人。

(陈骏飞)

侨联工作

【概况】 2010年,义乌市侨联共有代表115人,其中侨眷、侨属85人,侨胞1人,归国留学生2人、留学生家属21人、侨务干部1人、侨属企业代表5人。代表中有金华市政协委员1人,义乌市政协委员11人(常委2人);中共党员44人,大中专以上学历52人。有工人、农民、知识分子、企业经营与管理者、干部等。2010年举行新会员招募活动,招收新会员52人。同时,启动义乌市留联网。年内,提交政协提案11件,各涉侨组织组团出访考察11次,接待港澳同胞和20余个国家的海外侨胞600余人次。2010年在兰溪市水亭畲族乡开展帮扶对接,向水亭乡中心学校捐助200余册图书,20余位理事以上人员向结成对子的水亭乡50名困难学生捐赠书包、文具和一年的助学金(小学生每人1000元,初中、高中生每人1500元)。

【留学生创业园调研】 5月,针对义乌市留学生的创业实际和义乌经济社会的发展情况,市留联会组织留联会会员30人赴宁波市鄞州投资创业中心、嘉兴科技城考察留学生创业园,走访留学生企业8家,创业中心1家,举行留学生创业座谈会4次。7月,市留联会完成留学生创业园项目调研,向市政府提交《关于建立义乌市留学生创业园的建议》,建议从园区规划、人才引进、项目审核提出相应的方案,是义乌市首次提出建立留学生创业园的建议。

【举行"缘来一家人"慈善拍卖】 9月4日,义乌市留学人员和家属联谊会在之江宾馆举行义乌市留学生联谊暨慈善拍卖活动,100余位归国留学生和留学生家属代表参加。拍卖会上,来自会员捐献的12件拍品共拍得善款3.56万元。活动推动了留学生关注社会民生,培养了留学生社会责任感,会后会员们捐款1.9万元。

【举行助学捐赠】 9月17日,市留联会在佛堂育才学校举行助学捐赠仪式。共向学校捐赠图书810册、爱心文具800份、乒乓球桌4副、球类等运动器械价值4万余元。

【人才情况调研】 10月,市留联会赴学校、机关、企事业单位开展义乌市人才情况调研,其间举行座谈会6次,200余人参加。完成《实施招才引智战略,助推义乌跨越发展》提案,该提案被列为义乌政协重点提案,并作为市政协全会的发言材料。

【电镀行业发展调研】 11月,市侨联走访市环保局、电镀企业,对市电镀行业发展调研,完成《加强义乌市电镀行业规划研究,实现电镀行业节能减排新发展》的提案。提案根据国家对电镀行业的发展规划,从义乌产业配套、行业布局等作了全面分析,对义乌市今后电镀行业的发展提出5个方面的建议。该提案被列为市政协2010年重点提案。

【成立香港义乌同乡联谊会妇女工作委员会】 3月8日,在香港义乌同乡会年会上,成立香港义乌同乡联谊会妇女工作委员会。推选理事陈超英为妇女工作委员会总负责。这是香港同乡会内新兴的组织,也是香港浙江同乡会内首个妇女组织。妇委会的成立突出香港义乌同乡联谊会活动的特点,促进香港义乌同乡联谊会联谊活动的开展,为推动市侨联与香港乡亲间的联系开辟新途径。

【开展"创二代"交流】 11月24～25日,宁波、台州、义乌三地"创二代"留学人员创业发展联谊活动在义乌举行,来自宁波、台州、义乌3地的40余位"创二代"留学人员代表参加活动。此项活动旨在推动市留学生创业,搭建与外地留联会的联谊平台,加强与外地留学生的交流,为今后义乌市留学生工作更上一个台阶奠定新的基础。

【与佛堂镇六石村共建活动结束】 12月,义乌市归国华侨联合会、义乌市留学人员和家属联谊会与佛堂镇六石村开展共建活动结束。自2007年3月义乌市归国华侨联合会、义乌市留学人员和家属联谊会与佛堂镇六石村开展共建活动后,义乌归国华侨联合会、义乌市留学人员和家属联谊会开展慰问困难群众6次,送图书800余册,法律援助30人次,投入经费10万元,支持六石村村庄污水处理系统建设和村庄整治。2010年,六石村被评为金华市新农村建设示范村。

（龚俊生）

政 法

综合治理

【概况】 2010年，全市政法综治工作以深化“学枫桥、保平安、促发展”主题活动为总抓手，以“平安义乌”建设为主线，以世博安保工作为重点，深入推进社会矛盾化解、社会管理创新、公正廉洁执法3项重点工作，全面开展“基层基础建设年”活动，各项工作取得新进展，年内被省委、省政府命名为“平安县(市)”。

全年共立刑事案件1.27万起，与上年基本持平。破刑事案件7162起，同比上升4.2%，命案32起，同比下降22.0%。检察院批准逮捕2903人，起诉和移送上级院审查起诉3393人，法院有罪判决3475人。严厉打击黑恶势力，共打掉黑恶势力团伙27个，裴立国黑社会性质团伙案一审判决主犯裴立国有期徒刑19年。开展社会治安重点地区、重点问题专项整治和综合治理，全市排查出19个重点对象，其中金华挂牌督办2个，抓获犯罪嫌疑人291人。捣毁盗抢团伙43个，“两抢”案件下降9.6%，盗窃机动车案件下降13.1%。组织治爆缉枪专项行动和刀具仿真枪的集中清理，共收缴仿真枪等35.5万余支，管制刀具2.8万余把，打击处理违法犯罪嫌疑人61人。严格落实校园安保工作，开展校园及周边环境的专项整治，全市未发生针对幼儿园、中小学校的暴力案件。社会治安人民群众满意率保持在98%以上。

推进安全状况进一步好转。全市交通事故4项指标全面下降，实现交通事故死亡人数连续5年无增长。继续保持禁“酒驾”为重点的交通严管，因“酒驾”被拘留1000余人，执行率100%，专项整治行动成绩排名全省第一。

推进社会矛盾化解。全力落实好世博安保各项措施。先后召开16次专题会议对整体工作和阶段性重点工作进行动员和部署。出台世博安保工作例会制度，建立安保情报信息“日碰头、周会商、半月通报、每月总结”制度，网络舆情每日监控制度，重点人员管控情况日报告制度，驻沪信访劝返机制，安保工作“三项督查”机制。对113名重点人员，75名列管肇事肇祸精神病人逐一落实分级分类管控实施。审核发放《进沪车辆通行证》5.28万本，共查验入沪旅客193.6万人次。审核赴沪旅游团队1411个，查验车辆2.41万辆，6万余人次。查获违禁品4333件，危险品2971件，抓获逃犯135名。检查相关单位、企业907次，排查整改安全隐患105条。全年排查、调处矛盾纠纷6322起，调处成功6132起，成功率97%，21起重大群体性事件隐患得到妥善处置。贯彻“调解优先”原则，法院审结民商事案件1.1万起，调解撤诉率超过50%。成立市人民调解委员会及诉调衔接、医疗纠纷、交通事故等专业性人民调解委员会，医疗纠纷人民调解委员会自6月1日正式成立后，成功调解纠纷51起，索赔393万元，实际赔付96.8万元，没有发生医患纠纷。刑事和解工作深入推进，经和解处理的176起轻微刑事案件，未出现反复和当事人上访的情况。部署开展“信访积案化解年”活动，16起省级挂牌信访积案和33起市级重点信访积案化解率81.6%。集中清理涉法涉诉信访，中央、省市交办的34起案件，息诉29起，息诉率85.3%，得到中央政法委督查组的肯定。

推进社会管理创新。制定《社会管理创新综合试点工作实施意见》，共分8大项、50项具体内容，由市委、市政府下发。健全、完善实有人口管控机制，出台《进一步加强社区矫正衔接工作的若干意见》，对社区矫正人员启用移动电话GPS定位系统，建立4家社区矫正公益劳动基地，全市697名社区矫正人员未再犯新罪，2194名归正人员重新犯罪率0.74%，低于3%的省控目标。

推进公正廉洁执法。健全、完善业务建设和内部管理制度，通过执法监督联席会议和案件协调会等形式，对14起重大疑难复杂案件或问题进行协调，按协调意见执行到位。开展案件评查工作，142起评查案件，认定错案3起，存在瑕疵案件25起。

基层基础建设全面强化。全市建立76个"示范综治室"，其中村级"示范综治室"52个，企业"示范综治室"24个。新增监控探头530个，政府出资建设监控点3884个。30个村自行筹资建设监控系统，年内新增CK用户835户。全市"民主法治村(社区)"创建面100%，申报省级民主法治村2个，年内通过金华市初检。

【"反盗抢"公开宣判处理大会】 1月20日，在香山路人力资源市场召开全市"反盗抢"公开宣判处理大会，对43名犯罪嫌疑人、被告人进行公开处理和公开宣判。会上，市公安局副局长鲍建平代表市公安局对张宜林等20名犯罪嫌疑人宣布刑事拘留决定，市人民检察院副检察长斯根成代表市人民检察院对章雄等12名犯罪嫌疑人宣布批准逮捕决定，市人民法院副院长朱卫东代表市人民法院对李何敏等11名被告人进行公开宣判。

【"基层基础建设年"活动动员暨人民调解工作会议】 3月24日，全市"基层基础建设年"活动动员暨人民调解工作会议在市政府八楼会议室召开。会议表彰2009年度政法系统"十佳政法单位"和"十佳政法干警"、流动人口服务管理先进集体和先进个人、见义勇为积极分子、2006～2009年人民调解工作先进集体和个人。市委常委、常务副市长宋英豪主持会议，市委常委、政法委书记斯建民作工作部署，市委常委、公安局局长吴益中宣读表彰文件，各镇(街道)综治委主任，分管政法、维稳工作的领导，市综治委、市维稳工作领导小组、市人民调解工作领导小组成员，政法各部门班子成员，各基层派出所所长、法庭庭长、司法所所长100余人参加会议。

【政法系统社会主义法治理念教育演讲比赛】 4月19日，市委政法委组织全市政法干警在市公安局会议室举行全市政法系统社会主义法治理念教育演讲比赛。11名选手参加比赛，政法各部门相关领导和干警140余人到场观看比赛。各参赛选手围绕主题，结合自身工作实际，用生动的案例再现政法干警实践社会主义法治理念的信念和决心，充分展示了自身的风采。经过激烈角逐，评出一等奖1名、二等奖2名、三等奖3名、优秀奖5名，市公安局干警李玉亮获得一等奖。

【全市建设"平安义乌"暨世博安保和国家安全人民防线工作会议】 4月23日，全市建设"平安义乌"暨世博安保和国家安全人民防线工作会议召开。市级班子有关领导、各镇(街道)党政正职、市机关各单位主要负责人、政法各部门班子成员、驻义部队有关领导等200余人参加会议。市长何美华主持会议，市委书记黄志平在会上作重要讲话。会上，市委政法委书记斯建民回顾前一阶段世博安保工作，并对下一步工作作部署。公安局局长吴益中通报全市世博安保工作督查情况，市国家安全局局长夏志琳作国家安全人民防线工作报告。

【省"百名法学家百场报告会"义乌专场暨全市政法系统中层干部培训班】 7月16日，浙江省"百名法学家百场报告会"法治宣讲活动义乌专场暨全市政法系统中层干部培训班在市委党校举行。政法各部门中层副职以上干部120余人参加培训，市委政法委书记斯建民作动员报告。培训期间，浙江省优秀青年法学家、浙江大学经济学院教授翁国民和杭州市人民检察院副检察长冯仁强分别作"社会管理创新与法治保障"和"推进公正廉洁执法，实现社会主义公平正义"专题讲座，参加培训的干警还观看了司法个案的舆论引导警示教育片。

【推进基层基础建设现场会】 7月29日，全市推进基层基础建设现场会在廿三里街道召开。各镇(街道)分管领导，综治办负责人，公安局、司法局、信访局、610办分管领导100余人参加会议。与会人员参观廿三里街道何宅村综治室规范化建设。会上，廿三里街道何宅村、江东街道作经验介绍，市委政法委副书记、综治办主任刘卫兵通报上半年综治工作检查情况。市委政法委书记斯建民回顾全市"基层基础建设年"活动开展情况，并对下半年基层基础工作提出4点要求。市公安局局长吴益中主持会议。

【中政委督查组到义督查】 10月17日，由原最高人民检察院副检察长胡克惠带领的中央政法委涉法涉诉信访积案清理和案件评查工作第一督查组，来义乌市督查调研清积评查工作。市委政法委书记斯建民向督查组汇报金华及义乌清积评查工作的开展情况，督查组对义乌市在清积评查工作中取得的成绩给予充分肯定，认为清理积案和案件评查底数清楚，基础工作扎实，资源整合到位，源头治理得力，对各级领导层层包案落实的方法值得推广。

【平安志愿者队伍建设工作现场推进会】 11月17日，全市平安志愿者队伍建设工作现场推进会在北苑街道召开，各镇(街道)、相关部门分管领导及平安志愿者代表共300余人参加会议。会上，北苑街道介绍了平安志愿者队伍建设工作情况，全体平安志愿者进行集体宣誓，市委政法委书记斯建民为13个镇(街道)平安志愿者中队授旗，并对平安志愿者工作提出具体要求。

（骆梅君）

公　安

【概况】 2010年，全市未发生危害国家安全和政治稳定的事件、影响社会安定的重大群体性事件、影响恶劣的重特大案件和事故，社会治安同比呈现"一平三降三升"的良好态势。刑事发案总量12724起，下降1起，与上年基本持平，命案32起，下降22.0%，"两抢"案件963起，下降9.6%，盗窃机动车案件555起，下降13.1%，破案总量7162起，上升4.2%，移送起诉数3765人，上升5.4%，抓获逃犯数1557人，上升7.9%。成功防范外贸合同诈骗案件16起，挽回经济损失5000余万元，市场经营户到经侦部门报案控告外贸公司诈骗或逃匿108起，同比下降30%。衡量公安工作整体水平的打防控工作以金华市第一的成绩被评为全省优秀，执法质量考评连续6年蝉联全省优秀，金华公安工作综合考评成绩位居第一，市机关部门目标责任制考核名列第二。打黑除恶、打击涉网犯罪、治爆缉枪、打击发票犯罪、打击信用卡犯罪5个专项行动考核成绩均名列金华市第一。被评为全国世博安保反恐怖工作先进单位(全国县级公安机关仅1家获此殊荣)和省世博安保先进单位。全局被浙江省记集体二等功3次、集体三等功5次，先后有179个次单位和982人次受到各级表彰。队伍正规化建设被评为全省优秀，考评成绩名列金华市第一。

打黑除恶工作成效显著。2010年，先后打掉裴立国为首的黑社会性质犯罪团伙(新中国成立以来义乌市第二起，首犯被判刑19年)、文永发为首的在义乌市西门街一带组织卖淫黑社会性质犯罪团伙、徐国平为首的欲垄断农贸城蔬菜批发市场的涉恶团伙等黑恶势力团伙27个，采取刑事强制措施182人，查破涉黑涉恶案件300余起，打掉团伙数占金华全市的三分之一。

加强执法规范化建设。提出"多办案、办好案、快办案"的口号，推行执法办案积分制，制定下发"快办案"工作机制，试点开发执法监督流程软件，推行局领导坐堂值守制，全面开展功能区改造，全市17个派出所，除2个需新建外，其余15个派出所均完成改造并投入使用。实行电动自行车"户籍化"管理，共登记录入电动自行车12.76万辆，收缴电动自行车731辆，返还电动自行车669辆。

开展大中专院校毕业生"非转农"。出台《义乌市大中专院校毕业生户口"非转农"实施办法》，并在江东街道先行组织开展试点，逐步在全市推开大中专毕业生"非转农"，先后共受理大中专毕业生"非转农"5462人，办结4391人。推行接警员职业资格论证机制，40名接警员取得"职业技能鉴定中心"国家中级职业资格，开创公安系统接警员职业与国家职业资格标准相接轨的先例。

【开通"义乌公安服务在线"网站】 3月，创建集"网上办事、政策宣传、政务公开、社会监督、在线互动、协查破案"等功能于一体的电子政务平台——"义乌公安服务在线"网站。开设"车辆上牌"、"办理户口"、"出入境服务"、"经济犯罪预警"等栏目。2010年，网站点击量83.1万人次，为群众在线解答咨询问题452个，受理并处置身份证申领、出入境证件办理查询、机动车号预选、机动车违章查询等服务业务13.4万余件。

【侦破"5·7"重大抢劫杀人案】 5月7日，义乌市后宅街道净居寺后山上发生一起2人被杀重大恶性刑事案件。案件发生后，市公安局组成专案组，迅速开展案件侦破工作。专案组民警辗转4省1市，经过11个昼夜的连续奔波，于5月18日在北京警方的协助下，成功将犯罪嫌疑人杜某抓获。

【侦办一起涉外诈骗案件】 3月19日，市公安局接到受害人楼某报案，称其被几名外籍男子和一名中国女子通过障眼、调包等手段，用黄铜粉末充当黄金粉末骗走人民币190万元。接案后，刑侦大队立即成立专案组开展专案侦查，在上海警方及兄弟单位的协助下，经30个小时，破获这起由境内外犯罪分子相互勾结，用黄色铜粉充当黄金粉末进行诈骗的案件。6名非洲籍犯罪嫌疑人和1名中国籍女犯罪嫌疑人吴某被依法刑事拘留。

【推出警情分级分类响应和预警会商机制】 针对市"两抢"案件的高发态势，上半年制定"两抢"响应和预警机制，规定：农村派出所辖区日发1起、城区派出所辖区日发2起，派出所必须组织进行集体研究；全市日发4起以上，由刑侦大队负责牵头，协同指挥中心、治安、行动侦查、网监、巡防等部门召开专题会商会议，分析警情高发的原因、特点、规律及落实工作措施；全市日发6起以上，分管局领导要牵头召开分析会议；全市日发10起以上，局长参加分析会议。2010年，全市"两抢"警情比最高峰2004年时下降50%。

【破获轰动全国胡某杀人案件】 7月2日深夜，犯罪嫌疑人胡某在市银泰购物广场停车场持枪绑架并枪杀一对青年情侣后，7月5日逃亡至广东深汕高速惠来服务区，又枪杀2名正在履行职责的交警。接到义乌受害人家属报案后，市公安局迅速启动案件侦办机制，通过技术手段，锁定犯罪嫌疑人及受害人车辆去向，配合广东警方，于7月8日在厦门将胡某抓获。

（蒋健国）

检　察

【概况】 2010年，市检察院全面履行法律监督职责，深入推进社会矛盾化解、社会管理创新、公正廉洁执法3项重点工作，各项检察工作取得新进展，先后被评为省级先进基层检察院、全国检察宣传先进单位。

宽严相济打击刑事犯罪，维护社会和谐稳定。全年受理各类提请批准逮捕案件2195起3174人，同比分别上升0.6%和下降5.3%，依法批准逮捕2897人。受理移送审查起诉案件2401起3723人，同比分别上升10%和3.9%，提起公诉3610人，移送金华市检察院审查起诉85人。依法严厉打击暴力犯罪和影响群众安全感犯罪，开展打黑除恶和"反盗抢、强防范、保平安"等专项行动。与公安机关密切配合，积极提前介入引导侦查，办理以裴立国为首的"东北帮"21人组织、领导黑社会性质组织犯罪案件。从快起诉黑社会性质组织、"两抢一盗"、寻衅滋事、聚众斗殴犯罪嫌疑人1865

人。依法惩处严重破坏市场经济秩序犯罪，起诉非法吸收公众存款、非法经营、合同诈骗犯罪嫌疑人 87 人。强化对侵犯知识产权犯罪的惩治，批准逮捕侵犯知识产权犯罪嫌疑人 8 人，提起公诉 43 人。通过提前介入引导取证，及时查办一起瑞典籍犯罪嫌疑人参与侵犯知识产权的案件。落实宽严相济刑事政策，推动执法办案职能向修复社会关系、预防减少犯罪、治安综合治理延伸。对初犯、偶犯、过失犯罪、青少年犯罪等罪行较轻、危害不大的犯罪嫌疑人，从减少对立面、扩大教育面出发，适用宽缓刑事政策，依法决定不批捕 119 人、不起诉 133 人。与团市委等部门联合创建优秀青少年维权岗，成立"涉罪青少年帮教站"，开展"扬起生命风帆，奔向灿烂明天"集体帮教活动。

查办和预防职务犯罪，促进反腐倡廉建设。立案查办职务犯罪案件 25 起 28 人，为国家和集体挽回经济损失 1360 万元。其中，贪污贿赂案件 18 起 20 人，均为大案；渎职侵权案件 7 起 8 人。突出查办大案、要案，重点查处工程建设、土地管理、拆迁安置等与民生密切相关、群众反映强烈的职务犯罪案件。扎实推进职务犯罪预防，依托行政执法投诉举报 96150 平台，动态监督投诉举报处置情况，向行政执法部门提出预防职务犯罪检察建议 24 份。结合办案开展预防警示教育 17 场次。

强化诉讼监督，维护司法公正。对侦查机关的刑事立案活动开展监督，对未及时立案或不当立案的，监督立案或撤案 45 人，其中被判处 3 年以上有期徒刑 11 人。对未及时移送起诉的，追加起诉 39 人，其中被判处 3 年以上有期徒刑 14 人。对侦查活动中的违法问题，监督纠正 10 件次。对认为确有错误的刑事判决，按二审程序提出抗诉 4 件，按审判监督程序提请抗诉 5 件，法院已审结 5 件，改判 4 件。对认为确有错误的民事、行政判决或裁定，提请或建议提请抗诉 26 件，法院审结 23 件，改判 16 件。针对生效判决案件中的执行问题，发送检察建议 20 份。通过查办虚假诉讼，依法追究刑事责任 7 人。开展监管执法专项检查活动，对监外执行情况进行全面检查 2 次、抽查 10 次，就发现的问题提出书面检察建议 8 份。立案监督看守所内在押人员重新犯罪案件 1 起。受上级院指定，查办监狱职务犯罪案件 2 起。针对社区矫正中存在的问题，发送检察建议 17 份，均得到及时纠正。

着力化解社会矛盾，推进社会管理创新。全年向 100 余家驻义外国机构及商户发送检察外事联系卡，接待 2 名美国留学生考察义乌市场知识产权保护状况，为 1 名法国籍外商提供法律咨询，协助 1 名韩国籍外商成功调解经济纠纷，配合相关部门妥善处置 1 起因埃及客商自杀引发市场经营户货款无法收回风险的涉外事件。扎实开展重信重访集中处理专项活动，全年受理各类举报、控告、申诉 464 件次，办理涉检信访案件 63 起，年内息诉罢访 60 件。成立业务指导督查组，按照法律效果、政治效果和社会效果相统一的标准，对办案质量严格把关，对 500 余起案件开展检查和质量评级。突出查办涉农职务犯罪，立案查办农村基层干部职务犯罪案件 7 起 7 人。

【市检察院被评为"2000—2010 年中国知识产权和质量监督进步杰出贡献单位"】 3 月 25 日，市检察院被中国外商投资企业协会优质品牌保护委员会评为"2000—2010 年中国知识产权和质量监督进步杰出贡献单位"。此次杰出贡献获奖单位均是近 10 年来在知识产权保护方面措施得力、成绩突出、连续 3 届获得该委员会评定的"十佳案例"的单位。市检察院成为全国获此殊荣的 3 家检察院之一。

【设立"派驻国际商贸城检察室"】 6 月 2 日，市检察院举行"派驻国际商贸城检察室"授牌仪式，6 月 9 日，派驻国际商贸城检察室正式挂牌办公。派驻基层检察室是检察机关实现工作下移、检力下沉、延伸法律监督触角的一项新工作。派驻国际商贸城检察室的主要职能为：依法开展区域内贪污贿赂、渎职侵权等职务犯罪线索的收集和初查工作；开展区域内职务犯罪预防工作；对区域内基层派出所、法庭开展诉讼监督工作，对区域内行政执法机关存在的执法不公正、不规范问题依法监督纠正；受理市场经营户的举报、控告、投诉,接受违法犯罪分子的自首,打击和预防经济领域诈骗等犯罪,保护知识产权;立足职能,参加社会治安综合治理,配合院内办案部门开展区域内刑事和解、民事申诉案件受理等工作,化解社会矛盾;开展检察外事联络工作等。

【何小航获“全国侦查监督优秀检察官”称号】 12月3日,市检察院侦查监督科科长何小航参加第二届全国检察机关侦查监督业务竞赛,荣获“全国侦查监督十佳检察官提名奖”及“全国侦查监督优秀检察官”荣誉称号。

【法警大队被确定为省司法警察编队管理示范单位】 2008年1月成立法警大队,市检察院落实编队管理制度,建设办案工作区,积极探索创新法警保障办案机制,提出“警检一体化”的思路,试行以来取得明显成效,受到上级检察机关的表彰。2010年12月6日,市检察院法警大队被省检察院确定为省司法警察编队管理示范单位。

(胡晓景)

审 判

【概况】 2010年,受理各类案件24992起,办结25448起(含旧存),同比分别上升10.3%和9.3%,收案数、结案数、人均办案数均居全省法院首位。审结刑事案件2299起,判处罪犯3475人,同比分别上升11.5%和4%。审结公安部和省公检法联合督办的裴立国等21名被告人组织、领导黑社会性质组织犯罪案件。审结寻衅滋事、聚众斗殴等扰乱社会秩序犯罪案件59起,惩处罪犯171人。对未成年人犯罪及轻微刑事犯罪依法从宽处理,对585名罪行较轻的被告人依法适用缓刑。加强刑事和解工作,调解刑事自诉、刑事附带民事案件62起,受害人及亲属获赔435.4万元。审结民商事案件12761起,调解3937起,撤诉1921起,除公告案件外,调撤率56.3%。妥善解决涉民生案件,审结劳动争议、婚姻家庭、人身损害赔偿案件3080起,调解、撤诉1457起,调撤率47.3%。积极推进诉调衔接工作,人民调解工作室接受委托调解308件,调解成功280件,调解成功率90.9%。审结行政案件272起,同比上升15.7%,经协调撤诉129起,协调成功率47.4%。审查行政机关强制执行申请525件,裁定准予执行497件。完善与行政机关协调工作机制,向市政府发送《行政审判白皮书》,促进行政机关依法行政。办结执行案件9448起,执结标的额7.3亿元,同比分别上升37%和40.4%,实际执行率同比上升13.6%。加大执行力度,强化执行工作威慑力。采取查封、扣押、冻结财产措施596次,委托拍卖273宗,拍卖成交额5.49亿元。对被执行人实施司法拘留295人次,限制出境报备6421人次。妥善审结商品房销售、建设工程承包、劳动争议、房屋租赁、外贸交易等群体性纠纷20余批600余件。开展信访积案清理,成功化解积案12起。加强知识产权保护,审结各类知识产权案件244起。强化知识产权民事案件协调工作,知识产权民事案件调解撤诉率84.3%。知识产权“三审合一”审判试点工作通过省高院验收,将在全省部分法院推广。平等保护外商合法权益,审结涉外民商事纠纷118起,涉案标的9010万元,无一投诉地方保护。协同市公安、检察机关查处虚假诉讼案件9起,4起7人被追究刑事责任。

加强审判管理,提高审执质效,践行司法为民。制定《民商事案件审判流程管理办法》,出台《审判执行案件质量效率考核办法》,对审判质效关键指标实行考核,以此作为评优评先的重要依据。开通网上立案系统,试行网上立案;在国际商贸城、义亭设立巡回审判站;在立案大厅设立导诉岗位,为当事人提供法律咨询服务。积极争取财政部门支持,简化执行款退付程序。优先执行民生案件,执结民工工资案件837起,追回薪金485.4万元;执结人身损害赔偿、追索抚养费、赡养费等案件471起,标的额974.5万元。加大司法救助力度,为困难当事人缓减免交诉讼费39.3万元,发放司法救助金25.3万元,为未成年和经济困难被告人指定刑事辩护144人次。

【参加第十五届学术讨论会】 8月12～13日,全市法院系统第二十届暨法官协会第十五届学术讨论会在武义举行，市法院5人参加会议。李恺、吴晓宁撰写的论文《反思与重构：人民陪审员制度实践异化之研究》获一等奖，王宁、季东勤撰写的《参与分配制度中优先执行原则之构建》获三等奖。

【开通网上立案系统】 8月17日，开通网上立案系统。网上立案是指由当事人按照法院提供的格式组织文件，通过电子邮件或者网络提交给法院。网上立案使提交立案文件的方式方便化，以电子方式提交文件可将最后期限延长到当日午夜，而以纸面形式提交文件，最后期限只能到当日法院下班时刻。在法院以电子方式给双方当事人发送通知的时候，系统会自动生成包含日期和时间的电子记录，使当事人不能声称自己没有收到法院寄送的文件。网上立案可以节省邮票和投递费用，也可以缩减用来处理文件的时间。

（张　婷）

司法行政

【概况】 2010年，市司法行政工作围绕社会矛盾化解、社会管理创新、公正廉洁执法3项重点工作，取得明显成效，被金华市司法局评为年度优胜单位，荣记三等功。

普法、依法治理工作深入开展。重点加强对领导干部、公务员、青少年、外来人口、市场经营人员和农村基层干部的普法工作和对行业、重点场所、重点单位的依法治理工作。在第十个“12·4”全国法制宣传日，联合海关等部门于国际物流中心举行“12·4”全国法制宣传日活动暨海关知识产权保护专题宣传活动，在广场举行“12·4”法制宣传活动广场律师服务日活动，进一步加深全市学法用法的氛围。做好“五五”普法验收方案制订和台账资料的收集整理工作，共整理市级“五五”普法台账资料70卷，目录300页。材料丰富，资料完备，受到考核组的高度评价并通过省考核组的验收。市“五五”普法各项成果被《法制日报》、《浙江法制报》等媒体广泛宣传。

社会矛盾化解工作取得成效。2010年，全市有各类人民调解委员会1325个，其中镇(街道)调委会13个，村居社区调委会806个，企事业单位调委会495个，专业性调委会3个，行业事业性及其他性质调委会8个，调解员4850人。各级人民调解组织共排查、调处矛盾纠纷7358起，调处成功7058起，成功率96%，防止民间纠纷引起自杀13起13人，防止民间纠纷转化为刑事案件65起699人，防止群体性上访85起968人，防止群体性械斗28起744人。

创新社会管理工作。3月，正式启用移动电话GPS定位系统，将全市700名社区矫正服刑人员全部列入信息化管理，在“电子围墙”技防的有效监控下，随时实地掌控社区服刑人员的矫正动态及其行踪去向，通过深入排查和思想工作，成功劝阻6名社区服刑人员赴上海参观世博会。年内，对1027名社区服刑人员开展社区矫正活动，其中在管社区服刑人员704人，期满解矫320人，收监执行3人，无人再犯新罪。全市共有归正人员2237人，其中重新犯罪18人，重新犯罪率0.8%，低于省定的3%重新犯罪控制指标。全市27家律师事务所受理案件9266起，其中民事7506起，刑事1018起，行政267起，非诉472起，自诉3起；为政府部门和企事业单位担任法律顾问759家，业务收入8381万元；公证收案11857起，其中民事8852起、经济617起、涉外及港澳台地区2388起；业务收费1309万元。全市10家法律服务所业务收入162万元。天鉴司法鉴定所共收案1954起，其中法医临床1672起，法医精神病鉴定167起，文书、痕迹鉴定115起，业务收费122万余元。2010年，法律援助中心共接待来访、来电6453人次，其中来电2412个，来访4041人次。提供法律援助973件，其中民事法律援助826件，刑事法律援助147件。调处纠纷10起，免费代书125份，提供上门服务30起，挽回经济损失1530万元，为1178人提供法律援助。

【开展农村法律顾问工作】 4月，下发《关于开展村务“法律体检”活动实施方案》，组织“百名律师进百村”，开展“村务法律体检”活动。至年底，村务法律顾问查出有问题的村规民约407份，修订完善各类不合法或不符合国家政策的村规民约条款2103条。此做法得到省厅的肯定。结合村级组织换届，10月，组织12个律师服务团队为镇(街道)党委政府依法、顺利开展村(居)组织换届工作提供法律支持。

【建立市级人民调解委员会和医疗纠纷人民调解委员会】 6月1日，市级人民调解委员会和医疗纠纷人民调解委员会挂牌成立，负责全市性跨区域、跨部门的重大和疑难纠纷的调处工作。2010年度，市调会受理重大疑难纠纷4起(涉外1起)，涉及金额29万元，成功调解3起。医调会共受理全市各医疗机构发生的较大医疗纠纷案件71起，其中由死亡引起的医疗纠纷18起，成功调解纠纷56起，正在调解15起，索赔414.3万元，实际赔付100.02万元，医患关系比较融洽，没有发生大的医患纠纷。

【成立司法行政法律服务中心】 成立司法行政法律服务中心是市政府十大实事之一，通过对原有办公场所进行综合改造，7月中旬正式建立并投入使用。中心整合了法律咨询、法律援助、人民调解、法制宣传、律师公证、司法鉴定等与广大群众密切相关的司法行政服务职能，以“一个窗口受理”、“一站式办公”、“一条龙服务”形式，为群众提供优质、高效、便捷的综合性法律服务平台。2010年，中心共接待来访、来电3227人次，其中来电1206个，来访2021人次，提供法律援助800余件，其中办理群体性拖欠农民工工资案件538起，为726名农民工追回工资800余万元，争取司法救济金55万元。

（吴小凡）

人民武装

综　述

2010年，以新的《军事训练与考核大纲》和《司令部工作条例》为依据，开展岗位练兵活动。3月中旬，金华军分区在义乌召开民兵信息网任务部署和组织建设观摩会。4月，市人武部围绕上海世博会“环沪护城河”安保任务召开民兵安保誓师动员大会，并协同市公安局、国安部门制定防间、防特、防恐、维稳预案。4月中旬，组织全市专武干部在国防训练基地进行为期1周的集训，在省军区、军分区组织的专武部长考核比武中3人受到省军区表彰，5人受到军分区表彰。5月，省军区组织民兵跨区联训活动，人武部选送10余名民兵骨干参加民兵兼职教练员、情报侦察、森林防火、应急维稳等专业集训。年内，采取人武部机关现场检查督导、基层武装部具体组织实施、分片集中、分批轮训的方式组织15批次，870余人训练，完成105个训练日，800个小时的训练任务。八一建军节、国防教育日及征兵期间，发送红色短信5万余条。11月4日，省军区工作组到义乌人武部检查基层规范化建设，对上溪镇、江东街道基层武装部规范化建设进行考核。年末，人武部在军事演练、处置突发事件、抢险救灾等重大任务执行能力上有较大提高。2010年，市人武部3名干部得到晋升。义乌市人武部被省军区评为“十一五”期间民兵预备役军事训练先进单位、上海世博会安保先进单位。

（王　华）

武　警

【概况】　2010年，武警义乌市中队紧密联系担负任务、部队建设和官兵思想实际，坚持以部队正规化管理为龙头，带动中队各项工作，圆满完成各项任务。全年落实党日制度56个，上党课13次，召开民主生活会3次。选配骨干12人、发展党员6人，选拔各类集训人员12人，帮助解决家庭涉法问题1起。开展各类教育100余次，共计200余课时。获计算机三级证书1人，中专文凭4人，厨师等级证书2人，3人参加本科函授学习，4人参加大专函授学习。严格行政管理。以人为本，狠抓“六个重点问题”治理。结合《预防犯罪工作条例》、《安全工作规定》等法规教育及两个百日安全活动和节假日战备任务，狠抓人员管理，连续无执勤、无违法事故17年。严格派车程序、干部跟车制度，加强对驾驶员的教育管理，做到“常提醒、常教育”，提高驾驶员安全守规意识，全年车程约1万千米，内外关系密切，未发生警民纠纷事件，完成任务圆满。2010年，义乌市看守所关押量2500余人，平均每周担负2次押解犯人任务。全年先后完成临时押解勤务80余次，出动兵力240余人次，押送犯人投牢1700余人。执勤中，领导靠前指挥，严密组织，执勤官兵认真履行职责，确保勤务安全、顺利、圆满完成，受到用兵单位和当地党委、政府的一致好评。年内2人荣立三等功，16人受嘉奖。

【开展军事训练】 8月14～21日，武警义乌市中队出动30人次，为义乌市廿三里中学500余名学生进行为期7天的军训及国防教育。军训前，对参加军训的官兵进行动员教育，并进行针对性训练。军训中，官兵一丝不苟，按纲施训，得到了廿三里中学领导和学生的高度评价。

（陈文明）

消　　防

【概况】 2010年，义乌市消防大队下辖稠江、北苑2个中队。现役官兵72人，其中干部19人、士官24人、义务兵29人，合同制消防员20人，消防文职人员23人。至年底全市共有镇（街道）消防队伍14支，消防车20辆，消防队员190人。配有32米云梯车、德国曼重型水罐车、斯太尔中型水罐车、东风25米举高喷射消防车、抢险救援车、充气车、中低压水罐车、A类压缩空气泡沫车等12辆执勤消防车。

2010年，大队共接警2380起，出动1557起，其中火灾63起，直接财产损失81.65万元。出动消防车4617辆次，消防官兵3.25万人次，抢救被困人员121人，疏散人员324人，抢救财产价值7816.1万元。共检查单位（场所）4986家次，发责令整改通知书355份，办理行政处罚案件746起，责令“三停”30家，罚款297.08万元，临时查封99起，强制执行5起，拘留14人。4项指标同比稳中有降，实现了火灾事故“零死亡”的目标。

【消防安全专项整治】 11月9～11日，开展针对属于消防安全重点单位（以商场、市场为重点）的冬季防火安全百日攻坚1号行动。12月22～25日，开展冬季防火安全百日攻坚2号行动，确保平安夜、圣诞节期间的消防安全，对人员密集场所严格落实“九个必查”、“八个一律”和《浙江省公众聚集场所八条常态严管措施》。2次行动共检查单位（场所）43家，发现火灾隐患61处，下发法律文书8份，受理行政处罚案件2起，罚款1万元，临时查封1处。年内，先后开展世博安保、社会单位消防安全“四个能力”建设等专项整治，全市共检查单位4986家，发现各类火灾隐患4215处，下发责令整改通知书355份，整改火灾隐患3896处，办理行政处罚案件746起，责令停产停业、停止使用30家，临时查封99家，罚款297.08万元，强制执行5起，拘留14人，有效整治火灾隐患。

【扑灭义乌浪莎集团仓库火灾】 12月28日上午10点49分，义乌市消防大队接到报警，位于四海大道一号的浪莎集团三期工程二楼发生火灾。义乌消防迅速调集义乌市消防大队及13支镇（街道）专职消防队20辆消防车共113名消防队员赶往现场扑救。金华、绍兴、衢州、杭州4地共42辆消防车209人到场扑救。经过全体参战消防官兵的极力抢救，13点50分，火势得到有效控制，14点35分，现场明火被基本扑灭，17点30分，大火被完全扑灭。有效保护三至六层和底层仓库及毗邻北面仓库的安全，保护财产价值1.2亿元。义乌市消防大队被省公安厅记集体三等功，北苑中队中队长楼国君、班长杨建国、王定胜、孙文、庄伟5人立三等功，吴功辉、汪剑锋、叶翔、张豪4人获嘉奖一次。

【营救行动】 5月10日下午17点53分，在江东街道新光南路7号一幢出租房六楼的楼顶上一年轻女子欲跳楼。接到群众报警后，义乌市消防大队迅速出动，在公安民警的配合下，经过半个多小时劝说和协商，最终成功将该名女子救下。

5月28日22点10分左右，在商城大道和商博路交叉处，一名被困在下水道3天3夜的男子被消防官兵成功救出，被救出时仍神志清醒。该男子介绍自己是江西上饶人，在福田市场替人送水，已在下水道中被困3天3夜，由于在污水中浸泡时间过长，他的手脚已经开始发白、腐烂，身上沾满污泥。除了胳膊和脚的皮肤有擦伤外，其他并无大碍。

12月13日上午6点30分左右，义乌市消防大队接到报警，义乌市后宅街道杜元村一名男子爬上一座20多米高的11万伏高压线铁塔上，随时都有跳塔身亡的危险。义乌大队立即出动云梯消防车、抢险救援车及12名消防官兵赶赴现场，经过5小时的耐心劝解,成功将电线塔上的男子救下。

【救援杭金衢高速追尾事故】 6月2日清晨,杭金衢高速义乌上溪路段一辆装有27吨液化气的槽罐车与一辆大卡车发生追尾事故。经过消防、高速交警、医疗等部门4个小时的处置,成功将被卡驾驶室内的驾驶员救出,顺利将液化气槽罐车拖离事故现场。

【灭火演练和体能比武】 6月23日,为检验各镇(街道)消防队伍训练成果,推动镇(街道)消防队体能训练上水平,义乌市举行2010年镇(街道)消防队体能比武,经过1天紧张的角逐,荣获"团体总分"前3名的是商城消防队、苏溪消防队和佛堂消防队;商城消防队朱剑飞囊括"35米楼层负重登高"、"100米负重跑"2项第一,苏溪消防队傅钻钻荣获"3000米徒手跑"第一名。12月8日上午,在娄山塘村举行街道企业、村居冬季消防比武暨森林灭火演练,17个企业、9个村居、1个森林消防队参加。

【火灾成功扑灭】 7月10日7时15分,北苑街道义浦路18号一甲苯仓库发生火灾。事故发生后,伍卫军大队长立即带领北苑、稠江两支现役公安消防中队以及北苑、稠城、稠江3支镇(街道)消防队,9辆消防车80余名消防队员赶赴现场扑救。7时19分赶到现场时,该仓库内20余个甲苯桶已全面燃烧,火焰和浓烟不断向外涌出。甲苯为甲类危化品,挥发性、燃烧性强,发热量高,有毒性,着火仓库东面紧贴宿舍,北面相距3米处为日用品仓库,因火势凶险随时会蔓延扩大,对整个厂区及现场群众构成严重威胁,随时有发生爆炸的可能。经过1个多小时的抢救,大火终于在8时12分被扑灭,无人员伤亡。

8月26日下午17时,义乌市诚信一区56栋一民房三楼起火,7人被困。接到报警后,市消防大队立即调派北苑中队4辆消防车,同时调派附近3支镇(街道)专职消防队50余名消防队员前往现场扑救,大火很快被扑灭,成功将被困人员救出。

11月26日中午,义乌市后宅街道何界村一民房二楼起火,有人员被困。接到报警后,义乌市消防大队立即调派北苑中队4辆消防车,同时调派附近2支镇(街道)专职消防队40余名消防队员前往现场扑救,大火很快被扑灭,成功将被困在楼上的一对母子救出。在此次火灾中,盛承华、杨建国、孙文3人,表现突出,被金华消防支队荣记个人三等功。

(刘雷标)

国防教育

【概况】 2010年,国防教育办公室以义乌市委组织部每年举办地方中青年干部培训班为契机,进行军事训练,邀请部队领导、专家上国防教育课,以义乌市民兵训练基地为平台,开展少年军校和机关企事业单位的人员军训活动,全市40余所学校6600余名学生、2000余名机关企事业单位工作人员参加军训活动。在市繁华地段竖立20余块永久性大型国防教育宣传设施和200余块宣传标牌、灯箱。全市13个镇(街道)、783个村(居)均建有关于国防教育的图书室、阅览室,聘请驻军56名官兵担任村(居)国防教育辅导员。其间举办国防教育图片展,在《义乌商报》上刊登"难忘硝烟岁月"专栏16篇。

(王 华)

人民防空

【概况】 2010年底,全市建成人防工程面积35.9万平方米,城市户籍人均人防面积1.2平方米(不含暂住和流动人口),位于全省各县(市)前列。至12月31日,共办理人防审批项目383个,其中结建人防工程项目10个,人防结建面积51204.61平方米。易地建设项目75个,收取易地建设费1740.39万元。5月12日,全市首次组织防空防灾警报试鸣,并在北苑、稠江街道组织2个社区的人员进行疏散演练。注重开展群众性的人防宣传工作,结合"5·12"防空防灾警报试鸣,开展"人防宣传月"活动;举办防空防灾知识图片展,印发人防法规政策宣传资料,其中书籍3000余册,环保袋5000余只,气球标语12只、拱门1座，展板50块。为纪念新中国人民防空工作创建60周年，会同《义乌商报》刊发人防工作60年专刊。同时，深入开展人防工作“五进”活动，给全市7所初级中学发放人防知识教材7000册。为市委党校中青班、企业后备管理人才班分别上《现代战争与人民防空》、《现代城市与人民防空》宣传课。

【人防工程质量监督站义乌分站成立】 3月31日根据浙人防质监〔2010〕2号文件，经浙江省人防办批准，同意成立浙江省人防工程质量监督站义乌分站，分站站长徐永南，成员鲍卫东、盛永清、陈侃、刘振槐。

（项荣章）

预备役·民兵·兵役

预备役

【概况】 2010年，道桥一营紧紧围绕组织整顿、专业训练、后装工作、战备规范化建设等具体任务，保质保量地完成上级赋予的各项工作。

军事训练扎实有效，“两个能力”明显进步。2010年针对世博安保等特点，修订营连两级各种应急战备行动方案，落实重大节日和防台风期间的战备值班。为进一步提高预备役兵员质量，切实健全组织、优化结构、规范管理，增强预备役部队“两个能力”，根据团《关于做好2010年度预备役部队组织整顿工作的通知》精神，总结上年度兄弟单位好的做法，通过调查摸底，广泛征求各编兵单位和预任领导的意见，2010年兵员整组工作较往年有较大进步。全营共出队35人，新入队预编兵员36人，调整后的兵员“七个比例”较上年都有明显提高。

后备装备工作成效显著。做好变更调整、注册登记、走访检查等工作，落实“三定一签”（定单位、定装备、定数量，签订征用协议书），重点掌握预征装备的数量、负责人和装备名称、质量、型号等信息，编配率达98%，完好率达100%。

【兵员整组会议】 3月4日，为深入贯彻上级党委会议精神和落实年度工作任务，道桥一营在上溪镇政府组织召开营党委会，传达、学习团党委扩大会精神，部署2010年度兵员整组任务。同时道路一连、桥梁一连在赤岸、江东分别召开支委会，为完成年度兵员整组工作做好思想和组织保障。

【乔亭水库救人】 3月中旬，赤岸至东朱乔亭路段，一辆面包车因天黑下雨且不熟悉路况，冲进乔亭水库，当时车上有3个大人、2个小孩。情况危急，镇消防队、道路一连三排八班班长王辉和九班副班长冯志平闻讯后第一时间赶到现场，跳入寒冷的水中，砸开汽车玻璃，救出1个大人、2个小孩，并配合施救吊车将落水面包车吊离水面。

【学习与训练】 6月中旬，组织道路一连成建制训练，完成以“深刻理解我军新的历史使命内涵，不断增强履行历史使命的责任感”为主题的政治教育，组织“原有道路的抢修与改善”和“运动保障队的行动”等军事理论和专业知识的学习，组织实施实弹射击等险难课题的训练。训练中注重“比、学、赶、帮、超”，开展“小练兵、小比武”活动，并给优胜者颁发奖品和证书。同时突出干部、骨干和部分预编士兵参加分区统一组织的条令学习、工兵骨干和团首长机关业务基础集训。

【开展双“四一”活动】 2010年，根据预编士兵的特点，在干部中开展“四个知道，一个联系”活动，即对预编士兵知道姓名、知道工作、知道位置、知道家庭情况，与预编士兵保持经常性联系；在士兵中开展“四个熟悉，一个报告”活动，即熟悉连队基本情况、熟悉干部骨干、熟悉集结方案、熟悉士兵职责，每季度报告一次情况。活动的开展促进了官兵的相识沟通，增强了营队的凝聚力和战斗力。

（道桥一营供稿）

民兵·兵役

【市民兵世博安保誓师大会】 4月12日，为进一步凝聚社会各级力量，为即将举行的世博会保驾护航，坚固“环沪护城河”防线，市人武部在梅湖体育中心组织召开世博安保誓师动员大会。义乌联通32名民兵编入义乌民兵预备役部队通信重点分队，和来自义乌市各镇(街道)、机关及企事业单位的1200余名民兵，共同为世博安保庄严宣誓："我是中国民兵，我宣誓：服从中国共产党领导，积极参与世博，服务世博，服从命令，听从指挥，忠于职守，刻苦训练，严守纪律，坚守岗位，为世博安保作出贡献！"

【送法进军营】 7月27日，由市委政法委书记斯建民、人武部政委邹家伟带队，会同维护国防利益领导小组成员单位的工作人员及法律工作者20余人，前往大草坪雷达站开展"送法进军营"活动。活动期间，向官兵分发维权宣传资料1000余份，通过法律知识讲座、现场法律咨询等方式，提高官兵维护国防利益的意识。

【征兵工作】 10月至年底，开展征兵工作。人武部针对义乌籍青年在外经商从业者多的实际出发，征兵工作初期，通过报社、电视台等媒体加大征兵宣传力度，组织应征适龄青年观看中央电视台拍摄的《当兵来到伊木河》纪录片，并请优秀士兵到现场演讲，激发应征适龄青年的报国热情。全市共征集新兵388名，其中女兵5名。

(王　华)

2010年4月12日举行民兵演练

城乡建设

综　述

2010年，全市建成区面积90平方千米，比上年增加7平方千米，城市化率为75.06%。全年办理用地规划许可证92件，用地面积195.13万平方米。办理工程规划许可证2934件，总占地面积87.52万平方米，总建筑面积400.32万平方米。其中旧村改造及拆迁安置工程规划2232件，总占地面积23.1万平方米，总建筑面积37.07万平方米。

城区新增临时停车泊位1711个。新建道路21条，长18.4千米。新增城市道路面积40.6万平方米。全市实有城市道路面积1283万平方米。新建桥梁3座，总长48米。新增设雨水管道22千米，污水管道18.2千米，全市共有雨水管道638千米，污水管道463千米。推进管道天然气工程建设，新建天然气主干管30余千米。全年自来水供水总量7095万吨，日供水能力30万吨，使用自来水人口122.8万人。

新增城市绿地面积42公顷。全市共有园林绿地面积2938公顷，主城区绿地率32.62%，绿化覆盖率37.1%，人均拥有公共绿地10.28平方米。新增绿化养护面积57万平方米，累计养护管理面积648公顷，其中158万平方米的绿地实现市场化养护。全年四季鲜花布展169万盆。义乌“国家园林城市”于12月11～12日通过国家住房和城乡建设部复查。

【《义乌市城乡建设志》出版发行】 2003年8月，市建设局成立由局长任组长，副局长为副组长，局下属单位主要负责人为成员的编纂领导小组，设立编志办公室，启动《义乌市城乡建设志》编纂。2004年2月，举办编志人员培训班，建设系统100余人参加培训。同时，下发《义乌市城乡建设志》目标管理考核办法，健全编志网络。经过1年努力，收集资料400万字，图片400余张。经反复讨论，数易其稿，于2008年2月形成评审稿。2008年4月10日，邀请省地方志办公室、金华市地方志办公室、金华市城乡建设志编纂委员会、义乌市志编辑部等单位的专家和原义乌市政府及市建设局的老领导对《义乌市城乡建设志》进行评审。2010年8月，由上海人民出版社出版。11月4日，在市建设局举行《义乌市城乡建设志》发行仪式。

《义乌市城乡建设志》为精装大16开本，分上下两册，全书分建设环境、城市规划、勘测设计、市政建设、公用事业、市场建设、环境卫生、园林绿化、传统建筑、城区改造和开发、建筑业、房地产、村镇建设、城市管理、组织管理机构、规章制度、丛录17篇，计157万字，388张图片。上限为战国时期，下限至2005年末。该志运用述、记、志、图、表、录体裁，全面、真实、系统地记述义乌市城乡建设的历史和现状。根据义乌市城乡建设的实际和发展特点，不局限于本部门职能，以编纂专业志的思路编排篇章结构，涵盖义乌城乡建设的全部内容，重点记述改革开放后义乌市城乡建设事业繁荣的历史和建设者的业绩。

规划管理

【概况】 继续深化市域总体规划,加强重点区域的规划研究。4月,《义乌市风土建筑集中保护园区控制性详细规划》和《国际商贸城分区区级中心控制性详细规划(调整)》获市政府批复实施。完成《城北区块功能与交通优化建议与研究》、《江东分区拓展研究》、《义西生产要素市场群空间布局规划》设计方案和《篁园市场周边区块更新改造规划》、《绣湖居住区更新改造规划》初步方案。《中央商务区二期城市设计》、《铁路客站换乘枢纽规划(概念规划阶段)》已上报市政府审查。《稠城分区两个控规单元》和《江东拓展区两个控规单元》的招标前期工作完成。《赤岸雅端村规划中间成果论证》、《北门街商业地块建筑物对义乌机场航空器运行及导航设施信号影响的评估》完成编制,进入审批程序。《市域控规单元编制区规划》正在编制过程中。

2010年,组织召开专家评审会40余次,完成重大项目20余个。选址意见书22本,办理建设用地规划许可证92本,总用地面积195.13万平方米。办理工程规划许可证2934本,总占地面积87.52万平方米,总建筑面积400.32万平方米。通过多种方式公示规划事项50余项,组织听证会1次,收到群众规划意见100余条。完成各类规划验收项目1200余个,总建筑面积36万平方米。

完成规划竣工核实现场勘查1114项。符合规划的832项,总建筑面积268.49万平方米;居住建筑802项,建筑面积34.37万平方米,工业建筑285项,建筑面积248.22万平方米,公共建筑27项,建筑面积145708.87平方米。同时完成74个项目的基础核实,257个项目的定位验线,补办项目现场勘查39宗,规划调整项目现场勘查326宗,办结平改坡工程规划审查14项。对历年审批的规划图纸进行分类扫描,建成数据库,实现共享。年内共入库办证资料1215份,入库变更资料106份。完成“住房困难户分布图”、“规划管理分片图”等专题地图的制作,共出图820余份。新开发“规划许可证档案管理”录入查询系统,规范管理工作。

市政建设成就突出。年内,完成银海路延伸(阳光大道—华盛路)、商城大道延伸(站前大道—03省道)工程方案设计审查和上溪镇污水总干管方案审查,杨村路(南环路—新科路)、新科路(杨村路—西城路)、四季路(经发大道—望道路)、四海大道(华莱氨纶—南环路)、宗泽路(西城路—江滨北路)、西城路(新科路—经发大道)、望道路(北苑路—西城路)、商城大道(金城高尔夫寓所—西城路)、经发大道(北苑路—西城路)、雪峰路(望道路—绣湖路)10处道路的燃气管线资料收集工作和城区公共基础设施改善课题相关资料整理工作,对2010年部分重点项目规划进行实地勘查。完成宾王圆盘改造等10项工程,开工建设经发大道改造等3项工程。化工路停车场、稠州路原劳务市场停车场立体改建进入规划设计阶段。国际商贸城一期南大门过城北路人行天桥、一期西大门过稠州北路地下通道、二期市场过稠州北路人行天桥已完成施工图最后评审。铁路客站交通枢纽规划及金融商务区市政工程规划方案的编制工作基本完成。组织对万商国际大酒店、经济开发区中心A地块医疗用地交通影响评价分析规划方案的审查。

【《浙江省城乡规划条例》宣传】 《浙江省城乡规划条例》自2010年10月1日起实施。11月10日,市规划管理处、市测绘管理处、佛堂镇建设办联合在佛堂镇举行《浙江省城乡规划条例》现场咨询宣传活动。活动现场摆放《义乌市域总体规划》、义乌市风土建筑集中保护园区空间环境规划示意图展板,向群众发放《浙江省城乡规划条例》1500余册、义乌市地图1500张、地球仪1000余个。

【浙大医学院附属义乌医院二期工程举行规划论证会】 8月27日,浙大医学院附属义乌医院二期规划论证会在义乌海洋酒店举行。会议听取浙大医学院附属义乌医院工程建设指挥部对工程二期规划方案的详细汇报。浙大医学院附属义乌医院二期规划项目包括2号楼、科教国际保健楼、专家公寓和综合宿舍楼。省内专家和义乌市相关职能部门工作人员从各自专业角度对规划方案提出意见和建议，并对规划方案进行详细论证。经评估，浙大医学院附属义乌医院建设总体规划调整效果符合省级医院的建设标准，符合义乌城市发展的要求，符合浙江金义第四都市群建设的总体布局。

重点工程建设

【概况】 2010年，共承担市重点工程15项，其中续建4项、新建7项、前期4项，一般工程17项。完成江东南路拓宽改造、南山路延伸、福田路改造、城中西路改造等工程。年底，宾王路延伸工程完成总工程量的65%，江东东路工程完成总工程量的60%，西城路延伸工程完成总工程量的25%，银海路延伸工程开工建设并完成总工程量的30%，国际博览中心广场连接暨宗泽路改造工程、机场生态林工程已开工建设。城区基础设施改造工程中篁园路改造、四海大道改造工程、主城区截污纳管工程、城中西路改造工程、福田路改造工程完工，经发大道完成招投标工作。

【江东南路改造工程】 2009年8月开工，2010年4月竣工。起点为钓鱼矶公园，终点为环城路，全长1478米，宽42米，投资947万元，由义乌市诚兴市政工程有限公司、义乌市中远市政工程有限公司施工建设。

【南山路延伸工程竣工】 2009年9月开工，2010年9月竣工。起点为经发大道交叉口，终点为江东南路，全长1220米，宽24米，投资1285万元，由浙江宏达建设工程有限公司、浙江诚通市政建设有限公司施工建设。

市政建设

【概况】 2010年，承担19项一般市政工程建设，完成10项。更换新型雨水井盖，提高排水能力，全市新型井盖过水面积83%。选择西城路交警大队门口、西城路与丹溪路交叉口、机场路立交桥、宗泽路铁路桥至西城路等路段作为试点，进行井盖更换，全市共更换井盖100余只。分区块、分组对城区主要道路管道、窨井进行定期清淤，对宾馆、饭店较多的地段增加清淤次数。累计窨井清淤8.6万余只，清运淤泥2900余车，打通清理封口、排除隐患2处。

各项道路维修养护工作。全年累计完成人行道破损修复1.86万平方米，砼路面修补1.14万平方米，沥青路面修补1021平方米，沥青路面CAP养护1554米，沥青路面压缝带2077米，侧石更换及修复2053米。雨污水窨井盖维修、更换1547只，井圈修复33只。管道改建70米，隔离墩更换29根，栏杆修复70米，道路裂缝新型材料养护处理265米，确保各类道路设施完好。为确保交通顺畅安全，对市区各主要道路进行全方面见车登记，每天派出4组技术人员，对路面出现的坑洼地块区域进行修补维护。

桥梁维修养护日常管理。北城路东青溪桥、东江桥维修项目于上半年完成施工，并通过竣工验收。组织进行桥梁的检查和健康建档，准确掌握桥梁运行安全情况，年内完成城中北路新洪溪桥的桥梁静载实验检测和丹溪路城南河桥的桥梁检查。城区桥梁巡查、养护维修工作正常开展，完成四海大道跨铁立交的伸缩缝维修、东江桥被撞栏杆的修复和丹溪大桥景观台外侧钢板油漆等工作。

强化、完善110联动和市政设施公共安全举报工作，响应、配合义乌市2010年建立的数字城市系统，更迅捷地保障市政设施，服务群众、服务社会，共处理110指令332次、数字城市系统指令及群众举报近百次，每次均在规定时间内及时处理，并做到100%反馈。

【宾王圆盘改造工程】 宾王圆盘建于1993年，是城区亮点之一。但原来计划道路能力有限，又无信号灯引导，使拥堵情况愈发突出。2010年8月18日，市政府下达改造任务。8月底，园林、路灯等相关部门先行进场对各类设施进行搬迁。9月16日，组织进场施工，将原有圆盘的中心岛及4个导向岛拆除，增设4个渠化岛，改造为平面十字交叉路口，路面采用沥青混凝土铺装，调整、完善交通标志、标线等。10 月 17 日改造完成。

【城西河临时河道工程竣工】 2 月开工，5 月竣工。为了暂时缓解绣湖小区受淹问题，沿绣湖小区外围开挖、新增 1 条 4 米～6 米宽的临时河道，并挖埋 2 根直径 2 米的雨水管，总长 600 米。工程完工后，充分发挥了分流、泄洪作用，有效缓解了绣湖小区的排涝压力。

【首个利用人防易地建设费进行易地建设的自建人防工程开工建设】 4 月 8 日，义乌市首个利用人防易地建设费进行易地建设的自建人防工程开工建设。该人防工程位于江滨北路与宗泽路交叉口西北侧，地面为兴中绿化广场，地下为数千平方米的人防工程。

【四海大道义亭段道路进入整改阶段】 四海大道义亭段整改工作由义亭镇政府牵头组织实施，全长 2.8 千米。2003 年 7 月，由浙江宏远市政工程有限公司和浙江亨达建设有限公司中标承建，市交通工程监理有限公司负责监理。2004 年 12 月，竣工验收并投入使用。至 2010 年，上述路面存在较大范围破损、起伏、龟裂等现象，经常接到群众的投诉和媒体曝光。市建设局组织市政处、质监站、规划院等单位进行现场勘查。2010 年 2 月 11 日和 23 日，分别对上述路段进行沥青面层弯沉测试和钻蕊取样。通过检测数据和道路破损现象，初步分析认为：由于道路施工过程沥青层摊铺温度控制不严，沥青配合比可能存在问题，压实度控制不严，导致沥青面层孔隙较大，使用中雨水通过孔隙浸入路基，道路基层、沥青面层在积水、车辆双重作用下破损严重。根据成因分析及原合同质量保修条款，3 月 3 日，义亭镇政府、建设局组织市政处、质监站、原监理及 2 个施工单位召开协调会，会上明确上述 2 个标段的路面、路基整改工作仍由原承建单位实施，相关整改费用由 2 家施工单位承担。为确保整改工作顺利开展，会议讨论决定成立四海大道义亭段道路整改工作管理小组，由义亭镇政府领导担任组长，义亭镇城建办工作人员和其他相关单位工作人员担任副组长和成员。3 月 10 日，义亭镇政府组织建设局、交警、市政、质监、设计、监理等单位，就整改工作涉及的交通组织方案和整改施工方案进行讨论。至年底，该工程整改进展顺利。

城市管理

执法监察

【概况】 2010 年，市综合行政执法局进行文明劝导 25.58 万起，办理简易程序案件 1.81 万起，一般程序案件 6600 起。组织拆违 886 次，拆违面积 20.28 万平方米，暂扣各类车辆 5603 辆，暂扣流动摊点 1 万余个，罚没金额 521.68 万元，办理行政审批案件 1011 起，参与定点放样 4113 户，清运处理垃圾 54.69 万吨。

组织治理乱设摊、乱占道、乱扔丢，创优美环境、创优良秩序、创优质执法的专项活动。共劝导“三乱”行为 9.21 万人次，办理简易案件 8094 起，“乱占道”一般案件 160 起，“乱设摊”一般案件 1600 起，办理违法处置建筑垃圾案件 289 起。

非法营运专项整治。全年共暂扣非法营运摩托车 2474 辆、正三轮 840 辆、人力三轮车 1452 辆、电动三轮车 837 辆。开展“两考”专项整治，参加人员 593 人次。发放告知通知书 1646 份，查扣学校周边摊点 338 个，制止噪声 219 起。学校周边环境专项整治，查扣各类摊点 526 个，发放宣传资料 2300 份，制止学校周边建筑工地施工噪声和社会生活噪声 238 起。开展“文博会”、“义博会”、“森博会”等展会期间专项整治，查扣流动摊点 1006 个，办理乱扔乱丢简易程序案件 2864 起，查扣非法营运车辆 558 辆，拆除户外广告 450 块、横幅 213 条，对人行道乱停放车辆纠违拍照 580 辆次。社会生活噪声和建筑施工噪声专项整治。行动 21 次，查处各类噪声源 248 处，暂扣小喇叭 20 个、音响 16 台、功放 2 台，办理各类噪声污染案件 6 起。开展非法开采地下水普查活动，初步建立地下水资源管理台账。开展防盗窗专项整治，对全市防盗窗制造企业、个人进行普查和教育，对城区主要街道设置不符合规范的防盗窗进行分期分批整改。

建设、规划执法。按照一户一档、一企一档的要求建立书面和电脑台账;配合做好定点放样工作,全年参与定点放样4113户。通过政策宣传、签订责任书、加强巡查等方式,加强对在建工程、旧村改造、农村住房特困户建房的监管。加强联合执法,全年拆除违法建筑20.28万平方米。按照"两创两提"承诺事项要求,坚持做到投诉举报,现行违反规划建设行为查处率达100%。

全年施划停车泊位3922个,其中新增汽车泊位780个。加大人行道违章停车处罚力度,年内车辆乱停放拍照1.1万次。

【规范综合执法职能】 2009年9月30日,省政府作出《关于义乌市深化综合行政执法试点工作的批复》,同意义乌市综合行政执法机构集中行使市水务渔政部门、农业部门(畜牧兽医行政处罚除外)、建设部门(企业资质管理、工程质量安全、建筑节能、测绘管理行政处罚除外)行使的行政处罚及与之相关的行政强制、监督检查职能,并同意市综合行政执法机构在佛堂镇行政区域内集中行使发展改革(物价、粮食)、经济发展、教育、民政、劳动保障、交通、林业(指涉及林政管理行政处罚职能)、文化广电新闻出版、卫生、计生、环保、安监、市场贸易发展、旅游、民防等部门行使的行政处罚及与之相关的行政强制、监督检查职能。自2010年1月起,市综合行政执法局正式履行相关职能。年内,制定完善《义乌市综合行政执法局行政处罚自由裁量权实施办法》,对原有的涉及行政执法职能的96项常见违法行为自由裁量处罚进行细化,对建设、水务渔政、农业等新划转职能的裁量权进行规范,修改完善执法文书,为新职能的履职奠定基础。通过建立农产品生产企业监管台账、水务渔政监管台账等台账信息,及时掌握第一手资料。

【农业专项执法】 结合农业部确定的"种子执法年"活动,3月和10月,先后组织"绿剑"春季、秋季集中执法活动。累计出动执法人员1979人次,检查农资经营单位和农产品生产企业420家次,查获不合格种子68.7千克,不合格农药35.15千克,不合格农产品565千克。查处各类农业违法案件47起,罚款9.77万元。检查登记农药经营单位75家,从相关农业生产经营单位和农产品生产经营店抽取农药、肥料、农产品等样品65批次。

【水务专项执法】 年内,开展水政巡查1200人次,共查处水事违法案件28起,罚款7.41万元。其中非法采砂案件5起,罚款3.1万元;在河道内擅自倾倒砂石等涉河违法案件11起,罚款0.63万元;非法取水案件3起,罚款2.6万元;擅自建设取水工程案件6起,罚款0.78万元;损坏城市供水设施等其他案件3起,罚款0.3万元。发放渔政执法宣传资料500余份,出动执法人员2500人次,检查养殖场729家,查处非法电鱼案件50起,偷捕他人养殖水产品案件1起,结案22起,共罚款4500元。教育制止游钓、偷钓96起,查扣电瓶20只、地笼网77只、帆张网18张。协助调处渔业污染事故5起,为水产养殖户挽回经济损失215万元。分2次送检31个批次的初级水产品,其中第一次送检的15个批次初级水产品合格率为100%。

【建筑施工专项执法】 7月,开展建筑施工专项执法检查,共检查建设项目238个,查处未取得施工许可证擅自开工建设案件7起,违规预售商品房案件1起,"一房两卖"案件1起,室内违规装修案件17起,罚款47.94万元。

市容环卫

【概况】 2010年,市环卫处负责的清扫保洁总面积1211.79万平方米,其中人工清扫保洁总面积877.34万平方米,机械清扫总面积334.45万平方米。清运、处理城乡垃圾54.69万吨,填埋6.72万吨,焚烧47.97万吨,清运、处理城区粪便1.37万吨。对原有的283.35万平方米路段的保洁工作进行续包,将稠江环卫所负责的22.12万平方米路段移交稠江街道,接管北苑街道春晗路延伸段的清扫保洁工作。至年底,市场化操作面积430万平方米,占道路清扫保洁总面积35.5%。

基础设施建设。年内，在城区改造公厕9座，新建2座。完成国际商贸城三区3号公厕主体工程，新建压缩式垃圾中转站2座，中转站改造方案正在进行中。完成塔山垃圾填埋场三期一阶段工程，并进行试运行和系统调试。

探索垃圾快速收集清运机制，进行垃圾快速收集清运试点，实行“定点、定时、定格”收集袋装垃圾包，确保清扫保洁员、小型垃圾收集车、人力三轮收集车三者间的有效对接。开展生活垃圾直运试点，全市较大的垃圾直运点增加7处，直运点的垃圾量约每日10吨。

园林绿化

【概况】 2010年，完成16项工程建设，完成乔木种植2873株、灌木种植22.84万株，草皮铺设4936平方米，地被2.79万丛，鲜花170万盆。正在实施的重点工程建设3项，一般及零星工程6项。实施中的重点工程建设3项，分别为江滨绿廊（东青溪—37省道、37省道—阳光大道两侧）沿江景观工程、金融商务区中心绿地、机场生态林工程。

完成一般及零星项目16项。完成2010年四季鲜花布展工程，包括2010年“文博会”鲜花布展，布置鲜花50万盆。夏季鲜花布置22万盆。国庆花卉布置23万余盆。“义博会”环境布展工程，布置鲜花74万余盆。城中河（下山头）绿化工程，绿化面积6551平方米，种植乔木628株、灌木3.5万株、草坪3610平方米。完成篁园路、贝村路等路段400余株行道树种植。丹溪北路31号3栋与5栋间空地绿化，种植乔木62株、灌木6772株、草坪270平方米。江东南路（钓鱼矶—环城南路）行道树种植工程，种植乔木306株。东洲花园围墙边绿化工程，种植苗木1.02万株。江滨路、城中北路地被改造工程，种植灌木10.21万株。城中北路与商城大道交叉口绿化工程，种植乔木96株、草坪1056平方米。城中西路（丹溪路—贝村路）绿化修复工程，种植灌木7.45万株、麦冬1.58万丛。鸡鸣山公园水库边坡绿化，绿化面积1500平方米。孝子祠广场围墙边绿化，绿化面积500平方米，管道120米。城南河水体绿化，绿化面积800平方米。义乌海关花坛、福田路三期市场通道下绿化种植工程，种植小腊树720株、麦冬186平方米、吉祥草120平方米。孝子祠公园文化内涵刻字及安装匾额4块、楹联5对、广场题名1块、碑刻1块、照壁1块、孝文化及义乌历史讲解12块。

年内，从各街道、指挥部等移交园林管理局养护工程18项，新增绿化养护面积57.59万平方米，养管面积718公顷。完成望道路、城北路、雪峰路、宗泽路、西城路、福田公园、北苑行政区块、四海大道（上溪—义亭段）、五洲大道、商城大道8条道路、1个公园、1个区块的市场化招投标工作。

做好110联动接警、处警工作。至10月底，共接警164起、出警145起，直接受理违法占用绿化项目243个，收取园林绿化补偿费用48次，计5.89万元。至年底，受理绿地占用审批项目58个，收取绿化补偿费20.08万元。受理房地产开发项目绿化竣工验收备案申请8个，完成小区绿化备案7个。对城西河、城南河、东青溪等5条河道改造的现状进行调查并反馈规划院。对城区520株古树名木进行实地调查，逐一进行拍照、登记。加大各公园、广场管理力度。年内，劝阻小摊小贩及公园内不文明行为，妥善处理市民信访件7次。做好各项公益性活动的备案登记工作，全年53次。

完成绣湖广场西入口120平方米花岗岩铺装工程。新建鸡鸣山公园山顶测绘牌和木桥1座。安装、维修绣湖公园、经发大道等护栏2300米，拆除福田路、城中路护栏5000余米。安装公园指示牌32块，维修、更换垃圾筒300余只，窨井盖135只。维修芳草地青石桥1座，花岗岩铺装380平方米，木制铺装560平方米。沿江石柱铁索36根。完成宗泽大桥、高压走廊等养护管理房改建宿舍11间。对绣湖广场、鸡鸣山公园喷泉进行改造维修，更换水泵38台、喷头120只、电线400余米、各类阀门46只。对稽水春晓亭进行改造，做好香雪报春园羽毛球场地、孝子祠广场、胜利公园健身器材等场地建设，商博路、北城路等绿化带内铺设园路130米。安装各种给排水管道1200余米，各种普通灯具220余盏，维修各种园林机具约1800余台次。

植树节大型宣传活动。在绣湖广场、孝子祠广场、雪峰公园等处开展“我最喜爱的公园”评选和城市园林绿地“认建认养”活动，并通过义乌电视台、《义乌商报》等新闻媒体进行宣传。向市民发放绿地认养倡议书、我最喜爱的公园评选表、征询意见调查问卷、绿化小常识、公园折页等宣传手册1万余份、杜鹃2000余株。展出义乌园林20余年绿化成果图片38块，内容涵盖公园绿化、道路绿化、居住区绿化、单位绿化、立体绿化等10大类。在人流、车流集中的圆盘、公园、广场等地悬挂宣传气球和横幅20余只(条)。在市建设局政务网发布园林绿化信息39次。在报纸、网络等媒体发表文章54篇，其中在《浙中新报》、《义乌商报》发表25篇，建设局政务网以及《义乌建设》采用39篇。

【公园征询意见问卷调查】 3月21日，开展公园征询意见问卷调查活动，向市民发放调查问卷1000余份。征询、调查园林工程建设、养护管理、设施维护、公园管理、文化内涵建设等方面内容，旨在了解和掌握广大市民的需求和意见、建议，便于今后深化整改措施，提高办事效能。收到征询问卷361份，主要有：建议公园多增加开花植物数量，增加公园健身设施，在公园设置老人休闲区，公园文化内涵建设要体现义乌特色等。在城区30个公园广场开展“我最喜爱的公园”评选活动。市民通过《义乌商报》、市建设局网站以及填写我最喜爱的公园评选表等途径，评选出绣湖公园、绣湖广场、骆宾王公园、江滨主题公园、鸡鸣山公园5个“我最喜爱的公园”。

【小乌山生态林地开工建设】 11月，小乌山生态林地开工建设。位于铁路新客站前，总规划面积44.8公顷，其中一期工程面积36.2公顷，概算投资2700余万元。小乌山生态林地的建设，旨在美化火车站周边形象，提升城市品位。

【义乌市顺利通过“国家园林城市”复查】 12月12日，义乌市国家园林城市复查工作汇报会在锦都酒店举行。汇报会上，复查专家组听取义乌市自2008年被建设部命名为“国家园林城市”以来全面提高城市园林绿化水平的主题工作汇报后，高度评价义乌市城市园林绿化发展，认为义乌在人多地少的现状下，注重城市园林绿化建设，人均绿地面积大幅增加，在植物配置等方面都有一定的艺术性，特别是沿江两岸的江滨绿廊、福田公园等城市园林绿化颇具特色。复查专家组经过实地复查等程序，一致认为义乌市符合“国家园林城市”的考核标准，并就加强城市基础设施建设、注重植物多样性研究、扩大植物种植品种、细化城市环境综合治理等方面对市园林建设发展提出了建设性意见。

（张　艳）

公用事业

【概况】 2010年，义乌市上溪水厂、苏溪水厂、义南水厂建设稳步推进。至11月30日，上溪水厂工程建设完成，并在12月27日举行通水仪式。苏溪水厂累计完成总工程量的80%，义南水厂完成土建工程的70%。围绕“农村供水推进年”主题，与义乌广播电台联合举办“阳光供水”广播直播节目，宣传用水政策，解答老百姓关心的问题。完成词林社区、宾王社区、其他零星区块2621户“一户一表”改造工程。至年底，全市共有液化气储配站企业4家。经燃气主管部门审核，取得《浙江省瓶装燃气经营许可证》的瓶装液化气供应站点71个，年销售液化气2.06万吨。2010年上海世博会前夕，与各燃气企业签订安保责任状，圆满完成世博安保各项工作任务。2010年，市“小液化气”行业整规覆盖率和整规合格率均达到100%。10月中旬和11月中旬，市“小液化气”行业整规工作顺利通过金华市建设局和省住房和城乡建设厅组织的检查验收。

【天然气管网建设】 1月27日，市天然气有限公司CNG释放站正式投入使用，全年为市政管网平稳供气300.05万立方米。在滨江国际、嘉禾广场、欧景名城、南洲花园紫藤苑等新建项目中完成管道建设，全年共完成30千米的市政燃气管道设施，城区已基本形成城市燃气供气环网。至年底，燃气管网覆盖用户1.5万户。

【国际商贸城四区屋顶太阳能光伏发电系统正式并网发电】 3月，国际商贸城四区屋顶太阳能光伏发电系统正式并网发电，每日可为市场输送电力4000千瓦时，是全国单一屋顶最大的太阳能光伏发电站。该光伏发电系统总装机容量1.295兆瓦，结合建筑钢结构屋顶分8个区域安装，实现了太阳能光伏发电设施和建筑一体化。整个发电系统造价5328万元，总投资6363万元。按照设计寿命25年计算，该系统共可发电3840.57万千瓦时，与火力发电相比，相当于节约标准煤约14978吨，减排二氧化碳3.89万吨、二氧化硫359吨、粉尘180吨、灰渣3600吨。

【江北污水总管成功实现新老管连接】 6月1日，江北污水总管成功实现新老管连接，使污水进入第四污水处理分厂进行处理。第四污水处理分厂位于稠江街道下金村，设计近期污水处理能力15万吨每天，远景规划污水处理能力29万吨每天。

【市污水处理三期工程开工建设】 8月11日，市污水处理三期工程（义亭分厂）开工建设。工程范围为义亭、苏溪、赤岸3座污水处理厂，设计日处理污水能力6.5万吨，总概算投资4.74亿元，配套污水管网延伸到义亭、佛堂、城西、上溪、苏溪、赤岸6个镇（街道）。其中义亭分厂总投资概算约2.5亿元，配套主干管建设长度53千米，厂区占地面积5.3万平方米，日处理规模3.5万吨，建成后能满足义亭、上溪、佛堂和城西等镇（街道）部分污水收集处理。

【液化气专项检查】 8月16日至9月15日，开展瓶装燃气经营企业《瓶装燃气经营许可证》监督检查。年内，与安监、质监、综合执法、工商、交通、消防等单位在重大节假日前开展燃气安全专项检查活动3次，出动检查人员20余人次，督促整改各类燃气安全隐患40余处。

【制定《2011～2013年义乌城区老小区管道天然气建设计划》】 12月，市建设局制定《2011～2013年义乌城区老小区管道天然气建设计划》。根据该计划，至2013年底，天然气管网将基本覆盖义乌市城区范围内老住宅小区，新建城区天然气主干管30千米，开通点火的老小区居民用户3万户，主城区居民管道天然气覆盖率40%以上，覆盖居民用户15万户以上。

新农村建设

【概况】 2010年，全市启动新社区建设31个村，拆除旧房1.35万户，建新房1.09万户，完成分户报批1.07万户。创建金华市级示范村10个、义乌市级示范村29个。完成自来水改造39个村，道路建设39个村，外墙粉刷及勾线51个村，古祠堂修复13个村，公厕建设42个村，排水排污工程81个村，省待整治村75个村。试点村建设加快推进，“城中村”全高层改造试点田畈村完成地下室土石方工程，实施功能分区改造的苏溪镇月白塘村6幢6层公寓楼的147套水平房分配到户，佛堂鲁雅、大陈宦塘、上溪仙溪等试点村的高层公寓结顶，端头、下里角塘、夏演、象山、塘西、溪华6村18幢高层公寓完成招投标。加快发展农家乐休闲旅游业，全市农家乐经营点共接待游客132.7万人次，实现营业收入5220万元，同比增长分别为15.23%和38.12%。抓好“低收入农户奔小康”工程，重新确定低收入农户（不含低保户）2718户5380人，核拨生活补助729.93万元。实施农村劳动力转移培训，开展来料加工、电子商务、商务外语、创业等内容的培训，共完成农村劳动力培训22686人，其中农民转移就业技能培训2034人、农村实用人才培训3812人、农村创业人才培训393人、务工农民岗位技能培训1.64万人。年内，义乌市先后被评为省“千村示范万村整治”工作优胜单位，省社会主义新农村建设优秀县（市），省“低收入农户奔小康工程”结对帮扶工作先进单位，金华市新农村建设工作优秀县(市)和金华市农村住房改造建设工作优秀县(市)。义乌市农办连续3年被省、金华市评为农办系统优秀单位。

【《关于建设都市农业促进城乡统筹发展的若干意见》出台】 3月23日,市委出台《关于建设都市农业促进城乡统筹发展的若干意见》,提出义乌市将围绕国际商贸名城建设目标,综合开发农业的生产、生活、生态与文化功能,努力打造现代农业园区、特色农业产业基地、休闲观光农业带三大发展平台,做大做强农业专业合作联社、龙头企业、农业展贸三大经营主体,有效构建农业科技、农业生态、农业保障三大支撑体系,建设与城市化相协调、具有鲜明地域特色的都市农业新格局。从2010年开始,市财政每年安排不少于2亿元的资金用于农业基础设施建设和农业产业化项目扶持。目标为到2015年,全市农业规模化种(养)面积覆盖率达到70%以上,科技在农业增长中的贡献率达到65%以上,农业综合机械化水平达到72%,基本形成产业特色明显、优质高效和持续增长的都市农业框架;到2020年,基本建成与国际商贸名城相配套,人与自然和谐发展,以市场化、规模化、产业化、科技化为主要标志,集经济、社会、生态效益于一体的都市农业体系。

【设立义乌市休闲观光农业项目扶持资金】 3月23日,市委出台1号文件,决定从2010年开始,每年安排休闲观光农业带建设扶持资金500万元以上,重点打造上溪"十里桃花坞"、赤岸"欢乐田园"、廿三里"七彩华溪"、大陈"万亩竹海"、后宅"四季果园"等若干条休闲观光农业带。6月21日,出台《义乌市休闲观光农业(农家乐)项目资金管理实施细则》,明确休闲观光农业(农家乐)项目资金扶持范围为镇(街道)、村的农家乐产业基础设施项目建设,市级以上农家乐休闲旅游特色村(点)创建奖励,观光作物基地建设的连片作物种植及农业企业的大型休闲观光农业项目建设等。至年底,莱山农家乐旅游村、长征主题公园、七彩华溪里兆生态休闲农庄、桃花坞溪华桃华山庄、何斯路生态休闲旅游和后宅向日葵观光基地6个项目被列入休闲观光农业项目资金补助范围。

【第二届农家乐休闲旅游节】 3月23日,由市政府主办、市农办和上溪镇政府承办的义乌市第二届农家乐休闲旅游节暨2010上溪十里桃花坞"阳春三月踏青赏花乡村游"活动启动仪式在上溪镇桃花坞景区举行,100余人参加,市委副书记陈秀仙宣布旅游节正式启动,副市长傅春明在开幕式上致词。旅游节期间,相继开展桃花坞"乡村文化行"送书画下乡活动、农家餐比武、登山比赛、"新农村建设成果"摄影比赛、大陈镇八都水库志愿者环保行动等活动。

【首批徽派建筑改造试点】 3月31日,市农办在赤岸镇召开徽派建筑改造现场会,佛堂、大陈等6个镇(街道)新农村建设分管领导、一体化办主任等10余人参加会议。全市先后有7个村被列入首批徽派建筑改造试点,徽派建筑改造原则是:对原有传统徽派建筑,按照"修旧如旧"的原则组织实施,对原来的非徽派建筑,则按照"灰白色、黛黑瓦、马头墙、坡屋顶"的形式进行改造,选材上要坚持美观、耐用的原则,积极推广使用新型环保材料。7月14日,出台《关于全面推进新农村建设实施意见的补充规定》,明确徽派建筑改造资金补助标准参照旧村改造补助标准执行。至年底,上新塘、羊印、桥西等村的徽派立面改造基本完成,别具特色的江南水乡效果初显。

【浙江省来料加工业务对接洽谈会在义召开】 5月28日,浙江省来料加工业务对接洽谈会暨工作会议在义举行,中共浙江省委常委、副省长葛慧君宣布洽谈会开幕,省委副秘书长、省农办(扶贫办)主任夏阿国,中共义乌市委书记黄志平在开幕式上致词。全省11个市和29个县(市、区)党委、政府分管来料加工的领导,扶贫办、妇联负责人100余人参加会议。开幕式后,来自全省各地的350余名来料加工经纪人、专业村代表,与义乌市企业主、经营户开展来料加工业务对接洽谈,共达成合作意向1256项,加工费1.13亿元。

田畈村

月白塘社区

楼西村

大陈二村

鲁雅村

凌云社区

新农村建设

XIN NONG CUN JIAN SHE

盛村

【开展农村"空心村"改造】 8月6日，市政府出台《关于开展农村"空心村"改造的实施意见》，"空心村"改造实施范围为全市实施全拆全建、整体搬迁和"宅基地换住房、异地奔小康"工程以外的村庄。通过以《未安置证明》置换《土地使用权证》方式，引导农户拆除危旧房，对拆除合法危旧房、放弃安置的农户每平方米建筑占地面积补助1000元。当年度未安置宅基地并取得《未安置证明》的农户，可按建筑占地面积予以200元每平方米的资金补助。至年底，佛堂盛村等11个村着手开展"空心村"改造试点。

【《义乌市大中专院校毕业生户口"非转农"实施办法》出台】 9月20日，市政府出台《义乌市大中专院校毕业生户口"非转农"实施办法》，允许1995年及以后毕业、肄业、结业，未曾被行政机关、事业单位、国有企业(含国有控股企业)、县属及以上集体企业正式录用，且未享受城镇居民房改政策，因入学而将原有农村户籍迁出的大中专院校毕业生"非转农"回农村落户。至年底，公安局受理毕业生"非转农"申请5322人，其中3800人完成办理。

【金华市村庄整治和农村住房改造建设工作现场会在义召开】 9月29日，金华市村庄整治和农村住房改造建设工作现场会在义乌举行。各县(市、区)委书记，党委、政府分管村庄整治和农村住房改造工作的领导，农办主任、分管副主任，一体化办和城乡住房办主任，金华开发区、金西开发区、金东开发区、金华双龙管委会主任，市"百村示范千村整治"工作协调小组和市城乡住房工作领导小组成员单位主要负责人，全市各镇(街道)党(工)委书记等300余人参加会议。会议期间，与会人员分两组进行实地参观，重点参观市新农村建设的典型代表、省级全面建设小康示范村——后宅街道李祖村，集中安置示范区块——北苑街道春晗社区和凌云社区，"异地奔小康"的下山脱贫村——苏溪镇里外甘村，生产和生活功能分区改造试点村——苏溪镇月白塘村。市委副书记陈秀仙作《深化"百千"工程，建设美丽乡村》讲话。

【实施中心村培育计划】 10月13日，市政府召开中心村培育联席会，明确义乌市中心村培育计划，首批大陈宦塘、大陈二村、上溪溪华、稠城下骆宅、江东青口、北苑杨街、曹道、城西夏演8个村被列入培育计划。

【"城中村改造创新模式研究"项目通过评审】 11月2日，"城中村改造创新模式研究"项目成果评审会在市规划院召开，参加评审会的有省委党校、金华市政研室、浙江师范大学、金华市规划局、浙江工业大学、省城乡规划设计院等单位的专家。会议听取项目主要完成单位市规划院的介绍，经过专家组认真讨论，项目顺利通过评审。"城中村改造创新模式研究"项目由市科技局立项，市规划院承担，项目包括研究报告、应用专题研究和正式出版(发表)的专著、论文等成果。专家组认为研究报告方法科学，规范严谨，资料完整，有4大创新点和较高的推广应用价值；研究报告具有重要的理论和现实意义，研究成果的技术路线正确，内容翔实丰富；研究成果总体上达到国内先进水平，在宅基地价值化探索方面的研究达到国内领先水平。

(吴　昀)

环境保护

综　述

2010年，市环境保护工作紧抓生态市建设和污染减排两个中心，深入推进“811”环境保护新三年行动，大力开展城乡综合环境整治，实现各项环境质量控制目标，区域环境稳中趋好，地表水水质基本稳定，城区空气质量比上年有较明显好转。二氧化硫、二氧化氮和可吸入颗粒物年日均值均达到《环境空气质量标准》（GB3095—1996）二级标准，首要污染物仍为可吸入颗粒物。环境噪声基本达标，除交通噪声质量比上年略有下降外，功能区噪声、区域噪声均比2009年有所改善。全市工业固体废物（包括危险废物）和医疗废物均得到有效处置或利用。

水环境污染整治。2010年累计建成6个污水处理厂，日污水处理能力36万吨，354个村庄完成生活污水治理，顺利通过全省“811”水环境污染整治工作的验收。义乌江水质持续改善，顺利通过国家生态市创建公示。

城市环境监测。2010年，市噪声达标区面积102平方千米，烟尘控制区面积106平方千米，工业废水排放量1834.77万吨，达标量1834.77万吨，工业二氧化硫去除量733吨，工业二氧化硫排放量3572吨，工业烟尘去除量1.96万吨，工业烟尘排放量2275吨，工业固体废物综合利用率98.4%，生活垃圾无害化处理率95.74%。

【通过国家级生态市公示】　2010年，义乌市发布2009年度环境质量公报，并每月定期发布地表水监测信息及城市空气质量监测信息，进一步扩大公众知情权和监督权。在五四青年节、“6·5”世界环境日等节假日，开展生态环保宣传活动，通过环保志愿者宣誓、自行车环城游宣传、文艺表演、专家讲座、现场咨询、宣传资料发放等形式，进一步加大生态文明宣传教育力度，提高广大市民的生态环保意识。开展绿色系列创建活动，至2010年底，全市累计创建国家级生态乡镇6个，省级生态环境教育示范基地3家，金华市级生态街道4个，各级生态村329个，各级绿化示范村558个，绿色称号单位682家。申报（待批）国家级生态村1个、金华级生态村13个、义乌市级生态村37个。10月20日，顺利通过国家生态市创建公示，成功创建为浙江省唯一全国绿化模范县（市），通过省“放心放射源县（市）”创建验收。

环境质量

【概况】　2010年，全市实现各项环境质量控制目标，区域环境稳中趋好。境内的各地表水断面污染浓度均有不同程度下降，其中氨氮浓度下降幅度在14.7%～53.1%，总磷下降幅度在4.5%～32.3%。全市主要污染物仍为氨氮、总磷和石油类。全市集中式水源地水质达标率均为100%。全市城区空气污染指数平均值为73，相比上年平均值77有明显下降。空气质量良好的天数为312天，占全年天数的85.5%，首要污染物为可吸入颗粒物。全市主要交通干线的平均车流量2786辆每小时。道路交通干线噪声的平均等效声级为70.3 dB(A),居民文教区等效声级为52.2 dB(A),混合区平均值53.8 dB(A),工业区平均值59.2 dB(A),交通干线两侧平均值66.2 dB(A),环境噪声基本达标。

地表水质量。2010年,地表水质量有所改善,但仍以劣V类水为主。在96站次常规监测中,劣V类水为83站次,占86.5%;V类水为6站次,占6.2%;Ⅳ类水为7站次,占7.3%;Ⅲ类水为0站次。与上年相比,劣V类水比例下降3.2%,V类水比例下降1.0%,Ⅳ类水比例增加6.2%,Ⅲ类水比例下降2.1%。义乌江的8个监测断面中,除南江桥、画坞坑断面水质为Ⅳ类,属轻度污染外,其他6个断面水质均为劣V类,属重度污染,主要污染指标仍为氨氮、总磷和石油类。与上年相比,各断面污染浓度均有不同程度下降,氨氮浓度下降幅度在14.7%~53.1%,总磷下降幅度在4.5%~32.3%,其中低田断面下降幅度最大,氨氮和总磷浓度分别下降53.1%和32.3%。

义乌江出境断面低田水质为V类,相比上年的劣V类有明显改善,其中Ⅲ类水质占42.0%,比上年上升34.0%;劣V类水质占24.0%,比上年下降48.0%;氨氮和总磷浓度分别比上年下降45.0%和23.6%。同期的义乌江入境断面义东桥水质为劣V类,方塘为Ⅳ类,2个断面Ⅲ类水质分别占6.0%和28.0%,劣V类水质分别占46.0%和12.0%,比上年均略有改善。洪巡溪出境断面石斛桥水质为劣V类,大陈江出境断面龙潭水质为Ⅳ类,与上年相比没有明显改善。八都水库、横锦水库两个城市集中式饮用水源地和柏峰水库、卫星水库2个镇(街道)集中式饮用水源地水质达标率均为100%。

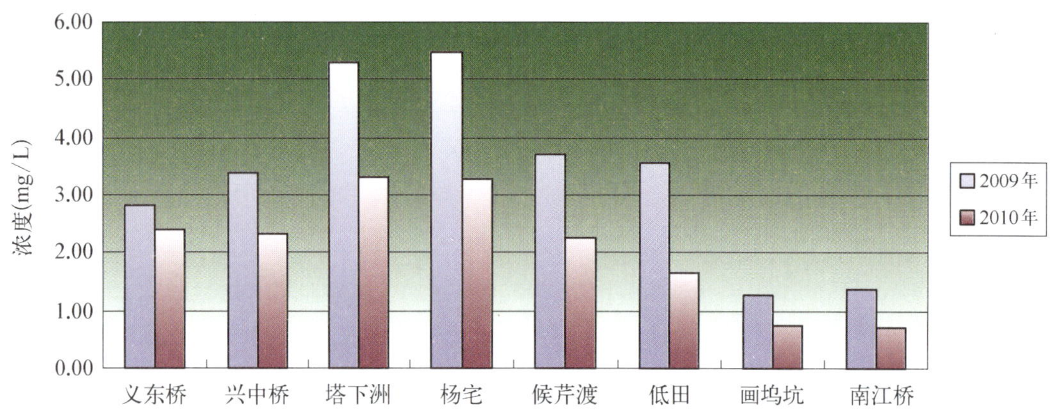

2009~2010年义乌江各断面氨氮浓度对比图

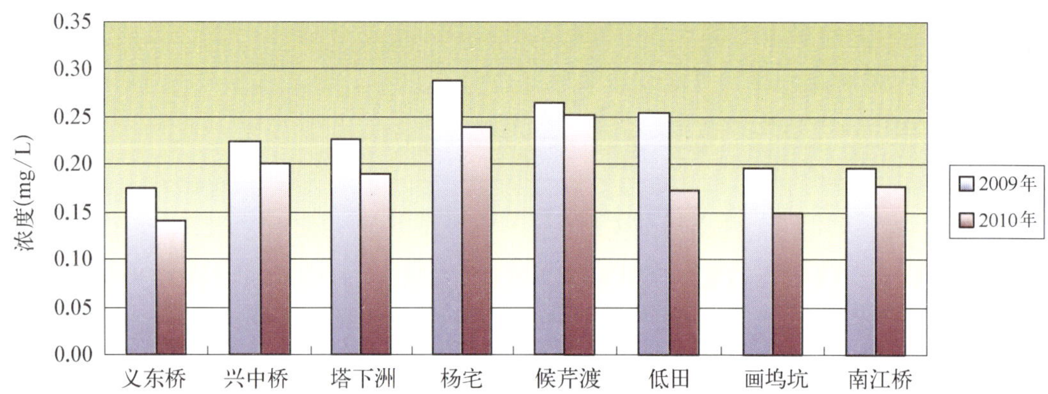

2009~2010年义乌江各断面总磷浓度对比图

大气环境质量。2010年，义乌市城区环境空气污染指数平均值为73，相比2009年平均值77有明显下降，环境空气质量良好。API指数≤100的天数为312天，占全年天数的85.5%，首要污染物仍为可吸入颗粒物。城区环境空气中二氧化硫、二氧化氮、可吸入颗粒物3项污染物的年均值分别为0.039 mg/m^3、0.035 mg/m^3、0.096 mg/m^3，均达到《环境空气质量标准》(GB3095—1996)二级标准，与上年相比，3项污染物浓度均有明显下降。2010年，降水pH值分布范围为3.77～5.68，降水pH值年雨量加权平均值为4.24，与上年持平。全年酸雨频率为98.4%，酸雨量占总降水量的99.6%，分别比上年上升0.3%和0.9%。霾日数94天，出现的霾天气以轻微为主，占霾日数的88.3%，轻度影响占10.6%，中度影响占1.1%，未出现重度霾影响日。霾天气以1月份最多，达21天，占总数的22.3%，2月和7月最少。中度霾影响仅出现在1月。

声环境质量。2010年，义乌市交通干线声环境质量相比上年有所下降。居民文教区、混合区、工业集中区、交通干线两侧区域声环境质量相比上年均有所改善。各功能区噪声昼夜等效声级变化情况为：居民文教区噪声昼夜等效声级从上年的57.6 dB(A)下降至52.2 dB(A)，混合区噪声昼夜等效声级则从上年的58.9 dB(A)下降至53.8 dB(A)，工业集中区噪声昼夜等效声级从上年的60.1 dB(A)下降至59.2 dB(A)，交通干线两侧区域噪声昼夜等效声级从上年的68.5 dB(A)下降至66.2 dB(A)。区域环境噪声等效声级为58.8 dB(A)，比上年下降2.2 dB(A)。从声源状况看，噪声来源以生活噪声、交通噪声为主。从暴露在不同等效声级下的面积和人口分布情况看，以56 dB(A)～60 dB(A)和61 dB(A)～65 dB(A)范围为主，声级覆盖面积分别占总网格面积的59.9%和28.6%，声级覆盖人口分别占总网格人口的62.3%和28.4%。

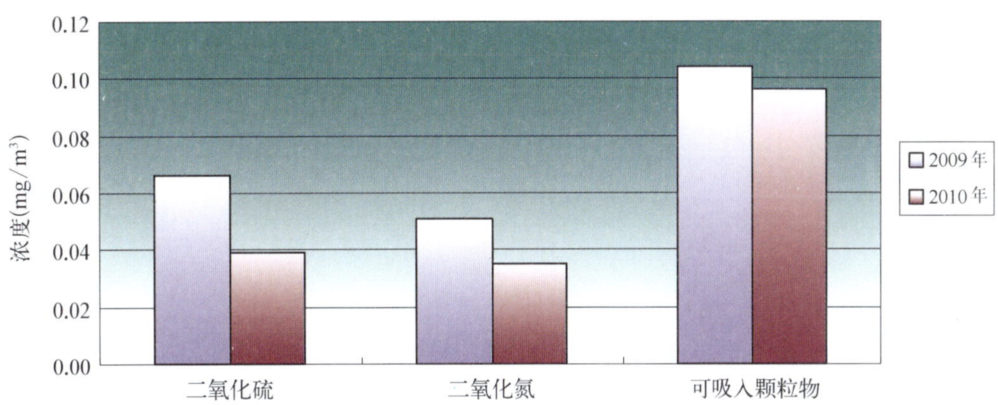

2009～2010年城区环境空气污染物浓度对比图

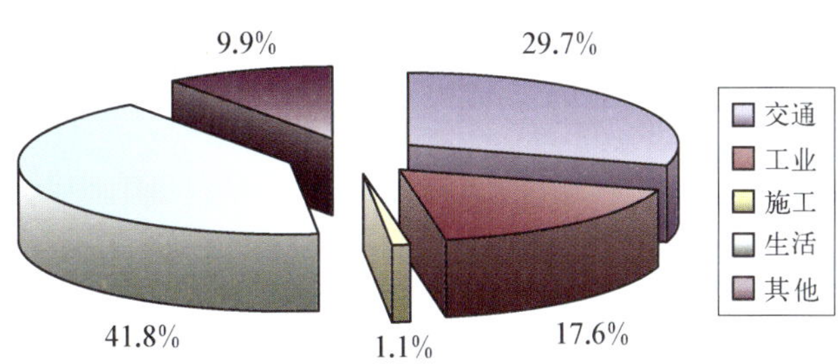

2010年义乌市区域环境噪声声源构成图

环境综合治理

【概况】 2010年,全市共完成81个村的生活污水治理,圆满完成年初制定的80个村建设任务。新建成厌氧池池容1.33万立方米,污水平均收集率90%以上,年可处理生活污水171.8万吨,受益人口10.4万人。工程总投资7053.11万元,其中污水管网工程总投资6165.34万元,厌氧池净化工程投资887.76万元。市财政总奖励资金3948.05万元,其中污水管网工程总奖励3084.75万元,厌氧池净化工程奖励757.80万元,工程间接费用奖励105.50万元。完成对191个村已建成的生活污水治理基础设施的后续维护,共投资476万元,市财政补助资金82万元。

【机动车尾气治理】 年初,出台《义乌市机动车污染整治工作实施方案》,进一步提高机动车环境准入门槛,严格控制机动车污染物的排放量,强化车辆年审、检测工作,切实从源头上控制机动车污染物的排放。8月,机动车尾气监测中心大楼动工建设,中心建成后开设3条"工况法"汽柴两用检测线和1条加载减速法重柴检测线,与同期建成的义乌市恒风机动车排气污染检测站的8条检测线,一起满足全市机动车排气污染物检测。年内,义乌市恒风交运公司的48辆油电混合动力车投入运营。

【涉及含磷废水排放企业污染整治】 9月下旬开始,对全市境内的不锈钢、五金工具等10余个行业的企业进行全面摸底调查,并向在义乌市销售磷酸的化工经营部及经营个人进行了解,在此基础上,对可能涉及含磷废水排放的企业进行调查,调查结果显示,企业基本符合整治标准,但也存在一些问题。根据调查结果及上级部门要求,制定《义乌市含金属表面磷化处理工序企业污染整治方案》。

【"811"义乌江流域环境整治通过验收】 自2008年开展"811"环境保护新三年行动以后,义乌市进一步加大工业企业污染防治力度,积极引导企业环保创新升级,开展以生态修复为主的小流域整治工作,对全市19条小溪流实行网格化管理。历经3年努力,义乌江水环境质量明显改善,在2010年的50次义乌江交界断面每周监测数据中,21次为3类水质,14次为4类水质,好于4类以上水质次数占总监测次数的70%,比上年同期提高56%。与此同时,各镇(街道)雨污分流、截污纳管工程进展顺利,污水处理厂二期工程运行负荷率明显提高,初步发挥治污效用。2010年10月,新"811"东阳江流域(义乌段)水环境污染整治工作顺利通过省生态办"摘帽"验收。

环境监察

【概况】 2010年,在上年制定出台《义乌市河(溪)流断面水质控制目标及水质保护管理考核办法(试行)》的基础上,将小流域考核工作单独列入市委、市政府年终"双百"考核中,通过定期发布月度《义乌市环境质量通报》,公开主要河(溪)流断面水质考核结果,为镇(街道)分析探讨辖区内水环境改善问题提供参考,督促镇(街道)做好相关工作,并开展后宅街道心安溪、稠城街道东青溪等溪流的生态修复试点工作。对全市5个地表水交界断面开展每周一次包括氨氮、总磷、化学需氧量等7个项目的监测。

环境管理

【概况】 2010年,市环保局加大排污费征收力度,拓宽收费途径和领域,重点开展行业的排污费系数摸底工作。扩大按季申报的对象,申报对象从重点源企业扩大到全市1吨以上锅炉的所有排污者,从原有的126家增至197家,所有的申报原始资料存入企业的一厂一档,同时配套建立电子档案。进一步完善排污收费工作程序,完成4个季度的排污费征收,并与财政部门沟通,落实滞纳金征收工作。进一步完善排污催缴制度,针对2009年排污未入账的单位和个人开展排污追缴工作,年内完成征收排污费1500万元,征收企业1000余家。编写《环保审批项目"三同时"需要落实的流程图》,制作建设项目环境保护"三同时"现场检查记录和建设项目

“三同时”制度落实情况季度报告表。并对396个审批项目开展“三同时”跟踪监管，其中包括登记表项目264个，报告书、表项目132个。检查企业322家，现场监察900余家次，所有的建设项目均建立了监察档案。

积极拓展环保服务企业方式，引导企业发展循环经济，实施清洁生产。2010年底，全市有14家企业创建成为省级绿色企业，4家循环经济试点企业，53家循环经济扶持企业，128家企业通过清洁生产审核验收。为全市企业在14000环境管理体系、新技术新产品、名牌产品、驰名商标认证等方面出具150份环保意见，并认真组织、帮助企业申报中央、省级各项生态环保专项资金。全年从环保线上向上共争取到2000万元生态环保补助金，其中，新光饰品、伟海拉链、华川集团等6家企业获得上级环保补助470万元，全市8个镇(街道)80个村获得中央农村环境连片整治示范补助1500万元。

【环保科技“双服务”对接活动】 5月20日，市环保局与省环保公共科技创新服务平台、科研院校义乌虚拟研究院及浙江工业大学在义乌市银都酒店举办环保科技“双服务”对接活动，20名专家、教授及100余名企业代表参加，就义乌市河道污染治理，电镀喷塑、箱包加工、印染、塑胶，污水处理厂恶臭治理，垃圾焚烧中产生的废气及飞灰等存在的环境污染问题进行探讨。会上，环保平台组织20余个项目进行展示和技术咨询，并举办义乌市典型行业大气污染危害及其控制技术培训。

污染减排

【概况】 2010年，全市废水排放总量5912.33万吨，其中工业废水排放量1834.77万吨，占排放总量的31.03%，生活污水排放量4077.55万吨，占68.97%。全市化学需氧量排放总量4450吨，其中工业企业化学需氧量排放量1648吨，占排放总量的37.05%，城镇生活污水中化学需氧量排放量2802吨，占62.95%。全市氨氮排放总量207吨，其中工业企业氨氮排放量101吨，占排放总量的48.71%，城镇生活污水中氨氮排放量106吨，占51.29%。

2010年，全市二氧化硫排放量3627吨，其中工业来源排放量3572吨，占排放总量的98.48%，生活及其他来源排放量55吨，占排放总量的1.52%。氮氧化物排放量5399吨，其中工业氮氧化物排放量2799吨，占排放总量的51.85%，生活及机动车尾气氮氧化物排放量2600吨，占排放总量的48.15%。烟尘排放量2775吨，工业和生活及其他排放量分别为2275吨和500吨，分别占排放总量的81.98%和18.02%。

2010年，全市工业固体废物产生量27.81万吨，比上年增加7.47万吨，工业固体废物综合利用量27.36万吨，处置量4448吨，工业固体废物处置利用率100%。其中，工业危险废物产生量4448吨，处置量4448吨，均转移至周边有危险废物经营处置许可的单位进行处置，处置率100%；城区医疗卫生废物产生量852吨，均由金华市莱逸园环保科技开发有限公司收集、转移、集中处置，处置率100%。

【超额完成“十一五”主要污染物减排任务】 “十一五”期间，义乌市严格执行环保前置审批和环境影响评价制度，严禁新建“两高一资”项目，合计暂缓、否决因不符合规划、产业政策、总量控制等要求的项目146个。在100余家重点企业安装“三监系统”，对全市重点污染源实行动态管理。建立污染企业生产设备造册登记挂牌制度，落实排污申报登记制度，“十一五”期间全市排污许可证发放(换证)1120份。同时于2010年3月出台《关于推进我市主要污染物排污权交易的指导意见》，指导义乌博尼服饰有限公司与义乌雅星织造厂、义乌宏凯实业有限公司与义乌江南防雨制品有限公司等企业成功进行排污权交易。“十一五”期间，义乌市化学需氧量和二氧化硫两项主要污染物排放量分别比2005年下降21.87%和21.17%，完成“十一五”减排目标的144.83%和141.13%，对金华市“十一五”减排任务的贡献率分别为21.6%和3.14%，其中2010年化学需氧量下降量1459吨，占整个金华地区化学需氧量下降总量的30.27%。

(过秀华)

工业经济

综述

2010年，义乌市实现工业总产值1174.9亿元，同比增长20.9%，规模以上企业实现产值592.5亿元，同比增长24.9%。规模以上企业1273家，新增88家，其中年产值10亿元以上企业3家(三鼎集团14.87亿元、浪莎集团12.08亿元、华川集团10.68亿元)，新增1家；年产值5亿元以上企业15家，新增2家；年产值亿元以上企业114家，新增21家。累计完成工业性投入57.9亿元，同比增长38.46%，创历史新高。出口在上年较低基数上加快增长。工业企业实现外贸出口产品交货值146.6亿元，比上年同期增长33.4%。全年实现工业利税45亿元，同比增长14.88%。规模以上工业实现利税41.67亿元，同比增长21.43%；实现利润29.75亿元。

产业集群转型升级步伐加快。行业协会建设进一步加强。新批准成立包括创意产业、电子电器在内的行业协会5个，无缝织造行业协会升格为市第二个省级行业协会。至年底，全市拥有13个国家级产业基地。其中2010年被授予"中国塑料箱包(国际)工贸之都"和"中国手套名城"称号，拉链行业获"省级区域品牌基地"称号，4家企业产品被评为浙江省名牌产品，2家企业获国家工商行政管理总局认定的中国驰名商标。累计获得中国驰名商标8件(司法认定除外)，国家级名牌产品7个，省级名牌产品45个。块状经济和产业集群转型的步伐明显加快。市经济发展局参与调研和制定出台《加快总部经济发展的若干政策意见》。组织市内骨干龙头企业、商会(行业协会)申请入驻产业集聚区，已有20余家商会(行业协会)和企业通过初审。启动市经济开发区总部经济区的基础建设，开发区中心区地下空间规划已先行完成，配套规划已完成并将先行建设。先后组织编制完成《义乌市"十二五"工业发展规划》、《义乌市能源保障规划》、《义乌市热力规划》、《义乌市加油站布点发展规划》、《义乌市饰品产业集群转型升级试点实施方案》、《义乌市汽车零部件产业专项规划》、《义乌市印染规划》、《义乌市无缝内衣行业专项规划》8个工业产业总体和专项发展规划，总结"十一五"期间工业经济发展的特色和经验，提出"十二五"期间工业发展的目标和重点，为产业集聚发展和行业转型升级奠定基础。

技术创新能力进一步增强。引导企业加大投入，鼓励企业零增地技改，加快传统产业改造提升。2010年，共备案(核准)项目234个，其中市级备案156个，镇(街道)备案78个。计划总投资797103万元，比上年同期增长136%。备案项目中2000万元以上项目78个，比上年同期增长116%。重视技术改造工作，新出台的工业经济扶持政策中，技改项目扶持力度加大，贴息奖励比例从原来的5%～8%提高到8%～12%，亿元以上项目可按12%分2年享受贴息。年内，完成48个贴息项目、4个配套奖励、3个自制设备、5个再贴息项目的审核工作，可兑现奖励3000万元。省级以上重点技改创新项目7个，其中国家重大科技成果转化项目1个、国家中小企业技术改造项目2个、省应对技术性贸易壁垒项目1个、省重点技术创新项目2个、重点产业振兴和技术改造专项1个，省级新产品7个。2010年，向上申报争取资金1052.97万元，省级重点项目17个，品牌建设项目3个。市经发局与市发改局联合申报省级以上项目5个，争取扶持资金1774万元，与财政局联合申报项目1个，争取扶持资金1400万元。新增省级技术(研发)中心4家，其中省级技术中心1家，累计已达到7家；市级企业技术(研发)中心21家，12家市级技术中心通过审核评价，累计已达到32家。

工业项目工作取得新成效。做好对自2006年起供地的352个项目和39个招拍挂工业项目开工投产的督查工作，加快已供地项目的开工投产。至12月底，352个项目除因客观原因无法开工的11家企业外，开工企业338家，开工率99.1%；投产企业276家，投产率80.9%；竣工企业290家，竣工率85%。39个招拍挂项目中有36个厂房主体开工建设，开工率92.3%，投产1家。重大项目推进工作取得进展，义乌华鼎锦纶股份有限公司“年产40000吨差别化锦纶长丝”技改项目投入4.3亿元，主体设备基本到位，正在进行安装调试。义南纸业“年产10万吨高强瓦楞纸生产线技改”项目，完成设计并已开工建设。总投资1亿元的伊美薄膜公司“新增年产3.2万吨新型多功能农用薄膜配套设备”项目，国产配套设备已完成，进口配套设备已核准。立芙纺织“年产1080万打中高档丝袜及1200吨包覆纱”项目总投资3.3亿元，项目已基本完工。百隆针织“年产6000吨产业用特种纺织品”项目总投资1.7亿元，部分设备已到位，项目预计于2011年完工。对全市招选的65个项目进行专家评审，先后引进包覆纱、差别化短纤、高档产业用革、RFID电子射频卡等投资超亿元的非小商品制造类项目，同时与中国汽车零部件集团达成基地建设协议，并列入省重点项目，有力推进产业结构的调整。

企业培训和服务进一步深化。实施企业家素质提升工程，根据金融危机等客观形势和义乌市实际，市政府专门安排300万元用于企业培训。全年组织培训生产经营管理者4万余人次，培训技术工人20.3万人次，培训普通务工人员53.5万人次，投入培训资金4187万元。先后组织仿真饰品质量安全、精细化管理等专题培训，与中国人民大学联合举办工商管理硕士(MBA)研修班2期。学习型企业创建活动成效明显。2010年新增试点单位32家，示范单位15家，新创办职工学校10家。开展应急资金转贷帮扶企业工作，累计为106家企业提供353笔共37.8亿元还贷周转资金，有效避免了众多企业资金链断裂的危机。开展企业减负工作，为企业减轻负担25亿元。帮助企业开拓市场和进行品牌经营，通过“浙货万里行”、“浙江名优特产品展销会”、“西洽会”、“哈洽会”等活动，组织参展企业200余家。巨龙箱包成为世博会特许商品生产商，新光饰品成为进驻世博会民营企业馆的16家企业之一。小企业贷款风险补偿工作成效突出，11家金融机构获680万元小企业贷款风险补偿金。新设立中新力合担保公司和豪邦担保公司，在保额2.54亿元，累计余额3亿元。鼓励和引导金融机构创新金融产品和服务，推出“E商通”等网络银行服务项目，引导企业组成网络联贷联保体，该项目推行2个月，为100余家企业融资3亿元，拓宽企业的融资渠道。

【义乌电子行业协会成立】 9月19日，义乌市电子行业协会第一届会员大会暨成立庆典大会在天恒酒店举行，首批会员单位有115家。电子产业是新兴的高科技产业，主要分平板产业、光伏产业、软件产业、带动配套产业等，产品涉及电子照明灯、汽车电子、LED光电、电视机等。2010年，全市有电子生产企业280余家，从事经营销售的企业2880余家，从业人数6.58万人。2009年，实现产值260亿元、上缴税收30亿元。

【16家企业赴巴西参展】 8月14～17日，2010巴西圣保罗国际家庭用品及礼品博览会在圣保罗市北方展览中心举行，主要展出餐具、厨房用具、家用纺织、家用器具、个人用品等日用消费品。义乌市华鸿集团和真爱纺织、东方之星、巨龙箱包有限公

司等16家企业组团参展。

【中纺协内衣委员会落户义乌】 9月，中国纺织品商业协会内衣委员会正式落户义乌，这是义乌市设立的首家国家级行业协会。中纺协内衣委员会是经民政部批准、国有资产监督管理委员会指导下的非营利性的全国行业组织，主要从事行业管理、信息交流、业务培训、专业展览、书刊编辑、咨询服务事务，由全国从事内衣、文胸等针织行业的上下游生产企业、销售商、品牌经营商，从事针织行业科研教学活动的各种所有制企业、单位和相关社团自愿加入而组成。至年底，中纺协内衣委员会的筹备工作已基本完成，办公场地和人员基本落实，秘书处设在义乌国际商贸城四区东辅楼四楼。

【义乌箱包行业成为国家级产业基地】 11月，市箱包行业获得"中国塑料箱包(国际)工贸之都"称号，成为义乌第十二个国家级产业基地。市箱包行业始于篁园小商品市场，是成长性良好的特色行业之一，以外贸为主，内销兼营。至2010年底，共有箱包生产企业和商位4000余家(个)，年总出口约3000个集装箱，已成为全球最大的箱包展示中心、交流中心和信息中心，形成科、工、贸一体化，产、供、销一条龙的发展态势。

【新增5家AAA级"守合同　重信用"企业】 10月，省工商行政管理局公布的"浙江省工商企业AAA级'守合同　重信用'单位"称号认定和续展认定名单显示，市浙江棒杰数码针织品股份有限公司、浙江宾王扑克有限公司等5家工业企业被认定为AAA级"守合同　重信用"单位，浙江伊厦房地产开发有限公司、浙江正味食品有限公司等12家企业得到续展认定。至2010年，全市拥有AAA级"守合同　重信用"企业43家，AA级"守合同　重信用"企业117家，A级"守合同　重信用"企业241家。

【2家企业成为省工业循环经济示范企业】 11月，全省在"十一五"期间开展"4121"循环经济试点工程，此次评选"工业循环经济示范园区(企业)"是对全省工业领域循环经济建设的一次全面验收，共有10个园区和100家企业受到表彰。市真爱毛纺和华莱氨纶有限公司2家企业获"浙江省工业循环经济示范企业"称号。获得"工业循环经济示范园区(企业)"称号的园区(企业)必须是在近3年内无违反产业政策和节能环保、安全生产、税收管理等法律法规的行为以及其他信用方面的不良记录，并符合氛围深厚、机制落实、成效显著、竞争力强等要求。通过园区(企业)申请、县市经贸主管部门初审、地市经贸主管部门复审、专家评审以及网络公示等程序评定。在全省节能和工业循环经济项目、资源综合利用认定以及国家有关项目推荐等方面，浙江省将重点扶持获得此项荣誉的园区(企业)。

义乌市2005～2010年国家级产业基地情况

	名　　称	初评时间	复评时间	授牌单位
1	CBC全国化妆品产业基地	2005	2008	中华全国商业联合会美容化妆品商会
2	中国拉链产业基地	2005	2009	中国五金制品协会
3	中国制笔工贸基地	2005	2009	中国轻工业联合会和中国制笔协会
4	中国袜业名城	2006	2010	中国纺织工业协会
5	中国针织(无缝内衣)名城	2006	2010	中国纺织工业协会
6	中国工艺品工贸基地	2006	2010	中国轻工业联合会
7	中国流行饰品工贸之都	2006	2010	中国轻工业联合会
8	中国商品包装印刷产业基地	2007	未复评	中国包装联合会
9	中国线带名城	2007	2010	中国纺织工业协会

续 表

	名　　称	初评时间	复评时间	授牌单位
10	中国合成革国际工贸基地	2008	未复评	中国塑料加工工业协会
11	中国塑料箱包工贸之都	2010	——	中国塑料加工工业协会
12	中国手套名城	2010	——	中国纺织工业协会

（韩红英　骆雷明）

小商品制造业

拉　链　业

【概况】 拉链行业是义乌市的优势制造工业，义乌市十大支柱产业之一。2010 年，全市有拉链企业 300 余家，从业人员 3 万余人。实现销售总额 64.3 亿元，拉链产品外贸出口额 45 亿元，占全国拉链行业出口总值的 70%以上，比上年同期增长 30%。出口量在全国区域经济同行业中名列首位，是中国拉链产业基地和中国拉链产品重要出口基地之一。

义乌国际商贸城的拉链专业市场，拥有商位 1000 余个，汇聚全国拉链企业的名优精品，产品规格齐全，销往欧、美、东南亚等 80 余个国家和地区。至 2010 年底，行业获得 “浙江省名牌产品” 5 个，“浙江区域名牌”1 个，“中国驰名商标”6 件，“国家免检产品”3 个，“中国拉链十大知名品牌”2 个，“浙江省著名商标”8 件，“金华市名牌产品”9 个，是“浙江省拉链商标品牌基地”。

【拉链企业赴深圳考察】 4 月 8 日，协会组织行业 30 余家企业负责人赴广东深圳华圣达拉链有限公司考察、学习，与华圣达公司交流拉链企业发展相关问题，促进广东与义乌两地同业的沟通与合作。

【“外贸预警试点”通过验收】 4 月，经省商务厅公平贸易局审核，同意义乌市拉链行业进入浙江省贸易预警示范点行列。成立外贸预警工作领导小组，制定预警示范点实施方案，成立预警专班，落实预警责任。建立义乌市拉链行业对外预警示范点网站，在会刊上开设“风险预警信息”专栏，发布国际贸易的最近动态，组织拉链企业参加外贸风险知识培训，建立起行业外贸风险预警机制，行业抗风险能力增强，促进外贸出口增长。12 月 13 日，拉链行业的预警点建设通过省商务厅公平贸易局专家、领导的考评，认为“预警点建设工作很扎实，工作创新的亮点很多”。

【块状产业标准化项目通过验收】 项目于 2008 年 6 月立项，由浙江伟海拉链有限公司为项目组长单位，浙江鑫鸿拉链有限公司、义乌市华灵拉链有限公司、义乌市顺辉拉链织造有限公司、浙江恒祥压铸有限公司、浙江丰力拉链有限公司 5 家企业为成员单位，负责标准的起草和实施。经六易其稿，两次对行业产品检测，顺利完成拉链联盟标准的设计。2010 年 5 月 28 日，浙江省质量技术监督局组成的专家组对义乌市拉链行业协会承担的省块状产业标准化项目制订实施的拉链联盟标准进行评审验收。

【行业品牌建设取得新进展】 9 月，浙江省名牌推进委员会公布新一年省级名牌产品企业及其所获名牌产品的名称，浙江伟海拉链有限公司的“伟海”牌拉链、浙江鑫鸿拉链有限公司的“鑫昌”牌拉链、义乌恒祥拉链有限公司的“HHX”牌拉链、浙江丰力拉链有限公司的“丰力”牌拉链、浙江利达拉链有限公司的“利达”牌拉链获得“浙江省名牌产品”称号。同时，义乌拉链行业整体商标“义商拉链”荣获“浙江区域名牌”称号，这是义乌首次获得省级区域性品牌。

【创建拉链产品质量检测中心】 8 月，义乌市拉链行业协会投资 20 余万元，购进 7 台(套)拉链质量检测设备，组织设备安装并调试。主要采取企业主动送检、协会组织抽检等方式为企业免费提供服务，旨在质量内控，提升整体产品质量。11 月 25 日，浙江省商务厅副厅长陈如昉一行来协会质量检测中心考察，对协会成立产品质量检测中心、开展公共服务平台建设给予充分的肯定。

【全国拉链行业会议在义召开】 9 月 10 日，全国拉链行业五届三次会员大会在义乌大酒店召开，由义乌市委、市政府承办，美国、泰国、新加坡、印度、孟加拉国、土耳其等国和中国香港地区的拉链商会代表和拉链界友人应邀参加会议。中国台湾拉链工业同业公会经贸访问团一行 24 人及大陆 400 余家拉链企业派代表参加。会上，中国拉链分会理事长施能辉作《拉链行业经济形势和运行情况报告》，秘书长叶克连作《融入时代洪流　促进产业升级》的工作报告。会议分析中国拉链行业经济形势与运行情况，与会人员一致认为，中国拉链行业在全球金融危机中已平稳过渡，随着全球经济企稳回升的大势和国家宏观政策的有力调控，拉链行业所在的产业链实现复苏。2010 年，拉链市场呈现繁荣景象，保持良好的发展势头。但新形势下，拉链行业面临知识产权保护问题、劳动力资源紧张、生产成本大幅上升、环保和生态标准等行业内部和外部的挑战，需要进一步打好企业基础，进行创新研发和资源整合，实现优势资源互补，加快促进拉链产业升级。大会倡议，当前中国拉链行业正处在普遍的新老交替和产业升级的关键时期，全体拉链行业同仁应同心同德，深入开展标准化建设和人才梯队培养工作，从设备、材料、工艺以及人才等方面为产业升级做好基础准备，鼓励年轻一代企业家勇挑重担，参与到企业经营管理一线和行业发展事务中来，努力把拉链大国发展为拉链强国。会议邀请国家知识产权专家和国家对外贸易专家进行“中国拉链行业面临的知识产权形势”、“欧盟新的环保法令及发展趋势”、“环保测试的新方法和设备”等专题讲座。举行两岸拉链行业恳谈会，两岸业界同仁欢聚一堂，共同回顾 10 年来的合作历程，并展望未来合作的前景。

（梅　予）

线带业

【概况】 2010 年，义乌线带业有生产企业 560 家，在册职工 3.5 万人，有各种线带类别 40 大类 3000 余个品种。年内，销售各类线带产品 12.52 万吨，实现工业总产值 65 亿元，销售产值 64 亿元。经营店面和商位 2680 余个，从事线带经营人员 1 万余人。超亿元企业 9 家，线带产品外销率 28% 以上。全年出口交货值 24.5 亿元，是世界线带产业的重要制造基地和销售中心，被授予“中国线带名城”称号。

2010 年，11 家线带行业企业加快技术改造，淘汰高能耗和落后工艺设备，技改项目总投资 28262 万元。新增织带机、制线机以及配套设备 500 余台(套)，这些技改项目完成后，可新增年产值 5.6 亿元。其中，义乌市环鼎织带有限公司年新增产业用特种纺织带 2000 吨，计划总投资 4950 万元；浙江诚信制带有限公司年产 1.2 亿万米特种带技改项目，计划总投资 1427 万元，2 个项目完成后可新增年产值 1.6 亿元。

【“中国线带名城”通过复评】 11 月 22 日，由中国纺织工业协会组织，在北京召开的全国纺织产业集群工作会议上，义乌市线带行业通过中国纺织工业协会、中国针织行业协会复评考核，再次荣获“中国针织(线带)名城”称号。义乌线带产业自 20 世纪 80 年代中期兴起，致力于科学创新，努力提高产品质量和档次，成为义乌市工业经济的支柱产业之一，产品在国内同行中的市场占有率达 50%。义乌线带产业拥有 560 家生产企业，涌现了三鼎织造、诚信织带、实信织带、华宝电脑织绣、伊美电脑商标织造、明荣线业、航艇带业、民安消防设备等规模生产企业，国际商贸城和专业街经营线带的商位、店面 2680 个。产品远销欧美、中东、俄罗斯等 180 余个国家和地区。

（朱秀庆）

无缝织造业

【概况】 无缝织造业是义乌的新兴产业，拥有意大利电子提花针织机8000台,占全国的80%。具有较强的集群优势和产业体系。义乌市无缝服装行业顺应国家和浙江省纺织业发展的政策导向,完善义乌市无缝服装行业产业链,提高义乌市无缝行业协会和配套能力建设,集中体现在中国无缝服装科技产业园的建设和省级无缝针织制品及材料高新技术特色产业基地的建设。2010年,无缝针织产业及原材料产业拥有各类高新技术企业6家,其中国家重点扶持高新技术企业3家、省级1家,拥有省级高新技术企业研发中心2个,2005~2010年共承担火炬计划6项、国家重点新产品1项、省级纺织专项4项,获得各类专利100余项。2010年,义乌市无缝织造行业实现年产值80亿元,工业投入20亿元,纳税总额6亿元,利润总额6亿元。年内,企业从业人员3.5万人,同比增长25%;无缝生产企业120家,同比增长20%;无缝织造工业总产值80亿元,同比增长22.5%;占全球比重的30%,同比增加5个百分点。年生产无缝内衣1.5亿余套、短裤类5亿条,生产规模占全国的73%、全球的24%。涌现出"棒杰"、"博尼"、"万羽"、"芬雪琳"、"傲莱"、"伊彤"、"浪莎"、"怡婷"、"惠依"、"棉田"等知名品牌,无缝织造产品远销美国、德国、日本、欧盟等30余个国家和地区。

2010年,科研中心与西安工程大学合作,研发"抗菌吸湿快干无缝针织内衣生产技术研究与产品开发"及"PTT纤维无缝针织内衣生产技术研究与产品开发"2个项目,并筹备建设全球首个无缝专业领域无缝科研学校。浙江浪莎内衣有限公司、浙江惠依丝针织内衣有限公司、浙江棒杰数码针织品股份有限公司、义乌市华鼎锦纶股份有限公司、义乌市中力工贸有限公司等龙头企业均通过高新技术或科技型企业认定。

【中国针织(无缝内衣)名城复评】 6~11月,义乌市无缝织造行业协会与中国针织工业协会、中国纺织工业协会联系,安排中国无缝服装名城复评工作,推荐行业内骨干企业加入中国针织工业协会,为企业发展提供服务平台。11月,协会分别组织参与中国针织工业协会的换届理事会和中国纺织工业协会举办的全国纺织产业集群工作会,再度荣获"中国针织(无缝内衣)名城"称号。

【制定首个国家级标准《一次成型无缝内衣尺寸标准》】 10月,与中国针织工业协会、中国标准委员会沟通,获得制定无缝服装整个行业标准的资格。完成首个无缝织造领域国家级标准《一次成型无缝内衣尺寸标准》的制定,解决了国家无缝服装标准的问题,有效应对对外贸易中遇到的技术壁垒,首开全国无缝织造行业先河。

(楼　宵)

化妆品制造业

【制定《化妆笔行业联盟标准》】 1月6日,义乌市化妆品行业协会组织行业主要化妆笔生产企业与国家日用小商品监督检验中心合作制定的《化妆笔行业联盟标准》通过评审。专家组认为,义乌市《化妆笔行业联盟标准》的制定,是在符合现行国家相关标准要求基础上形成的,符合义乌市企业现有条件,是准确可靠、可操作性强的联盟标准。《化妆笔行业联盟标准》的起草单位为浙江颜雪化妆品有限公司、浙江戴维丝实业有限公司、浙江雅思化妆品有限公司、浙江艳庄化妆品有限公司等义乌市6家企业及国家日用小商品质量监督检验中心。《化妆笔行业联盟标准》规范化妆笔的原材料要求、卫生指标、检验规则等。该标准2月10日对外发布并正式实施。标准的实施,能有效提高义乌化妆品行业整体质量档次,树立义乌化妆品行业共同品牌,增强义乌化妆品产业的集聚效应。

【提升产品质量系列活动】 7月,义乌市化妆品行业协会与浙江省质量技术监督局、义乌市质量技术监督局、商城集团三公司4方联合举办化妆品产业应对贸易壁垒现场服务会,浙江省应对贸易壁垒咨询中心专家为100余家化妆品企业和经营户提供培训和现场咨询。8月,组织义乌30家企业参加浙江省化妆品出口企业"提升产品质量,缔造靓丽人生,拓展国际市场"主题研讨活动,研讨国际贸易环境与化妆品行业发展趋势,介绍欧、美、日、韩等国家和地区化妆品法规动态;介绍中国出口化妆品检验监管政策情况,研讨浙江出口化妆品检验监管分类管理模式改革思路;介绍先进化妆品企业发展经验;组织参观玫琳凯(中国)化妆品有限公司。同月,承办全国化妆品监管工作现场会,来自国家及各省(自治区、直辖市)食品药品监督管理部门的领导、专家120余人参加会议,会议选择浙江艳庄化妆品有限公司、浙江颜雪化妆品有限公司作为现场会示范现场,会长黄杰介绍义乌化妆品行业发展情况,宣传义乌发展化妆品产业的优势。

(何月英)

袜　业

【概 况】 袜业是义乌市强势制造行业之一,被列为中国袜业重要生产和出口基地。先后荣获"浙江省袜业商标品牌基地"、"中国袜业城"、"中国袜业名城"和"中国针织工业重点产业集群"称号;梦娜袜业成为2008年北京奥运会袜类产品唯一供应商。2010年,全市有袜业企业1400余家,员工8万余人。实现主营业务收入108亿元,其中营业收入超2000万元的52家,规模企业实现营业收入67亿元。营业收入超亿元企业18家,外贸出口6.88亿元。

品牌战略成效显著。2010年,全行业拥有工商行政认定的中国驰名商标3件,司法认定中国驰名商标15件。同时,浪莎、梦娜、芬莉袜业分别荣获中国名牌产品和浙江省出口名牌称号。浪莎袜业和梦娜袜业分别荣获第一、二届中国袜业标志性品牌。商标品牌和名牌价值含金量、知名度、影响力,位居全国袜业各主产地之首。

转型升级初见成效。面对全球金融危机对国际经济的冲击和挑战,为适应国际、国内市场需求,义乌袜业走转型升级道路,2010年,浪莎袜业和芬莉袜业有限公司分别投入2亿余元扩大生产基地,增强产销能力。年内,浪莎、梦娜袜业建立省级研发中心,均进入国家级高新技术企业行列;6家义乌市级高新技术企业和浪莎、梦娜、宝娜斯成为专利示范企业。

预警示范点规范运作。2008年,建立首家义乌针织品对外贸易预警示范点并通过省商务厅考核验收。2010年,规范预警示范点运作,搜集买家风险信息和经侦外贸预警信息,对针织袜业外贸形势和趋势及时发布信息通报,全年共搜集和发布外贸信息1012条,撰写和发布对外贸易预警信息通报6期,为政府和企业获取行业外贸信息搭建交流平台。

【"中国袜业名城"通过复评】 自2006年获中国纺织工业协会颁布的唯一的"中国袜业名城"称号后,2010年进行复评。10月30日,中国纺织工业协会和中国针织工业协会派出考核考评组,对"中国袜业名城"义乌袜业进行考核和评价,认为义乌袜业利用品牌优势,不断加大产业结构调整和提升品牌创造能力,使义乌袜业在国际、国内市场有更大的发展,一致同意义乌市通过"中国袜业名城"复评。11月22日,在北京人民大会堂召开大会,重新授予义乌"中国袜业名城"称号。

(金善富)

电力工业

发　电

【概况】 至2010年,义乌市10千伏在运行的并网地方小水电站有11座,共计37台发电机组9130千瓦装机容量,其中市杨宅水轮泵站于2010年底报废重建。毛店枫坑水库于2007年开始进行除险加固工程,原电站机组已报废。2010年,全市小水电站上网电量为2718.6万千瓦时。

在运行的10千伏并网地方小火电厂1座(华川热电厂),按自备电厂管理,发电机组容量为6000千瓦,2010年上网电量为3190万千瓦时。孤网运行电厂1座(义乌市双峰环保热电有限公司),共计2台发电机组,每台装机容量为1.2万千瓦,2010年自发自用电量为13274万千瓦时。

【国际商贸城太阳能光伏发电工程正式投运】 2月28日,国际商贸城太阳能光伏发电工程正式投运,容量1295千瓦,设计年均发电量120万千瓦时。试测结果:2月27日,阴转多云天气,发电1949.5千瓦时。2月28日,晴天,发电4463.5千瓦时。经专家论证,

义乌市 2010 年 12 月亿元企业经济运行月监测表

计量单位：万元、人

企业名称	工业总产值		新产品产值		出口交货值		主营业务收入		利税总额		利润总额		实交税金		资产总额		应收款净额		产成品存货		负债总额		银行贷款余额		平均人数	
	累计	±%	累计	±%	累计	±%	累计	±%	累计	±%	累计	±%	累计	±%	累计	±%	累计	±%	累计	±%	累计	±%	累计	±%	累计	±%
浙江宾王扑克公司	15987	6	20	10	927	4	16325	11	1105	8	537	15	550	0.5	27136	8	5107	16	1216	−5	19392	11	7346	0	480	0
义乌市自来水公司	17369	10					17369	10	4531	6	2689	12	2484	8	46031	6					19115	8	3000	20	290	22
浙江怡婷针织有限公司	13431	3			9999	21	12919	1			805	−5			15337	1	2011	4	456	2	8012	−10	6000	5	199	39
星耀水泥机械有限公司	11975	−13.2					11975		3413		2030		1830		22039		3415		313		15715		8300		264	
浙江省真爱毛纺有限公司	60879	10.5	39827	25.4	48465	12	60332	9.7	2742	4.7	991.8	12.3	1407	−3.6	87651	9.6	9309	−22	2017	−42	76791	17.9	12630	33.5	1150	−7.9
浙江新光饰品有限公司	55465	1%	/		17273	−7	52810	1%	5436	1	3787	3	4654	102	67477	−20	4220	2%	7859	−1	53193	−15			2280	−15
浙江曼姿袜业有限公司	13696	30	6192	4.8	11034	27	15437	28	1064	14	848	15	216	8	17672	88	3932	94	724	67	7043	27	1000		685	49
浙江红辣椒袜业有限公司	14770	31	879	41	974	−8.6	14062	27.6	1259	3.5	949	8.5	310	−9	11558	17.4	1919	105	2725	9.3	8297	10	2760	7.8	428	11
义乌市佳洁塑胶有限公司	16925	17.49	3334	36.81	8667	42.41	16572	17.38	3234	10.68	3041	10.9	471	116.06	12820	20.94	619	13.16	941	71.72	4501	−1.53	4310	2.48	109	−6.84
浙江运东实业有限公司	10262	2.1			4008		7247				−1584		724		24737		5489		2175		24253		20890		675	
浙江芬莉袜业有限公司	71366	1.1			29835	4.2	71414	2	8441	5	7540	4.65	901	8.7	125911	6.9	14203	2	5711	−9.2	60951	3.8	52720	4.5	2110	4.7
义乌市芬莉针织实业公司	12349	4			1602	71.3	14067	0.6	1609	−0.9	1385	−2	224	6.67	26078	9.5	4836	−2	2117	−7	9689	15.7	7732	19.3	306	−0.6
浙江嘉得莱有限公司	15508	1.5	4643	−9.6			15385	2.6	1076	−8.3			496	27	44399	1	7013	2	8121	8	25989	3	9180		71	3
浙江森宇实业有限公司	24478	1					24417	1	4635	11	496	27	44399	1	7013	2	8121	8	25989	3	9180		71	3		
浙江红叶制伞有限公司	33490	10.2					35769	10.5	5210	31.5	3600	43.68	413	26.7	11585	27.3	2411	81.35	1153	0.9	6031	36.27	4140	176	900	−11.5
义乌市安冬电器有限公司	20319	−10	431	100	16496	−10	18041	−10	1112	−2.6	834	−2.6	727	−10	9914	−9	2223	−39	3040	119	8015	−18	5600	180	131	−60
义乌市翔鹤化纤有限公司	12866	11.4					12977	11.5	775	11.4	498	12.7	252	5.9	10854	8	1380	1.6	1840	14.3	2289	15.37	1200	33.3	142	3.65
浙江宝娜斯袜业有限公司	60131	32.7	17912		12363	27.85	59459	32	7082	74.78	4757	48.8	1479	72.78	45318	29.37	8357	66.6	2905	15.7	32054	37.8	7186	−11.5	1030	36.6
浙江伊美薄膜工业制造有限公司	89937	29.4	7641	2.2	4833	22	89065	41.3	1527	51.8	594	26.4	933	74	116467	−7.6	4235	−26.8	5863	−6	85293	−12.8	84900	−2	414	9
浙江力得纺织有限公司	17930	1.4					17947	7	369	−35	285	−3	93	−66	58754	75	784	34	3582	32	53497	87	27265	21	320	
浙江义乌金绣花边有限公司	22289	−0.38			5614	−19.8	22289	−0.38	2367	−1.38	0	0	501	−3.8	1866	−0.6	2031	70	3821	−16.4	25713	−10.85	6510	−23	601	
义乌市易开盖实业公司	36973	20.7	5025	5.78	20058	21.8	37595	27.6	3879	17.2	1467	−6.6	55605	27.3	5682	56.2	2063	8.8	34169	43	23566	13.1	778	8		
义乌市双童日用品有限公司	16803	8	434	100	5457	2	16466	8	1033	5	0		625		11557	27	1543	77	1537	54	4730	67	3705	37	220	18
义乌市华鼎锦纶有限公司	94000	17	54550	23	30890	2535	101832	26	15024	28	12511	34	2513	4	137891	18	13076	−7	2907	−30	90081	12	65032	8	720	−11
浙江梦娜针织袜业有限公司	85921	16.8	42874		45555	15.8	83116	12.9	12674	14	0	0	2268	−15.3	156506	10.16	21495	29	21710	−7.9	97755	3.2	42304	−29.2	3848	−10.5
浙江艾恋针织服饰有限公司	20500	2			8000		20200	6	4138		0	0	185	54	19000	26	3000	36	4400	10	3365	16	1980	72	200	11

续 表

企业名称	工业总产值		新产品产值		出口交货值		主营业务收入		利税总额		利润总额		实交税金		资产总额		应收款净额		产成品存货		负债总额		银行贷款余额		平均人数	
	累计	±%	累计	±%	累计	±%	累计	±%	累计	±%	累计	±%	累计	±%	累计	±%	累计	±%	累计	±%	累计	±%	累计	±%	累计	±%
浙江美亚天奴服饰有限公司	15230	−19					18671	−1.6	2365	16.2	2099	18.6	266	0.3	12734	−7.3	2134	277	1111	−31	11234	−7.3	8810	104	170	−11
浙江小龙人袜业有限公司	12314	4			955	−6.6	11760	3	1405	8	1240	9.5	321	−5	8723	2.4	5450	−1	1527	−3	3815	−21	2500	−4	270	16
浙江万羽针织有限公司	25078	48	5732	50	12391	38	24825	60	1143	57	997	58	248	38	25042	49	2381	40	1215	55	11915	19	9130	9	310	20
浙江中高动力科技股份有限公司	30768	98			4337	142	30627	95	2219		1913	166	1459		45867	20	4328	11	5240	14	21454	38	13240	7.8	197	46
义乌市航飞包纱有限公司	18111	32			232	100	17331	34	2300	39	1783	35	517	46	17322	24	3400		1596	2	7902	29	4690		247	−2
浙江宇伟拉链有限公司	14172	35					13567	35	708	26	889	6	118	5	5359	3	2008	−50	494	37	4275	−2.3	700		182	6
浙江晨云实业有限公司	10368	13	3074	14			9279	16	905	13	693	14	267	11	7125	12	3397	14	2503	15	4260	13	520	12	120	
浙江永达不锈钢制品有限公司	10695	5.96	6801	−17.2	7635	−23.8	10538	4.48	900	20	671	11.46	229	54.7	13655	27.7	216	−16.28	48	17.07	9455	−1.87	6100	−18.67	182	10.3
浙江宝丽姿伞业有限公司	14184	45					12768	35	540	50	1260	44	540	48	10163	27	2396	23	730	5	4148	12	2000		450	
义乌市洁康管业有限公司	14291	8.4	174				13343	2.9	1322	2.5	1184	2.5	138	1.5	13294	1.6	1492	−7	2208	5.2	7845	−1.1	7100		58	−14
义乌市炊具制造有限公司	10649	1.25	1187	1.89	311	23.41	10554	1.79	1019	−0.39	683	−1.3	336	1.51	3494	11.8	717	−9.36	1102	19.26	1071	17.3	1000	14.9	61	
浙江宾派实业有限公司	11683	3.2					11254				1605		533		19125		2152		1425		12626		2050		133	
沪江控股集团有限公司	13985	41.9					13433		771		74		697		17511				7620		10062		10000		350	
浙江年年旺针织有限公司	11195	48.4			5602		11144		988		742		246		7495				100		3408		1235		118	
义乌市法明五金工具有限公司	11212	33.1			11212		11212		1910		1602		308		13245				547		4821		4680		118	
义乌市八方电力设备制造有限公司	10536	31.7					11256		2645		1573		1072		6680				1222		2913				123	
义乌市大盈袜业有限公司	11067	112.5			6139		10982		1164		919		245		8052				127		4077		1400		388	
浙江欧罗针织有限公司	10400	87			4943		10364		1015		850		165		7043				36		5041				148	
浙江剑利美针织服饰有限公司	22088	27			6483	47	20726	22	2126	5			68		21129	21	3957	81	4236	−61	4588	40	3000	44	288	10
三鼎集团	148694	8.1	68304	54	32887	1334	133498	27	14758	54.6	13205	79.1	1553	−28.6	340725	29	30954	60.8	8166	−37.1	278413	31.6	161532	17.9	2759	1
浪莎针织有限公司	120753	13.9	82212	4.9	32603	48.3	93412	17.6	9395	32.8	4371	84.7	5023	6.7	119523	4.1	8960	17.6	3210	−0.1	79235	14.9	72053	12.9	5365	4.8
伟海拉链有限公司	74370	25.5	0		20960	−10.1	72309	22	2829	14.8	2552	7.6	277	204.2	107554	−2.5	5507	64	2735	11.1	87734	−9.4	45700	30.3	2058	−15
王斌装饰材料有限公司	91757	19.2	14151	9.7	64582	28.7	91276	19.2	7807	21.9	3882	12.3	3925	33.3	81266	6.4	23383	12.3	6522	8.7	58705	11.1	17760	83.6	2475	−3.2
浙江顺时针服饰有限公司	66878	0.1	0		0		83459	0	10402	0	10198	0	203	0.2	54678	0	5820	0	5930	0	22911	0	4725	−35.3	185	3.4
浙江鑫鸿拉链有限公司	23250	11.8	0		13949	31.6	22982	12.7	1243	−24.4	485	−41.4	855	18.9	8152	−16.7	853	26.9	431	−59.8	2001	−49.8	1800	−15.5	813	−8.1
浙江金鹰工艺品厂	20032	2.7	15966	−0.1	6250	−2.9	20028	2.8	2718	−25.3	1915	−0.7	803	−53.1	36380	8.1	3427	43.6	621	−9.3	14428	9	13880	7.8	428	2.4

续　表

企业名称	工业总产值		新产品产值		出口交货值		主营业务收入		利税总额		利润总额		实交税金		资产总额		应收款净额		产成品存货		负债总额		银行贷款余额		平均人数	
	累计	±%	累计	±%	累计	±%	累计	±%	累计	±%	累计	±%	累计	±%	累计	±%	累计	±%	累计	±%	累计	±%	累计	±%	累计	±%
金路达袜业有限公司	16316	4.4	0		0		16316	4.4	1288	40.9	895	23.3	393	108.3	12553	0.7	1634	-3.8	907	-3.1	6136	-1.1	1043	5.5	510	244.6
浙江波塞顿服饰有限公司	18009	15.3	0		15282	22.0	12945	7.2	1178	-19.9	1067	-21.3	110	-3.3	18241	17.4	5493	37.9	846	33.1	15398	62.1	2145	81.4	260	6.1
浙江绣锦服饰有限公司	24019	8.5	0		23508	8.8	23508	8.8	3121	14.3	3008	14.5	113	8.8	39013	64.6	7380	29.4	5128	24.2	19762	83.6	15665	56.7	205	-35.9
浙江振汉袜业有限公司	25499	17.4	0		233	233.0	25442	10.4	1353	-0.6	1267	0.7	86	-15.8	23016	146	835	65.6	1569	92.4	9647	109.3	4825	11.2	359	23.8
年年红实业有限公司	20105	26.0	0		0		20063	23.8	3143	20	1643	26.9	1500	12.5	24987	7.6	5	-88.6	1585	-0.8	14412	3.3	8000	3.9	1542	15.1
明荣线业有限公司	15238	22.1	3590		5353	10.0	13621	23.1	1175	9.3	614	-27.6	561	147.5	15722	-3.5	2014	0.3	1180	0.9	13108	1.6	7600	15	382	10.1
画之都油画股份有限公司	15192	110.6			12144		15199		3936		3314		622		12726				1681		3971		1000		938	
浙江金汇化纤有限公司	13859	73.7			7785		15039		759		540		219		11351				895		3800		4500		251	
百思得彩印包装有限公司	12973	62.2			884		12892		1277		470		807		8986				252		3560		2825		170	
生力拉链有限公司	13859	13.8			9785	56.5	15039	43	550	-21.9	166	-24.9	385	-20.5	13565	9.3	3421	20.5	895	8.5	5800	25.4	4500	46	268	-6.9
浙江银尔集团有限公司	11004	6.0422			5780	7.876	11078	6.7553	1313	25.887	1158	39.686	228	6.047	11413	0.982	1388	20.49	1024	-14.5	3087	-15	2156	0.56	56	-6.7
天孚控股集团有限公司	24589	8.0	22317	27.1	3865	-16.7	23460	6.5	1183	0.7	902	10.1	281	-21.1	11417	0.8	654	33.2	636	21.6	3617	20.9	2800	0.0	150	0.0
义乌市超其特玩具有限公司	22223	13.7			18475	14.0	22223	13.7	3501	23.3	2684	9.8	818	106.6	16818	21.8	2072	16.9	265	-9.9	8937	72.3	8000	64.3	920	3.8
义乌市文渊文具有限公司	13149	6.1	148		5664	63.7	16799	35.6	969	124.8	619	25988.0	350	35.1	3825	8.9	430	27.6	662	36.8	2472	6.0	2374	55.5	238	73.7
义乌市祥胜文化用品有限公司	13491	5.2			1815	1451.3	12498	16.9	1751	68.2	1452	54.1	180	81.8	11930	14.4	743	60.5	921	55.6	3027	13.3	1500	50.0	408	1.7
义乌市华灵拉链有限公司	12697	9.9			4586	1.0	12598	10.4	1047	43.4	756	65.8	291	6.2	5053	-22.8	191	-3.5	149	-21.6	1010	-49.6	350	0.0	491	0.4
浙江玫瑰伞业有限公司	12909	15.5			6100	-1.3	12791	14.5	1109	61.0	895	65.1	214	45.6	4620	-2.0	190	31.0	360	105.7	1386	-6.6	100	-90.0	234	8.3
义乌市春香日用品厂	12340	10.8			5308	-3.1	12247	11.3	1102	53.1	855	49.7	247	65.8	4525	-13.1	125	13.6	175	19.9	1518	-11.2	750	0.0	115	-34.3
浙江天力拉链有限公司	11977	3.5			3096	-33.4	11892	3.7	1036	55.1	831	56.8	205	48.6	5322	-7.0	199	-19.4	245	-55.2	1460	0.2	620	0.0	110	42.9
义乌市嘉奇食品有限公司	10011	130.0			1542		10024		722		570		152		2025		121		198		1380		130		92	
义乌市蝴蝶花袜业有限公司	10042	30.0			1642		10006		847		700		147		2026		171		186		1426		100		95	
义乌市鑫挺人造革有限公司	11890	33.4	1490		1360		11861		493		138		355		10707		2293		206		9226		4240		200	
浙江伟龙包装科技有限公司	51687						51686		538		393		145		21323				532		8238		8000		20	
浙江华鸿控股有限公司	33586	43	0	0	27099	11	28562	12	549	-40	371	-209	178	-80	64386	29	4149	10	1736	-69	54416	22	28446	10	1348	-7
浙江华义医药有限公司	33037	-1	29033	39	15376	-21	25552	-15	1871	-71	1600	-74	271	-39	20037	-2	3934	7	3264	17	7091	-2	3000	50	256	-4
浙江日信纺织有限公司	18950	20	10400	246	4338	0	17803	15	797	46	299	218	497	11	56711	90	214	-64	889	272	49844	113	28610	39	261	4
义乌恒祥拉链有限公司	24531	10	0	0	3186	55	17421	57	1325	81	1049	173	276	-19	18216	3	3013	-30	969	-27	2894	-49	2400	-47	502	-10
浙江正味食品有限公司	25378	10	15038	11	0	0	24153	9	4785	22	4144	25	641	6	30182	24	2586	861	405	-4	6999	-36	4990	-48	169	13
金成钢结构工程有限公司	24326	14	0	0	0	0	20677	11	2782	65	2560	93	222	-37	25762	-7	6959	7	3875	244	16685	-15	8875	-7	312	1
浙江莎雪服饰有限公司	27593	67	0	0	20649	0	25001	57	5439	40	4314	130	1125	-43	16520	4	3838	37	1255	0	5535	22	1000	0	380	43
浙江诚信织造有限公司	20740	30	0	0	0	0	19245	-22	2405	-12	1235	-52	1170	567	21998	-12	5600	191	3900	-13	10574	-50	5592	-7	361	-28

续 表

企业名称	工业总产值		新产品产值		出口交货值		主营业务收入		利税总额		利润总额		实交税金		资产总额		应收款净额		产成品存货		负债总额		银行贷款余额		平均人数	
	累计	±%	累计	±%	累计	±%	累计	±%	累计	±%	累计	±%	累计	±%	累计	±%	累计	±%	累计	±%	累计	±%	累计	±%	累计	±%
浙江蜜蜂集团有限公司	14205	-4	0	0	0	0	14090	-9	249	-67	-299	-229	548	0	12765	-7	561	-44	493	-43	9552	-7	5880	0	342	-3
浙江芬雪琳针织服饰有限公司	28072	1	0	0	12351	63	26935	4	976	-12	569	-14	408	-9	20098	6	3385	8	1129	0	10079	11	3909	-20	301	29
浙江港美服饰有限公司	10811	42.8			9564		10620		651		391		260		12024				551		6452		3410		167	
浙江港莎针织品有限公司	10010	15.8					10004		1229		1014		215		2039				303		950		500		228	
义乌市泰达纺织有限公司	15569	58.4			5663		15581		921		663		258		16845				424		14453		4393		541	
浙江神力针织品有限公司	16756	10	0	0	0	0	10900	47	370	-2	160	-5	210	0	17563	14	5183	40	2205	7	14752	8	10170	-6	300	38
浙江华川实业集团有限公司	106800	22	4600		1400	-51	99270	49	6019	118	2762	2192	3257	23.5	82484	1.4	11931	83.5	4301	-18.2	36886	-4.2	21056	5.3	2025	0.5
浙江义乌华统肉制品有限公司	86486.8	26.79	492.3		0		83862.9	21	2818.1	-6.88	2700.6	-4.62	117	39.69	38430	38.8	867	256.5	1477.1	220.5	22976.7	50.06	21862	163.59	745	43.27
义乌市三剑冷轧厂	12516	-8					12516	-8	162	-36	108	-25	54	-50	658	-51					455	-35	445	-7	34	0
浙江巨龙箱包有限公司	31025.9	180.9%	31025.9	180.9	10359.1	403.9	36097.2	182.3	5139.5	387%	4028.1	391.6%	1111.43	372.4	36455.7	57.3%	3553.2	65.0%	1992.4	274.7	16627.2	32.2%	1001.8	-89.2	296	-14.2
义乌市先通电子材料有限公司	17640	34.87%					16035	52.3%	653	68%	314	123%	339	36.7%	27677	8.08%	6242	-6.7%	1086	39.6%	22401	8.55%	11248	7.23%	206	11.4%
义乌市郁安纺织有限公司	13059	151.6			445		12163		79		1418		79		1210		273		123		1210		249		85	
浙江信达化纤有限公司	10166	10.00%	1211	5%	0	0	9853	0.00%	262	0%	106	0%	262	0.00%	12471	0.00%	0		1030	0.00%	10347	0.00%	5590	0.00%	85	2.00%
浙江四达工具有限公司	18966	15			1305	64	8760	35	524	44	176	60	347	34	23526	61	1681	11	98	2.9	19211	84	16305	52.8	441	11.9
棒杰数码针织股份有限公司	33868	18.79%			22429	15.0%	29735	19.4%	6579	41.3%	4415	51.25%	2164	24.7%	38293	0.31%	4287	298.4%	2075	24.3%	20216	-4.5%	13160	15.0%	1000	0.00%
博尼服饰有限公司	51049	25			26527	14.8	58052	29.2	5648	34.7	4800	33.6	848	35.9	61604	32.23	8617	32.9	4254	56.4	31843	-14	25500	7.7	858	9.1
沙洲针织品有限公司	12061	8.2			2488		10499		410		240		170		7298				213		5779		2067		85	
超凡制衣有限公司	13557	87.3			9044		10557		3591		3102		489		14303				3859		10477		7450		220	
友邦袜业有限公司	12038	18			10557		10557		1086		496		590		17362				686		14441		6819		326	
浙江贝克曼服饰有限公司	30643	2.69	0	0	20317	21.43	31125	11.77	5737	22.27	3087	23.87	2650	20.45	43238	20	7887	-22.9	1839	200	29448	21.45	8373	5.9	1710	3
浙江三佳制衣有限公司	21136	25	0	0	17839	20	20946	24	1345	24	670	66	876	1	16351	10	1247	10	3637	28	13728	11	4067	-26	1700	21
浙江能达利集团有限公司	12682	1.8	0	0	3579	20	12789	1	297	-13	238	-27	690	1.2	21094	-25	15130	-6.5	1949	-12	17514	-29.5	8000	2.5	510	-3.7
浙江晋升服饰有限公司	10789	8.75	0	0	4929	20.35	10686	-1.43	852	-8.5	307.5	-7.2	545	-9.2	13578	35.6	3913	-6.5	452	-16.5	9119	8.52	4198	-2.65	453	-3.5
浙江双佳制衣有限公司	10385	35.4			9177		10572		603		314		289		5586				1162		3905		2275		387	
浙江大通轻纺有限公司	12502	38.5					13251		806		653		153		11330				1771		8863		4710		97	
浙江百隆针织有限公司	26604	17			17358	13	24781	9	2738	6	2600	6	139	9	42636	17	8788	11	4979	-2	238531	16	7944	12	665	-27
浙江艳庄化妆品有限公司	17069	22			6323	4	14853	6	188	12	305	-10	18	133	20021	12	1628	-1	1096	61	12075	6	6995	-3	341	-2
浙江华丽特针织袜业有限公司	12215	19					11531	14	844	39	251	-11	593	82	38415	20	0	-100	1462	-49	31745	22	20900	22	342	18
义乌飞腾纺织有限公司	14050	16			8895	14	13072	13	984	15	902	16	0	0	10890	11	650	36	1327	4	7895	2	7000	17	400	0
浙江伊彤服饰有限公司	11541	49			8787	42	8203	19	109	18	436	19	109	18	10815	23	864	-32	120	67	7632	30	4855	25	178	1
梦家园集团有限公司	34310	174.0	0	0	0	0	34310	174.6	857	-34.2	784	-12.1	550	33.82	32811	-17.7	426	-88.1	164	-95.2	26292	35.7	6412	-22.2	282	-32.6
浙江华隆食品有限公司	11894	4.2	0	0	0	0	11938	5.5	1029	-7.2	1016	-7.8	99	435	30794	22.6	3080	31.2	1960	167.03	19330	31.8	13990	19.3	89	1.1

义乌市2010年度小水电站上网电量一览表

电站名称	装机容量(千瓦)	年度上网电量(万千瓦时)
六　都	800	340.80
八　都	640	290.30
王大坑	280	0.10
塔　下	1120	542.60
半月湾	1800	900.74
岩　口	805	159
古　寺	570	133.10
杨　宅	1705	288.40
柏　峰	885	18.80
荷火塘	115	13.40
长　堰	410	31.36
合　计	9130	2718.60

按不上网型企业自备电厂性质并网,2010年度实际发电量为51万千瓦时。国际商贸城太阳能光伏发电,对低碳经济发展和节能减排工作起到积极的推进作用。

供　　电

【概况】 2010年,全面完成年度业绩考核指标,各项工作取得新进展。义乌市全社会用电量562759.44万千瓦时,同比增长14.29%。实现售电量52.50亿千瓦时,同比增长17.03%。受理客户用电申请17369户,新增容量67.71万千伏安。线损率3.07%,电费回收率100%,综合电压合格率99.82%,城镇供电可靠率99.88%,农村供电可靠率99.54%。

全面实施"塑文化、强队伍、铸品质"供电服务提升工程。组织开展优化用电方案、上门用电安全检查、营业窗口技能竞赛等活动。拓展多渠道收缴费方式,同城多点缴费、银行后台扣费、自助缴费、支付宝网上付费等途径相辅相成,电费自助缴费系统实现城乡全覆盖。推进用电信息采集系统建设,4个供电营业所实现全区域集抄,3个供电营业所基本建成,达到金华乃至全省电网系统领先水平。

严格执行"三不指定"规定,被国家确定为用户受电工程市场规范化建设的试点单位,得到国家电监会和浙江省政府领导的高度肯定。"国家电网"品牌标识标准化工作通过省电力公司验收。合理安排电网运行方式,落实节能减排有序用电措施,圆满完成迎峰度夏工作。完成上海世博会、市"两会"、"义博会"等重大活动的保供电任务。义乌市供电局荣获2010年浙江省用户满意企业、义乌市"两创两提"先进单位等荣誉称号。

【全省供电监管工作现场会在义乌召开】 8月6日,浙江省电监办在义乌市召开全省供电监管工作暨电力用户受电工程市场规范化建设现场会议。会议内容是:贯彻落实国家电监会年中工作会议精神,总结2005～2010年浙江省供电和供电监管工作所取得的成绩,以及义乌电力用户受电工程市场规范化建设试点的做法和经验,研究部署下一步全省供电和供电监管工作。会上,对全省供电、电力监管和义乌试点工作给予充分肯定,指出各级供电企业和电力监管机构要以义乌试点为契机,努力抓好供电常态监管,不断推动全省供电工作更上新台阶。与会代表还观看了浙江省电力用户受电工程信息与监管系统演示,参观了义乌市供电局受电工程市场规范化建设试点窗口。

电网建设

【概况】 2010年,义乌电网"十二五"电网发展规划通过审查,3个中心镇"十二五"电网发展规划完成评审。配合完成110千伏赤岸变电所、220千伏官塘变电所、500千伏丹苍线3个国家电网公司里程碑项目。大力推进电网建设改造,全年共投入建设资金2.88亿元,建成110千伏线路9.8千米,投产容量25万千伏安,完成110千伏义亭、长岛、开诚变电所扩建及配套工程的施工落实,实现110千伏赤岸变电所主体投产。除大用户自备35千伏变电所外,义乌电网告别了长达46年的35千伏电压等级变电所。建成配网线路191千米，投产容量6.47万千伏安。投入新农村建设资金6241万元，完成城网改造项目7个，农网改造项目96个，建成电气化乡（镇）2个，新农村电气化村195个。

建成调控配一体化系统并投入运行，正式接受义乌电网110千伏变电站调度委托，实现110千伏输变电设备的运行委托管理。试行开展配网状态检修，举办电力技术节活动，在省公司指导下试点开展配网工程监理工作。推进全过程技术监督，强化缺陷闭环管理，完成技术监督稽查系统上线运行。坚持电网科技投入，顺利通过国家电网公司的“电网科技进步先进（县）供电企业”考评。

（蒋奕军）

节能降耗

【概况】 2010年是“十一五”计划的收官之年。“十一五”前4年，义乌市累计实现万元GDP能耗降低率18.24%，完成5年目标进度的89.23%，处于全省领先水平。2006～2010年，义乌市GDP年增长率分别为15%、15.7%、12.1%、9.0%、11.5%，万元GDP能耗降低率分别达到5.4%、4.3%、5.5%、4.5%、2.2%，超过全国、全省和金华的平均进度，没有出现前松后紧和大起大落等状况。“十一五”期间，对32个高耗能工业项目进行节能评估审查，对38项新增315千伏安以上变压器工业项目进行节能审查，有效控制高耗能项目的落地和开工，促进工业整体能耗水平的下降。淘汰239台不并网500千瓦以上的柴油发电机组、50%的黏土砖瓦窑和浙江蜜蜂集团3000千瓦低效率的汽轮发电机组，水泥等高耗能行业已经全部淘汰。全市节能备案投资额3亿余元。共完成节能减排投入3亿余元，年可节约标准煤3万吨以上，节约成本和产生经济效益2亿元以上。至2010年，全市大多数企业改用节能型锅炉，余热、余压得到广泛利用，节能螺杆式空压机、地源热泵等节能新技术与新产品得到应用。

2010年，全市年度节能目标是万元GDP能耗下降2.19%，至10月底，万元GDP能耗降低率2.89%，规上工业增加值能耗降低率6.95%，完成进度正常，圆满完成年度节能目标和“十一五”节能总目标。

年内，全市开展有序用电工作，依次实施4套有序用电方案，控制用电量过快增长，全面落实11家高耗能企业检修停产15天的控制用电任务。加强项目节能管理，降低工业增加值平均能耗。全市累计审批通过项目38个，新增容量3.73万千伏安，平均单位增加值能耗0.6吨标煤/万元，大幅低于省经信委规定的相关标准及2009年义乌市工业增加值能耗水平。对17个高耗能工业项目进行节能评估审查，有效抑制高耗能项目落地。完成清洁生产验收审核企业28家，创建省绿色企业3家，分别累计136家、14家，清洁生产工作位居全省县级（市）前列。开展能源监察和指导工作，全年完成重点用能企业能源监察20家、大型公共建筑能源监察5家。

（韩红英　骆雷明）

农村经济

综　述

农业经济保持平稳健康发展。2010年，全市实现农业总产值25.2亿元，增长17.5%，其中实现种植业产值14.5亿元，增长24.7%；实现林业产值0.5亿元，增长15.7%；实现牧业产值9亿元，增长8.6%；实现渔业产值1.1亿元，增长8.2%。全年粮食播种面积1.76万公顷，粮食总产量10.5万吨，分别下降5%和5.4%。经济作物面积1.23万公顷，其中蔬菜面积0.77万公顷，产量16.6万吨。年内生猪出栏45.4万头，增长5.6%；家禽出栏572.8万只，增长0.4%。

现代农业亮点纷呈。2010年末，全市拥有规模以上农户和农业企业2300余家，其中农业龙头企业227家，带动农户19.5万户，建有各类基地面积3.2万公顷。成立农民专业合作社214家，带动农户4.7万户。稻麦种植在1.33公顷以上的种植户335户，种植面积0.24万公顷。年内出栏500头以上生猪规模养殖场106家，规模农业产值已占全市农业总产值的65%。全年申报省级无公害农产品产地认定51个，累计建成无公害农产品基地289个。

休闲农业进一步发展。至2010年末，全市有农家乐经营户98家，从业人员1448人。已初步建成上溪“十里桃花坞”、赤岸“欢乐田园”、廿三里“七彩华溪”、大陈“万亩竹海”、后宅“四季果园”五大农家乐休闲旅游项目，形成集观光、休闲、科普、体验、生产、购物于一体的休闲观光农业带。

成功创建全国绿化模范县(市)。全市累计创建国家级生态镇6个，绿色学校1所，绿色家庭1户，绿色社区1个，绿色饭店1家；省级绿色学校14所，绿色家庭15户，绿色社区5个，绿色医院2家，绿色饭店9家。金华市级生态街道4个，省级生态环境教育示范基地3家。义乌市级生态村299个，各级绿化示范村558个，绿色称号单位682家。全市森林覆盖率49.85%。

各项水利工程建设进展顺利。2010年，柏峰水库、枫坑水库除险加固等重点水利工程完成既定目标，千库保安工程、万里清水河道工程进展顺利。年内，投入资金2740万元。全市计划安排除险加固水库31座，年底基本完工8座，正在施工5座。2010年，万里清水河道工程计划实施12项共40千米，完成40.7千米。

农村饮用水条件进一步改善。2010年，计划建设千万农民饮用水工程项目70个，其中续建19个，新建16个，前期项目35个。续建项目中16个完工，新建项目中11个完工，5个开工建设。年内改善农村饮用水受益人口24万余人。义乌市自2003年起实施千万农民饮用水工程，至2010年，累计投入资金1.8亿余元，受益人口54.6万人，全市自来水覆盖率95%。

农　业

种　植　业

【概况】　2010年，粮食规模生产比重继续增加。全市复种面积1.33公顷以上的种粮大户共335

户，种植面积2400公顷。百亩以上种植大户增长迅速，增加25户，共124户，种植面积总计3600公顷。全市春粮种植面积2000公顷，总产量5400吨。其中小麦300公顷，总产量971吨；蚕豌豆487公顷，总产量1100吨。市政府加大对早稻的补贴力度，早稻生产面积再创新高，全市完成早稻种植面积1300公顷。其中赤岸全镇早稻种植面积280公顷，比上年翻两番。全市单季晚稻种植面积6300公顷，连作晚稻1300公顷，玉米1200公顷，大豆1500公顷，杂豆633公顷，马铃薯1900公顷，番薯1400公顷，高粱、粟米等杂粮面积827公顷。

蔬菜种植面积8500公顷(含果用瓜)，总产量20.34万吨。其中西瓜、甜瓜种植面积1400公顷，基本保持平稳。大棚西瓜、甜瓜种植面积433公顷。2010年，新增蔬菜钢架大棚30万平方米，总面积130万平方米，加上400万平方米的竹棚面积，全市蔬菜设施面积667公顷。

水果种植总体形势良好。2010年，全市水果种植面积3100公顷，总产量8.74万吨，总产值2.16亿元。其中梨园675公顷，产量1.33万吨；桃园417公顷，产量5600吨；葡萄园254公顷，产量3800吨。主导水果优势显现，葡萄成为增效最明显的水果，种植面积增加66.67公顷，产量增加1000吨，增产2000余万元。

糖蔗种植继续保持增长势头。全市糖蔗种植面积453公顷，果蔗面积1200公顷。茶叶总产量1084吨，总产值1035万元。其中春茶总产量526吨，春季名优茶33吨，产值320万元。

创建全国马铃薯高产示范市。2010年是实施“全国马铃薯高产创建示范县”建设的第三年。各示范畈平均亩产2.53吨，超目标亩产2.2吨的要求。积极推广薯、稻水旱轮作技术，全年推广面积66.67公顷，比上年增长40%。年内新引进的“菲瑞特”品种试种成功，最高亩产3.5吨。

【义乌市甬优9号获丰收】 甬优9号是宁波市农科院作物所和宁波市种子公司合作育成的优质高产籼粳杂交晚稻新组合品种。2010年，为推广普及该品种，义乌市种子管理站在义亭镇枧畴村和上宅村、大陈镇杜门村和李宅村、廿三里街道何宅村、江东街道永和村、苏溪镇新乐村、上溪镇五七农场、赤岸镇深塘村新建9个100亩以上甬优9号单季晚稻示范畈，示范畈面积101.6公顷。10月16日开始，甬优9号示范畈陆续成熟收割，义乌市农业科教信息中心、农业局科技科、种植业管理总站、种子管理站联合对示范方进行验收，义亭镇上宅村示范畈种植户楼国三800公顷高产攻关田湿谷产量每亩911.23千克，晒干率77.78%，亩产708.7千克。各示范畈加权平均亩产量592.7千克。

【日产80吨大米生产线建成投用】 11月7日，由义宝农庄投资120余万元、日加工80吨大米的全自动生产线在义亭镇枧畴村建成并投入使用。采用微电脑操作的生产线，提高了稻谷在加工过程中大米的产量和品质。

【首家农机粮食合作联社挂牌成立】 10月28日，首家农机粮食合作联社——义和粮食机械化专业合作社挂牌成立。义和粮食机械化专业合作社由义乌市宝丰农业服务专业合作社等7家合作社发起组建，注册资金100万元，社员269人，固定资产1086万元。有各类农业机械188台(套)，育秧中心5个，烘干中心2个。义和粮食机械化专业合作社的成立，对市农机、粮食专业合作社转型升级、强强联合起到推动作用。

【晚稻良种评选会】 9月30日，市种子管理站组织全市13个镇(街道)农业技术服务中心主任、种子联络员、种子经销商代表和种粮大户代表50人召开晚稻良种现场观摩评选会。与会人员考察义亭镇上宅村甬优9号高产示范畈和廿三里街道何宅村新品种对比展示现场，总结、交流义乌市主要晚稻品种优缺点，并提出2010年晚稻管理及2011年晚稻品种布局意见。2011年，单季晚稻主栽品种为甬优9号，引进推广高产潜力大的甬优12号，连作晚稻以甬优4号和岳优9113等为主，迟播救灾品种以嘉优2号为主，引进推广秀水03。

畜 牧 业

【概况】 2010年，全市实现牧业总产值8.98亿元，同比增长8.6%，占全市农业总产值的35.7%。全市生猪养殖场(户)1280户，年末存栏生猪26.61万头，其中生猪存栏300头以上猪场119个，年末存栏生猪18.25万头，全年出栏商品猪45.4万头。全市家禽总存栏138.19万羽，全年共出栏家禽572.75万羽。全市共存栏牛981头，其中奶牛511头，全年出栏牛550头。存栏羊1.26万只，全年出栏羊0.94万只。存栏兔1.16万只，全年出栏兔2.89万只。全市共有蜂群1.4万箱，生产蜂蜜258吨，蜂王浆20.3吨，蜂花粉35吨，蜂蜡7.7吨，蜂胶1.36吨。全市有鸽子养殖场4户，存栏鸽子5.1万对；孔雀饲养户1户，存栏孔雀1000只；梅花鹿养殖场2户，存栏梅花鹿78头。

禽畜防疫。2010年，义南、义北两所全年累计检疫调入生猪59.16万头，牛羊7.79万只，家禽206万羽，冷冻畜禽产品1.49万吨。检疫屠宰生猪85.34万头，牛羊7.8万只，家禽489.71万羽。无害化处理生猪2041头，家禽1.77万羽，病害产品49.1吨。

畜牧业转型升级。2010年，累计投资1909.77万元，开展畜禽排泄物治理工程、病死畜禽无害化处理设施工程建设。重点建设项目28个，大力推广"猪—沼—牧草"的顺旺生态循环养殖模式，顺旺养猪场获农业部标准化生猪示范场称号。开展泔水猪专项整治，对26个重点猪场开展星级创建工作。投入建设资金537.51万元，新建无公害畜禽养殖基地10个。全市规模养猪场3家、规模养禽场1家和养羊场1家正在实施省级畜禽标准化生产建设项目。华统集团有限公司争取到2010年中央财政生猪产业化建设项目，拟落实补助资金500万元。

卫生监督执法。2010年，立案查处兽药违法案件16起，涉案金额1.32万元，没收违法所得3747元，罚没款5.2万元。查处饲料方面的违法案件3起，涉案金额5361元，没收违法所得4978元，罚没款9908元。立案查处动物卫生监督违法行为26起，罚没款1.1万元。查处无证经营种猪配种案1起，没收违法所得2125元，罚没款5125元。

【43个规模化养殖场排泄物治理项目通过验收】 11月22日，由金华市农业局、环保局、财政局、畜牧局等单位组成的验收组对义乌市规模化畜禽养殖场排泄物治理项目进行验收。验收组一行到各沼气工程现场进行考核验收，实地察看设施建设及运行情况，认真听取各工程建设情况介绍，并查阅有关材料，一致认为各工程验收资料翔实、齐全，工程建设规范，达到验收要求。根据省2010年"811"环境整治规模化畜禽养殖场排泄物治理的总体要求和部署，义乌市共有40家100头以上规模的养殖场被列入2010年的治理任务。此次，全市共有43个沼气工程通过验收。共涉及治理存栏生猪1.26万头、奶牛51头，新建厌氧池3590立方米，其他配套池容1548立方米，年可处理猪场污水6.9万吨，年可产沼气29万立方米，年可回收利用氨氮10吨，工程总投资424万元。

【动物疫病诊断实验室通过地市级考核】 10月，市畜牧兽医局动物疫病诊断实验室正式投入使用，总投资360万元，配备先进

动物疫病诊断实验室

的P2实验室。12月10日，该实验室顺利通过浙江省地市级实验室考核，成为首家县级市通过地市级实验室考核的单位。

【省首条生猪屠宰自动化线在义乌投产】 8月9日，由华统集团投资6000余万元从荷兰引进的浙江省首条生猪屠宰自动化流水线投入运行。该生猪屠宰自动化流水线，全过程实现自动化流水作业，每小时能屠宰620头生猪，比人工屠宰效率提高1倍。

生猪屠宰自动化线

水产业

【概况】 2010年，义乌市渔业总产值10906万元，实现增加值7243万元。淡水养鱼面积2470公顷，其中池塘1318公顷，水库1143公顷，其他9公顷。淡水养殖产量3980吨，其中鱼类3590吨，虾蟹类40吨，其他350吨。淡水鱼种360吨。义乌市水库以养殖花白鲢为主，实施无投饲清洁养殖，旨在改善水质。池塘养殖的品种有珍珠蚌、甲鱼、花白鲢、鲫鱼、鲤鱼、草鱼、青鱼、小龙虾等。全市有金华市级渔业龙头企业3家(珍珠、大鲵、甲鱼)，义乌市级3家(休闲渔业)。年生产上万只甲鱼的养殖场6家，其中最大的年生产130万只，珍珠养殖上万亩的1家，渔业专业合作社1家，休闲渔业类农庄30余家。渔业养殖户1200户，渔业劳动力3580人，其中专业劳动力1280人，兼业劳动力2300人。

农业机械

【概况】 2010年，全市有各类农业机械5.42万台(套)，农用大棚578.16万平方米，其中钢架大棚280万平方米，农机总动力28.1万千瓦。全年完成机耕面积1.41万公顷，机收面积8200公顷，机插面积2500公顷，耕种收农机化水平达69%。全市有乡村农机从业人员1.97万人，其中拖拉机驾驶员4225人，农用运输车驾驶员1664人，联合收割机驾驶员130人，农机维修人员154人。全市有农机专业服务合作社18家，全年投入耕作机具1100余台，市级农机化促进工程项目21个，资金总额521.79万元。机动插秧机84台(乘坐式54台)、播种机48台、育秧盘35.5万只、育秧温室7幢(111平方米)，温室育秧中心5个，年育秧能力2000公顷。“水稻机械化育插秧技术引进与推广”科技项目通过评审，项目创新点温室育秧技术属全省首创。

2010年，农机购置补贴单位(农户)467个，农业机械设备953台(套)。其中耕作拖拉机308台、联合收割机30台、粮食烘干机13台、机动插秧机24台、育秧播种机组23套、秧盘7.95万只、机动喷雾机283台、水产养殖等其他机械272台(套)。补贴资金492.75万元，其中中央补贴362.46万元，省补贴52.12万

义乌市2010年农业机械拥有量一览表

序号	名　　称	数量(台、套)	动力(千瓦)
一	耕作机械	2589	25629
	其中：大中型拖拉机	219	6890
	手扶拖拉机	1817	14937
	田园管理机	530	2595
二	种植机械	97	735
	其中：水稻插秧机	86	669
三	排灌机械	11322	32824
四	植保机械(机动喷雾机)	1941	3599
五	收获机械	11458	30349
	其中：联合收割机	196	6372
六	农副产品加工机械	1811	14939
七	运输机械	5963	104015
八	其他机械	623	12753

元,市补贴78.17万元。

全市有3个省级、24个市级农机化示范基地及2个市级示范镇、51个示范村。5月,后宅街道下余山村何宝禄获全国农机大户示范点称号。11月,义亭镇通过省级平安示范镇认定。

年内,办理农用新车上牌266辆、转移变更登记156台次、补牌84台次、变更48台次、报废149台,新发驾驶证192人次、换证179人次、补证注销53人次。检验上道拖拉机1732台,检验率90.8%。检验纯农田作业拖拉机118台,收割机52台,检验率86%。市公安局驻农机警务联络室出勤1952人次,查处违法车辆2695台,罚款48.7万元。发生拖拉机事故9起,死亡5人,直接经济损失6000元。市公安驻农机警务联络室工作考核获金华市第一名。

产业化经营

【概况】 2010年,全市市级以上农业重点龙头企业227家,其中国家级2家、省级以上7家、金华市级32家,固定资产20.72亿元。参与农业产业化经营的农户数19.5万户,涉及土地面积3.2万公顷,形成以民营经济为主体的专业化生产、区域化布局、规模化发展、产业化经营的现代农业发展新格局。申报省级项目10个,其中省级种子种苗项目6个,义亭农业综合园区项目3个,农民专业合作社项目1个。争取到省级以上资金4390.15万元,其中项目资金2944.88万元,含中央项目2个(浙江省农村环境连片整治示范项目和中央财政生猪产业化项目)和省级项目19个。粮食种植、农机购置等直补资金1445.27万元。都市农业发展资金采用项目申报制,申报农业项目5大类105个项目,下达补助资金1762万元。

农业保险工作继续脱离共保体以现有"义乌模式"运行。完成农业、林业总保费593.5万元,其中自交保费219.3万元,财政补助374.2万元,参保户数612户,理赔496万元,赔付率83.57%。

【佛堂镇省级现代农业综合区规划通过专家评审】 11月4日,义乌市佛堂省级现代农业综合区规划评审会在杭州召开。省农业厅、林业厅有关专家参加评审会。规划佛堂镇现代农业综合区面积0.15万公顷,总体布局为"三区二园",即重点建设农业高新技术示范区,蔬菜、果蔗主导产业示范区和铁皮石斛、生猪精品园,选址和总体布局合理,区域特色明显,发展目标与建设任务明确。评审组认为,规划对义乌市现代农业发展有良好的导向作用,同意通过评审,于2011年启动建设。

该综合区位于佛堂镇西南部,涉及城区、王宅、田心、合作、倍磊5个工作片44个行政村,总面积3047.93公顷,农业人口36445人,其中耕地面积1414.47公顷。规划建成示范区总面积1334.67公顷。通过土地整理、中低产田改造、粮食功能区等项目建设,综合区内耕地平整,田块方正,道路相通,沟渠相连,农田基础设施较为配套。综合区紧靠义乌江,灌溉条件优越。综合区产业区域布局趋势明显,水稻、果蔗、蔬菜、生猪等区域特色板块基本形成。倍磊、田心片果蔗产业示范区380公顷、王宅片蔬菜产业示范区213.33公顷、田心片粮食生产区386.67公顷、农业高新技术示范区183.33公顷(其中义乌高效生态示范园136.67公顷),生猪年出栏数6.7万头,苗木基地66.67公顷,农民人均纯收入1.13万元。

规划建成示范区总面积1334.67公顷,粮食轮作示范区446.67公顷。主导产业示范区2个,包括果蔗产业示范区420公顷、蔬菜产业示范区240公顷。农业高新技术示范区1个,183.33公顷。精品园2个,铁皮石斛精品园33.33公顷和生猪养殖精品园年出栏3.3万头。综合区土地流转率68%,良种覆盖率100%,有效灌溉率99%,测土配方施肥覆盖率98%,畜禽排泄物资源利用率97.5%。区内农产品全部达到优质农产品要求,并新增一批省级农产品品牌企业。新增农业生产能力1626万千克,新增设施农业生产能力230万千克,新增主导产品生产能力1079万千克,推广新品种12个,新品种、新技术推广面积1333.33公顷,新增产值5727万元,新增利税1518万元,新增人均产值1571元,新增固定资产7500万元。

【义乌红糖通过地理标志登记感观品质鉴评】 9月15日,由市红糖产业协会提出申请、省农场局主持的义乌红糖地理标志登记感观品质鉴评会在杭州金川宾馆举行。与会专家通过听取申请单位汇报和对红糖选送样品的鉴评，一致认为：义乌红糖色泽嫩黄，质地松软，散似细沙，纯净无渣，味道鲜甜可口，香味浓郁独特，符合质量控制技术规范所描述的外在感观特性。此次感观品质鉴评的通过，为顺利完成义乌红糖传统农产品的地理标志登记工作奠定了基础。

【农产品在省"农博会"上受青睐】 11月26～30日，在杭州和平会展中心举行2010年浙江"农博会"，义乌市23家农业企业参展，日平均销售额35万元，销售总额175万元，达成签约意向230余万元。其中华统火腿、晨云荞麦直条面等6个农产品获"农博会"优质产品金奖，江南村火腿等2个农产品获优质奖。

农村经营管理

【概况】 2010年底，全市村集体经济组织809个，其中组建村经济合作社769个，社员59.58万人。组建村股份经济合作社40个，股东1.09万人。2010年，农村总收入651.75亿元，比上年增长8.7%。一、二、三产业收入比例上年为3.01∶90.14∶6.85，2010年调整为3.42∶89.40∶7.18。总费用543.09亿元，比上年增加39.84亿元，增长7.92%，其中非生产性费用占总费用的18.76%，比上年减少4.64个百分点。2010年总收入与总费用之比为1.2∶1，经济效益小幅回升。外来人员带走劳务收入占可分配总额的27.35%，比上年减少0.19个百分点。义乌籍农民外出带回劳务收入占可分配总额的7.58%，比上年增加0.43个百分点。农民人均纯收入14775元，增幅14.5%，比总收入增长5.08个百分点。

村级集体分配总收入8.02亿元，比上年增长30.61%。总支出2.31亿元，比上年增长27.84%。净收益5.71亿元，比上年增长31.74%，比总收入增长1.13个百分点。至年底，村级集体总资产59.93亿元，比上年增长20.12%，其中流动资产35.93亿元(含货币资产31.84亿元)，长期资产23.97亿元，比上年分别增长22.84%和16.19%。负债余额8.16亿元，占总资产的13.71%，比上年增加2.55亿元。权益达到51.77亿元，占总资产的86.38%，比上年增加7.5亿元。

2010年底，土地承包合同17.36万份，涉及农户19.83万户，涉及耕地1.86万公顷，发包及上缴收入6955万元，比上年增加150万元，增幅为2.2%。12月，市政府成立农村土地承包仲裁委员会。全市土地流转总面积1.13万公顷。其中新增0.17万公顷，扣除到期退出和续包0.05万公顷，净增0.12万公顷。土地流转总面积涉及流入规模大户8264个，流出农户数11.77万户。从规模看，3.33公顷以上的有0.8万公顷，占流转总面积的71.8%。市、镇(街道)两级财政共计补助土地流转资金796.34万元，其中市级财政补助575.14万元。至年底，累计完成投保村数107个，参保1.38万人。落实配套设施建设项目23个，面积1.71万平方米。

2010年底，全市注册登记各类合作社214家，社员数3099人，注册资金7703万元。其中种植业162家，水产养殖2家，畜牧29家，农机21家。年内新增34家，入股社员数277人，注册资金3069万元，带动农户5211户，其中从事水稻10家、蔬菜8家、果品9家、畜禽2家、农机1家、蜂业1家、其他3家。考核合格的合作社43家，金华市一星级以上合作社23家，金华市级规范化合作社7家，省级示范性合作社6家。

义乌市2010年新成立农民专业合作社情况一览表

单位：人、万元

序号	组织名称	地址	负责人	经营内容	成立时间	社员	注资资金
1	丰和生猪	义亭镇姑塘工业区	朱俭勇	生猪	2.2	15	1000
2	联发蜂业	后宅鹤田村三区283号	张涵飞	蜂	1.7	6	20

续 表

序号	组织名称	地址	负责人	经营内容	成立时间	社员	注资资金
3	美丽粮食	苏溪镇殿下村	楼国亭	水稻	2.16	5	2
4	和平水稻	廿三里街华溪村九区 66 号	陈红芳	水稻	3.2	10	5
5	溪北果蔬	苏溪镇溪北村公路旁	张涵煦	梨	4.8	5	5
6	竹溪水稻	赤岸镇下水碓村	朱旭民	水稻	3.16	8	20
7	鸣天家禽	城西街道水涧村	季晓明	鸡	3.30	5	80
8	浩强水果	赤岸镇大树下村	王家清	葡萄	2.8	6	18
9	黑宝食用菌	佛堂镇骆村 46 号	毛应献	食用菌	5.18	6	200
10	力禾蔬菜	上溪镇东余村	陈梅林	蔬菜	2.3	7	8
11	龙德杨梅	赤岸镇下水碓村	朱兴荣	杨梅	4.16	5	8
12	新美水果	佛堂镇上陈村	陈和潮	梨	5.18	5	15
13	傅宝葡萄	义亭镇傅宅村	傅松玲	葡萄	6.21	6	6
14	双虎粮食	廿三里街后畈村 11 号	谢付来	水稻	3.26	5	5
15	赤峰水稻	赤岸镇柏峰村	许为全	水稻	5.20	6	60
16	义和粮食机械	义亭镇枧畴村	冯泽宝	农机	9.26	7	100
17	三板桥莲子	佛堂镇团力村	朱鸣建	莲子	5.19	31	36
18	宏叶蔬菜	上溪镇四通东路 63 号	陈院生	蔬菜	4.19	5	0.5
19	关禄水稻	上溪镇苦竹塘村 481 号	王关禄	水稻	5.13	5	5
20	浙江兴农水果	后宅街道上方村	杨丽娟	大枣	5.31	10	500
21	剑波马铃薯	上溪镇吴店吴畈路	沈剑波	马铃薯	4.29	6	6.5
22	叶前葡萄	义亭镇叶前村	叶芬兴	葡萄	5.4	14	332
23	广胜大豆	后宅街道广口村	刘太林	大豆	6.12	12	12
24	同年哥农产品	稠城街道丹溪路 135 号	陈豪锋	酒	8.17	16	120
25	振绿果蔬	佛堂镇田心三村木塘水库	张祥生	蔬菜	4.22	7	26
26	原野红糖	义亭镇先田村	孙文义	红糖	8.10	22	11
27	成邦水稻	后宅街道苏街村	朱桂银	水稻	10.28	5	100
28	科杨辣椒	赤岸镇东朱村丹溪区 125 号	朱献科	辣椒	7.6	5	8
29	乌旺水稻	赤岸镇下前旺村	周希仁	水稻	5.18	5	100
30	名森油茶	大陈镇金山古塘洪自然村	陈文荣	油茶	5.11	5	100
31	义莱粮食	赤岸镇莱山村	杨水清	水稻	6.9	5	50
32	九宇果蔬	稠江街道崇山村 319 号	毛小平	冬枣	7.7	7	50
33	志成湖水稻	城西街道何斯路村 93 号	何允丰	水稻	6.25	5	10
34	星华蔬菜	上溪镇寺口陈 79 号	陈赛骞	蔬菜	12.1	5	50

【村经济合作社股份合作制改革】 2009年下半年至2010年2月，廿三里街道下娄村开展村经济合作社股份制改革试点。原下娄村经济合作社通过清产核资、界定股东等方式，改制为新型的村股份经济合作社，并选举产生股东代表和董事会、监事会。5月，完成试点经验材料汇编。

【财会代理规范化建设】 3月，在稠江街道开展村支出户监管工作试点，取得成功。5月，市委办下发4号《抄告单》，重申村级资金全额入库，不允许公款私存、多头开户，旧村改造等经济业务必须通过代理中心核算，确实需要同有关商业银行存贷合作的，在民主决策程序到位的前提下，大额资金允许以代理中心的名义整存整取。6月，市监察局、农业局、财政局联合出台《关于进一步加强农村财务监督管理工作的意见》，在全市推广稠江试点经验。至年底，除稠城街道外，全面完成、完善村支出户管理制度工作。

（余夏萌）

林　业

森林资源保护与利用

【概况】 “十一五”期间，全市完成造林面积1713公顷，其中基地造林面积1100公顷，毛竹低效林改造面积1666公顷，森林抚育面积946公顷，全民义务植树229万株，建设绿色通道140千米，清水河道岸绿工程239千米。实现森林面积、森林蓄积量和森林覆盖率稳步增长，与1997年相比，全市森林面积5.51万公顷，净增8000公顷。活立木蓄积量221.8万立方米，净增8.8万立方米。全市森林覆盖率49.85%（含灌木林），增长7.38%。森林质量与生态状况得到明显改善，3.47万公顷生态公益林的补偿标准由原120元每公顷，提高至255元每公顷。全市443个村、2.2万个农户直接享受到生态公益林的补偿，建成重点公益林优质林分面积11333公顷。森林结构渐趋合理，林分年龄结构优化，中、幼龄林与近、成、过熟林占林分总面积的比重分别从97.0%、3.0%，过渡到65.0%、35.0%。

2010年，《关于深化集体林权制度改革的实施意见》和《义乌市森林、林木和林地流转管理暂行办法》出台。组织“应对气候变化——千校万人同栽千万棵树”活动、“3·19”森林消防宣传日活动。开展低丘缓坡资源调查，全市有低丘缓坡总资源27476公顷，占土地总面积的24.88%，在调查基础上，编制《义乌市低丘缓坡宜建地块规划（2010～2020年）》。完成新一轮花卉苗木普查工作，全市花卉苗木种植面积2000公顷，圃地总产值7.8亿元，花卉苗木企业128家。

【“应对气候变化——千校万人同栽千万棵树”活动】 1月16

“应对气候变化——千校万人同栽千万棵树”活动启动

日，在苏溪镇第三小学新校区举行全省联动“应对气候变化——千校万人同栽千万棵树”活动启动仪式和植树活动。团市委、市教育局、市林业局、苏溪镇等部门领导和苏溪镇第三小学的师生参加启动仪式。副市长傅春明发出“应对气候变化——千校万人同栽千万棵树”活动倡议。市领导和相关部门领导及100余名师生，种下了一株株绿色的希望。到活动结束，全市共有62所学校、1544个班级、6.71万人参与植树造林活动，共植树5.17万株，认建认养4.37万株。

我与小树共成长

【出台集体林权制度改革重要文件】 1月23日，市政府出台《义乌市森林、林木和林地流转管理暂行办法》。1月30日，市委、市政府出台《关于深化集体林权制度改革的实施意见》。《意见》明确了集体林权制度改革的总体目标，即力争通过3年改革，建立起产权归属清晰、经营主体到位、责权划分明确、利益保障严格、流转规范有序、监管服务有效的现代林业产权制度，实现资源增长、农民增收、生态良好的目标。明确了集体林权制度改革的主要内容，在国家有关法律法规规定的基础上，对明晰产权、放活经营权、落实处置权和保障收益权提出了一些配套政策。《办法》对流转管理的原则、范围、程序及相关责任等作出详细的规定和说明。两个规范性文件的出台、执行，对深化集体林权制度改革，规范林权流转，完善经营机制，促进林业增效、林农增收和生态文明建设具有指导意义。在林权流转方面，参照《义乌市土地承包经营权流转农民养老保险暂行办法》，建立集体林权流转农民养老保险制度，以解除集体林权流转后农民的后顾之忧，允许生态公益林有条件地流转，以加快森林旅游业的发展。

【“3·19”森林消防宣传日活动】 3～4月是森林火灾易发期，气温逐步回升，气候较为干燥。旅游踏青、农林生产、上坟祭祖等野外用火相对集中，稍有疏忽，极易引发森林火灾。为进一步提高全民森林消防意识，努力营造“森林消防、人人有责”的良好氛围，省人民政府森林消防指挥部决定把3月定为“浙江省森林消防宣传月”，把“3·19”(山要救)定为“浙江省森林消防宣传日”。3月19日，市林业局、赤岸镇人民政府、市森林消防办联合在赤中工作片开展森林消防宣传日活动。活动现场，向群众讲解森林消防基本常识、野外用火有关规定、法律责任，发放森林消防挂历、挂图、法律法规汇编以及《森林义乌，绿色商城》画册、《浙江省省树省花和特色树花》等书籍500余册，森林防火提醒宣传单2000张，环保宣传袋500只，展出森林消防展板7块，林区进山路口悬挂森林消防宣传横幅30条。

【低丘缓坡宜建地块规划通过评审】 5月14日，市政府低丘缓坡开发领导小组在锦都大酒店组织召开《义乌市低丘缓坡宜建地块规划(2010～2020年)》论证会。浙江省林业厅、金华市林业局有关领导，国家林业局华东林业调查规划设计院、浙江省林业调查规划设计院专家和义乌市发改局、国土局、建设局等部门领导及镇(街道)领导52人参加。与会人员通过听取规划汇报及审阅规划文本，一致通过规划的评审。根据规划，市低丘缓坡宜建地块总面积7800公顷，其中用于工业开发1000公顷，占13.16%；生态住宅开发3500公顷，占44.65%；新农村建设用地1400公顷，占17.76%；休闲旅游开发1700公顷，占22.32%；农家乐开发163.42公顷，占2.11%。

【新一轮花卉苗木普查】 6月，开展花卉苗木普查。调查结果显示，全市花卉苗木种植面积2000公顷，圃地总产值7.8亿元，花卉苗木企业128家，从业人员1700人。佛堂镇、义亭镇和赤岸镇面积位居前3位，占全市面积的五分之二。花卉苗木种类品种70余个，主要以大中型规格苗为主，尤以桂花、樟树占主导地位，桂花面积800公顷，樟树面积700公顷，占总面积78%。常见的品种有黄山栾树、广玉兰、

花卉基地

红叶石楠、紫薇、香泡等。种植20公顷以上企业39家，涌现出绿之源、雨林、城林、千层绿等千亩以上规模的苗木大企业。设施栽培面积16.5万平方米，其中温室面积7.5万平方米，大棚与荫棚面积9万平方米。

【金华市首个森林火险自动监测站在义乌建成】 7月6日，经长春天信气象仪器有限公司技术人员的安装、调试，位于义乌市林场六平安林区的森林火险自动监测站建成并投入使用。该监测站由国家森林防火指挥部投资3万元建设，属全国森林火险预警示范系统项目。森林火险自动监测站由传感器系统、主机系统、供电系统、通讯系统和风杆及风杆地基基础组成。供电系统采用太阳能电池、蓄电池联合供电，通讯系统采用中国移动无线通讯技术，各系统均架设在10米高的风杆上。森林火险自动监测站能实时采集林区大气温度、湿度、风向、风速、降水量等基本要素，利用网络和通信手段实时监测森林火险等级，发布森林火险预警信号。该监测站的建成使用，可提高森林火险等级预报精度，增强森林火灾预警能力。

【《义乌市环城生态风景林建设总体规划》通过评审】 9月9日，义乌市环城生态风景林建设工程指挥部组织召开《义乌市环城生态风景林建设总体规划》评审会。会议邀请国家林业局华东林业调查规划设计院、省林业厅、省林业调查规划设计院、省林业科学研究院、金华市林业局等单位的专家及市相关部门领导20人出席会议。环城生态风景林建设总体规划近期规划区块包括环城南路、环城北路、民航路、甬金高速青口入口、甬金高速徐村入口、杭金衢高速后宅入口6个地段的荒山、无立木林地及可视面第一层山脊线以内山体，规划面积470公顷，近期投资估算为1.28亿元。与会人员对《义乌市环城生态风景林建设总体规划》、《义乌市环城生态风景林建设环城南路二期工程设计》进行评审。经讨论，原则通过《义乌市环城生态风景林建设总体规划》方案，并提出进一步修改完善的建议。

【林权勘界划界外业工作】 10月，完成上溪镇、佛堂镇、城西街道和廿三里街道山林所有权界的外业勘察、权属小班界线的区划。根据原林权证四至，结合指界人(插花山双方指界人)指认，采用1∶10000地形图进行实地勾绘，尽可能做到“人、地、证相符，图、表、册一致”。涉及山林的行政村242个、林权证6500宗、面积1.87万公顷(原林权证登记面积)。地块四至清楚的林权证6455宗，占99.3%；四至不清(界线重合和界线有争议)的林权证39宗，占0.6%；山林地块坐落不清或找不到的6宗，占0.1%。

【森林浙江图片展】 森林浙江图片展是2010“森博会”活动之一，11月1～4日，在国际博览中心举办。共展出18块展板、90幅图片，展现了改革开放30多年全省各地森林、生态文明建设的辉煌成就。30年间，全省森林面积由343公顷增加到592公顷；森林蓄积量从7918万立方米增加到20494万立方米；森林覆盖率从36.4%提高到60.9%，提高24.5个百分点；人工林面积从104公顷增加至280公顷。

【环城生态风景林建设一期工程】 环城生态风景林环城南路一期工程位于环城南路以北、南山路以南的三角形地块，总建设面积6.39万平方米，总投资

142.95万元。由义乌市雨林花木场中标施工，5月启动建设，种植香樟、女贞、金桂、木荷、枫香、湿地松、乌桕、黄山栾树等，12月完工。共定植乔木19种2765株，定植灌木5种359株，铺设地被4760平方米10种15.1万株。

【低丘缓坡林地开发】 12月20日，佛堂、赤岸、大陈、江东4个镇(街道)6个林地征占用项目获省林业厅批准，低丘缓坡宜建地块开发利用项目建设方向集中在生态住宅、工业开发、旅游开发3个方面，总用地面积282.13公顷，其中林地面积151.93公顷，占53.85%，开发利用建设用地151.93公顷，等于再造等量耕地，拓展了经济社会发展空间。

林业管理

【概况】 2010年，新建成3.33公顷以上花卉苗木基地面积166.67公顷，完成基地造林面积53.33公顷，迹地更新造林面积53.33公顷。其中特色造林有义乌大枣、冬枣基地面积46.67公顷；美国薄壳山核桃示范基地面积4公顷；浙江楠、红豆杉基地面积4公顷。全年实施林业有害生物监测总面积10.03万公顷，其中松材线虫病监测5.93万公顷，松毛虫监测3.71万公顷，松褐天牛监测2900公顷，其他病虫监测100公顷，监测覆盖率100%；防治面积1439.73公顷，防治经费80万元，无公害防治率100%。引发森林火灾4起，过火面积6.1公顷，受害森林面积4.33公顷，烧毁林木蓄积85立方米，经济损失5.2万元。理赔林业保险5起，共获理赔款32.65万元。

6个低丘缓坡宜建地块项目获批，项目用地总面积282.13公顷，其中林地面积151.93公顷，占53.85%，为义乌市争取151.93公顷潜在建设用地。办理长期征占用林地6宗，合计征占用林地面积5.31公顷。办理临时采石场3家，面积4.66公顷。办理为林业生产服务项目4宗，面积3.33公顷。全年办理各类证件6699件，其中木材及林产品运输、森林植物及其产品检验证5964件，林木采伐364件，木竹经营加工核准35件，林木种子生产许可证、林木种子经营许可证分别为59件。立案查处各类林业违法犯罪案件42起，其中出售珍贵、濒危野生动物案1起，非法收购珍贵、濒危野生动物案1起，非法收购国家保护野生动物案1起，非法收购省一般保护野生动物案2起，非法狩猎案1起，过失引起森林火灾案2起，滥伐林木案7起，擅自改变林地用途案27起。判刑1人，移送起诉1人，行政处罚40人，行政罚款24万元。

【市政府为林业局集体记功】 2月25日，市政府下发《义乌市集体记功暂行规定》，为林业局等7个单位集体记功一次，授予奖牌，并发奖金1万元。2009年度林业局主要成绩有：中国义乌国际森林产品博览会成功升格为由国家林业局、浙江省人民政府主办的展会，并一举成为亚洲最大的林业展会，被中国会展行业年会组委会评为“2009年度中国十大最具发展潜力展会”；8月，义乌市作为浙江省唯一的“全国绿化模范县(市)”申报单位，通过浙江省绿化委员会预检，并被推荐给全国绿化委员会，义乌市创建森林城市和实施绿色村庄工程先进经验在全省推广。

【荣获“全国绿化模范县(市)”称号】 4月3日，全国绿化委员会发文对“全国绿化模范单位”进行表彰，义乌市被授予全省唯一的“全国绿化模范县(市)”称号。全国绿化模范县(市)评选活动从2002年开始，每两年评选一次。义乌市以建设绿色义乌、森林义乌、生态义乌为目标，大力实施绿色村庄、城市绿肺、立体绿化、绿色通道、绿色河道、废弃矿山修复、生态公益林、兴林富民、森林资源保护、森林文化十大工程建设，着力打造满目青翠、绿树成荫的绿色义乌，初步形成了城乡一体的绿化网络。

【省林业产业协会在义乌共谋转型之路】 11月3日，浙江省林业产业转型升级研讨会暨浙江省林业产业联合会理事(扩大)会议在义乌市召开，省级各林业产业协会、各地林业部门有关负责人等先后在会上交流本行业产业发展情况，并提出加快行业转型升级的意见和建议。围绕林业产业如何转型升级问题，与会有关人员结合花卉、竹产业、地板等各行业实际，从开拓市场、提升产业核心竞争力、培育新增长点、积极应对反倾销、建立现代化产销网络等方面，开展广泛讨论和建言献策。会议还公布了26个2010年浙江名牌林产品，义乌市蓝箭衣架有限公司生产的“蓝箭”牌木衣架名列其中。

【《义乌市林业志》编纂完成】 2008年12月下旬，《义乌市林业志》编纂工作启动。经查找档案、发函征求、上门走访等渠道，收集资料，整理编辑，修改完善，于2010年8月27日编纂完成并通过专家评审。全志共分8大篇、45大类、185小类、302个条目，计50万字。

【2人获国家森防总站表彰】 12月2日，国家林业局森林病虫害防治总站下发《关于全国村级森防员培训工作情况的通报》，总结近3年来村级森防员培训工作情况，表彰村级森防员培训先进个人和优秀森防员，义乌市林防检疫站站长吴蔚文、江东街道山口村监测员黄克兴分别被评为村级森防员培训先进个人和优秀森防员。

绿化示范村建设

【概况】 2010年，全市建成浙江省绿化示范村39个，浙江省绿化示范镇3个，浙江省森林城镇1个，浙江省森林村庄1个，金华市绿化示范村91个，义乌市绿化示范村350个，义乌市村庄绿化示范户2991户。

【绿色村庄工程】 为提升农村绿化水平，统筹城乡发展，构建城乡一体的绿化网络，2008年，启动实施绿色村庄工程，市财政每年投入1600万元，按照“片林为主、乔木为主、乡土树种为主、中大苗为主”的“四为主”技术要求，用3年时间全面提升全市村庄的绿化水平。至2010年，全市573个村完成绿色村庄工程建设任务，新增绿化面积560余公顷，其中片林面积320余公顷，占57%。种植乔木树种80万株。工程总投资7000余万元，其中市、镇（街道）财政总投入5800余万元。

（徐小英）

水　利

【概况】 2010年，全市计划安排除险加固的水库31座，其中续建10座，新建4座，前期17座。年底基本完工8座，正在施工5座，完成初步设计9座，完成安全技术认定3座，准备进行技术认定6座，共投入2740万元。千库保平安工程、万里清水河道工程进展顺利。万里清水河道工程计划实施12项40千米，完成40.7千米。全市雨量充沛，水库河网水位普遍较高，局部强降雨频发。3月出现春汛，6月出现典型梅雨，9月受“莫兰蒂”台风影响。部分镇（街道）受灾，1座小（二）型水库、9座山塘出现不同程度险情，堤防受损。全市累计降雨1905毫米，比上年同期增长42%。

【《关于进一步加强病险水库山塘除险加固工作实施意见》出台】 9月，市政府出台《关于进一步加强病险水库山塘除险加固工作实施意见》，对水库山塘除险加固工作提出具体要求。提出1年准备，3年基本消除已发现病险水库山塘，力争2014年基本实现水库山塘安全高效的目标。强调市属水库除险加固工程建设管理由水库管理处或相应的建设指挥部负责建设管理，除市属水库以外的病险水库由所属镇（街道）负责建设管理，市水务局负责监督指导。山塘水库除险加固工程责任主体是镇政府（街道办事处）。明确病险水库除险加固建设资金由市财政统一补助90%。同时，对在2010年、2012年、2013年前完成除险加固任务的山塘，市财政分别给予90%、75%、60%补助。

【枫坑水库下闸蓄水】 枫坑水库除险扩容工程为省重点工程，于2007年11月8日开工建设，概算投资1.68亿元。2010年5月30日，通过省水利厅组织的蓄水验收，7月1日正式下闸蓄水。建成后总库容1638万立方米，扩大库容6倍，成为一座以城镇供水为主，结合发电、灌溉、防洪等综合作用的中型水库。可使义南水资源得到充分利用，缓解佛堂、赤岸两镇的供水紧缺状况。

【王大坑水库除险加固工程完工】 王大坑水库除险加固工程

于2009年11月28日正式开工，概算总投资2380万元，工程包括大坝、溢洪道、改水涵管等的修复与加固，2010年11月28日完工。王大坑水库除险加固后总库容为477.4万立方米，为廿三里街道的新农村建设提供水资源保障。

【编制《义乌江综合治理与保护规划》】 2010年，市水务局提出义乌江综合治理开发思路报告。7月，市政府成立义乌江综合治理与保护工作领导小组，义乌双江湖水利枢纽工程正式启动。10月，委托省水利水电勘测设计院编制《义乌江综合治理与保护规划》。

【柏峰水库除险加固工程通过蓄水验收】 2008年11月，重点工程柏峰水库除险加固工程开工建设，概算总投资5900万元。2010年9月28日，柏峰水库除险加固一期主体工程通过省水利厅组织的蓄水验收，水库正常蓄水位从120.71米抬高至122.5米，正常库容从1945万立方米提高到2010万立方米。9月，二期附属工程开工建设。

【《义乌市高耗水企业水平衡测试及用水效率分析》通过验收】 2月，浙江华义医药有限公司、金哥集团等4家典型用水企业开展水平衡测试。3月15日，委托浙大同力水电安装建设有限公司编制《义乌市高耗水企业水平衡测试及用水效率分析》。根据相关企业的水平衡测试和用水效率分析工作的测试成果，完成《义乌市高耗水企业水平衡测试及用水效率分析》编制。11月18日，在北京"节水型社会建设"项目2010年度专题审查验收会上，此课题通过水利部审查验收。

【《关于对节水项目实施财政奖励的通知》】 11月，为进一步完善节水奖励机制，制定并下发《关于对节水项目实施财政奖励的通知》。"十二五"期间每两年一次，在全市范围内对节水工作成效显著的企业（单位）、社区（村庄）和家庭进行财政奖励。

【春汛事件】 2010年春汛，局部地区出现灾情和险情。廿三里义乌江沿岸3.33公顷苗木、稠城下骆宅六都溪沿岸33.33公顷蔬菜大棚、佛堂和溪村和稠江红联村部分农田受淹，大陈二村、三村部分农户地下室进水（大陈江下游桥梁施工围堰未及时处理，阻碍行洪），大陈金山村、甘山村山体滑坡，蕴草塘村门口塘坝体发生滑坡，佛堂镇楼村和盛村之间堤防被水冲开，后宅马交塘村山体滑坡70立方米，转移21人。

（蒋　斌）

民营经济

综 述

2010年，新增个体户3.07万户，注册资金15.15亿元。至年底，全市个体户13.62万户，从业人员39.36万人。私营企业新开业3595家，注销871家。全市共有私营企业1.52万家，注册资本393.95亿元，分别比上年增长22.74%和22.8%；平均注册资本由上年的258.81万元上升到258.94万元。注册资本500万元～1000万元的企业由上年的861家增至1068家，注册资本1000万元以上的企业由上年的722家增加至853家。私营企业集团41家，比上年增加2家。全市个体私营企业共创工业总产值393.53亿元，销售总额491.82亿元，实现社会消费品零售额77.93亿元，出口交货值96.6亿元，同比分别增长11.57%、9.86%、10.58%、24.44%。内资经济主体总量持续增长，义乌市场主体突破15万户大关。2010年，全市新设内资经济主体3.44万户，同比增加9.5%，内资经济主体总量16717户，同比增长20.7%。

公司制企业仍占主导地位。2010年新设公司3316家，同比增长47.1%，占新设内资企业的89.5%。实有公司1.32万家，比上年同期增加11.3%，占内资企业总数的78.7%。公司制仍是投资者对企业组织形式的首选，其拥有量占据主导地位。2010年，公司变更注册资本408家，办理增资388家，办理减资20家，其中涉及金额超过1000万元的128家。变更前注册资本总额为34.79亿元，变更后注册资本总额为75.93亿元，增幅118.2%。从行业来看，增减资活跃的多为二、三产业，且大多集中在制造、房地产、贸易经纪与代理等行业。2010年，迁入公司14家，迁出17家。新设公司3316家，其中注册资本1000万元以上的95家，占2.86%；100万元以下的2513家，占75.8%。整体投资规模仍偏小，100万元投资以下的占绝大多数。

各类经济主体发展较快。2010年新设服务业内资经济主体2.65万户，占新设内资经济主体的77%，其中企业3001家，占11.3%；个体工商户2.35万户，占88.7%。实有服务业内资经济主体12.3万户，占全市内资经济主体总量的80.4%。新设商务服务业535户，其中投资与资产管理公司71家，注册资本5.72亿元；咨询与调查77户，注册资本(金)2027万元；新设广告业68户，注册资本(金)1646万元。新设住宿餐饮业类主体1198户，注册资本(金)9249万元。

批发零售业保持快速增长良好势头。年内批发零售业新设2.27万户，占全市新设服务业内资经济主体总数的85.5%，注册资本(金)19.7亿元，个体工商户占90.8%，公司占7.5%。义乌电子商务产业得到长足发展，新设1233户，注册资本(金)1.07亿元。汽车消费热潮延续。新设汽车销售、维修、装饰类主体373户，注册资本(金)2.51亿元。服装和家用电器类较快增长。新设服装、家用电器类主体3951户和394户，注册资本(金)81.64亿元和1.49亿元。新设金银珠宝、化妆品类主体344户和652

户,注册资本(金)3263万元和1.31亿元。新设住房地产类主体88户,注册资本(金)9.44亿元。新设旅游类主体11户,注册资本(金)80万元。

企业融资渠道拓展,新设金融类主体16家,注册资本(金)1.15亿元。其中典当公司2家,担保公司1家,保险公司7家,证券公司1家,银行4家,本外币兑换公司1家。

股份有限公司发展势头良好。全市登记股份有限公司3家:浙江光谷光电科技股份有限公司,注册资本2000万元;浙江省义乌市中厦房地产开发股份有限公司,注册资本500万元;浙江画之都油画股份有限公司,注册资本4000万元,后两者均是变更为股份公司。

截至2010年12月,义乌市场内登记的内资经济主体5.92万户,比上年同期增长3.5%,其中内资企业1044户,个体工商户5.82万户,市场内新设的内资经济主体9223户,其中内资企业123家,个体工商户9100户,基本以个体工商户为主。义乌市场内登记的内资经济主体占全市内资经济主体的38.7%,批发零售业的55%。

(楼子荣　丁向南)

民营企业协会

【举办北京大学民营企业总裁EMBA义乌研修班】 11月25日,在义乌市委党校举办以"1+3培训工程"为载体的北京大学民营企业总裁EMBA义乌研修班,在校学员35人,邀请浙江大学工业技术研究院副院长童水光作《实施制造业信息化提升企业自主创新能力》专题讲座。年内,协会与各分会共计举办培训班81期,参培人员2.59万人次。

【校企合作推进会】 9月10日,召开校企合作推进会,100余家民营企业代表参加会议。成立校企合作服务中心,并促成浙江理工大学、西安工程大学、浙江大学、中国科学院兰州分院等9所大学与科研院所和义乌市纺织行业协会、无缝织造行业协会、浪莎集团、浙江正味食品公司等10家单位,分别就校企双方今后在纺织行业技术创新研发、PPT纤维无缝针织内衣技术开发等10个领域展开全面合作签署协议。会议还表彰了浪莎集团、华鼎集团、易开盖实业公司等8家分别在科技创新方面取得突出成就的民营企业。

【走出义乌看世界】 1月2日,组团参加省政府组织的"2010香港·浙江周"活动高峰论坛,进一步推进两地经贸、科技、文化等方面的交流与合作,民营企业家周晓光、宗谷音在论坛上荣获"卓越华商民企新锐"荣誉称号。6月,分2批组织2000余名协会理事、骨干观摩上海世博会,开阔视野,提升理念。9月,组织10名民营企业家、协会理事参加美国商务考察和台湾产业经济考察,参观美国哈佛大学、哥伦比亚大学、普林斯顿大学、肯恩大学、斯坦福大学等世界级高等学府,考察硅谷的CISCO等具有标志性意义的跨国集团总部,并与新泽西州商务部、中国金融服务中心、北美浙江大学校友会等政府官员、美国企业及华商代表交流、座谈,完成"学知识、开眼界、交朋友、通信息"体验。11月3日,参加由浙江大学、金华市政府、省工商局、省民营企业发展联合会主办的"浙江省应用技术创新与民企转型升级高峰论坛"。参加11月6日"2010西湖金融峰会"和11月27日杭州"中国民营企业峰会"2次高级别、高规格的论坛。年内先后组织市场经营户参加美国中国商品品牌展、莫斯科第三十五届俄联邦轻工纺织及设备展览会、重庆大渡口商贸城义乌小商品博览会等各类展会,签订合作意向50余份。

【民营企业指数发布】 2010年,与工商局联手北京大学经济学院课题组,完成义乌市民营企业景气指数的框架总构成。从企业的经营状况、未来发展和市场环境、市场信心4方面,通过采集有关监管部门、行业协会、民营企业提供的分析数据,构成指数与权重,编制《义乌市民营企业景气指数和预警报告》,并于12月28日发布。

(楼子荣)

七一广场

七一生态园

七一村夜景

七一村

QI YI CUN

经济开发区

义乌经济开发区

【概况】 浙江省义乌经济开发区位于义乌市区西南，东与江东街道隔江相望，南临佛堂镇，西接义亭镇和城西街道，北靠稠城、北苑、城西街道，行政区域面积38平方千米，为省级开发区。2010年，完成工业总产值180.25亿元，同比增长13.9%，其中规模以上工业企业累计完成产值112.8亿元，同比增长15.4%，销售产值106.42亿元，同比增长17.3%，实现财税收入7.16亿元。技术改造项目28个，立项资金17.41亿元，其中2000万元以上的技改项目10个。引进内资1.35亿元，完成工业性投资7.65亿元。9月底，区内规上企业万元GDP综合能源消费量同比下降8.13%。年内引进软件开发、机械制造、电子产品等16家企业，实现税收700余万元。引进软件开发、家政服务机器人等高新技术项目14个，硕士4人，留学归国人员1人，经济开发区博士后科研工作站获批建立。6家企业完成清洁生产审核，三鼎控股集团获省级绿色企业称号，浙江华莱氨纶有限公司获“省循环经济示范企业”称号。

年内新成立生力拉链、金汇化纤2家义乌市级研发中心；认定金鹰工艺品、华坚科技、画都图片有限公司3家为义乌市专利示范企业；培育拟上市公司1家(金汇化纤)，上市培育1家(画都画舫)。区内年专利授权量303个，申报各级科研计划、科技攻关项目新产品试制计划、国家火炬计划项目、国家重点新产品计划等项目40个，完成验收各级重大项目18个。

开发区四期总体规划、土地利用总体规划修编完成。总部经济区占地面积16公顷，规划建设30栋总部大楼，总建筑面积120万平方米，总投资100亿元。首期启动总部经济区A组团，建设8栋总部大楼，占地4.13公顷，建筑面积24.8万平方米。突出制造业、科研、信息产业总部功能，重点引进管理、研发、营销、采购等生产性企业职能总部和专业化的生产性服务机构，逐步建成区域性先进制造业总部基地和国家级小商品创新研发示范基地。

开展创建森林城市工作，重点完成江滨三公园、四公园绿化，总投资2900万元，总绿化面积20.9万平方米。完成西王界至杨梅院、喻宅段、四海大道副车道、西城路留雅段4条路的绿化工作，总绿化面积10万平方米，总投资307万元。2010年，三鼎控股集团先后荣获“浙江省廉政文化六进示范点”、“浙江省绿色企业”、“全国职工教育培训示范点”称号。

【浪莎立芙项目举行开工典礼】 5月18日，浪莎立芙项目开工暨奠基仪式在浪莎集团四期厂区举行。浪莎立芙项目是浪莎集团筹备2年时间的项目，该项目引进意大利、日本等国家先进的袜业生产设备和研发技术，计划购买袜业制造设备2000余台，安置劳动力就业岗位2500人，用8～10个月完成基建和设备安装任务，项目建成后年产1080万打高档丝袜。

【三鼎集团2个项目入选国家科

技计划】 8月,三鼎控股集团所属的义乌华鼎锦纶股份有限公司自主研发的2项锦纶新产品全消光锦纶6纤维、锦纶6扁平特种纤维被列入国家重点新产品计划和国家火炬计划,打破了国外企业在该产品项目上的技术垄断,工艺技术处于国内领先水平。锦纶6扁平特种纤维项目采用具有超大长宽比、较小缝宽的矩形孔形及特大长径比的微孔喷丝板,并通过对冷却条件和纺丝温度等工艺的调整优化,成功攻克了纤维生产过程中扁平度的保持和毛丝的技术平衡难题。

【义乌经济开发区四期总体规划评审】 9月26日,义乌经济开发区邀请浙江省规划院、深圳规划院、同济大学教授,市人大、市政府及市政协领导,规划、交通、发改、环保、民航等13个部门50余人在锦都酒店举行义乌经济开发区四期总体规划评审会。四期总体规划位于稠江街道西部,东靠南环路,承接经济开发区一、二、三期用地,南临义乌江,西至开明路,北以西城路为界,规划总用地22.2平方千米。专家们从产业导向、工业布局、功能定位、配套体系等角度逐一对四期总体规划进行细致评审,并提出建设性修改意见和建议。

【检查华莱氨纶公司节能降耗】 10月9日,市委书记黄志平,副市长吴森民、陈小忠带领有关部门负责人到经济开发区浙江华莱氨纶有限公司聚合车间检查指导节能降耗工作。华莱氨纶有限公司是一个集开发、生产、销售及技术支持于一体的氨纶专业生产基地。首期投资3.5亿元、年产3400吨差别化氨纶纤维的生产线于2004年12月28日建成投产。采用世界上最先进的日本“日清纺”氨纶生产工艺技术,其最新设计制造的间歇式聚合反应釜是目前世界上同行业厂家中单体容量最大、聚合反应最稳定的聚合釜。华莱氨纶有限公司将锅炉房产生的烟气改造为纺丝用的惰性气体,该项工艺整体投资996万元,比上马制氮装置一次性节约170余万元。采用制氮装置的各项设备每小时整体耗电在520千瓦时左右,而烟气系统新增的设备每小时整体耗电为125.2千瓦时,一年可节电300余万千瓦时,一年可减少烟气排放5000余万立方米。

(胡友大)

浙江义乌工业园区

【概况】 浙江义乌工业园区位于义乌市东北,前身为义乌市义北工业区,1999年成立,2006年,经省人民政府批准,升级为省级工业园区,同年通过国家发改委核准。至2010年底,园区形成电子电器、衬衫、无缝内衣、针织、小商品制造、印刷为特色的优势产业,培育欧意、华鼎、贝克曼、棒杰数码、博尼服饰等20个优势行业领军企业。2010年园区完成工业总产值331亿元,共受理登记160余个投资项目,投资200亿元,其中投资1亿元以上项目76个,申请用地面积333.33公顷。重点招商项目8个,投资总额92亿元,申请用地面积166.67公顷。“十二五”期间,园区主要任务是完成7平方千米的开发建设,以“建设工业产业新城,打造千亿级工业园区,争创国家新型工业化产业示范基地”为战略目标,重点引进电子电器产业、新型纺织产业、先进装备制造业及新能源、新材料、新技术等高新产业,把园区建成工业经济转型升级的引领区、生态文明的示范区和农村新社区建设的实践区。

【工业园区机构设置】 根据中共义乌市委2010年10号《抄告单》,浙江义乌工业园区于2010年5月单设,为正科级常设临时机构,下设党政综合办公室,财政局、社会事业局、规划建设局、经济发展局、项目招商局、国土分局办公室,正式在编人员32人(含事业综合服务中心编制17人)。7月,根据省委、省政府发展“大产业、大项目、大平台、大企业”的要求,经省经信委批复,浙江义乌工业园区整合为苏溪、大陈、后宅、廿三里4个镇(街道)的工业功能区,规划面积84.39平方千米。整合提升后的工业园区为义乌商贸服务业集聚区建设的重要组成部分,承担义乌市先进制造业产业基地的重任。

(陈振华)

农业生态园区

【七一村农业生态园】 2010年，生态园完成占地0.35公顷的玻璃钢架温室、3.33公顷的塑料单体大棚及10公顷的藕博园基地第一期建设，第二期工程正在建设中，重点是瓜果采摘基地的建设，引进杨梅、香泡、杏、草莓、葡萄等新品种。生态园内主要作物为日本小西瓜、以色列小黄瓜、以色列小番茄以及藕博园莲藕。小西瓜、小黄瓜、小番茄，实行双季种植，上半年和下半年轮作，小西瓜亩产5000千克，毛利润5万元。小黄瓜亩产7500千克，毛利润约9万元；小番茄亩产7500千克，毛利润15万元。莲藕每亩可产莲蓬万余朵，采摘面积约0.33公顷，毛利润5万元。引进台湾4种优质甜瓜，亩产4500千克，平均售价每千克16元，毛利润10余万元。农业生态园年产值44万元。

（张贵显）

【高效生态农业示范园】 义乌市高效生态农业示范园区于2007年5月由浙江省农科院区划研究所编制总体规划并正式投资建设。园区地处义乌市佛堂镇超美畈，东靠稠佛公路，南接凤凰溪，西连徐佛路，北与石楼村前山相接，距义乌市区10千米，交通便捷，区位优势明显。园区总面积136.67公顷，其中经改造的标准农田104.67公顷，荒山坡26.67公顷，水面5.33公顷。

义乌高效生态农业示范园区分7个功能区块，其中新农园（现代农业科技展示区）10公顷，蜜农园（果蔗新品种繁育区）12公顷，精农园（绿色蔬菜瓜果生产区）32.87公顷，金果园（名优水果生产区）6.67公顷，药博园（药用植物生产区）14公顷，悦农园（农业休闲观光旅游区）50.2公顷，创新园（农业科技研发中心）5.47公顷。高效生态农业示范园区项目总投资1亿元（包括园区内企业投资），整个项目分3期完成。2007～2008年第一期为重点路渠电等基本建设和做好土地租赁工作等优化投资环境阶段（准备阶段），投资400万元；2009年第二期为休闲观光旅游区建设和各生产区建设阶段，投资5000万元；2010年第三期为各区完善提高阶段，投资4600万元。园区建成后成为义乌市农业新品种新技术研发中心、农业高新技术示范中心、特色优势农产品展示中心、观光旅游农业休闲中心。

至2010年底，园区有规模企业、大户10家，其中金华市级农业龙头企业2家、义乌市级农业龙头企业4家。建有果蔗示范基地、蔬菜瓜果示范基地、花卉苗木基地等。果蔗基地已成为国家科技部星火特色产业基地，蔬菜瓜果基地为义乌市首批无公害优质瓜果基地，苗木基地为金华市级林业休闲观光园。

（陈新宇）

商贸流通·服务业

综　述

2010年，在宏观经济形势进一步好转、国家消费政策继续实施和延续的大背景下，市商贸零售业承接上年良好发展态势，总体上继续保持平稳较快增长。全年实现社会消费品零售总额290.4亿元，增长18.9%，城镇实现零售额221.9亿元，农村实现零售额67.1亿元。批发贸易业零售额增长15.6%，零售贸易业零售额增长19.8%，住宿业零售额增长21.4%，餐饮业零售额增长13.9%。

市政府出台《关于重大商贸服务业项目的招商意见》，对重大商贸服务业项目实行“一事一议”，提供政策上的保障。落实后宅城北现代商业中心、南门街有加利购物中心等大型商业项目建设，引进“福泰隆”、“屈臣氏”等商业企业，商业特色街稳步发展。宾王异国风情街商业布局合理、服务功能齐备、国际特色明显，被评为首批“浙江省特色商业示范街”。稠江街道凤凰社区商业发展成效明显，荣获“全国社区商业示范社区”。

商业体系稳步发展。大型商场、超市拉动消费作用明显，全市7家大型商场、超市实现销售额15.3亿元，同比增长23%。深入推进“城乡连锁超市”工程建设，培育扶持有加利等龙头企业，引导现代流通方式向农村、社区延伸。在建制镇连锁超市全覆盖的基础上，大力发展农村便利配送店，新增便利店61家，总数590家，覆盖率82%。大力发展社区商业，以创建国家级社区商业示范社区为契机，推进社区商业“双进”工程，凤凰社区创建为国家示范商业社区。十足、有加利等龙头企业新发展31家社区连锁便利店，华统公司开设社区熟食连锁店20余家。

由于政策效应和生活水平不断提高，汽车和石油制品等是拉动消费品零售额增速的重要力量。全年汽车销售额80亿元，增长38.3%；石油制品销售额4.1亿元，增长20.6%。全市家电下乡产品销售继续呈现强劲势头，销售3.66万件，销售额9155万元，同比分别增长56%和65%。汽车摩托车下乡销售9459辆，销售额3.09亿元。全市共销售5类家电3.62万台，销售额1.44亿元。

特殊行业运行平稳。生猪屠宰量继续保持增长，年屠宰量106.62万头，同比增长10.79%，其中义乌市消费量85.17万头，同比增长19.9%。盐业供应稳中有升，全市食用盐供应量1.65万吨，同比增长11.54%。汽车更新换代现象明显，汽车消费势头强劲，全年新车上牌3.34万辆，同比增长28.7%。二手车市场全年成交1.72万辆，同比增长6.27%。拍卖业平稳有序，市内7家拍卖公司举办各类拍卖活动210场次，比上年同期增加8场，拍卖成交额10.82亿元。

（市场发展局供稿）

商 贸 业

粮 食 流 通

【概况】　2010年，义乌市国有粮食收储企业与115户种粮大户签订粮食订单合同7839吨，其中早稻5418吨、中晚稻2421吨，发放粮食预购定金54万元。粮食收购执行国家粮食最低收购价政策,每50千克早籼谷(三等,下同)最低收购价为93元,当市场收购价低于最低收购价时,由国有粮食收购企业按最低收购价收购。对粮食订单合同执行政府奖励政策,凡订单内属地方储备轮换的粮食给予每50千克20元的补贴。对市内售粮大户实行奖励政策,凡粮食播种面积在0.67公顷以上且投售粮食订单合同在2500千克以上的,再奖励每50千克5元。2010年义乌"粮食订单"早籼谷市场收购价每50千克100元,加政府补贴20元,即实际结算价为每50千克120元。中、晚籼谷市场收购价每50千克97元,加政府补贴10元,即实际结算价为每50千克107元。至年底,全市共收购订单粮食早籼谷4460吨,中、晚籼谷482吨,合计收购入库4942吨,完成订单计划的79.71%。政府奖励和补贴152.97万元,对售粮农户实行运费补贴,全年补贴运费6.85万元。

加强储备粮管理,合理制订储备粮轮换计划,及时安排轮换,轮换出库粮食采取公开拍卖的方式进行。2010年,共安排轮换市级储备粮1.38万吨,新增市级储备粮1万吨。运用低温、低氧、低剂量等科技保粮方法保管好各级储备粮。投入新增仓储设施和仓库维修保养资金110万元,确保储粮仓库的完好率。严格执行粮食出入库检验制度,做好一年两次的储备粮质量检查(委托金华市粮油饲料产品质量监督检查站定期抽检)。全年各级储备粮都达到"一符、三专、四落实"的要求(账实相符,专人管理、专仓储存、专账记载,品种、数量、质量、地点落实)。严格执行粮情检查制度,认真按照《粮油储藏技术规范》开展日常粮油保管工作,贯彻以防为主、综合防治的保粮方针和安全、卫生、经济、有效的防治原则,开展"一符四无"粮仓活动(账实相符、无虫害、无霉变、无鼠雀、无事故)。按季开展"一符四无"粮仓鉴定工作。2010年底,经金华市粮食局组织鉴定,义乌市被评定为年度"一符四无"粮仓县(市),义乌市中心粮库经浙江省粮食局考评,继续保持三星级粮库。开展全国粮食清仓查库工作,义乌市粮食清仓查库工作本着有仓必到、有粮必查、有账必核、查必彻底的原则,对全市所有库点库存的粮食逐一进行清查,粮食清仓查库工作通过义乌市自查、金华市普查。经检查,全市储备粮数量真实,质量完好,粮食保管安全,库贷挂钩一致,符合储备粮库存要求。

加强省际间粮食产销合作。2006年,报经市政府同意,在江西省弋阳县建立市级储备粮轮换粮源生产收购基地,规模3300公顷,每年可向义乌提供商品粮1万吨左右。2008年,在江西省东乡县建立粮食生产收购基地,规模0.13万公顷,每年可为义乌市提供储备粮轮换粮源5000吨左右。2010年,义乌从江西购进早籼谷1.07万吨。通过建立和完善省外粮食收购基地,进一步稳定了义乌每年所需的市级储备粮轮换粮源。

保障粮食安全和军粮供应。2010年,义乌市地方储备粮规模不断增加,至年底,市级储备粮规模达到6万吨。对《义乌市粮食安全应急预案操作手册》重新进行完善,分别落实义乌市粮食安全应急处置组织体系和职责。在义乌市域范围内共有粮食价格监测点7个,粮食应急加工点2个,粮食应急供应单位26个和粮食应急运输企业3家(汽车运输能力710吨位)。2010年,全市粮食批发市场成交量31.42万吨,比上年增加7.92万吨。同时,完善粮食市场价格监测网络,做好日常价格监测工作,及时向上级部门发送主要粮食品种的生产、库存、流通、价格、质量等信息。充分利用粮食、物价等信息资源,加强信息整合,实现信息共享,不断提高信息分析、利用和预警能力。做好军粮供应工作,为确保军粮供应质量,军粮采购由上一级粮食主管部门实行"统购分销"方式,并按照部队需求做好粮油品种的搭配。

【中心粮库建成投入使用】 3月,中心粮库四期工程包括仓库3幢(仓容1.35万吨)、办公楼及其他附属设施开工建设,年底建成投入使用。中心粮库整体工程完工后,总仓容7.65万吨。库区内配套保管用房、机械器材库、麻袋库、药剂库、配电房、消防室、消防池、车库、门卫室等设施。配置50吨电子地中衡1台、各型号输送机13台、补仓机2台、离心通风机24台、环流熏蒸设备1套,以及除杂机、清扫吸尘车、装包机等设备。安装粮情电脑检测、机械通风和环流熏蒸系统,“四项新技术”得到较好应用。

（徐瑶英）

供销合作

【概况】 2010年,全市供销合作社完成经营总收入5.34亿元,同比增长18%,实现经济效益1857万元,同比增长0.7%,上缴国家各类税收746万元,同比减少23%。其中外贸进出口3700万美元,同比增长29%。完成烟花爆竹销售816万元。供应各类化肥1.86万吨,农药5322千克,农用薄膜1929千克,化肥、农药占全市供应量的80%以上。超额完成全市汛期麻袋储备任务,实际储备量3万余只。新建农民专业合作社4家,综合服务社1家。依托庄稼医院服务平台,为农民提供各类技术培训、咨询5万余人次。系统领办、参办的农民专业合作社19家,入社农户1257户,带动农户1.5万户,业务渗透到茶叶、食用笋、水果、蔬菜、机耕等产业。参与上海西郊国际金华馆的筹建和招商营运工作,成功组织华隆食品、大江南食品等10余家农业龙头企业入驻展馆。义亭供销社月饼厂克服原料价格上涨的不利影响,中秋月饼销售额200余万元。再生资源日用杂品公司顺利完成烟花爆竹承包到期后的经营工作,并实行派驻监督员等制度,强化日常管理。天成大厦致力于打造珠宝电器专业商场,年销售额5000万元。供销学校开展合作办学,引入昂立教育集团等国内知名教育机构,继续发挥应有的社会效益。苏溪供销社加快新百货大楼招商工作,初步建成市第一家集镇大型综合商场。加强制度建设,先后建立健全职工管理、经济责任考核、干部选拔任用、资产出租管理、内部审计、工程建设、党风廉政等30余项制度。市供销总社连续4年被评为“浙江省供销社系统先进单位”,2010年被评为“浙江省供销系统十强县级联合社”。

【首家农资连锁经营公司成立】 1月,义乌市圣穗供销农资连锁有限公司成立。至年底,圣穗公司在上溪、佛堂、苏溪3地设有农资中心配送站,在9个基层供销社设有分配送站,通过直营、吸纳、授权等方式在全市建设60个农村连锁网点,并完成下属网点统一办理营业执照、统一标志标牌等工作。

【开展资产整合】 5月,全面开展清产核资,组织人员对系统房屋资产进行排查,并加大确权登记工作力度,为资产整合扫清障碍。共梳理未确权网点30余处,占地面积2.7万余平方米,确定网点置换意向面积9万余平方米。其中后宅供销社将10处零散网点6913平方米用地与后宅街道进行整体置换,街道在净居西路统筹安排4860平方米用地,建设供销社综合大楼。

（金建新）

烟草专卖

【概况】 2010年,烟草专卖局查处各类卷烟违法经营案件801起,查获各类违法经营卷烟15万余条,总案值2253万元,罚没款261万元。移送工商案件593起,移送卷烟5700余条,罚没款23万元。移送公安案件13起,刑拘25人,法院判决案件4起13人。烟草公司全年销售卷烟6.5万余箱,同比增长4.04%。含税销售收入16.35亿元,同比增长18.26%,含税单箱销售额2.51万元,同比增长13.66%。完成利税4.02亿元,同比增长12.38%,实现利润3.29亿元,同比增长12.72%。年内,义乌市烟草专卖局(分公司)先后获优秀县级专卖局、优秀烟草分公司、省级文明单位等称号。

【卷烟配送模式“3改2”】 4月5日,金华卷烟配送中心义乌分中心卷烟配送模式改为当日订单当日分拣、次日送货,将原来3天配送周期缩短为2天。

【查处首起涉外卷烟网络案】 4月22日,市烟草专卖局查获首起涉外卷烟网络案件,查处卷烟2万余条,案值256万元,追究刑事责任6人,其中1人为外籍人员,涉及国内福建、浙江,以及伊拉克、伊朗等国家和地区。

【全省卷烟打假打私现场会在义乌召开】 7月15日,省烟草专卖局、省道路运输管理局在义乌联合召开全省道路运输涉烟监管工作会议。会议总结、交流开展非法涉烟运输专项整治工作的成果与经验,表彰2009年专项整治工作先进个人。会上,义乌市烟草专卖局作专题汇报。

【卷烟市场智能监管系统获全省烟草系统创新一等奖】 12月，在2010年度浙江烟草专卖、商业系统工作会议上，义乌市烟草专卖局立项、开发的卷烟市场智能监管系统荣获全省烟草系统创新一等奖。

该系统主要由物流站点管理、线索管理、涉案人员管理、涉案车辆管理、案件管理、查询分析、统计分析及基础管理8个功能模块组成，与专卖数据库相对接，对卷烟市场监管(特别是物流监管)过程中涉及的各个线索信息进行综合管理和线索输出，通过信息的模糊比对、综合分析发现线索，对有效线索快速定位、快速打击，从而实现查案截流快、线索摸排准、打击力度狠的目标，实现动态监管。

（吴晓磊）

食盐专营

【概况】 2010年，浙江省义乌市盐务管理局(公司)各项业绩再创历史新高。全年实现各项销售收入5319.12万元，同比增长26.89%；实现利润总额334.49万元，同比增长36.64%，完成年计划105万元的318.56%；实现各类盐销量3.93万吨(其中食盐1.66万吨)，完成年计划2.14万吨的184.16%。

加强盐业市场管理，创新市场管理模式。全年共组织盐政执法检查553人次，被检查单位4110家，查处盐业违法案件1起，没收盐产品2.02吨，结案率100%，确保了盐业市场的稳定有序。

【第十七个防治碘缺乏病日宣传活动】 5月15日是中国第十七个防治碘缺乏病日。市盐务管理局与市卫生局、市疾控中心联合在义亭镇开展防治碘缺乏病知识现场咨询、宣传活动，组织专家为群众现场义诊。各碘盐零售点等场所粘贴画报1200份，向群众发放宣传资料5000余份，问卷调查4600份。在防治碘缺乏病宣传期间，充分利用义乌电视台新闻报道、广播电台和《义乌商报》进行全方位宣传，不断提高居民合格碘盐的食用率。

【《食盐零售许可证》换证】 10月12日，根据浙江盐务局《关于组织开展〈食盐零售许可证〉统一换发工作的通知》精神，召集盐政、运销、客户经理等部门的相关人员进行专题分析研究，结合实际情况，制订换证工作计划。各乡镇采取上门服务换证形式，主城区采取张贴公告和配送人员上门告知形式，各经营户持有关资料到局办公室换发。至12月底，换发《食盐零售许可证》470本，按时圆满完成换证工作。

（骆树福　吴　琨）

医药经营

【概况】 2010年，医药企业发展态势良好，全市药品经营企业销售收入72261万元，其中药品批发46331万元，药品零售25930万元。药品生产企业总产值39299万元，销售额33666万元，实现利税3799万元。医疗器械生产企业总产值21500万元，实现利税582.5万元。至年底，全市共有药械生产经营企业637家，其中药品零售企业482家，乙类非处方药经营企业15家，乙类非处方药专柜74家，药品生产企业3家，药品批发连锁企业7家，医疗器械经营企业40家，医疗器械生产企业16家。

【成立医药零售行业协会】 11月18日，义乌市医药零售行业协会成立大会暨首届会员大会召开，行业协会有493家会员单位。会议审议通过《义乌市医药零售行业协会章程》、《义乌市医药零售行业协会会费管理规定》、《理事会理事、监事选举办法》，选举产生第一届理事会会长、副会长、秘书长、理事、监事，并聘请协会名誉会长、顾问，颁发聘用证书，大德药房连锁有限公司负责人骆晓东任会长。医药零售行业协会是以“团结互助、共求发展”为宗旨，将发挥联系政府和会员之间的桥梁与纽带作用，引导会员加强自律意识，促进经济发展。

【浙江大德药业集团被认定为国家火炬计划重点高新技术企业】 12月，浙江大德药业集团有限公司被国家科技部火炬中心认定为国家火炬计划重点高新技术企业。浙江大德药业集团有限公司先后承担国家科技部创新基金项目、国家级火炬计划项目。建立省级研发中心，以肿瘤血管靶向破坏药物为研究方向，自主研发的国内第一个肿瘤血管靶向破坏新药康普立停处于国内领先、国际同步水平。对肿瘤血管靶向破坏药物拥有核心技术，申请2项国际专利“PCT/CN2006/003149”和“PCT/CN2007/070020”，均已进入美国、欧盟等7个国家和地区，2007～2010年获得国内发明专利授权26项，总投入研发经费2600余万元，占销售收入的13%以上。

【浙江大德药业集团被认定为浙江省专利示范企业】 9月，浙江大德药业集团有限公司被认定为浙江省专利示范企业。2008年1月，浙江大德药业集团有限公司建立知识产权部，通过建立有效专利工作机制，完善机构和人员配备，保障经费投入，专利技术得到长足发展。至2010年底，浙江大德药业集团有限公司获得授权的专利32项，其中发明专利31项，外观设计专利1项。专利技术积极转化为成果，2010年，专利产品销售额7亿元。

【华义医药获首张美国市场产品通行证】 10月28～30日，美国FDA(美国食品药品监督管理局)检查官对浙江华义医药有限公司的原料药中间体3629进行批准前检查，这是公司迎来的首次FDA现场检查。FDA检查官对公司的生产系统、物料系统、设备系统、实验室系统、文件系统和质量系统开展全方位检查，对公司的GMP实施情况表示满意。

（贾蓝蓝）

服务业

【概况】 2010年，零售业运行情况良好，继续稳定增长。实现社会消费品零售总额290.4亿元，同比增长18.9%。销售额超亿元的商场、超市7家。其中，义乌银泰百货有限公司，营业面积3万平方米，销售额27838万元；杭州解百义乌商贸有限责任公司，营业面积1.78万平方米，销售额16171万元；浙江世纪联华超市有限公司义乌分公司，营业面积1.5万平方米，销售额44745万元；义乌好又多百货有限公司，营业面积1.2万平方米，销售额16166万元；浙江有加利连锁超市有限公司，营业面积3万平方米，销售额15350万元；上海嘉定乐购生活购物有限公司义乌北苑分公司，营业面积1.5万平方米，销售额15564万元。积极向国内外知名商业企业宣传推介义乌市经济社会发展情况、商贸业发展政策环境和商业招商项目，主动邀请国内外知名零售连锁企业前来实地考察。国内外知名商业企业大连万达、家乐福、华润万家、大润发等均有入驻义乌市的强烈愿望。在北苑C3地块成功引入快速消费品连锁百联集团。

【异国风情街入选首批省特色商业示范街】 9月，义乌市宾王商贸区异国风情街被评为首批“浙江省特色商业示范街”。宾王商贸区的异国风情街特色鲜明，集旅游、餐饮、娱乐、购物于一体，店铺规模在180家以上，其中中外餐饮类100余家，休闲娱乐类20家，精品服装类50家，年营业额超10亿元，吸引3000余名境外客商常驻。“浙江省特色商业示范街”评选充分考虑商业街的营业额、营业面积、知名度、文化底蕴和游客人数等综合因素，全省共有17条商业街入选。

【福泰隆落户义乌】 12月18日，福泰隆正式落户义乌，福泰隆义乌购物广场开张迎客。义乌是国际商贸城市，零售业却一直是短处。2007年义乌市“两会”上，有人大代表分析，义乌百货业呈现不断萎缩的态势。义乌人每年因为本地缺乏中高档购物场所而到外地消费20亿元以上。为此，义乌市政府出台促进义乌百货流通业发展的相关规定，通过各项优惠政策推动中高档精品百货商场的发展。同时，完善和优化大型商业网点的规划布局，对一些大型的购物中心、超市、商场进行重新布局规划。福泰隆义乌购物广场共分三层，一楼为精品百货，二楼、三楼为超市，营业面积1.5万平方米。该大型购物广场，采用精品百货+超市模式，其中百货区域定位为休闲时尚百货，在这里市民可买到杰克琼斯、耐克、阿迪达斯、佐丹奴等运动休闲服饰，CK、迪奥等品牌香水，资生堂、兰蔻、薇姿等品牌化妆品，天梭、依波路等名表，品牌黄金珠宝、数码产品等。广场还配备可以容纳1000辆汽车的停车场，开业当天购物市民超过1万人次。

（市场发展局供稿）

市　场

综　述

2010年，义乌市出口多元化与内贸拓展卓有成效。义乌内贸市场总成交额621.1亿元，同比增长11.7%，其中中国小商品城成交额456.06亿元，同比增长10.8%，首次突破450亿元，创下10年内市场成交额增长最好成绩。2010年，专业市场总成交额145亿元，同比增长16.74%。其中粮食市场成交额11.03亿元，同比增长46.56%；汽车城成交额24.34亿元，同比增长26.86%；农贸城成交额75.24亿元，同比增长19.28%，其中副食品市场成交额48.12亿元，同比增长4.67%；其他专业市场成交额同比普遍有所增长，家电市场增长6.59%、家具市场增长9.33%、通信市场增长4.19%、物资市场增长2.67%、原材料机械市场增长2.31%。由于大型工程较少，原木经营区未能如期搬至新木材市场，加上周边地区同类市场崛起造成部分客源流失，装饰城、木材市场成交额同比分别下降8.22%和10.92%。二手车市场由于2010年新车供应充足、政策力度大，吸引大量购车者，虽然成交量增长6.27%，但成交额下降3.54%，利润空间缩小。

市场国际化程度加快。2010年义乌市场外向度55%以上，商品出口至215个国家和地区，日均出口1500标箱，100余个国家和地区的1.5万名境外客商常驻义乌采购商品，有境外企业与驻义代表机构3066家。设立进口商品馆和非洲产品展销中心，引进55个国家3万种商品入场经营。2010年，入境外商42.2万人次，同比增长32.9%。海关监管小商品出口57.6万标箱，同比增长13.4%。

市场行业布局调整。5月26日，新一轮市场行业布局调整方案公布，除老市场经营主体整体搬迁外，进口商品、床上用品、纺织品、针织原材料、汽车用品及配件等行业搬迁至国际商贸城五区市场，篁园市场定位为专业服装城。进行国际商贸城一区市场东侧市场扩建，进口商品馆搬迁后的国际商贸城三区五楼空间，用于画业行业的扩容。调整商位定价，根据商位位置、楼层分布、经营面积等因素，建立商位租金差异化价格体系，降低商位租金的不合理性。完善商位租赁方式，为保障新市场的繁荣和稳定，对商位实行“一年一租，先用后租，不得转让转租”。

全面推进商品交易市场信用分类监管。各市场以责任区监管为平台，抓信用信息收集，及时做好信息的甄别、反馈。年底，全市商品交易市场经营者信用分类监管等级，拥有AAA级1208户，AA级3495户，A级66074户，B级19户，C级20户，D级153户。各市场开展“星级信用商位”评选活动，中国小商品城先后评出“星级信用商位”1.24万个，其中四星商位105个，三星商位699个，二星商位1627个，一星商位9938个。义乌市副食品市场评选出“星级信用商位”163个，其中三星级商位11个，二星级商位33个，一星级商位119个。义乌家具市场评选出“信用商位”28个。

先后出台《关于加快电子商务发展的意见》和《促进电子商务发展的扶持政策(试行)》等政

策，加快推进电子商务发展，累计培育各类网店3万余家，2010年电子商务交易额超过400亿元，其中年销售额超过1000万元的B2B/B2C网站60余家。市场软实力进一步加强，小商品景气指数被列入省发改委三个经济运行监测点之一，义乌市场信用指数正式在中国经济网上线发布。

9月18日，义西生产要素市场建设指挥部正式挂牌，义西生产要素市场规划建设有序展开。11月25日，召开市委常委扩大会，明确将生产资料市场群的建设纳入市"十二五"规划中的八大重点任务之首。重点布局原辅料、机械装备、零部件和工量具等专业市场以及电子商务园区，形成与国际商贸城功能区分、行业互补的生产性服务集聚区，通过若干年分阶段多类重要行业培育，建成与国际商贸城相呼应的新生产资料市场群。

（市场发展局供稿）

市场监管

【概况】 2010年，举办创、保"星级文明规范化市场"活动，全市创三星级市场1个，累计获星81颗，比上年减少9颗。全市拥有五星级市场1个，四星级市场4个，三星级市场7个，二星级市场17个，一星级市场5个。国际商贸城、义乌家具市场被认定为省重点市场，义乌汽车城、义乌农贸城被认定为区域重点市场。市工商局按照市场取得星级高低开展市场名称登记验、换证工作，全年换证38个市场。

8月，优化义乌市场信用指数模型，评审通过的新模型由4大分类指数构成，共20个基础指标、7个参考指标，精减原有8大特征分类指数，取消原有10大行业分类指数，继续保留YMCI及分类指数的五色灯及波动预警两个子系统。12月22日，在义乌市场信用建设推进会暨义乌民营企业景气指数发布会上，举行义乌市场信用指数在中国经济网上线发布仪式。此举意味着该指数正式破除地域限制，借助中国经济网的强大平台，扩大义乌市场信用指数的影响。

积极配合国际商贸城三期新区与新篁园市场建设，为新一轮市场布局、行业调整开展调研，派出20余名业务骨干参加新市场搬迁的招商资格审核工作。

加强对市场主体培训。举办个体劳动者学校培训班，3800余名经营户学习电子商务、外语等课程。组织开展电子商务、《合同法》、世博知识产权、消费者权益保护、市场调解人员知识更新、知识产权保护法律法规培训30余场，箱包、皮带、鞋类、饰品等行业经营户1.82万人次参加培训。对1000余名有侵权行为记录的市场经营户专门组织培训与考试。发放宣传资料5万余份。小商品城工商分局还针对突发性事件，制定《中国小商品城工商分局突发事件应急处置办法》，取得较好效果。组织召开市场经营户和来料加工经纪人业务洽谈会18次。年内培育各类经纪企业61家，备案经纪执业人员311人。年底，全市有经纪企业696家，持证经纪执业人员1100余人。

开展节前食品整治、保护"世博会"标志、军服市场、市场名酒专项整治、人力资源市场、保护野生动物检查、南非世界杯足球标志检查、房地产经纪检查、义乌外贸秩序整治等阶段性的市场秩序整治。年内共抽检农贸市场、农批市场、商场、超市5859个(次)，抽检样品89014批次，其中不合格7293批次，定性检测不合格商品作无公害处理1.18万千克，合格率91.81%。全年检测车每日检测点同批次复核比对率1.5%。

【网上国际商贸城】 按照年初义乌市委十二届七次全体(扩大)会议上提出的"再造一个网上国际商贸城"的目标，推进网络市场建设，出台加快电子商务发展的8条举措。做好网上商品交易市场名称登记工作，10月18日，为义乌中国小商品城网上交易市场发放市场名称登记证，并为义乌家具市场、义乌汽车城等7大市场建立信息网站。积极扶植网上交易平台的建设，完成对2.5万人的电子商务培训，义乌市场40%以上经营户参与电子商务，依托市场集聚的网店3万余家，年成交额超400亿元。

【食品检测】 6月11日，建立粮油商品准入办公室，开展粮油商品的准入工作。投入11万元设立粮油检测室。全市15个农贸市场均设立检测室,200余个摊位配置快速定性检测设施。绣湖小学、实验小学、建材技校及好又多、世纪联华、有加利3家超市建立检测室,开展自我检测。对检测中队、检测车及全市检测点的17台多功能食品安全检测仪、8台农药残留检测仪和1台酶标分析仪进行软件升级与设备维护、检测,以保障检测数据的准确性。夏秋季市农业检测站对葡萄种植大户进行抽查,抽取样品251批次,农残快速检测合格率98.4%;对农贸城蔬菜批发市场抽检,抽取蔬菜样品30个,农残检测合格率93.33%。全年共开展商品质量监测693批次,定性抽检食品10.4万批次,无公害处理问题食品1.36万千克,捣毁食品制假售假窝点8个,查处各类食品案件109起,移送司法机关追究刑事责任1起。

(楼子荣　王时龙)

中国小商品城

【概况】 中国小商品城拥有营业面积400余万平方米,商位6.2万个,从业人员20余万人,日客流量21万人次。汇集16个大类、4202个种类、3.32万个细类、170余万种商品,市场外向度55%以上,商品出口至215个国家和地区,年出口小商品57.6万标箱。2010年,市场总成交额456.06亿元,连续20年位居全国工业品批发市场榜首。

年内,商城集团加大投入,全力推进义乌小商品码项目,顺利完成小商品码综合服务系统平台功能开发,小商品编码中心研发前期工作。年内新建5个采购配送点或产品目录店,配送网点增至14个,市场销售渠道进一步拓宽,物流配送网络逐步成型。建立流行趋势发布平台,2010年,成功举办工艺品、箱包、进口商品、饰品、钟表、眼镜、袜类、文胸内衣和家居服饰9场行业流行趋势或新产品发布会。市场体系进一步完善。国际商贸城五区工程建设进展顺利,土建工程完成94.5%,安装工程完成97%,商位构置完成97%,完成竣工交付总工程量95%。篁园市场改建工程市场部分完成竣工交付总工程量95%。一区东扩工程规划设计方案基本完成。提升经营主体素质,全年共举办外贸知识、法律法规、场约场规、商务礼仪、外语培训647场,受训经营户10万人次。

【本外币兑换特许业务试点落户义乌】 5月11日,义乌中国小商品城本外币兑换有限公司正式营业,成为浙江省首家获得国家外汇管理局批准经营本外币兑换特许业务试点单位,首开商品批发市场开办本外币兑换业务的先河。本外币兑换公司主要从事本外币兑换、商务咨询业务,首批开设6个兑换点,全年累计完成兑换业务6343笔,兑换货币等值330余万美元,为来自149个国家和地区6343人次的境内外客商提供便捷的本外币兑换业务。

【义乌泛非国际投资有限公司成立】 11月30日,由浙江中国小商品城集团股份有限公司(占股51%)联合上海外经(集团)有限公司(占股23%)、海程邦达国际物流有限公司(占股18%)及浙江东方之星控股集团(占股8%),共同出资5000万元,成立义乌泛非国际投资有限公司。中国义乌(坦桑尼亚)经贸合作区以义乌商贸模式带动区域经济发展的方式,将项目规划定位为"一区四中心",即进出口加工区、商品展贸中心、保税仓储物流中心、技术培训中心和配套服务中心。其中商品展贸中心将作为以中国日用消费品为主的展示批发中心,兼顾大型机械、农机、建材等生产、生活资料。

【"市场万里行"活动】 3月开始,商城集团先后开展日本大阪、沈阳五爱、黑龙江尚志、吉林通化、广东英德、河南濮阳、湖北天门、深圳龙岗8站"市场万里行"活动。其中日本大阪站市场万里行活动是第一次将小商品市场触角延伸到发达国家。国内7站现场累计销售额608.3万元,预接订单1000余万元,意向区域代理和预约采购商3494家。

(王兴财)

商品市场

【农贸城】 至2010年底,市场内有固定经营户3173户,每天入场经营的自产自销户3000余人次,市场日均客流量3.5万人次，车流量1.5万车次。2010年农产品市场(蔬菜和水果)交易量73.7万吨，同比增长45%，实现交易额26.3亿元，同比增长58.6%；副食品市场实现交易额47.12亿元，同比增长4.7%。

果品批发市场 果品市场为二期重建市场，占地2.2万平方米，建筑面积2.8万平方米，经营用房116间，交易场地1.3万平方米，经营户75户。果品市场实施夜间休市经营模式，交易时间为凌晨5点至晚上7点。市场外侧新开辟有自产自销区，面积2000平方米，全天营业。本地水果占市场成交量20%左右，其他水果主要来自海南、广东、福建、山东、陕西、新疆等地，进口水果交易量约占总成交量的12%，交易额占总成交额的30%左右。全年实现成交量7.34万吨，成交额55728万元，同比减少2.2%和增加0.1%。

蔬菜批发市场 蔬菜批发市场为农贸城二期市场，是浙中地区主要的蔬菜集散地之一，为浙江省二星级规范市场。市场建筑占地面积4.5万平方米，经营用房160间，场地160个，经营摊位465个，经营主体388户。设批发区、超市区和自产自销区3个区块，主要经营蔬菜、熟食、鲜肉、酱菜、禽蛋、干货、水产品7大类。2010年交易量66.37万吨，交易额20.73亿元，同比增长53.25%和88.07%。产品辐射台州、温岭、玉环、临海、绍兴等10余个县(市)。蔬菜市场成为浙中地区最主要的蔬菜集散地之一。

粮油零售交易区 粮油零售交易区有经营用房75间，经营户66户。2010年，粮油市场成交量7.74万吨，成交额3.07亿元，同比分别减少21%和8.9%。粮油市场成交量、成交额均比上年同期下降，主要是东河的粮油批发市场辐射能力逐渐增强，农贸城的粮油市场以零售为主，销量逐渐萎缩。

花卉古玩市场 市场总面积4.5万平方米，其中室内营业面积1.5万平方米，室外场地面积3万平方米，总投资1.5亿元。设有经营用房240间，经营场地100余个，经营户160户，分别来自浙江、湖南、福建、辽宁、江苏、海南、台湾等地区。市场经营品种有各类花木、花盆花瓶、奇石、假山工艺、木雕根艺、观赏鱼鸟、园林设计、古玩书画8大类1000余种商品。城市建设的扩张，农村旧改的实施，市民赏花养花意识的提高，推动了花卉行业的发展。而周边县市花卉市场和苗木基地影响力的扩大，对花卉苗木交易造成一定的冲击。2010年，花卉古玩市场成交额5200万元，同比增长12%。

畜产品批发市场 位于义乌市上溪镇，距义乌市区8千米，紧邻03省道和杭金衢高速公路上溪出入口。市场一期占地13.33公顷，设饲料兽药器械交易区、家禽家畜及特种经济动物交易区、屠宰加工区和商住服务区4大功能区块。畜产品市场设有商位137个，出租102个。经营户28户，主要来自河南、山西等地，经营品种主要为饲料、兽药。2010年，畜产品市场成交额2935万元，同比增长48.8%。

【义乌副食品市场】 位于义乌农贸城内，是省四星级文明规范市场，由浙江义乌农村经济发展有限公司具体负责开发、建设、管理和经营。市场占地3.3万平方米，建筑总面积14.8万平方米，主体3层，局部5层，地下1层，其中地下一层和屋顶为停车场，地上第一层和第二层为市场，总面积5.8万平方米，设有标准商位2147个。地上第三层为名特优新品展销中心，以省市区域为单位设馆，是全国最具规模和影响力的农副产品展示中心、销售中心和集散中心。第一层主要经营杂货、干果炒货、高档补品、酒饮料、非定型包装糖类5个类别商品。第二层主要经营副食、调味品食用油、茶叶3个类别商品。市场日客流量逾2万人次，日成交额2000万元。

副食品市场的经营有明显的季节性，成交额呈现春夏季低、秋冬季高的态势，1月和2月的成交额约占全年总成交额的三分之一，市场交易最旺时日客流量20万人次左右，市场人气及销量均为全年的高峰。年后开始进入淡季，至8月底9月初开始稳步回升。2010年，副食品市场交易额47.12亿元，同比增长4.7%。

2010年10月21日，市场名特优新产品展销中心开业，展销中心面积2.8万平方米，设有区域展销馆39个，其中国外馆7

个、省级馆23个、地市级馆9个，汇集国内外数千种富有地方特色的农副产品，初步形成了全球性购销网络的构架。

【新马路菜市场】 新马路菜市场总占地面积1.2万平方米，建筑面积1.48万平方米，有摊位、店面、冷库1100余个(间)。经营商品有蔬菜、鲜肉、熟食、调味品、蛋类、家禽等18个大类。市场设有食品安全检测、畜牧检疫、物流配送、冷冻(藏)及停车等管理服务设施。市场客流量日均2万余人次，车流量日均6000余辆次。2010年，新马路菜市场成交额13.5亿元。商品零售价格基本平稳，鲜猪肉的全年平均零售价同期相比略有下降，水(海)产类及其他类商品价格基本保持平稳。随着本地蔬菜的大量集中上市，品种丰富，蔬菜销售量大增，部分蔬菜价格有所上扬，涨幅较大的有青菜、菠菜、芹菜等叶菜类蔬菜，涨幅均在30%～50%。市场上销售的大蒜籽和生姜的价格涨幅较明显，均达到100%。

【新义乌家具市场】 新义乌家具市场位于义乌城西官清畈村与龙回村交界处，占地面积5.33公顷，总建筑面积16万平方米，设商位353个，为浙江省内单体规模最大的现代化家具市场。2010年，市场成交额1.71亿元。2010年1月20日，被浙江省工商行政管理局评为四星级文明规范市场。2～4月，先后被浙江省家具行业协会评为2009年度浙江省家具行业诚信文明规范市场，2009年度恒大公司创建工作先进集体，浙商名家具品牌联盟成员单位，浙江省家具行业绿色环保诚信示范企业。

【义乌装饰城】 义乌装饰城由浙江义乌林业开发有限公司承办，前身为浙中木材市场装饰材料经营区，营业面积2.1万平方米，仓储面积5000平方米，经营户170户，设商位391个，主要经营灯具、防盗门、木线、木地板、装饰小五金、地毯、墙纸、橱柜等商品。2010年，市场成交额1.65亿元。

【浙中木材市场】 浙中木材市场由浙江义乌林业开发有限公司承办，占地12公顷，有摊店435间，经营户172户，直接从业人员3000余人。经营人造板、装饰小五金、铝塑板、原木、门窗加工和经营等10余类数百个品种。2010年，市场成交额1.6亿元。1月13日，被金华市工商行政管理局评为2010～2012年二星级文明规范市场。

【义乌物资市场】 义乌物资市场是由浙江省物产集团和义乌市人民政府主办、浙江物通股份有限公司投资承办的生产资料市场。市场占地面积4.46万平方米，营业面积4.85万平方米，商位443个，经营户234户。设有陶瓷卫浴、铝材玻璃、石材、水暖管材、灯具5个交易区，主要经营铝型材、花岗岩、墙地砖、卫生洁具、不锈钢、水暖管材、玻璃、灯具及五金配件等商品，市场商品品牌占有率80%以上。以内销为主、外销为辅，外贸销售明显增长，主要出口中东、非洲、中亚、东南亚等地区。2010年，市场交易额3.89亿元。

2010年3月，第五批大修改造工程(库房十)建筑面积1.01万平方米开工建设，7月初，竣工验收并交付使用。9月，第六批大修改造工程(库房九、十一)建筑面积3666平方米开工建设，12月底，竣工验收并交付使用。至年底，2007年8月启动的市场大修改造全面完成。2010年，市场被义乌市政府评为市平安市场。

【汽车城】 位于义乌城区北侧，杭金衢高速公路义乌入口处，规划占地33.33公顷。一期用地13.33公顷，其中绿化面积4.03万平方米，建筑面积8.3万平方米，投资2亿余元。设有交易区、专卖区、生活服务区，集汽车交易、维修、零部件供应于一体，是提供上牌、保险、信贷、食宿等相关服务功能的综合性汽车市场。共有12个4S专卖店和来自杭州、金华、东阳及义乌市的48家汽车经销商，集合50余个汽车知名品牌。2010年，汽车成交量2.7万辆，同比增长28.60%，总成交额24.34亿元，同比增长26.86%。市场呈持续发展状态且发展势头良好。2月20日，被义乌市安全生产监督管理局授予第十一批市2009年安全生产管理达标企业。3月11日，被金华市评为消费维权先进监督联络站。7月8日，被义乌市交通发展有限责任公司评为2010年安全生产月活动优胜单位。

【二手车市场】 位于望道路299号，毗邻义乌市行政服务中心和北苑商贸区，占地面积2.4万平方米，建筑面积5550平方米，营业房86间，每间门前配有6个车位，水电、电话、网络等设施齐全。场内建有交易大厅、车管所办证大厅、汽车修理厂、餐饮、商住、信息网络和监控等软硬件设施，可为交易双方提供信息查询、鉴定评估、验证开票、过户、汽车装潢、美容维修、办理保险和代办年审等服务。2010年，义乌二手车市场驻场经营户84户，来自台湾、吉林、河北、安徽、贵州、江西、杭州、温州、金华及义乌周边县市的84家经纪公司驻场经营。来自全国各地及常驻义乌经商的世界各国外商前来选购二手车。义乌籍二手汽车成交量1.74万辆，交易额4.52亿元，二手摩托车成交量1515辆。2010年，市场先后被评为安全生产管理达标企业、义乌市消费维权先进监督联络站、安全生产工作先进单位。

【原材料机械市场】 位于义乌市城中中路93号，占地面积2.77万平方米，建筑面积2.9万平方米。2008年10月17日，根据市场行业布局调整方案，针织市场袜类行业整体搬迁至国际商贸城三期一阶段市场，原市场改为义乌市原材料机械市场，共设商位757个。主要经营针纺原材料、针织机械及配件、缝纫机械及配件3大类，并囊括了进口及国产的各类针纺原材料、针织机械及配件、缝纫机械及配件。2010年，市场成交总额18.26亿元。年内，根据市委、市政府新一轮市场行业布局调整方案，原材料行业重新布局在国际商贸城五区市场。2010年，原材料机械市场先后被评为市场稳定优胜单位、安全生产工作先进集体、平安市场。

【通信市场】 义乌通信市场位于宾王路211号，紧邻宾王市场。至2010年，经营户400户，从业人员5000人。云集数码产品和通信行业的国内外知名品牌代理商。市场成交额逐年稳步上升，2010年，市场成交额2.12亿元。

（市场发展局供稿）

【粮食市场】 义乌粮食市场是浙中地区主要粮油集散中心之一。市场占地面积3.09万平方米，建筑面积5.5万平方米，营业面积1.9万平方米。共有店面202间，至2010年底入场粮食经营户95户。经营品种主要为大米、面粉、淀粉、大豆、油脂油料等，主要来自安徽、江苏、江西、河南、黑龙江等地。除在义乌本地销售外，还销往东阳、浦江、磐安、诸暨、福建、温州、丽水等地。2010年，总交易额11.03亿元，交易量31万吨。由于西南旱情、甘肃水灾和整个市场经济通货膨胀，导致原粮收购价格、运费及一系列附带的设施价格都有所上涨，进而导致成品粮价格上涨。1～12月的价格区间为：安徽粳米价格3.85元每千克，上涨18.83%(1月价格3.24元每千克)；江苏粳米价格4.00元每千克，上涨23.46%(1月价格3.24元每千克)；安徽杂交米价格4.16元每千克，上涨54.07%(1月价格2.70元每千克)；江苏杂交米价格4.10元每千克，上涨44.37%(1月价格2.84元每千克)；东北长粒香价格4.96元每千克，上涨12.73%(1月价格4.40元每千克)；东北圆粒米价格4.40元每千克，上涨15.79%(1月价格3.80元每千克)；糯米价格6.20元每千克，上涨18.32%(1月价格5.24元每千克)；山东特一粉价格3.04元每千克，上涨10.95%(1月价格2.74元每千克)；安徽特一粉价格2.80元每千克，上涨10.24%(1月价格2.54元每千克)；江苏特一粉价格2.92元每千克，上涨12.31%(1月价格2.60元每千克)；河南特一粉价格2.88元每千克，上涨13.39%(1月价格2.54元每千克)；东北淀粉价格3.72元每千克，上涨32.86%(1月价格2.80元每千克)；河北淀粉价格3.48元每千克，上涨28.89%(1月价格2.70元每千克)；江苏大豆价格5.60元每千克，上涨24.44%(1月价格4.50元每千克)；东北大豆价格4.50元每千克，上涨4.17%(1月价格4.32元每千克)；安徽大豆价格5.00元每千克，上涨13.64%(1月价格4.40元每千克)；散装菜油价格10.40元每千克，上涨23.81%(1月价格8.40元每千克);散装大豆油价格25.30元每千克,上涨17.5%(1月价格20.80元每千克);金龙鱼5升调和油价格238元每箱,上涨13.33%(1月价格210元每箱)。

(孙晶晶)

生产要素市场

人 才 市 场

【概况】 2010年,全年举办大型人才交流、毕业生就业招聘、高级人才招聘等招聘活动102场。通过组团外出、人才集市、人才超市、义乌人才网和电子滚动屏幕发布等立体化人才服务方式,为全市企事业单位提供人才招聘服务6000余家次,提供人才岗位需求4.1万余个次,引进各类人才1.1万余名,其中中高级人才1000余名,博士4名,硕士117名。义乌人才市场被评为"2008～2010年度浙江省人力资源优质服务窗口"、"2010年度浙江省人才交流(服务)工作先进单位"。

高校毕业生就业服务。2010年,在《义乌商报》上开办高校毕业生就业推荐栏目,免费推荐适合高校毕业生的就业岗位。建立市高校毕业生就业见习基地33个,设就业见习岗位1314个,全年参加见习学生155人。开设高校毕业生创业讲坛,举办高校毕业生创业主题讲座等活动,引导高校毕业生创业。聘请知名企业家、创业成功人士、专家学者和社会各界人士组建创业专家辅导队,不定期为高校毕业生提供公益性创业咨询服务。全年共接收高校毕业生6362人,实现就业5897人,整体就业率92.8%。签订《全国普通高等学校毕业生就业协议书》3209份。开展大中专毕业生"非转农"开具就业情况证明手续办理,至年末审核2724人,其中通过审核1887人,暂缓办理540人,未通过审核297人。全年接收流动人员档案6557份,转出档案665份,出具档案转移函693份,各类人事材料归档整理2万余份,人事档案累计4.61万份。至11月,全市共有高校毕业生流动党员372人,其中正式党员68人,预备党员304人。接收组织关系311人,转出组织关系306人,办理转正手续316人。

【大型人才交流会】 2月26日,2010年义乌市新春人才交流大会在市国际博览中心C1馆举行,参会单位448家,提供岗位6600余个,接待1万余人,求职登记9000人,达成初步意向2500人。7月17日,2010年义乌市"相约成功"大型人才交流会在义乌国际博览中心举行,参会单位517家,提供岗位7800余个,1.2万余名大中专毕业生和各类人才参加此次交流会,达成初步求职意向2373人,当场录用275人。

【网上招聘大会】 2月26日至3月25日,2010年义乌市新春人才交流大会暨高校毕业生网上招聘大会举行,400余家单位报名参会,提供岗位6000余个。7月17日至8月16日,2010年义乌市"相约成功"高校毕业生网上招聘大会举行,382家单位参加,提供岗位5800余个。

【中外高级人才联谊会】 3月12日,义乌市第九届中外高级人才联谊会在锦都酒店举行,50余名在义乌工作的中外高级人才代表参加联谊会。会议对2009年8家人才开发先进单位和6位优秀引进人才进行表彰。

【组团外出招聘人才】 3月13日,组团赴上海展览中心参加2010年上海·长三角地区高校毕业生就业招聘会,参会单位2家,提供岗位15个,应聘18人,达成初步意向3人。4月2日,组团赴武汉科技会展中心参加湖北省2010年春季大型人才招聘会,参会单位7家,提供岗位81个,应聘277人,达成初步意向16人。4月24日,组团赴广州参加2010年南方人才市场营销、工程、技术及管理类大型专场,参会单位8家,提供岗位206个,应聘523人,达成初步意向21人。5月15日,组团赴兰州参加第三十三届开发西部全国人才招聘大会,参会单位3家,提供岗位51个,应聘13人。6月5日,组团赴杭州参加浙江省大中专高校毕业生就业招聘大会,参会单位10家,提供岗位150个,应聘67人,达成初步意向32人。8月28日,组团赴成都参加2010成都秋季特大型人才招聘会,参会单位3家,提供岗位43个,27人应聘。9月18日,组团赴兰州参加2010年中国兰州人才智力交流大会，参会单位2家，提供岗位31个，应聘17人。同日，组团赴西安参加2010年陕西省秋季大型人才交流会，参会单位4家，提供岗位74个，应聘41人，达成初步意向2人。10月16日，组团赴辽宁参加综合性招聘会，参会单位10家，提供岗位137个，应聘47人，达成初步意向2人。10月20日，组团赴金华参加2010金华市工科会人才交流大会，参会单位20家，提供岗位476个，应聘158人，达成初步意向35人。10月29日，组团赴深圳参加2010年中国国际人才交流大会，参会单位2家，提供岗位6个，应聘7人，达成初步意向1人。

【中高层次人才沙龙】 3月14日，在康福多素餐厅举办"东方智慧与企业管理"主题交流活动，参会人员50余人。5月20日，在北苑街道多功能厅开设"执行力建设——赢在中层"主题讲座，来自市机关企事业单位的中高层管理人员320人参加活动。8月13日，组团50余人赴杭州参加全球电子商务应用高峰论坛，义乌工商职业技术学院、义乌市电子商务协会及企业中高级电子商务人员与电子商务精英进行专业战略实效对话。12月27日，在人才市场三楼多功能厅举办2010年义乌市人力资源管理与发展论坛，主题为"民营企业参与全球产业分工与协作——人力资源管理面临的机遇与挑战"，人力资源管理人员150人参与论坛。

【赴浙江大学举办就业洽谈会】 3月和11月，先后2次组织28家义乌企事业单位参加浙江大学高校毕业生春秋两季大型就业洽谈会，提供岗位470余个，达成初步意向115人，现场录用10人。

【出台《关于加强普通高校毕业生就业工作的实施意见》】 4月14日，市政府下发《关于加强普通高校毕业生就业工作的实施意见》，主要内容为向高校毕业生提供自主创业小额担保贷款、项目无偿资助、税费扶持、创业用房场租补贴、会展补贴、社会保险补贴和专利补助等优惠政策。《意见》的颁布实施，拓宽了高校毕业生就业渠道，鼓励和支持更多高校毕业生到基层就业、开展自主创业。

【与上海杨浦区域人才合作交流】 为充分发挥义乌市人才交流中心驻上海杨浦工作站的作用，4月和10月先后2次共组织11家义乌企事业单位赴上海杨浦人才广场参加人才招聘活动，提供高级工程师、副高及以上职称医师、外贸主管、销售总监、财务总监等岗位156个，接待各类人才115人次，达成意向17人。

【高层次人才洽谈会】 5月9日，组团赴香港参加2010浙江—港澳现代服务业高端人才招聘会，参会单位2家，提供岗位25个，16人应聘，达成初步意向8人。9月18日，组团赴宁波参加2010年中国浙江·宁波高层次人才智力引进洽谈会，参会单位1家，提供岗位180个，应聘21人，达成初步意向2人。10月21日，组团赴金华参加金华工科会高层次人才封闭洽谈会，参会单位9家，提供岗位87个，24人应聘，达成初步意向7人。12月4日，组团赴上海参加浙江·上海高层次人才洽谈会，参会单位9家，提供岗位109个，应聘74人，达成初步意向25人。

【中高级人才见面会】 5月29日，义乌市中高级人才见面会在义乌米兰假日酒店举行，梦娜集团、蜜蜂集团和真爱集团等19家用人单位到现场选招总经理、副总经理和财务总监等150余个紧缺急需人才，60余名中高级人才到现场洽谈，达成初步意向21人，当场录用3人。

【名校博（硕）士社会实践活动】 7月上旬，来自北大、清华、复旦、同济和浙大的11位博（硕）士研究生在浙江中道物流有限公司、义乌市水处理有限责任公司、义乌市公共事业有限责任公司等7家单位开展为期40天的社会实践和研究活动。社会实践课题主要涉及中道文化在商业社会与人类生命的实践研究、桥梁管理、利用管网自身优势改善远程供水水质、义乌城市轨道交通网线研究等7个研究课题，为义乌用人单位提供专业的学科知识服务与科研难题攻关服务。

【清华大学博士团社会实践义乌行】 7月24～25日，清华大学博士团社会实践义乌行活动团队到义乌进行社会实践,来自清华大学的49名博士,北京大学、中国人民大学、浙江大学、上海同济大学、上海财经大学和东华大学等高校的13名博士、硕士研究生参观考察国际商贸城,并走进梦娜袜业和新光饰品企业与义乌民营企业家进行交流。

【人才交流中心更名】 10月27日,义乌市机构编制委员会下发义编〔2010〕17号文,同意市人才交流中心更名为人才市场管理办公室,为监督管理类事业单位。

【浙江大学医学院附属义乌医院人才专场招聘会】 11月,组织浙江大学医学院附属义乌医院走进上海复旦大学、上海交通大学、北大医学院和清华大学协和医学院等知名高校作专场宣讲会,并通过义乌人才网、上海杨浦人才网、北京大学毕业生就业信息网、清华协和医学院就业网等渠道发布浙江大学医学院附属义乌医院招聘信息,收到各类医学人才简历4000余份。年内,到西安、上海、北京等人才聚集地招聘,引进各类医学人才110人,其中硕士以上50人。

【三鼎控股集团中高级人才专场招聘会】 12月12日,在杭州市梅苑宾馆为中国·三鼎控股集团组织中高级人才专场招聘会。共推出各类中高级管理和技术岗位210个,其中LED技术等岗位指向高新技术尖端人才,共收到简历518份,达成初步意向81人,其中财务总监、ERP(企业资源管理系统)项目实施等30个岗位基本达成签约意向。

【2011届高校毕业生校园招聘活动】 12月17日,2011届高校毕业生校园招聘活动暨义乌市工商职业技术学院"放飞梦想"就业洽谈会在义乌工商职业技术学院举办,来自全国各地的312家用人单位参加,提供就业岗位5200余个,来自义乌市、浙师大、金职院等3000余名高校毕业生参加,达成初步就业意向1825人,现场签约553人。

(何敏燕)

人力资源市场

【概况】 2010年,市人力资源市场共为3926家义乌市企业和8家外来企业提供岗位需求登记,通过电子显示屏、信息张贴栏发布用工岗位信息1.57万条,为求职人员提供求职登记和推荐就业等服务。

【农民工就业服务招聘周活动】 3月5～12日,在市人力资源市场开展以"服务进城务工,帮助就近就业,扶持返乡创业"为主题的农民工就业服务招聘周活动,共举办专场招聘会7次,组织用工企业3175家次,推出农民工就业岗位4.97万个,2.8万余名农民工进场应聘。

【干旱灾区就业援助活动】 3月25日至4月10日,配合省就业政策,与"浙江之声"电台联合云南、广西、贵州、重庆、四川5个省级电台开展"爱心送岗位,电波传真情"干旱灾区就业援助活动,组织梦娜袜业、华鼎锦纶、新光饰品等80家企业通过5省电台发布招工信息,引导灾区劳动力到义乌市就业。

【全省农民工电影月活动】 12月20日,为丰富农民工精神文化生活,弘扬农民工励志进取的奋斗精神,开展全省农民工电影月活动,分别展映国务院农民工办赠送的《所有梦想都开花》、《马东的假期》、《梦想就在身边》、《爱上油菜花》4部优秀农民工电影的2K数字移动拷贝、0.8K流动电影,观众7400余人次。

(楼灵燕)

【职业资格鉴定考试】 5月22日、11月20日,举行全省职业资格鉴定统一考试,290人参加秘书、营销师及公关员(5～3)、公共营养师(4～3)、客户服务管理师(三级)考试。5月23日、11月21日,举行全国职业资格鉴定统一考试,505人参加企业人力资源管理师、物流师、心理咨询师、电子商务师、理财规划师、项目管理师、企业信息管理师、企业培训师、秘书、网络编辑员(二级)、营销师、职业指导人员12个职业考试。2010年,共鉴定人数1.01万人,总发证8593人。

(劳力科供稿)

房地产交易市场

【概况】 2010年,市房地产市场在严厉的调控政策、充裕的流动性、匮乏的投资渠道、提前入市的自住型需求、实体经济资金流入等因素的共同作用下，表现为投资增长，土地交易市场量大增，价格有升有降（部分地块大幅上涨），开发进度加快，商品房销售量缩价稳，二手房“逆市飘红”，房价稳中有升。

2010年，全市完成房地产开发投资52.05亿元，同比增长11%，每个月投资都基本高于上年同期。土地交易市场量数量大增、价格有升有降。年内，全市共出让房地产开发及商业住宅用房土地38.04万平方米，是上年的3.36倍。商品房销售量缩价平稳。2010年，商品房备案量3927宗，同比下降53.6%；建筑面积55.17万平方米，同比下降57.1%。商品房每月备案量，除6月、7月因开展房地产市场行为专项检查而大幅增加外，其余月份均明显低于往年。

二手房月成交“逆市飘红”。2010年，全市二手房成交3352宗，同比增长0.1%；建筑面积58.86万平方米，同比增长36.28%。由于财富迅速增长（2010年的外贸形势比较喜人），流动性充裕，百姓急欲“以钱生钱”，但投资渠道又窄，股市风险很大，CPI指数又连创新高，尽管严厉的调控政策逼退了部分投机性需求，但将钱投入房地产投资保值仍是百姓投资的首选。同时，由于房价的不断走高，也使得部分刚性需求提前入市。在巨大的自住需求、改善性居住需求和投资性需求的叠加效应下，商品房房源短期内又供应不足，几个“问题楼盘”又出现“交付难”的负面影响，于是出现了二手房交易的“逆市飘红”。

房价稳中略升。市区周边新小区住宅均价1.5万元每平方米，市中心老小区住宅均价1.3万元每平方米，市民广场高层住宅均价突破3万元每平方米，平均涨幅在10%左右，廿三里、佛堂等住宅均价突破1万元。

义乌市2008～2010年住宅二手房每月成交量比较

单位：宗、万平方米

		1月	2月	3月	4月	5月	6月	7月	8月	9月	10月	11月	12月
2008年	宗数	190	67	202	146	138	245	40	48	34	46	372	230
	面积	9.65	1.3	3.35	2.57	2.3	3.67	0.97	1.27	1.1	0.86	6.73	5.53
2009年	宗数	87	141	143	137	124	176	176	178	179	142	212	251
	面积	1.6	2.9	2.7	2.67	2.67	5.15	3.44	4.25	4.5	3.06	4.92	5.32
2010年	宗数	118	63	155	202	143	223	180	233	260	230	261	294
	面积	3.22	1.43	4.04	6.2	4.12	5.36	4.25	4.87	5.5	5.1	6.01	8.76

（张　艳）

对外经济贸易

综　述

2010年，义乌自营进出口在上年保持较快增长的基础上(2009年自营出口增速12%，高出全国28个百分点)，继续快速增长。全年完成自营进出口总额31.2亿美元，增长32.7%，其中出口28.6亿美元，增长34.1%，高出全国增长水平2.8个百分点；进口2.6亿美元，增长19.2%。自营出口增速在前8个月创新高后呈小幅回落态势。生产企业和外贸企业出口增速均表现良好，生产企业出口额15.3亿美元，增长28.3%，外贸流通企业出口额13.3亿美元，增长41.3%。各主要外销市场出口前景良好。对欧、美、日出口市场保持稳定增长，其中对欧盟出口增长30.6%，对美国出口增长41.1%，对日本出口增长14.2%，合计出口额占全市总出口额的42.1%。对"金砖四国"出口高速增长，其中对印度出口增长57.3%，对俄罗斯出口增长43.4%，对巴西出口增长75.3%，对南非出口增长69.5%，4国合计占总出口额的11.9%。对新兴市场出口迅速增长，其中对东盟出口增长55.4%，对拉美出口增长62.8%，对非洲出口增长17.6%，合计占总出口额的26.6%。

利用外资形势较严峻。全年合同利用外资额5507万美元，下降32.7%。实际利用外资仅5154万美元，下降36%。新批外商投资项目30个，下降25%。

对外经济合作发展迅速。2010年，全市实现企业境外投资项目14个，投资总额2166万美元，增长85.3%。其中，中方投资额1842.2万美元，增长118.5%。提前3个月完成浙江省商务厅下达义乌市境外投资额800万美元的工作目标。与8个国内外城市进行贸易对接活动，自行组织参加境外投资贸易洽谈活动9次，举办3次"义博会"境外展。全年新增外国企业常驻代表机构414家，入境境外客商突破42万人次。新设5万平方米的进口商品馆，非洲产品展销中心落户国际商贸城，航空口岸临时开放时间由3个月延长至4.5个月。11月，中国国际经济贸易仲裁委员会义乌办事处和中国国际贸易促进委员会浙江省义乌市支会签证点成立，为促进义乌国际贸易发展及应对国际贸易摩擦、解决外贸纠纷提供支持。

【中国义乌(坦桑尼亚)经贸合作区建设】 7月初，义乌市考察团出访非洲莫桑比克、坦桑尼亚、安哥拉三国后，起草《关于在非洲建设义乌经贸合作区的报告》，经过市委常委会、市政府常务会议专题研究，认为在坦桑尼亚建设义乌经贸合作区较为适宜。至2010年底，中国义乌(坦桑尼亚)经贸合作区建设进展顺利。组建项目运营公司，完成赴非工作人员招聘，商定项目功能。12月12～25日，考察团赴非洲开展实地调研，加快项目推进。

对外贸易

【概况】 2010年，传统市场保持较快增长。欧盟市场是义乌市第一大出口市场，年内出口同比增长30.56%，占全市出口总额的23.27%。前十大出口国分别为美国、阿联酋、德国、巴西、俄罗斯、英国、意大利、伊朗、印度、西班牙，占全市出口总额的50.47%。新兴市场增长迅猛。对东盟、巴西、伊朗和印度贸易出口额分别增长55.41%、75.27%、54.78%和57.33%。主要商品实现较快增长。前十大出口商品均实现同比增长，其中美容美发用品、箱包和餐厨用具增幅较大，分别为44.67%、44.52%和43.92%。

坚持开拓国际市场。年内国际商会组织409家企业参加德国、意大利、美国等知名展会63个，展位625个。建立市拉链行业对外贸易省级预警示范点。向省商务厅申报袜业、拉链、无缝织造和小商品4个出口基地，小商品出口基地获批。第三届非洲商品展与第十六届“义博会”同期举办，展会规模4000平方米，展位200余个。

【建立拉链行业外贸省级预警示范点】 2010年初，市外经贸局协助市拉链行业协会筹建对外贸易预警点，设立预警网站，组建信息员队伍，并在网站上发布预警信息。12月13日，经浙江省商务厅批准，义乌市拉链行业对外贸易预警点为“浙江省对外贸易预警示范点”，这是义乌市继“针织行业外贸预警点”后成立的第二个省级外贸预警点。拉链行业是义乌主要支柱产业，有生产企业300余家，产品出口80余个国家和地区。2009年，外贸供货值25亿元，其中自营出口1亿美元。拉链行业外贸预警点的建立，对防范国际贸易摩擦、促进拉链产品出口起到积极推动作用。

【组织参展第二十届“华交会”】 3月1～5日，第二十届华交会在上海新国际展览中心举行。义乌市18家企业参展，设展位20个，分别比上届减少3家企业、5个展位。展品主要有纺织服装、家用纺织品、装饰礼品、家居用品等。受原材料价格和人工成本上涨的影响，义乌市参展企业大多相应提高了商品报价，其中纺织服装报价涨幅3%～7%，相框报价涨幅5%～10%。

【组织参展“广交会”】 4月15日至5月5日，第一〇七届广交会在广州中国进出口商品交易会展馆分3期举行。义乌市设有161个展位，比上届增加6个，分别为一期6个，二期45个，三期110个。其中品牌展位30个，比上届增加8个。分布在工程机械、工具、家居装饰品、礼品及赠品、个人护理用具、园林用品、办公文具、服装饰物及配件、内衣、男女装、家用纺织品、毛毯及挂毯等展区。“广交会”上，义乌56%的企业接待客商多于上届，20%的企业接待客商与上年持平，平均每家企业接待客商70人～150人，最多的企业接待400余人。受原材料价格上涨和员工工资提高的影响，义乌市70%的参展企业提高商品报价，47%的企业提价5%以上。客商对产品提价的接受程度不如预期，主要是产品成本增长20%以上，但成交价要提高10%却很困难，出口到中东、非洲等市场的低端产品提价困难。义乌市家居装饰品展区参展企业在“广交会”期间与来自瑞士的客商达成28只集装箱的意向订单，与上届相比增长三分之一。受原材料涨价、人民币升值、产能制约等因素的

义乌市2010年十大自营出口市场

国别	出口额(美元)	增长(%)	占出口总额(%)
美国	496484597	41.07	17.3
阿联酋	152268163	0.05	5.3
德国	139898799	34.43	4.9
巴西	110830691	75.27	3.9
俄罗斯	109285436	43.40	3.8
英国	107429193	54.78	3.8
意大利	87322271	36.30	3.1
伊朗	83809104	54.78	2.9
印度	79433854	57.33	2.8
西班牙	78048821	−15.90	2.7

影响，79%的企业不敢承接交货期较长的订单。梦娜袜业的防臭袜、竹炭袜、色彩袜、压力袜等产品受到欧美高端客商关注，新产品平均利润高于老产品10%，产量约占公司总产量的5%～10%。浙江四达工具第三十四次带着品牌产品参加广交会，产品主要销往德国、意大利、波兰等欧洲国家，自主品牌产品出口占其出口总额的40%。义乌祥胜文化用品有限公司的产品大多已申请专利，带来参展的上百个专利产品赢得客户青睐。浙江三鼎织造有限公司接待内销客户60余人次。

10月15日至11月4日，第一〇八届广交会分3期在广州举行。义乌市共有167个展位，比上届增加6个展位，其中第1期展位6个，第2期展位46个，第3期展位115个。展位主要分布在服饰配件、男女装、家居装饰品、办公文具、个人护理用具等23个展区。参展企业87家，比上届增加10家。

【组团参加2010浙江出口商品(大阪)交易会】 9月14～17日，由国家商务部与浙江省人民政府共同主办，浙江省商务厅与日本大阪国际见本市委员会共同承办的2010浙江出口商品(大阪)交易会在日本大阪举办。义乌市双童日用品有限公司、浙江永达不锈钢制品有限公司、浙江巨龙箱包有限公司3家企业参加，共设5个展位。其中双童吸管有限公司是第二次参加大阪展。为期4天的展览会效果较好，巨龙箱包有限公司接待买家65家，收集名片92张，现场订货21寸PC箱1800只，9月24日日本买家来义验厂确认。双童吸管对日本市场的销售额占公司销售额的30%。永达不锈钢制品有限公司第一次参加大阪展，在展会上与参展商商谈新产品的开发计划。

【中国信保对义乌市无缝织造行业实施行业承保】 9月，中国信保义乌营销服务部在与市无缝织造行业协会充分沟通的基础上，签署合作备忘录，推出针对义乌市无缝织造行业的整体承保方案。该方案是浙江省首个行业整体承保方案，为无缝织造行业协会的会员企业降低投保成本60%以上。至11月9日，无缝织造行业共有13家企业投保出口信用保险，无缝织造行业的年度投保规模达到1.47亿美元，增幅488%，信用保险对无缝织造行业的出口覆盖率达66.7%，比原来提高56个百分点。出口信用保险覆盖率的大幅提升，给无缝织造行业的出口提供强有力的风险保障，同时帮助企业优化买家结构，灵活使用各种结算方式，促进出口业务的健康发展。

利用外资

【概况】 2010年，利用外资工作形势较为严峻，主要指标延续负增长。全市新批外商投资项目、合同利用外资、实际利用外资等主要指标均保持低位运行。工业项目继续萎缩，年内，新批外商投资工业项目4个，合同利用外资163.23万美元。增资项目规模缩小，增资项目4个，合同利用外资662.58万美元。减资、提前终止(含转内资)项目较多，外商投资企业减资项目6个，合同利用外资减资2824.5万美元。全市新批外商投资项目30个，合同利用外资5506.52万美元，实际利用外资5154.32万美元，完成省商务厅下达的工作目标。

创新招商引资方式。制定《2010年度招商引资工作考核办法和考核细则》。调动各行业协会及骨干龙头企业专业招商机构、政府驻外办事处窗口、在义各地商会招商的积极性。发挥金融商务区、工业园区等招商平台作用，组织开展“义博会”、“文博会”、“旅博会”等招展、招商活动，开展“浙洽会”、全省重大外商投资项目签约仪式等层次招商引资宣传推介活动。加大服务外包产业引导与培育，发展服务外包经营主体，培育工商学院为市服务外包人才培训机构，积极组织有关培训。“非洲产品展销中心”在“义博会”开幕式上授牌。

【赴平湖考察招商引资工作】 6月4日，副市长吴森民率领各镇(街道)、工业园区及相关部门组成的20人考察团，赴平湖市考察招商引资工作。考察团一行走访平湖市新埭镇，并与当地政府进行座谈。双方就营造招商引资氛围、制定招商引资政策、实行产业招商等问题进行交流与探讨。

【组织参加第十二届“浙洽会”、第九届“消博会”】 6月7日，在第十二届“浙洽会”、第九届“消博会”开幕前夕，金华市投资环境推介会暨投资项目签约仪式在宁波开元名都大酒店举行。义乌市府办、发改局、外经贸局、经济开发区、北苑街道办事处等单位组织35人参加推介会、签约仪式及“浙洽会”的其他活动。签约仪式上，义乌市完成一内一外2个项目签约。其中，总投资2000万美元的义乌大润发购物中心被列入浙江省重大外商投资项目。该项目拟选址北苑街道望道路与雪峰路东北角地块，投资业主康成投资有限公司旗下的大润发超市，在2009年中国连锁百强名单中，已取代家乐福成为在中国市场领跑的第一外资品牌。内资签约项目为环保无毒低温锌合金饰品配件及产品产业化投资，建设总投资1亿元，拟注册资本3000万元，建成后预计销售收入3亿元。“浙洽会”期间，义乌市经济开发区参加服务业投资合作对接洽谈会，与外方洽谈义乌经济开发区中心区建设项目；义乌市格讯软件有限公司参加海外华侨华人投资合作对接洽谈会，与外方洽谈服务外包领域的项目。3家企业参加国际馆展示洽谈、2010中国—加拿大投资合作论坛、2010尼日利亚投资推介会和中国境外经贸合作区招商推介会。在“消博会”上，中意美实业有限公司、泰利工艺品有限公司、伊雅工艺品有限公司等7家企业参展。

【新加坡—浙江经贸考察团访问义乌】 9月8日，新加坡总理公署部长、财政部兼交通部第二部长陈惠华率新加坡—浙江经贸考察团一行36人访问义乌。随着中国—东盟自由贸易区的启动，义乌与新加坡经贸合作领域日益广泛。新加坡企业在义乌的投资主要分布在针织、服装、教育等领域。双方贸易往来增长迅猛，2010年1～7月，义乌对新加坡进出口总额705.2万美元，同比增长35.3%，其中出口494.8万美元，同比增长51.7%。陈惠华表示，对义乌慕名已久，踏上义乌的土地，一见尤胜百闻。通过亲身体验，“小商品海洋、购物者天堂”果然名不虚传。义乌和新加坡有许多共同之处，可以相互学习、借鉴，新加坡以贸易和服务业见长，愿意为义乌小商品搭建贸易平台，并希望以此为契机，建立更深入的合作。

【2个投资合作项目成功签约】 在10月20日举行的第十一届中国·金华工业科技合作洽谈会投资合作项目签约仪式上，义乌市2个投资合作项目成功签约。与浙江港莎针织品有限公司签订总投资7000万元、年销售收入9000万元的保健功能创新性内衣产业化生产项目；与浙江欧罗针织有限公司签订总投资480万美元、协议利用外资240万美元、年销售收入1.04亿元的高档织物面料的织染及后整理加工增资项目，总投资1.02亿元。

对外经济合作

【概况】 2010年，义乌市实现境外投资项目14个，完成境外投资额2166万美元，其中，中方投资额1842.2万美元，同比增长118.5%。重大项目实现新突破，浙江绣锦服饰有限公司投资设立的波塞顿(白俄罗斯)服饰有限公司，投资988万美元，创义乌市企业境外投资最高纪录。投资国别多元化。2010年，在义乌企业境外投资的14个项目中，贸易类项目12个，占主导地位。

开展市场“走出去”，推动中非经贸合作区各项工作。采取走访重点企业、开展问卷摸底、排列“走出去”重点企业名单等形式，有针对性地进行境外投资业务指导。先后组织“2010中非投资贸易洽谈会”等境外投资贸易洽谈活动10余场，参与企业360余家。动员企业参加省商务厅组织的浙江商务周等境内外投资推介活动，参与企业50余家。安排专人赴境外考察投资项目，对企业“走出去”提出指导性意见和建议。

【中国社会科学院西亚非洲研究所来义乌市调研】 6月23日，中国社会科学院西亚非洲研究所及浙江师范大学非洲研究院一行10人来义乌市调研。此次赴义调研是中国社会科学院西

组织参加杜塞尔多夫服装展

亚非洲研究所“中非间民营企业经营状况调研”的最后一站，重点在于掌握非洲人在义乌的经商务工状况。据统计，2009年非洲入境义乌人员为5.6万人，占义乌总入境人数的5.7%。非洲商人在义共设立代表机构376家、公司10余家，其中以埃及、苏丹、马里、尼日尔人居多。座谈中，针对专家所提的问题进行认真细致的解答，并就有关教育、殡葬等问题进行探讨。

【组织企业参加2010中国浙江商务周“走出去”专项活动】 9月9～10日，2010中国浙江商务周“走出去”专项活动在杭州黄龙饭店举行。来自非洲以及欧美50余个国家(地区)的政府官员、浙江省各地(市)外经贸主管部门负责人、省内200余家企业代表应邀参加活动，市外经贸局组织浙江中国小商品城集团股份有限公司等12家企业参加活动。以“商务助推企业实现价值”为主题的2010中国浙江商务周活动，组织15项活动内容。其中，围绕全省经济转型升级，突出企业交流合作的“走出去”专项活动，推出2010达之路—非洲投资高峰论坛、欧美投资说明会及商务对接等活动。在商务对接活动期间，义乌市向前饰品有限公司总经理吴杰与喀麦隆政府官员进行对接洽谈，详细了解当地对华投资相关政策。参加此次活动的新光饰品、绣锦服饰等企业计划在年内开展对欧美投资业务。

【在非建设经贸合作区、外贸出口基地申报工作座谈会】 10月21日，在银都酒店举行在非建设经贸合作区、外贸出口基地申报工作座谈会。来义参加“义博会”的商务部副部长陈健、西亚非洲司司长钟曼英、外贸司副司长江帆、合作区办公室副主任(副司级)方蔚等商务部领导，省商务厅副厅长韩杰，义乌市委、市政府领导及市外经贸局、市场贸易发展局、财政局、经发局、外侨办等部门领导参加座谈会。会议听取市外经贸局关于外贸出口基地申报工作的情况汇报。出口基地的申报分为综合性、专业性基地两类，侧重于生产性基地的建设。义乌市根据省商务厅的要求，推荐小商品城、袜业、拉链、无缝服饰申报出口基地。座谈中，讨论出口基地申报与外贸出口转型升级的关系。在非建设经贸合作区项目是在2009年11月9日举行的中非合作论坛上由温家宝总理提出的一系列对非经贸举措之一。义乌市针对该项目到非洲考察并做了大量的研究工作。11月，经市委常委会研究，决定由商城集团牵头成立合资公司，在非洲的坦桑尼亚建设商品集散型的经贸合作区。

【澳大利亚阿拉瑞特市在义举行产品推介会】 10月23日，澳大利亚阿拉瑞特市在义乌国际博览中心举行葡萄酒、橄榄油等产品的推介会。推介会上，阿拉瑞特市官员克莱德·汉弗莱斯请义乌参会企业家和市场经营户品尝阿拉瑞特市生产的葡萄酒，并和义乌市的经营单位进行对接活动。澳大利亚阿拉瑞特市代表团12人与义乌企业家、市场经营户120余人参加推介会，并与商城集团达成合作意向。

涉外服务

【服务机构建设】 9月，国际商事法律服务中心正式投入使用，为企业和经营户提供涉外商事调解、商事仲裁等方面的咨询、联络和服务。外国人服务中心完成项目选址，在365便民服务中心开展办公。11月，中国国际经济贸易仲裁委员会义乌办事处和中国国际贸易促进委员会浙江省义乌市支会签证点成立。2010年，义乌签证服务点共出具一般原产地证6.32万份，同比增长12.2%。

【中央电视台阿拉伯语频道来义乌制作外商生活专辑】 1月26日，中央电视台阿拉伯语频道摄制组一行来义乌市拍摄驻义阿拉伯外商的经商和生活情况，制作10集《阿拉伯人在义乌》系列专题片，于春节前在阿拉伯语频道播出。义乌小商品市场经过30年的发展，成功实现由内贸向外贸的转型，来义乌采购的外国商人和机构与日俱增。常驻义乌外商1.3万余人，共有89个国家和地区的境外企业在义乌设立2652家常驻代表机构，其中阿拉伯国家占50%，义乌小商品市场在阿拉伯国家中享有很高的美誉度和知名度。中央电视台阿拉伯语频道采访驻义阿拉伯外商的经营和生活情况，制作《阿拉伯人在义乌》系列专题片，在宣传义乌的同时，也希望扩大阿拉伯语频道在阿拉伯国家的影响力。

【涉外服务中心组织外商参加"文博会"】 4月20日，2010中国义乌文化产品交易博览会在义乌会展中心举行。涉外服务中心邀请100余名外商参加开幕式，分别来自巴基斯坦、马里、印度、土耳其等10余个国家和地区，多数从事文化产品交易活动。开幕式结束后，组织外商入场参观。外商对中国各地的特色文化产生浓厚兴趣，在提线木偶、皮影戏前，向艺人们咨询。

【涉外服务中心邀外商参加"宁洽会"】 9月26日，2010中国(宁夏)国际投资贸易洽谈会在宁夏银川市开幕。应宁夏商务厅邀请，义乌涉外服务中心组织在义穆斯林外商30余人参加"宁洽会"。此次"宁洽会"秉承传承友谊、深化合作、共同发展的理念，吸引60余个国家和地区及国际组织的1.2万名嘉宾、代表参加。"宁洽会"上，在义穆斯林外商与当地企业达成初步合作意向。

【驻义外商应邀参加武义养生博

全国首个县级市贸仲委办事处和贸促会签证点落户义乌

览会】 11月8日，武义县人民政府委托义乌市外经贸局，邀请驻义外商参加首届中国国际养生博览会，来自加拿大、法国、韩国等地的外商代表应邀参加。随着生活水平的不断提高，越来越多的人开始关注自身健康问题，驻义外商们由于平时忙碌于经商采购，很少有机会去体验真正意义上的养生。中国国际养生博览会正是一个契机，使外商们加深对中国博大精深的养生文化了解。随后，驻义外商代表参加由武义县人民政府组织的温泉疗养活动。

【全国首个县级市贸仲委办事处和贸促会签证点落户义乌】 11月9日，中国国际经济贸易仲裁委员会义乌办事处、中国国际贸易促进委员会浙江省义乌市支会签证点揭牌仪式在义乌锦都酒店举行。义乌市贸促会43家委员单位代表，义乌市国际商会31位副会长、理事及部分会员代表参加仪式。贸仲委义乌办事处、贸促会义乌市支会签证点的设立在全国县级市尚属首次。承担仲裁和产地证、商事调节、法律咨询与投诉、资信调查、敦促履约、商事证明、海损理算、ATA单证等，直接为外贸企业出口提供便捷服务。对推动义乌商贸名城、加快转变外贸发展方式起到积极作用。

（以上均由朱延平撰稿）

交通·物流

交　　通

综　　述

2010年,交通事业稳步发展。全市累计完成交通基础设施建设投资8亿元,争取各级补助资金2.3亿元。新改建公路143.9千米,新增客运线路23条,新增客运车辆112辆。年末,全市公路通车里程1328.2千米,其中一级公路164.2千米,二级公路96.2千米,等级公路通村率100%,客运班车通车率98.6%。全年累计完成旅客运输2.1亿人次(含市内公交),增长6.2%;旅客周转量36.9亿人千米,增长12.6%。年末,全市民用汽车拥有量19.2万辆,比上年增加3.7万辆,其中私人汽车拥有量14万辆,比上年增加3.6万辆。

交通重点工程建设扎实推进。全年安排13个重点项目,58项农村公路项目,计划总投资100余亿元。其中省重点工程9项,2010年列入省重点的3个省道项目建成后,获省补资金7亿元,是义乌市交通建设史上争取上级补助资金最多的一年。主要工程包括:续建工程3项,浙赣铁路义乌货站至甬金高速徐村互通连接线工程的路基和桥梁工程已基本完成,义乌至浦江二线公路工程总体工程形象进度为75%;环城公路与阳光大道连接线工程Ⅰ标段互通立交桥工程已基本完成,Ⅱ标段路基路面工程总体形象进度已完成60%;新建工程5项,03省道义乌段改建工程,一期工程(城区段)施工图设计通过省交通厅专家审查并定稿,37省道义乌青口至苏溪段改建工程12月27日正式开工建设,37省道义乌至诸暨段复线工程的各项前期报批工作全部完成,义乌至武义公路工可报批的所有前期工作已获省级有关厅局批准,勘察设计招标工作已经启动,国际商贸城长途客运中心,按一级客运站标准规划建设,总投资2.12亿元,已开工建设;前期项目5项,义乌至兰溪公路工程项目意见书已获省发改委批复,工可文本通过专家审查,规划选址、土地预审、环评、水保、地灾评估等前期工作已全面展开,义乌至永康公路,项目工可已经委托专业机构编制;稠廿路拓宽改造暨阳光互通工程,项目工可文本已编制完成,37省道东阳李宅至义乌环城南路改建工程,项目工可文本已通过省交通厅组织专家审查;干线公路大中修项目4个,总投资1820万元,其中03省道破板修复、稠岭线大中修和03省道应急养护工程完成,杨横线大中修工程尚在处理政策问题。完成农村公路大中修和标准示范路建设17条路线,总长60.28千米,总投资1874万元。新建农村公路14.42千米,总投资2245.9万元。

深化交通体制机制改革。城乡公交一体化改革取得成果,制定出台《关于推进城乡交通统筹发展的指导意见》、《义乌市2010—2014年优先发展城乡公交五年行动计划》、《义乌市城乡公交客运票价和财政补贴方案》、《义乌市公共交通运营主体设置方案》等改革方案,经过相关部门讨论修改,向市人大、市政协征求意见,举行社会听证会。10月,市政府出台《义乌市城乡公交一体化改革的实施意见》,将公共交通纳入市政府公共财政体系,实行政府补贴,全市城乡公交实行 1.5 元一票制。全市各镇街通往国际商贸城的公交专线于 12 月 27 日正式开通。收费公路体制改革,抓住国家实施成品油价格和税费改革的有利时机,向市政府建议将境内所有一级和二级收费公路项目性质确定为政府还贷二级收费公路,将一级收费公路的投资额 12.08 亿元和二级收费公路的投资额 3.88 亿元上报省交通厅和公路局,得到省政府批准,确定义乌市收费公路投资总额为 15.96 亿元,并全部列入政府还贷二级收费公路项目,为义乌市多争取 75.6%的补助。交通运输行业整治,全年查处无证无照维修摊点 213 家,违章出租车 3185 辆次,非法营运汽车 204 辆次,异地经营出租车 98 辆,办结交通行政许可事项 6106 件,办理交通行政处罚案件 1364 起,罚(没)款 443 万元。开展整顿和规范出租车市场秩序活动,对出租车车容车貌实行每日目检制度,不符合要求不出车。查处各类出租车违规行为 3185 起。同时,建立驾驶员"黑名单"制度及年度服务违章扣分制度,规范从业人员队伍。

公 路 工 程

【37 省道义乌青口至苏溪段改建工程】 3 月 15 日,37 省道义乌青口至苏溪段改建工程可行性研究报告正式获省发改委批复。5 月 6 日,正式发布工程勘察设计招标公告。6 月 3 日,工程勘察设计招标在市公共资源交易中心开标,市交通设计有限公司和市勘察设计院组成的联合体中标。9 月 17 日,省发改委下发浙发改设计〔2010〕110 号文件,正式批复 37 省道义乌青口至苏溪段改建工程初步设计。9 月 30 日,召开 37 省道义乌青口至苏溪段改建工程施工图设计方案审查会,原则同意设计单位提交的施工图设计方案通过审查。12 月 27 日,省重点工程 37 省道义乌青口至苏溪段改建工程正式开工。工程起点为 37 省道青口圆盘,沿线由 37 省道两侧拓宽至稠城街道麻车村后,向北新建道路至苏溪镇(国际商贸城区域规划的春风大道),利用已建苏福路和在建阳光大道,终点位于苏溪镇周村与原 37 省道相接处。路线全长 18.15 千米,实际实施改造里程 14.7 千米。全线按双向六车道一级公路标准设计建设,兼具城市道路功能,设计速度 80 千米每小时,项目总投资约 7.3 亿元。建设单位为 37 省道义乌青口至苏溪段改造工程建设指挥部,设计单位为义乌交通设计有限公司,监理单位为浙江义达工程监理咨询有限公司,施工单位为宁波市公路局路桥工程处、浙江交建路桥工程有限公司、浙江华通路桥工程有限公司。

【03 省道义乌段改建工程】 1 月 17 日,工程水土保持方案在杭州通过省交通运输厅、省水利厅联合组织的专家审查。4 月 26 日,工程勘察设计招标文件通过市政府组织的协调会议审查。4 月 30 日,工程勘察设计招标公告正式发布,面向全国公开招标选址勘察设计单位。5 月 25 日,工程勘察设计招标在市公共资源交易中心开标,浙江省交通规划设计研究院中标。5 月 31 日,省发改委下发浙发改函〔2010〕197 号文件,正式批复 03 省道义乌段改建工程工可报告。8 月 26 日,省交通运输厅在义乌市主持召开 03 省道义乌段改建工程初步设计审查会议,原则同意初步设计方案通过审查。9 月 6 日,召开市长办公会议,对 03 省道初步设计方案进行讨论,会议原则通过设计单位修改完善后提交的设计方案。9 月 16 日,省交通运输厅在杭州组织 03 省道义乌段改建工程初步设计复审会议,原则同意设计单位提交的初步设计通过审查。工程起点位于义乌、浦江交界的郑家坞龙潭村 03 省道 K108+520 附近,向南下穿新浙赣铁路后,跨大陈江进入义乌境内沿老浙赣铁路布线,经大陈镇、苏溪镇进入义乌市区,再经井头穿过义乌中心城区至诸宅出城,与稠义线平行布线至义亭,再下穿甬金高速公路,终点为义乌、金华交界的安里村东南,全线长约 42 千米,设互通立交 4 处。采用六车道一级公路技术标准,兼顾城市道路功能设计,设计速度 80 千米每小时,其中起点至环城北路和环城南路至终点段 25.8 千米,路基宽 36 米,义乌市区段(环城北路至环

城南路）16.2千米，路基宽44米。项目总投资约33.1亿元。

【37省道义乌至诸暨段复线工程】 2月23日，工程工可报告获省发改委批复（浙发改函〔2010〕28号、55号）。5月6日，工程勘察设计招标公告正式发布，面向全省公开招标选址勘察设计单位。6月4日，37省道复线工程勘察设计招标在市公共资源交易中心开标，市交通设计有限公司和义乌市勘察设计院组成的联合体中标。10月25日，施工监理招标代理机构招标在省公共资源交易中心顺利完成，浙江建经投资咨询有限公司中标。11月4日，省交通运输厅在杭州组织召开37省道义乌至诸暨段复线工程（义乌段）施工图审查会议，原则同意设计单位提交的施工图设计文件通过审查。工程路线起点为义乌与东阳交界的廿三里街道坑塘村西侧，向北经市廿三里街道、苏溪镇、大陈镇，在大陈镇燕窝村附近进入诸暨市，与诸暨市03省道复线相接，义乌市境内道路主线长23.5千米，至商城大道、东阳的李宅支线长约3.3千米，义乌段全线按六车道一级公路标准建设，设计速度80千米每小时，项目总投资约10.6亿元。

【义乌至兰溪公路】 3月25日，召开义乌至兰溪公路工可方案审查会，由义乌市会同兰溪市共同提交的工可文本通过省交通运输厅专家审查。9月1日，交通局局长朱国健带领相关人员前往上溪镇，就义乌至兰溪公路上溪段的路线走向与上溪镇政府交换意见。工程起点位于03省道与上溪镇金塘路交叉口，下穿杭金衢高速后往西北方向，穿越陡深岭进入兰溪市境内，终点位于横溪镇新胜村东侧，与47省道浦兰线相交。推荐方案路线全长16.32千米，其中义乌段11.89千米，兰溪段4.43千米，全线按四车道一级公路标准设计，平原区段路基宽24.5米，山区隧道段路基宽21.5米，全线设隧道2座，桥梁8座。项目估算总投资9.3亿元，其中义乌段5.9亿元，兰溪段3.4亿元。

【义浦公路工程】 义乌至浦江公路（义乌段）工程起点位于岭口隧道义乌市与浦江县域分界处，下穿杭金衢高速公路、浙赣铁路复线、机场路，与站前大道相接，路程全长4.5千米，按双向四车道一级公路技术标准设计，设计速度80千米每小时。工程预算投资2.5亿元，预计建设工期24个月。施工中标单位为浙江省交通工程建设集团有限公司，监理中标单位为浙江义达工程监理咨询有限公司。5月6日，义乌市和浦江县两地政府在浦江境内举行义乌至浦江公路岭口隧道贯通仪式。

【义乌至武义公路】 8月4日，省交通运输厅在义乌市召开义乌至武义公路工可方案复审会议，原则同意设计单位提交的工可方案。工程起点为佛堂镇田心村附近的佛赤公路，向南经赤岸镇镇区、毛店、尚阳至方坑水库进入武义境内，与44省道和330国道相接，义乌段路线全长约23.4千米，按四车道一级公路标准建设，设计时速80千米，项目总投资约12.4亿元。

【金义东南线义乌段二期公路】 金华经义乌至东阳南线快速通道属省重点工程，境内途经佛堂、赤岸两镇，是连接金华和东阳两地的快速通道。工程分两期建设，二期工程于2005年6月开工建设，全长10千米，起自佛堂镇倍磊，与一期工程连接，经赤岸镇后与东阳洪塘相接。路基宽25.5米，按一级公路设计标准设计，总投资1.74亿元。2008年5月26日，金义东南线义乌段二期公路工程竣工。2009年，金义东南线义乌段二期公路正式通车。2010年7月15日，通过金华市交通工程质监站组织的竣工质量鉴定，工程质量优良。

【03省道义乌龙回互通至金华交界处整治工程】 3月26日，03省道义乌龙回互通至金华交界处、环城公路稠佛路交叉口至龙回互通段路面整治工程动工。03省道义乌龙回互通至金华交界处于2004年由水泥路面改造成沥青路面，设计标准为双向四车道，全线为平原微丘二级公路，设计速度80千米每小时，路基宽18米；环城公路是03、37省道的过境公路，于2003年建成通车，设计标准为双向六车道

一级公路,设计速度100千米每小时,路基宽43米,此次路面整治是该道路建成通车后首次进行大中修。两项工程总投资781.7万元。

【《义乌市农村公路养护管理办法》出台】 8月20日,市政府主持召开协调会议,听取各相关部门和13个镇(街道)对市政府即将公布实施的《义乌市农村公路养护管理办法》的修改意见。12月3日,出台《义乌市农村公路养护管理办法》,进一步理顺农村公路管理体制,推进义乌市农村公路管理科学化和规范化发展进程。

【稠岭线改造及伏虎桥工程】 12月27日,在佛堂镇举行稠岭线改造及伏虎桥工程开工典礼。工程项目起点为稠岭线K10+449,向东沿规划道路线位,跨义乌江,终于环徐线(加油站),道路全长0.71千米,沿线设大桥1座,平面交叉6处。项目按二级公路技术标准建设,设计时速40千米,路基宽度24米,桥梁宽度24.5米,建设工期为18个月。

公路运输

【开通铁路义乌客站至东阳客运班线】 2月5日,铁路义乌客站至东阳客运班线开通。铁路义乌客站至东阳客运班线开通后,白天班次运行时间是早上6点至下午6点,每班间隔时间为20分钟,夜班车运行时间待定,全程时间约为80分钟,一站到底票价为10元。

铁路义乌客站至东阳客运班线投放运力为东阳方6辆,义乌方6辆;线路走向为:东阳汽车客运东站—东阳世贸大道—义乌阳光大道—义乌环城北路—义乌火车站,全程35千米。

【开通义乌至宁夏吴忠市长途客运班线】 3月16日,宁夏吴忠市的长途客运班车驶入宾王客运站,义乌和吴忠两地的省级班车,全程2166千米,途经杭州、安徽、西安等地,单程运输时间30小时。

【出租车行业整治】 3月至12月,在全市范围开展"我为义乌形象添光彩"主题活动。3月29日,对全市1300余辆出租车的2600余名驾驶员进行安全、文明、规范服务培训,以确保优质、高效完成"文博会"期间应急输送工作。9月,为迎接国庆节、"义博会",市运管所积极倡导6家出租车公司改善车容车貌。杭长运、恒风、万方等公司投入37万余元对895辆出租车"换装",使出租车以全新的面貌顺利完成运载任务。12月1日,市运管所邀请市内的出租车司机代表13人和恒风、万方、杭长运、联运、长运等出租车公司负责人,召开出租车行业从业人员座谈会,做到驾驶员与管理部门工作人员面对面的沟通。12月,市运管所建立出租车违章车辆曝光制度,在《义乌商报》上定期对出租车公司违章情况进行曝光,警醒公司加强管理。全年查处各类出租车违章行为3185起,2642名出租车驾驶员接受岗位教育培训。同时,开展标兵评选活动,制订以文明形象、安全驾驶、规范服务为主要内容的出租汽车服务技能标兵标准,举行"岗位标兵"大比武,对胜出的22名个人和6家出租车企业进行表彰。

【城乡公交一体化改革】 5月初,城乡公交一体化实施方案草拟完成并上报市政府。5月24日,市政府常务会议对城乡公交一体化实施方案进行专题讨论。10月,市政府出台《义乌市城乡公交一体化改革的实施意见》,将公共交通纳入市政府公共财政体系,实行政府补贴,引导交通结构和出行方式转向"公交优先"。11月1日起,全市正式实施城乡公交一体化改革。全市城市公交、乡镇公交票价统一调整为1.5元一票制,农村支线为1元一票制,并实行IC卡优惠,普通IC卡享受9折优惠,学生IC卡享受7折优惠,持IC卡1小时内换乘享受7折优惠。全市所有公交车辆公交IC卡系统均能有效使用。国家、地方政策规定的特殊群体享受免费或半价乘车优惠执行到位,公交优惠总人数超过13万人。其中70周岁以上老人、离休干部、残疾军人(残疾武警)、伤残警察、现役士兵、在义乌市享受定期抚恤补助的对象(含"三属"、复员军人、带病回乡退伍军人、参战和参加核试验退役军人)、视力及肢体残疾人员、特困人员、1.2米以下儿童等人员，按国家和地方有关政策规定凭相关证件（儿童免证）享受免费乘坐公交车的优待；60周岁以上70周岁以下老人、其他残疾人、1.2米～1.5米儿童等人员凭相关证件（儿童免证）享受0.5元一票制的优待。

【出租汽车燃油附加费调整】 根据油运价格联动机制，2010年共调整出租汽车燃油附加费3次。5月7日零时起，加收2元每次的客运出租汽车燃油附加费。6月16日零时起，市客运出租汽车燃油附加费由2元每次降为1.5元每次。11月12日零时起，市客运出租汽车燃油附加费由1.5元每次升为2元每次。

【各镇街道至国际商贸城直达公交线路开通】 12月27～29日，先后开通东河、义亭、佛堂、赤岸、上溪至国际商贸城线路，佛堂、义亭、赤岸、吴店、东河直达国际商贸城的公交班线。至此，全市各镇（街道）均有公交车能直达国际商贸城。新开通的直达公交班线与城乡公交票价相同，采取1.5元一票制，可使用公交IC卡，相关的乘车优惠政策同样适用。首、末班车发班时间均为6点～18点，早晚高峰发班间隔约8分钟，平峰时每班间隔15分钟左右。

（方　敏）

2010年义乌镇（街道）至国际商贸城直达公交线路一览表

车次	始发—终点	投入车辆	里程（千米）	线路	途中停靠站
32路	佛堂—国际商贸城	16	24	佛堂—渡馨路—建设路—大成路—环徐线（稠佛老路）—稠佛路—环城路—商博路—银海路—福田路—国际商贸城二区东停车场（终始站）—城北路—商博路—环城南路—稠佛路—环徐线（稠佛老路）—大成路—建设路—渡馨路—佛堂	佛堂站、水上活动中心、文化中心、东环圆盘、新市基、百货大楼、佛堂大众药房（邮电大楼）、信用联社、帅达尔公司、世宝公司、恒友公司、赵朱、石楼、东坎头、吴头、山脚下、上湖头、江南街、前流、供店、苗店、后园（洋滩）、徐村、徐江办事处、徐江工业区、梦娜袜业（利达针织）、孔村（西陈）、江东货运市场（青岩刘）、东洲花园、国际商贸城二区东停车场
35路	义亭—国际商贸城	14	26.2	义亭综合市场—稠义路—新科路—西城路—商城大道—城中北路—银海路—福田路—国际商贸城二区东停车场（终始站）—商城大道—西城路—原线路返回	义亭综合市场、义亭桥洞、陈家、义亭镇政府、赫赫饰品、义亭中学、义亭医院、义亭镇中、荷叶塘、奥顿纸业、中进塑胶、姑塘水库、念亩山、杨梅院、西田路口、柯村、得胜纺织、象山路口、下沿塘、官塘、官塘下、华莱氨纶、金汇化纤、丁豪集团、大路金、伟海拉链、新科花园、农贸城（恒风交运）、浙中生产资料市场、物资市场、雪峰大酒店、国际商贸城二区东停车场
31路	赤岸—国际商贸城	16	27.5	赤岸—佛赤路—稠佛路—环城南路—商博路—银海路—福田路—国际商贸城二区东停车场（终始站）—城北路—商博路—环城南路—稠佛路—佛赤路—赤岸	赤岸站、赤岸工业区、南青口（后山）、溪西、光明、田心南站、田心北站、鲁雅、佛堂站、恒安压铸（义南工业区）、道院山公园、王斗、稽亭小区、古塘、石麻车、江南街（梅林村）、许宅、后园、毛店山脚、真爱毛纺（青岩刘）、东洲花园、国际商贸城二区东停车场

续 表

车次	始发—终点	投入车辆	里程（千米）	线　路	途中停靠站
37 路	吴店—国际商贸城	16	24.8	吴店始发站—03 省道—西城路—商城大道—城中北路—银海路—福田路—国际商贸城二区东停车场(终始站)—商城大道—西城路—03 省道—吴店始发站	沈宅、临时停靠点、吴店站、双剑纸箱厂、吴店北站、吴店工作片、王村路口、伟亚塑胶、宅旺(潘村)、义西工业园(上溪供电所)、黑白矿机、巨龙箱包(唯一塑料)、新法风湿病医院、寺西、老市基、黄山路口、上溪派出所、贾伯塘南、贾伯塘北、上杨村(畜牧市场)、夏楼、后叶、夏演路口、桥头(流大塘)、商品混凝土公司、飞行笔业、益公山(贾里、丽美公司)、富发皮塑、何泮山、殿口路口、殿口、蒋母塘、于宅、义乌家具市场、花木基地、农贸城(恒风交运)、浙中生产资料市场、物资市场、雪峰大酒店、国际商贸城二区东停车场(终始站)
38 路	东河—国际商贸城	12	16.2	东河—雪峰路—商城大道—城中北路—银海路—福田路—国际商贸城二区东停车场(终始站)—商城大道—原路返回	东河、东河卫生室、井头徐、塘下郑、中环路口、西毛店、横塘山翁、西景园、季宅、国际村、物流中心、雪峰大酒店、国际商贸城二区东停车场(终始站)

铁路运输

【铁路义乌客站】 2010 年铁路义乌客站累计完成旅客输送 546.24 万人次，超进度 7.24 万人次，超 4.9 天；累计完成 5.1 亿元，超进度 4.23 亿元，超 33.1 天。

畅通有序做好春运。2010 年春运是铁路局调整售票组织的第一年，车站及时部署春运工作，根据新情况制定新的售票组织、候车组织预案及应急候车各项准备工作。及时组织班组人员进行学习，将预案措施责任定位、定人，重点时段 50 个售票窗口同时售票。采取分时段候车等措施，遇雨天或高峰时段，启动临时候车区，二级缓冲，春运顺利平稳过渡，单日发送旅客 2.69 万人次。

节假日，客流小高峰。4 月 5 日清明节发送旅客 2.07 万人次。“五一”小长假、世博会开幕，单日发送旅客 2.68 万人次。6 月 16 日端午节创第三次小长假的客流高峰，发送旅客 2.12 万人次。其中，5 月份连续降雨，南昌局因水灾影响，发生线路中断，车站及时启动旅客列车大面积晚点情况下的应急预案，做好列车晚点、停运、折返组织工作，安抚旅客情绪，最大限度增设窗口，为旅客办理退票、改签，车站客运职工加班加点，平稳顺利地完成客流高峰的旅客运输任务。7～8 月，持续高温和强降雨、强对流天气、雷暴等极端恶劣天气不时出现，车站将学生客流作为重点，采取措施确保暑期学生运输优先。9～10 月，按照上级要求，做好“世博”、国庆安保各项工作，严格客运车站进出通道管理，堵塞不法分子和闲杂人员随意出入车站漏洞，严格“三品”查堵，有的放矢地卡控好客运组织过程中的重点工作，并周密安排好黄金周旅客运输组织工作，圆满完成十一、中秋黄金周运输任务。11～12 月，严格执行《入伍新兵和退伍老兵运输规定》和铁路局安排的运输方案，认真落实新老兵运输“优先购票、优先托运、优先上车、优先中转”的规定，确保了运输安全。

【铁路义乌西站】 铁路义乌西站隶属于上海铁路局金华车务段，位于义乌城西街道西站大道 800 号，中心里程为沪昆线K318＋612。站管长度 24.47 千米。到发线 6 股，货物线 7 股，专用线 6 条 11 股，货物仓库 3.86 万平方米，堆场 9500 平方米。2010 年，货物吞吐量 310 万吨。

铁路义乌西站属上海铁路局一等车站。车站设运转、货运两个班组，职工总人数109人，其中运转56人，货运45人。车站还设有中铁快运股份有限公司上海分公司义乌营业部、上海铁路局装卸公司义乌分公司、浙江铁道发展集团公司诸暨分公司义乌营业部等服务单位。主要办理行包专列、五定班列、整车、国际集装箱等运输。设有生产资料、盐业、粮食、油料、化工等专用线，日均办理接发列车240列。发送东北三省、成都、昆明、拉萨、乌鲁木齐、贵阳、重庆等地行包专列44辆，同时还有发往乌鲁木齐、贵阳、成都、重庆、达州、昆明等地的五定班列。2010年，铁路义乌西站发送货物44.39万吨，货收7696万元，装车8215车，卸车4.62万车，行包发送49.09万吨，行包收入1.8亿元。安全持续稳定1659天，车站跨入铁道部优质货场行列。

（毛跃进）

民航运输

【概况】 2010年，民航义乌机场安全保障航班6143架次，客运量69.51万人次，货邮（含行李）9128.9吨，同比分别增长15.5%、25.7%和21.5%，在全国175个定期航班通航机场中排名分别为77位、58位和56位，航空运输三项指标均创历史新高。至年末，开通义乌至北京、广州、深圳、厦门、汕头、长沙、贵阳、昆明、香港9个城市的航班，平均每周航班约60班。

重点工程稳步开展。国际航站楼建设项目编制完成项目核准报告，主要建设内容有新建国际航站楼1.07万平方米，站坪及道路1.8万平方米，货运仓库1500平方米，项目总投资1.5亿元。该工程已完成项目报批备案，并征求各联检单位意见，明确平面布局及具体建筑方案，委托设计单位进行初步设计。飞行区等级提升项目主要建设内容有跑道延长300米，升降带向东侧拓宽60米，新建平行滑行道约850米，跑道站坪及联络道盖被加厚，新建I类精密进近助航灯光系统，更新通讯导航设施及给排水、围界等工程，项目概算投资5亿元。飞行区等级提升工程完成项目建设书，并通过由民航华东地区管理局组织的建设规划专家评审。该工程实施后，义乌机场飞行区等级从现有的4C级提高到4D级，可以起降空客300型、波音757、波音767等375座以下的大中型客机。

2010年民航义乌机场生产发展情况

项　目	本年实际	与上年同比增长(%)
起降架次(架次)	6143	15.5
旅客吞吐量(万人次)	69.5148	25.7
其中：进港(万人次) 出港(万人次)	34.5459 34.9689	24.9 23.5
货邮吞吐量(吨)	9128.9	21.5
其中：行李(吨) 货物(吨)	5326.8 3802.1	25.2 16.7
平均客座率(%)	77.7	8.1
平均载运率(%)	78.2	19.8

引进航空公司，开辟新航线。与北京海军司令部、宁波东海舰队、东海航空兵部队、北京空军司令部、南京空军、成都空军、民航华东地区管理局、民航西南地区管理局协调沟通，年中，引进南航总部加密义乌—广州航班，由原来每天3班～4班增加至每天5班～6班；加密义乌—深圳航班，由原来每周4班增至每周7班。11月，引进昆明航空公司，开通义乌—贵阳—昆明航线。

【修编机场总体规划】 为进一步促进义乌民航持续快速发展，提升机场档次品位，实施项目建设。年初，委托设计单位修编义乌机场（民用部分）总体规划。4月14日，民航华东管理局组织相关部门在义乌召开义乌机场总体规划评审会，专家组对义乌机场航站区、飞行区、站坪、地面交通组织、旅客吞吐量预测值等方面进行评审，并顺利通过评审。该规划明确了义乌机场近远期机场规模等级均为4D中型机场。规划设定2020年为近期目标年，满足年旅客吞吐量200万人次、货邮吞吐量2.9万吨、飞机起降 1.94 万架次的需要，考虑义乌机场属军民合用机场的实际，远期以 2033 年为目标年，满足年旅客吞吐量 490 万人次、货邮吞吐量 5.1 万吨的需要。

【航空器失火应急救援演练】 6 月 18 日，在义乌机场举行航空器失火应急救援模拟演练。下午 14 点 30 分，演练总指挥宣布演练开始，各部门按照演练方案迅速展开，接到报警后机场迅速启动应急计划，并按应急预案程序实施救援，机场警车、消防车、救护车、应急救援指挥车、特种保障车辆等警笛齐鸣，机场进入“紧急”状态，拉开了义乌机场 2010 年应急救援演练的序幕。演练假设南方航空公司 CZ8008 航班执行成都到义乌的飞行任务，在义乌机场进场过程中，机上尾部厕所失火，经扑救，火势未得到有效控制，要求在义乌机场优先着陆，同时请求地面应急救援。义乌机场应急救援中心立即向应急救援总指挥报告，并根据指示通知各部门组织力量赶赴指定地点集结，成立消防救援组、治安警戒组、医疗救护组、先期调查组、航空器搬移组等相应应急救援小组。14 点 30 分，各应急救援小组集结完毕。14 点 40 分，航空器降落在义乌机场并停止在跑道上，各救援小组紧急出动。救援行动坚持“救人第一，科学救援”原则，医疗救护组负责转移旅客、行李和货物；2 台消防车立即对航空器喷洒灭火剂；治安警戒组立即在距离飞机 100 米的事故中心现场设置警戒范围。经过 20 分钟救援，机上人员和货物全部转移到安全地带，大火被完全扑灭。飞机“火情”消除后，先期调查组立即展开初步调查，航空器搬移组负责清理现场。至此，整个救援工作顺利完成，“伤员”被转移到医院进行治疗。整个演练过程分为演练准备、获得信息、集结待命、紧急出动、恢复运行、演练讲评 6 个步骤，出动警车 1 辆、消防主力车 2 辆、通讯指挥车 1 辆、抢险救援车 1 辆、救护车 1 辆、大客车 2 辆、中巴车 1 辆。

【编制民航“十二五”规划】 7 月，以重新修编义乌机场总体规划为基础，编制义乌民航事业“十二五”规划。“十二五”期间，义乌民航将围绕义乌国际性商贸城市建设，以义乌机场新航站楼正式投入使用为契机，积极开拓航空运输市场，大力推进义乌民用航空事业全面发展；切实加强机场基础设施建设和飞行区等级提升改造。积极规划建设航空口岸，争取口岸正式开放，开通部分地区和国际航线；申请建设航空物流园区，做大做强航空物流业；力争在 2015 年建成安全和谐、设施完善、网络畅通、服务优良、与区域经济社会发展水平相适应的现代中型航空港及重要的空港口岸。到 2015 年，义乌机场旅客吞吐量将达到 125 万人次，货邮吞吐量将达到 2 万吨。

【顺利通过机场安全审计和航空保安审计】 9 月 10 日和 11 月 12 日，顺利通过民航华东管理局的航空保安审计和机场安全审计。2010 年，义乌机场先后投入 650 余万元对机场基础安全设施设备进行改造和更新，对机场安检通道、值机托运行李、到达出口、机坪道口、货运仓库、飞行区场道标志标识、围界等基础设施进行改造和更新。新设机场应急救援指挥中心、医疗站、员工培训室和制证室，并购置必需的设备和用品。在登机口、航管楼、配电站等重点部位安装门禁和监控系统。制定《义乌机场外来物防治管理规定》、《义乌机场机坪运行暂行管理规定》、《义乌机场航空器活动区道路交通安全管理办法》和《义乌机场关闭或临时关闭管理规定》等机场飞行区管理制度，加强对场道、围界、助航灯光的巡查、维护和更新、改造。制定、完善《义乌机场安全信息管理程序》和《报送规定》，印发《义乌机场安全教育培训制度》，4 月底和 10 月底，先后 2 次邀请南方航空公司教员对机场管理层、安检科、运输科、货运公司、安保科等相关科室 180 人次进行危险品知识的初训和复训。义乌机场以扎实的安全基础和严谨的工作作风获得了审计组的认可。

【开通义乌—贵阳—昆明航线】 11 月 2 日，义乌—贵阳—昆明航线首航仪式在义乌民航机场举行，100 余人出席首航仪式。义乌—贵阳—昆明航线，每周二、四、六各往返一班，具体时刻为：

早上7点40分从昆明起飞，8点50分经停贵阳，9点50分从贵阳起飞，12点到达义乌，在义乌作短暂停留后，13点50分从义乌起飞，15点50分经中途停贵阳，16点55分从贵阳起飞，18点抵达昆明。

（龚卫民）

物　　流

【概况】 2010年底，义乌物流市场有托运处301家，其中江东货运市场154家，江北下朱货运场47家。全市外来卸货点30家（场站内）。国际物流中心聚集74家货运代理公司和中外船运公司，托运线路分布在全国除台湾省外的31个省（自治区、直辖市）的321个城市。2010年，交通发展公司第一分公司完成营业收入6418万元，比上年同期增长18.8%。实现利润总额1976万元，比上年同期增长35.9%。实现利税2335万元，比上年同期增长33.2%。社会货物运输量4331万吨，其中江东货运市场、江北下朱货运场货运量285.4万吨，增长15.2%；国际物流中心集装箱施封量42.7万标箱，比上年同期增长29.9%。

作为浙江省政府确定的三个“大通关”试点城市之一的义乌是全省运营最繁忙、业务量最大的四大物流枢纽之一，是交通运输部、浙江省共建的物流示范基地，也是长三角地区主要物流节点城市。

义乌物流业发展迅速。截至2010年底，义乌拥有国内物流经营单位1126家，其中公路货运1113家，铁路货运13家；拥有集报关、订舱、船务、报检、集装箱运输、仓储、保税、“卡车航班”等于一体的国际货运代理1056家；拥有快递物流企业134家，本地道路货运车辆3万余辆，核准异地备案集装箱运输公司195家，集装箱运输卡车5268辆。

义乌物流方式日趋多样化。义乌的公路货运直达全国31个省（自治区、直辖市）的321个城市。开通铁路行包专列6辆，全国20多个铁路大站在义乌设立中转托运站。航空货邮量稳步增长，驻义乌经营的航空货代有100余家。快递业务量增长迅猛，日均发送量25万件。市内短驳运输体系完善，运输网点遍布城乡，全市小件快运网络覆盖面达77%。在义乌设立分公司或办事处的国际知名船务公司有中国海运、中远、法国达飞、万海、太平等18家，还有马士基、长荣、地中海、阳明等10余家船务公司的集装箱堆放在义乌集装箱堆场。义乌形成了直接拥有公运、铁运、空运和借助上海、宁波的海运等对外运输方式的发达物流体系。

义乌的国际快递物流业务量增长迅猛，由联合包裹（UPS）、天地快运（TNT）、联邦快递（FedEx）、敦豪速递（DHL）全球国际快递4大巨头领衔的60余家各类快递公司均在义乌设立分公司或办事处，国际邮件日均7000件。2010年，实现保税物流业务零的突破，义乌首家公用型保税仓库正式运营，2010年，完成出入库货物43票，入库货值折合成1977万美元，共有360标箱的货物曾存放保税仓库之内。

物流信息网建设取得实效。2006年起开通的义乌物流网（http://www.1556.net）经升级完善后，可提供车源、国际线路货运代理、船运公司、报关报检代理、航空货运代理、国际快递、贸易公司等各种信息的查询。11月下旬，义乌运价指数（价格指数体系、景气指数体系和单独监测指标指数体系）投入试运行，先后在江东货运市场、国际物流中心进行。

【市物流办成立】 1月7日，根据义政发〔2008〕81号文，撤销运管办，成立义乌市现代物流发展领导小组办公室，为市政府正科级常设临时机构，成为全省首家正式挂牌成立的专门物流管理职能机构，主要负责义乌市现代物流发展的组织、协调、指导和督查工作。内设综合科、物流管理科、政策法规科、督查科4个职能科室。6月，完成组建工作，正式人员9人，临时人员12人。

（徐　璐）

【与港澳签订物流、贸易合作协议】 1月12日，在义乌现代物流推介会上，香港物流协会与义乌市交通发展有限责任公司达成初步合作意向，计划在义乌设立香港物流服务中心，集中引进香港物流服务及相关企业，为义乌与香港两地物流企业提供两地物流招商项目信息，为两地物流企业及其他境外物流企业的业务及投资等商务活动提供便利。1月14日，在“澳门·浙江周”上，商城集团与澳门物流、贸易方面代表进行有关合作签约。

【保税仓库顺利运作】 1月19日，公用型保税仓库在国际物流中心举行揭授牌仪式。义乌公用型保税仓库位于国际物流中心B区(二期)第9幢仓库，拥有仓储面积5184平方米，配套装卸场地650.5平方米。2010年，保税仓库完成出入库货物43票、371标箱，入库货值约1997.81万美元，贸易范围涵盖法国、西班牙、葡萄牙、新加坡和中国台湾地区等。

【交通发展公司完成恒风汽车广告装饰公司股权收购】 年初，市交通发展有限责任公司经过研究和论证，决定收购恒风汽车广告装饰公司所有股权，使其成为交通发展公司的全资子公司。经市国资局批准，6月24日，市交通发展有限责任公司与恒风汽车广告公司14个原股东全部签订股权转让协议，正式完成股权转让工作。改制过程中，市交通发展有限责任公司核准恒风汽车广告公司员工不辞退、管理层不变动，保证了稳定过渡。

【义乌至上海“卡车航班”正式开通】 3月31日上午，义乌至上海“卡车航班”开通仪式在义乌国际物流中心举行。义乌进出口空运货物通过“卡车航班”，实现了与上海浦东机场的无缝衔接，为义乌空港物流建设及运营提供了实践经验。2010年，完成69票业务，实现货物航空运输量363吨。

【发放首批现代物流业发展扶持资金】 3月，根据市府办〔2010〕32号文《关于加快发展现代物流业若干意见的实施办法(试行)》精神，经物流企业申请、物流办初步核实、相关部门审核、媒体公示等程序，义乌市交通发展有限责任公司、义乌国联物流有限公司、浙江中道物流有限公司等19家物流企业符合财政扶持条件，扶持资金279.78万元，其中A级评定70万元，配套资金130万元，电子配对2.77万元，标箱补助77.02万元。

(徐 璐)

【两大航运公司入驻义乌】 4月5日，北欧亚航运有限公司(CSAV)在义乌开展堆场存箱业务，首批5个集装箱空箱进入国际物流中心堆场。北欧亚航运有限公司创立于1872年，经营横跨五大洲，在全球50余个国家、300余个地点设有办事处，提供定期、定点集装箱服务。2010年，在义乌国际物流中心堆场完成作业量2674标箱。5月8日，万海航运公司首批集装箱空箱进入国际物流中心堆场，万海航运正式入驻国际物流中心并开展业务。万海航运总部设在台湾地区，以日本和东南亚航线起家，航点涵盖欧洲、美国、东亚、东南亚及中东等地。2010年，在义乌国际物流中心堆场完成作业量798标箱。

【义乌大物流建设获省级表彰】 2010年4月，义乌运管部门获省交通运输厅“大物流建设管理工作先进单位”的称号，这是义乌大物流建设第二次获得省级表彰。2009年，根据《义乌市现代物流业发展规划》，义乌物流园区作为部、省共建交通重点扶持物流基地，通过省交通运输厅专家组评审。建成廿三里、上溪、苏溪3个农村货运站，新增5辆厢式配送车，并全部实行货运公交模式运行，货运公交承接客户9462票，完成货运量3.38万件。2010年，筹建后宅、赤岸、义亭、义南工业区、大陈5个农村货运站，力争车辆达到200辆。占地1.58万公顷的内陆口岸场站(一期)建设项目中的立体仓库主体工程，综合配套服务区A幢、B幢的各项工作进展顺利，2010年底投入营运。占地3.29万公顷的城西物流中心、占地1.34万公顷的青口监管中心和占地1.8万公顷的铁路义乌西站海关监管点等物流场站建设进入实质性操作阶段。

(徐 璐)

【义乌国际集装箱营运中心投入运行】 7月15日，义乌国际集装箱营运中心投入运行，向客户提供提箱、存箱、集装箱甩挂运输、信息查询等国际物流服务。义乌国际集装箱营运中心开展的甩挂运输试点，有利于节省集装箱装箱时间和施封等待时间，提高义乌小商品出口物流效率。根据营运中心调查显示，开展甩挂运输后，平均每个集装箱可节约9小时的等待时间，物流效率提高47%，长驳集卡周转率至少提高50%。2010年，马士基、达飞、中海、太平、地中海、万海、长荣、北欧亚、阳明、以星10家国际船务公司在堆场开展存箱业务。全年完成甩挂运输2608车次、1.99万标箱，经营收入32万元。

【国际物流中心海关监管区新卡口投入使用】 8月20日，国际物流中心海关监管区新的出口卡口正式投入使用。新的监管区卡口进出口投入使用后改变了原来的运作模式，由原来的雪峰路上2个进口、3个出口改变为雪峰路上3个进口、德胜路上4个出口，增加出口和进口通道，优化了车辆行驶路线，车辆通关速度提升30%以上。

【中国(义乌)现代物流业发展与国际内陆港建设高层研讨会在义乌召开】 12月2～4日，由新华通讯社和浙江省人民政府联合主办，新华社经济信息编辑部、新华社浙江分社、中共义乌市委、义乌市人民政府联合承办的中国(义乌)现代物流业发展与国际内陆港建设高层研讨会在义乌市召开。论坛立足义乌发展现代物流业与打造国际内陆港的现状及国内外物流发展趋势，共同研究和探讨适合义乌发展现代物流业与建设义乌港的新模式、新路径、新举措，进一步理清"十二五"及今后一个时期义乌物流发展思路，明确发展重点。主办单位、协办单位和承办单位的主要领导和国内著名的现代物流研究专家以及省、市领导等共56人，义乌市领导班子和镇(街道)部门负责人及30家义乌物流企业主要负责人共300余人参加会议。会上，10位专家做专题演讲。

（徐　璐）

（除署名外均由陈巍撰稿）

义乌国际物流中心综合楼

邮政·信息业

邮　政

【概况】 2010年，义乌邮政完成业务总量1.81亿元，完成业务总收入1.68亿元，其中，代理金融业务收入9011万元，同比增长24.8%。函件业务收入4727万元，同比增长72.6%。全市邮政网点34个，邮路总长度4381千米。农村投递邮路82条，其中58条农村邮路实行摩托化，每日投递报刊4.9万余份，邮件1.2万余件，服务人口60余万人。城区投递邮路91条，邮路摩托化27条，汽车邮路5条，投递点2.59万个，服务人口100余万人。全市有邮件接转点35个，其中城郊接合部9个、农村26个。

5月12日，开展汶川大地震两周年献爱心活动。市邮政局组织员工捐助爱心包裹47个。累计收到各界捐款13.84万元，捐款汇款费用由义乌市邮政局承担，并荣获浙江省慈善总会授予的“汶川‘5·12地震’赈灾捐赠慈善爱心奖”。

【开通“信访绿色邮政”服务】 自5月1日起，凡义乌范围内群众以平常信函方式寄给义乌市委、市政府信访局反映情况，提出建议、意见或者投诉请求的信件，只需在信封右上角加注“群众来信”字样，一律免贴邮票、免费送达。2010年，市邮政局累计收寄“群众绿色信访件”54件，为减轻群众上访成本作出了新的尝试。

【新邮件处理中心工程完成建设任务】 8月5日，由中国邮政集团公司拨款、浙江省邮政公司直接授权管理的新邮件处理中心工程基本完成各项建设任务。该工程自2009年8月5日开工建设，工程总建筑面积1.48万平方米，共3层，核定总投资4885万元。

（顾　燕）

通　信　业

电信通信

【概况】 2010年，中国电信义乌分公司完成业务收入6.05亿元，同比增长8%，全年新增移动用户15.92万户。

天翼网络“全面超越”行动成果显著。电信公司积极落实省公司“天翼展翅、全面超越”行动，对主城区C网进行深度覆盖，农村信号广度覆盖，做好室内分布、小区美化建设，圆满完成2010年C网一期建设、一期增补、结构调整等建设任务，新建室外基站85个、室内分布系统33个，完成城区51个基站DO的载波升级、13个室外RRU覆盖、10个微蜂窝建设。完成信号弱覆盖区的后宅、苏溪等重要乡镇与开发区的网优和80个目标住宅小区的优化、10个政企客户厂区的优化。至年底，移动网络质量全面超越取得阶段性成效，移动网络基站数305个，其中3G基站280余个。网络覆盖面和质量持续提升，3G数据网络质量全面领先，不少区域的2G语音指标已优于移动公司，用户投诉率由年初的6.69次每万户下降至12月的2.59次每万户，掉话率由年初的0.29%下降至12月的0.22%，呼建成功率由年初的

99.37%上升至12月的99.79%，断站率从一季度的0.8%下降至四季度的0.39%。

光纤到户模式快步推进。2010年大力实施光纤网络建设，新建区域全部实现光纤到户，并启动部分区域改造，完成新开发小区、商务楼宇、旧小区改造、工业区接入、旧村改造不同模式30余个FTTH建设规划，分别实现下朱村、下傅村、楼下村等24个村9个开发小区的光纤到户。

宽带城域网出口带宽达100G。顺利完成宽带城域网优化改造割接工程，核心层JUNIPER设备上联新增4条10G链路，上联出口带宽由60G扩容至100G，核心层、汇聚层、接入层等交换机互连链路实现物理双路由备份。至年底，完成IDC机房扩容改造，新建31个综合架，IDC出口扩容到100G，满足急速增长的主机托管业务需求。

【中国电信集团非通信用品集中采购座谈会在义举行】 3月10～13日，来自广东、上海、江苏、贵州、辽宁、河南、浙江7省(市)的中国电信各分公司采购负责人以及中国电信集团公司相关部门领导会聚义乌，就推进非通信用品在义乌集中采购等方面进行深入探讨，明确2010年全集团义乌集中采购总额将达到2亿元，至2012年将完成集中采购总额4亿元。

【宾王公园LED大屏投入使用】 2010年7月，由电信义乌分公司投资建设的宾王公园LED大屏正式投入使用。自2007年底项目筹划到正式运行历经3年多的时间，2009年10月27日，市政府下发抄告单，同意由电信义乌分公司投资建设宾王路和工人北路交叉口LED大屏。2010年4月7日完成项目审批，进场施工。6月，完成LED大屏的3年经营权招投标工作。至7月底，基本完成机房编播设备安装、亮屏调试。

【恒风新增3G车载监控项目】 4月和8月，电信义乌分公司与浙江恒风集团公司先后完成50辆、150辆新增公交车3G车载视频监控项目签约。整个恒风3G车载监控项目累计签约665辆车、视频探头2300个。

(金洪昭)

移动通信

【概况】 中国移动义乌分公司推进"业务与服务"双领先，连续8年荣居全省移动县(市)综合实力第一名。2010年，中国移动义乌分公司运营收入累计完成12.54亿元，新增自营营业网点2家，合计23家。新增宏站72个，TD基站100个，室内分布39个，WLAN 37个，TD室内分布58个，直放站8个，新增载频4500个，新建传输杆路5.1千米，管道16.586千米。至12月，义乌分公司客户总数177.5万户。

中国移动义乌分公司对义乌教育行业陆续实施了多样化的信息化业务，合作开发基于移动业务的新应用。至2010年，全市100所中小学实施校讯通工程，使用移动校讯通卡的师生达9万人。

【中国移动通信集团采购工作研讨会在义乌召开】 4月27～28日，中国移动通信集团采购工作研讨会在义乌锦都酒店举行。集团公司以及来自天津、辽宁、江苏、四川、新疆、江西、浙江、河南、广东、天津10个省(自治区、直辖市)公司的采购部门高级管理人员60余人参加会议。中国移动义乌集中采购基地成立于2009年2月，至2010年在义乌国际商贸城的采购量超过1亿元，基地的模式在集团推广。会上，集团公司采购部人员介绍采购物流一体化系统对接试点方案，与会人员对该试点方案的可行性以及市场类物资和办公用品的采购模式进行集中讨论。

【开展"水滴行动"】 2010年，西南5省遭遇历史罕见的特大旱灾，灾区群众的生活牵动中国移动义乌分公司广大员工的心。4月1日，分公司工会、团委发起捐赠一瓶水、奉献一份爱的"水滴行动"，收到爱心捐款1.33万元。

【与义乌工商职业技术学院举行校企合作签约】 7月15日，中国移动义乌分公司与义乌工商职业技术学院校企合作签约仪式在工商学院举行。双方将通过数字化校园建设、人才输送、勤工俭学、社会实践设置等项目加强进一步的合作。2010年,义乌工商职业技术学院致力于建设数字校园项目,中国移动义乌分公司在语音宽带、校园一卡通和平安校园等信息化服务上做好配合支撑工作。

【信息化专题讲座】 10月27日,中国移动信息化推荐会暨中小企业移动信息化俱乐部专题讲座在义乌党校四楼会议厅召开,100余人参加。会上,对移动信息化方面的知识和技术优势作详细介绍,对移动400、移动E管家、综合接入、集团彩铃、集团名片、视频监控等重点信息化产品应用及成功案例进行举例说明。参会中小企业代表表示努力提高企业的综合管理水平,向现代化企业迈进。会后,参观展台上的各种信息化演示产品。

(蒋娥苗)

联通通信

【概况】 2010年,中国联合网络通信有限公司义乌市分公司收入规模1.76亿元,比上年增长12%。至年底,2G用户23.93万户,3G用户1.2万户,宽带用户2.7万余户,固定电话用户2.6万户。义乌区域内有基站412个(含132个电信产权基站),已开通3G基站306个,室分站点210个(其中3G 142个),固网接入局点93个,窄带设备容量4.7万兆,宽带设备容量3.1万兆,配线总量20.1万兆。

【购置新办公大楼】 年初,分公司投资3000万元从中高动力公司购置新办公大楼及配套用房2幢(义乌市机场路605号),6月正式投入使用,生产面积2930平方米,生活功能区面积4444平方米,土地使用权面积5294平方米。生活功能区设立职工之家、员工宿舍、阅览室、篮球场等休闲娱乐场所。

(黄　丹)

会展业

综　　述

2010年，全市共举办会展活动128个，与上年持平，其中展览71个，会议、论坛27个，节庆30个。在71个展览活动中，商业性展览35个，展览面积为60.42万平方米，同比增长25.83%；参展企业1.23万家，同比增长17.32%；观众91.87万人次，同比增长7.61%；展览成交额271.43亿元，同比增长26.37%。

成功举办“四大展会”，实现政府主导型展会新提升。第十六届“义博会”暨第三届非洲商品展设国际标准展位5000个，参展企业2621家，分别来自境外44个国家和地区及境内29个省(区、市)；到会专业观众13.44万人次，同比增长9%；展览成交额127.67亿元，同比增长10.6%，其中外贸成交额11.6亿美元，占总成交额的60.9%，同比增长14.1%。2010“文博会”成功升格为文化部主办的国家级展会，规模创历史新高，设国际标准展位2371个，同比增长58.07%；实现展览成交额28.07亿元，同比增长51.8%；参会观众8.39万人，同比增长23.03%。第三届“森博会”设国际标准展位2160个，展会规模居亚洲林业专业展会之首，实现成交额28.21亿元。2010旅游商品博览会设国际标准展位2256个，参会观众10万余人，其中境外客商7156人，同比增长38.69%；实现展览成交额27.69亿元，其中外贸成交额12.63亿元，分别同比增长17.28%和46.52%。

成功举办新引进知名展会。2010年全市成功引进并举办4个品牌会展项目。其中，由商务部主办的第三届非洲商品展设展位200个，参展企业来自28个国家和地区；第五十九届中国教学仪器设备展示会设展位3057个，展览规模和展览成效创历届之最；第六届会展文化节，来自10余个国家级行业协会、国内外50个城市会展机构和会展行业的500余位精英参会；由中国珠宝玉石首饰行业协会主办的中国国际珠宝饰品展2010年起落户义乌，首届设国际标准展位660个，实现展览成交额约10亿元。

加大政策扶持力度，实现会展项目多元化发展。2010年全市举办展览项目71个，同比增长7.6%。其中，国家部委司局或国家级行业协会参与主承办的展览项目15个，同比增长25%；1万平方米以上的展览项目13个，同比增长8.3%；新办展览项目6个，同比增长20%；五金会、消交会、工博会、汽配展、框业展、袜机展、汽车展等专业展会发展势头良好，在行业内具有一定影响力。举办中国(义乌)现代化物流业发展与国际内陆港建设高层研讨会、2010中国内衣高峰论坛、第三届“泛长三角”经济论坛、全国拉链行业会议、德国风情啤酒节等会议(论坛)、节庆活动，实现展览、会议、节庆多元化发展格局。

参与上海世博会，取得显著成效。浙江巨龙箱包有限公司成功签约世博会，成为上海世博会特许商品供应商，实现销售额20余万元。新光集团在上海开设豫园商城文昌店等3家零售店，销售世博特许商品，出资2000万元参与世博会民企联合馆建设；合作开发世博礼品、纪念品，销售额180余万元。世博会期间，义乌市组织1368个团队、累计5.66万人赴上海参观世博会,接待上海来义乌旅游团队2357个、累计8.26万人次,其中外国团队696个、1.53万人次。组织举办"2010上海世博会义乌宣传周暨'全国百城(义乌)世博旅游宣传推广周'"活动,开展世博图片展示、世博特许纪念品展销、"世博"旅游咨询、新闻媒体宣传等活动。代理销售世博门票1.97万张,办理入沪车辆许可证5.28万张。累计接待密克罗尼西亚总统等参加世博会的外国官员和商贸团队30余批次,并参加世博会以色列馆、瑞典馆、埃及馆等20余个国家馆的开馆仪式。

展　会

【概况】 2010年,举办商业性展览35个,其中引进展览2个。商业性展览数同比下降5.41%;展览面积60.42万平方米,同比增长25.83%;参展企业1.23万家,同比增长17.32%;展位数2.7万个,同比增长29.04%;观众数91.87万人次,同比增长7.61%;成交额271.43亿元,同比增长26.37%。其中,贸易类展览29个,同比增长3.57%;展览面积50.86万平方米,同比增长31.80%;参展企业1.17万家,同比增长19.73%;展位数2.2万个,同比增长37.25%;观众数65.17万人次,同比增长8.83%;成交额262.63亿元,同比增长26.11%。消费类展览6个,下降25%;展览面积9.56万平方米,同比增长7.06%;参展企业548家,同比增长31.10%;展位数5071个,同比增长9.58%;观众数26.7万人次,同比增长48.42%;成交额8.80亿元,同比增长36.44%。

【第七届中国国际五金电器博览会】 4月21～23日,由中国五金交电化工商业协会、义乌市人民政府联合主办,浙江中国小商品城集团股份有限公司、义乌市五金家电行业协会共同承办的第七届中国国际五金电器博览会在义乌国际博览中心举行。国内外800余家企业参展,预订展位1300余个。实际安排700家企业986个展位。到会专业采购商4.6万人次,其中外商数同比增长7.9%。来自马来西亚、新加坡、韩国、阿尔及利亚、巴西、西班牙等国家和地区的18个境外贸易团队到会洽谈采购,实现展览成交额13.8亿元。

【第五届义乌消费品出口交易会】 4月21～23日,由浙江省对外贸易服务中心、浙江中国小商品城集团股份有限公司联合主办,义乌中国小商品城展览有限公司承办的第五届义乌消费品出口交易会在义乌国际博览中心举行。参展企业432家,分别来自全国21个省(区、市)及德国、丹麦、韩国、新西兰等12个国家和地区。设标准展位630个,比上届增长9.8%。其中,地市级以上的品牌企业23家、申请展位80个,比上届增长86%。分设家庭用品、工艺装饰、家居家纺、服装鞋帽及国际馆5个区块,并首次设立"消交会跨国采购订货会"洽谈区。来自92个国家和地区的外商1171人、国内客商2023人参会。团队47个,计1645人,其中境外团队28个、801人,分别来自马来西亚、韩国、新加坡、印度、阿尔及利亚、文莱等国家以及中国香港、中国台湾地区。展会期间,共举办采购专场3场,10家采购商和207家供应商到场洽谈,15家参展企业现场达成订购协议,实现展览成交额9.8亿元。

【第五十九届中国教学仪器设备展示会】 4月28～30日,由中国教学仪器设备行业协会主办、浙江省教育厅和义乌市人民政府承办的第五十九届中国教学仪器设备展示会在义乌国际博览中心举行。来自国内外的1035家企业参展,展位3057个。境内外4万余名专业观众到会参观。展会设综合展区,特装展区,数字化教育资源、职教、高教、学前教育和校园服饰展区,以及与新课程改革相配套的科学探究及数字化实验室展区,主要展品为仪器设备、教具、标本、模型、计算机及软件、教学用图书、挂图等。展会期间,2000余名文体行业市场经营户和1052名外商参观、洽谈。

【第五届中国义乌汽车用品零配件展览会】 5月16～18日,第五届中国义乌汽车用品零配件展览会在义乌国际博览中心举行,由中国汽车零部件工业公司主办,义乌市汽车用品行业协会协办,义乌名仕会展有限公司承办,以打造"中国汽车用品配件外贸第一展”为目标。展览面积1.5万平方米，设标准展位634个，来自土耳其、利比亚、也门、阿尔及利亚、巴基斯坦、科威特、埃塞俄比亚、罗马尼亚、伊拉克、马来西亚、叙利亚、印度、韩国、阿联酋及中国港澳台地区等50余个国家和地区。浙江、广东、江苏、上海、河北、山东、福建、安徽等10余个省(市)的559家企业参展。专业外商8000余人次，国内观众4万余人次，成交额1.76亿元。展会开幕前，主承办方组织举行义乌市第二届“汽车用品配件杯”外商足球邀请赛，15个国家的外商参赛。

【第五届义乌汽车展览会】 5月22～24日，由中国汽车工业国际合作总公司、浙江省汽车行业协会主办，浙江中汽会展有限公司承办的第五届义乌汽车展览会在义乌国际博览中心举行。兰博基尼、保时捷、宾利、玛莎拉蒂、劳斯莱斯等50余个品牌汽车参展，观众2.6万人次。展览面积3万平方米，现场成交车辆1213辆，另达成意向6108辆，其中“一汽大众”成交106辆；“东风悦达起亚”现场成交140辆，意向成交570辆；“比亚迪”现场成交118辆，意向成交270辆；“别克”现场成交106辆。沃尔沃、雷克萨斯、凯迪拉克、奔驰等品牌汽车分别成交97辆、116辆、117辆、173辆。展览实现成交额1.62亿元。

【第六届中国国际会展文化节】 7月23～26日，由义乌市人民政府、中国会展杂志社联合主办的第六届中国国际会展文化节在义乌举行，10余个国家级行业协会、国内外50个城市会展机构和会展行业的500余人参会。文化节围绕“低碳经济与会展文化”主题，围绕如何进一步降低全行业碳排放量，努力使会展业成为性价比高且碳排放量低的最佳营销方式，成为低碳经济时代各类企业依然青睐的绿色营销渠道，引领以会展业为龙头的低碳现代服务业发展潮流等进行研讨与交流。文化节期间举办2010中国会展年会、会展主办者与会展城市项目对接会、会展院校大学生专业技能大赛、“会展人义乌之夜”颁奖文艺晚会、国内第一本会展文化理论专著《中国会展文化研究报告》首发式等系列活动。其中，晚会上颁发“2009～2010年度中国十大品牌会展服务商”、“十大潜力会展场馆”等奖项；义乌被评为“2009～2010年度中国十大品牌会展城市”，义乌国际博览中心被评为“2009～2010年度中国十大潜力会展场馆”；陈秀仙被评为“2009年度中国会展十大新闻人物”。

（刘俊霞）

【第五届中国框业与装饰画展览会】 9月18～20日，由中国轻工业联合会主办、义乌中商展览公司承办的第五届中国框业与装饰画展览会在义乌国际博览中心举行。展会主题是“拓展内销，塑造品牌”。展览面积1.2万余平方米，设展位499个，展览规模同比增长25%。展品涵盖相框、画框、木线条、卡纸机、卡纸画、裱画机等。展览成交额1.2亿元，其中内贸成交额2000余万元，同比增长30%；外贸成交额1500万美元，同比增长60%。

【3展会同期举行】 11月12～14日，第四届义乌汽车文化节，第十五届义乌住宅产业展览会暨房地产、商铺交易会，以及第三届义乌家装建材博览会在义乌国际博览中心同期举行。第四届义乌汽车文化节展览面积4万余平方米，是上届的3倍多，50余个品牌的汽车参展，现场订购汽车2700辆。第十五届义乌住宅产业展览会暨房地产、商铺交易会，来自省内杭州、金华、义乌以及海南、山东、安徽、上海等地的60余个房产项目参展，达成意向成交额1.8亿元。第三届义乌家装建材博览会由中国建筑装饰协会、中国家用电器商业协会、中国创达集团股份有限公司联合主办，义乌市翔达展览公司承办，维科集团、月兔集团、皇明太阳能、美的制冷设备等14家国家级品牌企业参展，展览成交额1.95亿元。

（贾勇平）

【2010中国义乌国际机械工业博览会】 11月18～20日，由中国机械工业联合会主办，浙江省机械工业联合会、杭州创杰展览公司承办的2010中国义乌国际机械工业博览会在义乌国际博览中心举行。展览面积2.6万平方米，设展位920个，境内外506家企业参展。其中，境外企业13家，分别来自美国、俄罗斯、泰国、韩国及中国香港、中国台湾。品牌企业数是上届的2倍多。到会

的专业采购商团队 13 个，其中 5 个境外采购团来自马来西亚、韩国、泰国及澳大利亚等国家。观众 3 万余人次，其中境外采购商 1230 人次。实现成交额 6.3 亿元。

（杭州创杰展览公司）

【中国（义乌）国际珠宝饰品展览会】 11 月 26～29 日，由中国珠宝玉石首饰行业协会、浙江省饰品行业协会、义乌市人民政府联合主办，义乌市名仕会展公司承办的 2010 中国（义乌）国际珠宝饰品展览会在梅湖会展中心举行。展览面积 1.3 万平方米，参展企业 308 家，展位数 651 个，其中意大利、泰国、韩国、日本、斯里兰卡等国家的 41 家境外珠宝饰品企业参展。展会分设珠宝和饰品两大展区。4 天展期，参观人数 2 万余人次，其中境外观众 4000 人次。实现展览成交额 10 亿元，其中现场交易 2 亿元。展会期间举办玉石鉴赏大会、钻石鉴赏大会、珠宝现场鉴定 3 场大型活动。

【第十一届中国（义乌）袜子、针织及染整机械展览会】 11 月 24～26 日，第十一届中国（义乌）袜子、针织及染整机械展览会在国际博览中心举行。展览面积 7600 平方米，同比增长 26.7%；展位 415 个，同比增长 37.9%。分设无缝内衣机械专区，针织、织袜及手套机械专区，织带、拉链成型机械专区，染色及后整理机械专区，缝纫机、纱线、纤维及零配件五大专区。来自德国、法国、意大利等 9 个国家和地区的 140 家企业参展，现场展出机械 299 台。意大利的圣东尼、欧洲最大尼龙纱线加工商富尔格、法国著名环保节能袜子定型机械 Heliot 等国际著名品牌均在展会上亮相。8000 余名专业观众参观和采购。

会展管理

【概况】 2010 年，加强境外合作，推进会展业“走出去”战略。与香港环球资源公司、米兰国际展览股份公司合作，先后在阿联酋迪拜、印度孟买和意大利米兰举办“义博会”境外展，共组织义乌市 97 家企业 120 个展位参展。结合“义博会”境外展，在当地开展以会展业为主题的宣传招商活动。加强会展业监管，严格执行展览活动管理办法，完善会展监管模式，各展会平稳有序举行。市会展办、市工商局等部门召开联席会议，对拟举办的展览项目进行“会审”，严格把好质量关。认真落实干部联系企业制度，对各展会项目的筹办工作进行不定期检查，切实加强对展会的全程管理和监督。重新修订《义乌市会展业发展专项资金使用管理办法》，加大引进全国性或国际性展览项目的奖励力度，并首次把引进高层次会议和专业会展企业纳入专项资金奖励范围，科学合理、公开透明地使用专项资金。

【在西安举行第六届中国国际会展文化节新闻发布会】 1 月 14 日，第六届中国国际会展文化节新闻发布会在西安举行，20 余家新闻媒体的记者和社会各界人士 80 余人参加发布会。义乌市委常委、副市长米斌在会上介绍义乌经济社会发展情况和义乌会展业基本情况，并诚挚邀请各界朋友参加 7 月 23～26 日举行的以“低碳经济与会展文化”为主题的第六届中国国际会展文化节。

【赴西安参加 CEFCO 和展中展】 1 月 14～16 日，市委常委、副市长米斌带领市会展办、商城集团等部门人员，赴西安参加第六届中国会展经济国际合作论坛（CEFCO 2010）和第十一届中国国际展览和会议展示会（展中展），宣传推介义乌城市、市场与会展业。CEFCO 创办于 2005 年，由中国贸促会、国际展览业协会（UFI）、国际展览与项目协会（IAEE）和独立组展商协会（SISO）共同主办，已先后在北京、广州、上海、成都、南京成功举办 5 届。

【会展业荣获 3 项大奖】 1 月 16 日，在人民日报社举行的“人民盛典暨责任中国”评选结果揭晓仪式上，义乌市荣获“新中国成立 60 周年最受关注的十大会展城市”称号，“义博会”荣获“新中国成立 60 周年最受关注的十大会展”称号，市会展办主任刘金土入选“新中国成立 60 周年最受关注的十大会展人物”。

【中国国际（义乌）珠宝饰品展落户义乌】 4 月 6 日，市会展办收到中国珠宝玉石首饰行业协会的回函，同意与义乌市人民政府共同主办珠宝饰品展。“饰品展”定于11月26～29日在义乌梅湖会展中心举行。以“品牌”、“时尚”、“奢侈”为主题，分为珠宝和饰品两大展区，预计展览面积2万平方米，设800余个国际标准展位。

【开展2010上海世博会义乌宣传周暨“全国百城（义乌）世博旅游宣传推广周”活动】 4月8日，2010上海世博会义乌宣传周暨“全国百城（义乌）世博旅游宣传推广周”活动在绣湖广场启动。市委常委、副市长果凯，副市长丁进跃，市委宣传部、会展办、旅游局等相关部门和单位领导共200余人出席启动仪式。启动仪式现场举办世博图片展览、世博特许纪念品展销、世博旅游咨询活动。8～14日活动周期间，义乌电视台播放世博会专题宣传片《世界文明的盛会》，并在《义乌商报》开辟专栏宣传介绍世博会知识。据统计，世博会期间，组织1368个团队、5.66万人赴上海参观世博会，接待上海来义乌的旅游团队2357个、8.26万人次。

【修订《义乌市会展业发展专项资金使用管理办法》】 5月24日，《义乌市会展业发展专项资金使用管理办法》重新颁布，6月1日正式实施。新《办法》加大引进全国性或国际性展览项目的奖励幅度。对引进的全国性或国际性展览项目、展位数达到500个以上的，给予承办单位的奖励金额从30万元提高至50万元。在此基础上，每增加500个展位再给予的奖励金额从10万元提高至20万元。第二、三年继续在义乌市举办，奖励标准在上年基础上递增10%。从第四年开始，按原创展览项目标准予以补助。首次引进高层次会议和专业会展企业纳入专项资金奖励范围。经会展办备案，由省级以上各类行业组织主办的全国性或国际性会议，会议安排在市内四星级宾馆且住宿人数为200人以上的，根据人数的递增情况，分别给予2万元、4万元、6万元的补助。在五星、三星级宾馆举行的，人数可分别按1.5和0.7的系数折算成四星级宾馆住宿人数。同时规定，境内外专业会展企业在义乌市注册设立分支机构并新办单个展会规模达到500个展位以上的，一次性奖励10万元。

【在京举行第三届非洲商品展新闻发布会】 5月26日，第三届非洲商品展新闻发布会在北京举行，37个非洲国家的外交使节、24家新闻媒体记者参加新闻发布会。商务部西亚非洲司商务参赞谢亚静，义乌市副市长果凯，通用国际广告展览公司董事长兼总经理李仁贵在会上发言。谢亚静简要回顾前两届非洲商品展的情况，介绍举办第三届非洲商品展览会的意义。2011非洲商品展于10月21～25日将在义乌国际博览中心举办，拟设展位200个，展览面积4000平方米。展会邀请大型商贸企业、连锁超市、进口商、贸易商等专业采购商与非洲国家参展企业实施对点的业务洽谈。中方免除参展企业的展位费、搭建费、水电费，免费为参展商提供宣传和市场推广以及中国境内的展品运输等优惠政策，为参展企业在中国境内的通关提供协助，同时还将协助参展国举办国别市场推介会和投资政策说明会。

【“义博会”、“文博会”、“袜机展”荣膺“浙江省十大品牌展（博）览会”】 5月28日，浙江省国际会议展览业协会召开第二届会员大会。大会正式宣布“浙江省十大品牌展（博）览会”名单，中国义乌国际小商品博览会、中国义乌文化产品交易博览会、中国（义乌）袜子·针织及染整机械展览会获此殊荣，其中“文博会”首次入选。此次评选活动由浙江省国际会议展览业协会组织发起，采取专家评选和网上投票结合的方式，选出2009年度浙江省规模大、效益好、有潜力的品牌展会。

【第六届中国国际会展文化节新闻发布会在京举行】 6月30日，第六届中国国际会展文化节新闻发布会在京举行。中国会展经济研究会常务副会长陈泽炎、中国会展经济研究会副会长兼秘书长李永江、全国城市工业品贸易中心联合会秘书长马开立、中国展览馆协会秘书长孟宪忠等嘉宾，以及20余家新闻媒体记者参加发布会。市委常委、副市长果凯，市会展办主任刘金土代表第六届中国国际会展文化节举办城市出席发布会。中国国际会展文化节组委会秘书长、中国会展杂志社执行总编辑陈宏兵主持发布会。中国国际会展文化节组委会执行主任、界上传媒集团总裁兼中国会展杂志社执行社长倪玮发表讲话，介绍第六届中国国际会展文化节的筹备进展情况。副市长果凯介绍义乌经济社会发展情况和义乌市筹备中国国际会展文化节的情况。第六届中国国际会展文化节主题是“低碳经济与会展文化”，于2010年7月23～26日在浙江省义乌市举办。

（除署名外均由周永勤撰稿）

会展企业

【义乌中国小商品城展览有限公司】 义乌中国小商品城展览有限公司创建于1998年，是浙江中国小商品城集团股份有限公司旗下的控股企业，专业开展国内外展览业务，是国际展览业协会(UFI)、国际展览管理协会(IAEE)成员单位。经过多年的培育，至2010年已成为集国内组展、海外出展以及展览配套服务于一体的专业展览企业。公司秉承“搭建会展平台、服务市场发展”的经营理念，致力于为中小企业、采购客商打造展示、交易、交流的国际贸易服务平台，承担中国义乌国际小商品博览会、中国义乌文化产品交易博览会、中国国际旅游商品博览会、中国义乌国际森林产品博览会等国家级展会的展务执行工作，并承办中国国际五金电器博览会、义乌消费品出口交易会、中国(义乌)袜子·针织及染整机械展览会等专业展会。公司积极走出国门，开拓境外展会，2010年先后在阿联酋迪拜、印度孟买和意大利米兰举办“义博会”境外展，共组织义乌市97家企业120个展位参展。

（李少佳）

【商城集团国际博览中心】 2009年10月16日，商城集团国际博览中心(义乌国际博览中心)投入使用。2010年，圆满完成“义博会”、“文博会”、“森博会”、“旅博会”、“五金会”、“消交会”等39个展会的展位搭建任务，并承接外搭业务12个、会议30余场，共搭建标准展位2.7万余个、标改特展位7000余个。全年主营业务收入5874.3万元，剔除“义博会”的收入，国际博览中心自营收入1989.2万元，同比增长21%，超额完成全年的各项经济指标。

（傅文孝）

【义乌翔达展览服务有限公司】 2008年，义乌翔达展览服务有限公司成立，是中国建筑装饰协会会员单位、浙江省会展行业协会理事单位、义乌市会展业联合会理事单位，从事展会策划、组织等业务。2010年，先后参与举办第七届中国国际五金电器博览会、2010年义乌家装建材博览会以及2010义乌电子商务及网络商品贸易博览会。

（赵梅君）

【义乌中商展览服务有限公司】 义乌中商展览服务有限公司是一家从事展览策划、媒体运营的展览公司。该公司坚持“促进信息对称、超越客户需求”的经营原则，为客户提供优质的服务。由该公司承办的中国框业与装饰画展览会，自2006年创办至2010年，每年举办1届。义乌中商展览服务有限公司已成功举办亚洲最具规模和影响力的框业展，并跻身全球第三大框业展。

（毕新荣）

【杭州创杰展览服务有限公司】 杭州创杰展览服务有限公司是一家组织展览及会议的专业机构，2004年在义乌市设办事处。每年承办消费品、五金电器、机械设备、体育用品、制冷设备等领域的会展项目。2010年，在义乌成功举办中国义乌国际机械工业博览会、义乌体育娱乐及户外休闲产业博览会。其中，由中国机械工业联合会主办的中国义乌国际机械工业博览会于2009年、2010年连续成功举办2届，得到了广大参展商、采购商的认可。

（吴　芸）

【义乌名仕会展有限公司】 义乌名仕会展有限公司坚持“专业化运作，市场化办展”原则，2009年5月成立，至2010年，先后举办中国义乌汽车用品配件展、义乌摩托车休闲车电动车自行车配件用品展的策划、组展工作。2010年，牵线引进并承办中国(义乌)国际珠宝饰品展览会。该展会由中国珠宝玉石首饰行业协会、义乌市人民政府联合主办，是国内珠宝行业继北京、上海、深圳三大珠宝展之后的又一行业盛会。

（陈红波）

鹿义山庄

莱山村

瑶铭山庄

悦农园

农家乐

NONG JIA LE

旅 游 业

综 述

2010年，全市共接待游客810.78万人次，其中境外游客45.01万人次，同比分别增长18.39%和20.07%。设在国际商贸城的购物旅游接待处共接待旅游团队6490个、游客22.39万人次，其中境外团1827个、3.9万人次，奖励419.65万元。全市旅游总收入88亿元，同比增长22.2%，其中外汇收入3.15亿美元。旅游收入相当于全市三产增加值的26.6%，占全市GDP总值的14.3%。至年底，全市共有星级宾馆13家，其中五星级1家、四星级7家，旅行社17家、分社4家和旅行网点6家。

出台旅游业发展政策。为全面加快义乌市旅游业发展，打造旅游目的地城市，根据国务院《关于加快发展旅游业的意见》、省委和省政府《关于推进旅游业转型升级加快建设旅游经济强省的意见》，10月，经公开招投标、编制方案征求意见、初稿讨论、送审稿评审，市政府第36次常务会议研究同意，出台《义乌市城市旅游规划》。12月，出台《关于全面加快旅游业发展的政策意见》，设立义乌市旅游发展专项资金，每年安排1000余万元资金用于扶持旅游事业各项发展。

中国国际旅游商品博览会取得圆满成功。6月24～27日，2010中国国际旅游商品博览会召开，以“拓展旅游产业功能，推动旅游商品创新，促进国家内需增长”为宗旨，“汇聚商品、创造商机、接轨世博、提升旅游、推动创新”为主题，经贸成效突出。1585家企业参展，设展位2256个，10万余观众参会。实现展览成交额27.69亿元，同比增长17.28%。各地参展商利用参加贸易和各项活动的机会，加强展会期间的经贸合作，拓宽产品销售渠道，推动各地旅游商品生产和销售企业的转型升级。年内，义乌市风景旅游管理局被国家旅游局授予“特别贡献奖”称号。

宣传促销工作有重点地全面铺开。积极参与全国及区域较大规模的旅游交易、展销、推介活动，充分利用国内国际各种旅游交易会、促销会、博览会、经贸洽谈活动平台，重点推介2010中国国际旅游商品博览会和义乌城市旅游形象。组织参加上海世博会、重庆国内“旅交会”、浙江(上海)“旅交会”、湖州国际生态旅游节、第五届海峡两岸台北旅展、衢州华东旅游交易会、第五届海峡旅游博览会、广东国际旅游展览会、天津旅游文化产业节、第七届东亚国际旅游博览会、上海国际“旅交会”等，加大横向联合，拓展义乌旅游市场。借力世博会打响购物旅游品牌，加强与上海及周边地区的合作，完善、出台义乌旅游奖励政策。开展旅游商品博览会宣传，在中央电视台四套、上海东方卫视、浙江电视台、浙江电台旅游之声等投放旅游商品博览会宣传广告，在《中国旅游报》、《浙江日报》、《钱江晚报》、《江南游报》、《每日商报》、《中外旅游》、《义乌商报》、《浙中新报》等媒体进行旅游商品博览会形象宣传。组织旅行社进行踩线串线活动，拓展义乌购物旅游市场。

规范行业标准。围绕“旅游服务质量提升年”主题，倡导品质服务，促进行业整体素质提升，落实企业主体责任，加强安全生产管理，8 月，与市总工会、团市委和妇联在义乌党校联合举办全市导游大赛。国庆前夕，和市广播电视台联合举办义乌市旅游行业“旅游人风采”迎国庆文艺晚会。义乌市选手参加全省导游大赛获二等奖，义乌市旅游局在 2010 年浙江省旅游饭店服务技能大赛中荣获优秀组织奖。

旅游规划

【《义乌市城市旅游规划》获市政府批准】 2009 年《义乌市城市旅游规划》编制项目公开招投标，经过编制方案征求意见、初稿讨论、送审稿评审，2010 年 10 月，市政府第 36 次常务会议研究同意正式实施《义乌市城市旅游规划》。规划范围为义乌市中心城区，依据《义乌市域总体规划(2006～2020)》，包括：老城商贸行政分区、国际商贸城分区、江东分区、廿三里分区、后宅分区、北苑分区、城西分区、开发区分区八大分区；“三带”即工业旅游示范群体验带、义乌江外滩风情休闲带、江东生态游乐休闲带；“六区”即义乌国际购物旅游区、异国风情商务休闲区、绣湖广场文化休闲区、梅湖文体会展休闲区、城北生态商务休闲区、华溪山野游憩区。规划期限为 2010～2020 年，其中，近中期为 2010～2015 年，远期为 2016～2020 年。

《义乌市城市旅游规划》从发展战略、空间布局、旅游产业、交通规划和重大项目规划五个方面与《义乌市域总体规划》进行对接。

《义乌市旅游发展总体规划(2010～2020 年)》的发展目标是：用 10 年左右的时间，将义乌市建设成为一个以购物旅游为主打旅游产品、以商务会展旅游与城市休闲旅游为特色，交通发达、设施完备、环境优美、服务一流的国际性商贸旅游城市。

《义乌市城市旅游规划》与《义乌市域总体规划》空间布局对应表

分区构成		城市发展对策	旅游发展规划对接
主城区八大分区	中心区(老城商贸行政分区)	以商务、商业、行政、办公为主，加快城市空间整合，改善城市交通，优化交通秩序，加快发展电子商务、信息服务、现代金融、旅游服务等现代化服务业，突出大都市商务商贸功能。	义乌江外滩风情休闲带 异国风情商务休闲带 梅湖文体会展休闲区 绣湖广场文化休闲区
	国际商贸城分区	以商业、贸易、商务、物流仓储为主，预留市场发展空间，优化市场与城市其他功能协调布局，强化国际商贸城景观建设，加快国际化形象塑造，成为国际商贸名城的主题区域。	义乌国际旅游购物中心
	江东分区	以体育、文化和居住为主，结合义乌江东综合整治，塑造滨江水景观，推进村庄向城市社区转型。	江东生态游乐休闲带
	北苑分区	以居住、商业、商务办公和工业为主，重点关注区内用地的优化整合和城市景观的塑造，适当调整区块网络。	小商品工业旅游示范群
	后宅分区	以对外交通、工业和居住为主，加强与浦江交界地区的开发与控制，加快产业结构调整和居民社区建设。	小商品工业旅游示范群
	城西分区	以居住、对外交通、物流和综合服务为主，加快空间布局结构调整，合理设置物流用地，建设生产资料专业市场。	小商品工业旅游示范群
	稠江(开发区)	以工业、居住和综合服务为主，完善配套功能，改善、整合原浙赣铁路用地。	小商品工业旅游示范群
	廿三里分区	以居住和综合服务为主，适度发展工业，优化产业空间，塑造滨江景观，提升城市形象。	小商品工业旅游示范群

《义乌市域商业网点发展规划(2007～2020年)》围绕义乌建设国际商贸城的城市发展目标,预计在规划期内,建成市域"一主三副多节点的三级商业中心"。"一主"是指义乌市绣湖广场商圈和宾王商圈为主体的"一个"市级商业中心,包括市区一级商业区、福田—江东商务中心和北苑、稠江、后宅、廿三里、城西等5个市区二级商业区;"三副"是指以佛堂、苏溪、上溪商贸集聚区域为中心的"三个"市级商业副中心;"多节点"是指分布于全市域人口集中区块的"多个"社区商业服务中心。

旅游行业管理

【2010导游大赛】 8月17日,为深入推进义乌市旅游行业"创新创优、提质提效"主题活动,由市旅游局、市总工会、团市委和市妇联联合举办的全市导游大赛在义乌市委党校启动,比赛分模拟讲解和才艺表演两大部分,市旅游局邀请省旅行社协会秘书长、义乌市文化馆专家、市工商学院人文旅游分院教师等7人担任大赛评委。大赛设置一等奖1名,二等奖3名,三等奖6名,单项奖5名,优秀奖14名。24名来自各个旅游单位的选手参加比赛。经过激烈角逐,恒风国际旅游有限公司范例获一等奖,国际商贸城购物旅游区刘亚琴、吴荷颖和金秋假日旅行社陈潇获二等奖。

【旅游企业从业人员救护培训】 为提高旅游行业从业人员的安全意识和救护技能,降低突发事件的致残、致死率,4月15日和8月30日,市旅游局与市红十字会2次在市委党校举办为期6天的旅游企业紧急救护培训。活动分理论培训和实际操作考核两大部分。理论培训介绍救护概念、心肺复苏、创伤救护、常见急症、紧急避险以及针对旅游行业特点的救护知识和技能等常识,实际操作由教师进行演示后,学员们再进行模拟急救。1056名旅游行业从业人员参加培训并通过考核。

【消防安全演练】 12月8日,市旅游局邀请市安全生产指挥部联合110、120、消防大队在锦都酒店举行旅游行业消防演练。全市星级饭店分管安全副总经理及安全部经理100人参加演习。演习于14点正式开始。经确认"火灾"、报警后,通知各相关部门按酒店应急预案要求进入程序,酒店最高指挥者立即成立指挥小组,进行扑救和疏散,14点10分,消防车、110、120进入状态,消防人员进入大楼"解救"受困人员,消防云梯也从酒店外围开始解救人员。14点35分,演习顺利结束。演习后,市安全生产指挥部、市消防大队、市公安局、市旅游局领导和专家对演练情况进行点评。

购物旅游

【对接上海世博会】 4月19日,市风景旅游管理局邀请上海、江苏、浙江20家大型旅行社代表,在国际商贸城四区商学院教室举行义乌购物旅游对接上海世博推介会。会上,部分旅行社代表提出,义乌除做大购物旅游这个品牌外,还应加强全市各地间的联动性。介绍义乌整体的旅游资源规划工作,市场发展服务分公司领导对景区、购物旅游中心、国际商贸景区及司导人员奖励政策做了详细介绍。为引进世博客人,提升义乌购物旅游的影响与形象,义乌市恒风国际旅行社与上海锦江旅游集团开通世博直通车,互送客源;将小商品传奇体验之旅列入世博推荐线路,财富之旅作为世博主打产品,义乌被列为全省4个"全国百城世博宣传"推广启动城市之一。

【购物旅游亮相世博旅游主题展】 5月28～30日,由浙江省旅游局主办的2010浙江(上海)旅游交易会暨世博旅游主题展在上海举行。义乌市12家星级饭店及24家旅行社的义乌小商品在上海光大会展中心展出并销售。展台以一个拨浪鼓造型形象地展示义乌的旅游特色,吸引了游客。作为本届"旅交会"的重要组成部分,在世博旅游销售展区,由义乌市老字号企业生产的丹溪红曲酒成为会展中心的一个亮点,展会期间共出售产品2万元。展会上,义乌市还组织文艺表演队,以舞蹈、歌曲演唱等节目,宣传、推介义乌特色旅游。

【义乌市获"浙江世博旅游名城"称号】 6月18日，世博旅游论坛(浙江)暨浙江世博旅游名城新闻发布会在上海举行，义乌市获"浙江世博旅游名城"荣誉称号。此次新闻发布会由上海世博会宣传及媒体服务指挥部志愿者部、浙江省参与2010年上海世博会组委办公室、浙江日报报业集团等单位联合发起，评委会对荣获"浙江世博旅游名城"义乌的颁奖词是："建在市场上的义乌是'小商品海洋，购物者天堂'，华夏第一市……义乌国际商贸城是全国首个购物主题的国家AAAA级旅游风景区，踏上通往购物天堂的风尚盛享之旅，读懂义乌这部'城市传奇'。"会上，来自浙、沪两地政府有关部门的领导、旅游界的专家学者，围绕"世博机会和浙江旅游经济"主题，就加强浙、沪两地旅游经济的交流和互动等进行探讨。中国旅游研究院学术委员会主任魏小安认为，上海世博会标志着以上海为龙头的长三角城市群进入世界第六大都市圈的行列。上海世博会后，长三角城市群必须坚持异质化发展，浙江的优势在其中将进一步凸显。义乌作为购物天堂，其特色化的城市发展必然成为浙江的一大亮点。当天，组委会还正式推出由浙、沪两地旅行社联合推广的"世博之旅·浙江名城旅游专线"，义乌以"购物天堂·风尚盛享之旅"名列其中。

旅游市场推广

【义乌购物旅游亮相中国国际旅游交易会】 11月18～21日，以购物旅游为主题的义乌市参展团参加在上海由国家旅游局、上海市人民政府和中国民用航空局联合主办的2010中国国际旅游交易会。市风景旅游管理局率旅游购物中心及各星级饭店等单位出席，发放宣传资料3000份，拨浪鼓1000个。此次"旅交会"展出面积5.75万平方米，共设展位2243个。其中，国内展位1387个，国际及海外展位856个。

【启动"全国百城(义乌)世博旅游宣传推广周"】 4月8日，2010上海世博会义乌宣传周暨"全国百城(义乌)世博旅游宣传推广周"在义乌绣湖广场启动。启动仪式现场举办世博图片展览、世博特许纪念品展销，各旅游企业设立30余个咨询服务点，宣传世博旅游线路。义乌宣传周活动，除在绣湖广场举办活动外，还在义乌电视台播放上海世博会专题宣传片《世界文明的盛会》，并在《义乌商报》开辟专栏，宣传、推介对接上海世博会。

（黄晓英）

建筑业·房地产业

综　　述

建筑业保持良好发展势头。2010年全市有建筑业法人单位158家，比上年增加12家。其中一级建筑企业14家，二级59家，三级81家，劳务分包企业4家。全市建筑企业共承接业务170.1亿元，增长15.2%，完成建筑业总产值（含市政）119亿元，增长19%。房屋建筑施工面积稳步增长。2010年，房屋建筑施工面积1199万平方米，增长1.8%，其中新开工房屋施工面积570万平方米，增长6.8%，房屋建筑竣工面积579万平方米，增长4.3%。全年建筑业企业上缴税金6.1亿元，增长54%，实现利润总额5.7亿元，增长10.8%。

房地产开发销售增速平稳。在国家不断强化的房地产调控政策背景下，房地产投资增速年底比上半年放缓5.3个百分点，但比上年同期提高25.3个百分点。全市房屋施工面积365.9万平方米，增长17.9%。其中住宅施工面积279.3万平方米，增长12%，占全市房屋施工面积的76.3%；商业营业用房施工面积10.2万平方米，增长25.1%，占全市房屋施工面积的2.8%。房地产销售逆势而上，全年商品房销售面积87.1万平方米，增长15.1%，比上半年增速提高16个百分点，其中期房销售面积67万平方米，占商品房销售面积的76.9%。商品房销售金额67.6亿元，增长27.6%。商品房销售价格继续走高。

房改工作稳步推进。安居工程建设是义乌市十大实事之首。全市在建696套成本价房工程，其中佛堂二期380套，义亭316套。房改信访工作稳定。2010年是集体上访的多发年，在处理一般的信访工作外，做好不符房改条件的上访钉子户的政策宣传解释工作，年内，接待、安抚群体上访12批次。落实南洲花园成本价住房，并分房到户375套，苏溪成本价住房分房到户496套。支持旧村改造，开具未房改证明596份。

建　筑　业

【概况】 全市共有建筑业企业158家，其中一级企业14家，二级企业59家，三级企业81家，劳务分包企业4家。外地进义企业备案，年度复验建筑企业13家，监理企业备案13家，勘察企业备案3家，设计企业备案10家，勘察设计项目备案7项。努力开拓省外市场，工程项目遍及全国17个省（市），全年办理企业外出经营诚信证明103份。

编制《义乌市国际经贸图》、《义乌市旅游图》、《义乌市文物保护分布图》等。利用QuickBird影像资料制作义乌市2010年遥感影像图，向市政府等单位提供影像图83幅。完成地质勘察项目466项，钻孔2.35万个，总进尺19.84万米。完成基坑支护设计项目14项、深基坑监测项目19项、低应变检测项目380项，检测数量1.6万余根；高应变检测项目9项，检测数量76根；锚杆检测项目23项，检测数量311根；静载检测项目3项，检测数量8

根;混凝土取芯检测1项。受理测绘生产项目总数3406余项,其中地形测量249项,地下管线调查项目31项。

年内,62人被评为高级工程师,285人通过非公企业被评为工程师,255人通过正常评审被评为工程师,322人被评为助理工程师,228人被评为技术员。2010年,上报二级建造师初始注册594人,增项注册78人,三类人员考核1270人。

【建设工程安全专项检查】 3月17日,市建设局组织12个检查小组,分赴338个房屋建筑和市政建设工地进行建设工程安全专项检查。各小组重点检查施工企业安全生产责任制分级分层落实,项目部管理人员到岗到位、履行职责,施工现场临时工棚结构安全等情况。对检查中发现的存在安全隐患且整改不力的项目,市建设局根据有关规定对施工企业、监理企业及相关人员予以从严处罚,以确保建设工程的安全。3月24日,专项检查结束,发现重大安全隐患80余处,一般安全隐患2500余处,发放安全整改通知书244份,安全停工通知书10份。7月10日,市建设局组织7个检查组,检查363个房屋建筑和市政工程施工安全情况,共发放各类整改通知书307份,其中安全停工通知书27份,安全整改通知书241份,质量整改通知书30份,监理公司整改通知书9份;发现重大安全隐患2980处,一般安全隐患33处,均发出整改通知书。

【测绘管理】 4月,省、市联合对义乌"文博会",国际商贸城一、二期市场开展专项地图市场执法检查,主要对文化、办公用品商位进行集中检查,发现部分笔记本内附地图存在严重政治性错误(错绘中国国界),当场没收不合格笔记本36本,并对营销人员进行有关地图审核和法律法规的宣传教育,告知如何正确使用中国地图、世界地图的相关知识,发放《国家版图知识》小册子220份。

【首次认定利用建筑废弃土生产烧结多孔砖产品企业】 5月6日,市建设局组织召开利用建筑废弃土生产烧结多孔砖产品认定会议。全市共有生产烧结多孔砖产品企业23家,此次有8家生产企业申报认定。市利用建筑废弃土生产烧结多孔砖产品认定工作委员会领导小组在认真听取申报企业在利用建筑废弃土生产烧结多孔砖和建筑废弃土的来源、质量、经营、工艺及设备等情况,以及墙改办对企业现场勘察情况的详细汇报后,对企业的申报资料进行严格审核与评审,并在建设局网站上进行为期7天的公示。5月13日,认定义乌市庆回砖瓦厂、义乌市下骆宅东岗山砖瓦厂、义乌市建军砖瓦厂和义乌市王一砖瓦厂4家砖瓦窑企业为义乌市首次利用建筑废弃土生产烧结多孔砖产品的企业。义乌市首次开展利用建筑废弃土生产烧结多孔砖产品认定工作,一方面有效解决了城市拆迁过程中产生的大量建筑废弃土问题,另一方面节约土地资源,促进墙材行业的节能利废工作。

【测绘法宣传】 8月27日,在市365便民服务中心大厅开展以推进数字城市建设、提升测绘公共服务水平为主题的测绘法宣传日活动。建设大楼和市区各测绘单位均悬挂宣传横幅,大厅里摆放宣传展板10余块,在显示屏上滚动播放宣传口号及《浙江省地理空间数据交换和共享管理办法》。活动当天,发放浙江省交通旅游图500份,义乌市购物旅游图1500份,《国家版图知识》小册子1000份,义乌市政区图1000份,印有主题宣传的便笺2000份,14.2厘米地球仪1500个。

【市第一座永久性景观测量标志建成】 4月,义乌市测绘管理处与义乌市园林局、勘测院在鸡鸣山公园山顶合作建设第一座永久性景观测量标志,于7月21日完成。该标志景观点为八角形的造型设计,由花岗岩雕刻而成,四周分别刻有标志点的名称、测量标志点的定义、相关的法律条文和义乌市行政区域图。

【分户验收现场观摩会在欧景名城工地举行】 7月9日,由市建设局、市建设工程质量监督站主办,浙江省二建建设集团有限公司承办的住宅工程质量分户验收现场观摩会在欧景名城工地举行,义乌市在建的各房地产开发项目、保障性住宅工程等相关参建单位技术负责人共200余人参加观摩会。会议就当前义乌市住宅工程质量现状进行通报，阐述推行《义乌市住宅工程质量分户验收管理暂行办法》的背景和意义，要求各参建方认真学习，严格遵照执行。

【建设工程施工安全大整治】 7月10日，为期37天的义乌市建设工程施工安全大检查大整治结束。市建设局组织7个检查组，对363个房屋建筑和市政工程施工安全情况作全面检查。共发放各类整改通知书307份，其中安全停工通知书27份，安全整改通知书241份，质量整改通知书30份，监理公司整改通知书9份。发现重大安全隐患2980处，一般安全隐患33处。从复查情况看，施工、监理和建设单位的整改效果较为明显，基本达标。

【安全知识培训】 7月30～31日，在市质量监督站二楼会议室举办建设安全知识宣贯培训班，全市各建筑施工、监理企业的安全管理人员及外地驻义负责人共50余人参加学习《危险性较大的分部分项工程安全管理办法》和《建设工程高大模板支撑系统施工安全监督管理导则》。

【在建工程消防安全专项检查】 12月7日，对在建工程消防安全进行专项检查。共分10个检查组，对376个在建工程项目的施工安全和消防情况作检查。检查重点为：各施工监理企业的消防安全责任制、消防安全管理制度、消防安全操作规程的建立落实，民工消防安全教育和施工现场消防设施及器械设置等情况；民工学校、食堂、宿舍安全出口以及疏散通道设置，消防栓、消防设施布置及运行，电气线路敷设及电气设备运行，易燃易爆物品的存放，施工电气线路敷设以及电气设备运行，临时设施材料防火性能检测等情况；安全生产事故应急救援预案的制定、定期演练记录，应急救援物资、设备配置和维护等情况。此次共检查325项工程，采取企业自查、主管部门检查和复查三管齐下方式进行，较为全面、真实地反映了建设工程施工安全和消防存在的问题。检查期间，共发放限期整改通知书252份，停工通知书52份，监理企业整改通知书84份。

房地产业

【概况】 至年底，全市共有物业管理公司40家，其中一级企业1家，二级企业5家。实施物业管理的项目145个，面积1079.95万平方米，其中住宅物业管理739.38万平方米。5万平方米以上的住宅小区物业管理40个，面积543.61万平方米。从业人员3590人，业主委员会49家，省级物业管理示范项目2家，市级物业管理示范项目7家。

全年完成房地产业收费2148.81万元，其中交易手续费622.21万元，产权登记费780.05万元，白蚁预防费695.77万元，房屋租金22.81万元，其他收入27.96万元。完成各类登记7.25万宗，其中产权初始登记4841宗，交易转移登记9373宗，抵押登记1.66万宗，注销登记1.48万宗，验换证登记4040宗，预告登记2228宗，记载登记簿登记2.07万宗。完成房地产测绘成果备案2179宗，备案面积611.39万平方米。签订白蚁防治合同548项，蚁防竣工面积609.51万平方米。办理租赁备案1507宗，成功调解租赁纠纷118起，完成危房鉴定242宗。承办来信、来访64宗，配合行政诉讼、行政复议案件37宗。提供档案利用3.9万宗。对历年来未销售完成的房地产开发项目进行清理，保持市场供需基本平衡。累计共检查、清理22家房地产开发企业的33个项目，总建筑面积317.5万平方米，对已售不办理备案的项目提出整改意见，并督促已取得预售许可而未开盘的项目尽早开盘销售；对已满足预售许可条件而未公开销售的项目，督促其加快办理预售许可速度，尽快上市。调研房地产开发项目预售资金管理模式，按照《浙江省商品房预售资金监管办法》的规定，拟订实施细则，按规定的时间严格贯彻落实。对房地产行业企业资质进行抽查，按要求对申报的房产业各类企业资质进行初审，对上报省厅审批的项目做到100%通过审批。会同发改、工商两部门开展房产中介专项检查，重点查处房产中介无营业执照、不办理备案手续开展业务，违规居间从事期房转让业务的情况，市场秩序得到较大的好转。

开展物业服务项目检查。为提高全市物业服务水平，年内对在管的所有项目进行检查。同时，根据全国消防安全的总体要求，组织力量对全市高层建筑(住宅和写字楼、办公楼)的消防情况进行全面的检查，共发现火灾隐患200余处，发放整改通知书56份，由物业服务企业会同小区业主委员会进行整改落实。

【调研谋划城市住房新保障体系】 为进一步落实省政府1号文件的要求，年初开展住房保障体系的调研。先后派人赴深圳、杭州、嘉兴等地学习、了解住房保障体系建设情况，结合义乌市实际，向市政府提出《关于要求进一步扩大廉租住房保障面的报告》、《关于加强我市城市住房工作的建议意见》、《关于要求审定义乌市经济适用住房管理办法的报告》、《关于上报进一步加强城市住房保障工作促进房地产市场平稳健康发展的意见的报告》、《住房保障相关情况汇报》等报告，并组织编制义乌市《2010—2012年住房保障三年规划和分年度实施计划》。10月底，市政府印发《义乌市公共租赁住房管理办法》、《义乌市经济适用住房管理办法》，两个《办法》的出台，完善了义乌市的城市住房保障体系。

【调整廉租住房保障政策】 3月下旬，提出"将廉租住房保障面从低保标准的2倍扩大到城镇人均可支配收入的35%"的意见。通过政策宣传、申请者报名、严格审查，上半年11户家庭享受廉租住房保障，首批5户已入住。为充分利用现有房源，下半年向市政府提出继续扩面的报告，将收入标准提高至城镇居民人均可支配收入的50%(为现行低保标准的3.2倍)。11月开始贯彻落实，至年底，95户入住廉租房，收取租金19.66万元。

【推出抵押登记新模式】 3月，市房管处在征求全市10余家银行意见的基础上，推出抵押登记新模式，抵押人在银行工作人员面前签署相关文书，由银行工作人员直接到窗口办理相关手续，免除抵押人在银行、窗口之间的往返奔波，简化业务办事流程，同时减少房产窗口的工作压力。

【首个楼盘纳入网上透明售房系统】 6月6日，新开盘的银海国际商务中心正式进入义乌市商品房预(销)售合同网上备案系统，成为市首个纳入透明售房系统的项目。该系统中可以查询预(销)售许可号、开发建设单位名称、楼盘名称、楼盘坐落、房屋类别、可预(销)售面积等楼盘的基本信息。对已售的房屋在房屋状态示意图上用黄色标识，该示意图中对可售、限制套间分别以不同颜色加以标明，并对具体房号的建筑面积、套内面积、分摊面积都作详细标注。该信息每隔15分钟自动刷新一次，确保及时性。

【开展白蚁监控技术示范小区建设】 年初，市房管处工作人员赴金华参加白蚁防治监控系统操作学习培训，制定白蚁防治监控示范区的建设方案，并相继在欧景名城、现代城市花园开展白蚁预防监控项目，共计施工82人次，安装监控设备927套。通过白蚁防治监控技术示范小区建设，总结监控技术的实践经验，起到宣传白蚁防治监控新技术的效果。

【物业服务项目市级示范项目评审】 2009年12月，市建设局开展第二届物业服务项目市级示范项目评审。通过评审，国际村住宅区项目、交通大厦办公楼项目获评市级物业服务示范项目。2010年6月，新科花园项目通过省级物业示范小区评选，成为义乌市第二个省级物业服务示范小区。

【媒体公告维修资金管理情况】 市房管处加强对物业专项维修资金的管理，进行建账到户，共建立3.3万余个分户账，每一户交存物业专项维修资金的业主对其分户账中资金使用、增值收益和结存金额均可实现查询。在保证资金安全和正常支付的前提下，及时将该资金转存定期存款，确保资金的保值、增值。4月30日，《义乌商报》详细刊登由市建设局集中管理的84个小区物业专项维修资金的本金、利息、余额等。

【首家使用维修资金小区】 3月

25日，市房管处对大都公寓使用物业专项维修资金用于小区监控设施更新改造工程进行实地检查。大都公寓于2003年设计建造，小区建筑总面积4.72万平方米、总人数370人，其中同意动用物业专项维修资金的业主占总人数的三分之二。根据业主大会决定，大都公寓对所有电梯、单元门口及主出入口增加29个监控点，共动用物业专项维修资金5.87万元。

【物业服务项目检查】 11月底，对在管的所有项目进行检查。同时，根据全国消防安全的总体要求，对全市高层建筑（住宅和写字楼、办公楼）的消防情况进行检查，共发现火灾隐患200余处，发放整改通知书56份，由物业服务企业会同小区业主委员会进行整改落实，严防火灾事故的发生。

【修订《义乌市物业管理办法》】 原《义乌市住宅区物业管理办法》2004年颁布实施后，物业管理方面出现了一些新情况、新问题，其局限性已日益显现。《物权法》、《物业管理条例》、《浙江省物业管理条例》的颁布实施或重新修订，对物业管理进行了进一步规范。2009年7月，市建设局组织相关人员开始对《义乌市住宅区物业管理办法》进行修订。2010年7月14日，市建设局将《义乌市物业管理办法（草案）》提交市人民政府，修订后的《草案》共8章69条，比修订前减少15条。8月3日，市建设局根据8月2日市府办讨论会上各方代表提出的意见，修改完成《义乌市物业管理办法》。

【苏溪、大陈镇安居工程举行抽签分房】 10月30日，苏溪、大陈镇安居工程成本价房举行抽签分房。安居工程紫竹苑小区占地4.45公顷，投资3.3亿元，共496套房，主要用于安置苏溪、大陈两个镇及镇属行政、事业单位住房特困户或无房户。2008年，由义乌市普紫金房地产开发公司中标开发建设，被列为义乌市重点工程之一。

开发投资

【欧景名城】 位于稠江街道江滨南路北侧、贝村路南侧，总用地面积18.61公顷，土地出让金14.8亿元。2006年11月，由浙江万厦房地产开发有限公司投标受让，2007年7月19日开工建设，2010年9月30日竣工。地上建筑面积46.29万平方米，地下建筑面积14.47万平方米，总建筑面积60.76万平方米。建

欧景名城

筑密度18%,容积率2.2,绿化率30%。欧景名城邀请WY国际设计顾问、香港泛亚环境设计等国际级设计团队进行设计,小区内有义乌最高档的会所和双语教学幼儿园、5万平方米的欧式中央花园。

【荷塘月色工程】 位于荷叶塘中心,由中国小商品城房地产开发有限公司负责开发建设。2008年5月投标受让该地块,总用地13.67公顷,容积率2.8～3.0之间,可建地上建筑面积41.14万平方米,建筑规模60万平方米,总投资45亿元,预计2014年完工。2010年12月28日,荷塘月色项目正式通过住建部国家康居示范工程评审会专家组评审,成为义乌市首个康居工程。

【南洲花园】 义乌首个以经济适用房为主的保障性住宅项目,工程位于义中路南侧、银河湾小区对面。规划用地面积5.3公顷,工程分两期开发建设。2008年,一期工程开工建设,建设用地面积2.23公顷,建有3幢18层和1幢11层高层,建筑占地4294平方米,总建筑面积7.64万平方米,其中地上建筑面积5.85万平方米,地下建筑面积1.79万平方米。4幢高层住宅楼共有434套住房,单套面积130平方米左右,户均安排1个地下车位。至2010年底,一期工程安置374户,尚余60套住房未安排。

(张　艳)

住房公积金管理

【概况】 2010年,全市归集住房公积金5.45亿元,比上年同期增加7927.63万元,增长率17.01%。至年底,累计归集住房公积金27.77亿元。全市住房公积金余额13.78亿元,比上年同期增加2.12亿元,增长率18.20%。全市建立住房公积金制度774个单位、5.17万人,其中正常缴交住房公积金4.34万人,2010年新增职工5230人。全市非公企业建立住房公积金制度378家、1.92万人。年内,全市支取住房公积金1.59万人次,金额3.33亿元。其中离退休人员支取2716.05万元,购、建自住住房支取1.51亿元,用于还贷支取1.14亿元,终止企业劳动合同支取985.34万元,其他支取2398.35万元。住房公积金支取金额同比增长12.46%。全市累计支取住房公积金13.99亿元。发放住房公积金贷款836户,发放金额3.44亿元。全市累计发放住房公积金贷款9614户,发放金额18.52亿元。至年底,住房公积金贷款余额8.66亿元,占贷比63.33%。住房公积金业务收入4293.93万元,业务支出2390.31万元,实现收益1903.92万元。受住房公积金存贷利率调整,净收益同比减少245.58万元。贷款风险准备金余额9409.34万元。

南洲花园一期

规范住房公积金贷款业务。为进一步扶持义乌干部、职工购买住房,对全市住房公积金贷款条件、办事流程等进行改进。贷款最高额从原来双职工户60万元增至80万元;单职工户从原来的30万元增至40万元,特殊情况还可适当增至50万元。在金华市范围内购房可以照顾贷款。同时,对各项业务办理流程进行调整,为缩短办事时间、提高办事效率,支取审批手续由3日内改为1个工作日,贷款审批由7日内改为4个工作日内。

【住房公积金可贷比例下调】 4月17日，国务院发布《关于坚决遏制部分城市房价过快上涨的通知》，提出10条举措，明确要求实行更为严格的差别化住房信贷政策，以遏制房价过快上涨。4月27日起，首套与第二套商品房住房公积金贷款区别对待，最高贷款额度不变，可贷比例调整在预期内，在原个人住房公积金贷款可贷比例基础上降低10%。此次调新旧住房公积金可贷比例对比的最大变化是首次对首套商品住房和第二套商品住房的公积金贷款进行区分，首套房可贷比例调整为不高于房屋成交价的60%，第二套房可贷比例调整为不高于房屋成交价的50%。原先个人购买商品住房，无论是首套还是第二套，公积金贷款可贷比例均为不高于房屋成交价的70%。购买二手住房，公积金可贷比例由不高于房屋成交价的60%调整为50%。自建住房，公积金可贷比例(按基准造价)由70%调整为60%。申请住房公积金贷款时，若用其他房屋设置抵押，其可贷款额度由不高于抵押物价值的60%调整为50%，最高贷款额度不变。

【住房公积金业务宣传】 5月6日，义乌市广播电台开通住房公积金业务"政风行风"热线，现场进行政策解答。7月9日，召开全市住房结息对账工作会议，全市356家单位参加会议，会议表彰先进单位与先进个人，并进行业务培训。10月，在《义乌商报》刊登《买房子可用公积金按月还贷》等10余篇宣传住房公积金政策的文章。12月，住房公积金业务进驻行政服务中心，在电视台、报纸等新闻媒体做宣传专题片，宣传住房公积金业务办理知识。

【实施住房公积金按月提取还贷】 10月1日起，义乌住房公积金管理中心实行办理职工按月提取住房公积金还贷手续。至年底，办理按月支取还贷手续1087户，月支取2107.6万元。

（骆王宾）

财政·税务·审计

财　　政

【概况】　2010年，完成财政一般预算总收入76.98亿元，增长8.7%。其中地方财政收入42.76亿元，增长10.7%，占财政一般预算总收入比重为55.6%，比上年提高1个百分点；完成财政一般预算支出41.96亿元，增长17.6%。全年民生事业保障支出57.92亿元，同比增长28.6%。落实各项企业扶持政策，全年兑现财政扶持企业发展资金3.86亿元，审核、审批减免税121户，减免3823万元。做好社会保险费临时性减免工作，集中减征金额1895万元，涉及企业4897户。加大对关键领域改革和重点环节的支持，配合部门向上级争取补助项目126个、3.67亿元，积极筹措建设项目资金23.8亿元。支持国际贸易综合改革和统筹城乡综合配套改革，全年投入支农资金4.46亿元。开展“家电下乡”、“汽车下乡”、家电以旧换新、汽车以旧换新工作，全年兑现下乡财政补贴资金7176万元。试行项目预算绩效目标管理改革。出台《义乌市财政支出项目绩效目标管理办法试行》和《义乌市财政支出项目绩效目标评审工作规程(试行)》，纳入绩效目标专家评审的试点项目扩大到40个。率先在全省县级市实施国有资本经营预算和国有资本收益收缴工作，开展行政事业单位国有资产管理体制改革，全市完成行政事业单位房地产产权统一登记97%以上。开展镇(街道)清产核资工作，逐步放开非税收入代收银行，代收网点扩大到216个。全面清理收入过渡户，共取消94个。清理部门资金结余项目2390个，资金3.14亿元。加大“小金库”治理力度，全年一般性项目经费预算压缩5.0%。严格基建项目资金监管，全年审核项目668个，核减资金1.71亿元。绩效评价范围扩大至78个项目。

【出台《义乌市基层医疗卫生机构实行国家基本药物制度经费补助办法(试行)》】　2月25日，义乌市作为浙江省首批国家基本药物制度试点县(市)，在全市13家镇(街道)卫生院全面实施国家基本药物制度。8月23日，市政府印发《义乌市基层医疗卫生机构实行国家基本药物制度经费补助办法(试行)》，明确基层医疗卫生机构财政补助办法，保障医疗卫生机构正常运行。对经常性收支按照核定收支、差额补助、总量控制的原则核定补助，对建设发展支出按照核定计划、专项补助、包干使用的原则核定补助。2010年度，市财政安排基层医疗卫生机构经常性收支补助4800万元、建设发展支出补助762万元。

【出台《义乌市罚没物品管理和处置暂行办法》】　5月24日，市财政局出台《义乌市罚没物品管理和处置暂行办法》，明确了罚没物品管理机构及职责、处置程序及原则和违反罚没物品管理和处置办法行为的处罚规定，为义乌市罚没物品管理和处置提供政策保障。

【政府性债务管理与风险控制工作受肯定】　11月14日，召开政府性债务管理与风险控制——义乌的探索与实践专家咨询座谈会，座谈会旨在总结、提升义乌市政府性债务管理与风险控制的做法和经验，进一步探索和构建防范、化解地方债务风险的长效机制，充分发挥财政的支撑、保障、引导功能，加快建设国际商贸名城进程。与会人员对义乌市加强政府性债务管理工作的做法和取得的成效给予充分肯定，认为义乌市政府性债务管理工作坚持科学发展，真正做到适度、有为、可控，并把政府性负债资金积极投入公益性项目，加强民生建设，更好地发挥公共财政的作用。

【出台《关于进一步严肃财政纪律，规范各类福利、补贴发放的通知》】 12月24日，市监察局、市财政局、市审计局联合制定《关于进一步严肃财政纪律，规范各类福利、补贴发放的通知》文件，针对审计、财政监督日常检查发现的问题，规范市机关事业单位工作人员节假日福利和各类劳务补贴的发放工作，要求各单位严格执行全市统一的津贴和福利分配政策，规范技术咨询、项目评审、论证和验收等劳务补贴支出，规范奖励经费、捐赠资金和各类以奖代补资金的使用，并重申违规处理政策。

（赵绍辉　朱雅婧）

税　务

地　税

【概况】 2010年，市地方税务局组织各项收入56.59亿元，增收6.62亿元，增长13.3%；累计完成地方财政收入30.91亿元，增长18.2%。全年入库税收收入（不含契税、耕地占用税）34.73亿元，增收4.37亿元，增长14.4%，其中营业税入库12.15亿元，增长24.9%，增幅比上年提高30.1个百分点；企业所得税入库5.49亿元，增长1%；个人所得税入库8.7亿元，增长4.9%；地方七税入库8.39亿元，增收1.49亿元，增长21.6%，对整个税收增收贡献率为34.1%。契税、耕地占用税收入3.67亿元，增收5208万元，增长16.6%。全年组织各项规费收入18.19亿元，占地税总收入的32.1%，增长10.5%，其中社会保险费收入14.96亿元，增长10.0%；水利建设专项资金收入1.01亿元，增长7.7%；残疾人就业保障金收入1809万元，增长1.7%。全年减免各类税款5155万元，对部分企业临时性下浮社会保险费缴纳比例，减征社会保险费1895万元，受惠企业4897家；减免水利建设专项基金1217万元。分离发展服务业3家，增加地方税收30万元。重新认定省级以上重点税源企业121家，县市级重点税源企业167家。加强对外国企业常驻代表机构的税收管理，1400家外国企业常驻代表机构纳入日常管理。全面推广、应用机打发票，使用机打发票企业2327家；具名发票印制企业56家。普通发票除浙江省定额统一发票（一个票种）外，其他手工发票全部改为机打发票，占所有普通发票种类的97%以上。开展纳税辅导和评估工作，成立"纳税人之家"，组建"义乌地税纳税服务志愿者大队"，下辖稠城、商城、苏溪和佛堂4个中队，纳税服务志愿者49人。对30家企业进行现场纳税信用等级授牌，颁发信用等级荣誉证书。开展社保欠费集中清理，核销社保欠费677万元。做好举报案件的查处和举报中心管理工作，全年查处重大税务案件2起，查补各项税费及滞纳金和罚款共计270万元。开展制售假发票、非法代开发票等税收专项整治，查处假发票1.17万份。清理税务规范性文件27件，其中建议修改和废止1件，保留26件。局干部教育培训工作经验在全省地税系统内交流推广。年内，市政府在《义乌商报》上对297家2009年度国地税税款合计200万元以上企业进行表彰。

【出台《义乌市社会保险费未申报管理办法》】 9月10日，出台《义乌市社会保险费未申报管理办法》。办法规定：扩大社会保险费未申报范围，除缴费单位未按规定期限申报单个或多个社会保险费项目外，将缴费单位无正当理由的零申报单个或多个社会保险费项目也纳入社会保险费未申报范围；《办法》进一步明确地税征收主体，强调税费同步管理。《办法》强调地方税务机关是社会保险费的征收主体，主管税务分局应按税费同步管理的原则，及时查询缴费单位的申报情况，规范做好催报催缴工作；规范社会保险费未申报催报程序。采用电话、上门等方式催报，发出《责令限期改正通知书》，派员实地核查，进行缴费评估等程序层层推进；社会保险费未申报与缴费单位的切身利益挂钩。缴费单位无正当理由未按规定期限申报和零申报社会保险费的，经主管税务分局催报催缴，仍未按规定缴纳应缴社会保险费的，应在税费减免、评优评先、财政补贴或奖励、出国考察开具相关完税凭证等方面进行限制，将该企业列为下年度重点稽查对象。

【社保"一站式服务"获表彰】 2010年，在各基层分局办税服务厅和人劳部门办事大厅分别设立社保窗口和地税窗口，做到在地税或人劳部门的任何一个办事服务厅均可全程办理社保登记、申报、缴纳、转移、接续、注销、查询、咨询等所有事项，实行"一站式服务"。完善缴费登记、参保登记和数据的传送和比对等主要环节，加强地税与劳保部门信息联网。社会保险办理"一站式服务"提高了地税和劳保部门办事大厅的办事效率和群众满意度。12月9日，市地税局推出的全面推行社会保险"一站式服务"，在由金华市纪委、市监察局、市纠风办联合组织开展的2010年度金华市评选活动中，被评为2010年度金华市"政风建设十大新事"。

【税收专项检查】 4月中旬至5月底，对交通运输业开展专项检查，采用责成自查与重点检查相结合的方式，自查42家，重点检查12家。对所涉及的营业税、房产税、土地使用税、印花税、个人所得税、企业所得税等地方税费实施全面检查。入库税费合计104万元。5月，对证券业2008～2009年两个年度税款申报和缴纳情况开展专项检查。采取实地指导检查的方式对8户企业进行检查，查补税费12万元。5～6月，采取责成自查和重点检查形式，开展房地产行业税收专项检查，组织辖区内48家房地产企业、5家建筑安装企业自查；对中国小商品城房地产开发有限公司等6户企业进行重点检查，检查入库税费1.20亿元。7月，对辖区内7所驾驶员培训学校开展税收检查，采取行业专案突击检查方式，对企业2008～2009年营业税、企业所得税、土地使用税、房产税、个人所得税等进行重点检查，查补各项税费59万元。

（赵绍辉　楼　峰）

国　　税

【概况】 2010年，国税收入出现平稳较快增长态势，累计组织入库国税收入420662万元，完成省国税局年初计划的104.59%，同比增收53208万元，增长14.48%。按市财政收入口径，累计组织财政总收入97385万元，同比增收8856万元，增长10%。全年办理出口退免税245100万元，同比增长33.61%，其中办理免抵调库53500万元，同比下降18.24%；累计落实各类减免税优惠10100万元；企业固定资产抵扣26566万元，同比增收16541万元，增长165%。

【税源专业化管理】 3月2日，召开专业化管理会议，对彩印、织带、内衣、拉链等行业的纳税人数量和入库税款进行统计分析。5月10～14日，对4行业的纳税人开展下户核查，对企业生产经营设备、工人人数等情况进行摸底。5月31日，下发《关于明确税源管理专业化若干问题的通知》，对税源专业化管理的工作职责、企业异常申报的处理和要求予以明确。7月21日至9月8日，对无缝内衣行业开展专项检查，通过数据采集、行业评估、企业自查等程序，共查补入库税款520万元。10月8日，向浙江省国税局上报税源专业化管理创新项目材料。26日，对拉链和印刷行业开展专项检查。2010年，四大行业902家企业共入库税款30804万元。

【税收宣传月活动】 4月，根据国家税务总局统一部署，开展第19个全国税收宣传月活动。活动期间，与地税局共同评选2009年度义乌纳税大户，对574家100万元以上纳税大户通过新闻媒体进行表彰。与青少年宫联合开展中小学生税收宣传漫画大赛，征集参赛作品36件，共评出一、二、三等奖及优胜奖10名，并从中精选出20幅优秀作品，报送省漫画大赛组委会。举办税收服务厅和税收宣传活动，发放《增值税暂行条例》及其实施细则3000份，宣传资料1万余份。组织召开税收业务培训班6次，参加人员1200余人次。送电影下乡200部,通过电信、移动、联通发送税收宣传短信100余万条。

（华洪亮）

审　计

【概况】 2010年,市审计局完成审计项目51个,查出管理不规范金额9995万元,核减工程款2655万元,推动促进市委、市政府及相关单位完善制度31项,审计发现大要案线索2起。审计报告和审计要情(专报)被市领导批示41项,审计信息被上级采用136篇。加强审计机关建设,建立、完善内部管理制度13项。

完善制度,建立经济责任履行监督体系。为进一步提高领导干部对经济责任的认识及强化对领导干部权力的监督与制约,4～8月,市两办先后制定出台《义乌市领导干部经济责任告知办法》、《义乌市领导干部经济责任年度报告制度》、《义乌市领导干部经济责任审计评价办法》、《义乌市领导干部经济责任审计结果运用及责任追究办法》,制定下发《义乌市领导干部经济责任审计操作办法》,编印《义乌市领导干部经济责任任前告知辅导读本》。以5项经济责任审计制度为基础的经济责任审计制度体系建设的做法,得到省审计厅的充分肯定,中央五部委经济责任审计工作联席会议办公室《经济责任审计工作通讯》对此作了专题报道。

开展"主题式"经济责任审计。创新镇(街道)领导干部经济责任审计方法,以"资产管理"为主题,统一方案、统一步骤,每个审计组分别负责土地资源、地下沙资源、矿产资源、公墓、标准厂房等专题,对各镇(街道)资产管理和财政管理中存在的共性问题进行综合分析,向市政府报送《公益性公墓管理使用中存在的问题应引起重视》、《建议建立"一个口、一本账、一张图"的土地收购储备管理制度》等5个专题信息,相关问题引起重视并落实有关部门整改。

创新审计廉政工作机制。为进一步加强审计队伍建设,强化审计自身行为的监督管理,实行《审计组廉政建设承诺》和《被审计单位纪检监察部门协助监督》两项制度,借用被审计单位纪检部门的合力强化监督。全年收到审计组《廉政建设承诺书》41份,发出《被审计单位纪检监察部门协助监督函》19份。在2010年度审计工作考核中,获省审计系统县级审计机关优秀单位,金华市审计系统考核第一名,义乌市"创新创优、提质提效"一等奖,义乌市2010年度效能十佳单位、先进纪检监察组织。

【聘请第三届特约审计员】 1月19日,市审计局在义乌锦都酒店召开第三届特约审计员授聘仪式,共授聘7名民革、民建、农工等民主党派人士和无党派人士为特约审计员。特约审计员的职责包括:了解掌握审计工作情况,参与重点审计项目,积极为审计工作建言献策等。

【全省审计系统首个"学术研究基地"落户义乌】 7月20日,举行浙江省审计学会"学术研究基地"挂牌仪式,全省审计系统首个"学术研究基地"落户义乌。浙江省审计学会义乌"学术研究基地"创办后,省审计科研所将携手义乌市审计局,借助"学术研究基地"这一平台,立足审计项目,创新审计方式,在基层审计单位做好审计理论与实务对接工作,同时在实践中不断探索、完善并推广审计理论,以推动浙江审计工作转型升级。

【完成青川援建审计】 7月22日,市援建青川县板桥乡全额投资类项目的审计工作全部完成。青川援建项目审计中,前后8次派人入川,完成中小学和卫生院项目、第二批全额投资类项目的决算审计和援建指挥部的财务收支审计及50个补助类项目的结算审计,项目累计送审金额4282万元,审计累计净核减608万元,年内被省支援青川县灾后恢复重建指挥部、省审计厅、青川县人民政府联合授予"浙江省援建审计工作先进集体"荣誉称号。

【在全国审计工作座谈会上作经验交流】 7月29日,全国审计工作座谈会在辽宁省大连市召开,审计署有关领导和审计署机关各单位、各特派办、各派出审计局，解放军审计署，地方审计厅局，邀请单位的代表和审计署特约审计员200余人参加会议。会上，浙江省审计厅以全部政府性资金审计为基础深化财政审计作专题发言，将义乌资产审计工作作为典型经验在会上介绍，引起与会人员的关注和共鸣，并获得高度肯定。《义乌审计：政府资产管理改革的“催化剂”》入选全国36篇书面交流材料，成为全国县级市中唯一的经验交流材料，会后《中国审计报》、审计署网站等媒体均发表肯定性评论。

【全部政府性资产审计工作在省会上作经验交流】 12月8～9日，浙江省乡镇党政领导干部经济责任同步审计现场会暨全部政府性资产审计经验交流会在义乌召开。全省参加同步审计试点的29个县(市)审计局分管领导共100人参加会议。义乌就经济责任审计及镇(街道)全部政府性资产审计工作在会上作经验交流。义乌市在经济责任审计制度体系建设和镇(街道)开展全部政府性资产审计方面的实践探索得到了省厅领导及与会代表的充分肯定。

（刘　倩）

金融·保险

综　　述

2010年,义乌市有银行业金融机构18家(另有3家正在筹建)及2家小额贷款公司,保险机构36家,证券公司营业部9家,期货公司5家。金融机构各项指标运行稳健。年末,全市金融机构存款余额1500.5亿元,比年初增加242.4亿元,增长19.7%,增速与上年持平。全年贷款增速稳中趋快,年末银行业金融机构贷款余额1062.9亿元,比年初增加195.7亿元,增长22.6%,增速也与上年基本持平,存贷比结构趋向合理。

信贷结构不断优化。以纺织、轻工、装备制造业为主的固定资产与技改新增贷款19亿元,全部新增贷款90.5亿元,快于全市平均贷款增速1.5个百分点。积极落实绿色信贷政策,严格控制“两高一剩”行业贷款增长,环境违法企业存量贷款下降12%,新增节能减排贷款2.01亿元。严格落实房地产宏观调控政策,坚决遏制投资投机行为,满足个人合理的购房贷款需求,个人住房消费贷款同比增加3.6亿元,同比少增2.1亿元。

保险业务快速发展,全年实现保费收入22.9亿元,增长35.4%。其中财产险保费收入10.2亿元,增长32.5%;人身险保费收入12.7亿元,增长37.8%。支付各类赔款及给付4.9亿元,其中财产险赔款3.7亿元,人身险赔款1.2亿元,分别增长2%、3.8%、—3%。

证券业务快速发展。年内,全市证券公司成交总额6904.19亿元,比上年增长0.8%。其中国信证券义乌营业部成交额2481.54亿元,比上年增长2.7%;金通证券义乌营业部成交额1904.79亿元,比上年下降1.2%;浙商证券义乌营业部成交额1258.79亿元,比上年下降2.5%;方正证券义乌营业部成交额447.16亿元,比上年下降38.7%;湘财证券义乌营业部成交额366.34亿元,比上年增长35.1%;财通证券义乌营业部成交额328.57亿元,比上年增长63.9%;银河证券义乌营业部成交额117.01亿元,比上年增长1111%。

(金　磊)

金　　融

【概况】 2010年,全市本外币各项存款余额比上年增加242.43亿元,增长19.7%;其中企业存款、城乡储蓄存款余额分别增加102.87亿元、1031.94亿元,增长37.07%、23.58%。本外币各项贷款余额比年初增加195.65亿元,增长22.6%。其中短期贷款余额增加159.74亿元,增长23.04%;中长期贷款余额增加34.45亿元,增长21.61%。年末,全市银行业金融机构资产总额2107.8亿元,增长32%;负债2002.6亿元,增长19.3%;实现账面利润32.2亿元,比上年增加6.5亿元。不良贷款余额13.7亿元,比上年减少0.76亿元,不良贷款率1.29%,下降0.38个百分点。

增强有效信贷投入。2010年,创新监管模式,严格控制对高耗能、高排放和产能过剩行业的贷款，对符合国家节能减排和环保要求的企业和项目按照“绿色信贷”原则加大支持力度，进一步增强支农支小的信贷支持力度，支持经济发展方式转变。全市小企业贷款余额343亿元，增长32%；涉农贷款余额168亿元，增速高于各项贷款平均增速3个百分点，增量占各项贷款增量的比重为17%，高于上年同期8.2个百分点。

推动金融产品创新。针对义乌集团企业银行融资数额大、融资银行家数多的情况，积极引导银行机构进行贷款方式创新，推动集团企业流动资金银团贷款方式和合作贷款方式。年内，工行义乌支行率先对行业龙头新光饰品有限公司和新光控股集团有限公司开展流动资金银团试点，共发放流动资金银团贷款8.7亿元，为全省首例为民营企业提供的流动资金银团贷款。中信银行义乌支行、浦发银行义乌支行等开办合作贷款，贷款金额1.95亿元。

健全金融体系。2010年，华夏银行义乌支行、恒丰银行义乌支行分别于1月、6月正式开业；工行义乌支行7月正式升格为分行；浙江义乌农村合作银行的股份制改革工作于6月正式启动；稠州商业银行跨区域发展稳步推进，2010年设立福州分行，并在重庆发起筹建2家村镇银行。

2010年末义乌银行业金融机构本外币存贷款情况 单位：万元

类　别	存款余额	贷款余额
义乌银行业金融机构	15004991	10628676
农业发展银行义乌支行	1834	54308
工商银行义乌分行	1915846	1316009
农业银行义乌支行	2097310	1188152
中国银行义乌支行	1362055	832211
建设银行义乌分行	1694153	1066752
交通银行义乌支行	188230	158413
兴业银行义乌分行	541247	597341
深圳发展银行义乌分行	564718	542102
浙商银行义乌分行	304328	311963
上海浦东发展银行义乌支行	362838	272081
中信银行义乌支行	370895	352248
华夏银行义乌支行	100804	103035
招商银行义乌支行	133778	203309
恒丰银行义乌支行	228157	186830
金华银行义乌支行	431560	399427
浙江稠州商业银行	1428830	999382
浙江义乌农村合作银行	2587380	1885960
邮政储蓄银行义乌支行	592918	159153

（金　磊）

【工行开辟银企合作创新模式】 1月7日，新光集团银团融资方案签约仪式在义乌举行，这是浙中地区首例针对民营企业设计的、以“银团”方式构成的融资服务方案。由工商银行浙江省分行为牵头行，工行义乌支行为参贷行及代理行，联合义乌当地及其他股份银行为新光集团筹组2个标准银团，以满足新光集团业务发展的融资需求，实现银企双赢。其中，为浙江新光饰品有限公司筹组的银团融资总金额3.7亿元，为新光控股集团有限公司筹组的银团融资总金额5亿元。此次银团贷款的实施，开辟了义乌当地银企合作的创新模式，为义乌当地企业的重组并购及银行同业合作提供了借鉴。

【工行义乌支行升格】 7月29日，中国工商银行义乌支行正式升格为全国工行系统首家县域二级分行。工行义乌分行辖二级支行11个、分理处9个，拥有员工500人。截至2010年9月底，各项存款余额1915.85亿元，各项贷款余额131.6亿元。

【恒丰银行义乌支行成立】 2009年11月2日，经中国银监会备案审查，按照《浙江银监局关于筹建恒丰银行股份有限公司义乌支行的批复》(浙银监复〔2009〕604号),恒丰银行股份有限公司义乌支行正式获准筹建。2010年2月9日,浙江银监局下发《浙江银监局关于恒丰银行股份有限公司义乌支行开业的批复》。中国银行业监督管理委员会浙江监管局签发《金融许可证》,机构编码B0016M233070001,编号00026448。营业地址位于义乌市江滨北路333—343号。义乌支行内设行长室、办公室、计划财务部、授信管理部、综合业务管理部、公司业务一部、公司业务二部、市场拓展一部、市场拓展二部及营业部,有员工49人。2月10日,恒丰银行义乌支行正式营业。6月9日,恒丰银行义乌支行在义乌锦都酒店举行开业庆典。庆典现场,恒丰银行义乌支行行长陆晓航与市4家企业代表签订中小企业集合债券合作协议。2010年,恒丰银行义乌支行成功推出恒丰银行系统内和金华地区的首单中小企业集合票据业务。至12月31日,实现本外币各项存款余额22.82亿元,贷款余额18.68亿元。被杭州分行评为2010年度先进集体、业务创新奖单位。

(单培华)

【华夏银行义乌支行成立】 2009年4月1日,经中国银监会备案审查,按照《浙江银监局关于同意筹建华夏银行股份有限公司义乌支行的批复》(浙银监复〔2009〕167号),华夏银行义乌支行正式获准筹建。12月3日,浙江银监局下发《浙江银监局关于华夏银行股份有限公司义乌支行开业的批复》(浙银监复〔2009〕714号)。12月7日,中国银行业监督管理委员会浙江监管局签发《金融许可证》,机构编码B008M233070001,编号00026412。2010年1月20日,华夏银行义乌支行正式营业,这是华夏银行杭州分行在浙中地区设立的首家异地支行。支行内设行长室、办公室、公司客户一部、公司客户二部、公司客户三部、国际业务部、个人客户部和营业部,有员工31人。至2010年底,华夏银行义乌支行各项存款余额100803万元,贷款余额103035万元。

(丰登科)

华夏银行

保 险 业

【概况】 2010年,义乌市共有保险机构36家,比上年增加3家,其中财险公司23家,寿险公司13家,成为浙江省保险主体较为健全的县(市)之一。2010年,全市实现保费收入228913万元,同比增长34.54%,其中财险保费收入101613万元、寿险保费收入127300万元,同比增长分别为30.62%、37.84%。支付各项赔款和给付金额49341万元。

加强行业自律、维护市场稳定。年初,召开银邮保险工作会议,签署《义乌市人身险公司银行(邮政)代理保险业务自律公约(2010版)》,并对2010年银保自律检查工作重点作部署。6月,组织企财险业务的18家财险公司进行自律检查。7月,对全市21家财险公司接报案电话、定损查勘人员与客户沟通联系、查勘人员到达现场的时效等情况进行测试。针对存在的问题和不足,进行业内通报。对原《义乌市学生平安保险行业自律公约》作修改,修订后的保险费、保险责任、保险金额更符合义乌实际。9月,组织辖区寿险公司签订《义乌市寿险公司工作人员业内流动自律公约》。全年共安排107场保险代理人资格考试,2355名考生参考,1560人获得资格证书,累计换发资格证书125本,登记注册审核展业证204本。首次组织保险营销员继续教育培训,有7家公司的营销员接受培训。

中国人寿保险股份有限公司义乌市支公司

【概况】 2010年,中国人寿保险股份有限公司义乌市支公司调结构、提品质,抓转型、促发展,共实现股份保费收入6.52亿元(另代理集团保费3546.5万元),同比增长10.34%。其中首年保费2.96亿元,首年期交保费1.18亿元,同比增长42%,10年期以上保费5858万元,同比增长35%,首年趸交保费1.78亿元,短期险保费4818万元,其中意外险保费3325万元,续期保费3.06亿元。年底,公司寿险市场份额为53.12%,继续保持行业龙头地位。全年共处理短期险赔案6132件,支出赔款1943万元。连续2年在全省11家地市级分公司经营绩效考核中名列第一。

【“福禄满堂”新产品上市】 9月1日,国寿福禄满堂养老年金保险(分红型)在义乌上市,首卖日保费突破740万元,再次创下新产品上市单日保费的历史纪录,为公司提前超额完成全年10年期预算目标打下基础。

【承办义乌市外商保险】 4月,浙江省保监局局长吴勉坚和义乌市市长何美华签署《保险支持经济转型升级合作备忘录》,联合把义乌打造成全省首个保险支持经济转型升级示范区。义乌有1.5万名常驻外商、30余万流动外商,中国人寿义乌市支公司正式承保义乌市境外客商意外伤害保险,保障额度为每位外商意外伤害保障20万元、意外伤害医疗保障2万元,每人最高合计22万元。

(李金进)

中国人民财产保险股份有限公司义乌分公司

【概况】 至2010年底,中国人民财产保险股份有限公司义乌分公司开办车辆保险、财产保险等120余个险种。2010年,公司实收保费37720万元,完成计划的110.94%,比上年同期增长24.67%。公司正式由支公司升格为分公司,成为全国唯一一家由县级支公司升格为地市级分公司的保险机构。

年内,与“两会”组委会签订保险协议,向与会1540名正式代表、列席代表和特邀代表提供每人12万元的公众责任保险,总保险金1.85亿元,为市政协十一届四次会议和市人大十三届四次会议的顺利召开提供保障。完成市2010年政策性农村住房保险。公司共承保农户20万余户,其中普通农户参保19.82万户,“五保”、低保户参保1988户,参保面连续3年达到100%。举行目标管理责任书签约仪式,与各部门签订《党风廉政建设责任制量化管理考核目标责任书》、《创建文明行业责任书》、《综合治理及安全保卫防范目标管理责任书》、《安全生产与消防安全责任书》、《计划生育目标管理责任书》等目标责任书,为全年各项工作明确目标和方向。年内,公司城市营销部获中国人保财险总公司中国人民财产保险股份有限公司综合销售团队2009年度总公司标杆团队、2009年度标杆县区支公司、明星县区支公司、人保财险贡献奖和人保财险三级勋章等荣誉称号。

【承保昆明螺蛳湾国际商贸城一期市场财产综合险和公众责任险】 2009年11月,公司承保昆明螺蛳湾国际商贸城一期市场财产综合险和公众责任险,签单保费185万元。中国昆明螺蛳湾国际商贸城由浙商投资集团投资,项目一期市场占地57.33公顷,总建筑面积120万平方米,主体商城地上5层，地下1层，全框架结构，是以中国小商品城第六代模式为蓝本高标准打造的顶级市场，设计标准摊位2.3万个，总投资30亿元。2010年3月12日，公司分管经理和客户服务部负责人远赴云南昆明，为客户提供风险评估、讲授保险知识等服务。

【为参加“两会”代表支付保险赔偿金】 3月19日，公司为参加义乌市第十三届人民代表大会第四次会议时受伤的陈福香代表支付保险理赔金。2月3日，义乌市人大代表陈福香到锦都酒店参加人大会议，不幸发生意外，被从高处掉落的一块钢化玻璃砸伤头部，伤势较重，被送进医院留院观察检查。意外发生后，“两会”组委会立即向公司报案。公司总经理室闻讯后，指示客服人员做好现场查勘工作，经住院观察检查确诊，公司根据保险条款及病人伤情支付7996元保险理赔金。

【林业保险理赔】 3月20日，苏溪镇新乐村西角坞山发生森林火灾，火灾过火面积6.67公顷，过火地林木全部死亡。在接到保险报案后，公司与市林业局专业评估小组迅速组织人员开展勘察、评估、理赔等工作，最终确定损失总金额。8月16日，在义乌市2010年度政策性林业保险工作会议上，中国人保财险义乌市分公司将6.7万元理赔款送交苏溪镇新乐村村民代表手上。义乌市政策性林业保险始于2006年，包括林木火灾保险、苗木花卉保险、毛竹综合保险，由义乌市分公司独家承办。2009年，义乌市政策性林业保险投保总面积4.87万公顷，保额5.4亿元，实现全覆盖。2009～2010年，全市共发生林业保险理赔案8宗，共支付保险赔款42万余元，其中苗木花卉3宗，理赔23万余元；林木火灾4宗，理赔16万余元；毛竹综合1宗，理赔3万元。

【火灾理赔】 8月26日13点左右，位于佛堂镇倍磊埠头村的农户许某家厨房柴堆意外着火，由于气候干燥，火势迅速蔓延至邻居王某家等处。因村里道路过于狭窄，消防车无法进入，加上火势过急过猛，最终造成许某等7户农房被烧毁。次日，接95518报案，公司查勘人员赶赴埠头村查勘房屋火灾一案，公司根据政策性农村住房保险条款核定赔款。8月30日，公司客户服务部负责人向7户受灾农户送去政策性农村住房保险赔款10.8万元。

（楼凌云）

义乌市 2010 年 1～12 月寿险公司业务统计表

单位：人民币(万元)

项目 \ 单位			国寿	太平洋	平安	泰康	新华	民生	生命	人民人寿	中德安联	华泰	信泰	太平人寿	总计
保费	保费收入		67618.11	9774.13	17718.18	40.30	9515.88	564.68	1687.73	17529.47	73.21	1225.64	1090.85	462.32	127300.50
	占市场份额%		53.12	7.68	13.92	0.03	7.48	0.44	1.33	13.77	0.06	0.96	0.86	0.36	100.00
	同比±%		7.96	75.22	44.36	10.11	525.12	132.91	136.27	125.20	−68.58	77.36	69.96		40.31
	1. 个人营销		41390.63	5149.80	17718.18	40.30	9190.66	564.68	1410.85	1627.59	73.21	290.39	690.86	462.32	78609.47
	其中	新单首期	8845.34	2043.03	6969.14	5.60	5316.72	348.53	935.58	1291.21	35.87	126.14	484.81	462.32	26864.29
		新单期缴	8723.12	1992.93	6949.49	5.60	5316.72	332.62		341.38	33.94	89.95	479.03	456.95	24721.73
	2. 团体业务		5027.79	1741.95					0.38	1262.17					8032.29
	3. 银行代理		21199.69	2882.38			325.22		276.50	14639.71		935.25	399.99		40658.74
赔付	短险赔款金额		1945.12	139.31	230.76			1.36	0.15	2.82					2319.52
	死伤医给付金额		775.08	74.46	274.35	5.00				10.05					1138.94
	满期给付金额		3722.11	13.99	876.37										4612.47
	年金给付金额		3512.68	35.93	301.83	8.91		6.99		149.34					4015.68
	退保金额		3993.29	390.68	1124.37	9.30		14.94	205.00	1564.78			208.84		7511.20
营销员人数			610	279	455	5	176	80	106	92	32	36	99	46	2016

义乌市2010年1～12月财险公司业务统计表

单位：人民币(万元)

项目			人保	太平洋	平安	天安	中华联合	大众	大地	永安	太平	安邦	都邦	阳光	中银	民安	国寿财险	华泰	长安责任	安诚	浙商	总计
保费收入			37290.70	6529.38	13561.67	1700.71	3677.41	4361.00	11843.56	1357.52	2088.04	3429.98	410.19	1422.56	489.17	446.36	4355.15	1650.36	3202.99	1704.36	2092.18	101613.29
占市场份额%			36.70	6.43	13.35	1.67	3.62	4.29	11.66	1.34	2.05	3.38	0.40	1.40	0.48	0.44	4.29	1.62	3.15	1.68	2.06	100.00
同比±%			25.01	41.08	43.25	18.23	−23.18	17.24	44.38	3.76	−13.72	30.62	8.93	12.94	42.84	74.02	25.59	100.25	168.61	58.34		32.53
其中	企业财产险		1932.00	161.91	199.64	185.77	31.76	55.97	301.78	159.25	200.04	26.34	7.39	36.47	112.24	10.45	318.61	31.80	5.34	59.51	36.57	3872.84
其中	机动车辆险		31837.20	5967.51	13099.25	1435.84	3577.52	4211.50	11157.87	1154.81	1887.99	3402.30	401.69	1361.05	360.90	434.27	3989.89	1616.96	3058.30	1631.00	2035.35	92621.20
其中	其中	商业险	25354.40	4963.38	10670.62	1132.90	2760.25	3803.22	8999.20	872.58	1676.41	2526.15	321.48	1023.07	309.18	344.94	3106.72	1212.59	2326.27	1302.57	1582.77	74288.70
其中	其中	交强险	6482.80	1004.13	2428.62	302.90	817.27	408.28	2158.67	282.23	211.59	876.16	80.21	337.98	51.72	89.33	883.17	404.37	732.03	328.43	452.58	18332.47
赔款	赔款支出		14019.30	2952.47	4842.12	855.15	2652.37	1439.29	4047.19	576.08	1092.93	534.15	361.93	543.89	288.53	98.03	1553.55		747.70	533.55	116.20	37254.43
赔款	赔付率%		37.59	39.7	35.70	50.28	72.13	33.00	34.17	42.44	52.34	16.00	88.23	38.23	58.98	21.96	35.67		23.34		5.55	36.71
赔款其中	企业财产险		322.40	97.17	127.17	126.32	120.50	22.54	21.60	31.93	2.84	18.47	216.81				0.48			2.90		1058.70
赔款其中	赔付率%		16.69	60.01	63.70	68.00	379.41	40.27	7.16	20.05	1.42	79.21	2933.83				0.15					28.68
赔款其中	机动车辆险		12446.70	2649.73	4696.35	679.17	2458.93	1416.64	3952.43	539.95	1090.09	515.68	138.46	543.88	288.31	98.02	1551.49		715.50	529.63	115.02	34425.98
赔款其中	赔付率%		39.09	44.4	35.85	47.30	68.73	33.63	35.42	46.76	57.74	15.16	34.47	39.96	79.89	22.57	38.89		23.40		5.65	37.15
赔款其中	其中	商业险	7868.20	1798.50	3168.93	406.53	1484.16	1172.13	2404.03	297.30	782.25	320.80	70.81	328.69	212.05	53.17	999.43		456.13	374.20	83.79	26460.80
赔款其中	其中	赔付率%	31.03	36.24	29.70	35.88	53.77	30.81	26.71	34.07	46.66	12.70	17.63	32.13	68.58	15.41	32.17		20.04		5.29	29.99
赔款其中	其中	交强险	4578.50	851.23	1527.42	272.64	974.77	244.50	1548.40	242.65	307.84	194.88	67.65	215.19	76.26	44.85	552.06		249.37	155.43	31.23	12134.87
赔款其中	其中	赔付率%	70.63	84.77	62.89	90.01	119.27	59.88	71.73	85.98	145.49	22.24	84.34	63.67	147.45	50.21	62.51		34.07		6.90	66.15

注：华安、渤海公司数据暂缺。

经济监督管理

发展改革管理

【概况】 2010年,重点项目建设进展顺利。全市共安排105项重点工程。续建项目51个,完成或基本完成13个;新建项目54个,完成或基本完成11个;前期项目33个,基本完成前期工作项目21个。各重点项目累计完成投资62.1亿元,其中财政支出14.1亿元。新增省重点工程7项,列入省重大服务业项目8个,中央预算内投资计划项目18个,争取中央、省投资资金8501万元。义西商贸城项目、地质灾害避险工程、小商品国内物流中心等11个项目已被省政府列入浙江省需调整用地规划扩大内需投资项目名单,总用地507公顷。

产业结构进一步优化。经历国际金融危机后的波动和调整,全市经济较快回升并趋于稳定,实现工业总产值1174.9亿元,其中规模以上工业总产值592.5亿元,同比分别增长20.9%和24.9%;新产品产值57.8亿元,同比增长48.0%。全年用于技改贴息的市财政资金3328万元,较上年增长24.4%。商贸、物流、会展、旅游、电子商务等现代服务业稳步发展。实现集贸市场成交额621.2亿元,同比增长11.7%,其中中国小商品城成交额达456.1亿元,同比增长10.8%。义乌商贸服务业集聚区被确定为全省14个产业集聚区之一,义乌国际商贸城和义乌国际物流中心被列入首批浙江省现代服务业集聚示范区。加快推进“义乌港”建设,基本完成内陆口岸场站一期工程,义乌物流园区被评为2009年浙江省优秀物流基地,国际物流中心全年集装箱作业量57.1万标箱。举办各类会展活动128个,其中商业性展览35个,实现成交额271.4亿元,同比增长26.4%,再次入选中国十大品牌会展城市。全年接待游客810.8万人次,其中境外游客45万人次,同比分别增长18.4%和20.0%,被评为浙江省十大世博旅游名城之一。全力创建国家知识产权示范城市,年内新增授权专利2355件,市级、省级专利示范企业10家,浙江名牌产品4个;新增“中华老字号”企业1家,浙江省老字号产品1个,中国驰名商标3件(其中行政认定2件),浙江省著名商标8件,新增注册商标总量达8714件;通过国家重点扶持高新技术企业认定5家,新增国家重点火炬高新技术企业4家,省级绿色企业3家,通过清洁生产审核验收企业16家;饰品行业被确定为浙江省21个产业集聚转型升级试点之一,相继获得“中国塑料箱包(国际)工贸之都”和“中国手套名城”称号,使市国家级产业基地总量达到13个。都市农业较快发展。由于受灾害性天气影响,全年粮食作物总产量10.4万吨,较上年减少6%;播种面积1.76万公顷,同比增长7.1%;蔬菜、水果、红糖等经济作物增长较明显;茶叶则受“倒春寒”的影响,产量和产值出现双下降。农用钢架大棚面积280万平方米,新增各类新式农机具1400余台(套),耕种收机械化水平达69%。共有育秧中心5个,智能化育秧温室7座,育秧能力达2000余公顷。义亭、佛堂2个省级现代农业综合区和11个特色农业基地建设加快推进,全年扶农专项资金8000余万元。拥有农业龙头企业227家，各类农民专业合作社214家，省级农业标准化示范区68个，认证通过有机食品18个，绿色食品8个，无公害农产品182个。

市场体系逐步完善。市场规模不断扩大，基本建成国际商贸城五区市场和篁园市场，新增市场面积100万平方米。全面开展生产资料市场建设前期工作，设立副食品市场名特优新产品展销中心。先后出台《关于加快电子商务发展的意见》、《促进电子商务发展的扶持政策(试行)》等政策。加快推进电子商务发展，累计培育各类网店3万余家，2010年电子商务交易额400余亿元，其中年销售额1000余万元的B2B/B2C网站共60余家。市场软实力进一步加强，小商品景气指数被列入省发改委3个经济运行监测点之一，正式对外发布全国首个县域民企景气指数，义乌市场信用指数正式在中国经济网上线发布。外向型经济在全球经济逐步复苏的带动下实现快速增长，实现自营进出口31.2亿美元，同比增长32.7%，义乌海关年监管57.6万标箱。深入实施"走出去"战略，全年实现境外投资项目14个，完成境外投资2166万美元，同比增长423%。与8个国内外城市进行贸易对接活动，自行组织参加境外投资贸易洽谈活动9次，举办3次"义博会"境外展。全年新增外国企业常驻代表机构414家，入境境外客商突破42万人次。新设5万平方米的进口商品馆，非洲产品展销中心落户义乌，航空口岸临时开放时间由3个月延长至4个半月。

改革工作稳步推进。行政审批服务环境不断优化，全年推出便民服务新举措396项，各审批服务项目平均提速2.7天，726项行政审批项目进驻新行政服务中心。金融环境不断优化，成立全省首家本外币兑换公司，共推出跨境贸易人民币结算业务、个人远期结售汇业务、商标质押、专利权质押、短期融资券、中小企业集合票据等21项金融创新产品，创新贷款总数达62亿元。外贸发展环境不断优化，设立全国首个县级市中国国际经济贸易仲裁委员会办事处和中国贸易促进委员会签证点，成立首家工业和消费产品独立第三方检测机构——浙江"中鼎检测"，国际贸易便利化程度和企业规避国际贸易风险、应对贸易壁垒的能力得到显著提升。发展空间不断拓展，低丘缓坡开发利用取得突破性进展，6个低丘缓坡林地占用项目获省林业厅批准，新增可用地面积282.13公顷。国际贸易综合改革试点争取工作有序推进。统筹城乡综合配套改革不断深化，扩权强镇、综合行政执法体制改革成效显著，佛堂镇被列入全省首批小城市培育试点，并获2010年度小城市培育资金5000万元。启动实施公益性城乡公交一体化改革，在全国率先打破"两个体制、两种政策"的城乡公交二元结构。推进农村土地承包经营权流转，全年净增耕地流转面积1266.67公顷，累计1.13万公顷，占全市家庭承包经营耕地面积的60.2%。集体土地权属处置改革试点工作进展顺利，留雅村土地征收方案获省国土厅批准。医药卫生体制改革不断深化，全面实施国家基本药物制度，实施该制度的基层医疗机构累计总诊疗260.6万人次，出院1.1万人次，药品销售总收入11767万元，让利7785万元。

城市建设步伐加快。全年累计完成基础设施投资47.4亿元，图书馆、档案馆、工业园区基础设施配套、南山路延伸、江东东路延伸等工程基本建成；国际博览中心广场连接暨宗泽路改造、宾王路延伸、银海路延伸、诚信大道延伸等工程进展顺利。新增临时停车泊位1500余个，城区新增绿地42公顷，成为2010年浙江省唯一全国绿化模范县(市)，累计创建绿色称号单位682家。环保工作取得新进展，顺利通过国家生态市创建公示，通过省"放心放射源县(市)"创建验收，成为金华市首个通过创建验收单位；通过全省"811"环境保护东阳江流域(义乌段)水环境污染整治工作的"摘帽"验收。旧村改造和社区建设工作进展顺利，全年启动新社区建设31个村，其中全高层改造试点的田畈村，已完成地下室土石方工程，实施功能分区改造的苏溪镇月白塘村住房已分配到户，二期工程(生产区)已进入实施阶段；全市累计启动旧村改造181个村，其中54个村已基本完成，被评为浙江省农村住房改造优秀县（市）。村庄整治工作有序推进，全年完成39个村的自来水改造、39个村的道路建设，60%的农村污水已纳入污水管网，受益人口40.7万人。累计创建国家级生态乡镇6个，省级生态环境教育示范基地3家。农家乐经营点接待游客132.7万人次，实现营业收入5220万元，同比分别增长15.2%和38.1%。完成7个镇（街道）的47个扶贫项目，核拨生活补助资金730万元；培训农村劳动力22686人。

住房保障进一步加强，先后出台《义乌市公共租赁住房管理办法》、《义乌市经济适用住房管理办法》。校舍安全工程加快实施，开工建设中小学改造和镇（街道）中心幼儿园项目16个，全面完成中小学校舍安全改造10万平方米。新增3100余个外来建设者子女就读名额。启动社区卫生服务站建设工作，深入实施"城市医院牵手社区"工程，创建浙江省规范化社区卫生服务中心8家。举办各类文化活动，繁荣城乡居民文化生活，先后举办第五届亚太论坛、非物质文化遗产精品展、义乌民间艺术精品展、新春送文化下乡等系列文化活动，义乌商贸频道获国家广电总局正式批准开播。开展全民健身活动，成功举办第十三届全民健身节、第六届运动会等体育赛事。

义乌市2010年国民经济和社会发展计划指标执行情况

指标名称	2010年完成数		2010年计划目标
	绝对数	增幅（%）	
一、地区生产总值（亿元）	614.0	11.5	10
二、全社会固定资产投资（亿元）	207.3	16.4	11
三、居民消费价格指数（上年数=100）	106.1	6.1	≤104
四、社会消费品零售总额（亿元）	290.4	18.9	14
五、地方财政收入（亿元）	42.8	10.7	10
六、外贸自营出口额（亿美元）	28.6	34.1	8
七、城镇居民家庭人均可支配收入（元）	35220	14.2	7.5
八、农村居民人均纯收入（元）	14775	14.5	8
九、城镇新增就业人数（人）	11763	—	9000
十、城镇登记失业率（%）	2.95	—	≤4
十一、人口自然增长率（‰）	4.21	2.4	≤5
十二、单位万元GDP综合能耗指标（吨标准煤/万元）	0.59	下降2.2%	−2.2%
十三、化学需氧量（COD）排放指标（吨）	—	预计下降4.0%	−4%
十四、二氧化硫（SO_2）排放指标（吨）	—	预计下降3.0%	−2.5%

【编制国际贸易综合改革试点规划】 2005～2010年，以批准设立上海浦东新区综合配套改革试验区为开端，国家在东、中、西部及东北地区设立10个国家综合改革试验区，义乌市国际贸易综合改革试点是唯一一个县级改革试验区。2010年3月4日，国务院下达关于浙江省义乌市国际贸易综合改革试点总体方案的批复，批复要求，到2015年要基本形成有利于科学发展的新型贸易体制框架，国际贸易管理和促进体制等改革取得重大突破，实现与国际接轨。市发展改革局根据国务院批复精神制定改革试点三年实施计划，同时结合"十二五"规划，围绕改革试点的重点领域和关键环节编制26个专项规划，重点是五方面项目：一是加快建设"义乌港"和全国物流节点城市，二是打造先进制造业基地，三是打造重要的国家级会展平台，四是构建现代金融支持体系，五是完善城市综合功能。

【新增7项省重点建设项目】 4月下发的省重点工程计划中，义乌市被列入省重点建设项目的有28个，占全省重点建设项目的14%。其中7个项目为2010年新增省重点项目，分别是37省道义乌青口至苏溪段改造工程、37省道义乌至诸暨段复线工程、义乌市管道天然气工程、义乌市第五高级中学、义乌市中医院迁建工程、义乌市污水处理厂三期工程和义乌篁园服装市场改建工程。同时，内陆口岸场站建设、义乌小商品国内物流中心等8个项目被列为2010年省服务业重大项目计划。

（郑璐华）

工商行政管理

【概况】 2010年，全市拥有各类市场主体15.33万户，同比增长12.7%，其中个体户13.62万户，同比增长11.7%；各类企业1.71万户，同比增长20.3%，占金华地区市场主体总量的50%以上，占浙江省市场主体总量的4%。全年新培育农民专业合作社33家，同比增长18%。新增电子商务类经济主体1233户，注册资本（金）10713万元，同比增长224%。各市场开展“星级信用商位”评选活动，其中中国小商品城先后评出“星级信用商位”1.24万个。全市集贸市场和小商品城年成交额分别为621.16亿和456.06亿元，增幅分别为11.7%和10.8%。全年办理股权出质登记17件，出质股权1.12亿元，为企业融资金额逾1.6亿元。开展小额贷款公司登记2家。市工商局先后获得“全国工商行政管理系统法制工作先进集体”、“全省工商系统行政指导示范单位”、“全省工商系统民主评议行风活动先进集体”等荣誉称号。

企业登记管理。12月20日，注册分局搬迁至新行政服务中心，共开设19个窗口，其中新设市场登记、商标广告和食品流通许可3个业务窗口。年内，全市新登记各类企业3733家，全市企业总数1.71万家，其中私营企业1.52万家，注册资本393.95亿元，分别比上年增长22.74%和22.8%。新增个体工商户3.07万户，全市个体总户13.62万户，从业人员39.35万人，分别比上年增长11.7%和10.9%，注册资金52.07亿元，比上年增长9.6%。全市有外资企业373家，外国企业常驻代表机构3008家，港澳台个体工商户95家。已登记外商投资合伙企业21家，出资总额596万元。通过年检企业1.23万家，年检率为93.71%。个体工商户验照10.03万户，验照率89.5%。未参加验照或下落不明的按照虚拟经济户口进行处置。2月20日，2009年度新认定的金华市知名商号公布，全市共有25个商号获认定，占金华总数73件的34%。

经济检查。年内查处各类案件2153起，罚没款2719.14万元，移送公安机关追究责任案件23起。其中大要案934起，同比增长1.4%；假冒伪劣案件1220起，同比增长14.9%；不正当竞争案件65起，同比下降17.7%；违法主体为外国自然人案件64起，同比增长18.5%。查处侵犯知识产权案件1088起，涉案金额1241.54万元，罚没款1744.32万元，移送公安机关21起。开展以“世博”标志为内容的专项整治，查处涉及“世博”标志案件20起，涉案金额17.73万元，罚没款10.68万元。对旧村改造工程领域商业贿赂案件进行立案查处，涉案金额85.84万元，罚没款4万元。

严密布控和及时处置传销活动。全年打击传销案件15起，捣毁窝点18个，遣散参与传销人员376人，移送公安机关2起，涉案98人。开展“打传禁传”宣传教育活动16次，发放《致出租屋主的一封信》2.2万份、《告宾馆酒店书》300份，张贴公告200份，发放“打传”漫画9000张，宣传手册6000份，“打传”挂历6000份，悬挂“打传”横幅39条。开展查处印有“75”字样文化衫专项行动，共出动检查人员280人次，检查市场50个次，检查经营户9800户次。查获印有“75”字样服装经营户23户，查获印有“75”字样的服装399件，帽子3顶，标识20张，袜子2双，棒球4只，烤箱纸5张，铝箔膜3张；“89”字样服装5件，帽子9顶；“92”字样服装125件；“64”字样服装6件。

查处无照经营。全年清理无照经营11431户，其中引导办照7626户，取缔3805户。查处无照经营案件754起，罚没款349.46万元。查处、取缔黑网吧345家，没收电脑1358台。

消费者权益保护。12315中心按照“统一受理、分类处理、二级督办、快速处置”的工作机制，及时处置消费者申诉举报，加大消费者举报申诉督办力度。全年接听电话8945个，接收来函

27封，受理消费者申诉1921起，举报1805起，解答咨询5219人次。110社会联动案件41起，其中举报29起，申诉12起。数字城市管理中心96150转办案件547起，其中举报452起，申诉79起，咨询16起。受理网络举报申诉咨询306起，同比增长26%，其中受理调处消费者申诉76起，查处网络违法经营案件13起，解答咨询217起。市消保委受理消费投诉1214起，同比增长13.78%，解决1196起，解决率为98.52%，为消费者挽回经济损失83.74万元，接待来访、接受咨询4768人次。其中质量投诉755起，占总投诉量的62.21%。在受理投诉过程中，发布消费警示提示42条，预警和防范消费纠纷的发生。围绕热点问题，开展3次消费比较试验活动，对新成立的大型商场、超市要求设立消费维权监督联络站。至年底，全市设有10个工作委员会，在各镇(街道)、学校、医院、大型商场及超市等设立70个监督联络站，在社区、工作片、村、农村集贸市场设立农村消费维权监督联络点849个，工作人员1406人。在义乌工商职业技术学院设立消费教育基地，培训监督联络员1000余人次。基层网络组织承担消费投诉处理工作，占投诉总量的45.3%，挽回经济损失100万元。

开展食品专项整治。全年出动执法人员2.17万人次，检查食品经营户4.79万户次，取缔食品无照经营户214户。开展商品质量监测693批次，合格532批次，其中食品抽样检验512批次，不合格65个批次，合格率87.30%；定性抽检食品9.34万批次，不合格7626批次，合格率91.84%，处理问题食品1.18万千克。查处各类食品案件109起，大要案31起，案值116.91万元，罚没款123.04万元。捣毁食品制假售假窝点8个，移送司法机关追究刑事责任1起1人。

商标管理。2010年，全市新增注册商标8714件，总数达3.26万件。新增国际注册商标411件，共拥有国际注册商标1126件。浙江宾王扑克有限公司“宾王”商标与浙江芬莉集团有限公司“芬那丝”(FENNASI)商标被国家工商行政管理总局认定为驰名商标，8家企业的8件商标被认定为浙江省著名商标，24家企业的25件商标被认定为金华市著名商标。全市已拥有驰名商标79件，其中国家工商总局行政认定驰名商标8件，司法认定驰名商标71件(上年司法认定为72件，包括“芬那丝”商标，已转到行政认定数中)，省著名商标88件，金华市著名商标236件。义乌市因蝉联2008年度、2009年度中国商标发展百强县第二名受到省工商局表彰。

广告管理。全市有广告单位312家，从业人员2308人，其中个体私营广告企业305家，从业人员2190人。全年受理户外广告登记1265件。查处各类广告违法案件52起，罚没款总额67.05万元。其中虚假广告案件15起，罚没款总额36.62万元。对电视、报纸、主要网站发布的广告进行不间断监测。全年监测电视报纸广告1.4万条，查处违法广告78条；监测网络广告1627条，查处违法广告20条。组织广告企业参加资质认定申请工作，全市有13家企业申请资质等级认定，商城广告等6家企业参加中国二级广告企业延续认定，方舟等6家企业参加中国三级广告企业延续认定，恒佳广告新申请中国三级广告企业。年底，全市拥有中国二级广告企业9家，中国三级广告企业8家。

合同管理。全年办理格式条款合同备案39份，审核拍卖368场次，备案委托合同486份，备案拍卖成交确认合同784份，拍卖成交额10.34亿元。办理企业动产抵押登记69件，帮助企业融资10.28亿元，受理合同争议行政调解1178起，解决争议1128起，争议金额790万元。查处合同违法案件41起，罚没金额27万元。开展合同培训15次，培训人员2000余人；合同调解员培训2次，培训调解员260余人。新认定“守合同 重信用”企业AAA级5家，续展12家；新认定AA级26家，续展20家；新认定A级46家，续展34家。其中引导12家农民专业合作社参与认定活动，被认定为AA级1家，A级4家。至年底，全市拥有浙江省工商企业A级“守合同 重信用”单位192家，AA级“守合同 重信用”单位108家，AAA级“守合同 重信用”单位43家，国家级“守合同 重信用”公示单位6家。

【整治乳品经营行动】 2008年的三聚氰胺问题奶粉历时2年后

死灰复燃。2010 年 1 月，市工商局与各工商所、分局签订《问题乳粉清剿工作责任状》，同时与辖区乳品经营者签订《乳品经营者食品安全责任书》，共签订责任书 5670 份，张贴市政府公告 1000 份。先后出动执法人员 2741 人次，检查各类经营户 5670 户。在农历新年前夕，组织开展 2 次大规模的清剿活动，查处 2 起问题乳粉案件，其中义乌力富食品有限公司销售三聚氰胺超限量值的“志威”牌牛奶粉（固体饮料）案件是全省工商部门唯一一起主动查处案件，受到国家整顿办、省（市）食安办、省（市）工商局高度评价。

【全省首例外商侵犯知识产权案宣判】 2009 年 3 月 17 日，市工商局在对全市仓库进行集中检查时发现，某仓库内竟存有大量假冒名牌断电器。在执法人员的追问下，仓库租用者陈某承认这批假冒商品是由他所经营的万泰电器厂生产，电器厂位于乐清市柳市。由于案件涉及境外人员，市工商局迅速将案情通报检察院，并将案件移交市公安局。4 月 17 日，埃及人 Tamir 被依法逮捕，属浙江省首例外商侵犯知识产权案。2010 年 2 月 23 日，埃及人 Tamir 因犯假冒注册商标罪，被金华市中级人民法院判处有期徒刑 3 年，缓刑 4 年，处罚金 10 万元，驱逐出境。其余 2 名同伙陈某和谢某犯假冒商标注册罪，分别被判处 1 年 6 个月，缓期 2 年，处罚金 10 万元和有期徒刑 1 年，缓期 1 年 6 个月，处罚金 3 万元。被查获的假冒断电器由扣押机关予以没收，依法处理。

【颁发全省首张外商合伙企业营业执照】 2009 年 11 月 25 日，国务院出台《外国企业或者个人在中国境内设立合伙企业管理办法》，随后国家工商总局出台《外商投资合伙企业登记管理规定》，并于 2010 年 3 月 1 日起正式实施。市工商局贯彻实施该项管理办法，年初提出“1123”工程，在涉外主体准入上寻求突破，为该领域的探索提供实践经验。3 月 8 日，市工商局为全省首家外商投资合伙企业——义乌市阿里巴沙信息咨询服务部颁发营业执照。义乌市阿里巴沙信息咨询服务部是由叙利亚籍外商 Afsan Wasim 和 Husam Ali Basha 共同投资 100 万元注册成立的，主要提供采集义乌市场商品信息向叙利亚国内发布以及商品信息咨询服务。至年底，全市登记外商投资合伙企业 21 家。

【巧破“开瓶费”潜规则】 “限制自带酒水”和“开瓶费”是一个由来已久、争论不休的问题。2009 年初，市工商部门突破常规的监管方式，采取全新的监管思路，通过组织有消费者、志愿者代表、本地媒体记者和消保委工作人员参加的消费体验活动、邀请中高档餐饮企业负责人和市餐饮宾馆行业协会代表座谈、集体约谈、指导餐饮行业规范自律等形式，较好地解决了自带酒水与“开瓶费”问题。2010 年 11 月，消保科“巧破限制自带酒水潜规则”与经检大队“力促汽车销售行业规范经营”、江东所“以行政合同指导外贸企业建立商标侵权防范机制”三项行政指导做法被评为全省工商系统优秀行政指导项目（事例），市工商局也被评为“全省工商系统行政指导示范单位”，相关做法在义乌召开现场会进行全省交流推广。

【攻破丰田 RAV4 案】 3 月，市工商局开展汽车服务领域 4S 店专项执法检查。对丰田 4S 店附加不合理条件、滥收费用、配件标注违法、仓储经营无合格证、无检验报告零配件的违法行为进行立案查处，召回 196 辆丰田 RAV4（约占全省总量的 2.8%），37 名投诉消费者获得现金券补偿（投诉率、调处率均占全省总量的 14.6%），在全省率先取得“300 元现金券补偿”的突破性维权成果，得到省工商局与金华市工商局领导的高度肯定。经检大队被省工商局荣记集体二等功，1 人荣获省工商局三等功，3 人获金华市工商局三等功，5 人被金华市局嘉奖。

【规范化合同文本】 市工商局借助规范汽车服务行业之机，开展汽车销售合同专项检查。通过组织座谈、征求意见，6 月 21 日推出《义乌市汽车销售合同》规范文本，发放示范文本 2.5 万份，发放中英文对照《商品买卖合同》5 万份。通过合同条款备案规范企业自制文本，全年共备案 39 件。

【成立新农村服务指导站】 7月，根据省、市工商局关于《深化新农村服务，积极开展合同帮扶活动》的文件精神，义南、义北、义东、义西和稠江5个工商所相继挂牌成立新农村服务指导站，并积极开展合同帮农、指导企业落实农业订单和农村土地流转工作。全年帮助指导企业订单农业150余家，落实农业订单5000余份，土地流转1000公顷。

【企业商标专用权质押贷款实现零突破】 9月28日，义乌市双童日用品有限公司在完成包括省著名商标"双童"在内的9件商标的价值评估和商标专用权质押登记后，与浙江义乌农村合作银行就"双童"等9件商标的商标专用权质押贷款融资签订合作意向协议，质押贷款额为1000万元，并有浪莎等9家企业与金融机构就商标专用权质押签约。

【扶持三农迭出新招】 11月4日，牵头启动"来料加工万里行活动"，进一步扩大义乌来料加工产业的辐射圈和惠及面。至年底，已辐射全国25个省。全年发放来料加工费40亿元，解决农村剩余劳动力就业200万人。开展姑母塘塑料袋加工专业村"红盾帮扶农村特色产业示范村"的创建试点，为有效规范农村小产业专业村的无照经营问题积累经验。开展"一社一品"、"订单富农"、"商标扶农"工作，推动全市马铃薯、柑橘、杨梅等特色农产品注册商标，帮扶、指导3件农产品创建金华著名商标。

【发布全国首个县域民企景气指数】 12月22日上午，在义乌市场信用建设推进会暨义乌民营企业景气指数发布仪式上，正式对外发布由义乌市工商局、北京大学经济学院联合编制的全国首个县域范围内的民营企业景气指数——义乌民营企业景气指数。该指数分企业经营、企业发展、企业信心、市场环境4个分类指标，对工业、商业、电子商务3类企业进行解读；对印刷、饰品、工艺品、服装、袜业、无缝内衣、拉链、玩具、化妆品及问题用品十大支柱行业的成本、生产、销售、信心等情况开展监测，并从义乌民营企业发展的有利因素、发展所面临的挑战，以及如何发挥政府职能、促进民营企业稳步发展等方面进行深度分析，充分依托义乌国际商贸城的独特优势，详尽地反映了义乌区域内民营企业景气发展变化趋势和变化程度。据发布的第三季度指数显示，义乌民营企业总体状况良好，与作为基期的第二季度相比，4项分类指标中企业经营、企业信心与市场环境3项指标态势良好，但同时企业发展指标略显不足，显示企业发展潜能仍需关注。

（楼子荣）

国有资产监督管理

【概况】 2010年，有国有独资、控股企业23家，总资产285.98亿元，所有者权益136.91亿元，同比分别增长11.4%和8.4%；实现利润总额14.94亿元，净利润11.72亿元，应缴税收7.95亿元，同比分别增长15.4%、23.2%、13.2%。

建立健全规章制度。年内，先后出台《义乌市国有企业全面预算管理暂行办法》、《义乌市国有企业投资项目管理暂行办法》、《义乌市国有企业内部审计管理暂行办法》、《义乌市国有企业聘用中介机构管理暂行办法》、《关于规范国有企业货物、服务采购的实施意见》、《关于进一步规范国有企业中层管理人员选拔任用工作的指导意见》等制度。修订、完善国有企业负责人业绩考核暂行办法，对2009年度企业负责人进行综合考核，2009年列入年薪制考核范围的企业领导人员人均年薪比2008年下降19.62%。

加快企业转型升级。拓展新业务，成立建设工务管理有限公司，与中石化合资成立义乌中石化经营有限责任公司。中新力合担保有限责任公司成立1年来，担保额超过3亿元。产权交易所引进北京黄金交易中心黄金投资业务，效益逐步回升。小商品城恒大开发有限责任公司与中科院计算所合资开展的电子商务应用项目进展顺利；国际商贸城五区市场、篁园市场招商工作全面启动；浙江义乌农村经济发展有限公司义乌副食品市场名特优新产品展销中心正式运营。交通发展有限责任公司完成恒风汽车广告装饰公司股权收购；浙江恒风交通运输股份有限公司积极参与城乡公交一体化改革。公用事业有限责任公司与中石油合资成立石油销售有限公司，首家加油站顺利开业；自来水公司投资1000万元成为浙江君亚创业投资的合伙企业；天然气公司正式供气。

重大项目建设。2010年，国资系统重点工程建设项目投资30亿元，其中内陆口岸场站、篁园市场改造提升项目、国际商贸城五区建设3个超5亿元工程进展顺利。义西生产资料市场完成可行性研究，进入项目报批阶段。国际会议中心景观工程、主体装修工程全面铺开，体育休闲公园正在规划设计。新木材市场正式投入运行，物资市场、家具市场、粮油市场改造提升工程相继完工。

【全国县级国有资产监管工作现场会在义召开】 5月27～28日，全国县级国资监管体制改革现场会在义乌锦都大酒店举行，国务院国资委副主任黄淑和，省委常委、副省长葛慧君，31个省、自治区、直辖市，5个计划单列市，新疆生产建设兵团，10个地市级国资委负责人150人参会。会上，与会人员对义乌市国资体制改革情况做深入探讨，并予以充分肯定，表示全国要学习义乌国资体制改革经验，进一步坚定搞好国有企业、发展壮大国有经济的信心。会后，省委书记赵洪祝批示：在义乌召开的全国县级国资监管体制改革现场会议，对义乌的工作给予肯定，浙江省要首先加以拟定逐项工作。

【市中国石化经营有限责任公司成立】 6月29日，义乌市中国石化经营有限责任公司挂牌成立，公司有中层管理人员2名，正式职工13名，劳务工7名。主营义乌市境内新建加油站的投资与经营，润滑油的批发、零售。至2010年底，已建成江北下朱和江东货运场2个橇装式加油点，并将于2011年5月开始营业。春晗路加油站的建设用地已由国土局挂牌出让，内陆口岸和拥军路加油站的建设用地正在规划红线中。

【市建设工务管理有限公司成立】 12月，义乌市建设工务管理有限公司成立，主要承担市政府投资建设项目的工程管理任务。公司有员工38名，专业技术人员29名。具有高级职称专业技术人员7名，中级职称专业技术人员16名，初级职称专业技术人员9名。2010年，公司承担和开展的代建工程和项目管理主要有：人行义乌市支行发行库等业务用房项目集中建设试点，稠城街道田畈村和楼西塘旧村改造高层公寓工程代建试点，解放新村社区改造工程代建试点，市怡乐新村建设的工程咨询和技术服务支持，市国有资产经营有限公司及下属企业的建设工程项目管理。

【天然气利用工程项目建设】 2010年，义乌市天然气利用工程连续2年被义乌市政府列入"十大民生实事"工程，项目自2009年6月开工至2010年12月，共完成管道建设61.764千米，管网覆盖率1.5万用户，发展公建用户2户，居民用户469户，CNG气源站安全运行312天，累计安全输气299.8324×104标方。

【市中国石油销售有限公司挂牌成立】 12月23日，由义乌市公用事业有限责任公司与中国石油天然气集团公司合资的义乌市中国石油销售有限公司挂牌成立。注册资本500万元，其中中国石油天然气股份有限公司占股份51%，义乌市公用事业有限责任公司占股份49%。

（韦成栋）

国土资源管理

【概况】 2010年，全市需新增建设用地项目229个，其中2个省重点项目，计划批次9个，城乡建设用地增减挂钩方案4个，单独选址项目2个，涉及土地面积362.03公顷，其中耕地269.97公顷。全市上报和获批项目229个。

推进综合配套改革试点。制定《义乌市土地储备管理办法》，通过完善土地收购储备制度，拓宽土地收购储备渠道，创新土地收购储备模式，推行土地大储备改革，实现"征、储、供"一条龙的高效服务新机制。做好城镇地下空间开发利用示范试点工作，研究课题成果通过省国土资源厅评审，研究制订地下空间开发利用政策意见,以促进研究成果的转化应用。深入推进集体土地权属处置改革,经省国土资源厅批复,原则同意江东街道端头、北苑街道留雅及稠城街道江北下朱三个试点村建设用地先办理土地征收手续,农用地及其他未利用土地待建设需要时按项目办理土地征收手续,土地征收方案上报省国土资源厅审批。开展开发区土地集约利用评价和工业用地绩效评价,年底完成2个开发区土地集约利用评价。

开展"百万"造地工程和农村建设节地工程。2010年,金华市下达义乌新增耕地任务180.73公顷,同时开展6个农村土地综合整治项目。要求年内新增耕地263.33公顷,每个镇(街道)开展1个农村土地综合整治项目。至年底,共落实土地开发、整理、复垦项目19个,可新增耕地161.58公顷,其中完工项目8个,新增耕地面积53.45公顷,完成前期测量规划设计等工作的项目11个,可新增耕地108.13公顷。8个农村土地综合整治项目经金华市政府批准,上报省国土资源厅审批。8个项目共涉及行政村16个,搬迁户数4591户,项目总规模1144.15公顷,规划总投资26.41亿元。项目区内通过土地开发、整理、复垦规划新增耕地166.01公顷,其中通过土地开发新增耕地67公顷、通过土地整理新增耕地2.88公顷、通过土地复垦新增耕地96.13公顷。项目规划建新地块总面积115.16公顷,拟占用耕地70.13公顷,净增耕地面积95.88公顷。申请周转指标94.35公顷,周转置换后结余面积1.79公顷。

加大执法监察力度。国土110共接到举报电话228个,12336接到举报电话23个,接到市110指挥中心指令3起,处警率100%;接受数字城市中心派遣任务990起,分解处置率100%。全年组织拆违172次,拆除违法建筑面积15万平方米。查处各类土地违法案件99起,涉及土地面积5.82公顷,其中耕地1.1公顷,涉及刑事案件移送4起8人。土地卫星图片执法检查涉及市图斑78个99宗土地,总面积125.01公顷。在新增建设用地中,合法用地40宗,面积41.53公顷,其中耕地30.80公顷;违法用地10宗,面积3.23公顷,其中耕地2.7公顷。违法占用耕地面积占新增建设用地占用耕地总面积的比例为8.04%。卫星图片执法中的10宗违法用地均进行立案查处,并申请法院执行,3名违法责任人已移送纪检、监察部门,其中2名已作出行政记大过处分。

2010年,办理各类登记文件2.44万件,其中办理初始登记2922件,变更登记1.87万件,抵押登记1525件,更正登记270件,办理遗失补证327件,查封登记338件,注销登记312件,异议登记1件。完成市重点工程、新农村建设涉及的拆迁房屋土地使用权审核835件。全年组织有效公开出让37次,出让面积72.69公顷,出让价款总计114.5亿元。划拨转让、协议出让、补充协议共收出让金8787万元。受理征地项目198个,完成征收面积681.7公顷,涉及212个行政村。根据省国土资源厅"365行动"任务要求,清理消耗转而未供土地666.67公顷。收到群众来信、来访1418件次,总量同比减少306件,下降17.7%,其中金华市级以上批转信件492件,同比下降6.1%,信访总量、越级上访明显减少。办理行政复议案件59起,行政诉讼案件211起,应复、应诉率100%。全面推进采矿权整治和核查工作,注销采矿权25宗,核查17宗违规开采的矿业区,立案8起。推进生态文明建设,完成20个废弃矿山的治理,创建绿色矿山2个。完成《义乌市矿产资源规划》和《浙江省义乌市地质灾害防治规划》修编工作,制订、下发2010年度地质灾害防治方案。

【国土资源系统化解行政争议研讨会】 4月28日,全省国土资源系统化解行政争议专题研讨会在义乌市召开。全省各市国土资源局法规处处长、地籍处处长,义乌市国土资源局领导等参加。会议主要针对全省土地登记类案件败诉率较高的问题,研究如何有效降低行政案件败诉率的措施。6月1日,市政府下发《关于土地登记行政诉讼案件相关问题专题会议纪要》,明确对20世纪90年代初期的土地登记行政案件存在认定事实不清、证据不足,适用依据错误,违反法定程序以及超越或者滥用职权4种情况的,可以启动自我纠正程序。市国土资源局根据会议精神和市府办 75 号文件制定《关于土地登记行政案件自我纠正操作规定》,建立全市土地登记行政纠正机制。2010 年,自启动自我纠正程序后,行政诉讼案件的败诉率降低 20%。

【全市国土资源管理工作会议】 6 月 25 日,全市国土资源管理工作会议在市政府八楼会议室召开。市级班子领导,全市各镇(街道)、部门和各大工程指挥部、管委会负责人,国土资源局中层以上干部 100 余人出席会议。市长何美华作报告,市委书记黄志平就加强国土资源管理工作作重要讲话。会议强调建立国土资源管理共同责任制度,明确各镇(街道)和有关部门在国土资源管理中的职责和分工,形成政府领导、国土资源部门牵头、有关部门密切配合、社会各界广泛参与、齐抓共管的国土资源管理体系,切实提高国土资源管理工作水平。会后,市政府下发《关于建立国土资源管理共同责任制度的通知》。

【完成《义乌市矿产资源规划(2011—2015 年)》】 10 月,制定完成《义乌市矿产资源规划(2011—2015 年)》。主要内容包括规划背景,规划指导思想、基本原则和目标,矿产资源开发利用与保护,矿业权市场建设与管理,矿山生态环境与治理,矿产资源勘查,规划实施的保障措施等内容。根据规划,2010 年底对已选定的两个矿点,作出让前的准备工作。

(陈　彬)

统 计 工 作

【概况】 全年撰写各类统计分析 49 篇,其中直送市主要领导的《义乌统计特报》11 篇。全市设有统计信息中心 13 个。在各级内网上发表各类统计信息 145 篇,其中国家局内网 3 篇,省网 51 篇,金华市网 91 篇。

强化调研,当好决策参谋。加强对经济运行的分析、监测,开展统计调研。围绕金融危机时期经济发展不确定性增加、情况越加复杂的经济形势,在加强对月度经济形势分析、监测的基础上,开展对季度经济运行情况的调研。季度末,成立经济运行情况专题调研组,组成工业、投资、房地产、消费市场、农村经济等调研组,下企业单位了解生产经营现状及存在的问题,听取企业对改善生产经营软硬环境的意见,深入解读统计报表数据折射出的企业生产经营真实情况。在全面掌握企业生产经营一手资料的基础上,充分发挥统计技术优势,以《义乌统计特报》形式向市主要领导报送。

各项专项调查统计监测。2010 年,配合创建办开展创建全国健康城市市民问卷调查;配合政法委开展"平安义乌"、"平安浙江"调查,"群众安全感满意度"调查;配合市纪委开展义乌市机关作风建设问卷调查,该调查所撰写的调研分析文章得到市常务副市长的批示。在统计信息网上开展劳动用工情况调查、工业企业转型升级调查、规上工业企业对外投资情况调查等调查。在 2008 年开展粮食生产统计监测工作的基础上,认真做好 2009 年粮食播种面积的推算和粮食总产量完成情况的推算工作,做好监测样本的完善工作,加强对粮食生产监测聘用调查员的业务培训,及时解决监测工作中遇到的问题,较好地完成全年粮食生产统计监测任务。

2009 年统计年报顺利实施。增加 R&D 资源清查工作内容。为保证统计年报各项工作的顺利实施,市统计局成立统计年报工作领导小组,加强对统计年报工作的领导。分专业、分区域组织开展统计人员业务培训,使每个统计人员均能全面掌握网上直报系统的操作要领和统计报表的相关业务知识。加大对年报数字的审核、督查力度,做到应报尽报、如实上报,圆满完成 2009 年统计年报各项工作。

统计报表网上直报转换。根据全省统计报表网上直报系统运行环境的要求,统计部门从 6 月份半年报开始,由广东南海网上直报系统改为杭州中科网上直报系统,为确保系统平稳转换,专业人员从年初开始准备,各统计单位将统计报表分别报广东南海系统和杭州中科系统,将南海系统中的数据库全面导入新系统,以保证新系统运行正常。年底,全市统计报表网上直报系统实现顺利转轨。

各项统计服务工作全面展开。服务业统计工作在2009年与全省服务业统计报表制度相衔接的基础上，根据省统计报表制度的要求，对新纳入报表制度的单位进行业务培训，对抽样调查部分的调查对象重新进行委托。加强对服务业统计单位的业务培训，强化对上报数据的核实和数据评估。及时编印《义乌经济月报》，按月全面反映全市社会经济发展运行情况，全年共编印11期。编印《二〇一〇义乌统计提要》，4月，编印完成并向社会各界发放。编印《二〇一〇义乌统计年鉴》。为企业出具数据证明工作，各企业为享受各种政策优惠及品牌评比，须由统计部门出具相关的统计数据证明，凡企业要求出具的数据与上报统计数据相一致的，统计局立即给予办理。

做好统计劳务委托单位的筛选、整理工作和劳务委托的报批手续工作，市政府同意继续将"企业统计数据质量审核、规下工业企业抽样调查、个体户服务业抽样"等统计工作纳入统计劳务委托项目。做好城市住户样本轮换工作，城市住户调查样本经3年的记账调查已经老化，不适于继续进行记账调查。城调队从8月份着手开展样本轮换的各项准备工作。经过绘制区划图，确定样本区域，对区域样本进行调查、计算、排序抽样，最终确定新的调查样本。开展对新样本户的业务培训，并进行试记账，较好地完成了城市住户样本轮换的平稳过渡。

【统计执法检查】 5～9月，为进一步推动《统计法》和《统计违法违纪行为处分规定》的贯彻执行，营造统计工作更好地服务于科学发展的法治环境，市统计局、市监察局、市司法局、市政府法制办在全市范围内联合开展《统计法》和《处分规定》贯彻执行情况大检查。分动员、自查、重点检查、处理和总结4个阶段。5月27日，召开镇(街道)统计人员统计执法大检查动员会，并对自查工作进行布置。6月1日，召开大检查电视电话会议，各部门分管统计领导及统计人员90余人参会。6月2日，在《义乌商报》刊登执法大检查公告，公示举报电话及邮箱；利用统计局网站及联网直报平台，采用发送短信、公布信息、公告等形式开展宣传。6月9日，召开全局统计执法大检查工作布置会，全局分4个检查组，由局班子成员带队，科室成员为组员，分专业进行检查；对相关人员就检查的有关业务进行培训。6月23日至7月2日，与市法制办、市司法局、市监察局联合组成4个检查组对镇(街道)、部门进行检查，对检查情况进行书面通报。7～9月，对建筑房地产、服务业、劳动工资、镇街、重点耗能企业等89家单位进行检查，发现有统计违法行为的25家。检查期间，采用文件及会议的形式进行布置，规下工业、建筑房地产业采用报表上报，其间以会议的形式进行布置。全市共组织自查单位3037家，收回自查表3195份。

【统计从业资格认定】 为做好基层统计人员统计从业资格报名及考试工作，5月17日，在《义乌商报》上刊登2010年统计从业资格考试报名公告，并在统计信息网、各种基层统计会议上及采用短信的形式开展报名工作的宣传。2010年，统计从业资格报名人数425人，创历年新高，考试合格273人。11月，对全市考试合格人员进行统计从业资格证的申领及发证工作。

【建章立制】 为规范统计行政处罚自由裁量权，根据《义乌市人民政府办公室关于进一步规范行政处罚裁量权工作的通知》和《浙江省统计局关于开展规范县级以上人民政府统计机构行政处罚裁量权工作的实施意见》精神，参照《浙江省统计局实施行政处罚裁量标准(暂行)》，制定《义乌市统计局实施行政处罚裁量标准(暂行)》。9月底报市政府法制办审核，11月4日发文并正式生效。

(朱庆生)

物价管理

【概况】 2010年，义乌市主要商品价格呈现明显上涨趋势，居民消费价格指数(旧版，下同)124.8，同比增长6.1%，社会商品零售指数125.7，同比增长6.2%。总体种植业商品价格涨幅大于养殖业涨幅，基础原材料价格涨幅高于消费价格涨幅，高档商品价格与普通商品价格差距进一步拉大，房产当做增值、保值的资产被大幅推高，义乌市北门街12号地块以36.81亿元成交，商品房地价3.5万元每平方米。

【市价格指数运行状况】 1月，受上年同期春节基数较高的影响，同比增幅为0.3%；2月，受春节因素作用大幅扬升；6、7、8月有所回落；10月再起升势；11月达到峰值10.3%；12月份价格指数回落到9.3%。八大类指数为“五升、一平、二降”。上升的为食品类10.8%，衣着类3%，日用品类1.4%，建筑建材类17.5%，燃料类26.1%；书报杂志类与上年持平；文化娱乐用品类降1.1%，医药及医疗用品降2.2%。

【种植业商品价格大幅上涨】 2010年，市场出现“蒜你狠”、“姜你军”、“豆你玩”、“糖高宗”等流行用语，全国市场上大蒜、生姜、绿豆、苹果、白糖经过一轮暴炒，价格大幅上涨。

义乌市场7月与11月种植业商品价格一览表

	7月份价格（元/千克）	11月份价格（元/千克）	涨　幅
早籼米	1.4	1.55	10.71%
晚籼米	1.52	1.9	25.00%
江苏粳米	1.66	2.06	24.10%
面粉	1.4	1.6	14.29%
食用油	4.5	6	33.33%
鲜菜(芹菜)	3.5	6	71.43%
水果(苹果)	2.8	3.5	25.00%
荔枝干(干果)	10	14	40.00%
中药药材(丹参)	31.5	58	84.13%

【金属、燃料、建材价格涨势迅猛】 2010年，义乌市93号汽油最高零售价从年初的6.27元每升，上升到年末的6.78元每升，上涨8.1%，柴油也上涨8.6%，石油液化气价格每桶（14.5千克）从年初的102元上涨至115元，到户价120余元。钢材价格受铁矿石价格上涨需求拉动，也出现一定升幅，16Q2355圆钢价格从年初的3300元每吨上涨到年末的4850元每吨，涨幅24.4%。425强度水泥价格以节能减排、拉闸限电为契机，从8月的340元每吨开始上涨，12月达到520元每吨，涨幅52.9%。市部分采石场9月到期关闭，供给量大幅度减小，出现石子供不应求状况，导致价格跳涨，每吨从28元～30元，上涨至40元～45元，上涨50%。

【农资类价格总体较为平稳】 年初，尿素价格2.30元每500克；4～8月，稳定在2元每500克；至年底，为2.05元每500克。碳酸氢氨价格从年初的0.6元每500克，上涨到年末的0.75元每500克，上涨25%。氯化钾价格基本保持稳定，复合肥品种多，价格略有上升。农药价格全年平稳，波动不大。农机具在塑料、钢材等价格上涨拉动下有小幅上扬，农机用油随

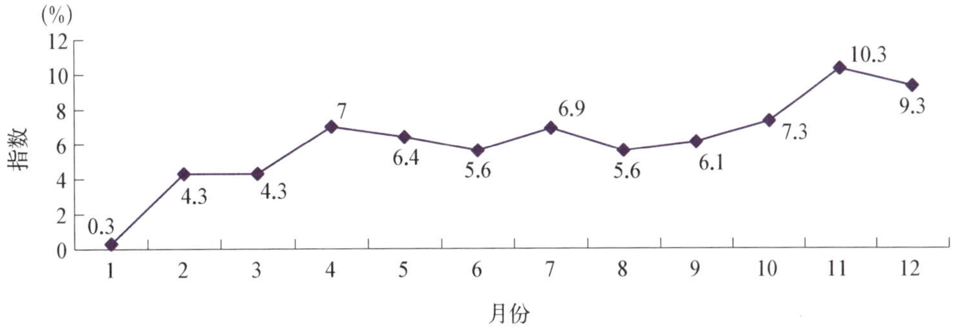

义乌市2010年居民消费价格指数走势图

国内油价变化而变化。

（吴更花　徐之福）

质量技术监督

【概况】 2010年，市质监局开展对健康类产品的专项整治。检查涂料、电器、家具、食品包装容器5类62家企业。完成义乌市场压力容器、头盔、燃气用具减压阀、食品包装容器等重点产品的质量备案。通过提前介入、提前检测、提前整改，支柱产业袜子的质量合格率从2009年的74%上升到87%。全年，出动执法人员6000余人次，立案280起，结案228起，移送公安机关26起，查处涉案货值750万元，收缴罚没款510万元。

完成调查建档"十小"行业经营单位1.25万家。与各镇(街道)、特种设备使用单位全部签订安全责任书，对品牌战略推进工作进行技术监督。12月30日，浙江省名牌战略推进委员会认定浙江艾恋针织服饰有限公司生产的"艾恋"牌无缝内衣、浙江省义乌市炊具制造有限公司生产的"新田"牌铁锅、浙江新光饰品有限公司的"新光"牌饰品、义乌市拉链行业协会的"义商拉链"、浙江稠州商业银行股份有限公司的"小企业融资服务"为浙江省名牌产品。

3月5日，发布《关于在饰品生产销售环节中禁止使用镉及镉合金材料的通知》，抽检饰品300批次。举办出口饰品质量安全知识培训班，培训饰品生产企业专业人员1000余人。5月，联合工商、科技、文广新局等部门，在国际商贸城二区挂牌成立中国小商品城产品质量、知识产权监管服务中心，建立跨部门的重点产品监管机制。年内，3个基层质监所组织3000余家企业开展以"重质量、保安全、守诚信"为主题的质量自律活动。利用"科技通"软件和已建立的电子信息网，将小商品市场标准信息综合服务平台上的最新标准信息、法律法规等内容，发送到企业主手机上，累计发送各类实用信息1万余条。帮助企业解决商品条码、食品标识标注等30余个质量问题。

打造标准创新平台。年内，协助化妆品行业协会制定、发布《化妆笔行业联盟标准》，协助圣诞用品行业协会制定、发布《布艺圣诞装饰用品》等4项协会标准。完成拉链行业协会承担的实施联盟标准项目的验收，汇总2009年符合标准创新条件的41家单位。帮助企业和经营户应对贸易技术壁垒，打造技术支撑平台，推动新产品研发和产业升级。"义乌出租车暨出租车计价器监控平台"项目获浙江省质监局颁布的计量创新三等奖。全年共完成检验任务2858批次，饰品专项监督抽查任务436批次，省级监督抽查任务113批次。检测蔬菜水果3.06万批次，不合格62批次，合格率99.8%。推出缩短检测时间的公开承诺，为外贸客户提供中英文双语检测报告。以金华市质量奖评选为契机，在省名牌以上企业推广卓越绩效和5S管理模式。积极拓展第三产业名牌培育，浙江稠州商业银行是浙江省内首个金融业服务名牌。成立7个质监服务队，深入企业、农村开展质监服务，全年共举办各类培训134期，受惠企业1500余家，培训1.4万余人。

【创建质量强市行动】 9月30日，成立以市长何美华为组长、市质监局、市发改委、市建设局、市环保局等政府部门组成的质量强市工作领导小组。10月21日，制定下发《义乌市质量强企试点活动工作方案》，确定苏溪镇为"质量强镇"试点镇，拉链行业和内衣行业为"质量强业"试点行业，梦娜袜业、伟海拉链、博尼服饰、三鼎织造、新光饰品为"质量强企"试点企业。市质监局成立由职能科室为主的质量分析小组，完成全年质量分析报告、饰品行业产品质量安全分析报告和拉链行业产品质量状况分析报告。

（盛融生）

食品药品监督管理

【概况】 2010年，市食品药品监管局办理药品行政审批事项564件，其中省食品药品监管局下放事项33件，金华市食品药品监管局下放事项531件。完成"小药店"整治与规范验收738家，"小药店"整规工作覆盖率和整规率均达100%。全年抽样送检药品

97 批次，阳性率 27.8%，抽样快检药品 158 批次，阳性率 4.4%。上报药品不良反应 788 例（其中新的、严重的不良反应 264 例，占 33.5%），医疗器械不良事件 39 例。评价性抽检食品、保健食品、化妆品 380 批次，检验合格 339 批次，合格率 89.2%。2010 年，市食品药品监管局被评为浙江省食品安全整顿工作先进单位。

药品安全专项整治。4 月 15 日，市政府下发《义乌市药品安全专项整治工作实施方案》，成立由副市长王迎任组长的药品安全专项整治工作协调小组，药监、卫生、工商、公安、邮政等部门密切配合，各项工作有序开展。全年，组织通过互联网和寄递渠道销售假药、非药品冒充药品、含麻黄碱类复方制剂、疫苗、医用氧、保健食品添加药品、违法药品医疗器械广告、口腔牙科诊所医疗器械、中医和妇科诊所药品质量、药品流通领域假冒专利 10 项专项检查，出动检查 2850 人次，检查涉药单位 1131 家次，责令改正 72 家，查处违法案件 65 起，取缔无证经营 5 起，涉案金额 541 万余元，其中查获大要案 5 起，移交公安机关 4 起。12 月 1 日，在义乌塔山垃圾填埋场销毁标值 260 余万元的 1400 余箱假劣药械，有力地打击了制售假劣药械违法行为，净化了药械市场。

廉政效能预警机制建设。4 月 21 日，制定下发《廉政效能风险预警机制建设实施方案》，建立运行以“一站二员三卡”为重点的廉政效能风险预警机制。“一站”，即设立廉政效能监察站，在 15 家有代表性的药械生产企业设立监察站，实行信息直报。“二员”，即聘请 21 名廉政效能信息员和 29 名行风监督员，及时收集、反馈廉政效能信息。“三卡”，即根据廉政效能的严重程度分别发出白色、蓝色和黄色预警卡。5 月 12 日，市食品药品监管局组织召开廉政效能风险预警机制建设部署会，廉政效能监察站负责人，廉政效能信息员，药械生产、经营单位代表 100 余人参加会议。会上，市食品药品监管局与 44 家药械生产经营企业签订廉政效能公约，与局工作人员签订廉政高效承诺书，15 家药械企业设立廉政效能监察站，聘请 15 名廉政效能监察信息员。制度实施后，共收到有效预警信息 8 条，根据预警信息，发出白色预警卡 3 张，对重点部门和重点岗位人员进行集体约谈 5 人次。10 月，义乌市纪委以预警机制建设向金华市纪委申报金华市政风行风建设新事。省食品药品监管局《纪检监察简报》刊文肯定和推广这一做法和经验。11 月 10 日，中纪委驻国家食品药品监管局纪检组组长李东海来义乌市考察，听取工作汇报，充分肯定该项工作，认为创出了廉政工作特色。

【全国化妆品生产经营监管工作现场会在义召开】 8 月 25～27 日，全国化妆品生产经营监管工作现场会在义乌市召开。来自全国 31 个省、自治区、直辖市和 15 个副省级城市的食品药品监

全国化妆品生产经营监管工作现场会

督管理局分管领导以及浙江省各地市食品药品监督管理局分管领导参加会议。此次会议是国家食品药品监督管理局履行化妆品监管新职能以来召开的首次现场会，并首次在县级市召开。会上，义乌市汇报化妆品产业发展、综合监管情况及对下一步监管工作的思考。与会代表参观考察浙江艳庄、浙江颜雪两家化妆品企业和国际商贸城化妆品市场专区。新华社、中央电视台、《中国医药报》、《中国食品质量报》等中央新闻媒体对会议进行报道。

【走出国门开展医药交流】 4月，韩国忠清南道锦山郡企划监察室室长金钟燮一行4人到义乌市参加“文博会”，与市食品药品监管局初步达成双方签署合作协议书的意向。9月2～6日，市政府派出由市食品药品监管局副局长翁国政为团长的政府代表团出访韩国忠清南道锦山郡，与韩国忠清南道锦山郡人参草药课签订《友好交流与合作协议书》。双方建立定期互访制度，为招商引资、贸易往来牵线搭桥，推进两地食品药品监管信息平台的对接。

【会展食品安全保障】 2010年，市食品药品监管局将世博会期间的食品安全保障工作列为重点。4月1日，制定下发《义乌市“上海世博会”期间食品安全控制保障工作方案》。4月13日，召开由全市各镇街分管领导、食安办成员单位和食品安全相关部门负责人参加的全市上海世博会食品安全保障工作动员大会，对上海世博会食品安全保障工作进行动员部署，对全市18家供沪食品生产企业的基本信息、供沪产品种类、经销商等情况进行全面登记，并对供沪产品进行监督抽查。在8家供沪农产品基地建立农产品质量安全监管联系人制度，负责指导、督促“五有一追溯”机制的指导实施和监督检查，有力保障供沪农产品的质量安全。

【问题乳粉清查和收缴】 2月初，广东等地发现有2008年问题乳粉重新流入市场的情况。2月1～2日，市府办先后2次召开问题乳粉清查紧急会议，部署问题乳粉集中清查工作。2月1～11日，在全市开展专项清查行动，重点清查副食品市场、各乳粉代理经销商、以乳粉为原料的生产企业，实行信息日报告制度。清查行动中，全市出动执法人员1857人次，车辆459辆次，清查有关乳粉行业单位6715家，其中蛋糕行业单位171家，餐饮服务行业1642家，专业市场、超市等销售单位200余家，未发现问题乳粉。7～11月，组织开展3次问题乳粉整治和清缴行动。市政府办公室下发《关于进一步加强问题乳粉查处工作的通知》，成立以副市长王迎为组长、相关部门负责人为成员的工作领导小组。市食安办下发《关于进一步做好问题乳粉清查工作的紧急通知》，组织各食品安全监管部门开展问题乳粉清查。市政府与8个食品安全职能部门和13个镇(街道)签订问题乳粉清缴工作责任状，各镇(街道)与全市808个村(居、社区)签订问题

义乌市“上海世博会”食品安全保障工作动员会

乳粉清缴工作责任状，全市乳品生产经营者与食品安全对口监管部门签订承诺书 9138 份。在全市张贴《义乌市人民政府关于限期上缴问题乳粉的公告》1.5 万余份。市农业局、市质监局、市工商局、市卫生局、市综合行政执法局等部门对辖区内的乳制品生产经营者进行拉网式排查和复查，查获问题乳粉案件 2 起。12 月 1 日，集中销毁问题含乳食品 12.04 千克，该案为全国整顿办通报协查案件。

【“小药店”整治与规范】 2008 年开始，义乌市以农村为重点，开展为期 3 年的“十小”行业质量安全整治与规范行动(以下简称整规)。2010 年，市食品药品监管局在上两年试点整规和全面整规的基础上，对“小药店”药品质量整规工作进行再部署、再细化。4 月 6 日，制定下发《义乌市继续深化“小药店”药品质量安全整治与规范工作实施方案》，力争使全市“小药店”整规达到覆盖率和整规率两个 100％的工作目标。4 月 7 日，在绣湖广场举办爱国卫生月、世界卫生日活动暨“十小”行业联合整治集中行动启动仪式。发放宣传手册 1 万余份，对“小药店”重点整规对象开展集中整规和“回头看”，出动执法人员 135 人次。4 月 9 日，组织召开由药品批发、零售连锁企业总部负责人和质量负责人，各中心卫生院以上医疗机构分管院长、药剂科长和各镇(街道)药品安全分管领导参加的全市“小药店”整规工作会议，对“小药店”整规工作进行再动员。开展学校医务室、中医诊所、牙科诊所和基本药物等专项检查，进一步提高“小药店”经营规范化程度。市食品药品监管局于 5 月初提前完成“小药店”整规工作目标，共完成“小药店”整规验收 738 家，整规成果居义乌市“十小”行业牵头单位第一名，受到省、金华市检查组的高度评价。

【校园食品药品安全检查】 2010 年，面对全国频发的校园安全事件，为全力保障校园师生饮食用药安全，市食品药品监管局先后下发《关于进一步加强中小学校、托幼机构食品药品安全工作的通知》、《关于做好高考中考期间学校食品安全工作的通知》等文件，要求各部门加强对学校食品药品安全的监督检查。4 月 1 日，市食安办组织教育、卫生、工商、行政执法、食品药品监管等部门，对学校食品安全进行督查，重点抽查义乌中学、江东中学、黎明小学、南环幼儿园 4 所学校。4 月下旬，联合市教育局对全市 27 家中小学校医务室药品、药械质量安全开展为期 2 周的专项检查。5 月 18～21 日，对全市 43 所学校食堂食品原辅材料进货渠道、索证索票等台账建立情况、食堂餐具消毒情况、学校及其周边杂食店食品质量以及无证流动摊点等食品安全情况进行督查，针对发现的问题和安全隐患发出督查通报，要求学校限时落实整改。5 月 19 日，副市长王迎带队深入 7 所学校开展食品药品安全专项督查。7 月 1 日，市食安办组织教育、卫生等部门对 4 所问题严重学校的整改落实情况进行复查，整体检查情况良好。

（贾蓝蓝）

安全生产监督管理

【概况】 2010 年，全市安全生产形势持续稳定好转，累计发生各类上报事故 454 起，比上年的 464 起下降 2.1％；死亡 117 人，比上年的 126 人下降 7.14％；直接经济损失 227.65 万元，比上年的 234.71 万元下降 3％。安全生产 3 项指标全面下降，工矿商贸建、消防领域未发生一次死亡 3 人以上较大事故，危化矿山行业继续保持零死亡，事故死亡人数控制在国控指标范围之内。工矿商贸建事故发生数下降，发生上报事故 8 起，死亡 8 人，直接经济损失 108 万元。事故起数、死亡人数比上年同期下降 27.27％，直接经济损失比上年下降 18.18％。道路交通事故发生数有所下降，发生上报事故 383 起，比上年的 390 起下降 1.79％；死亡 108 人，比上年的 115 人下降 6.09％；受伤 397 人，比上年的 414 人下降 4.14％；直接经济损失 38 万元，比上年的 38.107 万元下降 0.28％。消防形势相对严峻，发生上报事故 63 起，比上年的 65 起下降 3％；直接财产损失 81.65 万元，比上年的 67.1 万元上升 21.7％；死亡 1 人，上报死亡人数比上年同期增加 1 人。

强化安全生产网格化监管。

市委、市政府出台《关于进一步加强安全生产工作的实施意见》，结合“网格化管理，组团式服务”活动，加强和完善网格化管理责任体系，进一步细化网格，明确职责，完善机制，网格责任人如有变动及时进行调整，确保监管无盲区。进一步完善配套的督查、考核、问责机制，对履责不到位的镇（街道）、部门及干部工作人员进行问责，全年共发出通报15次，对涉及的28个镇（街道）、部门进行全市通报批评，对32名责任人责成有关单位严肃处理。相关镇（街道）均采取纪律处分、扣发季度奖金等方式严格事前问责，推动安全生产网格化监管工作有效施行，确保政府监管责任落实到位。

加大基础设施安全投入。投入1300余万元，实施道路黑点和临水临崖隐患整治。投入1000万元，改善公路安保设施建设。投入2000余万元，规范基层农户及企业用电安全。加强基础工作，规范行政许可，强化重大危险源监控管理，落实监管责任，定期进行监督检查，组织开展不同类型的应急救援演练。加大安全生产培训力度。将安全生产培训作为硬性指标纳入各级安全生产工作目标考核范围，并加大考核比重。2010年，安监部门组织企业负责人和安管员培训班53期，培训4269人，培训从业人员16.75万人。建设部门组织开展建筑起重机械管理员等各类人员培训1851人。质监部门组织特种设备培训班10期，培训980人。旅游部门组织对旅游企业员工培训1500余人。同时，创新培训新思路、新办法，在全市13个镇（街道）和33家大中型企业设立安全学校，并培养一支师资队伍。

【安全生产专项整治】 3～12月，在全市开展“四加一”、用电安全、危险化学品、矿山、道路交通、建筑施工、人员密集场所和高层及地下建筑8项专项整治工作，结合安全生产宣传教育、执法、治理“三项行动”，扩大专项治理外延，增加特种设备、机械制造、民爆器材、农机、水利、广告、民航、电力和烟花爆竹等专项整治，全市安全生产专项整治覆盖至15个重点行业和领域。开展17次安全生产专项督查检查，市委、市人大、市政府、市政协四套班子领导先后6次带队对联系的镇（街道）和分管的行业进行督查，重点对道路交通、建筑施工、危险化学品、矿山、合用场所、出租房、公众聚集场所、高层及地下建筑、旅游景点等进行全面检查。在安全生产专项整治中，全市共排查合用场所2958处，分离人员8633人。拆除各类违法建（构）筑物面积14.57万平方米。检查用电单位5.2万家，整改用电隐患单位1.19万家，改造合用场所2743家。发现隐患出租房1.47万家，整改1.42万家，采取强制措施1663家。检查生产经营仓储使用单位及加油站1148家，查出隐患5215条，投入整改资金251万元，完成整改4391条。签订烟花爆竹安全承诺书1214份，检查烟花爆竹零售点607家，发出整改通知书105份，责令整改105家，整改率100%。

【安全生产行政执法】 1～12月，开展专项执法、联合执法、集中整治行动，依法严厉查处各类安全生产违法行为，重点对矿山、危险化学品、烟花爆竹等行业非法违法生产经营行为进行查处、打击。共立案查处各类安全生产违法行为为91起，罚款金额126万元。受理查处举报78起，查实49起；处置安监110指令221起；查处非法经营危化品案件12起，罚款17万元；查扣非法经营、储存烟花爆竹602箱；电力设施隐患整治24处。建立每月安全预警分析机制，健全行政执法监察系统，安监110出警、安全生产举报处置与查处率、反馈率达100%。开展行政许可和行政执法案卷评查工作，组织召开案情分析会、听证会，完成案审91起，未出现行政复议撤销案件和行政诉讼败诉案件。

【老旧电器设施线路改造】 老旧电器设施线路改造连续被列入2009年、2010年市政府民生工程十大实事之一，在有效消除用电隐患，加快中小企业转型升级步伐的同时，为“表后”用电服务管理探索出了一条积极有效的科学路径。此项工作在2010年6月全省安监系统大会上作典型交流，受到省安委会领导的肯定，并在全省推广。2010年，全市共完成安装农户漏保18.82万只，低保户电气线路改造4500户，老街民居电气线路改造2538

间，中小企业电气线路改造1.05万家。

【创建安全生产示范村(居)和企业】 2008年4月开始创建安全生产示范村(居)和企业。至2010年12月，共创建140家示范企业、134个示范村(居)。市政府对通过规范化创建的村(居)和企业实施奖励，村(居)通过创建的奖励5万元，企业通过创建的奖励1万元。

(宋旭飞)

口岸管理

海关

【概况】 2010年，义乌海关突出小商品出口监管重点，推进各项业务协调全面发展。全年受理进出口报关单32.6万票，监管小商品出口57.6万标箱，同比分别增长19%和18%；进出口报关单属地申报率9.46%。查处行政案件4373起，审结4352起，罚没入库2039.92万元。查获涉嫌侵权货物450批次、1975万余件，涉案货值3730万余元。加工贸易备案合同68份，备案金额23011万美元。

发展属地业务，税收工作迈上新台阶。全年新增A类企业210家，同比增长7倍，A类企业所占比例从1.6%增长到10.22%，增长率居全关区之首，实现100%开通"属地申报、口岸验放"功能。发展具有义乌特色的属地报关业务，开展属地报关业务的企业达到370家，其中开展属地报关业务的A类企业100家，接近辖区A类企业的50%，较上年增长285%；义乌企业进出口报关单属地申报率达到9.46%，其中进口报关单属地申报率21.59%，进口货值属地申报率63.02%，居全关区第一。

【"义乌—上海空运卡车航班"定期平稳】 3月31日，"义乌—上海空运卡车航班"正式开通，实现义乌—上海的空运货物一次转关，为义乌小商品空运货物出口提供"一次报关、一次查验、一次放行"的直通式通关服务，帮助义乌小商品货物实现多渠道出口。截至4月30日，义乌海关共接受"卡车航班"报关单19票，单面货值109177美元，货运总量30吨。除受2010年冰岛火山灰影响往返欧洲的飞机停飞1周外，首月运行基本平稳。4月，上海世博会开幕前夕，义乌海关结合分类通关工作，对该航班货物进行前期风险分析和针对性布控查验，确保转关安全，全力配合上海世博会安保工作。

【义乌海关被海关总署命名为"全国海关2010年政务公开示范点"】 年初，义乌海关召开新闻媒体见面会，提出建设透明型、服务型、法治型海关，针对性地开展政务公开服务。建立"纸上、墙上、网上"立体政务信息公开网络，设立电视台海关专栏节目，印制4国语言宣传手册，开展企业座谈、广场咨询、政策小分队、海关开放日等活动。政务公开工作得到上级领导的充分肯定。12月，义乌海关被海关总署命名为"全国海关2010年政务公开示范点"。

【知识产权保护示范样板成绩突出】 4月，义乌海关查办深圳市某公司出口假冒"AUTOLITE"品牌火花塞案被海关总署评为"2009年中国海关知识产权十佳案例"。5月，义乌海关荣获"2009在华日资企业知识产权保护十大贡献部门"称号，该奖项由日资企业知识产权保护联盟(IPG组织)成员企业推荐选举产生，其推荐理由为"有效阻止假冒品向世界各地扩散，海关起着举足轻重的作用。希望义乌海关的优秀执法经验能够在全国范围内推广"。义乌海关是全国海关系统中唯一获此殊荣的单位。12月，在全国海关打击侵犯知识产权和制售假冒伪劣商品专项行动工作会议上介绍经验，得到海关总署政法司的肯定；义乌海关知识产权保护展示厅被杭州海关授予"杭州海关知识产权保护宣传教育基地"称号，被义乌市政府授予"义乌市法制教育基地"、"义乌市知识产权边境保护示范点"称号，被义乌工商职业技术学院授予"义乌工商学院学生法制教育基地"称号。

【完成义乌航空临时口岸开放】 12月31日，随着对最后74名入境旅客的通关检查完毕，义乌海关圆满完成2010年度旅检任务。自8月25日义乌机场临时口岸开放，至年底，义乌海关共监管进出境人员1.5万人次，监管临时进出境货物18票，征收行邮税款708元，查获违禁书刊共25本，淫秽光盘79张。

【各级海关领导来义视察】 5月14日，国家发改委副主任彭森到义乌海关调研考察，视察义乌国际物流中心海关监管场地和义乌海关知识产权保护展示厅，详细了解义乌海关的知识产权保护工作，并充分肯定义乌海关知识产权保护所取得的成果。5月24日，海关总署副署长李克农在义乌海关督导检查“五五”普法、推行行政执法责任制以及内控机制建设工作，听取义乌海关工作汇报，并参观视察义乌国际物流中心海关监管场地和义乌海关知识产权保护展示厅。7月5日，杭州海关副关长孙路明参加金华海关、义乌海关两关小商品监管工作联席会议，听取两关在当前小商品监管工作中遇到的困难及建议，并就如何进一步强化监管、防范风险等方面工作提出要求和希望。

（李　月　王晓云）

出入境检验检疫

【概况】 2010年，义乌检验检疫局累计检验检疫出入境货物10.22万批，货值27.6亿美元，同比分别增长31.34%和18.99%。其中，出境货物检验检疫10.21万批，货值27.14亿美元，同比分别增长31.48%和19.17%。检出不合格985批，不合格检出率0.96%。签发出入境货物检验检疫证书10.77万份，同比增长21.82%。签发各类原产地证书4.08万份，货值8.55亿美元，同比分别增长38.7%和46.4%。截获有害生物21批，同比增长425%。完成出入境人员体检5476人次，同比增长4.32%。机场临时口岸完成出入境航空器检疫148架次，完成出入境旅客检疫1.39万人，查验旅客携带物3439批，截留197批。全年新增获直通放行资格企业137家，签发省域直通放行出口2.03万批次。全年查处各类违法违规案件792起，涉案货值5981万元，同比增长11.39%和21.45%。做好国外通报召回案件调查。全年收到国外通报召回案件52起，查清42起，查实率80.7%。申报国家局项目1个、省科技厅项目1个、省局项目9个、地方项目7个，至年底，已有国家局项目1个及省局项目1个获批。在各级刊物上发表论文和调研文章13篇，申报行业标准制(修)订计划项目4个。

【建立输非产品集中监装工作机制】 3月起，由于埃及海关严格执行凭中国出具的检验监装证书实施清关政策，输非商品装运前检验监装业务增长迅猛。7月，为规范输埃商品检验监装工作，义乌检验检疫局建立集中检验监装新机制。在自愿申报登记备案的基础上，成立考核小组对申报组货单位进行考核，将达到有固定仓储场所、货物分柜存放、配备相关质量监督员、报检员的，确定为集中检验监装单位。对集中检验监装单位加强后续监管，实施动态管理，确保输非商品装运前检验有序开展。2010年，完成输非装运前检验1.06万批，货值1.75亿美元，同比分别增长336.94%和232.09%。

【仿真饰品质量安全专项联合检查】 3～4月，义乌检验检疫局联合市质监局、市工商局、商城集团等8部门及13个镇(街道)，对金属饰品及原辅材料的生产和经营企业实施大范围抽样检查。出动执法人员1395人次，抽检市场样品495批、生产厂商样品436批，市场抽查样品检测合格率54.95%，生产厂商抽查样品检测合格率46.73%。专项检查期间，连续13天举办生产企业和市场经营户培训26期，培训人员5102人次，分发宣传资料1.1万份。

【开展“质量提升服务进万企”活动】 5月，开展“质量提升服务进万企”活动。活动期间，举办质量安全免费培训11场，发放资料2万余份，参加企业521家，受训人员2318人次。为企业解读出口产品质量安全知识，邀请4名专家对8类产品的国外法律法规、贸易技术壁垒、产品质量安全知识等相关内容进行解读，提高企业质量安全意识。选取20家企业和10家组货单位作为帮扶企业，以处室为单位深入生产一线开展“一对一”帮扶。9月，开展“质量比对提升”活动，选取浙江新光饰品有限公司、华鸿控股集团有限公司、浙江雅思化妆品有限公司、义乌市国利进出口有限公司、浙江贝克曼服饰股份有限公司、义乌市双童日用品有限公司、义乌市超其特玩具工艺品有限公司7家企业为标杆企业，组织开展企业交流参观3次，帮助企业制定并实施提升管理和产品质量水平的改进方案16项。通过QQ群、电子邮件、短信平台等方式向713家进出口企业发送"质量月"活动宣传口号4139条。在报检大厅滚动播放宣传质量标语。组织企业质量监督员、仓管员以及法人座谈和培训，开展检查16次，检查37家进口食品、化妆品经营单位，查封标签不合格进口食品410件，无卫生证书进口食品280件。开展综合技术服务中心和保健中心实验室的检测技能大比武，组织开展"实验室开放"集中展示月活动，发放各类宣传画册400余册，摆放宣传展板8块，现场接待参观240余人次。

【实验室检测工作整顿】 5月10日，印发《深入开展检测工作整顿活动方案》，在全市开展实验室检测工作整顿活动。制定《实验室建设中长期发展规划》，技术中心实验室共参加7个能力验证计划，计10个项目，涉及化妆品、食品、纺织品、木制品、玩具以及塑料制品等领域。保健中心实验室参加的室间质评活动，涉及临床检验、免疫、生化3大类26项。通过CNAS扩项审核，论证项目由33个扩至111个，电气安全检测项目正式开检，商品检测体系进一步完善，投入经费717万元，新增检验检测设备108台(套)。与科研院校进行合作，与浙江工业大学签订产学研科技合作备忘录，与浙江师范大学签订科技合作协议。外送培训人员14人次，为企业培训检测技术人员16人次。

【市场采购出口组货单位备案登记】 7～8月，开展组货单位重新备案登记工作，把注册地为义乌且具有相对固定仓储场所的外贸、货代、货运等经营单位(统称组货单位)作为市场采购出口商品的报检主体，对其法人、质量监督员、报检员，以及公司、法人印鉴资料进行登记备案，累计完成组货单位备案209家。

【发展中国家技术法规宣讲会在义乌召开】 9月16日，由国家质检总局主办的发展中国家技术法规宣讲会在义乌召开。国家质检总局副局长孙大伟出席会议并作重要讲话，浙江省政府副秘书长夏海伟，中非共和国、尼日利亚、科特迪瓦等国家使馆官员和质检官员，浙江检验检疫局局长，义乌市政府有关领导出席会议。宣讲会以"产品质量共同责任"为主题，邀请36个国家的79名质检官员、部分驻华使馆官员及中国10余个直属检验检疫局、企业、部分第三方检验机构的代表340人莅会。会上，孙大伟作"提升工业品质量，保护消费者权益，共同促进新兴市场贸易健康发展"的演讲。市长何美华对义乌市场28年繁荣发展的历史进行总结和回顾。商城集团代表、市流通企业代表、市外商代表分别作经验介绍，就发展中国家在产品质量安全方面采取的技术法规、市场准入条件、技术标准运用及进口监管措施等进行交流。

【中埃企业装运前检验座谈会在义乌召开】 11月30日，中埃企业装运前检验座谈会在义乌召开。埃及进出口控制总局主席沙菲克，国家质检总局检验监管司、浙江检验检疫局有关领导，以及埃及财政部、海关总署、进出口控制总局、埃中企业家协会、埃及使领馆官员，在义经商的埃及客商，义乌组货单位代表100余人参会。与会代表就输埃商品装运前检验、监装、核价工作规则，埃及产品质量法律法规、清关程序等议题进行交谈。驻义乌的埃及商人代表及义乌组货单位代表分别就当前装运前检验工作中的清关、核价、证书传递与埃及、中国质量监管部门官员进行现场交流。

(王　坤)

出入境人员管理

【概况】 2010年，共受理、审核、上报审批中国公民因私出国(境)申请2.7万人次，比上年同期增长29.3%。登记223个国家和地区的境外人员42.2万人次到义乌旅游、经商、探亲等，比上年增长32.9%，高于全省增长率16.3个百分点，占全省的份额由上年的15.9%上升到18.1%。共受理外国人签证和居留许可2.23万人次，同比增长26.6%，首次突破2万大关，同比高于全省增长率13个百分点，占全省的份额上升到31.6%，与宁波、杭州两地之和仅差46人次，其中签发外国人签证1.46万件次，同比增长49.7%，占签发总量的65.5%；签发外国人居留许可7685件次，同比减少2.1%，占签发总量的34.5%。受理查处涉外案(事)件2081起，查处"三非"外国人708人，同比增长49.4%，占全省总量的36.7%。市出入境管理局工作得到市委书记黄志平的批示及肯定，重点敏感国家外国人管理工作经验在全国公安机关出入境管理工作会议上作专题交流。

创新单位备案机制。为避免出现邀请单位提供虚假材料帮助外国人骗取签证的现象，2010年，义乌市试行对提供邀请函为在义外国人办理签证的单位实行备案准入制，并制定出台《义乌市公安局涉外单位备案和信誉等级评定办法》和《外国(地区)企业常驻代表机构信誉等级评定办法》，全面推行登记备案和信誉等级评价制度。根据涉外单位实际情况，分为A、B、C、D四个信誉等级，督促落实涉外单位管理责任，为把好签证关提供信息支撑。至年底，已登记备案530家单位，从中建立外事联络员队伍560余人。

建立工作提醒机制。为避免在义外国人因不熟悉中国法律或因忘记而未能及时登记、申请在华居留许可，从而出现"非法"居留等情况，市出入境管理局开通信息发布平台，不定期向境外人员发布免费"服务提示"短信，向在义外国人宣传中国的法律法规及违法犯罪外国人打击处理情况。平台开通后，共发送短信7万余条。同时，推出电话回访办证人员，现场向办证人员征求意见，走访涉外单位、企业，与旅馆、旅行社等行业业主进行座谈，设立特服窗口，开辟绿色通道等举措。

【建立出入境网上办证大厅】 4月，市出入境管理局依托义乌公安服务在线建立出入境网上办证大厅，在网上公开办事流程、办证须知，并提供各类申请表下载，同时为确有需要的申请人在线提供预约办证服务和证件查询服务。2010年，共答复证件查询服务20余起，为稠州中学等提供预约服务142人(不包括为旅行社提供有计划的分批预约办证服务)。

(蒋健国)

科学技术

综　述

2010年，全市R&D经费支出6.15亿元，比上年增长10%。全市规模以上工业新产品产值57.8亿元，增长48%，新产品销售收入53.4亿元，增长45%。年末，全市有科技机构86家，R&D活动人员3343人，分别比上年增长13%和7%。新创建省级高新技术企业研发中心3家，组织实施省级科技计划项目85个，国家星火项目1个，国家火炬项目3个。国家重点新产品项目2个，科技型中小企业创新基金项目1个，省级重大专项4个。新认定国家火炬计划重点高新技术企业4家，高新技术企业5家，累计21家。全年专利申请量2347件，授权专利量2336件，其中发明专利64件。

科技管理

【制定出台科技扶持系列政策】 2月3日，出台《义乌市引进人才科研项目启动经费审核办法》。4月30日，出台《关于加快工业经济转型升级的若干政策意见》。6月25日，出台《义乌市科技攻关计划项目管理试行办法》。9月13日，出台《义乌市贯彻落实国家技术创新工程浙江省试点工作的实施意见》。9月26日，出台《义乌市专利补助和奖励经费实施细则》和《义乌市科技成果转化奖励评选办法(试行)》。10月13日，出台《义乌市专利补助和奖励经费实施细则》。11月1日，出台《义乌市科技特派员资金管理办法》，19日，出台《义乌市高新技术企业认定与管理办法》，23日，出台《义乌饰品块状经济向产业集群转型升级实施方案》。12月6日，出台《义乌市创新型企业认定与管理办法》。

【加强科研院校义乌虚拟研究院建设】 7月5日，义乌虚拟研究院引进上海纺织科学院专家1人。9月15日，引进复旦大学专家1人。至年底，入驻院校8所、入驻专家14人，涉及食品科学、环境工程、通信控制、工业设计、纺织材料、染整化工、高分子化学、新材料应用、机械自动化、控制理论与控制工程等领域。年内，组织入驻专家赴镇(街道)与企业家开展“握手行动”10次，深入企业科技帮扶200余人次，举办科技培训6次，受训1000余人次。征集企业技术需求110余项，与企业达成合作项目62个，合作意向150余项。推出《义乌科技——虚拟研究院专刊》，每月1期，向企业宣传研究院当月所开展的主要工作和达成的合作项目，逐个介绍入驻科研院校的重点学科和特色专业，努力扩大研究院的知名度，让更多的企业依靠研究院的科研力量逐步发展壮大。

【加强义乌创意园建设】 2010年，创意园管理中心逐步修订完善《义乌创意园招商管理办法(试行)》、《义乌创意园管理办法(试行)》、《义乌创意园入驻与退出制度(试行)》等制度。1月和3月分别举行第二次、第三次入园企业评审会，新引进机构20家，入驻机构55家，业务领域涵盖产品外观设计、产品包装设计、商业空间设计、室外景观设计、广告摄影和广告设计、企业管理咨询和培训、品牌策划、企业战略咨询、庆典方案策划、企业视觉识别系统设计等方面。5 月底，举办以“小商品、好设计、大商机”为主题的 2010 中国“义乌创意园杯”全球小商品设计大赛，收到来自内地、港台地区及国外的设计作品 2026 件。年内，组织驻园机构参加 2010“文博会”、“旅博会”，共征集合作企业 140 余家。与全国 50 余所高等院校搭建设计学子实践基地，其中 18 所院校已正式授牌。11 月 18～19 日，举办首届“创意文化节”暨 2010 第十一届国际计算机辅助工业设计与概念设计学术会议，此次文化节以“创意发展、产业集聚、跨界突破”为主题，来自中国、德国、韩国、澳大利亚、新加坡等国家和地区的 300 余名专家和代表出席。活动内容有：全球小商品设计大赛获奖作品展，中法艺术交流作品展，“多彩中国”创意设计展，韩国孟亨在教授个人饰品设计作品展，中国台湾杨彩玲女士个人饰品设计作品展，中国(义乌)创意设计主题论坛，中韩博士创意设计学术论坛，“创意园、高校、企业”交流会，CAID&CD 学术交流，国家旅游商品研发高层研讨会等。

【成立国家旅游商品研发中心】 6 月 24 日，国家旅游商品研发中心正式挂牌成立。该中心是以旅游商品研发设计为重点，集旅游新产品、新技术的收集展示，信息发布，成果转让，推广应用于一体的开放性平台。中心围绕“新科技、新业态、新产品”主题，通过对旅游纪念品、旅游装备品、旅游用品等旅游商品共性技术的研究及推广应用，为旅游商品生产企业提供研发信息，打造全国旅游新产品、新技术的展示平台。至年底，中心已成功开发 10 大类 600 余种旅游商品。

【筹建中国科学院沈阳自动化研究所“义乌中心”】 为推进义乌市产业转型升级，争取中科院沈阳自动化研究所到义乌市建立“义乌中心”，8 月 20 日，举行“义乌中心”建设方案论证会，中科院沈阳自动化研究所所长王越超、中科院上海分院副院长朱志远等 26 人参加论证会，由浙江工业大学、浙江大学、中国科学院、企业代表组成的论证会专家组对建设方案进行论证，充分肯定建设方案并提出建议意见。“义乌中心”成立后，将依托沈阳自动化研究所的科技人才优势，结

首届“创意文化节”

合义乌产业发展提升需求，致力于先进技术装备的研制、制造信息化在企业中的应用与推广、自动化生产技术的研究与开发等领域的研究，加快沈阳自动化研究所科技成果在义乌的转移、转化和规模产业化，为义乌企业解决研发及生产过程中遇到的技术难题，努力提升企业的技术创新能力，带动义乌相关产业发展。

知识产权（专利）保护

【概况】 2010年，新增浙江大德药业有限公司为省级专利示范企业，新增市级专利示范企业9家，专利示范企业总数达53家，其中省级11家。专利申请量2347件，授权量2336件，其中发明专利64件，总数分别为17121件、1.2万件和194件。全年兑现专利授权补助258万元，企业专利实施奖励225万元。市知识产权局被国家知识产权局等8个部门评为世博会知识产权专项行动先进集体，被国家知识产权局、公安部联合评为2010年全国知识产权部门和公安机关知识产权执法保护先进集体。

【国家知识产权示范城市创建】 3月12日，国家知识产权局批复同意义乌市为国家知识产权示范城市创建市。6月3日，召开全市国家知识产权示范城市创建动员会，省知识产权局局长吴坚副、国家知识产权局专利管理司副司长曹冬根到会并作重要讲话。10月18日，市创建国家知识产权示范城市工作领导小组办公室授牌义乌工商职业技术学院为"义乌市知识产权高校培训基地"。12月4日，市创建国家知识产权示范城市工作领导小组办公室授牌义乌海关为"义乌市知识产权边境保护示范点"。

【知识产权宣传培训】 4月26日，在绣湖广场举办纪念"世界知识产权日"大型知识产权宣传咨询活动，发放宣传资料4.5万余份。以镇（街道）知识产权联络员为依托，在全市各镇（街道）组织规模以上企业专利知识普及培训。以市场知识产权联络员为依托，将知识产权培训纳入各大国有控股市场经营户培训内容，组织专题培训和强制培训。5月14日，举办"2010年浙江省知识产权宣传巡回演讲义乌专场演讲活动"。9月26日，举办首届市场经营户知识产权竞赛。10月18日，邀请浙师大政法学院杨勇胜为义乌工商职业技术学院500余名师生举办"创意创新发展与知识产权保护"讲座。全年举办企业专利知识培训16场，累计培训企业800家；举办市场经营户专利知识培训28场，累计培训经营户6400余人；组织执法人员、相关企业专利工作负责人参加上级部门举办的各类培训共17人次。

【知识产权执法保护】 4月26日，市知识产权局、工商局、文广新局、质监局、公安局、海关、商城集团7部门组织开展知识产权联合执法行动。活动期间，累计出动执法人员200余人次，检查商品4000余种。5月5日，在流通领域开展假冒专利行为查处行动，检查大型超市普通商品1000余种，涉及标有专利标识的产品75种。6月10日，配合国家知识产权局专利复审委人员在义乌开展2起专利无效宣告案件的活动。在2010"文博会"、"旅博会"、"义博会"上，共出动知识产权检查人员84人次，检查展位9100余个，检查商品5万种，发现假冒专利3起，当场责令当事人撤除相关宣传资料。10月12日，联合市药监局对全市医药企业开展假冒专利执法检查活动，通过药企自查自纠，19个涉嫌假冒专利药品撤柜。11月29日，按照国务院关于开展打击侵犯知识产权和制售假冒伪劣商品专项行动的通知精神，开展义乌市保护专利权专项行动。12月16日，协助省知识产权局在义乌开展执法检查，未发现假冒专利行为。全年累计出动执法人员290余人次，检查商业场所16次，检查商品5万余件，查处假冒专利行为23起。

科技成果及应用

【概况】 2010年，新上各级各类科技计划项目217个。其中，国家级项目7个，省级项目85个，市科技攻关项目35个。争取省级以上科技经费支持579.8万元。7月1日，省厅市会商项目

"调味品产业培育技术集成研究及科技企业孵化器建设"通过专家组中期验收。8月31日,2009年省厅市会商项目"新型多功能针织纺织品的纺丝织造染整关键技术研究和产业化"通过专家组中期验收。9月29日,由浙江新光饰品有限公司和浙江师范大学承担的省重大项目"面向饰品产业集群的饰品创新设计和先进制造关键技术研究及应用"被列为2010年省厅市会商项目。

义乌市2010年国家级、省级科技项目一览表

序号	项目名称	承担单位	计划类别
01	方便紫薯粉丝研究及产业化	浙江晨云实业有限公司	国星火 国科发计〔2010〕265号
02	锦纶6扁平特种纤维	义乌华鼎锦纶股份有限公司	国火炬 国科发计〔2010〕265号
03	涤纶折褶带	浙江三鼎织造有限公司	国火炬 国科发计〔2010〕265号
04	改性涤纶膨体长丝(BCF地毯丝)	浙江义乌金汇化纤有限公司	国火炬 国科发计〔2010〕265号
05	全消光锦纶6纤维	义乌华鼎锦纶股份有限公司	国新产品 国科发计〔2010〕265号
06	真空集便器	浙江真创机电科技有限公司	国新产品 国科发计〔2010〕265号
07	数字式宽幅全自动电子雕刻制版机	浙江博玛电子有限公司	国创新基金 国科发计〔2010〕543号
08	面向饰品产业集群的饰品创新设计和先进制造关键技术研究及应用	浙江新光饰品有限公司、浙江师范大学	省厅市会商 浙科发计〔2010〕189号
09	泮托拉唑钠及其中间体的绿色合成	浙江华义医药有限公司	省绿色化工 浙科发计〔2010〕189号
10	高品质涂层纺织品生产关键技术及产业化	日信纺织有限公司	省现代纺织 浙科发计〔2010〕189号
11	高蓬松易染色阻燃聚酯BCF纤维生产的关键技术研发	浙江义乌金汇化纤有限公司	省现代纺织 浙科发计〔2010〕189号
12	行政事业单位国有资产管理体制改革理论与实践研究	义乌市公共资产管理中心	省软科学项目 浙科发计〔2010〕149号
13	腓浅动脉穿支皮瓣的三维可视化研究与临床应用	温州医学院附属义乌医院	省公益性项目 浙科发计〔2010〕154号
14	基于高级维修电工新题库的考核系统研发及电工类高技能人才培养研究	义乌工商职业技术学院	省科技创新人才计划 浙财教〔2010〕177号
15	发酵蔬果风味彩色方便米线生产工艺中试与示范	浙江晨云实业有限公司	省农转化 浙科发农〔2010〕135号
16	屠宰行业信息化管理软件	义乌市格讯软件有限公司	省新产品 浙科发计〔2010〕129号
17	BJ-A型汽车安全头枕	浙江保驾汽车配件有限公司	省新产品 浙科发计〔2010〕129号

续 表

序号	项目名称	承担单位	计划类别
18	标致405型发动机气缸盖	浙江凯吉汽车零部件制造有限公司	省新产品 浙科发计〔2010〕129号
19	FM—SK007设有密码锁的行李带扣	义乌市法明五金工具有限公司	省新产品 浙科发计〔2010〕129号
20	自发热纤维拉舍尔毛毯	浙江真爱毛纺有限公司	省新产品 浙科发计〔2010〕129号
21	调温功能性拉舍尔毛毯	浙江真爱毛纺有限公司	省新产品 浙科发计〔2010〕129号
22	新型睫毛膏	浙江美雪化妆品有限公司	省新产品 浙科发计〔2010〕129号
23	遮光无纺布	义乌市恒翔无纺布有限公司	省新产品 浙科发计〔2010〕129号
24	新型蓄电池隔膜无纺布	义乌市恒翔无纺布有限公司	省新产品 浙科发计〔2010〕129号
25	高强耐磨非织造仿皮革汽车内饰材料	义乌市恒翔无纺布有限公司	省新产品 浙科发计〔2010〕129号
26	聚酯织物多功能表面改性整理剂	义乌市中力工贸有限公司	省新产品 浙科发计〔2010〕129号
27	节能、减排的高效棉活性染色后皂洗助剂	义乌市中力工贸有限公司	省新产品 浙科发计〔2010〕129号
28	FM—XY006新型绳钩	义乌市法明五金工具有限公司	省新产品 浙科发计〔2010〕129号
29	中密度纤维装饰线条	义乌市画都图片有限公司	省新产品 浙科发计〔2010〕129号
30	多功能性聚氨酯家居用合成革1.4 mm * 1.38 m	义乌市鑫挺人造革有限公司	省新产品 浙科发计〔2010〕129号
31	150D/288F十字形超细旦涤纶有色丝	浙江大通轻纺有限公司	省新产品 浙科发计〔2010〕129号
32	脱铅、脱镉大米蛋白	义乌市海之纳生物工程有限公司	省新产品 浙科发计〔2010〕129号
33	大米多肽	义乌市海之纳生物工程有限公司	省新产品 浙科发计〔2010〕129号
34	地面站用HKD856698声表面波滤波器	义乌市华凯电子科技有限公司	省新产品 浙科发计〔2010〕174号
35	信号放大器用F-95M声表面波滤波器	义乌市华凯电子科技有限公司	省新产品 浙科发计〔2010〕174号
36	SPR3X8P盘带+金片+平绣三合一电脑控制系统	浙江思普瑞自控设备有限公司	省新产品 浙科发计〔2010〕174号

续 表

序 号	项 目 名 称	承 担 单 位	计划类别
37	SPR2X8S 锁式毛巾+金片+平绣三合一电脑控制系统	浙江思普瑞自控设备有限公司	省新产品 浙科发计〔2010〕174 号
38	JC-888C 多功能便携袖珍卷式琴	义乌市精彩实业有限公司	省新产品 浙科发计〔2010〕174 号
39	YYW-FOX 膜盒型涡街流量计	浙江迪元仪表有限公司	省新产品 浙科发计〔2010〕174 号
40	YYD 电磁热量表	浙江迪元仪表有限公司	省新产品 浙科发计〔2010〕174 号
41	LG-1 汽车前稳定杆总成	义乌市成效塑料制品有限公司	省新产品 浙科发计〔2010〕174 号
42	高档客车用汽车跑道梁	义乌市成效塑料制品有限公司	省新产品 浙科发计〔2010〕174 号
43	SC-1 型起重量限制器	义乌华盟电器有限公司	省新产品 浙科发计〔2010〕174 号
44	中频感应加热钎焊机	浙江省义乌市炊具制造有限公司	省新产品 浙科发计〔2010〕174 号
45	饰品全自动浇铸机(ZH-SP01)	义乌市振宏机械有限公司	省新产品 浙科发计〔2010〕174 号
46	Q(YXS)03-2008 隐形胶带	义乌市新世界胶粘制品有限公司	省新产品 浙科发计〔2010〕174 号
47	Q(YXS)04-2009 特氟龙耐高温胶粘带	义乌市新世界胶粘制品有限公司	省新产品 浙科发计〔2010〕174 号
48	竹木地板 UV 涂料	义乌市中力工贸有限公司	省新产品 浙科发计〔2010〕174 号
49	70D 有光经编氨纶纤维	浙江华莱氨纶有限公司	省新产品 浙科发计〔2010〕174 号
50	纽代尔纤维高档袜品	浪莎针织有限公司	省新产品 浙科发计〔2010〕174 号
51	中空异形锦纶纤维功能袜	浙江浪莎袜业股份有限公司	省新产品 浙科发计〔2010〕174 号
52	冰爽针织衫	浙江浪莎内衣有限公司	省新产品 浙科发计〔2010〕174 号
53	海狸绒针织内衣	浙江浪莎内衣有限公司	省新产品 浙科发计〔2010〕174 号
54	红外隐身战服	浙江浪莎内衣有限公司	省新产品 浙科发计〔2010〕174 号
55	合金锗丝保健功能袜	浙江梦娜袜业股份有限公司	省新产品 浙科发计〔2010〕174 号

续 表

序号	项目名称	承担单位	计划类别
56	椰炭纤维环保袜	浙江梦娜袜业股份有限公司	省新产品 浙科发计〔2010〕174 号
57	AD-SⅢ仿真木炭燃烧电壁炉	义乌市安冬电器有限公司	省新产品 浙科发计〔2010〕174 号
58	AD-SⅡ中式仿真篝火电壁炉	义乌市安冬电器有限公司	省新产品 浙科发计〔2010〕174 号
59	AD-BJ26 带音响仿真电壁炉	义乌市安冬电器有限公司	省新产品 浙科发计〔2010〕174 号
60	40s/2 涤纶倍捻缝纫线	沪江控股集团有限公司	省新产品 浙科发计〔2010〕174 号
61	28s/2 高品质涤包涤包芯缝纫线	沪江控股集团有限公司	省新产品 浙科发计〔2010〕174 号
62	色母原液着色涤纶 BCF 加捻定型纱	浙江义乌金汇化纤有限公司	省新产品 浙科发计〔2010〕174 号
63	易染涤纶超细地毯纱(K 系列)	浙江义乌金汇化纤有限公司	省新产品 浙科发计〔2010〕174 号
64	利用山竹壳提取的具有高纯度 α-,β-和γ-倒捻子素的山竹提取物	义乌章舸生物工程有限公司	省新产品 浙科发计〔2010〕174 号
65	基站用 F-140M 声表面波滤波器	义乌市华凯电子科技有限公司	省新产品 浙科发计〔2010〕174 号
66	木棉/有机棉混纺针织袜	浪莎针织有限公司	省新产品 浙科发计〔2010〕174 号
67	高柔软触感和亲水舒适性棉麻混纺针织袜	浙江浪莎袜业股份有限公司	省新产品 浙科发计〔2010〕174 号
68	多孔细旦锦纶 6FDY	义乌华鼎锦纶股份有限公司	省新产品 浙科发计〔2010〕174 号
69	17dtex/17f 锦纶 6DTY	义乌华鼎锦纶股份有限公司	省新产品 浙科发计〔2010〕174 号
70	天然竹纤维与复合超细纤维抗菌功能性针织布	义乌市华业经编有限公司	省新产品 浙科发计〔2010〕174 号
71	阳离子改性涤/锦超细纤维仿色织深浅彩条针织布	义乌市华业经编有限公司	省新产品 浙科发计〔2010〕174 号
72	阳离子改性涤纶/天然彩棉/本色棉多组分混纺纱	浙江力得纺织有限公司	省新产品 浙科发计〔2010〕174 号
73	氯苯基脱氧葡萄糖	浙江华义医药有限公司	省新产品 浙科发计〔2010〕174 号
74	环戊烯基嘧啶	浙江华义医药有限公司	省新产品 浙科发计〔2010〕174 号

续 表

序号	项目名称	承担单位	计划类别
75	WT－ZZ－Ⅱ地震防护功能电梯	浙江威特电梯有限公司	省新产品 浙科发计〔2010〕270号
76	WEITE节能电梯	浙江威特电梯有限公司	省新产品 浙科发计〔2010〕270号
77	呆扳式转向套筒扳手	浙江四达工具有限公司	省新产品 浙科发计〔2010〕270号
78	T14.8tex×2超高速缝纫高档缝纫线	沪江控股集团有限公司	省新产品 浙科发计〔2010〕270号
79	T21tex×2长效抗静电高强涤纶缝纫线	沪江控股集团有限公司	省新产品 浙科发计〔2010〕270号
80	RA型自动卷收拉紧带的拉紧器	义乌市法明五金工具有限公司	省新产品 浙科发计〔2010〕270号
81	YXSJ－07－10遮光胶粘带	义乌市新世界胶粘制品有限公司	省新产品 浙科发计〔2010〕270号
82	YXSJ－06－10冷库专用胶粘带	义乌市新世界胶粘制品有限公司	省新产品 浙科发计〔2010〕270号
83	YSZ－JB01摆动(位移)式保健枕头	义乌市永升文教用品有限公司	省新产品 浙科发计〔2010〕270号
84	ICE COOL冰爽抗菌生态凹凸面料	浙江莎雪服饰有限公司	省新产品 浙科发计〔2010〕270号
85	Newdal纤维多功能一次成形高档提花面料	浙江莎雪服饰有限公司	省新产品 浙科发计〔2010〕270号
86	环保山羊皮二层耐水洗革	浙江帅达尔实业有限公司	省新产品 浙科发计〔2010〕270号
87	高蓬松簇绒地毯专用纱BCF	浙江义乌金汇化纤有限公司	省新产品 浙科发计〔2010〕270号
88	抗紫外线涤纶BCF	浙江义乌金汇化纤有限公司	省新产品 浙科发计〔2010〕270号
89	AS18H压力锅	浙江永达不锈钢制品有限公司	省新产品 浙科发计〔2010〕270号
90	新型彩色陶瓷压力锅	浙江永达不锈钢制品有限公司	省新产品 浙科发计〔2010〕270号
91	可降解水性涂层环保烟用转移包装膜	浙江中佳包装材料科技有限公司	省新产品 浙科发计〔2010〕270号
92	S-联二萘酚	浙江华义医药有限公司	省新产品 浙科发计〔2010〕270号

【数字式宽幅全自动电子雕刻制版机】 5月17日，数字式宽幅全自动电子雕刻制版机被列为国家中小企业创新基金项目，由浙江博玛电子有限公司承担。项目通过对高刚度宽幅机械本体及综合误差补偿、高性能数控加工、多工位群控协调以及基于机器视觉的质量自动评价等凹印电子雕刻制版关键共性技术的研究，采用模块化设计策略，以CAN总线为信息传输桥梁，开发出一套开放、柔性、高性价比及适用范围广的高性能数字式宽幅电子雕刻制版系统。年内，项目已完成4项软件著作权登记，并申请受理2项国家发明专利和2项实用新型专利。项目完成后，预计年增加产值2654万元，年增加利润930万元，年增加税金210万元。

【涤纶折褶带】 5月28日，涤纶折褶带被列为国家火炬计划项目，由浙江三鼎织造有限公司承担。项目利用材料在染色过程中的缩率差异，深入研究高速无梭织带机的分经轴织造技术，通过改造织带机的引纬装置、染整定型机的分隔带插杆装置，开发出具有起伏效应的高技术含量、高附加值的彩带，产品设计新颖，带面美观大方，折褶率在15%～30%之间，折褶效果明显，生产工艺技术处于国内领先水平。项目已授权1项实用新型专利和1项外观设计专利。项目完成后，预计年增加产值1800万元，年增加利润379万元，年增加税金298万元。

【改性涤纶膨体长丝(BCF地毯丝)】 5月28日，改性涤纶膨体长丝(BCF地毯丝)被列为国家火炬计划项目，由浙江义乌金汇化纤有限公司负责承担。在国内首家应用纺丝—牵伸—热气流变形一步法工艺方法，通过一步法解决生产的聚酯膨体长丝可纺性差、弹性差等技术难题，研制开发含胺类化合物可染涤纶BCF的生产工艺技术，生产出具有高弹性、高膨化、可印可染等优良特性的改性涤纶BCF，其工艺技术在国内处于领先水平。

【方便紫薯粉丝研究和产业化】 7月7日，方便紫薯粉丝研究和产业化立项，由浙江晨云实业有限公司实施。项目精选四川宜宾紫薯种植基地的鲜紫薯为原料，经过清洗、切片、烘干等工艺将紫薯加工成紫薯全粉；采用非油炸工艺，利用双螺杆高速旋转自熟、常温老化等技术，进行方便紫薯粉丝的研究和规模化生产。具有口感细腻、爽滑等特点。项目计划总投资680万元，拟扩建紫薯种植示范基地66.67公顷。项目执行期间将实现产值3000万元，年增利润600万元，年增税金200万元。项目的实施将有利于紫薯类食品深加工技术的突破，带动方便食品产业的发展。

【饰品创新设计和先进制造关键技术研究及应用】 9月29日，饰品创新设计和先进制造关键技术研究及应用被列为省厅市会商项目，由浙江新光饰品有限公司和浙师大联合承担。项目总投资3000万元，省科技厅补助经费180万元。项目主要从饰品环保材料开发、数字化先进制造技术、信息化辅助设计和管理等方面着手，通过对饰品创新设计与快速建模关键技术、环保型金属饰品合金材料技术、饰品及配件数字化先进制造技术等成套技术的攻关，解决制约饰品产业发展的环保壁垒、产品创新、装备制造等问题，从而推动饰品及相关行业的技术进步和产业的转型升级。

科技交流活动

【科技对接与交流】 2月2日，中科院长春应用化学研究所与浙江新光饰品有限公司、浙江宾王扑克有限公司、义乌市炊具制造有限公司3家企业进行科技对接。3月10日，副市长吴森民带领市科技代表团赴上海理工大学参加科技创新信息发布会。4月21～23日，组织浙江正味食品有限公司等6家农业科技企业与江南大学开展科技对接，签约合作项目5个；28日，组织浙江义乌金汇化纤有限公司等4家企业赴湖州与中科院专家进行科技对接，签约合作项目2个。5月10日，浙江工业大学组织20余名教师在义乌市举行培训和环保技术对接活动，全市上百家企业参加。6月8日，组织10家企业参加2010年浙江省军民科技合作对接交流会，签约合作项目2个；14日，浙江理工大学组织10余名专家与义乌市无缝织造行业的20余家企业开展技术服务与对接。7月4～9日，组织义乌饰品块状经济转型升级专家服务组部分成员赴日本东京、大阪、神户等地考察学习日本饰品的先进理念和先进技术。9月1日，组织5家纺织类企业赴河南中原工学院进行科技对接，市科技局与中原工学院签订科技共建协议；12日，浙江大学和义乌市100余家企业开展科技对接活动。10月27日，组织12家企业单位参加浙江国际科技对接会。11月11日，组织17家企业参加上海工业博览会。

【参加第十一届中国金华工业科技合作洽谈会】 10月19～20日，第十一届中国金华工业科技合作洽谈会在金华举行，义乌市组织信息技术、机械制造、农业、食品加工等行业的12家企业，参加信息技术、汽车及零部件、食品加工3个专场科技对接活动。洽谈会期间，组织30名专家考察国际商贸城和浪莎袜业有限公司，以进一步拓展企业与院校所的合作领域。组织西贝虎特种车辆有限公司参加全国第二届全电子战斗车辆发展趋势及关键技术研讨会，组织义乌市格讯软件有限公司等6家企业参加科技风险投资重点项目推介会。组织29家企业参加海内外英才引进暨大学生就业洽谈会，共有6个项目在科技合作项目签约仪式上签约，2个项目在投资合作项目签约仪式上签约。

企业研发中心

【概况】 5月18日，浙江正味食品有限公司创办的中国调味品产业中试与孵化中心经中国调味品协会批准正式成立。11月8日，义乌洁康管业研发中心、义乌思普瑞自控设备研发中心等9家市级企业研发中心得到认定。12月30日，永达不锈钢压力锅研发中心、梦娜新型袜品研发中心和真爱差别化毛毯研发中心被评为省级高新技术企业研发中心。全市企业研发中心总数135家，其中省级高新技术企业研发中心14家。

【真爱差别化毛毯研发中心】 成立于2001年3月，依托浙江真爱毛纺有限公司，拥有专职研发人员108人，其中本科或中级以上工程技术人员81人。该中心率先在毛纺行业研究开发电脑制版分色系统，与浙江大学合作研发具有国内领先水平的针打式制网版系统，攻克具有行业领先水平的纺织品连续印花蒸化关键技术，先后完成省级新产品6项，金华市级和义乌市

真爱差别化毛毯研发中心

级新产品各 1 项。

【永达不锈钢压力锅研发中心】 成立于 2005 年 3 月,依托浙江永达不锈钢制品有限公司,拥有专职研发人员 16 人,其中本科或中级以上工程技术人员 11 人。中心致力于不锈钢制品相关技术的基础性和应用性课题的研究,主要开发国际市场竞争力强、科技含量高、性能优越的压力锅系列产品,并在该领域处于世界先进水平。中心在压力锅生产技术及新产品开发方面取得较好成效,获得发明专利 1 项、实用新型专利 20 项。

【梦娜新型袜品研发中心】 成立于 2000 年 1 月,依托浙江梦娜股份有限公司,拥有专职研发人员 83 人,其中本科和中级以上工程技术人员 61 人。中心以开发高端的环保、舒适、多功能、高品质袜品为方向,将个性、功能、文化、时尚等元素融合在新材料开发应用和款式设计中。中心共获得国家授权专利 42 项,其中发明专利 1 项、实用新型专利 27 项、外观设计专利 14 项。软件著作权登记 3 项,著作权登记 7 项。中心开发出省级新产品 7 个,其中银纤维保健袜、空调纤维袜、吸湿排汗抗菌户外运动袜及大麻抗菌自行车运动袜均达到国内领先水平,吸湿排汗足球袜达到国内先进水平。省级项目基于 SAP ERP 系统的袜业企业信息化建设达到国内袜业领先水平。

（杨松林）

教　育

JIAO　YU　本栏目摄影　金佩庆

楂林小学迎来百年校庆

骆宾王雕像落户宾王中学

机电技工学校被授予“国家级重点技工学校”称号

第一届职高足球赛

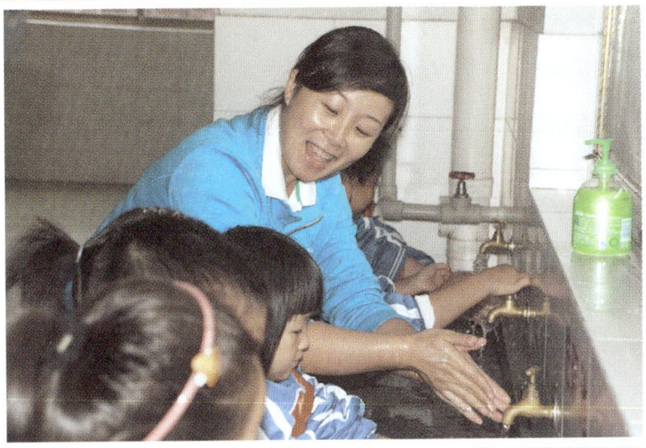

“全球洗手日”现场活动

学生音乐特色节目展演

国贸幼儿园组织赈灾义卖活动

陶艺选手在全国创新作品大赛上获奖

幼儿园孩子愉快过六一

体艺2+1活动蓬勃开展

教 育

综 述

2010年，全市有小学77所（其中外来建设者子女学校16所），在校学生77588人。初中24所，在校学生33033人。普通高中11所，在校学生15257人。职业中学5所，在校学生11175人。普通高等学校一所，在校学生8800人。幼儿园300所，在园幼儿61161人。成人高校（电大）一所，在校学生1327人。全市中小学、幼儿园及教育研修院、电大、科教中心、市民大学等共有教职工13616人，其中中小学、幼儿园专任教师10451人，具有研究生学历的有93人，本科学历的有4571人，专科学历的有3631人；具有中学高级职称的423人，中学一级职称的1691人，小学高级职称的1087人。

全年财政预算内教育经费占财政支出的23.84%，预算内学生人均教育事业费小学5936元，初中8282元，分别比上年增加502元和438元。预算内生均公用经费，小学639元，初中693元，分别比上年增加185元和15元，地方财政性教育经费支出占国民生产总值的1.98%，比上年降低0.28个百分点。

各项教育经费收入142387万元，其中预算内经费85085万元，教育费附加8906万元，地方教育费附加14780万元，社会捐赠经费5537万元，事业收入15274万元（含杂费9529万元）。财政教育基础建设资金40230万元，其中投入校舍建设31624万元，教仪设备4141.7万元，全年新建、续建项目53个，建成校舍面积17.7万平方米。免义务教育阶段学生课本及作业本费2715万元，住宿费804万元，发放营养餐费164万元，减免高中与职高困难学生学费392万元。全市2008～2010年累计投资新建项目85个，建成校舍面积44.8万平方米，完成投资6.6亿元，在建面积16.2万平方米。

围绕机关政风、师德行风建设和教育优质发展的主线，深入开展“创新创优、提质提效”和“创先争优”主题教育活动。深化师德行风建设，下发《义乌市师德建设实施办法》、《关于教师违规带生、办班的处理意见》，禁止教师带生、办班和从事有偿家教，加强对师德失范现象的惩处。创新机制积极解决社会热点问题，中心城区9所中学参照“初中非学区”学生招生办法，首次实施公开报名录取方式。应对2010年就学需求猛增形势，通过扩班、增加班额、生源调配等方式，有效化解“入学难”现象。

抓好教育民生实事办理，加快学校基本建设，优化教育服务，拓展教育资源。稳步实施校舍安全工程，2009～2011年校舍安全工程规划内13所学校的建设改造项目全部开工，年内完成投资90%。市政府承诺项目“中小学校舍安全改造10万平方米”全面完成。全年幼儿园建设共投入1400万元，建成园舍2.93万平方米。特教中心在尚未全面启动建设的困难情况下，新增智障教学部，招聘10名教师，招收30名智障学生。合理分解指标，加强生源调配，新增3100余个外来建设者子女学位，较好地满足了外来儿童“学在义乌”的需求。2010年，全市完成教育基本建设投资2亿元。继续实施免费义务教育，2010年义务教育段免收各项费用4734万元。

【全国绿化模范单位】 义乌中学新校区累计投入绿化资金1800万元，建成10大景观区和4个园，形成和谐宜人的人文景观。在绿化、美化校园的同时，学校还注重绿化育人，开展义务植树、捐资捐树、“认养一棵树”等活动。义乌中学现有常绿乔灌木2.18万棵，色块、草皮面积10万余平方米，绿地率48%，覆盖率68%。2010年4月1日，全国绿化委员会授予义乌中学“全国绿化模范单位”称号。

【千名考生应聘义乌教师岗位】 2010年，全市共提供292个教师岗位，面向社会公开招聘。来自全国各地1245人报名，其中具有硕士研究生学历143人。通过4月17日笔试、5月18～22日面试、5月27日体检等程序，实际录用280人，其中具有硕士研究生学历33人。被录取的人员参加上岗前集中培训，新学期由市教育局分配到各中学任教。

【新义乌人子女入学可享受“同城待遇”】 5月24日，市教育局下发《义乌市公办小学、初中接收外来建设者子女入学公告》，规定就近学校在学额有空余的情况下，均要接收安排符合条件的外来建设者子女入学。凡居住地就近学校学习或经中心学校统筹安排进入其他学校就学的、符合条件的义务教育阶段外来建设者子女，与当地学生一样享受省统一规定的免费政策，符合条件的家庭经济困难学生被纳入政府资助范围。

【浙江机电技校被授予“省级重点技工学校”称号】 5月20日，浙江机电技工学校举行国家级重点技工学校授牌仪式。该校是省属技工学校，创建于1978年。30余年来，该校立足义乌，面向全省，培养了上万名技能型人才，先后被授予“省级重点技工学校”、“全国职业核心能力示范培训试点单位”、“国家职业技能鉴定所”等称号。

【陶艺选手全国创新作品大赛获佳绩】 7月22日在江苏省苏州市举行的“第五届全国中小学劳技创新教育作品邀请赛暨全国青少年优秀创新人物评选”活动中，由绣湖小学、江滨小学、稠城三校、杭畴小学、东河小学和义亭中学6名中小学生选手组成的义乌市代表队入围陶艺项目现场总决赛，取得2金4银的佳绩。此次比赛分小学、初中和高中3个组别，其中主要项目为小发明，陶艺项目全国仅有30名中小学生入围。

【全国中小学图书馆先进集体】 宾王中学加强学习型学校建设，把学校图书馆建设纳入学校整体发展规划，多次被评为市中小学图书馆先进集体。2009年，宾王中学图书馆从尚美楼搬迁至明理楼六楼，面积760平方米，分教师阅览室、学生阅览室以及休闲区，藏书总量9.3万册，工具用书210种，征订报刊160种。学校采用图书电子管理系统软件，运用计算机对图书进行编目、统计，每年用于图书增添和完善设施的经费均在5万元以上，保证生均图书每年递增2册以上。图书馆还积极与语文组、咏鹅文学社联手举办读书征文、开设主题讲座等活动。2010年7月，宾王中学图书馆获“全国中小学图书馆先进集体”称号。

【爱我母语，传承文化——第十三届推普周活动】 2010年是《国家通用语言文字法》发布10周年，9月12～18日是第十三届全国推广普通话宣传周。义乌市各个学校开展不同形式的“推普周”活动。城镇职校组织全校师生开展“人人都说普通话”签名活动、“人人都说普通话”朗诵比赛、“人人都写规范字”硬笔书法比赛、召开“说普通话，与文明同行”主题班会、“展规范汉字”为主题的板报评比等。稠州中学陆续开展“六个一”宣传活动，即校长和学生推普员作一次国旗下“推普”宣传讲话；校园网站（含学科网站）一周内显示“推普”宣传口号；各班刊出一期“推普”主题黑板报，并组织评比；各班组织一次主题班、团队活动；语文老师指导学生走出校园开展一次“啄木鸟”纠错行动；学校通过家长会、校讯通等途径对家长作一次“推普”宣传和普通话辅导活动。国贸学校张贴推普倡议书、给全体学生和家长发放《推普倡议书》，宣传推广普通话；开展“书同文，语同音——中华诵”主题班会活动，评选各班的“诵读之星”；安排学校推普员进教室进行推普周宣传活动，让同学们参与到人人都说普通话的氛围中来；开展全校性的“啄木鸟行动”——改错别字比赛，教师写钢笔字比赛。江东一小召开主题班会，举行“我和祖国共成长”讲故事比赛，刊出推普专题黑板报并在围墙外张贴推普宣传标语。

【浙江机电技工学校与韩国大邱工业大学合作办学】 10月15日，浙江机电技工学校与韩国大邱工业大学举行合作办学签约仪式。两校将在互派师生研修和学习、学术研讨、教育信息和资源共享方面积极发展协作关系。韩国大邱工业大学成立于1976年，地处韩国第三大城市大邱市，是韩国一所有代表性的工业类大学，学校被韩国教育科学院评为“优秀教育环境大学”和“绿色能源特性化大学”。

【“全球洗手日”现场活动】 10月15日是第三个“全球洗手日”，2010年洗手日的主题是“正确洗手，‘手’筑健康”。当日上午，现场宣传教育活动在绣湖小学举行。市疾控中心专家现场讲解正确洗手要领及注意事项。据联合国儿童基金会提供的数据，中国每年死亡的儿童中有20%与肺炎和腹泻两种疾病有关。专家表示，正确洗手是预防传染病最为经济有效的办法。

【中小学科技教练员技能比武】 10月14～15日，在稠州中学丹溪校区举行2010年义乌市中小学科技教练员技能比武，来自各中小学的参赛教练员653人次，比赛项目包括无线电遥控飞机定时定点特技比赛、电动遥控车绕标竞速比赛、巡轨车现场制作和行驶比赛、“嘉年华”豪华游轮电动拼装模型现场制作和直航比赛、“蓝色小家园”纸制建模及场景制作外观比赛、“中国馆”塑料建模现场工艺制作外观速度赛6项。

【德国教育专家访问义乌】 10月25日，德国巴伐利亚州地区教育研修班主任阿尔伯特·穆尔多夫访问义乌市教育研修院。宾主双方就有关教师培训的管理体制、教师研修模式、教师培训的考核认定等问题进行深入交流。由于社会制度和教育管理体制不同，教师培训的做法差异很大，但德国专家介绍的注重培训实效、培训方式多样等做法有可借鉴之处。穆尔多夫是应邀参加在义乌市举行的2010年中德教育学术研讨会暨浙江省第三期教师培训班活动基础上进行教育访问的。随后还访问了市绣湖小学等部分学校。

【学生音乐特色节目展演活动】 10月26日，义乌市第九届校园文化艺术节“学生音乐特色节目展演活动”举行，此届艺术节为期3天。全市共有107所中小学报名参赛，参赛节目204个，参赛学生3594人，绝大部分中小学选取其中2项参赛。参赛项目分戏剧、器乐、舞蹈3大类，其中戏剧类专场是2010年首次单独设置。艺术节的比赛项目分中小学生独唱比赛、2010年小学生课堂乐器演奏考评、初中生课堂乐器演奏比赛、中小学生音乐特色节目展演、中小学铜管乐展演、第十五届中学生“乔山杯”现场美术比赛、中学美术“人人会设计”课堂作业展评、第十四届小学生现场美术比赛、小学生课堂美术作品展评、中小学生现场摄影比赛、小学生“我和祖国共成长”讲故事比赛、中学生演讲比赛12个项目。除学生音乐特色节目展演项目外，其余项目比赛均已完成。

【义乌市教育局获“全国艺术教育先进单位”称号】 市教育局深化教育改革、推进素质教育，学校开齐开足艺术类课程，艺术器材配置达标，开展以体育艺术“2＋1”为主要内容的课外文体活动，成立校级艺术团、合唱团，艺术兴趣小组和社团遍布中小学，学校100%的学生参加校级合唱节，60%以上的学生参加校级艺术节。每年全市有近万名师生参加市级校园文化艺术节或合唱节集中汇演，促进了全市艺术教育走向普及化。2010年10月10～11日，在吉林省吉林市召开的全国学校艺术教育工作经验交流会上，义乌市教育局被评为“全国艺术教育先进单位”。

【参加省教师普通话大赛获奖】 10月30日，由省语言文字工作委员会和省教育厅联合举办的浙江省第二届教师普通话大赛在宁波外事学校举行。为备战比赛，市教育局组织义乌市第二届教师普通话大赛，从各校参赛选手遴选，全市69个教师节目参加市级选拔赛，实验幼儿园的《峥嵘岁月》和绣湖小学的《永远的格桑梅朵》成功晋级参加比赛，并双双获得“浙江省第二届教师普通话大赛”一等奖。

【群星学校获评全国民办教育先进集体】 11月4日，由教育部中国教师发展基金会、中国教育报刊杂志社、中国人才研究会教育人才专业委员会共同主办的全国民办教育先进集体、个人表彰大会在北京星光·梅地亚酒店召开。义乌市群星学校被评为全国民办教育先进集体。

群星学校是集小学、初中、普通高中和国际部为一体的全寄宿制学校。校园占地面积6.67公顷，建筑面积6万余平方米，总投资8000余万元。现有教学班62个，在校生2500余人。学校教师70%以上是各省、市、县骨干教师。学校高中会考合格率100%，高考成绩以明显优势位居同类学校前茅。2008年，学生参加各级各类比赛共获奖194人次，其中获省、地、市一等奖的46人次。2009年高考，学校信息技术学科以89.8分的优异成绩名列义乌第一，有7名学生考入全国一类重点大学。学校先后荣获全国优秀民办学校、浙江省优秀民办学校、浙江省重点中学、浙江省示范性学校、金华市群体师德创优先进单位、浙江省“创建适合学生发展的学校”实验学校、浙江省首批文化建设示范点等。

【国家教育部领导来义乌视察】 11月7日，国家教育部副部长陈小娅来义乌视察，对义乌教育的均衡发展工作给予充分肯定。义乌围绕创建全国区域教育均衡发展特色示范市工作，按照“城乡一体化，区域统筹化，文化引领，内涵发展”的指导思想，着力从资源配置、城乡交流、文化建设、评价导向等方面，加快区域教育全面和谐发展，取得较好成绩。2009年，通过全国区域教育均衡发展特色示范市评估验收，并被教育部评为全国推进义务教育均衡发展先进地区。

幼儿教育

【概况】 2010年，全市有幼儿园300所。其中公办幼儿园17所(教育部门办15所，其他2所)；社会力量办283所，教职工5686人，其中幼儿专任教师3498人，在园幼儿61161人，园均规模204人。省三级以上幼儿园92所，其中省一级幼儿园6所，省二级幼儿园22所，省三级幼儿园64所。

【参加首届省少儿国际跳棋赛获奖】 1月，由浙江省棋类协会主办，金华市棋协承办的浙江省第一届少儿国际跳棋赛在义乌市雷迪森酒店举行。78名来自全省各地的小选手参加角逐。比赛共决出小学团体、幼儿团体前3名，男子小学组、女子小学组个人前3名，男子幼儿组、女子幼儿组个人前3名。义乌机关第二幼儿园队获得幼儿团体冠军，该园的王泓翔获得幼儿男子组个人冠军，朱三川获得幼儿女子组个人亚军。实验小学代表队荣获小学组团体冠军，何永超获男子小学组个人冠军。

【稠州幼儿园落成启用】 9月12日，稠州幼儿园(原市机关第二幼儿园)新园落成启用。该园创办于1996年，原为市政府下属幼儿园，2005年成为市教育局直属幼儿园，同年市政府下文将北门改造区块幼儿园划拨给机关幼儿园建新园。新园坐落在稠城街道胜利社区，占地面积6636平方米，总建筑面积1.01万平方米。园内环境优美、布局合理；电脑、电视、实物展台、电子白板等现代化电教配备齐全；艺术室、阅览室、棋类室、生活操作室、音体室等配套设施齐全；室外草坪、塑胶活动场适合幼儿活动，丰富新颖的玩教具和大型综合器械为幼儿创造了锻炼的空间，为幼儿健康和谐的成长提供了温馨的环境。2010年，教职工总数50人，设11个班级，在园幼儿282人。

【进社区推广普通话】 9月15日，宾王幼儿园教师与幼儿代表走进祠林社区、菜市场开展“说普通话，写规范字”宣传活动。

孩子们用稚嫩而清脆的普通话向行人、四周的经营户宣传推广普通话。在9月12～18日第十三届全国推广普通话宣传周期间，该园共发放倡议书500余份。

义务教育

【概况】 2010年，全市有公办小学61所，民工子弟学校16所，在校学生7.76万人，比上年增加5930人，校均规模1008人，比上年增加77人。初中24所，学校数与上年持平，在校生3.30万人，比上年减少1024人，校均规模1376人，比上年减少43人，初中升高中比例99.2%。共有5646名教职员工，其中专任教师5204人。生均占地面积达标学校小学38所，达标率62.3%，初中24所100%达标。生均建筑面积小学41所达标，达标率67.2%，初中达标率100%。生均图书册数小学达标57所，达标率93.4%，初中达标率100%。电脑数量、教学仪器配备小学及初中达标率100%。电教设备配备达标学校小学56所，达标率91.8%，初中达标率100%。音乐器材配备达标学校小学58所，达标率95.08%，初中达标率100%。美术器材配备达标学校小学54所，达标率88.52%，初中达标率100%。体育教学器材配备达标学校小学59所，达标率97.62%，初中达标率100%。劳技教学器材配备达标学校小学47所，达标率77.05%，初中达标率100%。卫生教学器材配备达标学校小学43所，达标率70.49%，中学达标率100%。体育场地达标学校小学53所，达标率86.88%，初中21所，达标率87.5%。

【稠州中学被命名为浙江省体育特色学校】 3月23日，省教育厅正式下文公布第三批浙江省体育特色学校名单，以篮球为传统特色项目的义乌市稠州中学榜上有名。

稠州中学是义乌市第一所跨区域的教育集团化学校。学校不断加强体育工作，积极开展阳光体育运动。在坚持抓好“两课两操”等常规工作外，确定以篮球为特色项目。学校每学期把篮球纳入体育教学和课外活动中，每年9月确定为学校体育节，开展运球技巧跨步投篮比赛、班级篮球赛、师生对抗赛、广播操比赛、4×100米接力赛等系列活动，以此促进体育特色项目——篮球运动员的选拔和运动技能的培养。至2009年，学校女篮已9次蝉联义乌市体育传统项目篮球赛初中女子组冠军，7年蝉联金华市体专校篮球赛初中女子组冠军。2008年，学校女篮参加浙江省首届中学生篮球联赛获北区第二名，总决赛第三名。2009年，参加浙江省第二届中学生篮球联赛获第五名，教练员被评为省优秀教练员。学校女篮连续2届被省教育厅、省体育局授予体育道德风尚奖。

【全国中小学电脑制作活动机器人竞赛获奖】 7月24～28日，第十一届全国中小学电脑制作活动机器人竞赛在湖北经济学院举行，来自全国28个省(自治区、直辖市)教育厅(教委)和新疆生产建设兵团教育局推荐的233支队伍参加竞赛，共分6个类别11组，评出一等奖22人。义乌市群星学校代表浙江省参赛，洪雅琪、林天景荣获初中部机器人竞赛初中组足球项目一等奖。义乌市群星学校已连续7次代表浙江省参加全国比赛，先后荣获一等奖6项、二等奖3项、三等奖2项，向华中科技大学、中国地质大学、华南理工大学等重点大学输送优秀学生5人。

【学生美术作品入选国家级作品展】 7月6日，由中国文学艺术界联合会、中国美术家协会、中共浙江省委宣传部、浙江省文学艺术联合会共同发起的首届全国农民绘画作品大奖赛在浙江美术馆(杭州)开幕。27个省(自治区、直辖市)从3100件作品中精选400件作品参赛，其中优秀奖作品46件，入选奖作品354件。义乌市后宅中学学生金小凯的作品《迎亲》以其地方色彩浓郁、主题突出的特点入选“农民画时代——全国农民绘画作品展”，并被浙江美术馆收藏。

【市儿童艺术团在东亚儿童节展演】 7月25～30日，应联合国教科文组织邀请，义乌市儿童艺术团作为中国大陆地区唯一的一个儿童艺术团赴澳门特别行政区参加第十届东亚儿童艺术节。市实验小学和艺术学校23名学生组成的儿童艺术团表演了群舞《水中花》、《汪汪交响曲》和民乐合奏《庆丰收》、《拉呱》。除参加表演外，还参加澳门基金会组织的各项交流活动。东亚儿童艺术节是由联合国教科文组织2001年在北京设立，每年举办一次。

【获“中国少年科学院科普教育示范基地”称号】 宾王小学提出以播种创新精神、培养创新兴趣、提高创新技能为宗旨的科技创新特色教育，通过努力，学校特色教学硕果累累，2008年在市无线电比赛中获团体二等奖，市科技创新大赛中获团体一等奖。2009年在全省电子制作锦标赛中机器人项目获团体第一名，电子制作项目获团体第三名。2010年8月，学生参加全国电子制作锦标赛获得2金2银1铜的好成绩。12月，学校被命名为“义乌市青少年科技教育特色学校”，同月，被中国少年科学院授予“中国少年科学院科普教育示范基地”称号。

【开展纪念抗日战争胜利65周年活动】 9月3日，赤岸初中开展纪念抗日战争胜利65周年活动，举办主题班队会，讲述抗日战争故事；组织收看《地道战》、《南京！南京!》等抗日战争题材的影片；搜集、讲述抗日战争故事；举办“伟大的胜利——纪念抗日战争胜利65周年”图片展，揭露日本帝国主义侵略者所犯下的滔天罪行。

【开学典礼上的表彰】 9月3日开学典礼上，稠城三校表彰在2010年第七届浙江省国际传统武术比赛上获奖学生。稠城三校武术队在暑期参加2010年第七届浙江省国际传统武术比赛中，有34人参赛，荣获33枚金牌、28枚银牌，并获得太极南拳团体第一名的佳绩。校武术队被浙江省体育局、浙江省人民对外友好协会授予“最佳运动队”和“发展武术运动贡献奖”等称号。

【“低碳生活与我同行、千只千纸鹤送祝福”活动】 9月7日，为庆祝第26个教师节的到来，廿三里第二小学开展“低碳生活与我同行、千只千纸鹤送祝福”活动。学生利用休息时间，用废纸等折叠制作1000余只千纸鹤，在翅膀上写上对老师的祝福，表达浓浓师生之情。

【开学第一周团队日活动】 9月8日，佛堂小学开展开学第一周团队日活动。学校利用“小荷之声”红领巾广播站，举行“争当四好少年”的歌曲学唱活动；结合学校提出的“传承经典、探索未来、读史明志、以文育人”的育人新思路，举办传承千年文化，塑育百代人杰之稠南文化展；组织部分学生参观佛堂老街，了解老街悠久的文化历史，在老街“不忘国耻”的纪念碑前聆听佛堂抗战史。

【宾王中学开设“课程超市”】 宾王中学推行学分制管理，开设以培养学生个性、特长为目标的校本课。课程种类有书法、太极拳、电子制作、十字绣、人物速写、航模、篮球队、民乐团等69个门类。学校要求每位老师都要开设一门课，每个学生都要选择一门校本课程，活动时间为每周五下午，每次两节课时。9月21日，“校本课程超市”正式开张，全校七、八年级32个班级的1500余名学生聚集在69个“课程摊位”边，自主选择自己喜爱的选修课程。

【市艺术学校获省合唱节四连冠】 10月22日，由浙江省教育厅、文化厅、财政厅、广电集团等单位联合举办，历时8个月的“2010年浙江省中小学合唱节”在宁波北仑圆满落幕。比赛共设小学组、初中组、高中组、艺校与少年宫、室内乐合唱等组别。义乌市艺术学校合唱团代表义乌市参加艺校与少年宫组的比赛，囊括了表演一等奖、优秀指导教师奖、优秀指挥奖、优秀伴奏奖4个组委会所设的全部最高奖项。之前，市艺术学校学生合唱团、舞蹈团、民乐团三大学生艺术团已在省2007年合唱节、2008年舞蹈节、2009年艺术节和2010年合唱节中夺得四连冠。

普通高中教育

【概况】 2010年，全市有普通高中11所，其中公办8所，民办3所。省级重点2所，省二级重点2所，省三级重点2所。年内，普通高中招收新生5521人，毕业生4345人；在校生15257人，其中女生7283人，全市共有1401名教职员工，其中专任教师1112人。全市4584名考生参加高考，上线4258人，上线率92.9%，上文理重点线757人，上线率16.5%。

【四中成为市首批青少年科技教育特色学校】 12月8日，市教育局和科协联合下文，认定义乌四中为义乌市首批青少年科技教育特色学校，是义乌市普通高中唯一一所入选的学校。

义乌四中实现"一网三通"，有设施完备的科技教育专用教室1间，实验室、仪器室3间，计算机室3间，多功能教室1间，劳技教室2间和完整的教学设备及城域网工程设备，并在建机器人实验室。同时学校有忆丰科技有限公司、市污水处理中心、义乌市科技教育中心、义乌市劳技教育中心等科技教育校外基地。在各级各类科技比赛中辅导学生获专项奖20余名。在第十届中国智能机器人大赛及第七届浙江省中小学智能机器人竞赛中，学校获(高中组)二等奖。在第十一届中国智能机器人竞赛中获一等奖1个、二等奖1个，足球项目银牌。依托学校天文台，在中国地理学会主办的"地球小博士"全国地理科技大赛中，连续3届获优秀组织奖，并荣获"全国地理教学先进集体"。

【全国中学生英语能力竞赛决赛】 12月12日，全国中学生英语能力竞赛决赛(金华赛区)在义乌二中举行。全国中学生英语能力竞赛是教育部批准的全国唯一的中学生英语综合能力竞赛。来自义乌市各中学715名学生(初中生354名，高中生361名)参加竞赛活动。义乌二中英语教研组于11月在全校范围内组织初赛，经过选拔，全校共有80名学生进入全国复(决)赛。义乌二中学生获得69个奖项，其中一等奖6人、二等奖10人、三等奖33人、优秀奖20人，8名教师获得优秀指导奖。

中等职业教育

【概况】 2010年，全市有5所职(技)校，其中国家级重点职业学校3所，国家级重点技工学校1所，省级示范专业6个(城镇职校的机电技术、电子商务、国际商务，国贸学校的汽车运用与维修，机电技校的机电设备安装与维修，上溪中学的工艺美术)，省级示范性实用实训基地5个(城镇职校的机电、国际商务，国贸学校的汽车运用与维修，机电技校的机电实训基地)，省级综合性公共实训基地1个(城镇职校的机电技术应用)。全年毕业生2513人，招收新生4144人，在校学生11175人，其中女生4803人。年内，59名专业教师参加维修电工、计算机网络管理员、数控车床、财务会计、CAD制图等工种的省级"双师型"高技能培训和教学能力培训，并获得相应的高级技能证书。教师参加金华市中职学校专业课各类比赛共获一等奖4个、二等奖4个、三等奖1个。在金华市论文评比中，23篇论文获奖，其中一等奖5篇。在浙江省中等职业学校学生技能大赛中，获一等奖3个、二等奖1个、三等奖9个。在金华市第七届中等职业学校师生技能比武中共获一等奖37人次、二等奖25人次、三等奖39人次。

【在省技能大赛上获一等奖】 5月9～11日，浙江省中等职业学校学生技能大赛暨全国职业院校技能大赛选拔赛在浙江机电职业技术学院举行，参加大赛的共有12个团队。设置计算机应用技术、电工电子、烹饪、汽车运用与维修、服装设计制作与模特表演、美容美发、数控、建筑、现代物流、农业、护理11个专业的38个项目(工种)。在数控车工项目中，义乌市选手浙江机电技工学校学生陶俊峰获一等奖，并代表浙江省参加全国大赛。

【在全国无线电测向锦标赛上夺冠】 8月26日，由国家体育总局、教育部、全国妇联、共青团中央等单位联合举办的全国无线电测向锦标赛在珠海举行。高中组浙江省有5支代表队参赛(全国共有68支代表队)。义乌上溪中学6名学生，荣获2010年全国青少年无线电测向锦标赛女子团体比赛第一名，并夺得3块金牌，4名学生获3金2铜，金牌数为全国同组别之最；1名学生在工程机制作中获一等奖。教练杨国君捧回"金狐奖"，并代表优秀教练员为获奖运动员颁奖。自2006年起，上溪中学已第三次取得无线电测向锦标赛国家级团体第一名。

【浙江省中等职业学校德育工作先进集体】 市城镇职校健全德育工作网络，寓德育于教学、管理和校园文化建设中。创新德育载体，搭建活动平台，并将德育活动序列化、德育内容系统化、德育评价科学化。9月3日，义乌市城镇职校被授予“浙江省中等职业学校德育工作先进集体”称号，校长吴云荣获“浙江省师德楷模”称号。

【浙江省第十届中等职业学校英语综合能力赛获佳绩】 11月26日，浙江省第十届中等职业学校英语综合能力赛在绍兴中等专业学校举行。共评出团体一等奖2名、二等奖3名、三等奖4名，优秀才艺展示奖8组，个人优秀表演奖6名，优秀指导教师5组。义乌市国际商贸学校由王雁、楼天靖、宋露、黄欣欣组成的代表队获团体第一名。黄欣欣获个人优秀表演奖，王雁、楼天靖、宋露、黄欣欣获优秀才艺展示奖，尹炼、王红娟、虞文全获优秀指导教师奖。

（金佩庆　金财芳）

高等教育

义乌工商职业技术学院

【概况】 2010年，义乌工商职业技术学院有人文旅游分院、机电信息分院、经济管理分院、外语外贸分院、建筑与艺术分院、创业学院6个分院26个专业，并办有国际教育学院、自考学院、浙师大MBA教育义乌中心、远程教育中心和成人教育函授点。正式在编教师373人，全日制中外学生8800人，非全日制学员1000余人。4名教师被评为义乌市拔尖人才。年内引进人才35人，其中教授1人，博士3人。

教学工作成效显著。《社会工作实务》课程被评为国家级精品课程建设项目，《翻译实务》、《建筑工程测量》等5门课程被评为省级精品课程建设项目。市场营销、酒店管理两专业被新立项为省级特色专业，商贸实训基地和语言文化实训基地获批省级示范性实训基地。省级新世纪教改项目2个，即“以创业项目为载体的‘营销专业技能集成’实践环节构建”和“建设国际商贸名城背景下‘三创’人才培养的综合改革实践”。中央电视台、《人民日报》、《中国教育报》、《教育信息报》等媒体上刊发学院创业创意特色、改革成果、教学成绩等新闻稿件200余篇。

创业教育逐步完善。全院有1800余名学生自主创业，其中从事电子商务创业的1200余人，阿里巴巴全球速卖通在线交易平台成功落户学院。学院因在网商培训、创业教育教学方面取得的突出成效，获全球“最佳网商摇篮”荣誉称号，2004级毕业生何洪伟被评为首届“2010全球十大网商”。为进一步完善创业教育体系，将创业学院改制为二级实体学院。

创意助推地方发展。5月5日，中央电视台“新闻联播”头条新闻以“从卖产品到卖设计”为主题，讨论创意园在义乌转型升

国家发展和改革委员会副主任彭森到义乌工商职业技术学院了解大学生创业就业情况

级中的作用。创意园内拥有56家企业，累计实现创意产值4351.19万元。与50所院校达成合作协议，并广泛与义乌当地企业开展创意设计合作项目，助推义乌地方经济发展。成功举办全球小商品设计大赛、首届创意文化节活动。

招生就业成绩喜人。与义乌市人劳社保局联合举办“放飞梦想”就业洽谈会，设立电子商务特色人才岗位招聘区、创意人才岗位招聘区和学哥学姐回母校招聘区。2010年，招生2714人，新生报到率94%，招收省外学生232人。留学生招生继续保持良好势头，年内招收留学生232人，来自46个国家和地区。2010届毕业生初次就业率97.87%，创业率5.03%。

【创意文化名列省高职第一】 学院以创意活动为载体，以创意课堂为核心，以工作室为基地，以创意园为依托，着力打造浙中“创意硅谷”。2010年创意园合作企业108家，合作高校70余所，年创意产值千万元。8月4日，省委教育工委、省教育厅开展2010年高校校园文化品牌和优秀成果评审活动。学院校园文化品牌《智谋人生　铸就创意文化》名列全省高职高专院校第一。

【创业型大学建设为省试点院校】 12月2日，在杭州召开的省教育工作会议上确定义乌工商学院为全省创新创业型大学建设试点院校。试点期间，学院在创业型大学建设中力争创业教育理论系统化、创业实践形式多样化、创业成果效应辐射化；在高素质创业者、教师指导队伍、服务地方水平、创业研究成果、创业教育体系方面实现跨越式发展。

【中日韩九院校校长、专家到义乌交流研讨】 12月3日，来自日本宫城教育大学、韩国尚志大学、淑明女子大学及国内北京师范大学、台湾省高雄师范大学等9所高校的校长、专家一行15人来院交流研讨。会上，双方就高职教育的未来发展趋势，高职学生提升学历的需求，学生人文素养的培养渠道等方面进行深入探讨交流。会后，校长、专家们实地走访创业园、创意园，在创业园向学生们了解商品热卖网络的秘诀，在创意园询问创意商品设计思路。经过实地考察，校长、专家们肯定了学院独具特色的办学理念，对各项办学实绩加以赞许。

（周　刚）

成人教育

【概况】 2010年，全市成人教育机构有市民大学1所，老年大学1所，农函大1所，有教职工1078人，注册学员13.15万人，毕(结)业人数9.57万人。

市民大学完成第十九期、第二十期经商人员培训，设置商务英语口语(初、中、高级)、电子商务、阿拉伯语等课程，35个班级4317名经商人员参加为期40天的培训，108名志愿者教师参加教学管理工作的内容培训。举办第二十一期、第二十二期农村劳动力转移培训，1.03万名农民参加12个专业培训。开展农民“双证制”教育培训，365名学员接受技能培训，并学习文化课知识。承办第四届劳动技能大赛，全市各镇(街道)312名选手参加7个项目比赛，56人获奖，其中一等奖、二等奖、三等奖各7人。为237名山区农民进行针对性的创业培训，33人取得国家创业培训证书，196名农民获得烹饪初级专业技术证书，204名学员正在接受大专文凭的夜大和函授教育。组织203名社会人员参加全国第三十次、第三十一次计算机等级考试，均取得合格证书。在社区、农村开展休闲健体培训，共培训建立腰鼓队、健美操队、木兰扇队等6支队伍。

电大义乌学院全年共注册学生1327人，其中本科481人，专科846人。2010年招生374人，其中本科143人，专科231人。毕业456人，其中本科197人，专科259人。对外经济贸易大学远程教育10个专业在册A型学员155人，奥鹏远程教育29个专业注册学生476人。组织4次自学考试报名及自学考试，总参考人数3476人，总报考课次7317课次。通过考试，92人毕业。组织6次非学历报名及考试，组织参加全国英语等级考试364人，其中笔试317人，口试271人，全国计算机等级考试121人，剑桥少儿英语考试

575 人。

特殊教育

【概况】 2010 年，有星光实验学校、残联聋儿语训工作室和残联育智教育中心特殊教育机构 3 所。星光实验学校有班级 8 个，学生 100 人，教职工 24 人，其中专任教师 23 人。在尚未全面启动建设的困难环境下，投入 20 余万元，改造校舍 400 余平方米，新购一批特殊教育教学器材。从南京特教学院等高校新招 10 名专业教师，在原来的聋教基础上新增培智教学部。开设 3 个培智教学班，招收 24 名智障学生。聋儿语训工作室有 8 个班级，51 名学生，教职工 17 人。育智教育中心有教职工 28 人，7 岁～22 岁学生 118 人。

（金财芳）

2010 年星光实验学校学生参加金华市残疾人文艺汇演获一等奖（陈韩俊摄）

2010义乌市文化艺术节开幕式

2010“文博会”绣湖广场文化周活动

2010迎新春卡拉OK比赛

义乌市首届"敦煌杯"青少年钢琴大赛选手

文化艺术

WEN HUA YI SHU

"两创两提"下乡演出

文化志愿者下乡演出

2010滨江之夜文化活动

义乌非物质文化遗产——叠罗汉

YI WU FEI WU ZHI WEN HUA YI CHAN DIE LUO HAN

文化事业

综　　述

2010年，建成文化共享工程义乌支中心的基础建设及义乌图书馆网站，将共享工程1TB(1024GB)内容视频加入网站，实现共享工程村村通。全市现存古建筑近千处，其中全国重点文物保护单位2处、省级5处、义乌市级70处。列入国家非物质文化遗产保护名录1项、省级4项、金华市级15项、义乌市级61项。2010年送戏下乡349场，送电影下乡8408场。放映各类主题幻灯片12万片次，观众161万余人次。先后举办新春送文化下乡、2010年度“书香家庭”评选及“草原古韵展”、“‘世界第八大奇迹——秦始皇陵兵马俑科普展’”、“‘水墨新春’书画展”、“百家精品‘一元起’系列书画义卖”、少儿科普展等展览活动10场次。开办排舞、曲艺、声乐、相声、小品等业务培训20期，培训1万余人次。新创作、编排大型现代婺剧戏《鸡毛飞上天》，获得第十一届浙江省戏剧节优秀新剧目奖。

新农村文化推进工程建设。至年底，全市中心城区有文化设施10万平方米，镇街文化设施5万平方米，农村文化设施30余万平方米。全市有省、市级“东海文化明珠”5个，建成镇(街道)综合文化站5个，市级文化示范村(社区)264个，省级文化示范村8个，省级文化示范社区2个，乡风文明村23个。新建黑板报、宣传栏1900余处。全市有标准篮球场803个和室内活动场所3000余个，健身路径900余条。组建和培育群众性农村文化队伍1500余支，其中上规模的文艺表演队伍180余支。组建义乌市群众文化艺术总团。

开展文化遗产保护。开展春节走访慰问民间老艺人、首届包清明粿比赛、“义乌道情”艺术培训班、“文化遗产日”系列活动、端午包粽子比赛等活动。开拓民间艺术演出阵地，继黄大宗祠“曲苑书场”后，在苏溪开设孝义书场，在佛堂古镇开设曲艺书场，全年组织各类公益演出200余场，观众人数8000人次。整理完成义乌木雕传统技艺、义乌丹溪红曲加工技艺、义乌南蜜枣加工技艺和傅大士传奇等5个项目申报第四批省级非遗代表作名录。义乌红糖、义乌丹溪红曲酒申报生产性非遗保护基地及义乌十八腔、金银首饰加工、馒头加工、陶器制作、东朱迎长旗5个项目申报金华市级非遗保护名录。

图书馆藏稳中有升。2010年，新增图书3万余册，总藏书量40万册。建筑面积2.1万平方米的新图书馆建成，被评为“国家一级馆”，援建农村图书室10个。电影事业健康发展。2010年，义乌市有电影放映单位25个，全年放映电影1.9万场次，观众350万人次，放映收入1700万元。

文化艺术

【概况】　2010年，先后举办新春送文化下乡、第十九届“新春新秀”演唱大赛、滨江国际大舞台文艺晚会、义乌市第三届排舞大赛、第十九届义乌市文化艺术节暨浙江省新农村建设题材舞蹈大赛、“文博会”广场文化周、“义博会”广场文化周、“千名文化志愿者行动”等活动。新编现代婺剧《鸡毛飞上天》获2010年第十一届浙江省戏剧节优秀新剧目奖。由文化馆编排的声乐《神笔马良》获全国阳光、花朵、童歌声乐大赛二等奖；参加全省阳光、花朵、童歌声乐大赛获一等奖。声乐《我是大理小金花》参加国际新加坡童声大赛获二等奖，参加全省阳光、花朵、童歌声乐大赛获三等奖。声乐《北京胡同》获全省阳光、花朵、童声声乐大赛二等奖，声乐《摆呀摆》获全省阳光、花朵、童歌声乐大赛二等奖，声乐《幸福像金达莱》获全省阳光、花朵、童歌声乐大赛三等奖。劲舞《跳舞丁》参加中央电视台“非常6+1”。舞蹈《猫鼠之夜》参加上海世博会文化演出“魅力校园”舞蹈比赛获金奖。舞蹈《挑》参加浙江省新农村建设题材舞蹈大赛金奖。小品《挂窗帘》参加浙江省戏剧小品大赛获二等奖。开办各类文艺培训20期，培育镇(街道)文艺队伍30余支。帮助各镇(街道)成立综合性文艺表演团队，其中苏溪农民艺术团、稠城歌唱团、义亭群艺俱乐部、北苑综艺表演团等，自编节目受到群众的欢迎。

【第十九届新春新秀歌曲演唱大赛】 3月6日，由市文化广电新闻出版局主办、市文化馆承办的义乌市第十九届“滨江国际杯”新春新秀演唱大赛在滨江国际购物商场举行。50余名歌手参与民族、美声、通俗比赛，李婷获一等奖，何田立、陆洪国、丁敏玲获二等奖，骆园园、丁有权、吴东进、傅向东、余卫明、李娜获三等奖。

【“两创两提”文化下乡】 3月，由市文化馆组织全市10余名文艺工作者在苏溪镇农民艺术创作基地举行“创新创优、提质提效”主题活动文艺创作笔会。以群众喜闻乐见的音乐、曲艺、舞蹈等形式，创作道情《“两创两提”出新招》、四人说唱《金光大道迎朝阳》、相声《明星秀》等文艺新作，优秀作品集结成《春天的召唤——义乌市“两创两提”文艺宣传作品集》出版，并向社会各界发放赠阅。5月起，由市文化馆、婺剧团、歌舞团等文艺骨干组成的“两创两提”专题演出团在各镇(街道)开展专题巡演宣传15场。

【“迎清明”包清明馃展演活动】 4月2日，由义乌市委宣传部、市文化广电新闻出版局主办，大陈镇人民政府承办，市文化馆协办的义乌市“迎清明”包清明馃展演在大陈镇灯塔村举行。全市13个镇(街道)26名选手参加比赛，共评出一等奖1名，二等奖2名，三等奖3名。

【第二届端午包粽子比赛】 6月12日是第五个“中国文化遗产日”。由市文化广电新闻出版局主办、上溪镇政府协办的义乌市第二届端午包粽子比赛在上溪镇桃花坞山庄举行。主题是“凸显中国民风民俗、传承端午文化”。经过角逐，上溪镇二村的余美莲蝉联冠军，义亭镇楼金珠、楼苏香荣获二等奖，三等奖由江东街道、上溪镇和后宅街道的选手获得。

【首届“敦煌杯”青少年钢琴大赛】 8月10日，由市文化馆主办的首届“敦煌杯”青少年钢琴大赛在新义中学音乐中心举行，比赛分少年组、青少年组、青年组3个组别进行，全市56名钢琴选手参加比赛，共产生一等奖3名、二等奖6名、三等奖12名、优秀奖35名。

【义乌市第二届排舞大赛】 8月26日，由市文化广电新闻出版局主办，上溪镇人民政府承办的义乌市第二届排舞大赛在上溪中学体艺馆举行，来自13个镇(街道)的19支队伍参加比赛。苏溪镇胡宅代表队获一等奖，佛堂、大陈镇代表队获二等奖，赤岸、廿三里、义亭代表队获三等奖。2010年，全市13个镇(街道)均有业余排舞队。在10月30日举行的浙江省第四届排舞大赛上，义乌市选送的11支代表队夺得金奖1个、银奖3个、铜奖7个，在县级市中名列前茅。

【首届镇(街道)文化员才艺选拔赛】 11月24～26日，市文化广电新闻出版局在市委党校举办全市文化志愿者骨干培训班暨首届镇(街道)文化员才艺选拔赛。来自全市各镇(街道)的文化员、文化志愿者骨干130余人学习推进农村文化建设的有关政策、群众文化发展走势及文化活动策划、声乐、舞蹈等课程，并进行了才艺展演。

【浙江省新农村建设题材舞蹈大赛暨义乌市第十九届文化艺术节】 11 月 8～10 日，由市委宣传部、市文广新局主办，江东街道党工委、办事处承办，市广播电视台、义乌商报社协办的浙江省新农村建设题材舞蹈大赛暨义乌市第十九届文化艺术节在梅湖会展中心举行。本届文化节设立徐江、青口 2 个分会场，以“展示民间文化风采，丰富文化内涵，提升民间文化”为宗旨，开展义乌市优秀民间艺术展演、浙江省乡镇舞蹈大赛、市书画名家才艺展暨书画展、市戏迷票友大赛决赛暨颁奖仪式、市镇街优秀排舞展演、市“两创两提”优秀文艺节目展演、江东街道文艺汇演、市新农村优秀文艺节目展演、婺剧团送戏下乡演出等活动。江东街道第六届社区文化节同期举行。

【“世界第八大奇迹——秦始皇陵兵马俑”科普展】 3 月 20～21 日，市博物馆举办“世界第八大奇迹——秦始皇陵兵马俑”科普展，展览物件有图片、兵马俑复制品摆件、历史背景介绍等。其中图片 100 余张，实物 80 余件，总计 2000 余人观展。

【草原古韵展】 3 月 26 日至 4 月 30 日，市博物馆从包头市博物馆引进举办草原古韵展，展览集中展示了反映草原文化的草原岩画、草原精品文物、唐卡等 100 余件文物精品，总计 500 余人参观。

【“文化专家联百村”入选省群众文化工作创新案例】 “文化专家联百村”工作，是在义乌市实施农村、社区、企业文艺骨干系列培训和千名文艺骨干培训工程取得成效的基础上，推出的一项繁荣农村文化的探索性举措。2008 年 7 月正式启动至 2010 年，共组织各种文化辅导与培训活动 150 余次，培育镇（街道）重点文艺队伍 150 余支。“文化专家联百村”活动作为群众文化工作创新案例，列入全省群众文化工作十大创新案例，并入编《浙江改革开放 30 年群众文化实践研究》。

【婺剧《龙凤奇缘》首演】 7 月 9 日，婺剧《龙凤奇缘》在义乌剧院首演，该剧目由上溪镇镇政府提供剧本经费创排，市婺剧团编排。开创婺剧演出的 3 个“创新”，即婺剧团第一次与镇（街道）政府合作排练新剧目，第一次在剧本选择和经费投入上引入“外资”以弥补剧团排练剧目经费不足的问题，第一次将民间传说搬上婺剧舞台。

【新辟苏溪“孝义书场”】 7 月 15 日，苏溪镇在三珠头小区开设免费“孝义书场”。书场以弘扬孝义文化，振兴曲艺事业，传承非物质文化遗产，满足群众多元化文化需求为宗旨，以说书、道情、小锣书等不同曲艺表演方式传播义乌传统文化。每周二、四、六开场。开办 4 个月以来，组织各类公益演出 60 余场，观众 2000 余人。书场成为繁荣群众文化生活、传承传统、宣教的重要载体。

【“婺剧义乌班”二期开班】 9 月 1 日，由市政府全额出资，义乌市婺剧团与金华艺术学校联合办班的“婺剧义乌班”二期的 20 名学员正式入学，专业为婺剧表演与演奏，学制 6 年，学员免费入学，毕业后定向分配到义乌市婺剧团。

【新编婺剧《鸡毛飞上天》获省级奖】 作为建国 61 周年献礼作品，由市婺剧团编排的现代婺剧《鸡毛飞上天》，用现代婺剧形式解读义乌几十年发展变迁，深刻反映了改革开放 30 年来义乌的嬗变，讴歌了义乌市的经济建设成就，表现了义乌几代创业者敢为人先、坚韧顽强、诚信包容的精神品格，展示了那芸芸百姓中“鸡毛飞上天”的凡人奇迹。该剧目 12 月作为全省 20 台优秀剧目之一参加 2010 年第十一届浙江省戏剧节，并获 2010 年第十一届浙江省戏剧节优秀新剧目奖，楼巧珠、汤义波、金伟忠获优秀表演奖。

【千名文化志愿者行动启动】 8 月 25 日，由义乌市文化广电新闻出版局牵头，市文化馆负责运行协调的市千名文化志愿者行动启动仪式在上溪中学举行，全市

1000余名文艺骨干参加启动仪式。千名文化志愿者行动是"文化专家联百村"活动的延伸和深化,以提升全市文艺团体整体素质为目标,旨在进一步丰富和活跃群众文化生活,通过开展文化走亲、志愿者文化培训、志愿者文化服务等活动,促进文化事业的繁荣与发展。2010年,共送文化演出下乡200余场次,送书画下乡500余场次,送电影下乡4000余场次。

图书管理

【概况】 2010年,义乌市图书馆被评为"国家一级图书馆"。全年办理新借书证1970本,验证4486本,少儿图书流通部借阅5618次,图书外借9.13万册,图书归还8.62万册;报刊阅览部阅览读者3664人次,少儿阅览室读者1.7万余人次,共接待读者10万余人次。新加工图书3.75万册,总藏书量40万册。加大网上采购力度,完成75万元经费图书的招标、采购任务。加强馆藏图书的编目整理,对历年入藏的连环画2172册,"文革"图书1293册,地方文献1160册进行分类编目。赴合肥、武汉、成都等地开展义乌籍人士著作征集工作,全年共征集53位义乌籍人士图书287种361册,其中书画作品14幅。从国家图书馆出版社新购5万元价值的中华古籍再造善本,其中有稀世孤本《礼记》宋婺州义乌蒋宅知斋本,《骆宾王文集》北宋蜀刻本。征集家谱和地方文献,图书馆藏家谱文献66部,与陈氏宗亲网谱牒文化取得合作意向。申报第三批国家珍贵古籍名录,全市入选古籍4部。

【市图书馆被评为"国家一级图书馆"】 3月,国家文化部正式下发《关于公布一、二、三级图书馆名单的通知》,公布全国第四次县级以上公共图书馆评估定级结果。义乌市图书馆从全国2800家县级以上公共图书馆中脱颖而出,被评定为480个"国家一级图书馆"之一。

文化市场管理

【概况】 2010年,全市共有文化生产经营单位(户)1万余家,其中音像制出售、租赁单位37家,歌舞厅9家,卡拉OK厅38家,演艺场所10个,网吧138家,印刷企业721家,电子游艺场所24家,图书批发21家,零售90家,电影院2家。礼品、礼卡、框画800余家,文化用品摊位4500余个,从业人员30万人。形成以文教体育用品、框画工艺品、年画挂历、印刷包装业、制笔业、娱乐业6大优势产品为主导的特色产业群。

开展"扫黄打非"和文化市场执法工作。开展元旦春节期间文化市场专项整治行动、百日消防安全集中清查行动、"平安世博"专项保障行动、暑期"清风行动"、亚运"扫黄打非"等专项行动。查处非法使用广播电视信号干扰器案件1起,擅自安装地卫设施35家,拆除非法安装地卫设施38套,立案6起。全年出动检查人员2508人次,检查文化经营场所2319家次,查处各类违规经营单位(个人)207家次,立案118起,收缴各类非法音像制品5.14万张(盘)、非法图书6224册,取缔无证经营性大篷演出18家,配合工商部门取缔"黑网吧"31家,罚没款92.48万元。

【取缔黑网吧集中行动】 3月30日晚,市文广新局联合公安、工商、行政执法、消防、镇街等相关部门,在大陈镇开展取缔"黑网吧"集中行动,出动50余人,取缔无证网吧17家。

【保护知识产权宣传周活动】 4月20~26日,义乌市开展保护知识产权宣传周活动。宣传周期间,市文广新局、工商、质检、公安、海关等10余个部门举办保护知识产权法制宣传和现场咨询活动,重点宣传知识产权保护的相关法律法规、义乌市保护知识产权的原则立场及成果,并向全市音像制品、书刊经营单位负责人、国际商贸城经营业主发放有关知识产权保护的宣传资料1500余份,接受群众咨询200余人次。同时,市文广新局在金华市进行知识产权违法物品的现场集中销毁活动,销毁非法书报刊1.52万本(册)、非法音像制品3.75万张(盒)、电子游戏电路板25块、其他侵权物品2万件,合计7.28万件。

【“平安世博”文化市场专项保障行动】 3～11 月，市文广新局以打击侵权盗版，严查大案要案，确保一方平安为工作思路，开展为期 8 个月的义乌市“平安世博”文化市场专项检查行动，先后出动执法队员 2409 人次，检查各类文化娱乐场所 2257 家，一般程序立案 105 起，结案 98 起，简易处罚 8 起，查缴非法出版书刊 6224 本，侵权盗版音像制品 44603 张(盒)，确保了世博会期间文化市场的安全稳定。义乌市文广新局被浙江省文化厅评为“浙江省‘平安世博’文化市场专项保障行动先进集体”。

【暑期“清风行动”】 6 月 25 日至 9 月 15 日，在暑假期间开展“清风行动”，重点对网吧接纳未成年人行为，歌舞娱乐场所无证或低俗演出行为，音像制品、图书经营市场侵权盗版行为，网吧和电子游戏经营场所传播淫秽、色情信息和赌博等整治。整治期间，共检查各类文化娱乐场所 672 家次，查扣侵权图书 4780 本，盗版音像制品 2.54 万张(盒)，收缴私自印刷的《乌龙院》系列口袋书 5000 本，取缔无证“黑网吧”3 家。

文物保护

【概况】 2010 年，完成第三次全国文物普查实地调查工作，并通过金华市和省级验收。此次文物普查共登录文物点 1659 处，其中新发现 1334 处，复查登记文物点 325 处，消失文物 17 处。登记信息点 138 处，古村落 2 个。普查成果编写完成《商城古韵——义乌市第三次全国文物普查重要新发现》一书。完成博物馆馆藏文物数据库建设，公布大麦园青花瓷窑址等 25 处不可移动文物为市级文物保护单位，涉及古遗址、古墓葬、石窟寺及石刻、古建筑和近现代重要史迹及代表性建筑 5 大类。向省、国家文物局申报推荐陈望道故居和吴晗故居 2 处为全国重点文物保护单位；推荐申报大安寺塔、容安堂、朱店大夫第、方大宗祠、陈望道故居、吴棋记民居 6 处不可移动文物为第六批省级文物保护单位，并通过省文物局专家组的审核。实施文物维修工程，通过政府主导，民间按比例配套的办法，维修容安堂、朱店大夫第等文物精品工程。完成骆氏宗祠、吴山民故居、周勇墓、一峰塔、容安堂、遗安堂、朱店大夫第、何氏宗祠、萃和堂、协和堂、陈望道故居、大安寺塔抢修加固工程和带经堂、黄山八面厅花厅前空地的绿化改造工程。配合开展黄山“文化村”建设和陈望道故居产权置换等工作。开展文物安全大检查，对全市市级文保点以上的 250 处砖木结构类古建筑进行安全大检查，新增灭火器 55 只，更换 69 只。

【征集民俗器物】 8 月，义乌博物馆向社会征集民俗器物。征集范围包括传统生产工具、农具、消防器具、民间生活用品(包括古典家具)、民间工艺品、商业用品、商业广告和招幌、功牌、匾额、旧票证和票据、老照片、传统服饰(包括有特色的戏服)及其他与义乌民间传统习俗相关的民俗器物。义乌博物馆对社会各界捐赠的器具物品，进行分类、登记造册，永久保存，并通过陈列展示起到保存、延续、交流义乌文化的作用。至 2010 年底，博物馆共征集民俗器物 13 件，并向 3 名捐赠人颁发义乌博物馆特制的收藏赠书 2 本。

【在佛堂镇发现恐龙蛋化石】 8 月 5 日，佛堂镇剡溪村村民报告在该村发现恐龙蛋化石。博物馆组织工作人员会同相关行政执法部门赶赴现场，根据所掌握的线索，登门做当事人的工作，收集恐龙蛋化石 100 余枚。

【公布 25 处市级文物保护单位】 6 月 9 日，市政府公布大麦园青花瓷窑址等 25 处不可移动文物为市级文物保护单位，其中 50% 为普查新发现。涉及古遗址、古墓葬、石窟寺及石刻、古建筑和近现代重要史迹及代表性建筑 5 大类。至年底，全市共有市级文物保护单位 64 处。

【2 部古籍入选《国家珍贵古籍名录》】 5 月，中国古籍保护网公布“第三批国家珍贵古籍名录推荐名单”，义乌市图书馆的《初学记三十卷》明嘉靖十三年(1534)晋府虚益堂刻本，《河东先生集四十五卷外集二卷龙城录二卷附录二卷传一卷》明郭云鹏济美

义乌市 2010 年公布市级文物保护单位

名　称	年 代	发 现 地 点
大麦园青花瓷窑址	明代	上溪镇长富村大麦园山
缸窑龙窑	清代	义亭镇缸窑村北
冯启昌墓	清代	赤岸镇后山村北侧眠牛山
钓鱼矶摩崖石刻	明代	江东街道九联村钓鱼矶公园
中袷祠	明代	廿三里街道华溪村
冯氏祠堂(孝冯祠)	明代	赤岸镇赤岸一村
何氏宗祠 (孝思堂)	清代	义亭镇何店村
宗氏家庙	清代	稠城街道宗宅村
尚书第照壁	明代	江东街道大元村
仪性堂(后仓堂)	清代	佛堂镇倍磊四村
和济堂	清代	赤岸镇三角毛店村
朱店大夫第	清代	赤岸镇朱店村
植槐堂	清代	佛堂镇老市基村日顺里 6 号
六顺里	清代	佛堂镇老市基村六顺里 26 号
攸芋堂	清代	北苑街道柳一村
太平桥	清代	佛堂镇剡溪村西
五石桥	清代	上溪镇雅童村南
黄新桥(黄霸石桥)	宋-元	后宅街道杨畈田村
下车门八角井(富井)	东晋	城中中路 147 号建筑东北
“钦褒节孝”碑亭	清代	大陈镇楂林二村东
吴源故居	民国	义亭镇石塔一村
冯泽芳故居	民国	赤岸镇赤岸四村
石明堂花厅(敬义堂)	民国	城西街道石明堂村 59～69 号
三德堂	民国	苏溪镇西山下村
新园十六间	民国	稠江街道江湾新园村

堂刻本 2 部馆藏古籍入选《国家珍贵古籍名录》。这是继 2009 年《两汉纪》六十卷明嘉靖二十七年黄姬水刻本,《东坡先生和陶渊明诗四卷》明末毛氏汲古阁影宋抄本之后,义乌市古籍第二次入选《国家珍贵古籍名录》。近年来,义乌市大力实施“中华古籍保护计划”,市财政拨出专款用于改善古籍保护条件。市图书馆加大古籍保护力度,不断挖掘和采集散落民间的古籍资源。至 2010 年,市图书馆的馆藏古籍 4.83 万册,其中明朝成化年间至清朝乾隆年间的珍善古籍

2017册。

（吴　婧）

档案管理

【概况】 2010年，义乌市档案馆共接待查档人员8036人次，提供档案资料1.77万卷(册)次，复印2.82万张，平均每天接待档案利用者37人次，比上年同期增长60.8%；调阅档案73卷次，复印96张。5月起实施《档案查阅利用延伸服务制度》，至年底延伸服务49人次。为进一步提升档案事业发展在全省的知名度，2010年在《浙江档案》第八期发表义乌档案工作专刊，用专题介绍、文化遗产、口述历史、旧影寻踪、馆藏撷英、征集新览6个版面介绍新世纪以来义乌市档案事业的发展，从更高的层面宣传义乌市的档案事业。

加大民生、重点工程领域档案执法力度。2010年，会同市人劳社保局、卫生局、民政局开展社会保障领域档案执法检查，会同民政局开展民政系统收养登记、婚姻登记档案及水库移民档案的收集、整理、保管及信息化建设等检查。加强对重点建设项目档案工作的指导和服务，明确各重点建设单位的相关职责，依法加强项目档案管理。1月18日，经省档案局审定，省重点建设项目“义乌市中心医院建设工程”、市重点建设项目“义乌市内陆口岸场站建设项目一期工程”档案管理水平达到“全省重点建设项目档案管理示范项目”的评选标准，受到省档案局的通报表彰。至年底，全市共整理收养登记档案44卷、156件，整理婚姻登记档案2104卷、9.14万件，移民档案90卷，低保档案400件，全文扫描1000张。

夯实基础，推进档案资源建设。开展重点项目工程、重大社会活动、重要人物、地方特色档案的收集、整理、指导。在开展重大活动和重要人物档案接收活动中，共接收整理档案594卷(件、幅)，其中典型的有市委书记黄志平考察日本、澳门等地带回的礼品5件，1991年义乌市首次出让国有土地的相关照片21张。接收、鉴定、公布党政现行文件500余份，完成400册资料的整编工作和190条《浙江日报》有关义乌信息的摘报，视频采集重大活动《义乌新闻》档案3887分钟、2796条。开展原二轻所属改制企业档案的整理工作。至年底，完成整理6家企业，合计档案7230卷。开展重点档案的修裱工作，对已经完成扫描的民国军事科全宗档案和解放初土地房产证档案中的破损档案进行修裱，共修裱档案777页，其中修裱五级破损档案270页。

推进信息化建设。2010年，民国档案文件级目录计算机输入1.74万条。通过“义乌档案信息中心”系统的培训推广及正常运行的维护，现系统的实际用户已达75家单位。全市使用该系统的立档单位合计输入档案条目约34.2万条，同比增加12.2万条，挂接电子文件4.7万份，同比增加1.3万份。做好“义乌档案信息中心”与市党政文件信息管理中心OA系统的接口，完成“义乌档案信息中心”系统升级。

做好对口支援青川县震后恢复重建项目档案归档工作。2010年义乌市对口支援青川县震后恢复重建工作全面结束，共整理义乌市在援建中形成的文件材料1800余件，实物20件，图像、视频等电子文件87.5 GB。

【《义乌古建筑》获全省档案编研一等奖】 为保存历史建筑资料，展现义乌市现存的古建筑风采和特点，2005年2月，义乌市城建档案馆开始调研和编纂《义乌古建筑》，深入全市13个镇(街道)、23个行政村，对372处古建筑的历史建筑风格、故事传说进行全面调查、记载。2010年4月，《义乌古建筑》一书由上海交通大学出版社出版。该书分10个章节，每章节内容按朝代的先后顺序排列，30余万字，600余幅彩色照片，图文并茂地展示了义乌建筑发展的轨迹。该书被义乌市政府选为2010年中国义乌文化产品交易博览会馈赠与会嘉宾的礼品。在11月全省第十次档案优秀编研成果评选中，《义乌古建筑》荣获一等奖。

【创建档案工作示范市】 2008年开始，根据浙江省档案局“关于开展社会主义新农村建设档案工作示范县和示范乡镇(街道)创建活动”的工作要求，义乌市开展新农村建设档案工作示范市创建工作，通过建章立制、运用载体、加强督导，取得良好成效。12月10日，义乌市被浙江省档案局命名为“社会主义新农村建设档案工作示范县”。

【国企档案监管】 为杜绝国有重组企业出现的“工作重组”而“档案没有重组”、“工作合并”而“档案没有合并”等问题，2010年3月，市档案局会同市国资局，对2009年全市国资企业(公司)四大集团重新调整资产划转后档案归属、去向进行专项督查。共检查浙江中国小商品城集团股份有限公司等24家单位，指出存在的问题，下发整改意见通知书。整改期间进行跟踪督查，共抽查四大公司及各1个下属分公司8家单位。通过及时督查监管，至2010年底，四大公司档案管理体制基本完善，档案管理人员到位，档案工作进一步得到规范。

【电子文件和数字档案登记备份】 2010年是浙江省推进档案登记备份战略实施的第一年。义乌市档案局开展一系列工作。5月17日，市委办、市府办联合下发《关于开展电子文件和数字档案登记备份工作的通知》，要求在全市启动开展电子文件和数字档案登记备份工作，明确登记备份工作的职能部门、总体要求和主要任务，强调加强组织领导、落实资金保障、加强队伍建设3项保障措施。9月1日，为推进全市电子文件和数字档案登记备份工作，经市委、市政府研究，由两办下文，成立以市委常委、组织部部长缪永法为组长，副市长傅春明为副组长的义乌市电子文件和数字档案登记备份工作领导小组。办公室设在市档案局。10月8日，义乌市电子文件和数字档案登记备份工作领导小组印发《义乌市电子文件和数字档案登记备份工作实施细则》，对档案登记备份的范围、数据形式、程序、时间要求作出明确规定。同时印发《义乌市创建数字档案室考核评分表》，使市数字档案室的创建工作有章可循、有据可考。12月10日，全市档案登记备份工作推进会在市府八楼会议室召开，全市机关、事业单位和镇(街道)分管领导及档案员100余人参加大会。12月22日，经义乌市机构编制委员会研究，同意义乌市档案局增挂义乌市电子文件和数字档案登记备份中心并增设信息管理科，核编工作人员4人。2010年，培训实施登记备份的骨干230余人次。编纂《义乌市档案登记备份工作手册》；确定市房管处、城建档案馆、婚姻登记中心、公积金管理中心、医保处、社保处、就业管理局、烟草专卖局、卫生局、教育局10家涉及民生档案资料较多和重点建设项目管理单位，先一步启动登记备份工作。市档案局先后派出198人次督促、检查、指导工作。义乌市的档案登记备份工作在开局之年就成效显著，12月20日，在全省开展规范化数字档案室创建和示范数字档案室评选活动中，义乌市房地产管理处、义乌市烟草专卖局、义乌市救助中心、义乌市城建档案馆、义乌市卫生局5家单位成为金华市首批“浙江省规范化数字档案室”。

【依法监管机关档案】 2010年，以创建机关规范化综合档案室为抓手，加强指导机关档案室工作。指导全市整理各类档案50万余件、卷。按照国家档案局8号令，完成义乌市国有资产监督管理局等14家单位的《机关文件材料归档范围和文书档案保管期限表》审批以及全市102家一级立档单位立卷工作。积极稳妥地开展机关档案目标管理省级认定工作。1月13日，义乌市司法局通过浙江省司法厅、省档案局的档案工作目标管理省三级认定。12月30日，义乌市地税局中国小商品城税务分局通过浙江省财政厅、省地方税务局、省档案局的档案工作目标管理省二级认定。

【村级档案长效管理】 为深化“两创两提”的主题实践活动，推进“平安义乌”和新农村建设，促进市农村档案的长效管理，根据《中华人民共和国档案法》、《浙江省行政村档案管理办法》，结合义乌市农村档案管理的实际情况，10月11日，市档案局会同市民政局联合制定《义乌市村级档案管理办法》。至2010年底，全市716个行政村、55个居委会、36个社区，其中行政村建档率97%，社区建档率100%，按照“四有”标准建档合格率达到95%。11月17日，北苑街道丹溪社区、稠江街道锦都社区被浙江省档案局命名为“省级社区示范档案室”。12月21日，城西街道何斯路村、苏溪镇邢宅村被浙江省档案局命名为“浙江省行政村示范档案室”。（胡英姿）

地方志工作

【概况】 2010年，市志编辑部围绕市志总纂总校、丛书提质提效、年鉴抓早抓实，取得明显成效。对《义乌市志》稿进行“三校审读”拾遗补缺，与出版单位协调沟通，实行同步审读和校对，7月，总纂志稿送交出版社。《义乌年鉴》编纂工作实施精品战略，年底如期完成任务。全年召开年鉴组工作会议10次，以会带训对责编进行业务辅导；下基层办培训班12次，指导150余人；接待来人来访，进行零距离辅导200余人次。《义乌年鉴(2010)》共设置44个类目，784个条目、99张图照，版面字数70万字。丛书编纂进展良好。《义乌商贸溯源》(《奇迹的背后》)于4月7日通过评审，修改后已送出版社。《诗意佛堂》，实行当年编纂当年出版。古籍《丹溪心法》、《格致余论》、《局方发挥》、《毅斋诗别录》、《宗简公文钞》、《傅大士集》、《青村遗稿》、《义乌人物记》、《王忠文公集》、《拙庵丛稿》10部影印出版合同已经签署，进入出版程序。义乌古代文献整理被全国高校古籍整理研究工作委员会列为高校古委会规划项目(批准编号为0875)，这是地方丛书古文献整理首次被全国高校古委会立项。“重走义乌兵戍边路、义乌兵后裔桑梓行”双向行活动有序开展。4月，联合中国社会科学院、义乌商报社、义乌电视台等新闻媒体，组织10余个单位与团体20人，组成“义乌寻访团”，开展“重走义乌兵戍边路、义乌兵后裔桑梓行”活动。从山海关到辽宁绥中县、河北遵化市抚宁县、迁西县、北京市密云县、天津市蓟县，行程1000余千米，沿线探寻义乌兵修守长城历史及义乌兵后裔聚落。5月13日，抚宁县13人考察团由县长带队来义乌商谈经贸合作交流意向。8月20日，冀、辽10位义乌兵后裔回家乡桑梓行。11月19日，秦皇岛市组织“义乌兵专列”——包括义乌兵后裔在内的600人队伍，从山海关始发直达义乌，开展“秦皇岛——义乌经济文化交流活动周”。2010年，市志编辑部成果颇丰，先后被评为全省地方志系统先进集体和全国地方志系统先进集体，同时受到市政府的记功嘉奖。

【《义乌丛书》标识及封面设计征集】 为传承义乌优秀文化遗产，荟萃地方文化典籍，发挥“存史、资政、育人”作用，弘扬“勤耕好学、刚正勇为、诚信包容”的义乌精神，充实义乌文化内涵，提升义乌人文形象，助推文化大市建设，2008年启动《义乌丛书》的编纂工作。丛书分义乌地方志丛编、义乌先贤遗著丛编、义乌人物传记丛编、义乌部类史志丛编、义乌区域文化丛编、义乌史料文物丛编6辑。为确保丛书高质量、高品位，2010年7月22日，副市长王迎召集市委办、市文联、文化馆、出版社、义乌商报社、广告公司等相关单位人员，就《义乌丛书》封面设计相关事项进行讨论，并于8月5日通过报刊媒体及网络媒体向社会公开征集丛书标识(LOGO)及封面装帧设计方案。至9月30日，共收到丛书形象标识设计方案189件，封面装帧设计方案27件。10月8日，组织有关专家学者成立评审委员会进行初评，选出丛书标识24件、书籍封面5件。10月9日进行复评，按得票多少选出入围标识4件，入围书籍封面4件。丛书的封面设计方案按照其出版宗旨和内涵，兼顾人文传承、时代特色与艺术品位等要素，作者在原稿的基础上进行修改完善。11月15日，义乌市志编辑部网站公布入围丛书标识及封面设计方案。丛书封面要求每辑统一底色，6辑6种底色，色彩运用以月季红(人物传记丛编)、金乌红(区域文化丛编)、金泥红(史料文物丛编)、红糖红(地方志丛编)、樟木红(部类史志丛编)等义乌乡土色。

（潘爱娟）

【《义乌年鉴(2009)》荣获全国地方志系统评比一等奖】 8月，《义乌年鉴(2009)》经浙江省地方志办公室组织专家评选，以全省第二名的成绩被推荐参加全国地方志系统第二届年鉴评比。11月15日，中国地方志指导小组办公室文件(中指办〔2010〕48号)通知,《义乌年鉴(2009)》在全国地方志系统第二届年鉴评比中荣获一等奖。这是继上年获得由中国版协年鉴工作委员会举办的第四届全国年鉴编纂出版质量评选综合一等奖后,又一次获得的全国性奖项,其评奖结果在全国地方志系统中最具专业性和权威性,是对年鉴编纂质量的最高肯定。《义乌年鉴(2009)》在框架设计、条目编写、装帧设计等方面均受到评委的高度评价。

【市志编辑部荣获“全国地方志系统先进集体”称号】 2010年,义乌市志编辑部荣获“浙江省方志系统先进集体”、“全国地方志系统先进集体”称号,12月17日,《义乌市志》主编吴潮海在人民大会堂领奖并受到国家领导人的接见。

自2001年3月组建义乌市志编辑部以来,《义乌市志》、《义乌年鉴》、《义乌丛书》修编工作,三驾齐驱。方志编纂工作在批判继承基础上推陈出新,先后组建修志小组80个,共300余人参加修志。经历了篇目设计年、资料收集年、资料长编年、专稿撰写年、志稿分纂年、志稿总纂年、下限延伸年7个阶段。2010年7月,共450余万字、表格751张、图片1000余幅的新编《义乌市志》全面告成,并交付出版社出版。《义乌年鉴》2008年启动,至2010年已连续编纂出版3部,先后荣获全国年鉴工委第四届全国年鉴编纂出版质量评比综合一等奖和全国地方志系统第二届年鉴评比一等奖,跻身中国优秀年鉴行列。《义乌丛书》,号称义乌版的《四库全书》,先后委托浙江文献集成编纂中心承担先哲遗著点校整理(首批分解任务1935万字),委托省社科院向全国招投标33个课题,在《光明日报》刊登广告后,首批签约22个课题。《义乌方志》发刊共43期。2001～2010年,市志编辑部先后被列为“省方志创优工作试点单位”、“全国第二轮修志工作试点单位”,并先后2次被评为“全国地方志系统先进单位”。

(除署名外均由陈金春撰稿)

新闻·传媒

报　刊

【概况】　2010年，义乌商报社共有工作人员187人，其中事业编制66人，企业编制36人，聘用85人。工作人员中拥有副高职称4人、中级职称59人。报社内设办公室、总编办、新闻部、民生部、社文部、体育时事部、商贸部、生活部、理财部、网络部、资产管理室、记者部及发行中心、广告中心、视觉中心和印务中心，下辖义乌新闻网网站。义乌市内各镇、街道和重点单位，均建有特约记者站，有特约记者、通讯员120人。与浦江县委联办《今日浦江》，内刊《商报视线》定期出刊，月出1期。义乌商报社拥有各类账面资产1.4亿元，广告经营额5000万元，实现利税2100万元，报纸发行量11.2万份。年内，在全省印刷质量评比中，被评为省优质报。在省级以上刊物发表论文23篇，获省级以上新闻奖项14个。推出陈望道诞辰120周年、“透过物价看民生”、义乌新农村建设成果展、“义乌文化名人探访”、“探寻义乌市场印记”等30余篇专题文章。

【设立评论版】　1月初，《义乌商报》设立评论版，共设“非要听你说”、“义乌十八腔”、“热闻快评”、“画语权”、“乌伤时评”等10余个栏目。其中“乌伤时评”栏目，主要针对重大事件、重要决策和重要活动进行议评。“画语权”栏目，采用了“漫画＋评论”的形式，“画”中有“评”，“评”中有“画”。“热闻快评”栏目，围绕国内外的热点事件，展开短小精辟的点评。特色栏目的设置增强了《义乌商报》针对性和说服力。

【“两创两提”主题活动报道】　2月25日，在义乌新闻网开设“创新创优，提质提效”主题活动、“镇街一把手访谈”、“专家沙龙”、“两创两提大家谈”等栏目。就开展机关效能和执行力建设的必要性、当前干部队伍建设中存在的突出问题以及如何切实转变机关干部工作作风等问题进行阐述和分析，通过约访、来信、来电或网络等形式，广泛听取、收集社会各界对“创新创优，提质提效”主题活动的建议和意见。至年底，共刊发动态消息400余条，言论35篇，图片49张，监督曝光类文章21篇，大家谈栏目文章6篇，镇(街道)一把手访谈13篇，新闻博客35篇，理论文章17篇，宣传标语17条，专版8个。

【开设海外版】　9月，义乌商报社与《美国侨报》等联合开办《美国侨报》义乌商报版、《义乌商报》加拿大版、《欧洲时报》义乌商报版、《南美侨报》义乌商报版、《非洲华侨新闻报》义乌商报版以及亚洲版7地海外义乌专版，每月1期。7家报纸共计每年84个对开专版，这是继2007年《义乌商报》香港文汇版出版后，又一新举措。海外义乌专版的创刊，成为义乌对外宣传的重要窗口，对推介义乌商贸信息、增加义乌对外文化交流，提升义乌在国际上的知名度和影响力，起到了“让世界了解义乌，让义乌走向世界”的桥梁作用。

义乌商报社 2010 年获奖情况

姓 名	获奖内容	奖 项
张建成	《义乌全地形车首次亮相北极科考》	2010 年度中国县市区域报新闻奖一等奖(作者奖)
朱启鸿 陈晓文	《义乌全地形车首次亮相北极科考》	2010 年度中国县市区域报新闻奖一等奖(编辑奖)
陈建权 朱雪梅 蒋筱兰 应 悦	《义乌整治出租车"乱象"》系列报道	2010 年度中国县市区域报新闻奖二等奖(编辑奖)
龚献明	《义乌整治出租车"乱象"》系列报道	2010 年度中国县市区域报新闻奖二等奖(作者奖)
蒲国富 王曙光	《义乌有形市场插上"无形翅膀"》	2010 年度中国县市区域报新闻奖二等奖(作者奖)
朱启鸿 陈晓文 赵 兰	《义乌有形市场插上"无形翅膀"》	2010 年度中国县市区域报新闻奖二等奖(编辑奖)
冯旭飞	《"蚂蚁雄兵"演绎"大象之舞"》	2010 年度中国县市区域报新闻奖三等奖(作者奖)
朱启鸿 赵 兰	《"蚂蚁雄兵"演绎"大象之舞"》	2010 年度中国县市区域报新闻奖三等奖(编辑奖)
樊婷婷	6 月 4 日第九版	全国报纸副刊版面年赛一等奖
龚献明	《全国首发台湾专列昨从我市启程》	中国县市区域报新闻奖一等奖
胡 滨 朱启鸿 陈晓文 金小玲	《义乌"呜呜祖拉"响彻南非赛场》(消息类)	2010 年度浙江省县市区域报新闻奖三等奖(编辑奖)
陈金花	《5 万在义参保农民工养老保险可在全国"漫游"》(通讯类)	2010 年度浙江省县市区域报新闻奖二等奖(作者奖)
胡 滨 傅根洪 王 薇	《5 万在义参保农民工养老保险可在全国"漫游"》(通讯类)	2010 年度浙江省县市区域报新闻奖二等奖(编辑奖)
黄婷婷 石 薇 陆超男	《透过物价看民生》(热点引导报道类)	2010 年度浙江省县市区域报新闻奖一等奖(作者奖)
陈建权 蒋筱兰 朱雪梅	《透过物价看民生》(热点引导报道类)	2010 年度浙江省县市区域报新闻奖一等奖(编辑奖)
石晓平	《提效能=干部执行力×100%》(评论类)	2010 年度浙江省县市区域报新闻奖三等奖(作者奖)
吴全国 虞建飞	《提效能=干部执行力×100%》(评论类)	2010 年度浙江省县市区域报新闻奖三等奖(编辑奖)
涂晓晖 陆超男 吕晶晶	《我所经历的"十一五"》(热点引导报道类)	2010 年度浙江省县市区域报新闻奖三等奖(作者奖)
丁丰罡 童向铮 姚玲敏	《我所经历的"十一五"》(热点引导报道类)	2010 年度浙江省县市区域报新闻奖三等奖(编辑奖)
樊婷婷	《明年影视"产房"盛产"多胞胎"》(标题类)	2010 年度浙江省县市区域报新闻奖三等奖(作者奖)
陈建权 张 斌	《明年影视"产房"盛产"多胞胎"》(标题类)	2010 年度浙江省县市区域报新闻奖三等奖(编辑奖)
冯旭飞	《义乌诞生浙江省首家外商合伙企业》(消息类)	2010 年度浙江省县市区域报新闻奖一等奖(作者奖)
丁丰罡 陈晓文 毛 丹	《义乌诞生浙江省首家外商合伙企业》(消息类)	2010 年度浙江省县市区域报新闻奖一等奖(编辑奖)

(骆贤斌)

广播电视

【概况】 2010年,义乌广播电视台新闻频道共播出各类新闻4453篇。其中,开展"创新创优、提质提效"主题活动344篇,"义博会"、"文博会"、"森博会"、"旅博会"等国家级展会300篇。1～11月,"义乌新闻"共播出安全生产方面新闻600余篇。推出"打造绿色义乌"、"创建之窗"、"环保在行动"、"绿色村庄"、"我为商城再添绿"以及"绿色出行、人人参与"等8组创建生态市系列报道。新闻综合频道推出"校园安全"、"世博安保"、"酒驾整治"、"平安义乌建设"、"出租车营运整治"、"人民调解"等综治宣传系列报道和"打造健康城市"、"防控登革热"、"节能减排在行动"、"高温下的坚守"、"难忘义乌之第一"等专题报道。

11月12日,国家广电总局批复同意义乌市广播电视台正式开办商贸频道,义乌市广播电视台成为全国唯一一家可以开办两个电视频道的县(市)级电视台。开设"商贸信息联播"、"义乌指数"、"股市看台"和"同年哥讲新闻"四档日播栏目,及"经济与法"、"新拨浪鼓"、"谈经论道"、"理财有道"、"商品全说"、"房产视线"、"吃在义乌"、"淘在义乌"、"与车同行"、"企业风采"、"绣湖聊斋"、"欢乐义乌"等10余档周播栏目。全天播出18小时,自办节目播出量(含重播)占70%。其中商贸类节目播出量占频道总播出量的60%。

广播节目中心强化节目本土性,增强广播服务功能。FM106.2义乌新闻广播新增"连线110"、"连线自来水"和"连线120"等节目。"连线110"由市公安局110接警员通报市近期的发案情况和治安防范要点,提醒市民做好防盗、防骗、防抢等工作。"连线自来水"由自来水公司通报每天的水质和供水情况,服务市民。"连线120"由义乌市急救中心通报医疗急救情况。在绣湖广场举办"文明交通 平安出行"活动,在宾王广场举行"阳光供水 走进社区"活动等户外主题活动,增强广播影响力。4月,FM106.2义乌新闻广播和FM95.5义乌交通广播进行改版。FM106.2义乌新闻广播把频率定位于"资讯更丰富,服务更周到",在收听高峰期每个整点、半点都有资讯106.2,利用电视主流媒体的资源,对新闻事件进行点评,引导社会舆论。

【"同年哥讲新闻"栏目改版】 1月1日,"同年哥讲新闻"栏目改版,在保持原有的"临市面"、"管闲事"、"唔种事"、"我有话说"、"咯咯笑"5个板块的基础上,新增3个板块,即每周一次的同年哥调解板块,该板块作为"管闲事"的重要内容,专门邀请具有较高威望和较强调解能力的人民调解员参与到节目中来,突出"同年哥"作用,放大"同年哥"效应,注重现场调解,当场解决问题。每周一档的"缘分天空"板

义乌商贸频道开播

块，为有心交友和有心寻找另一半的男女提供平台。“奇闻趣事”板块，选择世界各地的奇闻趣事类社会新闻，增强节目的可看性和节目信息量。

【数字电视转换工作进展顺利】 1月，数字发展中心设立数据管理部，负责后期业务监管和数据审核以及对接银行业务。苏溪、大陈、廿三里、上溪4个镇(街道)开展数字电视整体转换试点工作。5月28日，义亭镇畈田朱片数字电视开始整体转换，标志着全市2010年农村数字电视整体转换正式启动。畈田朱片共整转数字电视用户2217户，新入网274户，发放销售机顶盒3746个，银行代扣2442户，现场整转率87.19%，代扣率98%，平均每户机顶盒拥有量为1.5个。9月30日，全市数字电视用户15.29万户，比上年新增5.1万户，提前2个月完成市政府十大民生实事工程要求的新增数字电视用户5万户的工作目标。10月27日，义乌市广播电视台苏溪广播电视站在全市率先完成乡镇数字电视整体转换工作。苏溪镇原有有线电视用户1.06万户，现场完成整转的数字电视用户9075户，新入网982户，总整转率86.79%，代扣率90%，副终端的受理率91%。至12月底，全市数字电视用户总数19.1万户，比上年新增9万户，共完成42个区块的农村数字电视整体转换工作。

【“股市看台”栏目】 1月25日开播“股市看台”，为股民收集和股市相关的财经资讯，并把股票分析师请进演播室，为股民理清股市跌宕起伏背后的原因，让股民明白投资股市。栏目共分三大板块，第一板块为当天股市的大盘点数、成交额、资金流量、热点分析等资讯信息；第二板块为各券商对当天股市动向的总结、分析和看法；第三板块为嘉宾访谈，重点介绍股票投资的一些知识，进行热点分析，帮助股民解疑释惑等。栏目时长25分钟，星期一至星期五晚上21点在义乌电视台商贸频道播出。

【“三农报道”栏目】 2月初开播，“三农报道”栏目以关注农业、农民和农村中的重大问题和热点问题，关注农民切身利益为宗旨，传达、解析国家“三农”政策。栏目的收视对象是关注“三农”问题的人，包括农村中的普通老百姓、基层乡村干部、地方政府官员、专家以及关注“三农”问题的城里人。共设2个板块，栏目播出时间为每周一18点50分。

【“义乌指数”栏目】 2月初开播，“义乌指数”是一档相对专业的商贸新闻资讯类日播栏目，以解读中国义乌小商品指数为基础，全方位报道市场动向、商品信息、商品行情、流行趋势，包括动态信息、导购导游、指数看点、新品体验等板块。针对义乌小商品指数专业难懂的实际情况，采用指数涨跌幅榜单排名形式进行发布，让观众一目了然。同时每周选取涨跌变化明显的12个行业进行报道，通过采访小商品经营者或权威部门，通俗易懂地反映小商品行情信息，包括价格、销量、影响因素、新产品信息等，引领市场风向。栏目播出时间为19点10分首播、21点40分重播，次日9点10分、13点10分重播。

【“两创两提”活动报道】 2月24日至11月20日，“义乌新闻”共播出“两创两提”主题新闻报道400余篇。先后推出“镇街部门一把手访谈”、“迈向新征程”、“春暖”、“重点工程追踪报道”及“‘两创两提’在深入”等系列报道。“义乌新闻”栏目首次开设“两创言论版”，结合正反报道需求，配发“编后话”和“记者评论”。8月中旬在“义乌新闻”中连续推出“学先进　寻差距”5篇记者评论。“商贸信息联播”推出“我为‘两创两提’献一计”系列报道，围绕义乌市场如何繁荣提升、义乌电子商务如何发展、义乌会展业如何做大做强、义乌物流业如何更好服务于市场等当前义乌商贸经济发展中的热点话题，采访相关部门领导、市场主管部门负责人、市场经营户等形式，为义乌经济“创新创优、提质提效”积极建言。“同年哥讲新闻”栏目则选择干部纪律作风、部门办事效率等问题进行监督。

【“耕耘天地”栏目开播】 4月2日，推出“耕耘天地”栏目，这是义乌电视台新闻综合频道2010年推出的一档全新的对农节目，分为“乡村视野”、“新农民”、“三农资讯”和“农事百科”4个板块。“乡村视野”以关注农业生产和农村动态为主，主持人现场出镜串联全篇，形式新颖活泼。“新农民”以人物报道为主，反映当代新农民的形象。“三农资讯”网罗省市农业信息，通过图片视频的内容，将最新的农业资讯进行播报。“农事百科”是外引板块，通过对各地先进的种养殖技术和生活常识的介绍、推广，给市养殖户以启示和帮助。栏目播出时间为每周四18点35分。

【“上车走吧”栏目】 4月12日正式开播，是义乌电台早间板块“一路有你”的组成部分。以新闻为基础的半脱口秀类节目，节目的宗旨是“绝不严肃，通俗而不低俗，风流而不下流”，听众定位为早晨的上班族。每期节目选择大家关注的、能够以小见大的新闻内容，加以趣味性的表述和另类观点的评说，在谈笑间对听众进行舆论引导。这档节目的另一个特点是用国内其他地方发生的极具关注度的事件，来反观我们的生活环境，更能够凸显本地的优势和不足，让听众深思。栏目播出时间为每日7点30分。

【“人文绣湖”栏目】 4月12日起，在FM106.2义乌新闻广播播出。“人文绣湖”是一档融文学性、知识性和地域性为一体的文学类节目。听众通过收听该档节目，进一步了解义乌，感知历史，接受文学的熏陶。“人文绣湖”栏目设有“义乌人文地理”、“义乌名人”、“民间传说”、“散文、诗歌欣赏”等专题，文章短小精悍，节目风格清新，体现义乌乡土气息。栏目播出时间为6点30分首播，18点30分重播。

【“商品全说”栏目】 9月9日开播，每周2期，每期10分钟。在市场上寻找新奇特和有创意的商品信息，结合观众的需求和收视心理，由主持人和商品经营人员展开交流。“商品全说”栏目为商品的供求双方提供交流平台，经营户可以通过该平台将自己新、奇、特的商品推向市场，寻求商机。栏目播出时间为周四、周五晚19点25分首播，当晚23点25分、次日14点35分重播。

（周晓颖）

医疗卫生

综　述

2010年，全市有综合性医院6家，其中三乙医院1家，二甲中医院1家，二甲妇幼保健院1家。全年财政投入2.26亿元，其中基本建设0.35亿元。医疗支出8.13亿元，其中公立医院支出6.72亿元。

完善医疗卫生服务体系建设。2010年，每个镇（街道）启动10家社区卫生服务站建设，其中新建84家，改扩建48家，实施16个社区卫生服务站危旧房改造1万余平方米。浙大医学院附属义乌医院开工建设，市政府与部队举行油库置换签约，中医院迁建工程设计加快，中心医院二期工程完成环评和工可，赤岸、城西、大陈、上溪中心卫生院先后完成主体工程建设，赤岸、城西中心卫生院完成整体搬迁。

全面实施国家基本药物制度。2010年，制定《义乌市实施基本药物制度工作方案》，基层医疗机构全部实施国家基本药物制度，5家公立医院参加基本药物省级集中网上公开招标采购。至12月25日，实施基本药物制度的基层医疗机构累计总诊疗169.95万人次，出院7257人次，药品让利4089.46万元，药品让利率56.66%，门诊均次费用37.03元，较上年同期下降31.65%，住院均次费用1262.88元，较上年同期下降27.13%。制定《义乌市基层医疗卫生机构实行国家基本药物制度经费补助办法（试行）》，对实施国家基本药物制度的社区卫生服务中心以及实行人、财、物一体化管理的社区卫生服务站落实财政补助。

启动公立医院改革试点，加快民营医院建设。市政府把深化医改作为2010年10项改革重要内容，与各镇（街道）、相关部门签订《义乌市深化医药卫生体制改革任务责任书》。启动公立医院改革试点。中心医院与台湾万芳医疗中心合作，实行成本核算与绩效管理。妇幼保健院完善第三方评议机制。市卫生局成立公立医院改革调研工作小组，围绕省卫生厅确定的37个调研课题，开展专题调研。组织考察组赴北京、辽宁、江苏等地学习考察公立医院改革工作，为义乌公立医院改革奠定基础。加快民营医院建设，参加卫生部组织的全国县级医院改革发展现场会。9月，义乌復元私立医院获得义乌经济开发区A地块的国有建设用地使用权，破解医院发展瓶颈。10月16日，復元医院举行建院20周年庆典及新科路院区奠基仪式。復元医院新院区占地面积12717平方米，总建筑面积55741平方米，规划床位320张。

制订完善各项工作制度。制定《关于义乌市农村社区卫生服务机构设置和编制配备的通知》，社区卫生服务中心共核定正式编制1322人，临时聘用人员指标759人。制定《义乌市公共卫生和基层医疗单位绩效工资实施方案》，经市政府第四十二次常务会议通过，是省内首个通过省人力资源和社会保障厅、财政厅、卫生厅审核批准的绩效工资实施方案。制定卫生系统“十条禁令”，推出公开医药卫生体制改革等5项服务承诺，对涉及卫生的11个审批项目进行审批大提速，累计提速时间81天。各医疗卫生单位结合实际推出无假日门诊、网上医疗服务咨询和电话预约等服务承诺62项。完善政务公开、目标责任制考核等10项制度。建立与重点工程建设和重点工作开展情况相适应的现场办公制度，现场解决医疗服务投诉等难题100余个。举办学习培训140次，开展专题讨论会62次，受理投诉举报1053件，及时办理率100%。公开服务承诺67项，考核评议显示群众对医疗卫生满意度为95%，在市人大对卫生等6个部门的重点议案办理情况测评中，卫生局名列前茅。

医疗科研取得新进展。卫生系统在一级、二级刊物发表医学论文120余篇，其中《载药磷酸钙人工骨治疗慢性骨髓炎的临床研究》获省医药卫生科技创新二等奖，《脑钠肽对首次急性心机梗死后左室重构的预测价值》、《隐蔽性鼻出血的内镜诊治》获省医药卫生科技创新三等奖。中医院的《华蟾素联合光动力学治疗小鼠移植性H22肝癌的研究》、《天麻钩藤饮治疗高血压病的临床研究》2个课题通过评审。

加快卫生人才队伍建设。完成急救中心班子组建和中心医院党政班子调整。面向全国招聘硕士研究生和紧缺专业毕业生56人，医学类毕业生166人，招录33人定向委培生在金华职业技术学院进行3年的定向培养。启动60名执业医生、100名执业护士招聘。实施“社区责任医生临床模块培训”，新录用的20名社区责任医生上岗前先到中心医院各临床科室轮转，提高基本医疗水平与急救水平。在浙江省率先开展基层医师2年规范化培训，通过对30种慢性非传染性疾病及9种传染病知识学习，巩固基层医生的基本理论与基础知识，提高基层医师服务能力。浙江大学医学院附属义乌医院新招录的112名医务人员分别在浙一医院、浙二医院、邵逸夫医院等实行临床医生住院规范化培训。充分利用金职院技能培训基地优势，全面开展基层医师临床操作技能培训。卫校作为浙江省教学培训基地，接受国家卫生部“基层卫技队伍在岗培训”工作评估，获得高度评价。开展口腔诊疗医院感染控制管理、Ⅱ级生物安全实验室知识培训、心脑血管疾病预防学术讲座等培训10余期，举办成人学历教育、全科教育、基层医师规范化培训、乡村医生培训等17期，接受培训4200余人。

加强党纪党风建设。开展“创先争优”活动，组织各类比赛、募捐等活动6次，捐款4.41万余元，走访困难户23户，形成调研报告60余篇，公开党员个人具体承诺1156份。以20名医德楷模和10名医德标兵为主体，在系统内进行先进事迹演讲。深化商业贿赂专项整治，加强对重点科室、重点环节、重点人员检查与管理，严格基本建设、药品、设备招投标，药品用量实行动态监控和超常预警管理，药品使用情况列入党政目标责任制考核，这一做法在省卫生纪检工作会议上得到省卫生厅肯定。

“登革热”防控工作有创新。健全“登革热”防控管理和服务网络，完善联防联控、群防群控工作机制，全市按属地划分为807个网格，每个网格落实责任人。相继下发《义乌市2010年登革热防控工作方案》等文件，对不同时期提出不同防控措施。加大科学灭蚊力度，疫点村每周1次、非疫点村每月2次开展统一灭蚊，出动专业消杀人员10余万人次，做好疫情、病媒生物的重点监测、日常监测和集中监测，共派出监测人员1490人次，监测村(居)及单位835个，布雷图指数合格率为90%，年内顺利通过省爱卫会对义乌市灭蚊先进市的复评。

卫生应急

【概况】 2010年，推进省卫生应急基地、应急示范市建设。重新组建疾病控制、卫生监督、医疗救治、心理危机干预4支应急机动小分队，全面提高突发公共卫生事件监测预警、应急处置、医疗救治和指挥决策能力。成立义乌市急救中心，承担全市范围内日常医疗急救的指挥、调度。全年共计出车4083次(其中110联动1106次)，救治人数3300人。市中心医院急诊科为参加

2010"义博会"的400名志愿者进行急救知识培训,提高志愿者急救意识和能力。

【急救中心正式启用】 10月15日,义乌市急救中心正式启用,市域急救实现统一指挥调度。开通城中、义南两个急救站,城中站下设中心医院、復元医院、稠州医院、中医院4个急救点,义南站由第二人民医院负责。12月6日,举行授牌仪式。12月23日,市急救中心通过浙江省卫生厅执业验收。

卫生执法

【概况】 2010年,进一步加强餐饮服务食品安全监管,实施餐饮业卫生监督信息公示、量化分级管理、食品原料采购索证制度,开展问题乳品清查、学校食堂食品安全、地沟油等重点环节食品安全整顿10余次。加强职业病防治卫生监督,开展粉尘与高毒物品危害治理专项行动,监督检查职业病危害企业390家,警告处罚45起。深入打击非法行医,实行无证行医"黑名单"公示制度,成立市公安局驻卫生局打击非法行医联络室,取缔无证行医256家次,没收药品100余吨,立案处罚56起,追究刑事责任10起。完成"十小"行业整规工作,全市建立小餐饮卫生整治和规范示范街14条,示范店62家,取缔无证餐饮160家次。受理投诉举报707起,行政处罚决定76件,罚没款36.08万元,申请法院强制执行案件23起。1月27～28日,卫生监察大队ISO9001质量管理体系顺利通过复核,并改版升级为9001－2008。12月,卫生监察大队被评为浙江省粉尘和高毒物品危害治理专项行动先进集体、浙江省"世博安保"餐饮服务食品安全工作先进集体。

社区(农村)卫生

【概况】 2010年,加快规范化社区卫生服务中心建设,8家社区卫生服务中心完成浙江省规范化社区卫生服务中心创建。后宅社区卫生服务中心顺利通过浙江省农村中心集镇示范卫生院创建末期评估。农民健康体检工作稳步推进,全市共完成第三轮城乡居民健康体检26.07万人,体检率37.83%,城乡居民对健康体检服务满意率为95%。加大社区卫生服务中心结对帮联力度,实施"城市医院牵手社区"工程,牵手工程列入院长目标责任制考核。上级医院医师到结对社区卫生服务机构开展业务指导32人次,社区卫生服务机构医务人员到结对医院进修学习45人次。组织开展送医下乡85次,接受群众咨询42917人次,开展"三进送健康"活动395次,发放健康资料20万份,有效促进了"小病不出村、大病上医院、康复回社区"新型医疗服务格局的形成。

【健康文化长廊建设】 3月,为推进上溪镇的健康城市创建活动,根据健康社区建设要求,上溪镇投入资金8万元,在祥贝村开展建设健康文化长廊(健康教育墙)试点。健康文化长廊共设有固定宣传窗150块,健康知识漫画长300米。

【完成塔山麻风村危房改造】 4月23日,根据卫生局《关于卫生系统停止使用危房的通知》,皮肤病医院塔山麻风村医务室1幢(C级)、病人宿舍1幢13间(D级)、厕所用房1幢2间(D级)、病人宿舍1幢11间(D级)危房停止使用。11月8日,完成工程初步设计,对原卫生间拆除后重建,对医务室、宿舍等危房走廊及窗户进行砌砖封闭,概算总投资16.5万元,由市财政出资。11月16日,改造工程进行公开招标,由义乌市倍磊建筑工程有限公司中标。该工程实际投资14.34万元。

【浙江省社区康复适宜技术推广示范基地建设】 5月,后宅中心卫生院争取到街道社区康复适宜技术推广示范基地建设经费60万元,康复科门诊搬迁至原公共卫生楼,并对康复楼一楼进行改造,病床数从45张增加到70张,治疗室面积增加至500平方米。基本完成脑卒中社区康复的技术标准认定,明确脑卒中患者康复、转诊、出院等内容。

【后宅创建农村中心集镇示范卫

生院】 10月，省卫生厅对义乌市农村中心集镇示范卫生院200强卫生院创建工作进行末期评估，后宅中心卫生院购置医疗设备90万元，其中投入40万元新增康复设备，并通过培训计划落实等措施，以优异的成绩通过末期评估。

【"金华市首届基层医疗卫生机构论坛"在义乌召开】 12月28～29日，由金华市医学会主办、义乌市医学会协办、北苑中心卫生院承办的"金华市首届基层医疗卫生机构论坛"在义乌党校召开。来自金华各地的专家、学者及政府代表90余人参会，围绕"医改新形势下的基层卫生事业发展"主题，展开讨论。各基层医疗卫生机构负责人探讨交流了管理经验，义乌市北苑社区卫生服务中心主任滕世助及部分社区服务中心领导作专题讲座。

妇幼保健

【概况】 2010年，全市从事母婴保健技术服务人员330人，其中助产士143人。全市产妇数6947人，孕产妇系统管理率96.6%。妇女病普查72014人，普查率96.95%，患病率35.17%。产前筛查6534人，新生儿疾病筛查14210例。重大公共卫生服务妇幼专项工作有序开展，至11月底，孕产妇住院分娩补助2088人，新增免费叶酸服用人数2428人，免费"两癌"检查11162人，免费婚检9713人，新婚夫妇婚检率99%。完成全市302家托幼机构卫生保健考核工作，并发放卫生保健合格证。各镇（街道）中心卫生院继续开设孕妇学校和育儿学校，全年开设孕妇学校290期，其中大型健康教育学校举办50期，接受孕期健康知识教育1万余人次。市妇幼保健院育儿学校被评为省级先进育儿健康教育基地。

【叶酸免费发放】 7月30日，城西中心卫生院组织辖区妇女主任10余人开展叶酸服用相关知识学习和培训，并开展待孕、早孕妇女的调查摸底和宣传工作。8月中旬开始叶酸免费发放工作。至年底，辖区70%的待孕、早孕妇女服用了叶酸。

【农村妇女"两癌"筛查】 7月20日，义乌市城乡妇女"两癌"检查在义亭镇启动。"两癌筛查"以育龄妇女为服务人群，将乳腺癌、宫颈癌普查普治作为核心内容，进行大型妇科检查。共完成义亭、赤岸两个镇9037名适龄妇女的检查，确诊乳腺癌4例，癌前病变2例；确诊宫颈癌2例，癌前病变77例。

【母婴保健法律管理与实施】 9月，对全市新申请从事母婴保健技术服务人员50余人进行培训，严格审核，依法资格准入，41人取得母婴保健技术服务合格证，持证上岗率100%。

疾病预防控制

【概况】 2010年，全市报告乙丙类传染病24种10077例，死亡12例。其中乙类传染病报告17种，报告发病数5365例；丙类传染病报告7种，报告发病数4712例。乙类传染病发病率居前五位的病种依次为病毒性肝炎、梅毒、肺结核、淋病、细菌性痢疾。处理聚集性应急事件15起，其中手足口病6起，水痘、流感、肠道病毒引起的皮疹事件各2起，腹泻、麻疹、不明原因发热事件各1起。发现HIV阳性124例，其中病人18例，死亡3例。接诊疑似肺结核病人2568例，确诊活动性肺结核病人782例，其中涂阳病人322例（初治涂阳278例，复治涂阳44例）。开展2010年春秋两季查灭螺工作，投工1328工，查螺17.33万框，查螺面积48.4万平方米。全市有螺面积1.7万平方米，灭螺投工1644工。投入查灭螺用工经费26.88万元。全市7岁以下儿童新建卡建证3.84万人次，其中常住儿童8118人次，流动人口3.03万人次（含义乌市内流动儿童），占78.84%。3月，完成免费甲流疫苗接种工作，接种8.24万人次。9月，开展麻疹疫苗强化免疫工作，共接种目标儿童8.41万人，完成率93%。加强职业病防治，对47家企业开展职业病危害因素检测，市疾控中心成为省首家获公共场所集中空调通风系统卫生学评价机构资质的市级机构。市疾控中心正式成为中华预防医学会公共卫生管理分会全国县级疾病预防控制机构学组成员。10月10日，省疾控中心绩效考核组对市疾控中心2008年、2009年的疾病预防控制工作进行绩效评估，考核成绩优秀。

【艾滋病全球基金项目落户义乌】 3月，浙江省全球基金艾滋病项目在义乌正式启动，旨在扩大艾滋病预防、治疗和关怀服务，促进高危人群及艾滋病病毒感染者和病人对艾滋病综合防治服务的全面可及，动员全社会广泛参与艾滋病防治工作。主要目标人群为暗娼、注射吸毒人群、流动人口、艾滋病病毒感染者、病人、孕妇。项目周期为6年(2010年1月1日至2015年12月31日)，分2期执行，第一期2010年至2012年，第二期2013年至2015年。浙江省与义乌市艾滋病综合防治示范区工作互补，充分利用各方资源，有效整合。

【成立浙江省疾控中心义乌工作基地】 4月23日，浙江省唯一一家省疾控工作基地——浙江省疾控中心义乌工作基地挂牌成立。市疾控中心与省疾控中心将在疾病监测与控制、免疫预防、健康危害因素监测、健康教育、实验室检测、人员培养与科研、疾控管理等方面进行合作。省疾控中心通过组织专家和业务人员指导义乌疾控中心开展工作、挂职锻炼、科所结对、定期不定期现场指导及学术交流等方式全面提升义乌市疾控中心的业务能力。

【首次开展蚊虫抗性监测】 5月，市疾控中心新建立媒介生物饲养室，开展蚊虫抗性监测工作。选择城区居室中常见蚊种之一淡色库蚊，在市区采集自然品系对5种杀虫剂进行抗性调查，并进行抗性动态学的调查和分析。监测结果显示，义乌市淡色库蚊自然品系对5种杀虫剂存在不同程度的抗药性。

【首个疾病防控警示日宣传活动启动】 9月8日，义乌市首个疾病防控全民警示日宣传活动在绣湖广场正式启动。省卫生厅疾控处、省疾控中心、市人大、市政协相关领导参加启动仪式，主题为“人人参与疾病防控、共同建设生态文明”。13个镇(街道)设立宣传咨询分会场。活动现场，结合麻疹强化免疫接种、入学入托儿童查验证以及“登革热”警示教育，展出健康生活方式、免疫规划、麻疹、艾滋病、肺结核、血防、手足口病、“登革热”防治等各类宣传展板50余块。各医疗单位向广大群众提供慢性病、妇幼保健、肿瘤、心理卫生、牙防、无偿献血等相关知识的义务咨询，义乌市疾控中心60余名工作人员与30名志愿者对过往及附近的1000余名市民进行健康知识问卷调查，活动现场进行节目表演与健康知识有奖竞猜。9月14日，《健康报》对活动进行了报道。

卫生科教

【概况】 2010年，根据《全科医师、社区护士岗位培训五年规划》，共培训全科医师476人、社区护士271人。护理本科毕业208人、专科毕业135人。临床医学本科毕业115人、专科毕业54人，学校在读生有护理本科132人、临床医学本科27人。4月、8月、12月分3次完成管理干部培训，参加培训500人。11月9日，出台《义乌市基层医生规范化培训实施方案(2010—2011)》，300名基层医生参加为期2年的理论和操作技能培训。

【农村卫生人员在职培训工作评估】 3月23日，义乌卫校作为浙江省教学培训基地，接受国家卫生部“农村卫生人员在职培训”工作评估，评估组听取“领导与保障、实施与管理、特色与体会、问题与建议”情况汇报，对义乌市在岗培训工作给予较高评价。

【责任医师“模块培训”】 5月起，20名社区责任医生正式开始“临床模块”培训，时间8个月，在中心医院通过各临床门、急诊科室轮转，提高医疗、急救水平。开展责任医生“模块培训”在省内属创新。

【“糖尿病日”宣传活动】 11月14日为第四个“联合国糖尿病日”。为提高公众对糖尿病的认识，积极采取行动预防和控制糖尿病，提高居民健康素质，市卫生局、市医学会和市疾控中心联合在绣湖广场举行宣传咨询活动，义乌电视台新闻频道进行全程跟踪报道，观众受益1万余人。

中 医 药

【概况】 2010年，全市中医药基础建设扎实推进。由政府全额投资3.9亿元的市中医医院迁建工程被列入中央扩大内需项目。中医医院改造九病区（内二科），设46张病床。中医院、二院举办膏方节，开展"冬病夏治"工作，通过穴位敷贴、针灸（循经灸）、呼吸保健体操等方法，配合药膳食疗、生活习惯指导等，治疗慢性肺病病人，取得较好的临床效果。由中医院定期派专家到各镇（街道）义诊，定制中药科普知识展板巡回展放，提高农村群众对中药知识的了解与掌握。每周四下午，市中医医院均派资深中药剂师进社区给老年大学学员上课，宣传中医药知识，并带老年人上山采中药，指导其正确使用中药。

【与四川青川县板桥医院结对】 5月19日，义乌市中医医院与青川县板桥乡卫生院结对，签署《金华・青川卫生结对帮扶协议》。市中医院充分利用自身优势，长期为板桥乡卫生院提供医护人员培训、技术指导、定期开展学术交流和健康讲座等项目，促进青川县板桥乡卫生院的发展。板桥卫生院项目位于板桥乡上马村，属异地重建工程，总用地1832平方米，总建筑面积599平方米，概算投资347.64万元，由义乌市援建，工程于2009年7月15日竣工。

【名中医收徒】 7月8日，为进一步加强义乌市名中医学术经验传承，加大中医人才的培养力度，在市中医医院举行首届义乌市名中医收徒拜师仪式。10名义乌市中医与21名青年医师签订"师带徒"协议，这是义乌市首次开展名中医带徒工作。

【首届养生膏方节】 10月24日，市第二人民医院首届"养生膏方节"举行，5位浙江省中医协会名老中医为140余名群众开出滋补膏方。10月22日、11月27日，第二人民医院院长丁平应邀义乌广播电台阳光直播间，就养生膏方节、冬季养生、春节饮食等问题在线答复听众。至12月底，首届"养生膏方节"结束，共开出膏方388张。

【糖尿病中医药防治新进展研讨会】 10月30日，由市中医院承办的国家级继续教育项目——浙江省中医药学会糖尿病专业委员会第二届学术年会暨糖尿病中医药防治新进展研讨会在义乌召开，来自全省各地的120余人参会。会议围绕糖尿病的国际动态、发展现状、中医药防治糖尿病及并发症、临床应用新进展等方面进行交流。会议期间举行专题报告9场，交流学术资料14篇，有效提高义乌市中医药治疗糖尿病及并发症方面的学术水平。

【中药调剂岗位技能比赛】 12月19日，由市卫生局、市医学会、市卫校和市中医院在市卫校联合举办中药调剂岗位技能比武。来自全市20个单位的27名选手，参加理论知识、中药识别和中药配方比赛，市中医院贾志东荣获第一名。

医 政 管 理

【概况】 2010年，加强医疗质量控制体系建设，健全医疗质量监控网络，制定《义乌市医疗质量控制与管理实施方案》，20个质控中心不定期对医疗服务质量进行专项督查和业务指导。加强医疗行业准入的规范化管理，严格医疗机构量化评分，重新核定医疗机构671家。市中心医院与建行合作，推行"健康龙卡"项目，实行先诊疗、后结算，最大程度简化就医流程，缓解群众看病排长队等现象。加大对"医闹"打击力度，成立市医调会，以市长令形式发布《义乌市医疗纠纷预防与处理暂行办法》，市检察院、公安局、卫生局联合发布《关于依法维护医疗机构正常医疗秩序的通告》，医调会充分发挥第三方调解机构作用，全年共受理医疗纠纷案件64起，成功调处51起，医疗纠纷比上年同期下降20%。完成全市7200名高考学生体检和1500名应征青年征兵体检任务。为全市177名一级保健对象进行健康体检，并定期发送疾病预防温馨提示短信。抓好精神病人排查监管，确诊全市重性精神病人2088人，落实74名义乌籍有肇事倾向精神病人监管。继续实施精神病人免费施药，为1.32万人次提供免费药物治疗，合计费用135万元。做好社区药物维持治疗工作，美沙酮门诊接诊8465人。

【省首批县级医学龙头学科】 1月31日，省卫生厅通过对龙头学科的评审、管理和考核，遵循分级负责、共同建设的原则，市中心医院感染性疾病学、妇保院妇产学科成为"浙江省首批县级医学龙头学科"。市中心医院传染病科成立于1987年，通过20余年学科建设，已发展成一个配套设施较为齐全、服务功能较为全面的综合性科室，承担全市重大传染病的诊治工作，在乙肝、丙肝的抗病毒治疗，肝硬化、肝癌患者的微创治疗方面具有独特优势。妇保院妇产学科始建于1997年，2001年被列为义乌市重点学科，拥有妇产科专业技术人才36人，学科服务辐射力逐步扩大，义乌区域外患者比例达40%以上，2009年分娩数5000余人次。

【对口支援贵州省岑巩县医院】 4月，市中心医院对口支援贵州省岑巩县医院项目正式启动。为配合省三级医院对口帮扶贵州市级医院工作，金华市卫生局、义乌市卫生局、义乌市中心医院等有关领导赴贵州岑巩县医院，签订对口帮扶协议。4月30日，市中心医院向贵州省岑巩县人民医院捐赠价值约35万元F51－5X线胃肠机1台。

【医疗纠纷人民调解委员会揭牌】 4月23日，市长何美华签署第19号义乌市人民政府令，公布《义乌市医疗纠纷预防与处理暂行办法》。6月1日，义乌市人民调解委员会暨医疗纠纷人民调解委员会正式成立。义乌市医疗纠纷人民调解委员会(简称医调会)设在义乌市司法局一楼，由来自司法、卫生、保险等部门的5名成员组成。医调会除承担以独立的第三方身份介入调解医疗纠纷外，同时承担通过调解工作，宣传相关法律、法规、规章和医学知识，向卫生、司法行政等部门报告医疗纠纷和调解工作情况，分析医疗纠纷发生的原因，向医疗机构提出医疗纠纷防范意见和建议等职责。

【肇事肇祸精神病人排查】 8月1日，根据中央综治办、公安部、民政部、财政部、卫生部、中国残联有关文件精神，精神卫生中心举行《全国肇事肇祸精神病人排查行动方案》技术培训，各镇(街道)中心卫生院分管院长、二级精防医生和专家组成员30余人参加培训，共确定重性精神病人2048人。其中肇事肇祸危险性评估三级以上的精神病人54人，原有肇事肇祸记录的精神病人76人，共120人全部落实了有效的监护措施。

【首条免费心理咨询热线】 8月1日，市首条免费心理咨询热线85255444开通，该热线由市共青团义乌市委、市卫生局主办，市精神卫生中心承办，市精神卫生中心提供技术支持。每周一至周五安排专职心理咨询师接听，对经济社会转型中人们可能出现的各种心理问题，提供便利的心理健康教育、心理咨询和心理危机干预服务，受到媒体和市民的普遍关注。

【发行"健康龙卡"】 11月12日，市中心医院与中国建设银行股份有限公司义乌分行举行"健康龙卡"项目合作签约仪式，这是省内首份"健康龙卡"项目合作协议。"健康龙卡"项目把银行卡与医院就诊卡结合，由建行提供自助终端、网上银行等挂号渠道，实行先诊疗、后结算，缓解群众看病排长队等现象。

红十字会

【概况】 2010年，开展"血液质量管理年"活动，加强无偿献血宣传，加快中心血站实验室升级改造，保障临床用血安全，全市采集全血人数11515人次，其中一次献血400毫升8773人次，占全部献血人数的77%。全年提供临床医疗用血35401.69单位，其中全血129单位，红细胞悬液15135单位，血浆19118.29单位，机采血小板418.5单位，无偿献血占临床用血比例达100%，成分输血率达99.6%。义乌市被卫生部评为全国无偿献血先进市。

【红十字会博爱行动】 1～3月，开展“红十字博爱送万家”活动，为13个镇(街道)121户困难户送去价值10万余元的爱心款物。“復元爱心助医基金”资助白血病患者3名。4月14日，青海玉树地震发生后，红十字会利用各种媒体发出爱心倡议；组织志愿者在广场进行现场募捐活动；联合义乌企业界举办赈灾慈善晚会，进行爱心义拍和募捐，累计募捐善款232万元，创可贴、雨衣等物资价值20万元。12月，被评为“全国青海玉树抗震救灾先进集体”，是浙江省县(市)级唯一获此殊荣单位。6～7月，联合义乌市云山家电有限公司开展“博爱助学”活动，将价值6万余元款物，分别送到尚阳小学和毛店初中的师生手中。8月27日，与义乌市大大箱包材料有限公司协作设立“大大博爱助学基金”50万元用于助学，全程资助贫困大学生，并首创承诺制，要求受助方承诺，走上工作岗位后，每月拿出不少于5%的收入捐给义乌红十字会，累计捐赠总额不少于接受的捐赠总额。首批4名品学兼优的贫困大学新生获得资助。

（龚菊莲）

【无偿献血表彰大会】 1月19日，义乌市无偿献血表彰大会召开，市卫生局及血站相关领导参加。大会授予义亭镇人民政府、义乌市第二人民医院、国际商贸城第一分公司、义乌市保安服务公司处警中队、完美日用品有限公司义乌专卖店等“义乌市无偿献血爱心单位”。对程青梅、曹来兵、吴功洪、余煜龙、金园娟、赵静6名“无偿献血优秀志愿者”予以表彰。

【为首批注册志愿者颁发证书】 “5·8世界红十字日”进行首次志愿者宣誓仪式，为首批注册志愿者52人颁发证书。2010年，全市发展红十字志愿者200余人，开展无偿献血宣传82次，义乌市临床用血100%来自无偿献血，造血干细胞采样49例。浙江经视专题报道。

（龚菊莲）

【第七个“世界献血者日”】 6月14日为第七个“世界献血者日”，在绣湖广场开展大型无偿献血宣传活动，通过分发宣传资料等形式，宣传《中华人民共和国献血法》等无偿献血的法律法规以及献血相关科学知识，当日市民参观血站20余人次。6月18日晚，庆祝第七个世界献血者日座谈会暨机采招募培训班在中心血站五楼会议室召开，20余名无偿献血者及志愿者代表参加会议。活动期间，在《义乌商报》设1个专版，新闻报道5条，公益广告140片次，悬挂横幅150条，张贴宣传海报600余张，发放资料5万余份，无偿献血317人次、11.5万毫升。

【成立基层红十字会】 9月，市委组织部下文，提出3年完成全市13个镇(街道)建立红十字会计划。10月20日，首个基层组织佛堂镇红十字会成立。11月11日，廿三里街道红十字会成立，11月12日，义乌工商职业技术学院红十字会成立。

（龚菊莲）

卫生改革

【概况】 2010年，相继出台《义乌市深化医药卫生体制改革实施意见》、《义乌市深化医药卫生体制改革近二年重点任务实施计划》、《义乌市关于促进基本公共卫生服务逐步均等化的实施方案》、《义乌市农村医疗卫生服务体系建设和改革实施意见》、《义乌市公共卫生和基层医疗单位绩效工资实施方案》、《义乌市实施基本药物制度工作方案(试行)》、《义乌市基层医疗卫生机构实行国家基本药物制度经费补助办法(试行)》等10余个医改配套文件。9月20日，召开义乌市深化医药卫生体制改革工作推进会，市政府常务副市长宋英豪与财政局、发改局、人劳社保局、卫生局等单位签订医药卫生体制改革工作目标责任书。

【国家基本药物制度实施】 2月

25日，义乌市基层医疗机构国家基本药物制度顺利实施。在充分调研的基础上，按照合理规划、调整布局、试点先行、全面铺开的规划原则，义亭镇被列为市农村卫生体系建设示范单位，在全市率先启动社区卫生服务站标准化建设。至年底，义亭镇投入20余万元，对下辖3家社区卫生站进行规范化改造，并划定拟建的31家农村卫生服务站的规划红线图。早溪塘村、雅宇村、雅文楼村卫生服务站已开工建设。

【确立国家基本药物制度情况监测点】 义亭中心卫生院使用国家基本药品目录中的药品244种，占目录79.5%，占西药、中成药收入的57.6%，使用省增补的非基本药品目录中的药品97种，占目录的65%，占西药、中成药收入的38.9%，自选非目录品种22种，占西药、中成药收入的3.5%。2月23日至10月底，共有门诊9.3万人次、住院416人次享受这一政策，累计减免239.1万元。门诊12.6万人次，在2009年零差价试点基础上增长38%，门诊平均处方药品费从84元每人次下降到45元每人次，下降了46%；每出院病人平均药品费用从2634元下降到1193元，下降了54.7%，切实减轻群众的就医经济负担。10月，义亭中心卫生院被卫生部经济发展研究中心确定为实施国家基本药物制度情况监测点。

【江东创新责任医生工作模式】 5月，江东中心卫生院落实责任医生制度，对责任医生队伍进行优化整合，采取“1＋1＋N”的模式，即责任医生＋责任护士＋防疫、妇幼保健人员，重新组建15支责任医生团队。实行团队长负责制下的分工协作制。入户以团队长（责任医生）为主，社区护理、健康教育由社区护士负责，其他公共卫生服务根据不同的工作内容确定人选。考核以团队为主，主要内容是责任医生入户服务的次数和小区居民对责任医生认可程度。通过实行上述办法，促进责任医生制度的落实。

基本建设

【浙江大学医学院附属义乌医院建设】 4月27日，市人大常委会组织部分市人大代表，就浙江大学医学院附属义乌医院、市中医医院迁建工程建设情况进行视察。浙江大学医学院附属义乌医院的建设和市中医医院的迁建，分别被列为省、市重点工程，总概算投资8.7亿元。其中浙江大学附属义乌医院概算投资5.46亿元，建筑面积10万余平方米，设床位800张，按省级医院管理。7月13日，浙江大学医学院附属义乌医院主体建安工程合同签约，副市长王迎与浙江长城建设集团签约，附属义乌医院工程进入全面开工建设阶段。8月27日，浙大医学院附属义乌医院二期规划论证会在义乌海洋酒店举行，来自省内的专家和义乌市相关职能部门工作人员，对规划方案进行详细论证。

【中医院迁建土地置换】 9月2日，东航部队老油库的土地置换谈判成功，义乌市人民政府和东航部队在锦都酒店锦都厅签署油库土地置换协议。9月3日，在海洋酒店举行义乌市中医医院迁建工程方案与设计招投标开标会，就迁建工程方案设计项目进行公开招标。

【赤岸中心卫生院新院落成】 11月25日，赤岸中心卫生院举行新院落成庆典。卫生局、赤岸镇、各医疗卫生单位负责人与医院干部职工100人参加。赤岸中心卫生院新大楼于2009年5月开工建设，2010年6月通过验收，9月投入试运行。新院占地面积1.02公顷，建筑面积7500平方米，工程总投资2135万元。

【精神卫生中心门诊综合楼搬迁】 2月8日，市精神卫生中心门诊综合楼改建工程如期完工。5月23日，市精神卫生中心120名精神病人整体搬迁至新病区。

【大陈中心卫生院开工建设】 11月11日，在大陈中心卫生院建设工地举行奠基仪式。大陈中心卫生院预设床位140张，规划用地1.3万平方米，新建项目分两期实施，其中一期床位40张，建筑用地270平方米，总建筑面积9027平方米，包括门诊病房综合楼、辅楼和门卫房各1幢，绿化面积3500平方米及室外给排水、供电、污水处理等配套设施。一期项目概算投资2661万元，由义乌市倍磊建筑工程有限公司施工，义乌市建安公司监理，建设工期360天。

【城西中心卫生院完成搬迁】 12月11日，城西中心卫生院搬迁至新院址。新院建设被列入基层医疗服务体系建设2009年新增中央预算内投资项目，由中央投入建设资金100万元，搬迁后总建筑面积8986平方米，占地14003平方米。设置床位40张，拥有DR、全自动生化分析仪、彩色多普勒B超、五分类血球仪等一批先进的医疗设备。

（除署名外均由虞金洪撰稿）

义乌市新中医院规划图

义乌市第三届中外商人运动会

YI WU SHI DI SAN JIE ZHONG WAI SHANG REN YUN DONG HUI

扎实推进义乌市

DOUBLE FISH

体 育

综　述

2010年市体育事业经费市财政实际划拨款483万元，同比增长12.06%，划拨体彩公益金经费300万元。体育彩票销售额1.45亿元，同比增长4.3%。全市划出专项经费245万元支持农村体育基础设施建设，新建16个小康健身工程示范点、15个晨晚练点。新增健身路径86条，篮球场75个，小型健身场所3个，赠送室内外乒乓球桌100张。年内在义乌举办的国内、省级重大比赛共5项23次。承办2010年浙江省第九届双龙桥牌赛，2010年中国足球协会超级联赛杭州绿城4场主场比赛，2010年浙江省城市足球冠军联赛义乌土木建设足球队3场主场比赛，浙江省第三届中老年足球友谊赛，全国CBA男子职业篮球赛稠州银行“金牛队”的主场16场比赛。围绕义乌市第六届运动会和第十三届全民健身节开展群众体育活动，举办市第六届运动会，第十三届全民健身节，第十四届镇(街道)干部乒乓球比赛，第七届镇(街道)干部篮球赛、机关干部乒乓球比赛和篮球赛，第三届“先锋杯”农民篮球赛等年度常规性赛事。举办义乌汽配用品杯外商足球邀请赛、韩商会足球赛等新义乌人体育赛事，鼓励“新义乌人”参加各项体育活动。市第六届运动会吸纳在义外国商人和在义务工人员参加比赛，在篮球俱乐部联赛参赛的300余名运动员中，其中外地户籍115人，外国籍2人。2010年，市江东、城西两街道创建浙江省体育先进街道，顺利通过省级体育强镇考核验收，同时苏溪、上溪两镇顺利通过浙江省体育强镇复查验收。

网络组织建设。上溪、廿三里完成体育联合会的组建任务，完成篮球协会、武术协会的换届选举，成立钓鱼协会、桥牌协会。至年底，市体育单项协会、分会有15个。

体育交流。2010年，全市开展体育交流20余次，参加人数1000余人次。市棋类协会组队参加在杭州举行的2010全国少儿象棋锦标赛，获2金1银。市武术协会参加在陕西宝鸡举行的2010年全国农民武术比赛暨武术之乡传统拳种传承人演武大会，取得2金4银3铜；市残疾人体协组队参加金华市第四届残疾人运动会，获金牌45枚、银牌31枚、铜牌13枚，获团体总分第一、奖牌总数第一、金牌总数第二。市乒乓球协会组队参加在湖州长兴举办的2010年浙江省第四届体育强县(市、区)乒乓球比赛，获1金2铜及男女混合团体第三名；市桥牌协会参加2010年安吉美丽乡村杯全国桥牌混合赛，获混合团体第一名；市游泳协会组织30余名会员赴台湾参加“日月潭”万人游泳比赛。

群众体育

【概况】　2010年，先后举办镇(街道)干部乒乓球赛、第七届镇(街道)干部篮球赛、机关干部乒乓球赛、第二十三届机关干部篮球赛、第三届“先锋杯”农民篮球赛等年度常规性赛事。成功举办“电力杯”乒乓球俱乐部联赛，“足协杯”足球甲级联赛，YBA篮球俱乐部联赛。年内举办裁判培训班10期，参加培训人员2000余人。核发国家二级社会指导员证39本、三级社会指导员证98本，国家二级裁判员证18本、三级裁判员证70本。年内，全市共有20个单位（协会）获得市全民健身先进单位称号，36人被评为义乌市全民健身先进个人。

【首届残疾人运动会】 3月19日，市首届残疾人运动会暨金华市第四届残运会选拔赛在福田小学举行，运动会设田径、游泳、乒乓球、羽毛球4大项，来自13个镇（街道）的150名残疾人运动员参加比赛。

【市第六届运动会】 4月2日，四年一届的义乌市第六届运动会开幕式在梅湖体育中心举行，运动会共设8大项37小项，来自各镇（街道）、机关部门、企事业单位52个代表团3000余名运动员参加。10月底，圆满落幕。此次比赛，分镇街部、系统部、企业部3大组，苏溪镇、大陈镇、稠城街道分别获得镇（街道）部团体总分前3名；教育局、行政执法局、建设局分别获得系统部团体总分前3名；新光集团、公用事业公司、交通发展公司分别获得企业部团体总分前3名。

【市第十三届全民健身节】 4月2日至5月2日，义乌市第十三届全民健身节在梅湖体育中心举行，主会场设在市梅湖体育中心，各镇（街道）设立分会场。活动采取集中组织与分散组织相结合的方式，4月2日，在梅湖体育中心举行开幕式和大型团体操表演，4万余人参加开幕式。在为期1个月的全民健身节中，进行开幕式团体操表演、万人长跑、国民体质检测、3人篮球超霸赛、围棋、中国象棋对抗赛、民间武术汇演、登山比赛、第五届羽毛球锦标赛、乒乓球精英排名赛、5人制笼式足球赛、镇（街道）干部乒乓球比赛等群众体育活动，10万余人次参加全民健身节活动。

【“康之味杯”登山比赛】 4月9日，由市委宣传部、市体育局联合主办，义乌户外运动俱乐部、杭州红牛有限公司、康之味饮料有限公司承办的第十三届全民健身节“康之味杯”登山比赛在门前山举行，来自各镇（街道）、机关、企事业单位的59支队伍240名运动员参加比赛，经过2个多小时激烈争夺，力戈体育二队、力戈体育一队、行政执法局一队、江东街道、行政执法局二队、市邮政局获比赛前6名。

【乒乓球赛】 4月10～11日，义乌市第十三届全民健身节乒乓球名人、精英赛在宾王中学俱乐部举行，全市100名乒乓球运动员参加比赛。4月22日，由市委组织部、市体育局主办，稠城街道承办的“稠城杯”义乌市第十四届镇（街道）干部乒乓球赛在宾王中学举行，来自13个镇（街道）的100余名乒乓球爱好者参加比赛。11月17日至12月18日，由市体育局、市体育总会主办，市乒乓球协会承办，义乌商报社、市广播电视台、商城集团协办的首届乒乓球俱乐部联赛在宾王青少年俱乐部乒乓球馆拉开序幕，6支俱乐部团队28人参赛。

【篮球赛】 6月22日，由市委组织部、宣传部和体育局主办，稠江街道承办的义乌市第四届“先锋杯”农民篮球赛在童店新村举行。由各镇（街道）选拔出来的13支篮球队参赛。8月24～30日，由市委宣传部、体育局联合主办，城西街道承办的第七届镇（街道）干部篮球赛在城西街道于宅村举行，来自13个镇（街道）和市机关联队的14支队伍200余名运动员参加比赛。10～11月（每周3个比赛日），义乌市YBA篮球联赛举行，共分设甲、乙、丙三类，21支球队参加。

【第二个“全国全民健身日”】 8月8日，为庆祝第二个“全国全民健身日”，在绣湖广场举行大型体育展演活动，武术协会、老年体协、舞蹈协会、各健身中心及各训练点为市民进行传统武术、散打、木兰拳、木兰扇、功夫扇、老年人排舞、健身操、幼儿拉丁舞等表演，3000余人参与健身活动。

【“足协杯”足球超级联赛】 8月28日至9月12日，义乌市2010“足协杯”足球超级联赛在梅湖体育中心外场举行，比赛分A、B组，土木建设青年队、FAB、徽商宝杰、博亚国际、外商联合、朝鲜族队、韩商队等共8支队伍参加比赛。

竞技体育与重要赛事

【概况】 2010年，义乌市竞技体育以备战省运会和首届省体育大会为主线，重视青少年业余训练基础工作，做好青少年体育特色学校和业余训练点布局，指导开展业余训练。协助开展全市中小学生"阳光体育"活动，保证全市中学生每天一小时健身体育锻炼。做好青少年后备人才库的建设，推出义乌市青少年乒乓球后备人才积分赛和排名赛，通过赛事提高青少年竞技水平并积累经验。与市教育局联合举办全市青少年武术比赛、棋类比赛、乒乓球挑战赛等常规性体育比赛。全年全市共组队参加金华市以上比赛10次，获金牌23枚、银牌35枚、铜牌27枚。参加省运会和首届省体育大会比赛，取得金牌2枚、银牌2枚、铜牌7枚的佳绩。

【"翰城杯"2010浙江省第九届双龙桥牌赛】 3月26～28日，"翰城杯"2010浙江省第九届双龙桥牌赛在市天恒酒店举行，来自全省34支队伍150余名桥牌爱好者参加比赛。格罗贝尔队、温州恒生队、金华卫生队分获团体前3名，义乌代表队获第五名。

【中超联赛杭州绿城队四个主场比赛】 4月24日至5月29日，中国足球俱乐部超级联赛杭州绿城俱乐部4个主场的比赛在义乌举行，分别是杭州绿城俱乐部与天津泰达俱乐部、大连万达俱乐部、江苏舜天俱乐部、深圳红钻俱乐部的比赛，以0∶0平天津泰达队，1∶0战胜大连万达队，2∶1战胜江苏舜天队，2∶1战胜深圳红钻队。

【浙江省城市足球冠军联赛】 6月20日，浙江省城市足球冠军联赛在义乌市梅湖体育中心拉开帷幕，来自杭州、宁波、温州、舟山、义乌的5支队伍参加，比赛历时1个月。最终宁波队位列第一，杭州队第二，温州队第三，义乌土木建设队位列第四。

【市青少年武术(套路)比赛】 7月20日，由市体育局、教育局联合举办的义乌市青少年武术(套路)比赛暨省十四届运动会选拔赛在宾王中学举行，来自市各武术训练点的100余名运动员参加比赛。比赛按年龄分甲、乙、丙三组，设长拳男拳男棍全能、剑术枪术全能、刀术棍术全能、太极拳太极剑全能等传统武术项目。五爱小学、稠城一校、江滨小学获团体前3名。

【全国少儿象棋锦标赛】 8月2～8日，2010全国少儿象棋锦标赛在浙江杭州举行，义乌市10人参加比赛，葛超然获得14岁男子组冠军、傅江雯获14岁女子组亚军，孙昕浩获10岁男子组冠军。

【省运会男子排球比赛】 8月5～13日，浙江省第十四届运动会(青少年部)男子排球比赛在嘉兴市举行，义乌市男子排球队25人代表金华参加比赛，取得第五名。

【市青少年游泳比赛】 8月13日，义乌市2010年青少年游泳比赛在义乌中学举行，来自全市中小学80余名游泳选手参加比赛，比赛按性别和年龄进行分组，设仰泳、蛙泳、蝶泳、自由泳等项目，绣湖小学、实验小学、保联小学获团体总分前3名。

【参加省第四届体育强市乒乓球比赛】 9月16～18日，组队参加在湖州长兴举办的2010年浙江省第四届体育强县(市、区)乒乓球比赛，义乌华红樱获女子B组(36岁～50岁)第一名，王静获男子单打C组(50岁以上)第三名，吴春明获男子单打B组(36岁～50岁)第三名，王奎明获副县级以上领导单打第五名及男女混合团体第三名。

(丁文永)

社 会 生 活

居 民 生 活

城镇居民生活

【城镇居民人均可支配收入】 据全市120户城镇住户抽样调查显示，2010年，全市城镇居民人均可支配收入35220元，同比增长14.2%，剔除价格因素实际增长10.0%。其中工资性收入15883元，同比增长6.1%；经营净收入5604元，同比增长18.8%；财产性收入10016元，同比下降30.1%，主要由利息、股息与红利、出租房屋收入组成。转移性收入5182元，同比增长7.6%，主要由养老金或离退休金、赡养收入及捐赠收入组成。

【城镇居民人均消费性支出】 2010年，全市城镇居民人均消费性支出24202元，剔除价格因素实际增长7.8%，恩格尔系数31.9%，下降0.1个百分点。食品支出7723元，同比增长11.6%。其中肉禽蛋水产品类支出1612元，同比增长4.7%；粮食支出345元，同比增长13.5%；鲜菜支出631元，同比增长23.2%；在外饮食支出1877元，同比下降0.2%。衣着支出2139元，同比增长20.3%。居住支出2729元，同比增长10.8%。其中住房装潢支出1119元，同比增长12.5%。家庭设备用品及服务支出1519元，同比增长31.6%。其中耐用消费品支出686元，同比增长47.2%；室内装饰品支出34元，同比增长13.3%。医疗保健支出1296元，同比增长9.1%。其中药品费支出734元，同比增长20.3%；滋补保健品支出300元，同比增长14.9%。交通和通讯支出5366元，同比增长6.6%。其中汽车支出2803元，同比下降1.4%；通信支出1080元，同比增长15.1%。教育文化娱乐服务支出2779元，同比增长11.0%。其中文化娱乐服务支出862元，同比增长118.6%。其他商品和服务支出651元，同比增长12.6%。其中金银珠宝饰品支出223元，同比增长162.4%；化妆品支出125元，同比增长42.1%。

（傅晓燕）

农村居民生活

【农村居民人均纯收入】 据全市300户农村居民抽样调查，2010年，市农村居民人均纯收入14775元，同比增长14.5%。考虑物价因素，实际增长10.34%，增长速度比上年提高0.5个百分点。农村居民纯收入比全省平均水平11303元高30.7%。从农村居民各项收入看：工资性收入人均6948元，同比增长13.4%，占纯收入总额的48.8%；家庭经营纯收入人均4764元，同比增长7.7%，占纯收入总额的32.2%；非经营性纯收入（包括转移性纯收入、财产性纯收入）人均3063元，同比增长30.3%，占纯收入总额的19%。农村居民收入增加的主要因素：务工收入增长明显，农村居民务工得到的收入人均6948元，同比增长13.4%；商贸业平稳增长，农村居民来自商贸业纯收入人均1737元，同比增长11.7%；租金收入快速增长，农村居民人均租金收入1630元，同比增长32%；离退休金、养老金逐年增加。调查显示，农村居民人均退休金、养老金的收入比上年增加53元。

【农村居民人均消费性支出】 2010年,义乌市农村居民人均生活消费支出8840元,同比增长9.4%。农村居民家庭的恩格尔系数34.1%。各项消费支出:食品消费支出人均3015元,同比增长8.2%。其中,用于主食消费支出人均494元,增长0.72%;副食消费支出人均1577元,增长11.2%;其他食品支出人均566元,增长12%;在外饮食支出人均370元,增长3.2%。衣着消费支出人均589元,比上年增长27.61%。其中,人均购买服装的消费支出418.68元,增长27.09%;人均购买鞋袜帽类消费支出156元,增长32.1%。居住消费支出人均1616元,同比增长63.7%。2010年末,农村居民人均拥有住房面积68.8平方米,其中80.5%是钢筋混凝土结构的住房,有86.7%的家庭使用水冲式厕所,80%的家庭用上自来水,75%的家庭厨房使用液化气,52%的家庭使用空调。家庭设备用品及服务支出人均492元,比上年增长12.6%。2010年末,每百户农民家庭拥有洗衣机70台、电冰箱93台、空调76台、热水器65台、抽油烟机62台、微波炉21台。交通通讯消费支出人均1136元,比上年减少23.1%。每百户农民家庭拥有摩托车29辆、生活用汽车18辆、固定电话82部、移动电话163台。文教娱乐用品及服务人均支出979元,同比下降3.2%。2010年末,每百户农民家庭拥有彩电151台、影碟机54台、家用电脑46台。由于政府部门对农村居民医疗保险投入力度的加大,农村居民参保人数逐年增多,减轻了农村居民医疗保健方面的负担,2010年农村居民人均用于医疗保健支出809元,同比增长8.7%。

(蒋文伟)

人口计生

【概况】 2010年,全市共出生人口9955人,其中计划外出生639人,计生符合率91.37%。出生性别比134.1,综合避孕率90.43%;社会抚养费征收率78.82%。在各类评先、评优活动中,严格执行计划生育"一票否决"制,2010年共否决各类先进集体101个,先进个人77人。

抓宣传教育。2010年,在义乌电视台、《义乌商报》、义乌广播电台等新闻媒体上刊(播)出人口计生方面的宣传报道150余篇(次),发送手机短信20余万条。"5·29"计生协会活动日、"7·11"世界人口日、法制宣传日、公民道德宣传日等节日,开展主题鲜明、富有特色的宣传活动。共举行大型宣传活动26场,文艺演出6场,送电影下乡260场。在城乡主干道人口计生宣传一条街和大型计生广告牌的宣传环境建设,新增宣传一条街18条,大型广告牌(墙画)28块。

建立信息互通制度。每月定期交换人口计生信息,堵塞无证、假证生育。卫生、药监等部门组织专门执法队伍,加强对B超管理,检查非法行医者、地下诊所和避孕节育药具,查处计划生育违法案件4起,依法处置非法游医11人。共查验流动人口《婚育证明》70.09万份,发出限期交验通知书33.87万份。

加大计生奖励制度。对放弃二孩生育指标的农村一女户实行奖励政策,每户奖励5000元。对农村部分计划生育家庭实行奖扶和特扶政策,奖扶金在省定标准的基础上提高到960元每人每年,2010年全市享受奖扶政策2565人、享受特扶政策40人。实行独生子女家庭小额医保财政统筹列支政策,全市有12万人的小额医疗保险全部由政府买单。开展无违反计划生育村60周岁以上计生协会会员给予10元~30元每月的奖励政策,全市20631人得到奖励。实施计划生育妇幼关爱保险优惠政策,为符合法定条件生育对象购买关爱保险,除稠城街道外其余12个镇(街道)均开展该项工作,投入经费60余万元。各镇(街道)、各机关单位还开展结对帮扶、送温暖、献爱心等活动,帮助计划生育户解决生产、生活等方面遇到的困难。

抓队伍建设促组织保障。在机构改革和行政区划调整中,保持人口计生工作机构和队伍的基本稳定。市人口计生局14名行政编制满编满员,市计生协会2名工作人员已参照《公务员法》管理,13个镇(街道)计生办主任享受副镇级待遇。13个镇

(街道)有公务员身份计生专职干部 55 人,镇(街道)计生服务站有全额拨款事业编制计生助理员 108 人。按流动人口 10000∶1 的比例,落实 94 名流动人口计生管理员。在此基础上,2010 年招录 3 名事业编制干部充实到镇(街道)计生工作队伍中。同时,在江东街道开展村级计生服务员"镇聘、村用、市备案"的试点,在上溪镇开展聘任大学生"村官"担任村级计生协助员的试点,加强一线工作力量,为人口计生工作的开展提供了组织人员保证。全面开展流动人口全员化管理,与房东、企业主签订责任书 7.65 万份。建立流动人口计生信息管理数据库,录入流动人口基础信息 134 万人,录入率在 98%以上,流动人口计生服务管理率达到 85%以上。稳步推进人口计生基层群众自治工作,2010 年全市 47 个村、16 家企业达到示范创建标准。全年新婚夫妇婚检率达 99%,优生检测率 80%以上。

【计划生育专题会议】 2 月 4 日,召开全市人口计生工作推进会。2 月 5 日,召开计划生育集中整治动员部署会,市分管计生领导部署春节前后的人口计生工作。2 月 20 日,召开计划生育集中整治工作推进会,市分管计生领导对深入推进集中整治活动作进一步部署。3 月 3 日,召开全市农业农村工作会议,市主要领导与各镇街、各部门签订 2010 年度人口和计划生育目标管理责任制,落实 2010 年工作责任。3 月 9 日,召开市委书记办公会议,听取人口计生工作专题汇报,对如何抓好人口计生工作进行分析研究并作出部署。4 月 2 日,召开全市人口计生工作会议,分析形势,明确目标,下达任务,并提出具体工作要求。

【计划生育集中整治】 2 月,开展为期 1 个月的计划生育集中整治,共落实四项手术数 712 例,落实重点对象谈话笔录 165 例,征收社会抚养费 1107 万元,有 14 例对象被依法行政拘留,56 例长期拖欠社会抚养费的对象通过法院被依法强制执行。查出非法胎儿性别鉴定及非法引产案件 15 起,非法终止妊娠案件 4 起。计划生育违法案件 4 起,依法处理非法游医 11 人,没收 B 超机 11 台,经济处罚 36.7 万元,有力打击了"两非"违法行为。

【出台计生政策】 3 月 10 日,市委、市政府出台《关于进一步加强人口与计划生育工作的实施意见》,进一步完善人口计生工作机制,强化人口计生奖惩措施,增强人口计生综合治理的合力,为人口计生工作的开展提供政策制度支撑。通过实施,在实施户口迁移交验计生证明制度后,想通过迁移户口规避计生管理或减轻处罚的现象得到有效遏制。至年底,征收社会抚养费 8000 余万元,比上年翻一番。

【市级班子领导专题督查人口计生】 4 月,市级班子领导到所联系镇(街道)进行人口计生工作专题督查。9 月下旬,市人大常委会组织开展人口计生工作评议活动,听取市政府开展人口计生工作情况汇报,提出评议意见,并到镇(街道)实地调研督查,增强了各级履行计划生育管理服务的职责意识。

(市计生局供稿)

民政工作

【概况】 2010 年,民政工作创先争优,特色工作卓有成效。争创四项全国先进:争创"全国双拥模范城",通过军地双方共同努力,双拥工作再创佳绩,荣获"浙江省双拥模范城"荣誉称号;争创"全国殡葬改革示范单位",积极倡导文明丧葬新风,推动绿色殡葬,制订完善殡葬规划,加大财政投入,推动殡葬服务设施建设,免费提供基本丧葬服务,申报工作获得省民政厅的支持和肯定;争创"全国农村社区建设全覆盖示范单位",根据各村不同的实际情况,在农村社区硬件设施设置、服务功能整合上进行分类指导,农村社区服务中心建设成效明显,得到省、市的充分肯定;争创"全国婚姻登记行风建设示范单位",完善管理制度,健全工作机制,服务环境和服务水平得到了省行风建设检查督导组的充分肯定,并被省民政厅授予行风建设先进单位。开展 2 项省级试点。第二次地名普查试点工作有效开展,通过实地踏勘,完成地名信息录入、地名标准化处理工作，完善充实地名数据库，建立符合标准化的地名信息系统，为推进市数字地名建设打下了基础；低收入家庭收入核定试点工作稳步推进，制定出台《义乌市低收入家庭认定工作实施方案》和《义乌市低收入家庭认定办法》，完成“低收入家庭管理”模块开发工作。

创业创新，提高效能建设水平。建章立制。建立每周1次政治学习日、每半月1次党委会、每月1次中层干部工作例会的会议制度；公车管理和违规责任追究制度及请销假制度；机关工作人员去向告知制度，设立科室人员去向牌。建立政务公开制度，加大民政门户网站维护力度，全年累计公开政务信息162条，全文电子化率100%，被省厅、金华市局采用的政务信息30余条，位居金华各县(市)首位。规范流程，认真梳理审批、服务项目，制作《民政办事指南》及《民政服务项目一览表》，放置在大厅供群众取阅。完善和落实责任制、承诺制、问责制等制度，最大限度地压缩服务承诺时间，服务项目承诺时间位居前列。倾听民意，认真办理人大政协提案，圆满完成人大14件议案、政协13件提案的答复办理，代表委员满意、基本满意率100%，并被评为人大、政协提案议案办理工作市级先进单位。

提质提效，推出系列便民举措。设立信访接待室，畅通电话、网络、信函、现场等投诉途径，自觉接受群众监督。共办理来信387件，接待来访群众3099人次。结合民政工作实际，突出为民服务理念，多形式开展主题实践活动。殡仪馆开展“优质服务年”活动，对殡葬服务不够明确、殡葬用品价格、收费不够合理等问题进行整改。制定对特殊困难群体优惠减免政策，全年减免遗体火化费用400人次共90余万元。福利企办实现残疾人“一站式”服务，实现残疾人就业随时申请即时办理，该项工作得到上级机关充分肯定，并在民政部机关报《中国社会报》上进行报道。创新服务手段，开通民政核定、财政统发、银行直达“快速通道”，涉及低保、优抚、“三老”、民政代管等20余类民政对象的资金全部实现社会化发放。在全省率先实施医疗救助“一站式”结算服务和医疗救助电子监管工作，实施网格化管理。

廉洁高效，加强干部队伍建设。根据民政职能，建立健全分工负责责任制，成立相应工作指导组，并建立局领导联系镇(街道)和局机关干部联系村(居)制度。坚持德才兼备，规范用人机制。根据干部选拔任用工作监督制度规定和市委组织部统一安排，开展干部选拔任用“一报告两评议”工作。严格选人用人程序，树立选人用人正确导向，努力提高选人用人公信度，顺利完成中层干部竞聘工作，把综合素质好的干部调整到更合适、更重要的岗位上。注重廉政建设，落实责任追究，建立健全年度财务审计制度，完成干部离任审计和各单位财务审计。加大公车管理力度，建立公车管理和违规责任追究制度。

社会救助

【概况】 做好“五保”集中供养服务工作。2010年，全市“五保”对象615人，供养率100%，年人均供养标准达8000元以上。严格“五保”政策，对不符合政策的“五保”对象予以劝退，共清退不符合条件的对象30人。完善动态物价补贴制度，全年发放物价补贴269.74万元，其中现金直补到户169.74万元，实物补助100万元。落实低保动态管理机制，全年发放低保金1737万元。及时增减低保对象，全市低保对象新增245户389人，注销684户1206人。建立重度残疾人基本生活保障制度，718名符合低保条件的重度残疾人和150个家庭人均收入低于低保标准150%的重度残疾人都给予全额低保金，共发放低保金219万余元。加大医疗、助学救助力度。医疗救助筹资标准由2009年人均7元提高到2010年人均10元。实施医疗救助1576人共650万元，医疗救助资金使用率93%。开展助学救助111人，发放助学资金29.1万元。依法救助流浪乞讨人员，实施救助2865人。发挥慈善总会职能。全年发放慈善救助1406户共695.12万元；救助重大疾病患者996人共508.21万元，实施“白内障复明工程”手术305人368例。

【低保提标】 6月23日，市政府批复同意按《义乌市困难群众救助帮扶实施办法》有关规定，将市城镇居民、农村居民最低生活保障标准分别提高到每人每月400元和240元，一人户低保家庭最低生活保障标准在现有基础上每月提高20元，新标准自2010年1月起实施。

【低收入家庭收入认定办法】 11月4日，市府办下发《义乌市低收入家庭收入认定办法（试行）》。《办法》规定，低收入家庭收入是指共同生活的家庭成员在一定期限内获得的货币、实物收入的总和，并综合考虑其家庭财产状况，本办法另有规定的除外。家庭财产是指共同生活的家庭成员拥有的全部存款、房产、车辆、有价证券等财产。低收入家庭应计收入范围共15项，收入不计入范围13项，低收入家庭收入核算方法7种。

社会福利

【概况】 2010年，市福利院共接收社会弃婴（儿）45名，办理收养弃儿36名（其中涉外送养儿童6名，国内送养儿童30名）。加大投入敬老院改扩建力度，新增床位350张，总数3606张。开展“星光老年之家”建设，全市新增60个“星光老年之家”。开展“银龄互助”活动，市财政投入10万元在义亭镇开展试点，帮助农村老年人解决看护照料、精神关爱、权益维护等方面的困难。制定下发《关于开展居家养老服务中心规范化建设活动的通知》，11个社区完成居家养老服务中心规范化建设任务。

福利事业建设稳步开展。加大福利企业财政扶持力度，财政拨付福利企业安置残疾职工社会保险补贴和奖励资金等共369万余元，减免税金730余万元。市福利彩票发行总量再创新高，全年共销售福利彩票3.6亿元，其中电脑票2.28亿元，网点票7992.5万元，中福在线5271.88万元，为社会筹集公益金1.06亿元。电脑票投注站销售量有了较大提高，其中销量在100万元以上的有101个，200万元以上的有63个，300万元以上的有26个，当地彩票市场占有率、人均购彩量、平均单机销量等多项指标位居全省前列。对1978～2009年期间福利彩票公益等情况进行统计调查。

【民政资金社会化发放】 1月15日，市政府义政办第7号文批复同意全面推行民政资金社会化发放，确定市农村合作银行为民政资金统一代发金融机构，并要求市民政局、财政局、农村合作银行做好衔接，制订具体操作流程、办法及工作要求。城镇“三无”人员、农村五保户仍按原渠道发放，由镇（街道）负责拨付至敬老院。4～12月，社会化发放资金3172万余元，涉及低保、优抚、“三老”、民政代管等20余类发放对象共1.4万人次。

【怡乐新村工程建设】 11月4日，成立义乌市怡乐新村（第二福利院）工程建设指挥部，指挥部下设办公室，负责建设工程综合协调、工程调度等日常管理事务工作。至年底，怡乐新村重点工程建设，完成投资6000万元。其中一期一标段土建工程基本完工，一期二标段5幢房屋主体结顶。完成一期三标段工程的中介机构、监理单位的招投标和工程量清单的编制工作。

【殡葬基本服务项目免费办法出台】 11月18日，市政府出台《义乌市殡葬基本服务项目免费办法》。《办法》规定：服务对象为本市户籍人员，在义就读的全日制非本市户籍学生，驻义部队现役军人；与在义乌企业签订合同并按规定缴纳养老保险金1年以上的外来务工人员。重点救助对象为城镇“三无人员”、农村“五保户”、低保户、“三老人员”（新中国成立前的老党员、老游击队员和老交通员）、特困残疾人、特困职工。重点优抚对象为市级以上劳动模范。服务项目为市域范围内使用普通接尸车辆的遗体接运，殡仪馆3天以内的遗体冷藏，普通火化炉的遗体火化，政府全额投资的骨灰存放处骨灰寄存20年以内。在免除殡葬基本服务项目费的基础上，赠送骨灰盒1只（300元以内）。

基层政权与社区建设

【概况】 2010年，全面开展村务公开和民主管理达标活动，100%的村建立村务监督委员会制度，99.6%的村达到规范化建设标准。扎实推进村务公开民主管理的制度化、规范化和程序化,2010年全市评选出10个村务公开和民主管理规范化建设示范村。制定出台《关于进一步规范社区工作人员管理和待遇的通知》、《义乌市社区财务管理办法》、《社区工作服务用房和资产管理意见》等制度性文件。完善乡镇社区服务中心建设,6个镇(街道)在便民服务中心基础上拓展社区服务功能。会同相关职能部门在各社区组织开展充分就业社区创建活动,为失业人员、困难群众解决实际困难。组织开展“星级和谐社区”和“特色示范社区”创建活动,共有5个社区获得五星级社区称号,9个社区获得四星级社区称号,7个社区评为特色示范社区。加大社区工作服务用房建设,全部达350平方米以上的省定标准,其中16个社区办公服务用房达800平方米以上。组织完成第四届城市社区换届选举工作。共选举产生社区居委会成员121人。第九届村委会换届选举工作按计划顺利进行,实施村委会成员候选人(自荐人)竞职承诺、创业承诺、辞职承诺三项承诺和候选人(自荐人)资格联审等举措,使得选举程序更加规范、公正。

【建立村务监督委员会】 4月26日,经市委、市政府研究同意,将全市村级配套组织之一“村民主监督小组”更名为“村务监督委员会”。各镇(街道)统一刻制红底圆印章,名称为“义乌市××镇(街道)××村村务监督委员会”,村内各项监督活动正式启用村务监督委员会印章。村务监督委员会主任、成员由原村民主监督小组组长、成员改任,其他事项不变。

【新一届社区班子职数及任职条件】 7月22日,市委印发《关于认真做好城市社区换届选举工作的意见》,对新一届社区班子职数配备及成员的任职条件作出规定。社区班子职数配备,原则上社区党组织职数3名(设书记1名,委员2名),社区居委会职数3名(设主任1名,委员2名),确因工作需要的可分别增设1名委员。积极提倡社区党组织成员与社区居委会成员交叉兼职,鼓励社区党组织成员通过选举兼任社区居委会成员,减少两委总职数,社区两委总职数应控制在5人~7人。社区班子成员的任职条件,在思想政治素质、工作责任、勤政廉洁等7方面作明确规定。

【社区居委会换届】 7月20日至9月15日,组织开展第四届城市社区居民委员会换届选举工作。30个社区进行居委会换届选举,5个社区进行首届居委会组建。35个社区中采取选民直选的有19个,其中稠江街道新组建的永祥、高新和昌德3个社区均采取无候选人由选民直接选举产生居委会成员的“自荐海选”方式。社区成员代表选举的有16个。选举中共登记选民94250人,推选出社区成员代表1989人。在19个直接选举的社区中选民参选率91.93%。共选举产生社区居委会成员121人,其中主任35人。

【社区财务管理】 9月13日,义乌市社区建设工作协调小组印发《义乌市社区财务管理办法(试行)》,对社区财务管理进行规范。《办法》规定,社区取得的各项收入应全部纳入街道,实行“收支两条线”管理,收支平衡,略有结余。并规定社区捐赠收入由社区居委会全部留用,补充社区工作经费。店面、房屋等资产出租取得的收入,按照年收入总额的20%由社区居委会留用(最高20万元),补充社区工作经费,80%上交街道统筹;收取的环卫服务费,80%社区居委会留用,补充社区工作经费,20%上交街道统筹,统筹资金专项用于辖区内社区建设工作。各社区财务管理实行“代理记账制”。街道办事处按照“统一管理、分户核算”原则,由财政办统一管理各社区居委会的财务账目。要求社区居委会必须建立健全财务开支审批制度,各项开支先由经办人签字,再交社区居委会主任审批,支出数额较大的(具体限额由街道确定)须经社区党组织书记联审或经街道领导同意后方可入账。对3万元以上的基本建设项目,按工程建设项目招投标制度和规定执行。2000元以上的固定资产购建,须经社区两委集体讨论通过,报请街道审核批准后实施。

【社区工作人员管理】 9月13日,市社区建设工作协调小组印发《关于进一步规范社区工作人员管理和待遇的通知》，对社区工作人员管理和待遇进行规范。社区工作者的招聘工作由全市统一进行，聘用参照《关于加强各镇(街)和市直机关、事业单位临时聘用人员用工管理的意见》，各社区的自聘人员数量实行一届一定，社区自聘工作人员的经济待遇，参照《义乌市机关事业单位临时聘用人员薪酬制度实施办法》规定执行。

【社区工作服务用房和资产管理】 9月13日，市社区建设工作协调小组印发《社区工作服务用房和资产管理意见》，新建的社区工作服务用房总面积原则上按800平方米～1200平方米的标准配置，置换、购置、改造的社区工作服务用房总面积不少于800平方米，社区工作服务用房建设资金由所在街道全额投资。使用权和日常维护归社区居委会。在房产产权登记时，一律为"××街道办事处"，并在房产证附记中注明"××社区工作服务用房"。

【10个行政村委托义乌工业园区管理】 11月9日，经市委、市政府研究同意，苏溪镇辖区10个行政村委托给浙江义乌工业园区管委会管理，原苏溪镇范围内的行政区域不变，市政府划定的重点开发区域整体委托给浙江义乌工业园区管委会管理，履行辖区内的基层组织建设和经济社会事务管理职责。委托浙江义乌工业园区管委会管理的10个行政村的本届苏溪镇党代表、人大代表和政协委员，仍按现有模式进行管理，开展活动。在原苏溪镇5个巧溪水库移民村安置所在地阳光新村，建立阳光新村临时党支部，5个移民村党员将组织关系转入该临时党支部，该临时党支部由义乌工业园区党委管理。委托浙江义乌工业园区管委会管理的10个行政村，村两委换届选举工作，由浙江义乌工业园区党委、浙江义乌工业园区管委会负责组织实施。

【村委会换届试点】 11月17日开始，在稠江街道开展第九届村民委员会换届选举试点工作，采取推行"自荐直选"方式，严格设置自荐人的资格条件，实行自荐人任职条件联审制度；妇女村民代表和女性村委会委员专职专选；全面推行竞职承诺、辞职承诺、创业承诺和遵守选纪承诺等方式。至12月18日，稠江街道37个行政村(居)完成村民委员会换届选举。12月20日，全市村民委员会换届选举工作正式启动。

民间组织管理

【概况】 2010年，出台《关于社会团体工作人员聘用的意见》、《义乌市社会团体选举办法(试行)》等政策文件。积极培育社会组织，新登记社会组织90家，其中社会团体37家，民办非企业53家。严格管理，查处非法筹建社会团体1家，分支机构1家。完成社会团体年检209家，民办非企业单位年检367家，注销46家，整改12家，社会组织年检率98.6%。开展社会组织财务审计，对30家社会组织进行财务审计监督。举办社会组织财务管理及免税资格认定有关知识培训，600余名财务人员参加培训。开展"小金库"治理工作，对30家单位进行抽查，并按要求形成"小金库"检查报告书。

结对帮联活动。2010年，在社会团体、民办非企业单位等社会组织开展"三个一"活动，即送一次服务活动，结对一个帮联单位，开展一次慈善募捐活动。全市30余个社会组织团体联系11个贫困村、2家会员企业、100余名贫困学生，帮扶资金30余万元，各类捐款40余万元。

【社会团体工作人员聘用】 3月8日，市民政局制定《关于规范社会团体工作人员聘用的意见》，规定社会团体必须配备专职工作人员，从事专业的社会团体工作。专职工作人员的职数一般在2名以上。社会团体专职工作人员实行聘用制，聘期一般为2年，可连聘连任。社会团体聘用的专职工作人员应当订立聘用合同，合同遵循合法、公平、平等、自愿、协商一致、诚实信用的原则，明确双方的权利和义务。社会团体专职工作人员工资标准和保险福利待遇由社会团体理事会(常务理事会)确定，也可参照国家对事业单位的有关规定执行。各社会团体要为聘用的专职工作人员及时办理养老、失业、医疗、工伤等社会保险。

【社会团体选举办法】 5月20日，市民政局制定《义乌市社会团体选举办法(试行)》。社会团体的最高权力机构是会员大会(或会员代表大会)，会员数量100家(人)以内的，应召开会员大会，会员数量在101家(人)以上的，可以推选代表组成会员代表大会。会员代表的产生方式由筹备组或理事会研究确定，但会员代表数量应在理事数2倍以上。理事会是会员大会(或会员代表大会)的执行机构，理事会由会员大会(或会员代表大会)选举产生，在闭会期间领导本团体开展日常工作，对会员大会(或会员代表大会)负责。理事人数不得超出会员总数的三分之一。理事人数超过50人时，可设立常务理事会，常务理事人数不得超出理事人数的三分之一。常务理事由理事会选举产生，在理事会闭会期间行使章程规定的职权，对理事会负责。正副会长(理事长、主席)由理事会或会员大会(会员代表大会)选举产生。会长、副会长的职数一般不少于5人，不超过15人，较大的行业协会、商会根据工作需要，可适当放宽职数。秘书长由理事会聘任，但选任制的秘书长需经理事会或会员大会(会员代表大会)选举产生。社会团体应设立监事会。秘书长、理事不得担任监事会成员。监事会成员由会员大会(或会员代表大会)选举产生。会员在100家(人)以内的设监事1人，会员在101家(人)以上的应设立监事会，设监事3人～7人、正副监事长1人～3人，正副监事长由监事会选举产生。会员大会(会员代表大会)每届任期不得超过5年(具体时间以章程为准)，因特殊情况需提前或延期换届的，须由理事会表决通过，报业务主管单位审查，并经社团登记管理机关批准同意，但延期换届最长不超过1年。选举结束后，应将选举情况于30日内书面报告业务主管单位和社团登记管理机关，社会团体的会长(理事长、主席)、监事长、秘书长不得从同一会员单位中产生，会长、监事长连任不得超过2届，因特殊情况需要连任的，须由理事会表决通过，报业务主管单位审查，并经社团登记管理机关批准同意。

【社会团体登记】 2010年新登记社会团体30个，会员3988人，民办非企业单位51家，全员681人。

义乌市2010年新登记社会团体一览表

单位名称	类别	会员数(人)	批准文号
义乌市黄岩商会	联合性	255	义民〔2010〕43号
义乌市大陈镇商会	联合性	120	义民〔2010〕6号
义乌市诸暨商会	联合性	116	义民〔2010〕12号
义乌市钓鱼协会	联合性	120	义民〔2010〕9号
义乌市瑞安商会	联合性	412	义民〔2010〕72号
义乌市台州商会	联合性	434	义民〔2010〕3号
义乌市澄海商会	联合性	138	义民〔2010〕50号
义乌市照明灯饰行业协会	行业性	137	义民〔2010〕61号
义乌市江东街道电子商务协会	联合性	865	义民〔2010〕37号
义乌市表面工程协会	专业性	140	义民〔2010〕64号
义乌市路桥商会	联合性	265	义民〔2010〕106号
义乌市网商协会	联合性	225	义民〔2010〕83号
义乌市创业者联合会	联合性	137	义民〔2010〕70号
义乌市武义商会	联合性	118	义民〔2010〕74号

续 表

单 位 名 称	类 别	会员数(人)	批 准 文 号
义乌市苏溪镇体育联合会	联合性	150	义民〔2010〕170 号
义乌市海外联谊会	联合性	128	义民〔2010〕121 号
义乌市永康商会	联合性	360	义民〔2010〕154 号
义乌市桥牌协会	专业性	60	义民〔2010〕150 号
义乌市衢州商会	联合性	187	义民〔2010〕137 号
义乌市江西商会	联合性	286	义民〔2010〕174 号
上海义乌商会	联合性	103	义民〔2010〕63 号
义乌市廿三里街道体育联合会	联合性	75	义民〔2010〕117 号
义乌市电子行业协会	行业性	115	义民〔2010〕187 号
义乌市后宅街道乡村旅游文化促进会	联合性	80	义民〔2010〕159 号
义乌市创意产业协会	专业性	35	义民〔2010〕195 号
义乌市低压电器行业协会	行业性	149	义民〔2010〕221 号
义乌市医药零售行业协会	行业性	380	义民〔2010〕236 号
义乌市青田商会	联合性	217	义民〔2010〕223 号
义乌市翻译协会	专业性	85	义民〔2010〕246 号
义乌市稠城街道商会	联合性	118	义民〔2010〕265 号
义乌市天台商会	联合性	205	义民〔2010〕256 号

义乌市 2010 年新登记民办非企业单位一览表

单 位 名 称	所属行(事)业	从业人员数	批 准 文 号
义乌市美容美发职业培训学校	教育	15	义民〔2010〕2 号
义乌市九棵树特禽科技研究所	科技	11	义民〔2010〕13 号
义乌市高中文化补习学校	教育	3	义民〔2010〕2 号
义乌市公益事业服务中心	民政	7	义民〔2010〕16 号
义乌市支点校外教育辅导站	教育	12	义民〔2010〕17 号
义乌市营养师职业技能培训学校	教育	5	义民〔2010〕22 号
义乌华山康复医院	卫生	105	义民〔2010〕17 号
义乌市卡卡乒乓球俱乐部	体育	8	义民〔2010〕33 号
义乌市北苑街道后明塘村生态公墓	其他	2	义民〔2010〕48 号
义乌市凯歌拉丁舞培训部	教育	3	义民〔2010〕51 号
义乌市江东街道商博幼儿园	教育	30	义民〔2010〕51 号
义乌市稠江街道艺星幼儿园	教育	20	义民〔2010〕59 号
义乌市启东小学	教育	45	义民〔2010〕2 号
义乌市江东中心幼儿园	教育	34	义民〔2010〕105 号

续 表

单 位 名 称	所属行(事)业	从业人员数	批 准 文 号
义乌市博海堂书画培训部	教育	4	义民〔2010〕80 号
义乌市敦煌音乐教育培训部	教育	8	义民〔2010〕111 号
义乌市唯美舞蹈培训中心	教育	10	义民〔2010〕111 号
义乌市阿里光华电子商务培训中心	教育	10	义民〔2010〕71 号
义乌市北苑街道季宅幼儿园	教育	12	义民〔2010〕80 号
义乌市华瑞少儿棋类培训部	教育	16	义民〔2010〕129 号
义乌市快乐海豚游泳培训部	体育	8	义民〔2010〕129 号
义乌市洋话连篇培训部	教育	20	义民〔2010〕143 号
义乌市新世纪幼儿教育集团	教育	11	义民〔2010〕143 号
义乌市北苑街道佳爱幼儿园	教育	26	义民〔2010〕129 号
义乌市九联学生校外教育辅导站	教育	6	义民〔2010〕175 号
义乌市上溪镇信达幼儿园	教育	20	义民〔2010〕160 号
义乌市稠城街道世纪义化幼儿园	教育	15	义民〔2010〕129 号
义乌市义亭镇农民艺术团	文化	20	义民〔2010〕178 号
义乌市稠城香山校外教育辅导站	教育	12	义民〔2010〕182 号
义乌市逆向英语培训部	教育	7	义民〔2010〕193 号
义乌市新通外语培训部	教育	6	义民〔2010〕193 号
义乌市江东街道方舟幼儿园	教育	29	义民〔2010〕202 号
义乌市新爱婴早教部	教育	6	义民〔2010〕203 号
义乌市稠城家有宝贝早教中心	教育	12	义民〔2010〕215 号
义乌市大陈镇中心幼儿园	教育	7	义民〔2010〕201 号
义乌市稠江街道立天校外教育辅导站	教育	6	义民〔2010〕248 号
义乌市佛堂镇蓝鸟青少年艺术培训部	教育	3	义民〔2010〕248 号
义乌市佛堂镇塔山幼儿园	教育	5	义民〔2010〕250 号
义乌市大陈镇东塘幼儿园	教育	13	义民〔2010〕250 号
义乌市江东街道世纪阳光幼儿园	教育	16	义民〔2010〕245 号
义乌市稠江街道下沿塘小天使幼儿园	教育	12	义民〔2010〕245 号
义乌市北苑街道复兴幼儿园	教育	18	义民〔2010〕248 号
义乌市廿三里街道上社幼儿园	教育	9	义民〔2010〕245 号
义乌市稠江万和皂荚木校外教育辅导站	教育	15	义民〔2010〕260 号
义乌市黑白键钢琴艺术培训部	教育	10	义民〔2010〕261 号
义乌市苏溪镇正阳校外教育辅导站	教育	4	义民〔2010〕261 号
义乌市舞之韵舞蹈培训部	教育	2	义民〔2010〕276 号
义乌市稠城街道博学校外教育辅导站	教育	6	义民〔2010〕261 号

续 表

单 位 名 称	所属行(事)业	从业人员数	批 准 文 号
义乌市鸿宇书画培训部	教育	5	义民〔2010〕275 号
义乌市赤岸镇中心幼儿园	教育	3	义民〔2010〕276 号
义乌市廿三里喜洋洋幼儿园	教育	6	义民〔2010〕275 号

社会事务管理

【概况】 2010 年，婚姻登记和收养登记进一步规范，全年办理结婚登记 6306 对，离婚登记 1709 对，出具无婚姻登记记录 11285 份。婚姻登记合格率 100%，平均婚检率 96%。办理收养登记 45 宗。地名公共服务和平安界线创建工作深入推进，完成第二次地名普查工作。设置地名标志 5150 块，其中幢牌 913 块、路牌 475 块、门牌 3762 块，命名地名 22 条。完成义乌金东、义乌浦江及“武义金”界桩联检。推进殡葬改革，出台《关于进一步深化殡葬改革加强公墓规划建设管理的意见》及 2010～2030 年《义乌市殡葬事业发展规划》、《公墓(骨灰存放处)布局规划》、《义乌市殡葬基本服务项目免费办法》。殡仪馆生产安全运行，至 11 月 25 日，火化尸体 4972 具，火化率 100%。移民安置帮扶政策得到落实，核定扶持移民 14698 人，发放大中型水库移民直补资金 1103.93 万元。新增确定 15 个移民村的 15 个扶持项目。

【第二次地名普查】 义乌市是浙江省第二次地名普查试点县(市)之一。7 月 30 日，市政府印发《关于开展第二次地名普查工作的通知》，要求于 7～12 月间完成第二次地名普查工作。列入此次地名普查内容和范围 11 项，普查主要任务是查清市域范围内地名的基本情况，掌握地名基础数据，设立规范标准的地名标志，建立现势性强、符合标准化要求、处理系统先进的地名信息系统，推进市数字地名建设，进一步提高地名管理水平和公共服务能力。此次地名普查，共完成 6516 条地名的核查，查清 219 条历史地名，标绘 1∶10000 地形图 62 张，将 5.6 万条城镇地名数据输入义乌市地名数据库。

义乌市 2010 年地名命名一览表

地 名	命(更)名时间	命 名 文 号	起 止 点	长/宽或面积
青阳路	3 月 3 日	义民〔2010〕26 号	西起 37 省道(规划中的春风大道)，东至茂盛大街	长 1500 米、宽 16 米
平畴路	3 月 3 日	义民〔2010〕26 号	西起 37 省道(规划中的春风大道)，东至茂盛大街	长 1300 米、宽 16 米
平川路	3 月 3 日	义民〔2010〕26 号	西起东苑路，东至阳光大道	长 1600 米、宽 16 米
东兴路	3 月 3 日	义民〔2010〕26 号	南起平海路，北至平畴路	长 700 米、宽 16 米
东旺路	3 月 3 日	义民〔2010〕26 号	南起平川路，北至平畴路	长 700 米、宽 16 米
东畈路	3 月 3 日	义民〔2010〕26 号	南起吴越大道，北至咸继光路	长 600 米、宽 22 米
东苑路	3 月 17 日	义政发〔2010〕21 号	南起平川路，北至清波路	长 2400 米、宽 24 米
东山路	3 月 17 日	义政发〔2010〕21 号	南起平川路，北至江东东路	长 1180 米、宽 24 米
平湖路	3 月 17 日	义政发〔2010〕21 号	西起 37 省道，东至阳光大道	长 1700 米、宽 24 米
平海路	3 月 17 日	义政发〔2010〕21 号	西起 37 省道，东至阳光大道	长 1700 米、宽 24 米

续 表

地　名	命(更)名时间	命名文号	起　止　点	长/宽或面积
青口路	3月17日	义政发〔2010〕21号	南起环城南路，北至江东东路	长1500米、宽20米
广福路	3月17日	义政发〔2010〕21号	南起环城南路，北至清波路	长2300米、宽20米
清波路	3月17日	义政发〔2010〕21号	西起宾王路，东至规划中的外环路	长4500米、宽20米
草塘沿路	6月25日	义政发〔2010〕63号	东起兴隆大街，西至城中北路	长950米、宽22米
荷塘小区	6月7日	义政发〔2010〕110号	东临老浙赣铁路，南依大通路，西靠西城北路，北沿涌金大道	占地约55公顷
五里松小区	12月7日	义民〔2010〕262号	东依枫华路，南沿察院厅路，西靠经发大道，北至西城路	占地约11.3公顷
万商华府	3月3日	义民〔2010〕26号	东至仓实街，南临圣寿路，西靠圣达街，北至求真路	占地约7公顷
国际博览中心	6月7日	义政发〔2010〕110号	东依规划中的道路，南临江东东路，西靠宗泽东路，北沿清波路	占地约14.6公顷
御金嘉园	12月7日	义民〔2010〕262号	东临长府路，南依好派路，西靠苏溪大道，北沿华阳路	占地2.12公顷
梅湖国际公馆	12月7日	义民〔2010〕262号	东临宗泽东路，南接东洲路，西靠永胜小区，北沿江东东路	占地约9000平方米
星城广场	12月7日	义民〔2010〕262号	东临江东货运市场，南依环城南路，西靠义东路，北沿樊村小区	占地4.05公顷
西江路	6月25日	义政发〔2010〕63号	东北起丹溪路，西南至环城南路	长2600米、宽24米

【公墓管理】 4月12日，市政府出台《关于进一步深化殡葬改革加强公墓规划建设管理的意见》，对公墓的规范和管理作出明确规定，并制定奖励补助办法。为引导人民群众接受节俭、文明的丧葬方式，市财政每年要安排一定数量的资金用于殡葬改革事业。2010年起，免除农村“五保户”、低保户、城镇“三无”、“三老”人员等困难群体中的遗体火化、接运2项基本丧葬费用。条件成熟时，减免本市籍(除国家工作人员外)死亡遗体的火化、接运等费用，并对政府全额投资建设的骨灰存放处，免费提供20年的骨灰存放服务。从2011年起，义乌市籍村(居)民死亡骨灰实行树葬、花葬、草坪葬的，给予3000元奖励，骨灰撒散的给予6000元奖励。在2015年前按规划经合法程序批准的镇(街道)投资建设的生态墓和骨灰存放处，经市民政局验收合格后，由市财政给予一定比例的补助。市财政补助额度为：稠城、稠江、北苑、后宅街道建生态墓每穴补助40元，建骨灰存放处每格位补助160元；江东、廿三里、城西街道和佛堂镇建生态墓每穴补助80元，建骨灰存放处每格位补助260元；苏溪、上溪、义亭镇建生态墓每穴补助120元，建骨灰存放处每格位补助370元；大陈、赤岸镇建生态墓每穴补助160元，建骨灰存放处每格位补助520元。其中骨灰存放处格位架的资金按进度分期补助。

【移民后期扶持】 2010年，中央和省财政共下拨义乌2009年度大中型水库后期扶持结余资金142万元，义乌市将该笔资金用于扶持8个镇(街道)14个移民村的14个扶持项目，受益移民1051人。1月，市移民办组织开展大中型水库移民后期扶持人口复核工作，复核数14706人，其中新补增移民8人，核减73人，恢复移民发放资格2人。2010年，共发放2009年三、四季度和2010年一、二、三季度扶持直补资金1103.42万元。

优抚安置

【概况】 全面落实优抚政策。抚恤优待对象住院医疗实行“一站式”即时结算服务，全年医疗补助326人，支付医疗经费77.76万元。优待金标准从8868元提高到12282元，增幅38%。积极为优抚对象排忧解难，对全市236名烈属、在乡伤残军人进行慰问，安排慰问金8.26万元，为33户优抚对象特困户解决临时困难补助3万元。完成退伍士兵安置工作，2009～2010年，全市接收安置退伍义务兵336人。完善抚恤优待政策，出台《义乌市抚恤优待对象优待办法》，为抚恤优待对象在交通、旅游景点、住房、义务兵立功奖励等方面提供优待政策，发放《浙江省抚恤优待证》1280本。

【优抚对象抚恤补助标准】 2010年1月27日，市政府出台《关于调整部分优抚对象等人员抚恤补助标准的通知》，对部分优抚对象抚恤补助标准进行调整，其中在职残疾军人（指国家机关、社会团体、企业事业单位工作和享受离休、退休待遇的残疾军人），残疾抚恤金标准按民政部、财政部(民发〔2009〕135号)规定标准发给，自2009年10月1日起执行。在乡重点优抚对象（指在乡残疾军人、烈属、牺牲军人、病故军人家属、在乡复员军人、带病回乡退伍军人）优抚金标准按《义乌市在乡重点优抚对象生活保障办法》（义政办发〔2004〕101号文件）规定的标准、比例计发。新标准自2009年10月1日起执行。

【义务兵优待金标准】 9月19日，市政府下达抄告单，同意将一般义务兵优待金标准调整为每人每年12282元，西藏兵优待金标准为一般义务兵的2倍，大学本科毕业生（含在校生）入伍的比一般义务兵增加30%，大专毕业生（含在校生）入伍的比一般义务兵增加20%，自2010年1月起执行。

（张锦寿）

劳动就业

劳动工资

【概况】 2010年，办理机关公务员“滚动升级”645人，机关工作人员正常晋升级别（岗位）工资档次4079人；事业工作人员正常晋升薪级工资12565人。机关人均月增资40元，事业人均月增资25元。

【调整最低工资标准】 经义乌市政府研究决定，从2010年4月1日起，调整最低月工资标准。最低月工资标准由原来的980元调整为1160元，非全日制工作最低小时工资标准由原来的8.0元调整为9.5元。最低工资尺度增幅15%。

【公共卫生与基层医疗卫生事业单位实施绩效工资】 公共卫生与基层医疗卫生事业单位绩效工资由基础性绩效工资和奖励性绩效工资两部分组成，其中基础性绩效工资占总量的60%，奖励性绩效工资占总量的40%。市公共卫生事业单位绩效工资按照“项目标准统一、资金来源统一、发放办法统一、核算方式统一”的模式进行管理，基层医疗卫生事业单位绩效工资按原渠道随基本工资通过银行卡统一发放。从2009年10月1日起执行。经统计，共有1374名在职人员实施绩效工资，336名退休人员提高了生活补贴。

（金祖鹏）

就业与再就业

【概况】 2010年，城镇新增就业人数11763人，完成任务数的126.48%；失业人员实现就业4235人，完成任务数的113.82%，其中就业困难人员实现就业1523人，完成任务数的117.15%；失业保险新增参保人数12057人，完成任务数的287%。农村劳动力转移10873人，完成任务数的108.73%；失业率控制在2.95%，低于4.0%控制目标。基层劳动保障平台初步建成，稠城街道15个社区和59个村均已设立劳动保障和社会救助服务站。充分就业社区（村）创建活动继续深化，消除零就业家庭15户，促进失业人员实现就业838人，其中就业困难人员实现就业163人。全市297个社区（村）参加创建工作，其中孝子祠社区被评为省级创建充分就业社区先进集体，幸福社区和福田社区被评为省级充分就业示范社区。落实就业再就业优惠政策，2010 年全市灵活就业社保补贴受理 811 人，审核发放 706 人，发放 71 万余元。对三类弱势群体发放就业补助，2010 年春节，为 129 名困难职工和就业困难人员发放就业补助 25.8 万元，给予经济补助的同时，落实各项就业再就业优惠政策。外国人就业服务再上新台阶，年内，受理 82 个国家和地区的 3116 人次外国人的就业许可申请，其中首席代表 1629 人次。发放《外国人就业许可证书》100 人次，发放《外国人就业证》2992 人次，24 人因不符合规定未获许可。开展外来农村劳动者职业技能培训和电子商务培训，全年培训外来农村劳动者 5596 人，培训电子商务人员 3935 人。2010 年度，仲裁院共受理人事、劳动争议案件 615 起，案件办处量居金华各县(市)之首。

(陈　瑶)

【开展就业推荐】 2 月 26 日，在后宅街道举办 2010 年就业推介会，参加企业 29 家，提供就业岗位 1756 个，参会人数 1130 人，达成就业意向 116 人。3 月 1 日，在义亭镇举办 2010 年就业推介会，参加企业 30 家，提供就业岗位 2000 个，参会人数 1500 人，达成就业意向 150 人。3 月 9 日，佛堂培德路工业区举办 2010 年就业推介会，参加企业 108 家，推出就业岗位 3286 个，参会人数 4786 人，其中公益性岗位 83 个，农村低保家庭劳动力人数 75 人，达成用工意向 2186 人，发放宣传资料 1.5 万份，政策咨询 176 人。3～4 月，共举办各类就业推介会 20 场，组织 3784 家用工企业推出各类适合农村劳动力特点的就业岗位 9.43 万个，5.8 万余人参会，达成初步就业意向 6188 人。

(骆骏骅)

【农民工就业服务招聘周活动】 3 月 5～12 日，在市人力资源市场开展以服务进城务工，帮助就近就业，扶持返乡创业为主题的农民工就业服务招聘周活动，招聘周共举办专场招聘会 7 次，组织用工企业 3175 家次，推出农民工就业岗位 4.97 万个，吸引农民工 2.8 万余人进场应聘。

(陈　瑶)

【调整失业保险金发放标准】 调整失业保险金发放标准，从 2010 年 4 月 1 日起，失业保险金由原来的 595 元每月每人提高到 686 元每月每人。

(陈　瑶)

【扩大失业保险基金支出范围】 4 月 16 日，市政府下发《关于扩大失业保险基金支出范围实施意见的通知》，根据全市失业保险工作进展情况、基金承受能力和促进就业工作的需要，将政策享受范围扩大到所有符合条件的城乡登记失业人员、参加失业保险用人单位及其在职职工，将项目支出范围扩大到促进就业项目和预防失业项目。

(陈　瑶)

【就业创业培训】 4 月，与市民大学联合举办农村劳动力、城镇失业及自谋职业人员免费培训，共培训农村劳动力 5620 人次。7 月，会同教育部门组织开展全市农村劳动力免费技能培训 2 批次，培训农村劳动力 1.21 万人次；指导企业开展在岗职工技能提升培训，16 家企业 5351 名在岗职工参加培训。10 月，举办农村劳动力、城镇失业及自谋职业人员免费培训，共培训农村劳动力 6450 人次。

(骆骏骅)

【劳动技能大赛】 6 月 23 日，在黄杨梅小学举办义乌市第四届劳动技能大赛，261 人参加大赛。大赛分为理论知识竞赛及实际操作竞赛两部分，比赛获奖选手应知、应会 2 项成绩合格，并获前 3 名者，由市人事劳动社会保障局发放高级工职业资格证书，由市劳动竞赛委员会授予“技术标兵”称号；获前 4～8 选手，由市人事劳动社会保障局发放中级工职业资格证书(高级工标准则发放高级工职业资格证书)，并由市劳动竞赛委员会授予“义乌市操作能手”称号；其他选手凡取得中级工应知应会考试成绩合格者，发放中级工职业资格证书(高级工标准则发放高级工职业资格证书)。

(骆骏骅)

劳动监察

【概况】 2010 年，全市发生劳动纠纷 4662 起，为 11303 名劳动者追回工资、押金5291.2万元。参与处理突发事件157起，涉及劳动者1440人（包括110联动案件75起，涉及512人工资151万余元）。劳动监察大队直接处理劳动纠纷863起，为2539名劳动者追回工资、押金等688.97万元。作出行政处罚38起，罚款33.7万元。开展专项行动5次，完成劳动保障书面审查1.15万家。2010年被评为“全国清理整顿人力资源市场秩序专项行动取得突出成绩单位”、“浙江省劳动保障监察工作先进单位”、“义乌市信访工作先进单位”、“义乌市应急联动工作先进集体”，“党员维权先锋”被义乌市党工委评为党建十大品牌之一。

开展租赁企业欠薪保证金制度，选定北苑街道作为试点单位，在北苑街道北城工作片、复兴社区、柳三村、北苑创业园4个辖区内的96家租赁企业作为试点区域和试点单位。对95家租赁企业实行工资支付保障制度，实现工资保障金200.87万元。其中办理担保40家，担保金95.4万元；办理保证金缴纳55家，缴纳金105.47万元，试点工作取得预期效果。建立用人单位分类监管制度，选定义亭镇作为试点单位，通过调查摸底，制定《义亭镇用人单位分类管理试行办法》，根据其用工规模、执行《劳动法》、劳动保障纠纷等情况，将用人单位分成A、B、C、D及重大企业五个类别，并根据等级情况进行分类监管、整改，并每季度对分类情况调整一次。在试点工作中，义亭镇确定25家用人单位为首批D类用人单位，并进行重点监管和整改。

【专项检查】 2009年12月1日至2010年2月5日，在全市范围内开展农民工工资支付情况专项检查。共检查用人单位4333家（加工企业2382家，占52.7%；建筑施工企业93家，占2.1%；交通施工企业3家，占0.06%；住宿和餐饮企业256家，占5.9%；其他用人单位1599家，占36.9%），涉及职工人数12.46万人，其中农民工9.78万人。检查中，责令拖欠工资的496家用人单位补发工资1379.26万元，责令补签劳动合同3015份，纠正不规范劳动合同470份，发出询问通知书11份。2010年3月1日至4月15日，开展清理整顿人力资源秩序“春雷”专项行动。共检查用人单位184家、职介所8家、人才中介所15家、非法发布招工信息点36个。在检查中，取缔非法发布招工信息点36个，取消招工信息975份，发出劳动保障监察整改指令书12份，对已领取许可证无营业执照的5家单位责令改正。4月1日至5月31日，开展农民工劳动合同签订“春暖行动”，在专项行动中，结合书面审查，共上门指导服务用人单位1万余家，补签劳动合同1670份，规范用人单位规章制度564份。6月5日至7月31日，在全市范围内组织开展为期2个月整治非法用工、打击违法犯罪专项行动。共检查用人单位4364家，涉及劳动者人数4.9914万人，其中小砖窑19家、小矿山8家、小作坊2136家、其他用人单位1474家。共发出劳动保障监察询问通知书27份，卫生监察整改指令书9份，补签劳动合同3998人，补发劳动者工资和经济补偿金34.73万元，涉及劳动者265人，涉嫌违法使用童工2家。12月10日，在全市范围内开展为期45天的农民工工资支付情况专项检查，共检查用人单位4431家，涉及职工人数13.58万人。其中建筑企业（工地）87家（个），涉及人数8735人；加工企业2402家，涉及人数8.97万人；住宿餐饮企业305家，涉及人数2983人；其他用人单位1632家，涉及人数3.4万人。责令支付（退回）工资、押金等1138.28万元。

（杜国君）

社会保障

社会保险

【概况】 2010年，城镇职工基本养老保险参保人数24.68万人，比上年新增2.74万人；工伤保险参保人数达32.64万人，比上年新增1.74万人；生育保险参保人数达9.59万人，比上年新增1.04万人。被征地农民养老保险参保18.3万人，土地承包经营权流转农民养老保险参保1.4万人，享受人数9974人。

【调整被征地农民养老保险缴费待遇】 6月1日开始，对被征地农民养老保险缴费金额和享受金额做出调整,缴费金额由原来的一次性缴纳6000元调整为一次性缴费7000元和一次性缴费3.6万元,享受待遇从原来的每月170元调整为每月205元和每月340元。至12月底,累计18.27万人参加被征地养老保险,其中3.22万人按月领取养老保险金。

【调整缴费基数】 2010年,新缴费基数自7月1日起正式启用。最低缴费基数从1340元调整至1450元,最高缴费基数从6480元调整至6870元。

【参保登记免填单】 11月16日,正式实施社会保险参保登记免填单制度。参保单位或参保人在办理社会保险参保登记业务时,服务窗口工作人员根据其提供的基本材料直接在系统中操作相关业务,办理人只需在社会保险参保业务确认单确认盖章即可完成相关业务办理。

【全面实施城乡居民社会养老保险制度】 2010年1月起,贯彻实施《义乌市城乡居民社会养老保险实施办法》。《办法》规定:具有义乌市户籍,年满16周岁(不含全日制在校生),非国家机关、事业单位、社会团体工作人员,未参加城镇职工基本养老保险的城乡居民,均可参加城乡居民社会养老保险。缴费标准设为每人每年100元、300元、600元、800元、1200元5个档次。市政府对参保人缴费给予补贴,补贴标准按5档缴费标准分别为每人每年30元、40元、50元、60元、70元。参保人员在年满60周岁后办理待遇享受手续,从符合享受条件的次月起按月享受养老金待遇。2010年1月1日前,年满60周岁及以上未享受国家机关、事业单位、社会团体离休、退休、退职待遇和城镇职工基本养老金待遇的本市户籍城乡居民不缴费,从2010年1月起按月领取基础养老金,但其符合参保条件的子女应当参保缴费。1月8日,在赤岸镇薛村举行养老金首发仪式,至1月14日,全市8.9万本存折全部发放到位,发放金额647万元,其中复退军人2902人。3月8日,城乡居民社会养老保险政策试点工作在义亭镇畈田朱村正式启动。该村237人参保,其中45周岁~60周岁人员实现100%参保。4月1日,全市各镇(街道)城乡居民社会养老保险参保缴费工作全面启动。至6月底,全市13个镇(街道)共参保20.8万人,其中享受待遇9.2万人。收缴参保金712万元,其中年满45周岁未满60周岁的人员,参保缴费率达到99%。从7月1日起,城乡居民社会养老保险各项业务的初审工作全部下放至全市13个镇(街道)劳保所办理。

【落实社会保险转移政策】 从2010年1月1日起施行《城镇企业职工基本养老保险关系转移接续暂行办法》。贯彻落实基本养老、医疗保险跨省转移新政策,明确责任,进行全面详尽的程序开发(2010年10月启动),积极与转出地社保机构联系的同时,做好前来办理人员的解释工作,保证参保人员基本养老保险的正常续转。自11月10日开始正式办理基本养老保险跨省转移,至12月底,共开具养老保险缴费凭证164份,接收外省基本养老保险转移申请72份。

(郑　琤)

医疗保险

【概况】 义乌市医疗保险覆盖面不断扩大,至2010年12月底参保人数72.89万人,其中城镇职工医疗保险参保人数21.04万人,比上年增加3.34万人。城乡居民医疗保险参保人数51.85万人(包括大学生医疗保险参保人数7742人),参保率90.45%,比上年增长2.42%。医疗保障水平稳步提高,城镇职工基本医疗保险政策范围内的平均住院报销比例稳定在90%左右,城乡居民医疗保险政策范围内的平均住院报销比例提高到54.9%左右,比上年度提高近9个百分点。医疗保险监管举措继续强化,2010年,先后修订出台《义乌市医疗保险定点医疗机构考核办法》、《义乌市医疗保险定点零售药店考核办法》、《义乌市医疗保险定点医疗机构管理办法》、《义乌市医疗保险定点医疗机构(药店)信用等级管理办法》等两定单位监督管理办法,进一步明确医保经办机构、两定单位及参保人员的权、责、利,拓宽监管方式和渠道。同时,在监管方式和强度上进一步加强，年内对义亭中心卫生院、稠城中心卫生院等12家定点医院的违规行为进行处理，追回违规金88万余元，并取消义乌市华山康复医院的医保定点资格。

【调整城乡居民医疗保险政策】 2月20日，市政府出台《关于修订印发〈义乌市城乡居民医疗保险实施办法〉的通知》，对城乡居民医疗保险政策进行调整完善，新政策从2010年7月1日起实施。小额和大额医疗保险的年度个人缴费标准分别从40元、350元提高到80元、450元；财政补助标准从140元每人每年提高到220元每人每年。小额和大额医疗保险的统筹基金年度最高支付限额分别从3万元、5万元提高到8万元、17万元。小额和大额医疗保险的住院医疗费用报销比例提高5个百分点。小额和大额医疗保险特殊病种门诊报销比例分别从30%、35%提高到35%、55%。设立普通门诊统筹制度。

【普通门诊统筹制度正式实施】 2月20日，市政府出台《关于修订印发〈义乌市城乡居民医疗保险实施办法〉的通知》，文件规定义乌普通门诊统筹制度从2010年7月1日起正式实施，在一个医疗年度内，参保人员在本市定点医院普通门诊就医累计发生的符合基本医疗保险基金支付范围的医疗费用，在100元以上1100元以下，根据医疗机构等级不同，按10%～30%的比例给予报销。至12月底，累计支付普通门诊统筹基金903.89万元，其中城镇职工医疗保险392万元，城乡居民医疗保险511.89万元。

（杨　英）

【发放社会保险卡】 3月，农保处从社保处接管社会保障卡发放工作，共接收社会保障卡2.5万余张，全年累计发放社会保障卡60.5万张，办理社会保障卡补卡4000余张。共清理老农保5800人，办理养老金领取705人。

（周旭荣）

慈善事业

【概况】 2010年，全市慈善资金收入共1518.73万元。安排804.32万元用于救助市重大病、特困户、特困大学生、尿毒症患者、白血病患者等。全市6000余户1.2万余人得到爱心援助。每季度安排1次救助，救助贫困家庭大学生104人，支出救助款61.2万元；资助白内障患者复明手术368例，发放资金18.39万元；支出尿毒症患者血透费59.91万元，白血病专项支出22万元；资助脑瘫康复中心、聋儿语训、抗癌协会等7万元，共计支出421.4万元。青海玉树发生地震后，义乌社会各界踊跃为玉树灾区捐款，共募集善款98.72万元。

【协助办好全省第六届慈善工作经验交流会】 10月9～10日，浙江省第六届慈善工作经验交流会在义乌市召开，全省11个市慈善总会和各县(市、区)慈善总会的领导150人参加会议。就加强慈善组织建设、规范慈善捐助活动、加强慈善工作队伍建设、打造慈善发展促进机制、普及现代慈善理念等问题进行探讨。会议对今后慈善工作提出加强慈善实体建设、加强慈善基层组织建设、加强慈善义工队伍建设、加强慈善机构能力建设的4项目标要求。

（陈　媛）

老龄工作

【概况】 2010年，开展老年人基本情况调研，完成高龄老年人生活状态调研和全国老龄办布置的基层老龄工作基本情况调查和省老年电大布置的分校教学班(点)现状调查。至12月31日，全市共有老年人11.7万人，占全市人口的15.81%。老年优待工作进一步落实，全年制作老年人优待证1.39万张，其中绿卡9118张，红卡4794张。2010年春秋两季老年电大招生5480人，并购置《大家唱》、《健康素养——细节篇(一)》和《杨式太极拳》等教材。组织开展丰富多彩的文体活动，组织老年人卡拉OK比赛、老年人书画作品比赛和第六届老年人运动会。

【“银龄互助”活动】 3月30日，

市老龄工作委员会下发《关于在我市农村开展“银龄互助”活动的通知》，要求“银龄互助”活动按照党政引导、协会组织、自愿互助、量力而行的原则实施。在基层党委、政府以及有关部门和村两委的关心支持下，以老年人协会为依托，根据老年人的身体状况和生活习惯，志愿服务，结对互助，开展老年人力所能及的互帮互助活动。服务内容主要有：邻里守望即通过电话、登门、路遇聊天等方法，做好守望照看，及时掌握帮扶对象的健康和生活状况，防止意外事件发生；生活照料即在帮扶人员能力范围内，对帮扶对象进行生活照料服务，帮助解决日常生活中的一些困难；精神关爱即帮扶人员上门陪聊，联络感情，倾听帮扶对象诉求，适时适度做好心理安慰和疏导，陪伴帮扶对象出户到老年活动中心参加各类活动，愉悦身心，排解烦恼；维权调解即协助村两委调解老年人家庭、邻里矛盾，做好劝导、说服工作，解决老年人子女赡养、财产分配、邻里关系不合等纠纷，帮助投诉、代理诉讼，维护帮扶对象合法权益。年内“银龄互助”活动先在义亭镇、廿三里街道进行试点。

【组建老年文艺体育队】 3月24日，市老龄工作委员会下发《关于组建义乌市老年文艺体育项目代表队的通知》，明确全市暂拟组建市老年腰鼓队、市老年木兰扇队、市老年太极拳队、市老年柔力球队、市老年健身操队、市老年婺剧队、市老年象棋队、市老年书画队、市老年气排球队、市老年乒乓球队、市老年门球队11支全市性老年文艺及体育项目代表队。

【老人节】 10月25～30日，浙江省第22个“老人节”期间，市老龄办开展一系列庆祝活动。市主要领导带领有关部门负责人慰问全市33位百岁老人，同时走访慰问部分敬老院、特困老人和“星光老年之家”。市老龄办与市老年体协共同举办大型老年人健身展示活动，有铜管乐、采茶舞、东洲大钗、柔力球等16个项目。与市老年活动中心共同举办老年人书画作品比赛，180余幅书画作品参赛，58幅作品获奖。为全市50余名老年白内障患者免费手术。举办老年人专场文艺汇演，全市13个镇(街道)及中心代表队共75人参加演出，有舞蹈、相声、越剧、独唱、三句半等带有义乌乡土气息的节目20个。给全市90虚岁老年人每人发放纪念拐杖1根，在《义乌商报》上刊登老年工作宣传专版。

（张锦寿）

民族·宗教

民 族 工 作

【概况】 2010年，全市有少数民族48个，人口76216人，其中常住人口1566人，暂住人口74650人。人口超过1000人的民族有苗族、布依族、土家族、回族、壮族、侗族、朝鲜族、彝族、维吾尔族、瑶族。5月，开展城市民族工作进社区试点，在鸡鸣山社区建立社区民族工作领导小组，利用电教室、宣传栏、座谈会、文体活动等形式对居民开展《城市民族工作条例》、《浙江省少数民族权益保障条例》和民族知识、法律法规的宣传教育活动。社区设立咨询、服务窗口，为少数民族提供优惠、便利的法律咨询、医疗卫生、文化娱乐等服务。

【赴兰溪民族村开展结对帮扶】 1月13日，义乌市侨商会考察慰问团赴兰溪市水亭畲族乡上朱村，实地考察水亭农业综合开发项目规划现场，对上朱村10户贫困家庭进行慰问。4月，与兰溪市水亭畲族乡就结对帮扶水亭乡困难学生、共同发展水亭农副产品和来料加工业等事项进行磋商，并达成实质性意向。8月，义乌市侨商会理事(监事)以上人员正式与水亭乡50名困难学生结成对子。

【设立民族地区名特优产品区域展馆】 1月28日，义乌副食品市场新疆馆试营业。9月中旬，内蒙古馆、宁夏馆对外试营业。民族馆展销产品，均为“中华老字号”农副产品、地级市以上著名商标的农副产品，取得有机、绿色或无公害认证的农副产品，获国家技监局评定的原产地保护农业企业生产的农副产品，具有浓郁地方特色的农副产品。在展馆的规划设计上也体现出了浓郁的地方特色。

【宁夏阿语人才联谊会暨吴忠阿语翻译品牌提升行动启动仪式】 3月25日，宁夏阿语人才联谊会暨吴忠阿语翻译品牌提升行动启动仪式在义乌举行，宁夏回族自治区党委常委、副主席刘慧，浙江省政府副秘书长施利民，义乌市领导及86名工作生活在义乌的宁夏籍阿语人才代表，30名阿拉伯国家客商代表等参加仪式。联谊会上，宁夏、浙江两地领导为宁夏回族自治区驻义乌阿语人才服务站揭牌。

【市侨商会获民族团结进步先进荣誉】 7月23日，省委、省政府召开全省第四次民族团结进步表彰暨民族团结进步创建活动经验交流电视电话会议，表彰民族团结进步模范集体和个人。义乌市侨商会和宁夏吴忠市驻义乌阿语翻译中心主任苏国斌(回族)分别荣获"浙江省民族团结进步模范集体"和"浙江省民族团结进步模范个人"称号。

【少数民族同胞在义乌过节】 11月6日晚，在义乌创业的四川省北川县30余名羌族同胞欢聚在义乌，举办"大禹子孙庆羌年，新生北川展魅力"大型庆典活动，献羌红、敬咂酒，唱酒歌、跳锅庄舞，喜庆羌历新年。11月17日，1万名在义乌工作生活的中外穆斯林，以宰牲、篮球友谊赛、户外烧烤、文艺汇演等联谊方式，庆祝2010年古尔邦节。

【8人担任省少数民族企业家协会领导职务】 12月2日，浙江省少数民族企业家协会在杭州成立，义乌市8人入选担任理事以上职务，分别是副会长王朝印(回族)、马文兵(回族)、李自红(回族)，理事王克录(回族)、张沛(回族)、郭龙刚(回族)、李廷干(回族)、李英焕(朝鲜族)，副秘书长刘敬涛(回族)。

宗 教 工 作

【概况】 2010年，全市有宗教活动场所85处，其中佛教30处，道教2处，伊斯兰教1处，天主教1处，基督教51处。信教群众3万余人。

加强宗教活动场所安全防范。与市级宗教团体、市直属宗教活动场所签订创建平安宗教活动场所责任书，加强工作指导、检查考核。全年举办大规模安全教育2次，各宗教活动场所自行组织安全学习20余次。对宗教活动场所进行安全隐患大排查大整改活动2次，共查出安全隐患200余处，及时进行了整改。

开展和谐寺观教堂创建活动。3～9月，先后在净居禅寺、田心教会、城西教会、双林禅寺、思恩堂等地召开创建和谐寺观教堂活动推进会。佛教、基督教分别召开表彰大会，对创建"和谐寺观教堂"工作进行表彰和再动员。年内通过创建，海云禅寺等18处宗教活动场所通过省民宗委组织的2010年度创建达标考核，净居禅寺、城西基督教会被评为全国创建和谐寺观教堂工作先进集体。

弘扬佛教传统文化。全年举办"和谐大讲堂"讲座24次，参加3000余人次，搜集整理传统文化史料100万字，编辑完成《双林列祖传略》。

【修缮伊斯兰教临时活动场所】 2009年9月，伊斯兰教临时活动场所礼拜殿出现安全隐患。经过前期鉴定、设计、招投标后，2010年1月22日，市国资公司组织施工单位进行修缮，2月12日起实行全封闭施工。施工期间，市民宗局、市公安局、市国资公司、稠江街道等部门每天派人到现场管理，每周一举行工程例会，每周五共同维持秩序。4月3日，水房交付管委会使用，4月18日，场所整体移交管委会。该工程总投资344万元，与修缮前相比，礼拜殿得到加固，同时新增加2层8间水房，北面、南面、东面分别增加1个疏散通道，解决了原场所的安全问题。

【宗教知识专题报告会】 4月23日，举办宗教知识专题报告会，邀请中国现代国际关系研究院博士方金英做伊斯兰教专题辅导报告。市领导和各相关部门、辖区街道主要负责人及全市宗教干部参加。方金英博士从伊斯兰教的发展趋势、国家安全、如何开展伊斯兰教工作等方面深入阐述，并结合义乌实际，就做好伊斯兰教工作提出了具体建议意见。

【法律知识培训】 5月26日，举办在义外籍人士法律知识培训，30余名在义乌经商的外国宗教界人士参加培训。培训内容包括宗教、工商登记、出入境管理、涉外婚姻、遗体运输、外国人就业以及外国专家管理等方面。通过培训，外国宗教界人士进一步了解了中国宗教方面法律、法规知识，增强了遵纪守法的意识。

【与吴忠市民宗局建立民族宗教工作协作机制】 6月3日，市民宗局与宁夏吴忠市民宗局签订友好单位协议书，建立少数民族重点流出地与流入地民族宗教工作协作机制。协议约定，吴忠市民宗局选派优秀民宗干部到义乌市民宗局协助工作，同时加强双方领导层的交往和专业人才交流与培训，每年互访1次，共同研究解决出现的新情况、新问题，积极推进双方专业人才进行短期对口交流与培训，不断提高专业人才的素质。

【《傅大士传奇》摘取首届全国戏剧文化奖金奖】 11月1日，剧作家贾祥龙创作的大型神话轻喜剧《傅大士传奇》摘取首届全国戏剧文化奖金奖，这是浙江省惟一获得的戏曲舞台剧金奖。全国戏剧文化奖由中国戏剧文学学会主办，与曹禺戏剧文学奖、中国戏剧梅花奖并称三大戏剧奖。《傅大士传奇》由海云寺策划，金华婺剧二团排演，分转世、点化、求水、衙责、建寺、平乱等8场，演绎了傅大士的经历和故事。

【首届义乌古代佛像艺术品博览会】 为培育和引导藏家的鉴定能力，收藏理念，深层次发掘佛教艺术品市场，11月17日，铭宝堂连锁会所在天恒酒店一楼举办首届义乌古代佛像艺术品博览会，150余尊元、明、清时代的佛造像珍品首现义乌。展品除古代佛像外，还包括5件龙袍和部分唐卡等。

（陈永坚）

建制镇与街道

镇

佛 堂 镇

【概况】 佛堂镇位于义乌市区南部，距中国小商品城15千米。东与东阳市交界，南与赤岸镇相连，西与义亭镇、金华市金东区接壤，北与江东、稠江街道相邻。区域面积134.1平方千米，下辖96个行政村、11个居委会。2010年末，户籍人口80720人，外来流动人口6万人，从业人员112452人。2010年，全镇地区生产总值达到48亿元，同比增长37.1%；工农业生产总值163.9亿元，同比增长34.3%；财政总收入41916万元，较上年增长14.8%；农民人均纯收入13075元，城镇居民人均可支配收入2.95万元，比上年分别增长8.0%和4.7%，经济社会保持又好又快的发展势头。

工业经济平稳快速发展。2010年，全镇实现工业总产值157.3亿元，同比增长36.08%。规模以上企业工业总产值66.66亿元，同比增长49.66%。完成外贸出口交货值18.34亿元，同比增长121%。在经济总量扩张同时，发展质量也有明显提升，全年完成招商引资12项，完成技改投资4亿元，万元产值能耗下降17%。新增市级名牌商标8件，省级名牌商标2件，通过清洁生产企业验收4家，绿色企业验收1家，设立中国调味品产业与孵化中心暨浙江上品鲜调味品研究院等一批科研机构，企业自主创新能力增强。

农业基础得到巩固加强。2010年，全镇实现农业总产值6.6亿元。年内共完成土地流转面积300公顷，土地集中流转率60.5%，完成垦造耕地新增面积25.53公顷，发放土地流转养老保险金300万元，惠及1700余人。农业产业化进程不断加快，全面建成总投资776.34万元的省级高效生态农业示范园区；规划面积1334.66公顷的省级现代农业综合区已通过省农业厅论证，新增无公害基地5个，形成义红果蔗、正红富硒葡萄等一批省级名牌，实现农业增效、农民增收。

新农村建设富有成效。2010年，投入2亿元，其中农房改造1.2亿元，小高层建筑1000万元，村庄整治7000万元。上马工程78项，其中完成外墙粉刷3项，排水排污及道路25项，绿化亮化12项，池塘改造10项，自来水管网5项，公共厕所3项，其余工程20项。完成400户农村住房改造，10个村村庄整治工程，8个村推进旧村改造或“空心村”改造，6个村实施“异地奔小康”工程，完成6个新农村示范村建设，14个村的村庄绿化工程，15个村的生活污水治理。城乡一体化发展有序推进。

基础设施不断完善。2010年，共实施市重点工程17项，镇重点工程20项。佛堂创新基地一期、双林大桥、乌皮塘生态景观公园作为市2010年十大发展平台、十大重点工程项目，做到当年立项，当年论证，当年开工。低丘缓坡开发利用工作创新，采用“生态嵌入”模式，建设以生态环保、高新科技产业为主的新型工业区块，总规划面积825.6公顷，率先启动盘塘区块255.8公顷，完成59.06公顷的林业用地审批手续。镇二中全面建成，镇三小教学楼主体工程完成，大成中学扩建等工程顺利推进；安居工程三期主体结顶；污水处理厂二期如期开工，并完成污水管网建设9千米。古镇保护开发利用向纵深推进。年内，完成9个古码头的重建工程，完成40%老街外立面整改工程，启动古建筑迁建区一期和古镇拆迁区建设，古镇保护开发利用工作取得进展。

和谐社会建设稳步推进。以“平安佛堂”建设为载体，全面落实综治、平安、维稳措施，开展矛盾纠纷排查调处工作，共化解各类矛盾纠纷697起，调处成功率100%。重视信访工作，围绕每月15日“大接访”活动，落实排查、接访、调处、督查的月循环工作机制，做到将矛盾解决在基层。强化安全生产监督管理，全年拆除违章建筑8400平方米，完成2.8万只农村漏电保护器的安装、484户农村特困户的线路改造、75个村中小企业用电标准化改造及1813户出租房屋消防设施规范化整治，安全生产形势持续好转。

社会各项事业扎实开展。计划生育3项整治，共征收社会抚养费696.49万元，计生符合率92.84%。做好以“登革热”防控为重点的公共卫生防疫工作，整治环境面积868万平方米，清除积水容器45.38万个。强化民生保障措施，全镇60862人参加城乡居民医疗保险，参保率90.25%。发放低保金、慈善救助、医疗救助等救助款416.1万元，惠及1000余人。文化事业蓬勃发展。围绕浙江·佛堂“十月十”民俗文化节这一主线，开展送戏、送电影下村120余场，新编《诗意佛堂》、《印象佛堂》等文化书籍。开展“双拥”和军民共建活动，圆满完成征兵工作任务。

体制机制改革不断深化。112项下放权限规范、高效运行，2010年受理扩权事项办件7957件，办结率100%。同时，通过服务关口下移、程序再造，进一步简化办理手续，平均缩减办事时限3～5个工作日。2010年，创新启动“大综合”行政执法改革，在镇区域内统一行使国土、农业等19个行政部门划转的2163项行政处罚事项，先后开展各类专项执法行动118次，取得显著成效。全年办理简易程序案件1284起，同比增长25.7%；立案查处一般程序案件1011起，同比增长340.5%；受理信访举报2454件，办结率100%。扎实推进“两项试点”。2010年，佛堂镇先后被确定为“全国经济发达镇行政管理体制改革”和“浙江省小城市培育试点镇”。《佛堂镇小城市试点三年行动计划》通过省政府批准，3年内将完成94个项目，总投资115.54亿元。

【《佛堂镇总体规划》批准实施】 1月27日，佛堂镇城镇总体规划论证会在天恒国际大酒店举行。省城乡规划设计研究院、浙江工业大学、杭州市城建设计研究院、浙江林学院、金华市规划局等领导和专家，义乌市人大、政府、政协领导和市有关部门、相关镇(街道)负责人100余人参加会议，对总体规划中的城镇性质及功能定位、道路交通、住房建设、综合防灾等一系列规划内容进行分析论证，提出相关修改意见。《义乌市佛堂镇城镇总体规划(2009—2020)》由义乌市城市规划设计研究院编制，分镇域和中心镇区两个规划层次。规划期限为2009～2020年。已通过市政府批准，明确到2020年，佛堂将建成中心镇区面积28.5平方千米、城镇人口26万人的现代化新型城市。

【中国调味品产业中试与孵化中心落户佛堂】 5月18日，由浙江正味食品有限公司承办的中国调味品产业中试与孵化中心在义乌市佛堂工业园区正式揭牌成立。该中心由浙江正味食品有限公司出资建设，技术支持单位有浙江大学、江南大学、中国农业大学等省内外科研院所，是目前国内行业首家的行业研究中心。该中试与孵化中心及浙江上品鲜调味品研究院作为上承科技研发机构，下接生产企业的中间科技创新平台，搭建起科研成果转化为生产力的中间桥梁，更好地实现技术转移与对接，有助于整个调味品行业有效探索“产学研”合作的新模式，加快地方经济的产业优化升级步伐。

【首届枇杷品尝会暨浙江农林大学科研示范基地揭牌】 6月2日，佛堂镇首届枇杷品尝会暨浙江农林大学科研示范基地揭牌仪式在义乌高效生态农业示范园区药博园举行。作为义乌高效生态农业示范园区明珠之一的药博园占地25公顷，种植枇杷5.67公顷，是佛堂镇最大的枇杷产地。

【市第四届葡萄鉴评会暨佛堂镇第五届葡萄节】 8月5日，市第四届葡萄鉴评会暨佛堂镇第五届葡萄节在佛堂超美畈高效生态农业示范园区举行，各镇街葡萄种植大户送来48个葡萄样本。经专家综合评定，佛堂镇顺康农庄选送的葡萄获金奖。

【佛堂镇红十字会成立】 10月20日，佛堂镇红十字会成立。这是义乌成立的首个乡镇级红十字会。佛堂镇红十字会按照"政府主导、社会参与、多方协作"的原则开展红十字工作，并积极为红十字会工作探索新机制、新方法。

【农村木结构住房电气线路改造】 11月5日，义乌电工协会佛堂分会的60余名电工进驻新塘西村，对280余间木结构且有人居住的老旧房屋进行电气线路彻底改造。这些木结构房屋里的电气线路已使用了多年，存在极大的安全隐患。

【佛堂镇被确定为省小城市培育试点镇】 12月，根据省委办公厅、省政府办公厅《关于进一步加快中心镇发展和改革的若干意见》和省政府办公厅《关于开展小城市培育试点的通知》，浙江省决定在义乌市佛堂镇等27个镇开展小城市培育试点。佛堂镇按照省政府对小城市培育"一年一个样，三年大变样"的总体要求，结合佛堂实际情况编制完成《佛堂镇小城市试点三年行动计划》。根据实施计划，2011～2013年佛堂镇共计划实施94个项目，包括前期5项，新建67项，续建22项，项目3年总投资115.54亿元，其中政府性投资25.71亿元，企业投资67.37亿元，社会投资22.46亿元。

（陈新宇）

苏 溪 镇

【概况】 苏溪镇位于义乌市东北部，东邻诸暨市、东阳市，南接廿三里街道、稠江街道，西连后宅街道，北接大陈镇。区域面积109.1平方米，37省道、阳光大道、环城北路纵贯镇区。分设江南、江北、联合3个工作片，下辖68个行政村，1个居委会。户籍人口49744人，从业人员55900人，外来人口7.3万人，农民人均纯收入10649元，同比增长11%。财政总收入16588万元，同比增长20.9%。2010年，全镇完成工农业生产总值91亿元，同比增长12%。

工业经济稳健运行。2010年，苏溪镇区域内共有工业企业、个体工商户3000家，其中年产值2000万元以上企业34家，年产值亿元以上企业6家，"守合同 重信用"企业2家。重点行业为衬衫、无缝织造、针织纺织、饰品工艺品、彩印等。全年实现工业总产值90.79亿元，同比增长18.58%，完成出口交货值12.25亿元，同比增长26.86%，完成工业企业固定资产投资4.59亿元，技改备案11.76亿元。企业品牌意识继续加强，新创义乌市名牌产品2个(沙洲、超凡)、浙江省著名商标1件(博尼)、金华市著名商标1件(罗杉)。企业环保工作再上新台阶，浙江义乌工业园区通过省环保厅的"811"环境整治验收，5家企业通过清洁生产审核。10月，义乌工业园区管委会正式单列。镇工商企业服务所接手园区管理服务工作。

农业快速发展。全镇粮食播种面积1361公顷，粮食总产量7866吨，蔬菜播种面积365公顷，蔬菜总产量8214吨，肉类总产量1024吨。规模化种植梨面积95公顷，葡萄55公顷、桃56公顷，推广早稻示范畈46公顷。年内6个村完成土地流转，流转面积80余公顷，累计967.7公顷，占全镇实际耕地面积80%，位居全市前列。完成土地开发25公顷。伏虎、龙祈两座水库进行千库保安建设，顺利实施新新溪同裕段4千米的河道治理。全镇59个行政村均完成千万农民饮用水工程建设，用上放心自来水，实施小农水项目19项。建绿色村庄11个，新创省级农产品无公害基地2家，创义乌市龙头企业1家，占地580公顷的苏溪现代林业示范园区实施开发。

基础设施日臻完善。镇财政投入100余万元修建苏溪电影院，投入10余万元装修乡村大舞台，投入50余万元奖励农村发展文体基础设施。全镇农村建有标准篮球场82个,健身路径46套,乒乓球室(包括露天乒乓球场)87个,门球场8个,广场35个。53个行政村建有一个以上篮球场、健身路径、乒乓球室(场)、健身舞场相配套的健身中心。农村文体设施覆盖面达90%以上。

社会形势保持稳定。强化社会治安重点地区整治,全年刑事案件同比下降6%。15个行政村安装治安视频监控,25家中小学幼儿园和11家企业安装CK自动报警器,镇区各主要道路、单位、部门安装电子视频探头,实施社会全方位监控。全年排查调解各类矛盾纠纷598起,成功调解并履行结案668.91万元。信访形势好转,全镇信访总量109件,办结99件,未发生重大信访事件。

群众文体活动丰富多彩。全年举办孝义文化节、群众歌咏比赛、综艺晚会、千人长跑、篮球乒乓球比赛、舞蹈比赛等大型文体活动20余场次,开展送文化下农村、进企业等演出活动50余场次。组织参加义乌市第六届全民运动会,荣获团体总分第一名。

社会保障体系稳步推进。2010年,完成农村社区建设5个、便民服务站4个和农村"星光老年之家"建设4个。开展各项社会救助,全年发放低保救助金103万元,五保救助金9万元,慈善救助金48万元,医疗救助金33万元,低收入农户补助金38万元,贫困大学生就学救助金2.8万元,残疾人定期救助金49万元,救助白内障患者手术7例,扶持种养殖业、个体加工业3人,残疾人就学救助5人。

整体旧村改造工作进展顺利。完成拆旧1023户,新建407户。完成《苏溪镇土地利用总体规划(2010—2020)》修编。总投资200万元的苏院等10个村农村截污纳管工程完成总工程量的90%以上,市污水处理三期苏溪分厂建设,概算投资8500万元,用地12.34公顷,完成主体工程20%,市污水处理三期苏溪分厂配套管网工程总投资2200万元,完成总工程量的40%。投资1500万元的人民路拓宽改造工程(37省道—银海路)主体工程开工建设,投资700万元的苏溪镇(老镇区)截污纳管管网改造工程完成工程量的75%,投资420万元的大陈镇八里桥头—苏溪镇同裕村截污纳管工程完成工程量的60%,完成投资200万元的工业园区截污纳管管网改造工程及投资30余万元的镇区道路维修及创建围墙工程、投资30余万元的镇区绿化补种工程、投资200万元的服装城区块低压电缆改造工程(土建部分),投资70万元的蒋宅—塘里蒋—岭背—苏八线的路灯工程也已完工。

【新农村建设试点月白塘村】 月白塘村位于省级经济开发区浙江义乌工业园区内,属园中村,由万春亭、月白塘、后高3个自然村组成,有143户358人。2008年,被定为园中村改造试点村后,坚持采用生产、生活相分离的创新建设改造模式。2010年7月1日,6幢6层150套生活住房交付使用,并完成占地2.8万平方米4幢6层标准化厂房的规划设计。

【第二届孝义文化节】 12月16～18日,苏溪镇第二届孝义文化节在镇文化公园开幕。活动主要内容有群众敬老广场活动、"敬老宴"活动、百名义务人员为老年人免费义诊、孝义论坛、百家企业结对百名困难老人走访慰问活动、孝义主题专场文艺演出、"孝义杯"名星秀选秀活动、孝义文化下乡活动。活动期间,千名少年集体诵读《颜氏家训》,120余名老人参加同席论今昔,举杯话和谐为主题的"敬老宴"。

(徐自然)

上 溪 镇

【概况】 上溪镇位于义乌市西部,东邻城西街道,西接金华市金东区,南连义亭镇,北毗浦江县、兰溪市。区域总面积102平方千米。分设上溪、吴店、黄山、溪华4个工作片,下辖76个行政村、2个居委会、365个村民小组。2010年,总户籍人口51002人,从业人员46654人,农民人均纯收入9862元,财政总收入12835万元。

工业经济稳定增长。1～10月完成工业总产值60.66亿元,同比增长30%;销售产值57.93亿元,同比增长30.68%;出口交货值3亿元,同比增长39.84%。规上企业完成产值13.64亿元,同比增长30.32%;销售产值

13.24亿元，同比增长31.95%；出口交货值2.3亿元，同比增长34.94%。工业性固定资产投资2.08亿元，完成市下达任务130.44%；完成技改备案2.64亿元，完成市下达任务的176%。构筑产业发展平台。完成义乌工业园区四期规划，启动五金创业园招商引资工作，完成工业用地征用13.33公顷，启动200公顷低丘缓坡用于工业开发的前期准备。以提高企业开工率和投产率为重点，全年有10余家企业启动新厂房建设，投产率75%。推进企业转型升级。6月初，与义乌工商职业技术学院联合举办第二届“上溪之星”企业经理人培训班。加快科技研发投入。巨龙箱包、苏民锁业通过科技改造，实现产值翻番，企业技改项目完成项目备案1.8亿元，超额完成市下达的全年指标。加大品牌引导力度，建立“一企一档”品牌档案，义乌市佳燕吸塑有限公司通过清洁生产企业的验收，新增金华市著名商标3家。

城镇建设不断强化。2010年，共安排市、镇重点工程35项，重点工作30项。西气东输油气管工程两条管线工程基本完成，上溪镇中一标段建设工程结顶，义亭污水处理厂配套污水干管工程上溪段一标段、二标段施工完成90%，上溪自来水厂项目完工，杭长铁路客运专线建设工程上溪段完成征地，月湖公园、人民法庭、中心卫生院、基督教堂等工程主体完工。

新农村建设有序推进。启动观光农业和农业精品园建设，修编完善《上溪都市农业发展总体规划》。年内新栽种樱桃13.33公顷，油菜26.67公顷，果桑、莲藕等6.67公顷。推进现代农业园区建设，建立333.33公顷的马铃薯生产精品园和200公顷的优质桃精品园2个省级精品园建设项目。实施旧村改造，2010年上溪镇农房改造计划数230户，至年底完成279户。上潘、塘西、寺西上塘自然村、富塘下、贾伯塘村、上溪一、二、三村旧村改造顺利进行。制定苦竹塘村、祥贝村、新民、上楼宅等旧村改造实施细则。仙溪村12层高层结顶，可安置住房困难户22户。溪华村16层高层开工建设。推进“异地奔小康”工程。“异地奔小康”工程7个村，总户数752户，捆绑后为344户，在册人口1712人，增计人数187人，未申报户数65户，未申报人数191人，置换76户，核实丈量旧房建筑面积7万余平方米，可安置面积10万平方米，初步报名率89%。村庄整治不断提升。全镇73个村完成以村内道路硬化为主的农村环境基本整治。完成13个村的绿色村庄工程、23个村的污水工程、6个村的农业扶贫项目。同时，完成门口塘整治239口，建设公厕24座，古祠堂维修13座。农村生活污水工程完成验收23个村，基本完成5个村，10个村做好规划设计。示范村建设有成效，培育上新塘、长富、关胡、仇宅、后宋5个示范村。启动十里桃花坞阳春三月踏青赏花乡村游活动，接待旅客15万人次，直接经济效益100万元。

社会稳定和谐发展。建立“一村一档”农村不稳定因素排查化解档案，对安全隐患、重点对象、信访事宜、地质灾害、宗派矛盾进行梳理，76个村建立档案。全面做好矛盾化解工作，全年接待群众上访274批次，按时办结率99%，无复查率95%。落实领导包案42批次，除个别疑难问题外，40批次得到较好解决或解释。探索建立“两代表一委员”参与信访工作联合接访机制，即利用每月15日市领导下访约访、镇班子成员接访、重要信访问题协调等时机，主动邀请辖区范围内的“两代表一委员”参与接待来访群众，共同听取群众的反映和诉求，与百姓面对面交流谈心，帮助解决实际难题。截至年底，镇辖区受理治安案件649起，查处632起，查处率95%，调处各类纠纷319起。共移送起诉100人，治安处罚282人。登记暂住人口58524人，签证11624人，发证46900人，发证率100%。安全生产形势稳定。1～10月，未发生1起上报事故。按照“网格化管理、组团式服务”工作要求，分为6大片区、125个网格落实安全生产检查。开展安全生产全员培训，参加培训人员2万人次。安装农村漏电保护器1.7万只并通过验收，中小企业电气线路改造、老街用电线路改造和高危行业专项整治工作扎实开展。11月，开展消防安全集中宣传整治，包括出租房消防安全集中整治大行动、生产经营单位人员分离与合用场所技术改造大行动、农村消防装备和队伍建设大行动及消防安全集中宣传教育培训大行动、农村消防水源排查整治大行动。整治期间，排查出租房745家，生产经营单位1168家，发放整改通知书213份，挂牌整治107家。

创建工作扎实开展。7月21日，上溪镇通过省爱卫会专家组对省级卫生镇复评工作。强化责任落实"登革热"防控措施，投入"登革热"防控经费150余万元，聘请专业消杀公司与辖区内实施网格化管理模式相结合，定期组织村两委、全体党员对村公共场进行卫生清扫和翻瓶倒罐清理。建立"爱国卫生运动日制度"，每月28日，全镇各行政村、各单位部门和企业组织人员，进行义务卫生大清扫和积水容器清理。全年清理窨井3000余处，下水道4000余处，清除杂物2.5万余处，清除积水容器3.5万余个。新建、改造垃圾房27个，施工2个。开展金华市级和义乌市级文明村创建工作，8个村申报创建金华市文明村，16个村申报创建义乌市文明村。

【出台《上溪牛系列地方规范(试行)》】 3月19日，召开上溪牛系列地方标准论证暨上溪牛系列特色餐馆评选会，出台《上溪牛系列地方规范(试行)》。上溪牛肉、牛血汤、牛汤、牛内脏等上溪牛系列菜肴食品，有了自己独特的餐饮烹制地方规范。

【第二届农家乐休闲旅游节】 3月23日开幕。启动仪式上，上溪镇发布牛系列餐饮地方规范、十里桃花坞踏青赏花乡村旅游信息指南，同时启用万寿寺露营基地，开通桃花坞乡村旅游网，颁发上溪牛系列特色餐馆奖牌。

【镇第十四届人代会召开】 3月26日，上溪镇第十四届人民代表大会第七次会议召开，大会应出席代表74名，实到65名，列席人员100余人。会议听取审议2009年镇政府工作报告、人大主席团报告、2009年镇财政预算执行情况和2010年财政预算草案的报告。会上代表提出交通、农业等议案15件。

9月28日，上溪镇第十四届人民代表大会第八次会议召开，会议回顾总结上溪镇政府落实上溪镇第十四届人民代表大会确定的发展目标，深入开展"两创两提"主题实践活动，围绕"建设义西新城，打造国际商贸名城副中心"的目标，实现上溪经济、社会、民生稳健发展。突出城镇建设、园区扩容、新农村建设和乡村旅游四大工作重点，努力实现镇域经济实力进一步增强、农民收入进一步增长、城镇化水平进一步提升、社会事业发展进一步加快、农民群众的实惠进一步增多五大新突破。大会依法选举王文胜为上溪镇人民政府镇长。

【"两创两提"活动推进会】 5月19日，召开"两创两提"活动推进会。镇长李斌峰在会上部署工作，提出推进三项工作重点(2010年度35项重点工程、2010年度30项重点工作、社会不稳定因素排查化解工作)，完善三大规划编制(城镇总体规划和各个分区详规、编制土地利用总体规划、现代都市农业发展规划)，打造三大发展平台(小五金创业园发展平台、城市中心区集聚平台、365综合服务平台)，启动三个创建"国家级"品牌调研(创建国家级卫生镇、中国马铃薯之乡、中国历史文化名镇)、建立3个管理档案(一企一档、一村一档、一灾一档)、构建3个工作机构(筹建桃花坞风景旅游区建设管委会、"异地奔小康"安置小区建设指挥部、上溪镇流动人员服务管理所)的工作目标。

【上溪水厂至03省道市政供水管线工程】 6月24日开工，工程总预算880余万元。工程建成后，将连接上溪水厂与城区水厂，输水到上溪、义亭两个镇共99个行政村，服务10万农村居民。

【上溪十里桃花坞乡村旅游管理委员会正式挂牌】 7月13日，上溪十里桃花坞乡村旅游管理委员会正式挂牌。设主任1名，副主任2名，下设综合协调科、规划建设科、环境整治科、招商引资科、宣传营销科和安全保卫科，办公地点设在溪华工作片。

【上溪镇低丘缓坡开发利用规划论证会】 9月17日召开，市政协主席杨林章、市人大常委会副主任丁鼎星参加会议，与会的还有发改、国土、建设、经济发展、交通、水务、农业、林业、环保、供电、电信、自来水等部门相关人员。论证会对5个地块中的6号地块即义西高新技术产业园进行分析论证。义西高新技术产业园规划面积226.67公顷,以智能锁坯科技研发为主,集各类高新技术研发、居住为一体的生态科技园。

【5项工程集中开工】 12月23日,上溪镇举行5项工程集中开工典礼。上溪镇公共服务中心工程,占地0.33公顷,建筑面积6900平方米,包含公共服务平台及消防站用房;上溪镇文化中心工程,占地783平方米,建筑面积2378平方米;总投资4000万元的恒盛国际大酒店工程,占地1.29公顷,建筑面积3.81万平方米,是上溪镇迄今为止体量最大、规划档次最高的酒店建筑;溪华村和上塘村农民公寓楼工程,工程建设投资分别为1400万元、1800万元。

【赴浦江进行交流对接】 12月30日,上溪镇组织10家锁匙坯企业的代表参加浦江锁业—义乌上溪锁匙坯产业合作交流对接会,上溪镇10家企业展示各自的产品,并与浦江企业代表面对面交流。

(贯良友)

大 陈 镇

【概况】 大陈镇地处义乌市北大门,与诸暨、浦江两市(县)接壤,距义乌机场12千米,铁路浙赣线、03省道贯境而过,交通便利。区域总面积136平方千米,下辖48个行政村,396个村民小组,1个居委会。全镇户籍人口38978人,外来人口5.5万人。从业人员54970人。2010年,全镇完成财政总收入19294万元,实现农民人均纯收入8886元,同比增长10.36%。

工业经济稳健提升。2010年,全镇实现工业总产值52.46亿元,同比增长11.22%,其中规模以上企业完成产值27.12亿元,同比增长16.19%;完成工业销售产值52.52亿元,同比增长11.64%;完成出口交货值18.48亿元,同比增长15.54%。加大企业技改力度,全年投入技改资金9500万元,同比增长44%。抓项目推进,实现开工率100%,投产率57%。引导和鼓励企业自主创新,如浙江贝克曼服饰股份有限公司在营销模式上创新,实施SECV物联网项目。开展2次农村劳动力就业洽谈会,帮助1200余名义乌籍农村劳动力到企业就业。组织外来务工人员培训,与全国60个劳务基地联系招工,制作发放"上岗证"3.6万张。规范企业招用工秩序,组织24家企业分2个批次赴云南、湖北进行招工及宣传。继续开展学习型企业创建工作,组织企业负责人培训15次,新增学习型企业示范单位1家,学习型企业试点单位6家。鼓励企业自办职业学校组织培训,创办企业职工学校5所。

农业特色初显。新增市级农业龙头企业2家,建成省级无公害农产品基地1个、市级无公害基地3个,认定绿色农产品1只,有机产品2只,培育3.33公顷以上农业种植大户28户,6.67公顷以上水稻种植大户5户。创建省级绿色示范村1个,市级绿色示范村4个。积极发展现代农业,引进4个水稻新品种,加快茶叶、义乌大枣、葡萄、猕猴桃、毛竹、桃等产业化发展步伐。加强农产品安全与营销,成功举办义乌市第四届春笋节、第四届猕猴桃节。

基础设施建设不断完善。投资565万元,对八都溪、同坑溪、大陈江红旗段进行"万里清水河道"治理;完成婆姆、上坑仁、红峰等9个村的"千万农民饮用水"工程;做好湖里塘水库、善坑水库"千库保安"工程的前期准备工作;投资700余万元用于20个屋顶型病险库的除险加固工程;投资130万元完成扶贫项目工程9个。完成农房改造758户,拆除旧房836户,10个省待整治村通过省级验收,8个村的新农村建设进展顺利,13个村的"空心村"改造工程稳步实施。实施村庄整治提升工程,打造红旗丁店村徽派建筑,创建金华市级新农村建设示范村1个。"异地奔小康"安居工程稳步推进,垂直房24户、水平房160户基本入住,四期工程正在规划设计。加快土地流转,累计实现流转326.07公顷,办理12个村的土地流转养老保险。实施低丘缓坡改造项目,召开2、3号地块项目开发论证会。开发生态旅游,规划打造"万亩竹海生态休闲观光游”旅游项目，初步形成宦塘竹轩山庄、九都溪、八都溪“万亩竹海”产业带，溪后村农村休闲旅游规划初步完成，北山村被评为省级旅游村。顺利出让蒋山脚地块，用于生态住宅开发项目。

重点工程建设扎实推进。大陈污水厂建成投入试运行，完成配套污水干管工程，污水管网支管工程完成工程总量的80%。大陈镇初级中学主体工程完工，进入后期装修。镇中心卫生院完工，进入验收阶段。镇中心幼儿园开工建设。完成安里线、东塘247线改造工程，投资200万元安装文化路、鸽溪路、稠大线、凰升塘路灯。团结至后畈大桥、春林桥等农村联网公路项目完工。杭长客运专线(大陈段)前期准备工作到位。十大民生实事有序推进，新建农村社区卫生服务中心4个，完成农村8000户网络改造。

社会和谐稳定。年内发生刑事案件220起，同比下降0.9%。建立24小时电子监控系统，监控区域同比发案率明显下降。加大治安普控力度，出台流动人口管理办法，开展夜间治安大巡查活动，查处“多合一”场所18家，分离人员105人，各类公立及民办学校均按要求配备安全保卫人员。基本完成中小企业电气线路改造、农村漏电保护器安装(1万只)、特困户线路改造(283户690间)、楂林老街电气线路改造(41户156间)。指导合用场所技改，加强出租房整治。规范劳动用工管理，全年解决劳资纠纷73起，劳资纠纷调解率100%。开展外来人员租赁生产单位工资支付保障制度，收取44家生产单位保证金416.95万元，年底支付工资196.35万元。创建安全生产达标、示范企业8家，示范村2个。完成城乡居民社会养老、医疗保险的参保征缴工作，完成养老保险参保率98%，医疗保险参保率90%。计生工作以“三项”整治为重点，落实透环率99.02%，计生符合率90.75%，落实四项手术346例，大陈三村、芦柴、灯塔等6个村完成“星光老年之家”建设，农村“五保”集中供养率93%，镇慈善救助69人次30万元。

农村文化繁荣发展。投入50万元，建成占地面积765平方米的首个镇(街道)综合文化站。组织送戏下乡15场，新建小康体育工程示范点1个、健身路径7条，全镇97%的村建成省、市级卫生村、乡风文明村或生态示范村。文体基础设施、文体队伍不断完善。全镇有村文体活动室43个，图书室28个(其中图书信息工程援建点3个)，远程教育点13个，健身路径47条，篮球场78个(其中灯光球场42个、塑胶球场1个)，羽毛球场10个，门球场2个。开展文明创建工作，创建乡风文明村、文化示范村21个，乡风文明示范村1个，文化示范企业2家，金华市民间文化特色村1个，小康体育村16个，浙江省村级体育俱乐部1个。农村广播电视公共服务覆盖体系不断完善，基本实现村村建有广播室，完成8000余农户数字电视整体转换。全镇有罗汉班1个，铜管乐队4支，腰鼓队15支，锣鼓班25支，健身队20支，排舞队16支，太极拳、太极剑、武术队、门球队、群众艺术团等群众文艺队伍72支，其中八里桥头罗汉班列入浙江省第一批非物质文化遗产目录。举办第四届春笋节暨包清明粿比赛、第二个全民健身日活动、第一届求知杯老年趣味运动会、乒乓球比赛、排舞比赛等各类比赛和文艺表演。组织送戏下乡15场，送电影下乡280场。

【综合文化站建成投入使用】 3月，镇党委、政府决定投入50万元，在原镇食堂楼建成占地面积765平方米、总建筑面积1500平方米的综合文化站。新建成的文化站大楼有3层，一楼设排练厅兼卡拉OK厅，二楼设活动展览室、棋牌室、体质监测站、培训辅导室、健身厅、管理用房，三楼设图书室、报刊阅览室、乒乓球室、书画室、电子阅览室、多功能厅、站长室等，同时配备各种健身设施，是一个集文化、体育、广播、宣传、群众性文化活动为一体的综合性文化阵地。12月22日，全市镇(街道)综合文化站建设现场会在大陈镇召开，副市长王迎为大陈镇综合文化站授牌。

【第四届猕猴桃节和春笋节】 3月20日，义乌市第四届春笋鉴评会在大陈镇宦塘村举行，选自各镇(街道)40余株春笋参加评选。组委会根据送评春笋的单棵重量、外观色泽、高径比、鲜嫩度等方面进行综合打分，评出金奖1

名、一等奖2名、二等奖3名和三等奖5名。9月30日，由市林业局、农业局与大陈镇政府联合主办的义乌市第四届猕猴桃推介会在大陈镇岩界村举行。共收到来自赤岸、大陈等镇选送的36只猕猴桃样品，经过评委会评审，11只样品获奖，其中金奖1只，一等奖2只。

（张墨盈）

义 亭 镇

【概况】 义亭镇地处义乌西南部，东与稠江街道相连，南与佛堂镇相邻，西接金华市金东区，北毗上溪镇。区域总面积54平方千米。辖6个居委会，62个行政村，597个村民小组。全镇户籍人口88854人，外来人口4.3万人。从业人员58252人。2010年，全镇完成工农业总产值61.85亿元，同比增长15.4%；实现地方生产总值16.37亿元，同比增长15.8%；财政总收入2.04亿元，同比增长25%；农民人均纯收入10085元，同比增长20.8%；全镇年末居民储蓄存款10.97亿元，同比增长9.7%。

工业经济稳健增长。抓项目开工、促企业投产、推经济转型，93家新进区企业中89家开工建设，开工率95.7%，正式投产66家，投产率71%。2010年，完成工业总产值56.92亿元，同比增长21.8%；实现工业销售产值64.88亿元，同比增长27.72%；其中规模以上工业企业增至55家，总产值22.05亿元，同比增长29.49%；引进内资9500万元，完成任务数的118.75%。

2010年，实现农业总产值2.53亿元，同比增长5.3%。围绕建设高效生态农业目标，推进省级农业综合园区建设，以举办第六届义乌红糖节等活动为平台，发展农业休闲旅游，做大做强义亭农产品品牌。推进土地流转，推动土地规模化、集约化、特色化经营。年内共建有无公害农产品基地44个，新增3个；部级无公害农产品25个，新增4个。

城镇基础设施建设不断完善。2010年，在建续建工程42项，概算总投资3.6亿元，涉及土地100公顷。开展重点工程开工挂牌销号，实施征迁等节点大攻坚大督查，提前完成杭长高铁土地征用工作，是全市首家移交给铁路建设指挥部的镇（街道）。污水干管工程全线开工，完成总工程量90%，超额完成年度计划目标。基本完成五亭公园土建和绿化工程，完成16个村（居）垃圾房新建、改造工程。安居工程基本结顶，消防站建设主体工程基本完成。

新农村建设成效显著。列入计划改造"空心村"18个，其中早溪塘、西吴等村制定改造实施细则，其余各村均进入实施阶段。危房困难家庭修葺改造9户，农房改造137户。陈家、义亭旧村改造进展顺利。完成龙华院等5个村建设规划编制。村庄整治全部完成，63个村完成道路硬化工程，48个村完成农村生活污水工程，64个村实施专业绿化养护。建成省级全面建设小康示范村4个，绿化示范村9个。开展城市森林、森林村庄、森林通道、森林河道、森林田园等工程，2010年全镇新增绿化面积66.67公顷，打造生态宜居义亭，是全市唯一授予"浙江省森林城镇"的镇。

社会事业取得长足发展。完成义亭小学新建、义亭中学扩建、杭畴小学改建工程。深化医疗卫生体制改革，率先在全市实行基础药品零差价；加快村卫生室建设，初步形成20分钟医疗卫生服务圈；加强公共卫生投入，做好农民免费健康体检和卫生医疗健康服务保障工作。发展文化体育事业，开展"送文化"和"种文化"活动，成立义亭镇农民艺术团和婺剧联谊协会，完善村（居）文化体育设施。完成农村居民医疗保险参保率96%，养老保险率92.4%。

安全生产形势持续好转。强化安全生产监督管理，实行网格化监管模式，开展"四加一"集中整治，完成2万从业人员消防安全知识培训，完成3条老街和61个行政村中小企业电气线路标准改造，开展出租房屋整治和技改工作，取得阶段性成果。加强社会矛盾防范的调处化解，严厉打击各类违法犯罪活动，圆满完成"世博"安保任务，实现"零进京"上访。加强食品卫生监管，重点抓好中秋月饼和红糖加工食品的监管，成功创建"金华市食品卫生镇"。

【中共中央政治局常委、中纪委书记贺国强来义亭检查农村村务监督工作】 3月28日，中央政治局常委、中纪委书记贺国强到义亭镇检查农村村务监督工作，并实地视察早溪塘村“老年之家”。

【第六届义乌红糖节】 11 月 18～20 日，以保护开发红糖传统产业、弘扬红糖文化，促进蔗农增产增收为主题的第六届义乌红糖节在义亭镇西楼村开幕。本届红糖节同时在义亭镇先田村、上宅村、王阡三村、鲍宅村、早溪塘村、大楼村设立 6 个分会场。红糖节期间，组织开展中国民族风情美食节、红糖系列产品美食节、“红糖飘香”主题文艺晚会、红糖鉴评会等活动。在红糖节的拉动下，全镇糖蔗种植面积逐年增长，由原来的不到 100 公顷发展到 333.33 公顷，产量由原来不到 1000 吨发展到 3000 余吨，销售价格也由原来的 2 元每千克上涨到 20 元～25 元每千克。红糖节期间，来自省内外红糖龙头企业与义亭镇红糖专业合作社、加工厂签订红糖及其副产品购销合同计 500 万元。共注册黄培记、西楼红、昊田等红糖知名品牌。

（丁　强）

赤　岸　镇

【概况】 赤岸镇地处义南丘陵山区，周边与东阳市、永康市、武义县、金东区接壤，和佛堂镇交界。总土地面积 149.98 平方千米，下辖 66 个行政村、455 个村民小组、1 个居委会，常住户数 18189 户，总人口 39815 人，外来人口 1.08 万人，从业人员 21566 人。财政收入 10261 万元，农民人均纯收入 10769 元，分别比上年增长 18.9%和 16.7%。

工业经济平稳增长。全镇工业企业总数 485 家，与上年持平，其中规模以上企业 17 家，年内新增 3 家。工业支柱产业有造纸、电力、拉链、纺织、服装、酿酒、皮革制品和家具等。全镇工业总产值 24.65 亿元，比上年增长 24.3%，其中规模以上企业产值 16.54 亿元，同比增长 25.7%。工业销售产值 24.63 亿元，同比增长 27.4%。完成出口交货值 9733 万元，税金 5078 万元，当年固定资产投资 11807.7 万元，同比分别增长 21.1%、33.6%和 60.7%。从事来料加工业 41 个村，从业人员 1456 人，实现加工工资 1010.36 万元，同比分别下降 27.4%和 41.4%。

农业经济稳步发展。全镇 1～6 月累计降雨量 1200 毫米，是往年全年降雨量的 2/3，造成水满为患，农作物受灾较为严重，经奋力抗灾，全年主要农产品有增有减。粮食播种面积 1224 公顷，粮食总产量 7584 吨，分别比上年下降 17.8%和 18.5%；水果总产量 1.5 万吨，茶叶总产量 478 吨，杨梅总产量 1328 吨，分别同比增长 37.4%、0.8%和 9.7%；甘蔗总产量 5505 吨，蔬菜总产量 3656 吨，同比分别下降 74.4%和 28.8%。新发展十里精品桂花长廊、杨庵坑山核桃、香榧基地和山地雪菜加工基地等。年内开展土地流转 24 个村，土地流转面积 435.3 公顷，占耕地面积 23.6%。农业企业 128 家，其中金华市、义乌市级农业龙头企业 26 家，农业专业合作社 31 个。农产品安检，采集蔬菜、茶叶、杨梅、食用笋样品 800 余批次，农药残留检测合格率 99.8%。

新农村和重点工程建设扎实推进。全镇新农村建设投入资金 1750 万元，其中市补贴 991.6 万元，镇配套 758.4 万元。完成城乡一体化建设项目 45 个，其中“穿衣戴帽”工程 5 个，给排水工程 12 个，道路硬化工程 7 个，公厕建设 2 个，河沟塘整治 8 个，村庄绿化 10 个。第二期“异地奔小康”工程落实安置地块，并出台相关政策。前川、羊印 2 个村投资 140 万元，完成 63 户徽派建筑改造。前川、雅端 2 个村被授予省级文明村；雅治街、里城、上谷、三丫塘、楼仓、上八石、杨岔 7 个村被授予金华市级文明村；雅治街、里城、上谷、上八石、大树下、赤四、田沿、巽村、新樟、江头、下水碓 11 个村被授予义乌市级文明村；毛店、尚阳、前川、官余、新樟、乔亭 6 个村被命名省级卫生村。同年薛村、午山干、石城、大树下 4 个村被授予义乌市级生态村。全镇累计有金华市级生态村 6 个，义乌市级生态村 37 个。镇重点工程建设，完成义乌市机动车驾驶员考试中心和 110 kV 变电所工程。实施大乔、小乔、双峰路商住房的配套工程，平望至湾塘道路、塘边至神坛道路、大枫坑道路全线贯通，井潭中桥顺利通车。镇自来水厂动工建设，赤岸污水处理厂土建工程完成招投标进入施工阶段。

开展丰富多彩文体活动。年内在义乌市第一届残运会上摘2金3银，在第四届残运会上摘1金2银，在省第八届残运会上摘羽毛球女子单打银牌。组队参加“乡风杯”农民篮球赛、镇(街道)干部乒乓球赛和镇(街道)干部篮球赛。镇政府先后举办登山健身赛、乒乓球、羽毛球、篮球选拔赛。8月和10月组织参加市第二届排舞大赛和市首届艺术舞蹈大赛，其中艺术舞蹈获三等奖。全年共组织送戏下乡22场，送电影下乡20场。9月，尚阳村的拉线狮子改革创新工作已完成，锣鼓班重新开锣。毛店村的乡音乐队自创、自排、自演活动受到观众赞许。镇政府与市文化馆、市摄影协会、市一帆日用品有限公司联合举办首届一帆日用品杯赤岸风光摄影赛，12月15日对选送摄影作品进行评选，评出一等奖2名，二等奖4名，三等奖6名，优秀奖20名。全镇24个村4150户完成数字电视转换工作。至年底，赤岸镇固定电话达7566门，手机户均1.3部，全镇宽带拥有量2382户。

社会保障和救助体系扎实推进。全镇有低保对象460户592人，发放救助款116.59万元；五保户80人，划拨供养费41.95万元；慈善救助82人，发放重大疾病救助资金43.54万元；残疾人享受定期补助586人，发放救助款70.1万元。对现役军、烈属生活有困难的发放优抚补助金103.78万元。完成乔亭、下水碓等7个村(社区)“星光老年之家”的建设，开展“低收入农户奔小康”活动，采取“一户一策一干部”的帮扶办法，使37户贫困户脱贫致富。全镇城乡居民医疗保险参保38712人(其中当年办理参保32939人)，参保率98.25%，连续三年居全市前列，城乡居民社会养老保险参保7687人(40岁以上)，参保率100%。

乡村旅游业效应明显。全年共设置15个特色旅游项目，如镇首届欢乐田园休闲观光旅游节暨2010年登山健身赛、镇第三届农家乐菜品大赛、镇第三届泼水节、市阳光杯第二届采茶比赛、市第三届杨梅采摘节、市第三届西瓜品尝会、前川马溪漂流、莱山葫芦湾滑草、枫坑山庄乡村斗牛、毛店“六月六”民俗小吃等旅游活动。观光游客10万人次，农家乐收入1000万元。

社会治安综合治理扎实有效。健全社会综治工作责任制，镇村、镇企业签订社会治安综合治理、维稳责任书520份，签订禁毒责任书90份，出租房消防安全责任书600份，与各企事业单位签订安全生产和消防安全责任书560份，与镇干部、工作员签订维稳工作责任书150份。镇综治中心排查矛盾纠纷178起，调解疑难纠纷98起，村级调委会调处纠纷132起，调解率100%，成功率98%。其中镇政法办会同赤岸派出所、赤岸法律服务所调解重大伤亡纠纷12起，群体性事件6起，历史遗留纠纷1起。成立反邪教协会赤岸镇分会。8月6日，中央610反邪教办公室领导和省、市610办公室领导深入柏峰村检查指导，对该村反邪教工作成绩给予充分肯定。

【全市妇女采茶比赛】 素有“碧水绕青山，春山半是茶”之称的赤岸，是义乌茶叶重点产区，20世纪70～80年代，社队集体开辟大面积茶园，茶园面积410.6公顷，茶叶总产量478吨，茶叶专项收入1684万元。4月9日，市妇联、市广播电视台、赤岸镇政府联合在赤岸镇大桥村茶山举办义乌市阳光杯第二届全市妇女采茶比赛，主题为“阳光、美丽、自信”，来自全市各镇(街道)的120名采茶女参加比赛。经过45分钟角逐，评选出采茶能手一等奖1名，二等奖3名，三等奖6名，官余村朱定芳夺得采茶比赛冠军。

【“丹溪牌”被重新认定“中华老字号”】 义乌市丹溪酒业有限公司生产的“丹溪牌”红曲酒，传承了祖先的传统酿酒特色工艺，秉承了滋阴大师朱丹溪药食同源的中医养生理论，药方配伍纯天然原料，手工操作为主酿造而成，具有700余年的历史的“丹溪牌”红曲酒1999年12月被国家贸易部认定为“中华老字号”。2006年由于政府职能转变，“中华老字号”由原来国家贸易部认定改为国家商务部重新认定。2007年，公司对照商务部重新认定“中华老字号”的要求和自身发展情况，组织“中华老字号”申报材料，通过义乌市市场发展局、浙江省老字号企业协会、浙江省商务厅等单位会审，报至国家商务部审批，2010年7月21～29日，在国家食品商务网上公示，2010年8月，确定为国家商务部第二批“中华老字号”企业。这是义乌市唯一获得国家商务部认定的“中华老字号”企业。

【赤岸中心卫生院新院建成使用】 2009年2月25日，进行赤岸中心卫生院建设招标，义乌市广辉建设公司中标。新院占地面积1.07万平方米，建筑面积7182平方米，工程造价1760万元。5月6日，新院破土动工，至2010年6月，新院主体建筑5层大楼(有电梯)等建设工程全面竣工，并通过验收。9月27日完成新院搬迁工作。11月25日，举行新院落成庆典仪式并正式投入使用。

【“酿酒功能红曲的开发与生产应用”科技项目通过省级鉴定】 2008年，义乌市丹溪酒业有限公司的“酿酒功能红曲的开发与生产应用”科技项目，经义乌市科技局推荐，被浙江省科技厅列为浙江重大科技专项农业项目(优先科技课题)。该项目经过公司科研人员2年科技攻关，先后完成各项科技任务，并向国家知识产权局专利局提出申请发明专利，得到受理。2010年10月24日，浙江省科技厅组织以浙江工业大学生物与环境学院教授周立平任组长，浙江省疾控中心副主任丁钢强任副组长等8人的专家组，对义乌市丹溪酒业有限公司承担的“酿酒功能红曲的开发与生产应用”科技课题成果进行鉴定验收。专家组一致认为，此课题技术先进，成果显著，经费使用合理，各项科技项目达到预期目标和要求，同意验收上报。在2010年国家级刊物《科技创新导报》(14、15期)上，分别发表《影响红曲酒糟发酵物γ—氨基丁酸含量的因子分析》和《提高功能红曲淀粉酶活力的研究》论文。

【赤岸新菜市场竣工】 赤岸三村原综合市场为钢棚结构，因使用多年，出现多处隐患。村两委研究决定，投资210万元，在原老市场对面的旧礼堂基地上兴建新赤岸菜市场，属于过渡性市场。该市场2010年4月初动工兴建，建筑面积8500平方米，底层为菜市场，二层为村办公场所，年底全面竣工开业。市场内有标准摊位89个，全部承包给个体户。经营各类副食品、熟食品、豆制品、畜禽类、鱼类、鲜肉类、蔬菜类。另有自产自销农副产品、蔬菜类临时交易地摊。

【华川集团节能减排技改效益显著】 2010年，义乌市首家“中国500强民营企业”华川实业集团，先后投资3000余万元，用于节能减排企业技术改造，收到较好效果。在节能上，华川纸业有限公司投入200万元，进行浆楼技改，停掉一车间碎浆，三条纸机生产线由二车间浆楼统一供浆，同时每月浆楼维修费从技改前的10万元降到6万元，2项合计，共节省人力、物力成本100万元。义南纸业有限公司技改先后投入2000万元，实行“1＃澄清水泵改造”、“格拉辛原纸工艺改造”、“卷取换卷系统改造”、“冷凝水回用改造”、“压榨部液压系统改造”和“3200号纸机浆楼改造”等10项大小技改，年节支增效800万元。电气部汽机车间循泵技改项目，投资20万元，年内共节电108万度，节约电费65万元。全年，华川集团综合耗能10.15万吨，比上年节能2284吨，万元产值能耗0.95吨标煤，同比下降20%。在减排上，华川实业集团污水处理中心投资150万元，安装1、2、3号污泥压滤机，每天出污泥仅有79吨，干度65%，全年处理废水242万吨，平均每天处理废水6720吨，出水平均浓度95毫克每升，干度和浓度指标均未超过国家规定标准的要求。全集团总投入环保技改资金500万元，全年化学需氧量(COD)排放总量在2005年的基础上削减700吨以上，控制在310吨以内；二氧化硫年排放总量在2005年基础上削减582吨，控制在243吨以内，超额完成“十一五”计划减排目标。华川垃圾发电厂投资100万元，新增环保数据传输系统和烟囱排放监控系统，经省环保监测站每年2次检测，各项排放指标优于国家标准，其中二恶英排放污染问题，平均排放浓度仅为0.1纳克，低于国家1纳克的标准，达到欧盟国家先进排放水平。

【村级组织换届】 12月下旬开始，民主选举产生新一届村党支部和村委会，村党支部66个，支委成员165人，比上届增加4人，其中女性委员12人，比上届增加3人，占委员总数的7.3%；平均年龄41.6岁，比上届下降0.12岁，其中35周岁以下39人，占23.6%。村委会66个，村委成员240人(其中党员42人)，其中女性55人，比上届增加4人，占委员总数的31.6%；平均年龄43岁，其中35周岁以下29人，占委员数的12.1%。新一届两委成员中，高中以上文化程度171人(含大专以上文化程度70人)，比上届增加42人。在新当选的支部书记中，连任的35人，连任率53%，村主任连任的26人，连任率39.4%。（张　望　彭蔚文）

街　道

稠城街道

【概况】　稠城街道东邻江东、廿三里街道，南接稠江街道，西连北苑街道，北靠后宅街道、苏溪镇。区域面积52.9平方千米，下辖16个社区居委会，59个村民委员会。户籍总人口120772人，从业人员193685人。2010年，全年实现工农业总产值102.5亿元，同比增长11.08%；实现财政总收入16.19亿元，同比增长5.47%，其中地方财政收入9.2亿元。农民人均纯收入11765元，同比增长14.8%；城镇居民人均可支配收入35300元，同比增长14.4%。

经济平稳协调发展。组织100家企业银企对接洽谈，解决工业企业各类实际问题58个，累计争取使用市财政帮扶周转金4.8亿元，新进企业开工率100%，投产率95%。促进企业转型升级，组织企业科技创新与品牌提升座谈会4次，完成技改投入1.43亿元，引进内资2.01亿元。支持企业攻克饰品新材料研发等多项技改和转型项目，新增金华级知名商标、省知名商号、国家驰名商标企业各1家；市级企业研发中心和市级专利示范企业各1家；创建省清洁生产企业4家。培育现代农业、规模农业，新增农业龙头企业1家，上马现代农业发展项目6个。稳定粮食生产，全年早稻播种79.93公顷，晚稻播种93.93公顷；建立冬种示范畈2个，播种油菜、草莓等经济作物66.67公顷。加强农业疫情防治，建立农业动植物疫情监测点，防治扑灭外来有害生物22.27公顷。

重点工程有力推进。做好30项重点工程政策处理工作。全年累计完成31个村、9个经济合作社征地224.47公顷、拆迁646户房屋，北门街改造工程全面完成拆迁。完成7个村26.67公顷土地征用，6个村土地清表，500余穴坟墓搬迁和企业拆迁等政策处理。内陆口岸二期政策处理基本完成，义乌五中建设涉及各项政策处理工作基本解决，03省道改建工程全面完成12个村、9个经济服务社的政策处理工作；37省道施工便道拆迁、国际会议中心征地工作基本完成，污水干管工程全面建成。国际商贸城配套道路、阳光大道、中心菜市场、稠城一校等重点工程取得明显进展。

城市建设改造管理创新突破。完成4个社区规划，启动21个村旧村改造，完成祖科塘村、下娄店村义乌市级“全面小康建设示范村”创建。落实创建经费2707万元。加大基础设施建设和管理投入，改造垃圾房33座；加强示范创建，建设健康社区1个、健康企业1家和健康家庭10户。社会保险和就业培训覆盖面进一步拓展，完成城镇职工基本养老保险7.3万人，城镇职工基本医疗保险8.7万人、工伤保险5.4万人，15个社区创建成市级创业型社区，5个社区创建成省或金华市级创业型社区。加大社会救济力度，新纳入低保范围180户，发放各类救助款72.7万元；发放退伍兵优待金111.8万元。开展计生工作“百日整治”专项行动，各项指标完成情况与往年相比有所进步，征收社会抚养费1925万元，接近上年的4倍。群众文体活动丰富，有3个村创建市级“乡风文明村”，举办稠城街道第四届社区文化节，承办全市镇(街道)干部乒乓球赛等4次市级文体活动。

社会治安、安全生产常抓不懈。开展荷叶塘等治安乱点整治，全年累计出动6400人次，抓获各类违法犯罪嫌疑人250人次，破获刑事案件59起，查处治安案件48起。“两抢”案件发案率同比下降17.8%。矛盾纠纷排查化解和信访积案化解进一步加强，排查出矛盾纠纷1125起，调处成功率99.8%，妥善化解4个信访积案和国际大厦涉外房屋租赁等重大社会矛盾纠纷。加强信访处置、信息和稳控工作，全年受理、办结、反馈各类信访件619件，到市级以上信访人数比上年减少326人次。试点大调解机制延伸，7月，设立稠北派出所调解室，成功调处各类矛盾纠纷1112起。加强校园安保，在45所幼儿园安装330个监控摄像头。全年检查出“多合一”场所1026家，分离人员3522人，关停“多合一”场所698家；完成24个村1485家中小企业电气线路改造，整改用电隐患3012家；拆除违法建筑5.78万平方米。建立夜查“三合一”制度，全年开展夜查72次。开展重点行业专项整治，全年排查出租房2万余户，发现存在隐患3607户，整治重大隐患2016处。

【雨污合流管、污水干管改造工程】 2009年8月25日，东青溪污水干管改造工程开工建设，2010年12月25日竣工，污水干管全长5863米。投资834.43万元，其中宗宅、西张、西界、过溪楼、溪前、下西陶、堂阁、下沈、前店9个村发放政策处理费200万元。2010年1月1日，下骆宅、尚经、荷叶塘3个老工业区的雨污合流管改造工程投入施工，9月15日竣工。雨污合流管总长度10.09米，总投资773.71万元。

【消防演练比武】 1月29日，街道办在齐街村办公楼前组织开展消防比武，来自街道各行政村12支队伍、100余名村义务消防队员参加比武，尚经村消防队获得第一名。11月26日，福田社区与国贸大厦、消防大队、市安监局、稠城街道安监所，在国贸大厦组织火场自救逃生、火场救援等消防演练，300余人现场观摩。12月2～3日，下骆宅、尚经、福田、荷叶塘4个工作片开展义务消防队消防比武，街道50余支队伍参赛。

【语言文字规范活动】 5月26日，街道妇联在宾王小学举行“讲普通话写规范字做文明人千人签字活动”。该校1000余名师生、学生家长在“从我做起，讲好普通话，写规范汉字，做个文明人”的横幅上签名。

【换届选举】 7月30日至12月30日，开展社区和村级换届选举，共完成16个社区、59个行政村组织换届选举工作。换届选举产生社区和村级党组织成员229人，其中女委员25人，大专以上学历153人。

【文体队喜获丰收】 稠城街道清塘村代表队在10月31日结束的浙江省第四届排舞大赛上获银牌。11月1日，福田社区文体队参加2010上海国际木兰拳邀请赛暨上海市第二十二届木兰拳决赛获一等奖。此次比赛，来自加拿大、印度、澳大利亚、日本、新加坡及中国香港、中国澳门等国家和地区76支代表队参赛。

【关爱职工子女】 宾王扑克公司有职工子女30余人，每到暑假期间，这些孩子纷纷从老家来到父母身边，与父母相聚。为使职工能够安心工作，丰富孩子们假日生活，7月下旬，宾王扑克公司党支部、工会、团委，组织11名孩子开展“春泥计划”暑期夏令营活动。8月，邀请了两位老师给孩子们进行课业辅导，同时还组织开展安全知识培训、做游戏、手工绘画等系列活动。

【首次联合整治出租房】 2010年12月14日至2011年1月10日，街道开展出租房首次联合大整治活动。80名工作人员，分成4个行动小组，分别到4个工作片对辖区内出租房进行集中整治。通过排查摸底，共排查出存在安全隐患居住出租房1000余处，大多存在用三合板或木板隔离房间，房间内使用明火，居住出租房同时存储易燃物品等问题。14～16日，首批上报强制整治的59户，关停23户，自行整改18户。

【对漏征漏管户清查】 12月，街道办与国税、地税部门联合开展对漏征漏管户清查工作，组织30余人重点对尚经工作片、下骆宅工作片行政村10人以上企业和荷叶塘工业区内的“厂中厂”进行调查，共清查企业154家，补办税管登记60家。

【农业龙头企业】 义乌市年年青蜂业有限公司已有近40年的历史，是义乌最大的蜂业龙头企业，有职工105人，资产总值达1085万元，固定资产490万元，养蜂基地39个组，5600群蜜蜂。2010年，公司全年生产蜂蜜480吨，蜂王浆29吨，蜂花粉43吨，蜂胶6吨，雄蜂蛹8吨，总产值632万元，销售额495万元，其中新研发的蜂六宝新产品销售额219万元，为带动义乌蜂农发展和提高农业经济效益作出了一定的贡献。

三正种猪有限公司位于市农业经济开发区建设水库东侧，占地面积3公顷，资产1075.35万元，其中固定资产570.21万元。2010年生猪存栏4828头，其中经产母猪535头(其中长大白370头，大白65头，二元杂80头)，种公猪20头，年生产规模8000头。2010年全年向社会提供生猪7422头，其中商品猪5251头，种猪2171头，全年销售额807.52万元，利税收入145.75万元，是义乌唯一以生产种猪为主的农业龙头企业，并为浦江、武义、金华、东阳等地发展养猪生产作出一定的贡献。

(傅肃勋)

江东街道

【概况】 江东街道位于义乌市区东侧，义乌江贯穿整个江东，东邻廿三里街道，南邻佛堂镇。区域面积91.6平方千米。下辖52个行政村，8个社区，户籍总人口70244人，外来人口16.4万人。2010年，财政总收入71924万元，同比增长62.9%；地方财政收入32385万元，同比增长92.6%；农民人均纯收入12130元，同比增长9.7%。

工业经济发展平稳。全街道共有各类工业企业1660家，其中规模以上企业60家。全年实现工业总产值701438万元，同比增长15%；工业销售产值670551万元，同比增长14.9%；其中规模以上工业企业完成工业总产值274066万元，同比增长18.4%，占整个工业总产值的36.9%；完成出口交货值119085万元，同比增长12.3%，技改投入完成24742万元，同比增长109.3%。全年新注册商标69件，新完成授权专利110件。

农业发展水平不断提高。全年完成粮食播种面积1116.27公顷，完成粮食作物总产量5971吨。建立粮食生产示范畈8个，面积60公顷。确定产业项目钢架大棚4.3公顷。畜牧业明显增长，生猪存栏5053头，耕牛18头，家禽7.5万羽，山羊800只。至年底，拥有农业龙头企业8家，农民专业合作社7家，无公害基地5家。对辖区33座水库、重要山塘，21.5千米的义乌江、南江等水利工程进行检查。完成绿色村庄工程5个行政村、144公顷的水面清洁养殖和街道233.33公顷的水域保洁。投入500万元，完成利民水库、角坞塘的除险加固，利民电灌重建，许宅、马村、毛店山脚村农田建设。启动环城生态风景林工程建设，开展低丘缓坡宜建地块开发利用规划。

重点工程建设成效明显。2010年，江东街道重点工程有15项，前期项目9项，完成文化中心区块遗留问题处置、江东路延伸农户拆迁安置、浙赣铁路义乌货站至甬金高速徐村互通连接线农户拆迁安置，续建、新建、前期等工程进展顺利。完成新义中路、商博路、青口小学对面等7个地块土地出让工作。江东十大民生实事22项，完成20项。

新农村建设稳步推进。2010年完成分户报批2100户，农户新房结顶1021户。完成端头村深化农村集体土地权属处置改革试点。启动毛店区块的浙江省农村土地综合整治项目。完成东新屋、下王、下朱、后湖、永和、后房、江南、马村、塔下洲、宗塘10个村省级待整治村建设。申报青岩刘为金华市级新农村建设示范村；申报下朱、青口、毛店3个村为义乌市级新农村建设示范村。指导端头、永胜、东新屋、青岩刘4个示范村的巩固工作，下朱、青口、毛店3个村为义乌市级新农村建设示范村。

社会事业协调发展。完成塔下洲区块434套安居房分房到户和商苑社区1600户家庭的自来水一户一表改造，新建新兴、金星、毛店、青岩傅4村社区服务中心。扶持建设15个小康体育工程示范点和20个市民健身晨晚练点，完成数字电视整体转换工作。完成义东路(东江桥到环城南路)雨水口改造，建成街道中心幼儿园，投入12万元，完成新兴、赤塘、永和、东山头4个村“星光老年之家”建设。

社会保障体系不断完善。落实城乡居民社会养老保险制度，确保符合条件的义乌市籍60周岁以上城乡居民按规定领取每月70元的基础养老金。适度提高城乡居民医疗保险住院等医疗费用报销比例，实施城镇职工医疗保险和城乡居民医疗保险普通门诊统筹制度。开展最低生活保障工作规范化建设，全年新增低保12户29人，因脱贫取消低保资格27户63人，共有低保139户250人，发放低保金60万元。加大医疗救助力度，全年共救助62人，发放救助金35万元。支付救助金5.85万元，完成6户困难户危旧房修缮。实施贫困大学生助学救助4人，发放救助金9000元。1月12日，江东街道江南社区获由国家民政部颁发的"全国基层低保规范化建设典型社区居民委员会(村委会)"称号，是义乌市唯一一家获此殊荣的社区。

【股份经济合作社和经济合作社的换届选举】 1～4月，依法完成永胜、前成等8个撤村(居)进社区"城中村"股份经济合作社和经济合作社的换届选举。4月22日，以文件形式公布桥东、五爱等"城中村(居)"股份经济合作社和经济合作社换届选举结果。

【街道与工商学院启动全面合作】 1月15日，街道办事处与义乌工商职业技术学院签订《全面合作协议书》，江东街道与义乌工商职业技术学院以资源互补、合作共赢为宗旨，在发展现代工业、农业、第三产业等领域及人力资源培训、产品创意设计、电子商务培训、产业转型提升等方面开展全面合作。

【首届江东农村文化节】 1月26～28日，由青口工作片主办的首届江东农村文化艺术节在青口村举行。青口、城东、徐江3个工作片分别组织文艺汇演。文化节期间，举办民间艺术表演和排舞大赛、农耕文化展、农民书画展及新农村建设成果图片展和宗塘豆腐美食节等节目。

【首个电子商务协会成立】 3月22日，江东街道电子商务协会成立仪式暨江东街道电子商务协会第一次会议在市行政四号楼三楼会议厅举行。大会通过《江东街道电子商务协会章程》；选举产生江东街道电子商务协会第一届会长、常务副会长、副会长、秘书长和理事、监事会。新光饰品有限公司虞江波当选为江东街道第一届电子商务协会会长。

【公开选聘村级计生服务员】 3月开始，街道党工委对全街道村级计生服务员进行全面公开选拔聘任工作，至7月，经过公开推(自)荐报名，笔试、面试和村两委考核测评，77人被选聘为村级计生服务员。

【新闻媒体关注江东街道电子商务发展】 6月10日，新华社以《浙江义乌崛起电子商务城》为题的图片组照，《人民日报》等中央级媒体和各大网站分别采用。6月11日《人民日报》第10版"经济版"上刊发江东街道发展电子商务的照片。

【拆村进社区】 6月17日，市政府批复同意撤销青岩刘村民委员会，并入商苑社区居民委员会；同意撤销后成村民委员会，并入江南、临江社区居民委员会；后成村南门街以西区块并入江南社区，南门街以东区块并入临江社区。

【承办第十九届农村文化节】 11月8～10日，由市委宣传部、市文广新局主办，江东街道党工委、办事处承办，市广电台、义乌商报社协办的义乌市第十九届农村文化节在江东街道梅湖会展中心广场举行。来自全市各乡镇的舞蹈队500余人进行舞蹈表演。活动期间，举办市优秀民间艺术展演、浙江省乡镇舞蹈大赛、市书画名家才艺展暨书画展、市戏迷票友大赛决赛暨颁奖仪式、市镇(街道)优秀排舞展演、市"两创两提"优秀文艺节目展演；同时在徐江、青口设立分会场，有江东街道文艺汇演、市新农村优秀文艺节目展演、婺剧团送戏下乡演出等。江东街道第六届社区文化节也同时举办。

(金　莉)

稠江街道

【概况】 稠江街道位于义乌市区西南，东与江东街道隔江相望，南临佛堂镇，西接义亭镇和城西街道，北靠稠城、北苑、城西街道，行政区域面积38平方千米，与浙江省义乌经济开发区合署办公。下辖3个工作片、7个社区、4个居委会、33个行政村、389个村民小组，户籍总人口48448人，外来人口13.05万人，境外人员896人，从业人员13.72万人。2010年，完成工业总产值180.25亿元，同比增长13.9%；完成固定资产投入11.13亿元，完成年度任务124%；生产企业出口总额2.52亿美元，同比增长30%。财政收入6.32亿万元，农民人均纯收入11683元。

企业创新创品牌。年内新成立生力拉链、金汇化纤2家义乌市级研发中心。认定金鹰工艺品、华昌科技、画都图片3家义乌市专利示范企业。培育拟上市公司1家(金汇化纤)，培育上市公司1家(画都)。全年专利授权量303个，申报各级科研计划、科技技改项目、新产品试验计划、国家火炬计划项目、国家重点新产品计划项目40个，完成各级重大项目验收18个。节能减排有成效。街道规上企业万元产值综合能耗下降8.13%，6家企业完成排污生产审核，三鼎织造和华莱氨纶分别获得省绿化企业和健康经济示范企业称号。

科技创新上平台。科技产业集聚园吸引有潜力、有发展前景的软件开发、机械制造、电子产品等16家科技型企业入驻。年内实现税收700余万元。浙大义乌创业育成中心依托浙江大学的科技人才优势，促进科技成果转化，实现科技孵化项目，引进软件开发、家政服务机器人等14个高新技术项目，引进硕士4人，留学归国研究员1名。确定技改项目28项，立项资金17.41亿元，其中2000万元以上的重大技改项目10项；浪莎850万套内衣项目、立芙纺织1080万打棉袜项目年内设备全部到位。

农业生产稳中有升。落实1124.5公顷粮食种植任务，种植瓜果草莓面积123.33公顷，糖蔗33.33公顷，蔬菜种植面积412.33公顷，食用菌种植面积10公顷。生猪出栏8745头，年末生猪存栏5827头、家禽2.45万羽、水牛8头、羊618头、獭兔6000只。累计完成土地流转面积414.36公顷。新购置大中型手扶拖拉机3台、手扶拖拉机2台、旋耕机4台、田园管理机5台、机动喷雾器5台、割灌机6台，新增农业龙头企业2家。定期对街道内无公害基地的农产品进行检测，完成农产品农药残留检测732个批次样品，合格率98.61%。开展有害生物普查与监测，普查面积1061.93公顷，加拿大一枝黄花发生面积20.67公顷，对猪口蹄疫、猪瘟、猪蓝耳病等重大疫病进行严格监控和防范，注射疫苗17.68万支(次)。投放春、冬季灭鼠药物3600千克。完善农民补贴网建设，对辖区8513户农户进行审核录入，及时落实发放农作物良种补贴21.54万元。街道200名干部、工作人员参与结对帮扶，共帮扶低收入户177户320人，落实帮扶措施119户，落实救助资金3.68万元。开设农业科技、设施农业等13个培训项目，培训农村劳动力2524人，完成第26届农函大260名学员教学任务。完成村庄绿化村(居)6个，绿化面积8.79万平方米。完成投资90万元整修水冰塘机埠及清淤渠道0.5千米，投资45万元对上金、何村、西王界等渠道进行整修。

重点工程进展顺利。牵头4个重点工程全部开工，重点工程征迁项目10个全部完成。全长4.5千米的江湾南路工程全线贯通，江滨三公园重新招标建设；城店、金苑2个老小区改造工程春节前全面完成；松门里、兴业、昌德、凤凰、永祥等社区新办公楼春节前结顶；开明路、文政东路、文政中路、文政西路全线通车；官清畈挡墙工程、古母塘土石方工程、年年红土石方工程、中央商务区围墙工程等全部完工。

新农村建设成效大。投入资金2.59亿元，拆除旧房总面积20万平方米，新建890余户总面积30万平方米。完成5个村的绿色村庄工程。投资9.79万元，购置大垃圾桶699只，新建垃圾房13处，官塘下、杨梅院被评为农村环境示范村。新建社区卫生服务站2个，占地共786平方米；改造中小学校舍5400平方米，完成小康体育示范点1个，晨练点2个。5月，出台村(居)、社区劳动保障保险服务新政策，7月全面实施医疗保险新政策，10月底全面落实城乡居民社会养老保险制度，全年发放救助款20万元，发放特困大学生救助金6万元，解决得胜纺织员工饮水困难等17项企业遗留问题。

文化建设有发展。承办“春天放歌”2010大型诗歌朗诵会，编写《稠江古迹》画册。全年组织送文化下乡演出15场，送电影下乡500余场。新建健身路径5条、灯光篮球场4个、羽毛球场3个。建立小康体育工程示范点1个、晨练点2个、市示范图书室1个、电子阅览室3个，5个村被命名为义乌市级小康体育村。

【慈善救助活动】 1月5日，举行“迎新年，送温暖”慈善救助活动，191户困难家庭得到慈善救助，共计发放慈善救助金47.8万元。至年底，稠江慈善分会已开展四次慈善救助活动，共救助困难户678户，资助金额189.1万元。

【“反邪教”签名活动进社区】 3月23日，义乌市反邪教协会稠江街道分会成立，并在昌德社区举行“反邪教”、禁毒宣传图片展及签名活动。稠江街道干部向社区居民发出“反邪教”倡议书，500余名街道、村居干部、群众及稠江中学学生踊跃签名，同时举行“反对邪教、远离毒品”文艺演出。

【童店旧货交易中心试营业】 3月28日，稠江街道昌德社区童店旧货交易中心试营业，主营旧家电、旧家具及各类库存商品。昌德社区在调查摸底基础上，规划出童店二区300余间店面、3万余平方米用来培育、发展旧货交易中心。

【9个新农村建设项目通过验收】 6月23日，稠江街道组织验收小组对何村等9个村的新农村建设项目进行竣工验收，项目涵盖农村污水、自来水、池塘整理、绿化花坛整理及外墙粉刷等工程。通过听取相关单位汇报及现场查看，9个农村建设项目均评定为质量合格。

【凤凰社区被评为“全国商业示范社区”】 经过近10年发展，凤凰社区商业基本培育成型，建立起连锁超市、便利店、菜市场、快餐店等商业网点1434家，形成邮政、银行、医疗等功能完善的社区商业服务体系。2010年4月28日，稠江街道凤凰社区被国家商务部办公厅评为“全国商业示范社区”。8月2日，金华市副市长黄小杭在《金华政务信息》第15期对《义乌市稠江街道凤凰社区实施“四优”成功创建国家商业示范社区》一文作批示：“义乌凤凰社区创建国家商业示范社区的做法和经验很好，请贸粮、民政等部门研处。社区是城市的基础和‘细胞’，搞好社区工作具有重要意义。开展社区商业文明建设，可以繁荣商贸沟通，促进就业和稳定，提高社区的环境品质，一举多得，值得学习并推广。”

【社区党组织、村委会选举】 8月11日，稠江街道7个社区党组织选举工作全部完成，依法选举产生新一届社区党组织班子。7个社区党员参选率96.8%，其中昌德社区党委的党员参选率最高为99.9%。新当选的支部委员平均年龄41.3岁，有3名社区党员大学生村官分别当选为凤凰、昌德、永祥社区党组织委员。

12月18日，稠江街道37个村村委会换届选举试点工作全部完成。选民数27013人，参加投票26496人，参选率为98.1%；选举产生村委会主任37人，产生村委会委员101人，其中女委员28人，占总职数27.73%，党员26人，占总职数的25.74%。7名党员大学生村官分别以高票当选为龙回、喻宅、江湾等7个村村委会委员。

【农村截污纳管工程】 2009年10月22日，稠江农村截污纳管工程全线放样，10月27日，落实施工单位进场施工，共分5个标段。2010年5月19日，街道组织召集施工方、监理方、设计方等单位和工作片相关负责人对农村截污纳管工程新屋标段、下何宅标段进行竣工验收，评定为质量合格。12月15日，红联、金村、官塘下3个标段通过验收。该工程总投资338万元。

（胡友大）

北苑街道

【概况】 北苑街道地处主城区西北，东邻稠城街道，南靠稠江街道，西连城西街道，北接后宅街道。区域面积36.6平方千米，下辖6个社区，5个居委会，26个行政村。2010年末，户籍总人口47682人，外来人口16万人，从业人员119423人。2010年，完成财政总收入 11.02 亿元，农民人均纯收入 12512 元。

工业经济发展态势良好。2010 年全街道实现工业总产值 165 亿元，其中规模以上企业总产值 131.5 亿元，分别同比增长 13.2%和 20.3%；实现外贸出口交货值 32 亿元，同比增长 33.3%。全年街道技术改造总投入 10.5 亿元，完成工业科技、技术改造项目 24 项，其中 2000 万元以上项目 9 项，主要涉及传统优势产业改造升级、淘汰落后生产线及节能降耗技改投入等。其中，义乌易源科技有限公司的圆形易开盖高速生产线技改项目计划总投资 1.2 亿元，该项目争取到中央预算内投资资金 607 万元。年内，新增浙江省高新技术企业 2 家，省级创新型示范和试点企业 1 家，义乌市科技型企业 5 家；新培育义乌市研发中心 3 所、义乌市专利示范企业 2 家。申报国家级科技项目、新产品项目 3 个，全市列入省级以上新产品计划项目 92 项，其中北苑企业 36 项。列入市级科技攻关等计划项目 17 项。在 2010 年全市的 189 项科技创新扶持的补助和奖励资金项目中，北苑获 57 项、资金 1308 万元。创中国驰名商标 1 件，浙江省著名商标 2 件，金华市著名商标 3 件；浙江省名牌 2 个，义乌市名牌产品 3 个。新增绿色企业 1 家，清洁生产企业 4 家。

现代农业不断发展。万果垂钓园、万惠山庄垂钓、鸿运农业、金山脚金华市现代农业示范基地建设(26.67 公顷白枇杷基地)等休闲农业基本成型，观光休闲农业粗具规模。培育新型农业生产主体，新增市级农业龙头企业 2 家，实施“强农兴农”工程，新增省、市级科技示范基地 5 家，新发展农业产业化项目 5 个。

城乡环境不断优化。至年底，已有 19 个村(居)基本完成旧改。其中 2010 年共完成用地报批 1231 户，完成农房改造 1658 户，实施新社区基础设施建设招投标工程 40 项。投资 3582 万元，完成对凌云社区、楼宅等村(居)的部分绿化、灯光篮球场、健身器材、治安监控等基础设施建设。开展爱国卫生月、墙体美化等活动，加大“十小”行业联合整治行动力度。交通路网不断完善，按期完成柳青路、春晗路、拥军路、丹溪路 4 项市重点工程建设项目。

社会管理水平得到提高。开展“信访调处月”活动，化解信访难题。全年共处理来信来访 115 件，办结率 100%，信访量比上年下降 20%；化解省交办的 8 起重大疑难信访案件。加强安全生产整治力度，完成 20 个村、社区 756 家单位的电气线路改造。出台《北苑街道合用场所技术改造补贴办法》，完成改造 335 家。全年共受理劳动纠纷案件 162 起，涉及人员 320 人，涉及金额 200 余万元。开展劳动用工专项检查，检查小作坊 325 家，涉及职工 3452 人，查处童工 5 名，补签劳动合同 237 份。积极搭建就业平台，芬莉袜业、华鼎锦纶等 52 家企业推出就业岗位 5424 个，达成用工意向 436 人。开展农村劳动力免费技能培训，开办烹饪、电脑等培训班 9 个，培训 413 人次。做好土地卫星图片执法检查、土地信访案件查办等工作，查处擅自推土平整土地 1.96 公顷，处理涉土来信来访 52 件，查办 46 件，拆除违法建筑 8925 平方米。

社会事业和保障体系日益完善。组织农民健康体检，分批次完成成人体检 9561 人、托幼人员 2239 人；开展健康知识宣传教育，发放各类资料 8.27 万份，举办讲座 156 次，播放光盘 85 次，刊出板报 342 期。四季社区、凌云社区、何麻车村 3 个社区卫生服务站正式开工建设。举办农民篮球赛、下乡捐赠图书、送戏、送电影入村进企等文化活动。完善农村文化基础设施，新增健身路径 5 条、健身站点 6 处、篮球场 4 个。

【“互联共建”活动】 9 月 8 日，北苑街道针对社区、农村、企业党组织的优势弱势，推出“互联共建”活动。把辖区内 31 个村(居)、6 个社区、54 家非公企业党组织党员，按照“机制共建、资源共享、城乡互动、优势互补”的原则，分成若干个“行动小组”，通过开展创业技能大比赛、理论学习赶帮超、体育比赛乐群众、志愿服务促和谐等活动，建立健全企业人才培养、农村党员实用人才培育、企业平安志愿者担任村护卫队员等长效制度，构建街道“党建一盘棋”的新格局。

【首个规范化志愿者服务站正式

启用】 11月15日，义乌市首个规范化志愿者服务站在北苑街道丹溪社区正式启用。根据社会需求越来越多元化及志愿者服务的内容专业化等要求，北苑街道成立义乌市首个规范化志愿者服务站，根据服务性质和服务功能的不同，将志愿者分为5个大队20个小分队。2010年，丹溪社区平安志愿者服务站被金华市人民政府授予“金华市第一届优秀志愿服务集体”称号。

【街道计生协会被评为“全国计生协(乡)级先进单位”】 2010年，街道有村(居、企业)计生协会62个，会员5568人。计生协会每年投入计生经费20万元以上，并开展基层计生协会评估认定工作、基层群众自治示范创建活动、生育关怀行动等活动。12月7日，北苑街道计生协会被中国计生协会评为“全国计生协(乡)级先进单位”。

【游览亭村被评为“金华市村庄整治建设示范村”】 游览亭村南连柳青开发区，北接青溪村拆迁安置区，西靠机场路，东邻塘坦拆迁安置区，环境优美，交通方便。全村地域面积5.1万平方米，有农户188户，在册人口397人。2005年9月按城市新社区标准进行规划、建设，实施全拆全建、“多村连片”改造模式，2006年实现全体村民整体搬迁入住，旧改率100%。2008年进行绿化工程建设，绿化面积1.5万余平方米，被评为“省级绿化示范村”。村内主干道、次干道全部硬化，硬化率达100%。村内排污排水及给水工程，采取雨污分流，污水全部经村内厌氧池处理。村内购入大垃圾桶20只，小垃圾桶150只，村内卫生由专门保洁公司负责，专人清扫，统一清运。2010年，游览亭村被评为“金华市村庄整治建设示范村”。

【曹道村被评为“浙江省小康体育示范村”】 曹道村位于机场路以东，柳青开发区以南，春晗路穿插而过，距国际物流中心1000米。有常住人口628人，流动人口5000人，村民年均收入约2.5万元。全村绿化投资500万元，绿化面积达35%。村内配有老年活动中心，棋牌室、图书室、书画室、乒乓球室、电视会议室等休闲娱乐场所。2010年，曹道村被评为“浙江省小康体育示范村”。

【省“五五普法”先进街道】 自2006年“五五普法”活动开展后，北苑街道高度重视普法工作，成立普法工作领导小组，构建普法工作体制机制。2006～2010年，街道投入普法专项经费185万元，培训村(社区)两委干部7600余人次，发放“五五普法”学习读本8000余册，参训率99%。组织法制宣教工作者深入到村(社区)提供法律咨询活动16场次。共有5个村(社区)被授予“金华市级民主法治村(社区)”称号，28个村(社区)被授予“义乌市级民主法治村(社区)”称号，创建达标率达100%。全街道共有200家企业聘请法律顾问并组织讲座100余场次，培训企业员工10万余人。2010年，街道荣获省“五五普法”先进单位。

（北苑街道供稿）

后宅街道

【概况】 后宅街道位于义乌市区西北，北临大陈镇，东接苏溪镇、稠城街道，南与城西街道相邻，西北与浦江县交界。区域总面积67.88平方千米，下辖48个行政村，14个居委会，户籍总人口53030人，外来人口6.4万人，农村从业人员70149人。2010年，完成财政总收入1.25亿元，农民人均纯收入1.18万元。

工业结构调整步伐加快。全年完成工业总产值85.6亿元，同比增长12.09%，其中规模以上企业工业总产值42亿元，同比增长14.40%；完成外贸出口交货值14.3亿元，增长18.66%。1～11月，完成自营出口额4497万美元，同比增长6%。完成工业性投资3.75亿元，比上年同期增长46.6%。引进市域外投资项目1项，投资总额5580万元。共完成技术改造投资项目22项，投资总额1.03亿元。新建2家研发中心，完成两项省级新产品立项，培育鑫挺人造革、祥胜文化用品等科技型企业。新增浙江省著名商标2件、金华市著名商标1件。

重点项目稳步推进。2010年，承担国家级重点工程2个(杭长客运专线、西气东输)，省重点工程2个(输油管线、义浦二线)，市级重点工程4个。至年底，完成重点工程建设工程土地征用

33.88公顷，借地31.33公顷；完成体育公园建设和国际会议中心周边绿化工程133.33公顷土地征用和政策处理工作；全部完成义浦二线工程拆迁工作；完成镇区和工业园区雨污分离干管工程。

城镇化建设切实推进。编制新一轮土地规划，完成永宁路、苑西路和上河、下畈安置区道路工程，以及后毛店村、北岭塘村、三里店村等5个示范村建设，启动4个“空心村”改造，“城中村”改造全面启动，其中溪坦村基本完成定点放样工作。

社会事业全面发展。2010年，农村大病医疗保险参保48414人，参保率97.88%。城镇职工基本养老保险3567人，城镇职工基本医疗保险4052人，企业职工工伤保险1.18万人。建立新型社会救助体系，新增低保对象13户31人。完善劳动维权机制，受理劳资纠纷案件274起，移送9起，调解265起，调解涉案金额156.8万元。构建灵活多元的就业体系。举办农村劳动力转移就业技能培训2期，培训人员1304人；举办农村劳动力就业推介会，参加企业29家，提供就业岗位1756个，达成用工意向116人。夯实计生工作基础。至11月，全街道出生婴儿607人，人口出生率11.45‰，计划内出生557人，计划外出生50人，计划生育符合率82.37%，出生婴儿性别比100∶127，综合避孕率90.01%，社会抚养费征收804.6万元，征收率75.56%。

【品牌创建】 12月，后宅街道文渊文具被浙江省工商局评为浙江省著名商标，嘉奇食品被金华市工商局评为金华市著名商标。

【就业推介会】 2月26日，街道办在后宅第二小学举办农村劳动力就业推介会，参加企业29家，提供就业岗位1756个，参会人数1130人，达成用工意向116人，发放宣传资料2280份，政策咨询93人。

【重点工程建设】 2010年，后宅街道完成国家、省重点工程建设征地33.884公顷，并借地31.33公顷，主要涉及杭长客运专线、西气东输两个重点工程。杭长客运专线在后宅街道长度9.64千米，涉及22个行政村土地征用及4个村的拆迁安置，街道成立杭长线工程领导小组，制定《杭长客运专线（后宅段）征地拆迁工作实施细则》，2010年7月16日前完成征地和临时借地工作，9月20日前完成房屋拆迁和补偿工作。西气东输工程后宅段约9.5千米，沿线涉及17个行政村，街道成立西气东输工程领导小组，对涉及村庄进行政策处理。

【启动“33111”工程】 8月，后宅街道与上海银行杭州分行、富国创新投资公司签订“引资引智”三方战略协议，启动“33111”工程（是指在未来3年，上海银行杭州分行安排3亿元信贷资金用于后宅街道不少于100家中小企业的发展，同时引进杭州著名创投机构——浙江天堂硅谷创业集团，帮助引导企业成长，在3年内至少培育10家以上上市目标公司），以帮助企业解决发展瓶颈问题。截至8月底，共有11家企业获得上海银行杭州分行贷款，贷款总额7450万元，涵盖食品、塑胶、文化用品、广告等行业，同时包括2家从未在银行获得贷款的企业。

【换届选举】 12月20日，后宅街道正式启动村级组织换届选举工作。此次村党组织换届选举应参加党员2163人，参选率100%。村民委员会换届选举登记选民41544人，参加投票40355人，参选率97%，委托投票数428人，委托率1%。选出村民代表1604人，其中女代表509人，中共党员179人。新一届村两委干部队伍的素质整体提高，村民小组长374人，其中中共党员18人；男女比例更趋合理，当选的380名村两委干部中，女委员60人；年轻化的趋势更加明显，35周岁以下的48人；学历层次较上一届有较大提高，高中以上文化程度的96人。两委干部的先进性更加突出，在村委会成员中党员43名，连任的村两委干部206人，新任的村两委干部174人，新任干部的比例50%。同时，完成村经济合作社和村务监督委员会换届选举工作。

【休闲旅游生态观光农业基地】 2010年，后宅街道5家农业企业配套设施建设的休闲旅游生态观光农业基地建成并运营。百果香山庄，2009年动工，2010年

上海银行后宅街道富国创新"引资引智"战略合作

6月竣工开张，占地面积24公顷，投资213.7万元，是一家以杨梅为主的水果采摘、垂钓、娱乐、餐饮于一体的休闲农业景点。新虹山庄，2009年10月动工，2010年12月底完工，占地面积20公顷，投资300万元，建成以农田超市、水上运动、古道体验为主的休闲农业景点。德胜山庄，2009年10月动工，2010年12月底完工，面积33.33公顷，投资260万元，建成生态休闲观光农业景点。金果山庄，2009年动工建设，2010年12月完工，占地面积34公顷，投资200万元，建设现代农业庄园。石剑坑农庄，2009年动工，2010年7月完工，面积8公顷，投资260万元，建成集葡萄采摘、垂钓、餐饮于一体的休闲农业景点。

【"空心村"改造】 12月，完成后毛店村、北岭塘村、三里店村等5村的示范村建设。启动4个村的"空心村"改造工作，其中三川塘村、俊塘村正在分户报批、定点放样，上周村、岩南村已完成规划设计。"城中村"改造全面启动，其中溪坦村已基本完成定点放样，成为后宅街道全面旧村改造第一村。

（王　瑾）

廿三里街道

【概况】 廿三里街道位于义乌市东部，东与东阳市交界，南与江东街道隔义乌江相望，西与稠城街道相邻，北与苏溪镇相连。区域面积72.2平方千米，下辖35个行政村、8个居委会，分设廿三里、工业园区、华溪3个工作片。户籍总人口44683人，从业人员74691人。2010年实现国内生产总值24.97亿元，同比增长10%，农民人均纯收入1.24万元。全街道年末银行存款余额28.5亿元，贷款总额21.5亿元；实现工业总产值93.78亿元，同比增长15.17%；完成销售产值90.52亿元，同比增长16.86%。其中规模以上企业完成工业总产值33.69亿元，同比增长30.30%；完成销售产值32.48亿元，同比增长29.72%；实现出口交货值12.45亿元，同比增长37.41%；完成工业技改4.09亿元，工业用电量36478万千瓦时，同比增长16.68%。引进内资1.03亿元。财政总收入2.05亿元，同比增长9.04%；地方财政收入9525万元，同比增长9.73%。

企业转型升级。加大政策的宣传力度，对符合品牌创建条件的企业进行指导，组织118家规上企业进行知识产权业务培训，制作政府优惠政策小册子下发给企业。制定街道2010～2013年创牌培育三年计划，鼓励企业加大科技投入和技术改造力度，积极开发具有自主知识产权的先进技术和产品。浙江百隆针织有限公司的"新百隆"被评为义乌名牌，佳洁塑胶被评为浙江省著名商标，雅芬婷内衣、皇园实业被评为金华市著名商标。浙江棉田针织、天虹花边两家企业完成市级研发中心建设，完成科技项目申报3个(浩翔光电1个、日盛实业2个)、专利授权量180件、专利示范企业1个(佳洁塑胶)。

项目建设进展顺利。廿三里街道遗留工业用地项目共有51家，用地67.17公顷。针对项目开工的滞后情况，街道党工委加大工作力度，配强配足工业开发办力量；统一制作"企业开工承诺牌"，张贴于企业外围墙接受群众监督；在街道大厅设置电子显示屏，对未开工企业每天滚动曝光。至年底，开工49家，其中投产18家，2家规划调整，开工率90%,投产率37.5%。继续加大工业开发力度,年内新安排工业开发用地24.67公顷,妥善解决何宅村、李宅村工业征地遗留问题,顺利完成征地协议签订和清表工作。同时积极推进重大产业项目建设,2010年,廿三里街道重大产业项目建设共3家,名媛工艺饰品项目已建设厂房2万平方米;日盛伞业项目、百隆针织项目完成并进区投产。2010年,街道有市重点工程8项,全面完成年度目标任务。

生态农业示范基地建设。2010年,完成农业总产值89.9亿元(估算值)。全街道水稻面积945.33公顷,早稻产量占全市三分之一,平均每公顷产量6885千克(测产数据),蔬菜面积1220.46公顷(包括水生蔬菜),复种率3.2,总产3.8万吨,经济果林136.2公顷,总产2089吨,猪出栏2.2万头、禽10万羽。华溪村粮食生产功能区开工建设,完成葡萄示范基地的建设和里兆猪场标准化生态养殖基地土地流转及屏石头40公顷和下朱宅13.33公顷土地流转。

新农村建设。2010年,新批复后义、八足塘等9个村旧改实施细则,至年底,已启动并实施旧改村(居)18个。其中石柱下村完成联立式住宅的建设,高层公寓建设的前期准备工作基本就绪;何宅下江益已放样动工建设;下朱宅旧改第三期第一批400户进行审核报批,并于12月3日定点放样;对麻车塘、后义、光耀镜、后乐、下娄等村840户进行分户审核报批;八足塘村旧改工作进入实质性阶段,村内旧房基本拆除。同时,开展"空心村"改造和"异地奔小康"工程前期准备工作,已完成"空心村"改造工程的方案设计、"异地奔小康"工程的安置区块选址和配套政策的制定。

信访稳定、社会治安形势良好。实行重要信访领导包案制,全年共调解各类矛盾纠纷1103起,调处成功1095起。加强社会治安巡查,修改全员责任制考核办法,村居自行巡逻改为由街道综治办统一安排固定时间进行巡逻,确保每晚有15个以上村居开展巡逻,全年共抓获各类违法犯罪分子22人次,刑事拘留17人,治安拘留5人,发放见义勇为奖励1.02万元。加强治安基础设施建设,投入80万元建设何宅、张家园治安监控系统。对辖区24所中小学、幼儿园进行重要时段重点巡查和校园周边环境整治。加强安全生产和消防安全工作,实行"一岗双责"制。年初,重新调整责任区块,层层签订责任书,修改、制订《廿三里街道安全生产考核办法》、《合用场所人员未分离有奖举报制度》和《安监员夜查制度》。开展安全教育,街道结合"百日消防"、"安全生产月"、"安全生产大检查大整治"等活动,加大对《安全生产法》、新《消防法》及相关安全知识的宣传力度,定期组织人员对企业进行抽查,查处回潮和新增合用场所71家,共分离人员480人;完成漏电保护器安装1.25万只,特困户线路改造306户;完成19个村(居)585家中小企业电气线路改造,指导合用场所技术改造25家。排查回潮和新增违法搭建81处,拆除8997平方米。排查使用烘箱单位98家,对4家隐患大或拒不整改的进行烘箱查封。开展出租房屋消防安全整治,在陈陀、西田畈、何宅、埠头、华溪、如甫等村建立示范化出租房,整治集中居住出租房126户,居住人员3406人;处罚企业、房东业主26家。

创建工作展现新风貌。2010年,重建27座垃圾房,调换200只果壳箱(垃圾桶)。计生工作再上新台阶,全年共出生416人,其中计划外35人,计划生育率91.59%;性别比100∶134.59;征收社会抚养费849.27万元,征收率82%。劳动保障凸显新服务,成立市第一个人力资源廿三里分市场,为辖区内企业外来务工人员寻求解决办法。帮助调解各类劳动纠纷,全年共处理涉及劳资纠纷的案件661起,追回工资总额81.92万元,调处结案率100%。城乡居民医疗保险,年内共有44167人参保,参保率99.94%。注重残疾人工作,调整充实各村(居)残疾人工作人员,配全专职委员、残疾人联络员,为各村(居)残疾人提供优质服务;开展"康复器材进万家"等活动,举办残疾人就业培训,通过就业洽谈会等形式安排36名残疾人就业。

【林权信息化建设启动】 1月15日,廿三里街道林权信息化建设正式启动,街道工作人员前往华溪森林公园的山林逐块勾绘勘界，对1980年颁发的《浙江省义乌县山林所有权证》上所登载的山林宗地，即统管山、责任山四界逐块进行勘界、勾图及表格记载，将新的林权证及其林地所有权权属信息落实到地形图上，实行电脑数字化管理。

【就业洽谈会】 3月5日，在商城大道和新联街交叉路口举办就业洽谈会。由廿三里街道46家企业推出3000余个用工岗位，岗位主要面向廿三里范围内人员，1500余人参加洽谈会，达成就业意向200余人。

【省委调研组就外来建设者子女就学情况进行调研】 3月9日，省委办公厅调研组来廿三里第二小学就外来建设者子女就学情况进行调研。廿三里中心校辖公办学校4所、民办2所、公办民助1所，共招收外来建设者子女2899人，占在校生总数的43%。街道在外来建设者子女增多的情况下，积极整合教育资源，新增学位、拓展就学空间，努力创造外来建设者子女受平等教育的权利等做法得到省委调研组充分肯定，并就进一步重视外来建设者子女就学工作、加强民工子弟学校教育质量和硬件设施的投入等提出意见和建议。

【银樟坞隧道工程开工建设】 7月28日，廿三里街道华溪森林公园景观工程的配套工程银樟坞隧道工程动工。银樟坞隧道为单洞双向行车隧道，全长178米，洞宽9米。项目总投资735万元，工期240天。该工程不仅是华溪森林公园基础配套设施的一个项目，也是廿三里街道2010年十大民生工程中的重点工程。

【村级组织换届选举】 12月21日，廿三里街道召开村级组织换届动员大会，组织换届选举。43个行政村共选出支委会成员119名，其中女性成员10名，选举村支书39名，其中新任书记14人，女性书记2人；年龄在35周岁以下的13人，年龄在60周岁以上人员0名；学历在大专以上人员30人，其中新任书记学历均在大专以上，中专及高中文化程度的54人，初中63人。

（何粪亮）

城西街道

【概况】 城西街道位于义乌市区以西，东临北苑街道，南接稠江街道，西邻上溪镇，北连浦江县，区域面积60.2平方千米。下辖47个行政村，1个居委会，户籍总人口40900人，从业人员52032人。全街道完成工业总产值44.93亿元，同比增长16.36%；销售产值42.99亿元，同比增长14.79%；完成出口交货值1.7亿元，同比增长0.6%；完成工业性资产投资1.7亿元，完成任务数104.43%；完成招商引资3041万元。规模以上企业经济增长趋势明显。59家规模以上企业，共完成工业总产值19.67亿元，同比增长36.27%；销售产值19.3亿元，同比增长35.6%。全年完成财政总收入1.55亿元，同比增长13.58%。农民人均纯收入1.03万元，同比增长15.5%。

重点工程建设取得进展。杭长客运专线城西段基本完成拆迁前期准备工作。西气东输政策处理工作和土地租用基本完成，工程涉及15个行政村，总长6.5千米，总用地18万平方米。大鲵养殖基地项目有序推进，完成项目投资10231万元，主要用于土地平整及养殖温室建设，年底完成养殖温室建设40栋，形成23万尾大鲵养殖能力。第八中学工程12月9日开工建设。铜溪改造项目进度加快，该项目为农业综合开发项目，工程总长5千米，涉及7个村。总投资1400万元。

新农村建设稳步推进。夏演农村新社区建设取得实质性进展，地下室基础工程和部分主体工程完工，可安置196户。何斯路村和石明堂村“空心村”改造规划完成评审并进行设计修改完善，石明堂建筑方案已确定，10月28日完成分户选位。街道“异地奔小康”项目进行初步的选址和划定规划红线，并结合何泮山、益公山农村新社区规划，编制中心社区(集中安置区)规划，11月初完成规划评审工作。

社会维稳常抓不懈。每月进行一次针对重点人员的排查，每月开展一次对归正、社区服刑人员监管集中教育。加强对辖区内校园安全保卫，增设夏演初中、小学门前减速带，开展校园周边环境联合整治，出动执法人员400余人次，进行文明劝导500余起，组织人员及时清运夏演旧村改造拆除的建筑垃圾，查处流动摊点20个，暂扣各类经营用品23件，查扣东河初中对面“黑网吧”电脑4台。加大矛盾排查化解力度，全年街道共排查出各类矛盾纠纷593起，已化解581起，调处成功率97.97%；防止民间纠纷转化为刑事案件21件，涉及237人，排查化解重大不稳定因素8件，调处非正常死亡事件18起；阻止群体性上访42件、1300余人。对社会治安重点地区开展专项整治，共发动群众1600余人次，干部500余人次，发布通告800余份，从中破获刑事案件9起，抓获犯罪嫌疑人9名，补办外来人口居住证400人；查处流动摊点13个，检查出租房屋1200余家次，企业数367家次，经营单位340家次，仓储单位28家次，关停企业10余家，整改安全隐患300余处。抓安全生产，城西街道共有生产企业、加工点2100余家，矿山企业2家，烟花爆竹经营单位40家，店面经营户1000余家，街道与辖区企业签订安全生产责任书2100余份，对新增企业及时列入监管范围。制订城西街道生产经营单位安全生产职责900条，发放《浙江省消防条例》单行本5000余册、生产安全事故报告和调查处理条例500余册、安全生产警示片300余张、安全生产挂图400余套、安全知识特刊500余册。开展安全生产培训，共培训企业员工1.08万人次。注重重点行业领域安全监管，全年排查出一般隐患1万余项，已整改9935项，隐患整改率99.35%。狠抓中小企业用电改造，至12月底，整改中小企业675家，消除用电隐患1万处。

社会民生各项事业全面发展。群众文化事业蓬勃发展，2010年实施7个村“春泥计划”，落实创建6个“乡风文明村”、1个“乡风文明示范村”。完成“浙江省城市体育先进街道”的创建，组建“城西街道文艺宣传队”，投资50万元改造、装修综合文化站。劳动保障工作扎实开展。举办农村劳动力就业洽谈会，33家企业参加，推出就业岗位2871个，567人参会，现场达成用工意向83人；发放宣传资料350份，政策咨询284人。城乡居民养老保险政策全面实施，2010年，全街道共有37934人参加城乡医疗保险，参保率93.78%，收缴保费432.93万元。发放养老金，凡是符合条件的都享受每月70元基础养老金，年内发放养老金存折4318本。调解劳动工资纠纷340起，涉及559人，追回工资128.96万元，调解工伤纠纷10起10人次，工伤赔偿金43.06万元。创建工作取得成效，完成园区环卫基地、中转站的立项、东河垃圾中转站的改建和7座垃圾房的新建、34座垃圾房的整改（粉刷、修建）。投入100余万元，加强47个行政村、街道居民居住地“登革热”防控及除“四害”防控，通过上级有关部门的达标检查。2010年，被评为市级文明村1个（新江村）、金华市级文明单位1个（夏演小学）、金华市级生态村1个（何斯路村）、市级生态村2个（桥头、平桥村），街道获“金华市级生态街道”称号。计划生育工作扎实推进。全年出生418人，其中计划外出生37人，计生符合率91.15%，性别比100∶161.25，征收社会抚养费649.02万元。民政工作有序开展。完成4个村的社区建设和3个村的“星光老年之家”建设。街道共有“五保户”45人，低保户280户386人，全年发放五保、低保款30余万元；慈善救助60户，发放救助款31.5万元。

【结对共建活动】 2009年底，城西街道七一村党委书记何德兴收到一封特殊的电子邮件，邮件的发出者是陕西省宝鸡市千阳县文家坡乡七一村的村干部。千阳县七一村地处渭北旱塬，距千阳县城6千米，共4个村民小组，298户1055人，耕地160公顷。2009年，农民年人均纯收入4216元。该村大力发展奶畜、蚕桑、干杂果、劳务四大主导产业，形成产业支撑、劳务富民的发展格局，被千阳县委、县政府表彰为县级文明村、新农村建设重点村。2010年5月，义乌城西街道七一村50名党员前往陕西，与宝鸡市千阳县文家坡乡七一村结对共建。通过共建，2个同样以党的生日命名的村结成了“亲家”，双方携手，优势互补，同奔小康。

4月7日，市7个市级机关部门、3个行业协会、21个非公企业与街道21个集体经济收入低于3万元的村级组织签订结对共建协议书。通过开展“联姻”结对共建活动，利用市级机关部门和行业协会信息、人才资源、企业家经营管理资源，帮助结对共建村挖掘自身发展优势，理清发展思路，协助结对村找到一条稳固发展村级集体经济的路子，不断壮大村级集体经济。

【“两创两提”解难题】 5月13日，市“两创两提”办公室下发两创两提督〔2010〕3号文件，要求限期整治“于宅山背”及其周边地块乱搭乱建问题。“于宅山背”及其周边地块乱搭乱建一直是个难点问题。该地块搭建总面积1.52万平方米，承租户基本上是外来人口，涉及58户150余人，乱搭乱建主要用于养猪、加工仓储、废品收购、货物堆放。5月13日开始，对“于宅山背”违法搭建专项整治，历经5个多月、经过2次集中拆违，完成107个简易棚(面积1.23万平方米)的拆除。

【第五届莲藕节在城西举行】 6月18日，义乌市推进都市农业建设启动仪式暨第五届莲藕节开幕式在城西街道新双溪村举行。2010年，城西街道田藕种植面积306.67公顷，年产值3000余万元，藕农净增收入2000余万元。东河田藕远销北京、上海、黑龙江等17个省(自治区、直辖市)东河田藕品牌被评为金华市著名商标、金华市名牌产品。自2001年起，街道每年举办赛藕会，2004年成功升格为莲藕节，已成为推动田藕产业发展的重要载体和平台。

【杭长客运专线城西段工程】 杭长客运专线在城西街道辖区内全长6.39千米，涉及11个行政村，征地面积15.23公顷。2010年4月，成立杭长铁路客运专线城西段工程建设领导小组、杭长线建设办公室，组建5个征地工作小组、4个拆迁工作小组、1个安置区块工作小组、1个维稳组和1个临时用地工作小组，实行包干负责制。到2010年底，11个村的征地协议签订和征地补偿费、地面附着物补偿费的发放工作全部完成，并完成需拆迁房屋的标记工作和人口、房屋情况的摸底和房屋确权相关资料、数据的收集工作，并分别进行登记造册；完成全部需拆迁房屋重置价评估和房屋确权工作。

【首批全国妇联基层组织建设示范村】 12月18日，城西街道七一村、何斯路村获得首批“全国妇联基层建设示范村”称号。七一村是全国先进基层党组织、全国民主法治示范村、全国巾帼示范村，共有党员60名，其中女党员13名。七一村妇代会团结动员全村广大妇女，积极参与“三个文明”建设，发挥桥梁和纽带作用，在农村经济发展的平台上，展现妇女自身的进步和妇女事业的新发展。两村由省妇联向上级申报，获得“全国妇联基层组织建设示范村(社区)”称号。

(张贵显)

人物

纪念人物

【陈望道】 (1891～1977),原名参一,又名融,字任重,笔名佛突、雪帆、张华、晓风等。城西街道分水塘村人,《共产党宣言》中文全译本首译者,五四新文化运动的积极推动者,著名的政治家、教育家。

1891年1月8日,陈望道出生在义乌分水塘村一个中农家庭。6岁入私塾,先后就读于义乌绣湖书院、省立金华府中学堂、浙江之江大学;民国4年(1915)赴日本留学,在早稻田大学、东洋大学、中央大学学习文学、哲学、法律等,获中央大学法学学士学位,同时钻研马克思主义著作。

1919年五四运动爆发后,陈望道回国。是年6月,任教于杭州浙江第一师范学校教授语文,与进步师生一起,投身于五四新文化运动,反对旧道德、旧文化,提倡新思想、新道德、新文化。不久,即遭到迫害,被强加上“非孝、废孔、共产、共妻”的罪名。当局责令校长经亨颐将他革职查办,此令受到一师校长和全校师生坚决反对。当局立即出动军警包围学校,从而酿成著名的浙江“一师学潮”。这一学潮得到全国声援,最终迫使当局收回成命。

在这次风潮中,陈望道受到深刻教育,进一步认识到,改良是无济于事的,必须对旧制度进行根本的改革。为传播真理,1919年底返回故里分水塘村,着手翻译马克思、恩格斯合著的《共产党宣言》。夜以继日地翻译,1920年春《共产党宣言》全译稿终于完成。译稿经通晓日、德、英、法4国语言的李汉俊校阅,又请陈独秀再行校对,于8月由上海社会主义研究社出版。这是国内出版的第一部中文全译本的马克思经典著作。它的刊行,对马克思主义在中国的传播,对促进当时的知识分子接受共产主义,均产生巨大的影响,更为中国共产党的创建提供思想理论上的准备。初版千余册立即销售一空,又应读者要求同年9月重版。

1920年初夏,应陈独秀之邀,到上海参加《新青年》杂志的编辑工作。陈望道主持《新青年》的编辑工作后,使它成为宣传马克思主义的重要阵地,不仅译介大量的革命论著,还开辟“俄罗斯研究”专栏,介绍苏维埃俄国的变化和成就,影响很大。同年8月,中国第一个马克思主义研究会(亦称共产主义小组)在上海正式成立。书记陈独秀,成员有陈望道、李汉俊、李达等。陈望道积极参加筹建中国社会主义青年团、共产主义小组出版的内部理论刊物《共产党》月刊的创刊等工作。

继上海共产主义小组成立后,全国各地的共产主义小组随之纷纷建立,促使工人运动蓬勃发展。1921年7月23日,中国共产党第一次全国代表大会在上海召开,这是中国共产党正式诞生的标志。陈望道身为中国共产党最早的发起者之一,积极参与筹备中国共产党第一次代表大会,同时被推举为上海地区出席一大的代表。由于对陈独秀家长制领导作风不满,以及陈独秀根据不确定的事实,作出有损于他名誉的行为,陈望道因而未能参加中国共产党第一次代表大会。一大召开后,中国共产党中央局要求上海、广东等地建立区执行委员会。陈望道任中共上海地方委员会书记，参加工人运动，帮助筹建上海机器工会、印刷工会、纺织和邮电工会等，亲至沪西开办工人夜校、平民女校。

1923年，中共三大后离开党组织。但陈望道信仰共产主义终身不变，在党外依然为党效劳，仍在共产党创办的上海大学任中文系主任、教务长、代理校务主任等职，一如既往坚忍不拔地完成党组织交给的各项任务。上海大学是中国共产党进行革命活动的重要场所，陈望道与师生一起，参加五卅运动，投入上海工人第三次武装起义等反帝反封建的斗争。上海大学停办后，任复旦大学中文系主任。1929～1930年间，任共产党创办的中华艺术大学校长。1931年因保护左派学生，国民党特务机关密令暗杀陈望道，被迫离开复旦，蛰居沪西寓所著述，1932年完成中国第一部系统的修辞学著作《修辞学发凡》。1934年，在沪与乐嗣炳、胡愈之等共同发起大众语运动，后在鲁迅支持下创办《太白》半月刊，一年后，《太白》被迫停刊，去广西大学任中文科主任。

1937年，抗日战争全面爆发，回沪参加中共领导的上海文化界抗日联谊会，1938年在中共办的社会科学讲习所任教。并发起组织上海语文学会等进步团体，主编《每日译报》、《语文周刊》。1940年秋，赴内迁重庆的复旦大学中文系执教，1943年起，任复旦大学新闻系主任。抗战胜利后，1948年秋，国民党教育部策划将复旦大学迁往台湾，遭到全校师生的坚决反对，复旦大学师生员工成立应变委员会，陈望道担任副主席，努力做好护校工作。1949年4月，国民党大肆屠杀爱国人士，陈望道被列入黑名单。复旦中共地下党组织通知他即刻转移。陈望道被转移到叶波澄家中，住至5月6日，终于迎来了上海解放。

建国后，陈望道历任华东军政委员会文教委副主任，华东高教局局长，复旦大学校长，中国科学院哲学社会科学部委员，全国人大代表、全国政协常务委员，上海市政协副主席，民盟中央副主席，民盟上海市委主任委员。1955年底，由陈望道发起，在复旦大学成立语法、修辞、逻辑研究室。1957年6月，陈望道重新加入中国共产党。1960年，任《辞海》主编。1973年8月，陈望道当选为中共十大代表。1975年1月，当选为第四届全国人大代表。1977年10月29日，病逝于上海，享年87岁。

陈望道作为学者，在学术上的成就为世人所瞩目。从20世纪20年代起，他陆续撰写了《作文法讲义》、《因明学》、《美学概论》、《修辞学发凡》等著作，均收入《陈望道文集》。

（陈金春）

义乌人在外地

【北大方正集团创始人楼滨龙】 1935年9月生，义乌夏演村人。北大方正集团创始人，首任总经理。中学就读于义乌县立初级中学和金华中学。1953年至1956年就读于上海复旦大学物理系。1957年毕业于北京大学原子核物理专业并留校长期从事教学科研工作。1985年受学校委任，以人民币40万元资金创办北大方正集团，并把学校计算机汉字激光照排科研成果转化为产品。1988年开始，全面推向国内市场及海外市场，使中国毕昇发明的活字印刷术和延续百余年的铅字排版走上计算机激光照排，方正集团成为计算机领域具有中国自主知识产权的第一个典型和国家高等学校创办科技企业的典型，诠释中国政府对“创新”理念即“企业为主体、市场为导向、产学研结合”的典范企业之一。20世纪90年代初，北大方正集团已成为年产值2亿余元，积累自有资金2亿余元的现代科技企业。1991年，楼滨龙被授予全国优秀科技企业家创业奖十大金奖获得者之一，开发研制项目多次获国家、部委科技奖。曾任中国民营科技实业家协会执行常务副秘书长。

（陈金春）

【银催化剂专家金积铨】 1937年6月生，义乌祖科塘村人。北大化学系毕业，原北京燕山石化研究院副总工程师，第一研究室主任。1972年起在北京燕山石化研究室工作。1990年，被授予全国石化系统有突出贡献的科技专家称号。1986年获“全国石化系统劳动模范”称号，1987年获全国"五一"劳动奖章，1992年被授予"享受国务院特殊津贴专家"称号，1995年被评为全国劳动模范。

20世纪80年代末，全世界的EO/EG(环氧乙烷/乙二醇)装置所用的银催化剂，80%由英、美所垄断，国内装置更是全部依赖进口。为实现银催化剂国产化，在以金积铨为组长的课题组的艰苦攻关下，燕山石化依靠自身力量，先后研制并生产出7代YS系列银催化剂，填补了国内空白，占领了国内市场。科研开发成果多次获得国家科技进步奖，并在中国、美国、日本和欧洲一些国家申请专利。经过多年的应用证明，燕山石化YS系列银催化剂具有良好活性和稳定性，主要技术指标均达到当代国际先进水平。

（孔金玲）

【海洋物理专家博士生导师刘智深】 1939年12月出生，义乌人。青岛海洋大学海洋物理专业教授，海洋物理专业博士生导师，青岛海洋大学校务委员会委员，国家教委理科教育海洋科学指导委员会委员，国际学术刊物《全球大气——海洋系统》(美、法、德、英联合出版)编委委员，国际海洋激光雷达专家组成员，太平洋海洋遥感大会科学组委会委员。曾于1988年和1994年两度获"山东省专业技术拔尖人才"荣誉称号。在"七五"、"八五"期间主持国家级科技攻关项目4项。主持国家自然科学基金项目共5项。"九五"期间主持国家预研重点项目、国家科委重点项目及激光探测方面的863项目等。在光学多通道图像处理方面的研究，发表在《OPTICS LETTER》上的文章被誉为"来自中华人民共和国的第一篇优秀论文"，此项研究获得1986年教委科技进步二等奖。从"七五"时期开始，从事海洋激光雷达的研究，研制成功我国第一台激光雷达系统，此项研究获山东省科技进步二等奖。先后已研制不同应用的激光雷达系统并被国际同行多次引用，称为"中国的BLOL系统"。被聘为国际海洋激光雷达专家组成员。在主持的国家"八五"项目和"十五"国家863"信息领域"重点项目中，研究并研制完成国家第一台固体激光多普勒测风雷达系统。美国ONR专家高度评价这项研究，认为研究方案融合当前最先进的激光和光电子技术。教育部组织的鉴定认为此项研究达到国际领先水平。

（孔金玲）

【第一位铸造专业博士毛协民】 1944年6月生，义乌稠城人，农工民主党党员。1965年毕业于西北工业大学材料科学与工程系。在航空部工厂任铸造主管工程师，13年后重返学校攻读学位，1984年获工学博士学位，成为中国自行培养的第一位铸造专业博士。1988年赴德国柏林工业大学，继后又赴瑞士洛桑工业学院从事博士后研究。回国后于1991年晋升为教授。先后任上海大学材料科学与工程学院教授、博士生导师；中国机械工程学会铸造分会理事、上海压铸协会理事和上海市闸北区机械工程学会副理事长。

毛协明从事生产技术、科学研究及人才培养工作30余年，主攻铸造工程技术、凝固技术及凝固基础理论研究。曾参加、主持国家自然科学基金、航空科学基金、上海市科技发展基金以及省部级公关项目30余项，获得国家级、省部级科技进步奖及发明奖9项。其中"超高温度梯度定向凝固方法与装置"、"多功能LMC晶体生长研究装置"、"自生复合高强度铜电车线"等项目，经专家鉴定达世界先进水平。"超高温度梯度定向凝固方法与装置"及"多功能LMC晶体生长研究装置"分别获国家科技进步二等奖和国家发明四等奖。发表论文120余篇，出版译著20余万字。

（陈璎昱）

【机械电子工业领域科研成果丰硕的朱世根】 1963年7月出生，义乌市大陈镇西岸村人。1989年12月获北京清华大学工学博士学位。1991年7月始，历任中国纺织大学机械系主任助理、副主任、主任，学术委员会主任、学位评定委员会主任。1993年10月起，享受国务院颁发的政府特殊津贴。还被邀请为美国科学促进会、纽约科学院会员。1995年破格晋升为教授，1996年获宝钢教育奖、唐翔千教育奖，并获国家级有突出贡献的中青年专家称号。1997年6月起，历任校长助理、副校长。1998年被破格遴选为博士生导师。

教学方面，朱世根为本科生和研究生开设过金属学及热处理、工程材料及机械制造基础、传热学等多门课程，主持完成了学校下达的“机械系计算机一条线建设试点”课程建设项目。

科研方面，朱世根取得国家专利4项，发表学术论文40余篇，主持完成上海市重点攻关项目“桑塔纳轿车曲轴、中间轴、凸轮轴、轴承盖用热法壳型覆膜砂的研制”，1995年获上海市科技攻关二等奖和机械电子工业部科技进步三等奖。在清华大学结合兵器工业部项目IGZ8834完成的博士论文工作，填补国内外钢在结晶温区流变性能的空白。铸件凝固过程温度场数值模拟在实用方面达到先进水平，项目获中国兵器工业总公司部级科技进步二等奖，在德国波茨坦大学从事的“Thermal properties of related aromatic polt — hydrazides and poly(1,3,4 - oxadiazole)”研究中，用热分析测到突破性的结果，主持完成的“铸铁轧辊的振动时效”项目，突破国内外学术界存在的技术禁区，把振动时效工艺开拓应用于承受疲劳载荷的、重7.6吨的直径800×1200×2800球墨复合冷硬铸铁轧辊获得成功，其进一步研究课题被列为上海市“曙光计划”。独立完成“9009酚醛树脂的质量改进”和“差壳铸件壳模用黏合剂的研制”科研项目，主持完成“织针热处理工艺的研究”项目。

（陈金春）

【中国信息产业最具影响力独立评论家方兴东】 1969年6月生，义乌后宅下万村人，定居北京。1984～1987年就读于义乌中学，1987～1994年就读于西安交通大学，获工学学士、硕士学位。1996年考入清华大学，攻读电机系和工商管理学院的联合博士学位。20世纪90年代中期开始从事IT研究、分析、评论。1999年9月，创建了中国第一家从事互联网研究和咨询的专业公司——互联网实验室，并任董事长、首席分析家。兼任浙江省金华市决策咨询委员、中国电子商务学会成员、专家委员会成员、博客中国网站董事长兼首席执行官等职务。

方兴东长期致力于对中国信息产业的分析，出版《硅谷时代——创造计算机生命的英雄》、《起来——挑战微软霸权》等IT专著17部。是“数字论坛”的发起人之一，被誉为“中国信息产业最具影响力的独立评论家”。2000年，香港《亚洲周刊》称其为“中国重要的高科技企业家”，同时被《新周刊》评为“中国十大新锐人物”之一，《中国计算机报》也评选方兴东为“影响中国互联网的十大人物”之一。

（陈璎昱）

外地人在义乌

阿拉伯商人在义乌

【概况】 义乌是世界最大的小商品批发市场，是外国商人的贸易圣地，每年迎送外国客商100万人次，常驻境外商人1.5万人，其中以中东人最多，来自阿联酋、埃及、也门等阿拉伯国家的商人3500余人。全城有中东地区的贸易公司200余家。20世纪90年代，为复兴商品经济，阿拉伯国家对进口敞开大门，阿联酋、叙利亚等穆斯林国家商人来到中国义乌，进行各类商贸活动，不少阿拉伯商人在义乌安家落户，视义乌为第二故乡。受伊斯兰教影响，绝大多数阿拉伯人做生意诚实守信，很少有欺诈行为发生。因美国次贷危机引发的金融危机导致全球消费市场发生动荡，也给义乌企业和义乌市场的小商品出口带来很大冲击，但对阿拉伯国家外贸出口仍然保持着增长态势。阿拉伯人喜欢大家庭，少则生育四五个孩子，多则生育十几个孩子。由于阿拉伯人口不断增加，专门服务该群体的餐饮业、服务业也随之兴起，马立克理发店、苏莱曼烧烤、黎巴嫩人饼屋、奈尔穆餐厅设在城区繁华街道上，在这里不出国门就可以品尝到正宗的阿拉伯和穆斯林美食。全球化背景下的双方贸易活动，使两地的距离越来越短，义乌媒体还专门开设“跨国姻缘”栏目，越来越多的阿拉伯人与义乌人通婚，不断聚居的阿拉伯人已经由表及里地改变着义乌。

【中国义乌第一个外来穆斯林社区】 2002年，阿拉伯商人穆罕默德·托哈迈在义乌建立起中国第一个外来穆斯林居住点。1997 年,刚毕业的埃及人托哈迈来到迪拜,他的第一份工作便是从香港进口各种中国内地生产的商品,然后销往阿拉伯世界的各个角落。2002 年"广交会"上,一位沙特商人向托哈迈介绍浙江义乌。当年年底,托哈迈便来到义乌并居住下来。此后的 4 年中,和他一样因为经商来到义乌并长期定居的阿拉伯商人开始迅速增加。库尔德人拉希德以前是伊拉克共和国卫队的伞兵中校,曾经因在两伊战争中的表现而受过勋,但是战争之后失去谋生的手段。从 2007 年 5 月开始,每个月都要在义乌和叙利亚之间往返,将中国生产的商品转卖到叙利亚的难民营。2003 年伊拉克战争后,有 150 多万伊拉克难民涌入叙利亚,他们所有的日用小商品几乎都依靠在义乌的 1000 余名伊拉克商人从中国输入。伊拉克驻华大使馆公布的数据显示,在中国居住的伊拉克人大约有 3000 人,其中有 1000 人在浙江义乌,绝大部分都是在 2003 年伊拉克战争后才进入中国的。

【中东国家在义乌设立商务机构】 红楼宾馆位于义乌市稠州中路 70 号。1997 年 10 月 20 日,巴基斯坦阿弗瑞帝企业驻义乌代表处在红楼宾馆设立,成为首家国外穆斯林在义乌设立的商务机构。宾馆的 1 号楼里,设立中东地区 35 家办事处,中东国家在义乌经商人员在此聚居。红楼宾馆共有 120 余个标准间,常住外商 300 人左右,85%为巴基斯坦人,其次为印度人、阿富汗人。他们大部分身穿白色或灰色的阿拉伯大袍,少数穿西装或夹克,房间内卫星电视节目是阿拉伯语节目。

【义乌穆斯林活动场所】 2000 年,义乌仅有穆斯林 260 人,当时全市只有 2 个临时礼拜点,无一处伊斯兰教活动场所,许多国外穆斯林为履行宗教活动不得不在礼拜五聚礼日飞往广州、杭州等地做礼拜。2001 年 10 月,经省民族宗教事务委员会批准,在义乌红楼宾馆设立全省首处县级接纳国外穆斯林临时活动场所,并在省民宗委的指导下,义乌市政府通过中国伊斯兰教协会,聘请中国伊斯兰教经学院优秀毕业生马春贞阿訇为活动场所负责人,并将其作为特殊人才引进。每礼拜五做祷告时,义乌市内的穆斯林聚集在红楼宾馆。2002 年春节后,来义乌考察、经商、开设办事处的国外穆斯林人数急剧增加,主要来自中亚的巴基斯坦、阿富汗,中东的也门、巴勒斯坦、叙利亚、约旦、埃及等国。同年 4 月中旬"广交会"期间,聚礼日在义聚礼的人数超过 700 人,红楼宾馆顶层 5 楼 150 平方米的场所已容纳不了。同年 10 月,"义博会"前夕将活动场所搬至南门街,场所面积约 550 平方米。当时在义乌参加正常宗教活动的国内外穆斯林 800 余人,多时达 2500 余人。2004 年 8 月,伊斯兰教聚会点由南门街搬迁至江滨西路 100 号,由市政府划拨 1.3 万平方米土地,投资 80 万元建成清真大寺。第一个聚礼日,2500 余名中外穆斯林参加,他们主要来自也门、沙特阿拉伯、阿联酋、伊拉克、科威特、巴勒斯坦、伊朗、黎巴嫩、叙利亚、约旦、利比亚、埃及、阿尔及利亚、毛里塔尼亚、马里、突尼斯、摩洛哥、苏丹、巴基斯坦、阿富汗、印度等国家。

【中东街】 "中东街"起源于义乌商贸区八街,现已延伸到与商贸区交叉的稠州北路两侧的地段。"中东街"汇聚 20 余家穆斯林餐厅和零星的涉外宾馆。所谓"中东街",主要是因为在这条街上的餐厅和宾馆的老板都来自中东国家,他们交流的语言都是阿拉伯语。各家餐馆前的招牌、广告语以及店内的菜单以阿拉伯文为主,辅以中文、英文或韩文至少三种以上的语言。"奈而穆"、"玛伊德"、"塞外维伊"、"买买提"、"鲍尔基"这些音译名称穿插着阿拉伯文、英文的多语广告牌构成商贸区八街的独特风景。走进义乌"中东街",满脸胡子和穿长袍的中东人成群结队地来往穿梭,街头熏肉的烤香和着异国风情、悠扬激越的阿拉伯舞曲弥漫于夜空。晚上 19 时到 23 时最繁忙最热闹,因为阿拉伯人的用餐习惯,餐厅常经营到凌晨 3 点。阿拉伯餐厅的老板,同时还做外贸生意。除商贸区和稠州北路一带比较集中的阿拉伯餐厅外,据不完全统计,义乌已有各类外国风味的西餐厅、清真饭店 200 余家。

(陈金春)

统计资料选辑

义乌市 2010 年社会经济主要指标一览表

指　标　名　称	计量单位	2010 年	2009 年	增幅(%)
一、综合				
年末总人口	人	739838	730183	1.3
年平均人口	人	735010	725135	1.4
全市土地面积	平方千米	1105	1105	
其中：建成区土地面积	平方千米	90	83	8.4
城市建设用地面积	平方千米	81.57	77.3	5.5
地区生产总值	亿元	614.0	519.53	11.5
第一产业	亿元	17.2	14.60	5
第二产业	亿元	265.5	227.33	10.4
第三产业	亿元	331.4	277.60	12.7
人均生产总值	元	83539.0	71457.00	10.3
二、财政、金融				
财政总收入	万元	769768.0	708147	8.7
地方财政一般预算内收入	万元	427600.0	386255	10.7
地方财政一般预算内支出	万元	419629.0	356885	17.6
科学支出	万元	17105.0	16060	6.5
教育支出	万元	94976.0	89471	6.2
年末金融机构存款余额	万元	15004991.0	12539736	19.7
其中：城乡居民储蓄年末余额	万元	8364428.0	7332362	14.1
年末金融机构各项贷款余额	万元	10628677.0	8672034	22.6
保费收入	万元	228974	169069	35.4

续 表

指　标　名　称	计量单位	2010 年	2009 年	增幅(%)
赔款、给付	万元	49407	48426	2
三、农业				
粮食产量	吨	104694	110561	−5.3
蔬菜产量	吨	165931	171470	−3.2
水果产量	吨	87364	83653	4.4
肉类总产量	吨	41391	39467	4.9
奶类产量	吨	1025	1004	2.1
水产品产量	吨	7110	6810	4.4
四、工业				
全部工业总产值	万元	11748600	9720000	20.9
其中：规模以上企业				
工业企业数	个	1202	1185	1.4
工业总产值(当年价)	万元	5925398	4858012	24.9
从业人员年平均人数	万人	15.47	14.81	6.4
五、交通、邮电、电力				
民用汽车拥有量	万辆	19.2	15.5	23.9
公路客运量(不含市内公交)	万人	20827	19760	5.4
公路货运量	万吨	4331	3896	11.2
境内等级公路里程	千米	1328.2	1286.5	3.2
其中：境内高速公路里程	千米	54.1	54.1	0
民用航空货邮运量	吨	9129	7513	21.5
民用航空客运量	人	695148	552918	25.7
邮政业务收入	万元	16814		
电信业务收入	万元	211971	190454	11.2
全年用电量	万千瓦时	562759	492396	14.3
其中：工业用电	万千瓦时	372414	324044	14.9
六、内外贸易、旅游				
社会消费品零售额	万元	2903674	2448963	18.9

续 表

指　标　名　称	计量单位	2010 年	2009 年	增幅(%)
进口额(海关数)	万美元	25995	21810	19.2
出口额(海关数)	万美元	286278	213561	34.1
海外游客人数	人	450100	374839	20.1
旅游外汇收入	万美元	31500	24885	26.6
七、固定资产投资、房地产				
全社会固定资产投资	万元	2073000	1781282	16.4
其中：限额以上固定资产投资完成额	万元	1923777	1632788	17.8
其中：房地产开发投资完成额	万元	520543	468951	11
其中：住宅	万元	330312	420026	−21.4
商品房屋销售面积	万平方米	87.1	75.7	15.1
其中：住宅	万平方米	73.5	73.1	0.6
八、教育、科技、文化、卫生				
普通高等学校数	所	1	1	
中等职业教育学校数	所	5	5	
普通中学学校数	所	35	35	
小学学校数	所	77	77	
普通高等学校学生数	人	8642	7794	10.9
高中阶段在校学生数	人	26432	24927	6
中等职业教育学校学生数	人	11175	10789	3.6
普通中学学生数	万人	4.83	4.82	0.2
小学学生数	万人	7.76	7.17	8.3
专利申请受理量	项	2347	2526	−7
专利申请授权量	项	2336	1827	27.9
其中：发明	项	64	46	39.1
体育场馆数(普查数)	个	22	22	
剧场、影剧院数	个	5	5	
医院、卫生院数	个	28	28	0
医院、卫生院床位数	张	2689	2424	10.9
医生数(执业医师+执业助理医师)	人	2676	2463	8.6

续 表

指 标 名 称	计量单位	2010 年	2009 年	增幅(%)
九、人民生活				
城镇居民人均可支配收入	元	35220	30841	14.2
城镇居民人均消费支出	元	24202	21620	14.2
农民人均纯收入	元	14775	12899	14.5
农民人均生活费用支出	元	8840	7997	10.5
基本养老保险参保人数	人	247000	219000	12.8
基本医疗保险参保人数	人	209000	177000	18.1
失业保险参保人数	人	113000	101000	11.9
城镇居民最低生活保障线以下人数	人	167	186	—10.3
农村居民最低生活保障线以下人数	人	6283	6352	—1.1
十、城市建设				
年末实有城市道路面积	万平方米	1282.7	1245	3
排水管道总长度	千米	1169	1129	3.5
供水综合生产能力(包括自备水源)	万吨/日	30	30	
供水总量	万吨	7095	6477	9.5
用水人口(含暂住人口)	万人	122.8	121.5	1.1
液化石油气供气总量	吨	20600	19300	6.7
用液化气人口(含暂住人口)	万人	121.9	121.9	
年末实有公共汽(电)车营运车辆数	辆	833	778	7.1
全年城区公共汽(电)车客运总量	万人次	7268	6988	4
年末实有出租汽车数	辆	1313	1313	
园林绿地面积	公顷	2938	2894	1.5
建成区绿化覆盖面积	公顷	3341	3278	1.9
十一、环境保护				
工业废水排放量	万吨	1835	1987	4.9
工业废水排放达标量	万吨	1835	1987	4.9
环境噪声达标区总面积	平方千米	101.7	101.7	
生活污水处理率	%	75.02	65.3	15.3

浙江省 2010 年十六经济强县(市、区)主要经济指标一览表

市县名称 \ 指标名称	规模以上工业总产值(亿元)	地方财政收入(亿元)	全社会固定资产投资(亿元)	全社会用电量(亿千瓦时)	金融系统年末存款余额(亿元)	地区生产总值(亿元)
绍兴县	2441.37	51.76	316.8	116.68	1139.27	776.1
萧山区	4148.02	98.17	476.56	161.95	2313.2	1220.06
余杭区	1296.26	76	361.67	60.23	1218.35	628.83
慈溪市	1426.01	57.19	251.41	89.5	1223.42	757.7
余姚市	1021.25	44.04	219.2	59.28	889.43	567.17
海宁市	998.91	30.33	241.09	51.93	666.79	455.09
桐乡市	957.06	28.3	205.62	59.14	548.34	409.09
上虞市	1034.24	29.16	198	34.31	688.73	436.25
温岭市	747.5	30.59	207.23	42.18	719.68	581.81
鄞州区	1787.59	110.09	339.27	64.4	1269.05	816.57
诸暨市	1630.89	37.33	273.94	63.04	785.08	621.52
瑞安市	729.9	32.7	139.62	55.38	830.93	457.22
义乌市	592.5	42.8	207.3	56.3	1500.5	614
乐清市	1073.55	34.36	140.65	39.79	829.56	495.84
平湖市	833.45	25.51	236.39	37.85	496.13	342.1
富阳市	1054.5	32.7	191.8	58.9	526.37	415.8

(朱庆生)

附　录

重要文献

市委全会工作报告

创新创优　提质提效
着力推进两项改革　再创义乌发展新优势
——在市委十二届七次全体(扩大)会议上的讲话
(2010年1月8日)

中共义乌市委书记　黄志平

同志们:

这次会议的主题是:深入学习实践科学发展观,认真贯彻党的十七届四中全会、省委十二届六次全体(扩大)会议和中央、省委经济工作会议精神,总结回顾2009年工作,研究部署2010年主要任务,动员全市广大干部群众进一步坚定信心、振奋精神,创新创优、提质提效,着力推进两项改革,再创义乌发展新优势,扎实推进国际商贸名城建设。

2009年是我市进入新世纪以来发展最为困难的一年。面对金融危机的严峻考验,市委、市政府坚持以科学发展观统领全局,认真贯彻省委"两创"总战略,全面落实"标本兼治、保稳促调"各项举措,扎实开展"四个年"活动,统筹做好保增长、保民生、保稳定各项工作,应对危机取得明显成效,经济社会保持平稳健康发展。全市预计实现地区生产总值520亿元,同比增长9.5%;完成财政一般预算收入70.8亿元,其中地方财政收入38.6亿元,分别同比增长2.4%和2.2%;农民人均纯收入12943元,城镇居民人均可支配收入30841元,分别同比增长8.9%和7.4%。

一年来，我们全力以赴保增长，经济逐步企稳回升。认真贯彻落实中央扩大内需的决策部署，加快推进一批重大项目建设，有效拉动投资增长。深化企业帮扶解困，积极搭建政银企合作平台，落实各类税费减免政策，提振企业发展信心。全面开展“市场万里行”，着力拓展国内国际两个市场，促进市场持续繁荣。认真落实系列外贸促进政策，探索建立小商品便利化出口新模式，外贸出口持续回暖。

一年来，我们多措并举促转型，经济结构不断优化。完善转型升级促进体系，建立浙江大学—义乌创业育成中心、义乌创意园等产业服务平台，开展“百对千”科技对接，科技创新能力不断增强。扎实推进现代服务业发展，国际博览中心建成投用，金融商务区、内陆口岸场站一期等大平台建设加快推进，义乌海关挂牌成立。成功举办义博会、森博会、旅博会、文博会和侨商大会，物流园区列为省重点扶持物流基地。认真落实强农惠农各项政策，加快推进土地流转，启动高效生态农业示范园区建设。

一年来，我们坚持不懈抓改革，发展活力明显增强。全力以赴争取“中国义乌国际贸易综合改革试点”，试点争取工作得到国家领导和省委、省政府以及国家有关部委的大力支持，取得突破性进展。深化统筹城乡综合配套改革，围绕“两转一保”，“六化”工作加快推进。全面开展扩权强镇改革，镇街综合发展能力进一步增强。实施国有资产管理体制改革，组建成立四大市属国有公司，初步构建权责相称的企业国有资产监督管理体制。深化市级机关内部行政许可职能归并改革，完成行政许可项目清理规范工作。

一年来，我们集中力量破难点，城乡发展更加协调。扎实开展“抓落实、求创新、谋突破”主题活动，着力破解一批工程节点、项目难点，阳光大道、北门街区块改造等一批重大项目取得突破性进展。完善城乡新社区建设政策体系，“园中村”功能分区改造试点取得阶段性成果，“城中村”全高层改造试点顺利启动。

一年来，我们尽职尽责保民生，社会保持和谐稳定。切实办好“十大实事”，民生工程有序推进。完善社会保障体系，扩大社会保险覆盖面，鼓励以创业促就业，社会保障和促进就业工作水平不断提高。积极推进科教文卫体等各项社会事业发展，成功创建全国推进义务教育均衡发展工作先进地区，启动建设浙江大学医学院附属义乌医院，甲型 H1N1 流感、登革热等疫病防控取得阶段性成果。切实做好维稳、信访、食品药品监管、安全生产等各项工作，圆满完成国庆安保任务，“平安义乌”建设稳步推进，社会保持和谐稳定。

一年来，我们围绕中心强党建，领导科学发展的能力不断增强。积极开展第二批、第三批学习实践科学发展观活动，解决了一批制约科学发展的思想障碍和具体问题。深化干部人事制度改革，大规模开展干部教育培训，认真落实人才系列政策。切实加强基层组织建设，加快构建统筹城乡基层党建工作新格局。严格干部管理，加强机关效能建设，认真落实党风廉政建设责任制，进一步营造了风清气顺、干净干事的工作氛围。

总的来看，过去一年我们的工作卓有成效。作为经济外向度高、受国际金融危机影响较早、冲击较大的地区，取得这样的成绩来之不易。这是上级党委、政府科学决策、正确领导的结果，是全市上下同舟共济、奋力拼搏的结果。在此，我谨代表市委，向全市广大干部群众表示衷心的感谢！

下面，我根据市委常委会讨论的意见，讲三方面问题。

一、以“创新创优、提质提效”为主题，凝心聚力谋发展

“创新创优、提质提效”这一主题，核心内容是转变经济发展方式，根本动力是改革开放和科技创新，基本方法是提高效能、优化环境，主要目标是再创义乌发展新优势、确保义乌始终走在前列。推进“创新创优、提质提效”，就是要不断推进产业的优化升级，提高经济运行质量；不断推进城市功能的优化完善和农村环境的优化美化，提高群众生活质量和生态环境质量；不断提高政府工作效率、机关工作效能、公共服务效果，激发全社会创业创新创优的积极性；不断发挥自身优势和主观能动性，全力推进国际贸易综合改革和统筹城乡综合配套改革。

市委把“创新创优、提质提效”确定为2010年及今后一个时期工作的主题，主要基于三方面的考虑。

首先，"创新创优、提质提效"是新形势下义乌创造性地贯彻落实科学发展观和省委"两创"总战略，推进经济发展方式转变的具体体现。近段时间，中央、省委相继召开了经济工作会议，省委、省政府还特别召开了近万名企业主参加的全省经济工作电视电话会议。这些会议从全球视野和战略高度出发，全面分析了当前国际国内经济形势，剖析了经济运行中存在的深层次问题，指出国际金融危机对经济的冲击，表面上是对经济增长速度的冲击，实质上是对经济发展方式的冲击，转变经济发展方式已刻不容缓，提出要把加快经济发展方式转变作为深入贯彻落实科学发展观的重要目标和战略举措。从我市发展趋势看，我们已经进入产业结构调整加速期、资源要素制约瓶颈期、社会发展转型期，到了迫切需要转变经济发展方式的紧要关头。我们一定要把思想统一到中央、省委的精神上来，紧扣"创新创优、提质提效"主题，自觉、坚定地承担起应尽的历史责任，毫不动摇地加快经济发展方式转变，推动义乌又好又快发展。

其次，"创新创优、提质提效"是充分认识义乌自身发展态势，再创发展新优势的必然选择。当前义乌正处于巩固企稳回暖的关键期、转型升级的关键期、抢抓金融危机后新一轮发展机遇的关键期。

从宏观形势看，今年对义乌的有利条件和积极因素明显增多。中央将保持宏观经济政策的连续性和稳定性，为义乌经济发展创造了良好环境。世界经济有望恢复性增长，为企业"走出去"和"引进来"创造了更大空间。但是国际金融危机的影响在短期内难以完全消除，经济运行中新老矛盾交错相织，贸易壁垒、汇率变动、原材料价格震荡等不确定、不稳定、不可预料的因素依然较多。这对我们在工作中准确判断形势、把握经济发展的主动权，提出了更高的要求。

从发展的优势看，经过改革开放 30 多年的努力，义乌经济综合实力显著增强，产业国际竞争力日益提升，城市规模不断扩大。当前，国家和省委、省政府对义乌高度重视，将义乌放在全省、全国发展大局中进行定位，大力支持义乌开展国际贸易综合改革和统筹城乡综合配套改革。这既是一种鼓励，更是一种鞭策，对我们站在新的历史起点上，把握大局，多做打基础、利长远工作，提出了更高的要求。

从当前面临的问题看，长期积累的结构性、素质性、体制性矛盾尚未根本解决，金融危机的冲击又使问题更加突显。主要表现为：土地等要素制约亟待解决，产业发展空间亟待拓展；现行外贸监管体制与小商品国际贸易方式不相适应，扩大市场份额难度较大；行业领军企业培育不足，产业集群的整体升级有待加快；工业投资、民间投资乏力，新的经济增长点不够突出，财政增收难度加大；城市功能布局亟待优化，城市综合承载力有待提高；改善民生的任务依然较重，维护社会稳定任务艰巨等。这对我们不断推进工作创新，狠抓工作落实，突破节点难点，提出了更高的要求。

我们一定要立足义乌实际，紧扣"创新创优、提质提效"主题，认清优势、正视差距，抓住机遇、直面挑战，以前瞻性、战略性的思维，深入推进各个领域的改革，努力解决发展中遇到的新老问题，再创义乌发展新优势。

第三，"创新创优、提质提效"是进一步坚定信心、振奋精神，确保义乌始终走在前列的迫切要求。义乌人杰地灵，有着不甘落后、敢为人先的传统，有着"义乌速度"、"义乌经验"的美誉。当前，受金融危机的冲击和影响，我市一些经济指标增速排位下滑，发展遇到了困难，这些都是前进中的问题，发展中暂时的阶段性问题，我们决不能妄自菲薄，丧失信心。我们要看到，改革开放以来，历届党委、政府带领广大干部群众坚持并不断深化"兴商建市"发展战略，走出了一条富有自身特色的发展道路，创造了一系列引以自豪的辉煌成就。特别是去年以来，应对金融危机的冲击，市委、市政府积极有为、务实创新，取得了明显成效，积累了成功经验。这一系列阶段性成果的取得，充分展示了我们的智慧，坚定了我们的信心。发展的实践告诉我们，一个地方发展的道路是漫长的，但紧要的往往也就是关键几步。今天，义乌再一次站到了发展的关键路口，再一次考验着我们领导科学发展的智慧和能力。我们一定要坚定信心、振奋精神，紧扣"创新创优、提质提效"主题，总结弘扬以往成功经验，迎难而上、追求卓越，充分调动和激发广大干部群众的创业创新激情，确保义乌始终走在前列。

二、以“创新创优、提质提效”为主题，推进义乌经济社会发展新进程

2010年是实施“十一五”规划的最后一年。做好今年工作，对巩固经济回稳势头，保持社会和谐稳定，夺取应对国际金融危机冲击全面胜利，奠定“十二五”发展良好基础，都具有十分重要的意义。

2010年及今后一个时期工作总体要求：深入学习实践科学发展观，认真贯彻落实十七届四中全会、省委十二届六次全体(扩大)会议和中央、省委经济工作会议精神，坚持以“创新创优、提质提效”为主题，以转变经济发展方式为主线，以国际贸易综合改革和统筹城乡综合配套改革为动力，以改善民生为根本目的，建设大平台，招引大项目，发展大产业，促进市场繁荣，打造“实业洼地”，统筹城乡发展，维护社会和谐，扎实推进国际商贸名城建设。

要创新十大工作机制：一是开展国际贸易综合改革试点；二是深化统筹城乡综合配套改革；三是创新省级开发区管理体制；四是开展市场“走出去”试点；五是创新招商引资机制；六是优化科技创新机制；七是推进医药卫生体制改革；八是优化人才引进政策；九是深化国资管理体制改革；十是创新流动人口服务管理机制。

要打造十大发展平台：一是加快建设展示交易平台；二是打造以经济开发区和义乌工业园区为核心的工业产业发展平台；三是打造以农业经济开发区为龙头的现代都市农业平台；四是打造“义乌港”和现代物流平台；五是打造金融商务区平台；六是建设现代信用监管平台；七是打造电子商务平台；八是打造文化创意产业和公共科技服务平台；九是打造总部经济平台；十是打造新365服务中心等行政管理服务和效能建设平台。

要建设十大重点工程：一是国际商贸城五区；二是生产要素市场；三是老铁路改造；四是北门街区块改造；五是内陆口岸场站；六是保税物流中心；七是国家级康居工程；八是浙江大学医学院附属义乌医院；九是现代化电影院；十是佛堂古镇保护开发利用。

要办好十大民生实事：一是办好以农村住房改造为重点的住房民生实事；二是以建设国际商贸城配套道路为重点改善城市交通；三是以治污和改善义乌江水质为重点优化生态环境；四是办好以完善城乡居民养老、医疗保险制度为重点的社会保障民生实事；五是办好以中小学校舍安全工程、实施国家基本药物目录为重点的教育医疗民生实事；六是办好文化体育民生实事；七是改善供水、供电、供气、环卫和“菜篮子”等基本生活设施；八是做好慈善救助和扶弱助残工作；九是办好公共安全民生实事；十是办好便民服务民生实事。

今年全市经济增长的预期目标为：地区生产总值增长10%左右，地方财政收入增长7%以上，全社会固定资产投资增长11%左右，消费品零售总额增长14%以上，城镇居民人均可支配收入增长7.5%以上、农村居民人均纯收入增长8%以上。万元生产总值综合能耗下降2.7%以上，化学需氧量和二氧化硫排放量分别下降4.0%和2.5%。

根据上述总体要求和工作目标，重点抓好以下六方面工作。

(一)把建设国际小商品贸易中心作为“创新创优、提质提效”的首要任务，务求市场领先地位获得新巩固。新时期的“兴商建市”发展战略，就是要以中国义乌国际贸易综合改革试点为总抓手，加快打造先进展示交易平台、便捷高效物流平台、现代服务业集聚平台，全力建设国际小商品贸易中心。

1. 深化市场发展战略研究。顺应新型流通业态发展和制造业梯度转移趋势，加强市场宏观战略研究，明确市场发展方向，挖掘市场发展潜力，坚定市场发展信心。顺应综合型市场向专业化市场组合发展的趋势，加强专业市场群的布局和定点研究，完善市场体系。顺应电子商务蓬勃发展势头，加强有形市场与无形市场融合发展的研究，促进传统产业和现代信息技术的有机结合。针对市场行业发展不平衡问题，做好行业布局调整、新兴行业培育、专业街发展等方面的研究，促进市场整体繁荣。

2. 加快展示交易平台建设。充分运用市场建设积累的经验，按时保质完成国际商贸城五区市场、篁园市场改造等在建市场，加快启动建设生产要素市场。重视专业街市场建设，切实发挥专业街对市场的补充作用。加快进口商品交易区建设，国际商贸城五区市场重点规划建设"非洲产品展销中心"等高档次、高品位的境外商品展贸专区。加强信用监管平台建设，建立健全市场主体征信网络，加强信用宣传，打造诚信发展的形象。着力建设电子商务平台，加快国际商贸城电子信息化改造，运用在线电子探头等技术，在网络上实现市场商品的实时实物展示，再造一个网上"国际商贸城"。

3. 建设便捷高效物流平台。加快建设"义乌港"，推进内陆口岸场站、城西物流中心、青口监管中心等平台建设，使"义乌港"成为具有集疏、储运、包装、理货、分送等综合功能的"始发港"和"目的港"。创新"大通关"便利运行机制，建设电子口岸等信息化平台，培育发展第三方物流，延伸口岸港口功能，促进"义乌港"与港口口岸、边境口岸无缝对接，实现"一次申报、一次查验、一次放行"。创新进口商品便利通关机制，加快推进保税物流中心(B 型)、综合保税区等海关特殊监管区域建设，发展全球小商品国际中转、配送、采购、转口贸易和出口加工等业务。提升义乌机场定位，积极推动义乌航空口岸列入国家"十二五"发展规划，并实现正式开放。

4. 建设现代服务业集聚平台。不断巩固配套服务业与市场发展互促共荣的态势，致力破解配套服务过程中的节点难点。利用国际博览中心平台优势，优化会展发展环境，加强与国家部委、国家级行业协会的合作，大力引进国内外知名展会代理机构，争取更多的知名专业展会落户义乌。加大培育扶持力度，进一步做优义博会、文博会、旅博会、森博会等专业会展。深入实施城市旅游规划，做大做强旅游产业，着力推进购物旅游、会展旅游、商务旅游、文化旅游、生态休闲旅游以及体验休闲旅游。深入推进金融商务区建设，加快稠州商业银行、农村合作银行等落地项目建设进度，抓紧启动世贸中心、国信证券、浙商银行、兴业银行、新华期货和五星级酒店等新项目，鼓励更多的内外资银行、大中型商贸服务类企业进驻。提升金融服务水平，探索外汇管理制度改革，不断推出符合义乌经济发展需要的金融产品。

5. 全力推进市场"引进来"与"走出去"。不断优化市场环境，降低商务成本。加大市场招商力度，充分利用义乌市场的知名度和美誉度，强化与国内外优势产业基地合作，增强与国内外商业机构、经济团体的联系，招引更多的品牌产品、优势企业、优质商家入驻市场。

提升市场"走出去"能力。深度开发应用小商品指数和分类代码，积极举办高标准的行业流行趋势发布会，提升市场商品在国际市场的话语权和影响力。不断总结市场经营户的经营经验，加大对经营户的培训力度，建立一支留得住、拉得出的标准化商家队伍。深入推进市场万里行活动，加强与国内专业市场的贸易对接，继续有选择性地在全国各地建立商品配送中心和以义乌市场为"母市场"的分销网络，积极探索在境外设立中国商品物流中心。

(二) 把打造"实业洼地"作为"创新创优、提质提效"的重中之重，务求工业转型升级取得新成效。推进工业转型升级，打造"实业洼地"，核心是构建大平台，关键是培育大企业，重点是提供大服务。

1. 构建工业发展大平台。创新经济开发区和工业园区管理体制，增强工业经济的管理和服务能力，实现招商引资与土地征用等职能相对分离，征地工作一天也不停止，招商引资工作一刻也不放松。加快经济开发区和工业园区的整合、扩容、提升，在节约集约利用土地中拓展发展空间。把土地开发和整理作为土地利用的基础工作，林业、建设等有关部门和各镇街要积极借鉴外地先进经验，用足用好相关政策。抓住新一轮土地利用总体规划编制的有利时机，调整基本农田，扩大建设用地规模，充分挖掘用地潜能。

2. 培育和引进领军企业。牢固树立"抓领军企业就是抓中小企业"的理念，积极培育和引进各行业领军企业。通过 3 年的努力，力争实现工业产值 50 亿元以上企业 2 家，10 亿元以上企业 10 家，亿元以上企业 150 家，规模企业 1600 家以上。强化招商引资，积极引进市场内各行业的知名企业和领军企业，重点扶持发展投资密度大、科技含量高、创税能力强、环境污染少的工业项目，拓展的工业用地首先保证用于大项目、好项目。加快开发总部经济集聚区，制订优惠政策，优化商务环境，吸引一批行业领军企业总部集群布局。加大本地企业扶持力度，支持“五十强”和成长型企业做强做大，引导企业通过联合、兼并、合作等方式，促进各种生产要素高效组合。积极引导企业上市，对重点培育的企业实行“一厂一策”，力争通过3年～5年努力，新增上市企业5家以上。启动企业家素质提升计划，深入实施“企业精细化管理”工程，全面提高企业家整体素质。要努力培育新的税收增长点，均衡企业税负。

3. 搭建系列产业服务平台。加强产业发展规划研究，创新传统产业改造提升机制，充分发挥产业服务平台在自主创新和转型升级中的促进作用，引导传统产业加大技改投入，鼓励“零增地”技术改造和技术创新。进一步构建公共科技服务平台，建设虚拟研究院、义乌创意园、浙大义乌技术转移中心和创业育成中心，使义乌成为创意产业的领跑者。

深入实施知识产权、标准化和品牌战略。积极构建知识产权保护平台，不断提高知识产权创造、运用、保护和管理能力。积极构建质量检测公共服务平台和标准化信息服务平台，推进行业标准化建设，促进产业、企业、产品、质量、技术等方面的提升。扎实推进品牌服务平台建设，推动企业由无牌、贴牌向有牌，由有牌向名牌转变。

（三）把完善城市功能作为“创新创优、提质提效”的重要内容，务求城市面貌发生新变化。提升城市的核心竞争力和可持续发展能力，关键在于不断创新经营理念，完善城市功能，提升城市品质，创造性地发展城市新优势。

1. 创新城市经营理念。抓住中央大力推进城镇化的有利时机，推进国民经济发展、城市建设与土地利用三大规划之间的有机统一。要创新城市发展路径，转变被动扩张模式，以科学的城市总体规划为指导，实现更加注重整体性和协调性的主动发展。要创新城市发展动力，既要充分发挥市场和工业的拉动作用，又要善于“无中生有”地培植城市经济新的增长点，实现产业拉动与新型城市经济对城市发展的多极支撑。要创新城市发展形态，精心编制控制性详细规划，科学设计城市建筑体量、体形和色彩，合理确定建筑高度、密度和容积率等控制指标，形成独具特色的商城形态。

2. 完善城市功能布局。对照城市发展目标定位，按照“缺什么补什么”原则，突出重点，调整和完善城市功能布局。着力增强城市产业功能，加快国际商贸城和经济开发区等产业功能区的建设力度，集聚各种生产要素，强化产业支撑，增强城市发展后劲。着力完善城市居住功能，充分发挥房地产业在城市发展中的重要推动作用，加快土地出让，稳步发展房地产市场，尽快在国际商贸城、国际文化中心、经济开发区建设配套住宅，城市郊区开发国家级康居工程，继续推进老小区改造。着力增强城市旅游休闲功能，创新旅游开发管理体制，开发异国风情特色街和民族风情街，建设体育公园等大型文化设施，加快佛堂古镇开发和双林寺建设进度，满足群众和中外客商休闲娱乐需要。着力提升城市商业功能，加快北门街区、经济开发区、老会展中心等商业网点规划建设，建立较为完善的商业配套设施及较为发达的交通网络。

3. 加快重大基础设施建设。按照“高质量、高标准”的要求，加快建设一批对增强发展后劲具有重大保障作用的基础设施项目。加快建设杭长铁路客运专线，37省道改造工程，义乌至浦江、武义公路，浙赣铁路义乌货站至甬金高速徐村互通连接线，国际商贸城长途客运中心等交通设施，全面提高区域之间快速通行能力。要组织专门力量，抓紧上马老铁路改造工程，加快国际商贸城配套路网等城市道路改造建设，缓解城市交通拥堵问题。加快苏溪、上溪和赤岸自来水厂扩建及管网工程、枫坑水库除险加固等水利工程建设进度，确保城乡居民饮用水安全。加快完成220 kV官塘变工程，尽早启动220 kV宗泽变、220 kV望道变和500 kV线路架设等电力工程，增强供电保障能力。

（四）把做好“三农”工作作为“创新创优、提质提效”的坚实基础，务求新农村建设再上新水平。做好“三农”工作，就是要以统筹城乡综合配套改革为突破口，牢固确立农业基础地位，加快推进农房改造，着力建设富有商城魅力的社会主义新农村。

1. 大力发展都市农业。推进“三园、五区、十带”三大农业功能区建设,努力建成基础功能健全、特色优势产业明显、农业功能完备的都市农业。高标准规划建设农业经济开发区,逐步发展成为高端都市休闲农业度假区。开发农业休闲旅游带,建设一批农家乐和农业休闲观光景点,全力办好红糖节、莲藕节等农产品展会。完善提升农贸城、副食品市场等农副产品市场,积极创办名特优新产品展销中心。大力培植农业、水产、畜禽饲养等各类龙头企业和种养大户,提升农业产业化水平。

2. 加快推进农房改造。大力实施中心镇培育工程,注重农房改造与中心镇建设的有机结合,提高中心镇规划管理水平和基本公共服务能力,鼓励支持有条件的中心镇加快发展成为小城市。认真抓好城乡新社区改造试点和经验总结,加快实施高层公寓、功能分区等改造模式,积极探索农村集体土地权属处置办法。因地制宜推进“空心村”改造,引导农民拆除危旧房,盘活农村土地资源。加快实施异地奔小康工程,抓紧抓好安置小区规划建设,扎实做好村庄整理和宅基地复垦。丰富村庄整治建设内涵,开展徽派建筑、江南水乡等试点,打造一批精品示范村。加快完善农村基础设施管理机制,提升农村公共设施运转水平。

3. 完善农村民主管理机制。落实村两委联合议事等制度,全面推行重大事务决策“五步法”。建立“四议两公开”制度,实行重大事务决策“支部提议、两委商议、党员审议、村民会议决议”,做到决策内容公开、实施结果公开。深入开展村务公开和民主管理“难点村”治理工作,加强对村务、财务、党务公开的督促检查和整治力度。强化村级财务审计,定期组织开展村级财务清理审计和村两委成员任期届满审计。加快农村社区服务中心建设,提升农村公共服务水平。

(五)把改善民生作为“创新创优、提质提效”的根本目的,务求和谐社会建设取得新成果。高度重视保障和改善民生工作,着力解决群众反映的突出问题,切实维护社会稳定,促进社会和谐发展。

1. 全力保障和改善民生。办好 2010 年十大民生实事,着力解决一批与群众切身利益息息相关的热点难点问题。大力发展文化、教育、卫生、体育、人口和计划生育等社会事业,加快建设浙大医学院附属义乌医院、中心菜市场、文化中心等民生工程,积极筹划建设现代化电影院、国际贸易高等院校和国际学校。全面深化医药卫生体制改革,社区卫生机构实行基本药物零差率销售。高度重视做好甲型 H1N1 流感和登革热等重大传染病防治工作,建立长效防控机制,保障人民群众生命健康安全。全面加强城乡居民社会养老保险工作,健全新型社会救助体系、社会福利体系和就业保障体系,落实好“新农保”各项政策。创新流动人口服务管理机制,积极推进“外国人融入社区”活动,促进不同群体和谐相处、共同创业。

2. 全力维护社会和谐稳定。发展是第一要务,稳定是第一责任。要时刻绷紧维护社会稳定这根弦,从讲政治的高度,深化“平安义乌”建设。加强社会治安综合治理,维护国家安全和政治稳定,切实做好上海世博会安保工作,全面落实维稳全员责任制和重大事项社会稳定风险评估机制。以全力维护信访人及关联人合法权益为基本目标,以有理访解决到位、无理访教育到位为基本方法,推动各类信访问题有效解决,合力化解社会矛盾。深化民族宗教工作精细化管理,构建和谐和睦民族宗教关系。建立健全安全生产长效管理机制,抓好食品药品安全监管,严厉打击各类严重违法犯罪行为,维护人民群众生命财产安全。

3. 全力推进生态文明建设。围绕节能减排目标,大力发展循环经济、绿色经济、低碳经济,深化国家环保模范城市和生态市创建。实行严格的资源保护制度,鼓励全社会节地、节能、节水、节材,建设资源节约型、环境友好型社会。加快建设覆盖城乡、布局合理、结构优化的森林生态系统,致力打造“森林义乌”。加大水域保护力度,减少主要污染物排放,加快推进污水处理、溪河整治等工程,深化义乌江流域水环境污染整治和农业面源、农村生活污染治理,营造良好生态水环境。

(六)把体制机制创新作为“创新创优、提质提效”的核心动力,务求两项改革试点取得新突破。紧紧抓住开展国际贸易综合改革试点和统筹城乡综合配套改革试点的历史机遇,全力以赴,深入推进重点领域和关键环节的改革，增创体制机制新优势。

1. 以思想大解放谋划改革大格局。深化改革关键在解放思想，出路在解放思想。要大胆假设、认真求证，只要符合科学发展理念、切合义乌发展实际的改革目标、要求、举措、制度、机制，都要放开束缚、敢想敢提敢争取。要突破惯性思维、胸怀全局，更加自觉地把义乌的发展放到国家、区域发展的总体框架中去考虑，探索符合义乌发展需要、能为全省乃至全国提供借鉴意义的有效改革思路和举措。

2. 集中力量重点突破。两项改革试点涉及经济、政治、文化、社会各个领域，项目多、任务重。要突出重点，以建设国际小商品贸易中心为目标，着力深化商贸流通体制改革，打造先进展示交易平台；深化外贸体制改革，提升小商品贸易便利化水平；创新产业联动发展新机制，加快推进城乡共同发展和区域合作共赢；创新国际贸易摩擦和壁垒应对机制，促进中小企业拓展国际市场；深化行政管理体制改革，探索建设适应国际贸易需要的公共服务型政府。2010 年，关键要做好改革的项目规划工作，积极争取更多重大项目落户义乌；研究制订贸易便利化监管政策，制订新型海关、检验检疫监管试行政策和办法；完善与国际贸易相适应的机构设置，增强海关、检验检疫、银监等机构的服务能力。同时，深入推进国资改革、扩权强镇、综合行政执法、集体林权制度等各项改革，扎实做好行政事业单位经济实体清理工作，认真编制好“十二五”发展规划。

3. 全力以赴务求实效。开展改革试点，是义乌千载难逢的发展机遇，是中央和省委、省政府交付给义乌重大而艰巨的改革任务。各级领导干部要以对党、对人民、对事业高度负责的态度，把两项改革放在突出位置，坚持不懈，狠抓落实，确保不断取得阶段性成果。各部门要围绕改革重点内容，大胆探索、勇于创新，积极主动向国家和省有关部门汇报，最大限度争取上级部门的支持和帮助。要充分调动广大干部群众改革创新的积极性，鼓励支持基层和群众大胆试、大胆闯，从人民群众的广泛参与中总结经验、寻找办法。

三、以“创新创优、提质提效”为主题，努力提高党的建设科学化水平

党的领导是各项事业取得成功的根本保证。要切实加强党的自身建设，以十七届四中全会和省委十二届六次全会精神为指导，努力提高党的建设科学化水平，增强党的引领能力，不断提升义乌科学发展水平。

1. 深化学习实践活动促发展。巩固和运用学习实践活动成果，建立健全贯彻科学发展观的长效机制，促进党的先进性建设常态化。认真开展学习实践活动“回头看”，深化“抓落实、求创新、谋突破”活动，以攻坚破难的阶段性成果取信于民；深化“访企业、送服务”活动，切实为基层解决实际困难，真正让群众得实惠，以为民办实事取信于民；深化“作风建设年”活动，形成坚定清醒、真抓实干、奋发有为的精神风貌，以优良作风取信于民。

2. 凝聚各方力量促发展。进一步完善党委总揽全局、协调各方的领导核心作用，支持人大、政府、政协和司法机关依法依章履行职能。加强党管武装工作，深入开展军民共建活动。充分发挥各民主党派、工商联、台侨的作用，做好新形势下统一战线工作。加强工青妇、残联、科协等群团工作。一如既往地做好老干部工作。认真研究新形势下出现的各种利益格局调整，积极引导好、保护好、发挥好广大干部群众的积极性。

3. 加强干部队伍建设促发展。事业兴衰，干部队伍是关键性因素。要增强干部跨越的意识，牢固树立“先人一步、快人一拍、胜人一筹”地走在前列理念，聚精会神抓落实，一心一意谋发展。要增强干部跨越的能力，按照建设学习型政党的要求，大兴读书学习之风，注重国际贸易、外语、法律、宗教等方面知识的学习培训，努力成为内行领导。加强调研和实践锻炼，做到情况在一线掌握，问题在一线发现，措施在一线落实，难题在一线破解，才干在一线增长。大力实施人才强市战略，创新人才工作机制，落实人才政策，加强本土人才培育，注重通过引进大项目、大产业来引才、聚才、留才。要增强干部跨越的胆魄，营造

“崇尚实干、鼓励创新、宽容失败”的干事环境，重要岗位用重兵，让真正有闯劲、有胆魄的干部放手大胆去干。树立正确的用人导向，大胆启用敢于直言、敢于碰硬、敢于负责的干部，做到“以发展论英雄，凭实绩用干部”。

4. 加强机关效能建设促发展。区域竞争，表面上是比指标、比增速，实质上是比工作效能、比服务环境。加强机关效能建设，着力解决“禁止了允许的”和“允许了禁止的”问题。要责任到位，深化行政管理体制改革，有效解决部门与部门之间、部门与镇街之间、科室与科室之间职能交叉、管理重叠、责任不清、管理真空等问题，做到“履职有依据、责任有人担”。要评价到位，建立健全体现科学发展观和正确政绩观要求、简便易行的考核评价体系，更加重视线上工作创新和点上工作突破的绩效考核。要监督到位，深化基层站所、机关科室民主评议工作，加强镇街效能监察投诉中心和行政执法电子监察系统建设，做到行政权力运行到哪里，监督就到哪里。严格奖惩，该奖的奖，该罚的罚，重点对“能做的不做”、“能批的不批”、“能快的不快”、“能突破的不突破”等慢作为、不作为等行为进行问责，对群众反映强烈、社会影响恶劣的问题，从严从快查处，做到“有错必罚、无为必究”。

5. 加强基层组织建设促发展。落实党委抓基层党建责任制，按照构建城乡统筹的基层党建工作新格局要求，力争到2012年全市60%以上的农村基层党组织创建成“五好”农村基层党组织，进一步发挥基层组织“推动发展、服务群众、凝聚人心”的作用。加强基层组织干部队伍建设，以村级组织换届试点和社区两委换届为契机，按照“五强五好”、“三强三有”的要求，提升新农村建设带头人的整体素质。制定引导大学生村官自主创业政策，畅通流动渠道。完善村级组织运转经费保障机制，逐步提高农村卸任主职干部的生活补助标准。探索在非公企业和新社会组织集中的工业区、农民专业合作社、流动党员集聚区建立区域性党组织，推进区域化党建工作。

6. 加强党风廉政建设促发展。牢固树立“廉政也是生产力”、“廉政也是投资环境”的理念，认真贯彻实施《中国共产党领导干部廉洁从政若干准则》和《关于进一步从严管理干部的意见》，不断增强党员干部拒腐防变的能力。坚持用制度管权、管事和管人，加强审计监督，深化以“五公开”为重点的“阳光党务”建设。严格遵循“权力在阳光下运作”的规定，“三重一大”事项都要集体研究。建立村级工程廉洁保障体系，开展村级组织党风廉政“评星晋级”活动，促进党风责任制向村级班子延伸。加大查办违纪违法案件工作力度，严惩腐败分子。

同志们，我们正处于新一轮发展的起跑线上，新的目标在召唤我们，新的征程在考验我们。全市上下一定要坚持以科学发展观为统领，坚定不移走“创新创优、提质提效”之路，凝心聚力，真抓实干，为全面完成“十一五”发展目标任务，扎实推进国际商贸名城建设而努力奋斗！

坚定信心　狠抓落实
以生态文明建设推动义乌科学发展
——在市委十二届八次全体(扩大)会议暨市政府第七次全体会议上的讲话
（2010年7月21日）

中共义乌市委书记　黄志平

同志们：

这次会议的主要任务是：深入学习实践科学发展观，认真贯彻省委十二届七次全会、金华市委五届十三次全会暨市政府第十一次全体会议精神，总结上半年工作，落实下半年任务，全面部署生态文明建设，审议通过《中共义乌市委关于推进生态文明建设的决定》，动员全市广大干部群众坚定信心、狠抓落实，促进我市经济社会又好又快发展。

现在，我代表市委、市政府向大会作报告。

一、回顾总结上半年工作，进一步坚定加快发展信心

今年以来，市委、市政府以科学发展观统领全局，围绕年初目标，力行“创新创优、提质提效”，主要经济指标稳步上扬。今年1～6月，全市实现地区生产总值272.4亿元，同比增长12.2%。完成财政一般预算收入41.3亿元，同比增长9.3%，完成地方一般预算收入23.1亿元，同比增长13.7%。6月末全市金融机构存款余额1446.2亿元，贷款余额1005.1亿元，分别比年初增加188.2亿元和137.9亿元。

年初全会明确的“四个十”总体进展顺利，十大工作机制中，国际贸易综合配套改革等7项取得实质性进展；十大发展平台中，现代产业集聚区、总部经济等8个取得实质性进展；十大重点工程中，在建的5项顺利推进，新建的5项前期工作全面启动，全市重点工程新建设项目开工率达48%，重点项目镇街征迁完成率达65%；十大民生实事的50个分项中，6项已全面完成，一半的实事事项已完成工作总量的70%以上。

1. 力行“两创两提”，发展力量进一步凝聚。全面部署开展“创新创优、提质提效”主题活动，切实加强机关效能和执行力建设，在全市形成了“求创新、谋突破、争一流”良好工作氛围。建立健全长效管理机制，制订出台治理行政慢作为等10个专项文件，建立完善486项规章制度，进一步明确了职能交叉、管理真空等24个疑难问题的责任主体。强化督查问责，开展了12次专项检查，对28件典型案例进行了督办，解决了一批涉及群众切身利益、反映强烈、久拖不决的难题。各镇街、各部门全面向社会公布创业承诺事项，创新257项特色亮点工作，全市部门审批服务项目平均提速1.8天，群众对机关工作作风满意度不断提高。各级党政组织结合主题活动，巩固学习实践活动成果，全面开展“商城先锋”创先争优活动，党的建设得到新加强。

2. 推进转型升级，发展质量进一步提升。市场稳中趋旺。上半年，中国小商品城成交额169.1亿元，同比增长7.8%。国际商贸城五区、篁园市场改造主体工程结顶，各项配套设施建设平稳有序。新一轮市场行业布局调整顺利推进，进口商品馆加快扩容。“市场万里行”活动影响进一步扩大，物流配送加盟模式逐步成形。1～6 月份，义乌海关监管小商品出口集装箱 27.9 万标箱，同比增长 15.8%，其中 4 月份出口 6 万标箱，再创历史新高。

工业加速提升。上半年，全市规模以上工业企业完成产值 247.1 亿元，同比增长 20.4%，工业用电量同比增长 14.5%。出台加快工业经济转型升级专项政策，突出培育大企业、引进大项目。全市完成工业性投入 20.1 亿元，同比增长 53.4%。全面启动国家知识产权示范城市创建，国家旅游商品研发中心落户义乌。狠抓工业项目开工投产，352 个项目主体开工率 90.3%，建成投产率 68.2%。

现代服务业蓬勃发展，成功举办 2010 文博会、旅博会、义博会迪拜展等展会 60 个，经贸类展会总成交额同比增长近 1 倍。总部经济加速启动，金融商务区建设稳步推进，世贸中心项目成功挂牌出让，新规划 240 亩经济开发区总部经济区。内陆口岸场站建设完成投资额 86%。

3. 构建产业平台，发展空间进一步拓展。扎实做好"十二五"规划前期工作，结合新一轮土地利用总体规划修编，大力推进低丘缓坡开发利用，完成宜建地块开发利用规划。加快推进现代服务业和先进制造业产业集聚区建设，产业大平台建设迈出新步伐。组织"比学赶帮超"工作竞赛，实行项目开工倒排计划和节点工作挂牌销号制度。杭长铁路客运专线、03 省道义乌段改建、37 省道改建和复线建设等重点工程前期工作加快推进，污水处理厂三期、佛堂古镇保护开发利用等重大项目建设进展顺利。

4. 深化各项改革，发展活力进一步增强。国际贸易综合配套改革试验区争取工作得到国家相关部委和省委、省政府的大力支持，并取得突破性进展。编制完成改革总体方案，已上报国家发改委。分项改革工作先行先试，部分成熟事项已先行突破。海关和检验检疫局已完成《义乌小商品出口监管综合改革方案》和《市场采购出口商品检验检疫监督管理办法》，编制完成义乌"十二五"航空口岸规划方案，并上报省政府和国家口岸办。统筹城乡综合配套改革进一步深化，成功试点"园中村"功能分区改造、"城中村"全高层改造和"空心村"改造，启动 19 个村新社区建设。新一轮国资监管体制改革开局良好，扩权强镇改革和综合行政执法体制改革成效明显，市级机关内部行政许可职能归并改革不断深化。

5. 维护和谐稳定，发展环境进一步优化。围绕办好十大民生实事，扎实推进各项民生工程。大力实施农房改造，新建住房面积 145 万平方米，被评为浙江省农村住房改造优秀县(市)。深化医药卫生体制改革，浙江大学医学院附属义乌医院主体工程完成招投标，登革热防控成果进一步巩固，今年无登革热病例发生。推进社保扩面，提高医保待遇，城乡居民社会保障水平不断提高。优化外国人服务管理，加强宗教场所安全防范和隐患排除。切实做好维稳、信访、食品药品监管、安全生产等各项工作，世博安保完成阶段性任务，社会保持和谐稳定。

回顾上半年工作，全市一系列重大决策和部署都是建立在深入调研、广泛征求意见基础上，是全市干部群众智慧和民意的集中体现；我们所取得的工作成绩，也是广大干部群众凝心聚力、奋力拼搏的结果。在肯定成绩的同时，我们也要清醒认识到发展中面临的诸多挑战。从宏观形势看，温家宝总理在 6 月底召开的经济形势座谈会上，指出当前国内外经济形势仍然极为复杂，贸易壁垒、汇率变动等不确定、不可预料因素依然较多。而义乌经济外向度较高，对国际经贸环境变化更加敏感，影响我市经济平稳较快发展的变数也在增多；从义乌发展实际看，一是部分经济指标增速靠后；土地等资源要素制约，严重影响了新项目、重大项目引进和规模企业的扩容提升，部分重点工程建设进度不够快。二是产业大平台建设、大企业培育等工作刚刚起步，培育龙头企业、行业领军企业的任务非常急迫。三是社会建设和管理方面仍需不断提升，安全生产、信访维稳、公共卫生安全等工作任务仍然较重，少数干部群众创新意识、责任意识、进取精神不强，作风建设长效机制仍需不断探索加强。当然，这些问题都是发展中的问题，必须用加快发展的办法来解决。

我们也要看到自身优势和机遇。国家相关部委、省委省政府对义乌的关心支持没有变，除"两项改革"外，我市现代服务业和先进制造业集聚区还列入了 14 个省级产业集聚区；我市饰品产业集群列入了全省21个块状经济向现代产业集群转型示范区。我市"市场高地、实业洼地"的发展优势没有变,低丘缓坡开发利用潜力巨大,为我市产业发展提供了新的空间。义乌国际知名度、影响力不断提升,为市场"走出去、引进来"创造了良好条件。总之,我们有基础、有机遇、有实力,全市上下要倍加珍惜这一良好发展态势,增强信心、竭尽全力、勇于创新、敢于担当,千方百计推进年度工作目标的落实。

二、深入贯彻省委全会精神,全力推进生态文明建设

生态文明,是指人与自然、人与人、人与社会和谐共生、良性循环、全面发展、持续繁荣为基本宗旨的文化伦理形态,是中国特色社会主义的重要组成部分,与经济建设、政治建设、文化建设、社会建设共同构成"五位一体"的总体布局。推进生态文明建设,是加快转变经济发展方式、实现可持续发展的必由之路;是改善民生、造福子孙后代的战略举措;是建设国际商贸名城的内在要求。

改革开放以来,历届市委、市政府团结带领全市人民励精图治,为推进生态文明建设作出了积极努力,取得了显著成效。我们始终坚持"兴商建市"发展战略,大力发展商贸服务业,走新型工业化道路,发展高效生态农业,经济结构不断优化,初步形成了独具义乌特色的生态经济体系;始终坚持以人为本、建治并举,着力解决环境污染问题,大力开展生态文明创建活动,先后荣获国家卫生城市、国家环境保护模范城市、国家园林城市、中国优秀旅游城市和省级文明城市等称号,顺利通过国家生态市的考核验收,初步形成了城乡统筹、和谐优美的生态环境;始终坚持培育、发展、繁荣生态文化,弘扬可持续发展的新思想、新观念,构建政府主导、部门联动、群众参与的工作机制,生态文明理念不断深入人心,群众文明程度显著提高。但我市目前生态文明建设的水平和层次,离上级的要求、群众的期望和发展的目标还存在不少差距。全市通过清洁生产、循环经济审核的工业企业不到1%,生态化改造任重道远;全市19条主要溪流中18条水质常年处于劣五类,义乌江水质离省"811"新三年环保行动的要求还有较大差距;环保问题成为群众关注的热点,据数字城市中心统计,涉及环保方面的投诉占到总数的22%;群众生态环保意识仍比较淡薄,铺张浪费、乱丢乱倒等现象比较普遍。为此,全市上下必须要认真贯彻省委十二届七次全会精神,着眼长远,狠抓当前,全力推进生态文明建设。

建设生态文明的总体要求是:坚持以邓小平理论和"三个代表"重要思想为指导,深入贯彻落实科学发展观,按照省委推进生态文明建设的要求,紧紧围绕建设国际商贸名城目标,创新创优、提质提效,大力发展生态经济,不断优化生态环境,加快建设生态文化,着力完善体制机制,形成节约能源资源和保护生态环境的产业结构、增长方式和消费模式,打造"富饶和谐、宜商宜居"的生态义乌,努力实现经济社会可持续发展。

建设生态文明的主要目标是:力争通过5～10年的努力,建成全国生态文明示范市。

到2015年的主要目标是:全面完成省下达的"十二五"单位生产总值能耗下降指标和主要污染物减排任务。生态经济加快发展,循环经济、清洁生产形成较大规模,构筑以小商品贸易为龙头、以小商品先进制造业为支撑、以现代服务业为特色的现代生态经济体系;生态环境不断改善,建成一批环境保护和生态建设重点工程,环境污染得到有效治理,森林覆盖率、建成区绿化覆盖率、人均绿地面积稳步提高,水环境明显改善,生态安全保障体系更加健全;生态文化日益繁荣,生态文明教育不断加强,绿色创建活动广泛开展,生态文明理念深入人心,绿色健康的生活方式初步形成;生态文明体制机制不断完善,并得到全面有效执行。

到2020年的主要目标是:建立符合可持续发展要求的经济结构、生态环境系统和社会管理体系,基本实现经济社会发展与资源、环境承载力相适应,把义乌市建设成为具有较发达的生态经济、优美的生态环境、和谐的生态家园、繁荣的生态文化、可持续发展能力较强的国际商贸名城。

根据上述总体要求和工作目标,重点要抓好以下五个方面工作:

1. 加快建立现代生态产业体系,大力发展生态经济。按照全省主体功能区规划和义乌市生态环境功能区规划，加快推进现代服务业和先进制造业集聚区建设，大力培育发展战略性新兴产业，努力构建附加值高、资源消耗低、环境污染少的现代生态产业格局。围绕发展壮大商贸业，加快发展金融、物流、会展、旅游、电子商务、文化创意等现代服务业，不断提高服务业在国内生产总值中的比重。全面实施工业园区生态化改造，积极运用先进适用技术和现代管理方法改造提升传统产业，坚决淘汰落后产能，引导企业开展清洁生产、绿色生产，促进制造业绿色化、智能化。加快发展高效生态都市农业，大力发展无公害农产品、绿色食品和有机食品，鼓励使用有机肥和生物农药，依法加强有机农产品和绿色农产品标识管理，努力实现农产品的优质化和无害化。加快发展循环经济，开展循环经济骨干企业、示范园区和基地建设，推广生态立体农业循环模式，加强资源的综合利用和再生利用，努力促进循环经济在生产、流通、消费、回收各个环节和企业、园区、社会各个层面的发展。

2. 全面开展环境整治，着力改善生态环境。加大污染物减排力度，推进污染源达标排放工作，全面完成化学需氧量、氨氮、二氧化硫、氮氧化物等主要污染物的减排任务。开展环境污染治理，加强水、大气、噪声、农业面源、固废等污染的防治，重点解决好溪河水质、饮用水源保护、畜禽养殖污染、机动车尾气排放等突出问题。开展义乌江综合治理与保护，加强污染耕地、废弃矿场、垃圾填埋场等环境修复，加快推进水土流失综合治理。完善环境基础设施，加快截污纳管、雨污分流工程建设，开展污水处理厂三期及配套管网建设，实现生活污水处理设施村覆盖。推进城乡环境卫生整治行动，深入实施"千村示范、万村整治"和农村环境"五整治一提高"工程，全面完成村庄绿化三年行动任务，大力开展"绿色城镇"、"美丽村庄"和生态文明村创建。加快绿色屏障和生态景观规划建设，开展国家森林城市创建，鼓励实施立体绿化、垂直绿化、屋顶绿化，进一步推进义乌江两岸绿化带规划建设，不断提高建成区绿化覆盖率和人均绿化面积。健全生态安全保障体系，建立饮用水源、机动车尾气、危险废物等监测系统，重点做好地下水资源、主要河流交界断面、敏感区域空气质量的监测，切实完善应对突发环境事件和重大生物灾害的预警、防控和应急体系。

3. 大力推进节约型社会建设，提高资源利用效率。全面推进国民经济各领域、生产生活各环节的节能，突出抓好工业、建筑业、交通运输业节能，推广使用太阳能、天然气等可再生资源和清洁能源，加快LED照明等节能技术、产品的推广应用，努力把义乌建设成为清洁能源示范基地。深化节水型社会建设，加强水资源保护与开发，加快工业废水回收再利用、区域中水回用、分质供水等项目建设。落实国土资源管理共同责任制，全面推进土地节约集约利用，重点提高城镇建设用地和工业用地的利用效率，大力实施低丘缓坡的开发利用，合理规划开发城市地下空间，坚决治理土地违法行为，加快建设用地复垦。厉行节约用材，大力推广节能建筑建设，逐步推广垃圾分类回收利用。

4. 注重建设生态文化，强化生态文明理念。加强生态文明教育和科普宣传，提高全民生态文明素养，形成生态文明社会新风尚。保护和开发生态文化资源，充分发挥生态文化载体作用，把图书馆、老年活动中心等场所作为弘扬生态文化的重要宣传阵地，建设一批以绿色企业、绿色社区、生态村为主体的生态文化宣传教育基地。引导开展绿色机关、绿色学校、绿色市场、绿色家庭等绿色系列创建活动，夯实生态文明建设基础。加强生态环保志愿者队伍建设，动员社会各界积极参与各种形式的环保活动。积极组织开展"世界环境日"、"中国植树节"等重要时节的纪念和宣传活动。大力开展"节能减排家庭社区行动"，在全社会倡导健康文明的绿色生活。

5. 加快推进制度创新，着力完善生态文明建设体制机制。按照主体功能和生态环境功能定位，研究建立分类考核评价体系，加快构建促进生态文明建设的党政领导班子和领导干部综合考核评价机制。按照"谁保护、谁受益"，"谁改善、谁得益"，"谁贡献大、谁多得益"原则，建立健全生态补偿机制和高污染、高能耗、低层次企业退出机制，加大环保财力转移支付力度，提高保护生态环境的积极性。完善生态文明建设政策支持体系，引导社会资金参与生态环保基础设施建设和经营。进一步抓好有关发展生态经济、改善生态环境、加强资源节约的各项税收、金融优惠政策的落实，加大清洁生产、节能减排、节地节水项目和企业的政策扶持力度。完善政府采购制度，绿色节能产品要优先列入政府采购目录。完善水、电分类阶梯定价政策。进一步加强环保执法，依法严厉查处破坏生态、污染环境的案件。加强生态法制宣传教育，在全社会形成人人遵法守法、自觉保护环境的良好局面。

三、突出重点、狠抓落实，确保圆满完成全年工作任务

下半年，我们要紧紧围绕年初工作目标和"创新十大工作机制、打造十大发展平台、建设十大重点工程、办好十大民生实事"工作部署，以"创新创优、提质提效"为主题，突出重点、扎实苦干，振奋精神、狠抓落实，确保完成全年工作任务。关键抓好以下八方面工作。

（一）以市场转型升级为核心，抢占市场发展制高点。顺应贸易全球化和信息化发展趋势，完善市场体系，创新市场业态，促进市场多元化和国际化，打造国际小商品贸易中心。

1. 建设完善市场体系。加快国际商贸城五区市场、篁园市场和周边配套设施建设，做好行业布局规划，确保明年文博会前顺利投入使用。高标准规划义西生产要素市场群，在前期调研论证的基础上，积极开展规划实施，争取及早开工。积极赴国内外重要日用消费品生产基地进行实地招商，招选更多知名企业和优质商户入驻市场。深化"市场万里行"活动，积极探索市场"走出去"，加强标准化供应商队伍建设，在有条件的国家和城市建立商品配送中心和以义乌市场为"母市场"的分销网络。

2. 培育发展电子商务。加快电子商务发展，是促进义乌市场转型升级的重大新课题。有关职能部门要高度重视、深入研究，尽快理清义乌电子商务发展思路。制定加快电子商务发展政策意见，引导有实力的经营户开展电子商务，加快培育聚集一批规模化、专业化、经营性电子商务龙头企业。探索培育或引进适合义乌实际的第三方电子商务平台，建立完善信用、物流、金融等支撑体系，培育发展独具义乌特色的无形市场。

3. 扶持发展进口、转口市场。加快进口商品交易区建设，科学制定发展方案和管理办法，吸引更多境外生产企业和进口商品贸易商来义乌经营。认真落实中非合作"沙姆沙伊赫"行动计划，积极筹建"非洲产品展销中心"。充分发挥公用型保税仓库作用，积极争取设立保税物流中心B型，稳步实施海关、检验检疫新型监管办法，有效降低进口、转口贸易成本。深入推进跨境贸易人民币结算，有效规避汇率风险，促进贸易投资便利化。

4. 提升发展会展业。认真筹备办好义博会、森博会和中国侨商会会长峰会、会展文化节等各类展会，进一步提升会展业规模和档次。继续做好上海世博会对接工作，争取引进部分国家馆落户义乌。进一步探索境外办展途径，精心组织义博会印度展和意大利展，努力扩大义乌市场在国外的知名度和影响力。

5. 增强市场软实力。提升《小商品分类与代码》标准化水平，探索建立与国际海关组织HS码、国家物品编码融合的小商品编码体系。进一步拓展"义乌指数"信息发布渠道，提高"义乌指数"在商品生产和商贸流通领域的应用程度和权威性。发挥行业协会和同业公会作用，积极举办流行趋势和新品发布会，引领小商品发展潮流。

（二）以拓展发展空间为重点，增强工业经济竞争力。积极构建以经济开发区和工业园区为核心的工业产业发展平台，培育更多的行业单打冠军、领军企业，以时不我待的精神加快打造"实业洼地"。

1. 全力推进园区整合提升。建立完善经济开发区、工业园区的管理体制和工作机制，健全机构、明确职责、落实责任，提高开发建设专业化水平。尽快完善整合提升方案，进一步明确整合提升范围和开发时序，明确产业发展方向，细化空间布局。高起点编制"十二五"工业发展规划，加快编制饰品、无缝织造、纺织、汽车零部件等一批优势、重大产业转型升级发展专项规划，构建现代产业体系。

2. 扎实推进低丘缓坡开发利用。各镇街和相关部门要增强责任心、危机感和紧迫感，靠山吃山、深度挖潜，花大力气推进低丘缓坡开发利用工作，尽快实质性启动，为全市经济社会发展特别是工业经济发展拓展空间。加快开展重点地块控制性详规编制和项目筛选、包装、报批工作，佛堂、赤岸、廿三里等区块的低丘缓坡开发，要争取今年10月底前完成用地报批并开工建设，为全市提供样板。

3. 切实加强项目招商和开工。制订出台招商引资新政策，完善落实招商引资考核奖励办法，健全和充实招商引资队伍，千方百计引进一批大项目、好项目。创新工业用地出让方式，开展“一企一策”和“公开拍卖招标”出让试点，进一步提高招商引资质量。加强工业项目开工建设督查考核，对条件具备而未开工的企业进行重点监管，严肃查处各类违规行为，确保工业项目早日落地、开工、投产。

4. 着力培育行业领军企业。支持“五十强”和成长型工业企业做大做强，在技改、研发、融资等方面加以重点扶持，引导企业实施品牌战略和知识产权战略。鼓励企业零增地技改和技术创新，大力支持争创国家、省高新技术企业和研发中心。完善企业上市政策，鼓励企业“多渠道、多形式”上市，争取年内向国家证监会申报上市企业2家。

5. 优化工业发展环境。深化“访企业、送服务”活动，树立主动服务意识，尽力为企业排忧解难，对重点企业实行“一企一策”帮扶，齐心协力推动义乌工业发展。探索建立银企合作网上对接平台，开展常态化的“银企洽谈会”，创新推广“中小企业集合票据”、“中小企业担保资金”等金融服务，千方百计缓解企业融资难问题。完善激励考核机制，切实发挥创意园、虚拟研究院、浙大创业育成中心等公共服务平台作用，加快筹建中科院沈阳自动化所义乌技术研究中心，为工业发展提供技术支撑。加强社会宣传，倡导“一心一意做实事、千方百计促转型”的良好创业创新风气，营造办实业光荣、尊重企业家的良好社会氛围。

(三) 以重大项目建设为支撑，培育城市经济增长点。发展城市经济是转型升级的重要方向。要通过加快“十大工程”等重大项目建设，强力推动城市经济发展，打造区域经济新增长极。

1. 加快推进总部经济建设。深入推进金融商务区和经济开发区中心区规划建设，加快发展楼宇经济。积极推进金融商务区项目建设和落地，加快稠州商业银行、农村合作银行项目建设，争取浙商银行和兴业银行项目获总行批复，确保年内新引进一批总部经济项目。细化和完善楼宇建设规划，加快经济开发区中心区招商进度。

2. 加快推进“义乌港”和现代物流业发展。大力推进重大物流工程建设，基本建成内陆口岸场站一期，启动建设内陆口岸场站二期，抓紧做好青口监管中心、城西物流中心、铁路货站监管点等物流工程筹建。创新重大物流园区管理和运行机制，培育和引进大型物流企业，加快发展第三方物流，有效提高物流资源利用率。加快建设电子口岸等信息化平台，尽早编制发布义乌运价指数。全面提高区域交通能力，扎实推进杭长铁路客运专线工程建设，加快建设37省道改建、37省道复线、义乌至武义、义乌至浦江公路、铁路货站至甬金高速徐村互通连接线、国际商贸城长途客运中心等工程。大力扶持民用航空事业发展，建设国际航站楼，提升改造飞行区等级，力争引进1～2家新航空公司，开发培育新航线。继续做好航空口岸临时开放工作，积极争取列入国家“十二五”航空口岸发展规划。

3. 加快推进生活性服务业发展。优化完善城市居住功能，加快国际商贸城、国际文化中心、经济开发区周边配套住宅和国家级康居工程开发建设，继续推进城市老社区更新改造、老小区改造工作。着力增强城市旅游休闲功能，深入推进4A级旅游购物景区、国际会议中心、佛堂古镇保护开发、华溪森林公园等项目建设，做好现代化电影院和体育休闲公园项目前期工作。繁荣商贸零售业，加快开发北门街大型商业综合体项目，在北苑、稠江、江东等区块布局购物中心。

(四) 以开展两项改革为动力，再造体制机制新优势。开展国际贸易综合配套改革和统筹城乡综合配套改革，是义乌发展千载难逢的历史机遇。要以两项改革为龙头，统筹推进“十大工作机制”创新，集中力量、全面突破，再造义乌经济社会发展新优势。

1. 全力推进国际贸易综合配套改革。当前,我市正处在争取国际贸易综合配套改革试验区的关键期,全市上下要扎实做好争取和准备工作,力争早日启动、早出成果、早见成效。要主动加强与国家有关部委的沟通联系,争取国家尽早批准同意开展国际贸易综合改革工作。海关、检验检疫、税务、外汇管理、工商等部门要积极探索、深入研究,争取国家有关部委制订出台有利于小商品国际贸易发展的一系列监管政策。要抓紧组织编制重点领域的改革计划和重大项目建设方案,做好重大项目前期工作,促进客流、物流和资金流便捷、高效流动。

2. 深化统筹城乡综合配套改革。总结统筹城乡综合配套改革阶段性成果,不断推进和深化各项改革。切实做好政府机构改革。深化扩权强镇改革,争取将佛堂镇列为全省小城市培育试点。以新行政服务中心投入使用为契机,继续深化行政审批制度改革,打造便民高效的政府服务"超市"。深化国有资产管理体制改革,完善国有企业领导班子和领导人员综合考核评价体系,推进镇街资产管理改革和经济实体清理处置。加快推进农村集体建设用地权属处置改革试点,继续深化集体林权制度改革和土地承包经营权流转机制改革,不断提高农业农村内生发展能力。

(五)以编制三项规划为契机,谋划科学发展新蓝图。精心编制"十二五"规划和产业集聚区规划,科学修编土地利用总体规划,进一步理清发展思路、明确发展重点、拓展发展空间,为义乌"十二五"发展打好基础。

1. 科学编制"十二五"规划。全面总结我市"十一五"发展的成效和经验,深入分析"十二五"发展背景和趋势,认真谋划"十二五"发展目标、战略任务和战略举措,为"十二五"发展绘制好宏伟蓝图。根据全市"十二五"经济社会发展战略重点,围绕产业发展、城乡统筹、生态建设、体制改革等重点领域编制专项规划,力求目标量化、任务明确、措施可行。高起点谋划一批对结构调整和经济增长起重要带动和支撑作用的重大项目,全力争取纳入国家和省"十二五"专项规划,为今后项目、资金和政策争取打下良好基础。

2. 统筹修编土地利用总体规划。坚持保护耕地和节约集约用地的根本指导方针,高标准做好土地利用总体规划修编,提高土地资源对经济社会全面协调可持续发展的保障能力。严格落实耕地保有量、基本农田保护面积、城乡建设用地总规模等规划指标,为拓展我市发展空间奠定基础。切实加强土地利用总体规划与"十二五"规划、产业集聚区规划以及相关专项规划的衔接,加大土地利用结构和布局的调整力度,统筹做好农保区调整,保障科学发展的建设用地。加大闲置土地处置力度和存量土地盘活力度,切实抓好转而未供土地专项清理。

3. 精心编制产业集聚区规划。抢抓全省加快大平台建设的有利机遇,抓紧做好产业集聚区规划编制工作,拓展产业发展空间。扎实做好产业政策导向,突出发展现代服务业和先进制造业。科学规划产业集聚区范围,重点覆盖国际商贸城分区、经济开发区整合提升区、工业园区、生产要素市场、国内物流中心五个区块。

(六)以加快农房改造为抓手,争创新农村建设示范区。切实加快农房改造,推进农业发展方式转变,着力构建城乡经济社会发展一体化新格局。

1. 扎实推进农房改造。加快实施高层公寓、功能分区、宅基地换城镇住房等农房改造新模式,切实加强项目管理和资金监管,积极探索高层公寓建设施工许可制和代建制。加快完善空心村改造政策,优化改造审批环节,力争启动"空心村"改造 42 个村。加快实施"异地奔小康"二期工程建设,抓紧落实安置地块和整体规划设计,同步推进农房拆旧建新。提升村庄整治水平,大力培育省、市精品示范村,积极推进徽派建筑改造试点。鼓励镇街创新农村基础设施管理模式,探索管理社区化、专业化、物业化的道路。

2. 加快发展都市农业。依托现代农业园区、特色农业产业基地、休闲观光农业带三大发展平台,运用发展工业的理念大力发展都市农业。着力推进农业经济开发区、佛堂高效农业示范园区、义亭粮食功能区等 5 个现代农业园区建设,促进农业标准化、规模化、专业化生产。做大做强农业龙头企业、专业合作社等农业经营主体，年内新增流转土地1.5万亩，建成200亩以上农业示范基地50个。强化产业规划引导，打造上溪“十里桃花坞”、赤岸“欢乐田园”等一批特色休闲观光农业带。

3. 积极促进农民增收。深入实施“市场带百村”活动，大力发展来料加工，打造特色精品“农家乐”，增加农民非经营性收入。积极举办红糖节、丹溪文化养生节等农产品展会，促进增产增收。健全就业和创业服务体系，有针对性地开展农民“订单式”培训，提高农民转移就业能力。继续实施“一户一策一干部”的低收入农户帮扶机制，切实帮助低收入农户增收。

（七）以办好民生实事为导向，提升人民群众幸福感。紧紧围绕人民群众最关心、最现实的利益问题，创新社会管理服务模式，推进社会事业发展，维护社会和谐稳定，让发展成果最大限度地惠及全市人民。

1. 推进社会事业发展。认真办好2010年十大民生实事。深入贯彻全国教育工作会议精神，扎实推进教育现代化和国际化进程。加快第五中学、工商学院扩建等教育基础设施建设，切实做好校园安保工作。深入贯彻全国、全省人才工作会议精神，实施人才强市战略和人才优先发展战略，创新育才、引才、聚才、用才机制，吸纳、集聚更多的优秀科技人才。深化医药卫生体制改革，全面推进农村卫生服务机构全覆盖布局和一体化建设。加快浙大附属义乌医院、中医院迁建等工程建设进度，巩固登革热等传染病防控成果。启用新图书馆和档案馆，认真举办CBA联赛和农村文化节等活动，丰富群众文体生活。

完善社会保障和救助体系，做好老龄、残疾人、儿童福利和慈善等工作。加强计生工作，认真开展全国第六次人口普查。改善供电、供气、供水和“菜篮子”等居民生活设施，加快中心菜市场、自来水厂扩建、220 kV变电所和污水处理厂等项目建设。

2. 全力维护社会稳定。以世博会安保为重点，推进“平安义乌”建设。组织开展“严打整治”行动，加强大案要案侦破、打黑除恶和黄赌毒等社会治安突出问题治理。深化基层基础建设年活动，完善大调解工作体系，加强群体性突发事件预防、应急和处置工作。深入开展“信访积案化解年”活动，确保年内化解60%以上。探索城市民族工作新模式，构建和谐和睦民族宗教关系。创新流动人口管理机制，有效维护外来建设者的合法权益。全面加强安全生产、防汛防洪、地质灾害防治、食品药品监管等工作，确保人民群众生命财产安全。

3. 创新社会管理服务模式。以更大决心、更实举措推进社会管理创新。全面推行“网格化管理、组团式服务”，将其作为有效整合社会力量、发挥社会组织作用的重要载体，作为统筹城乡综合配套改革的重要内容，认真抓实抓好。深入开展进村入户活动，密切党群干群关系，为推动党委政府的重大工作、重点工程凝心聚力。科学划分网格，明确责任主体，实行精细化管理，确保“每一寸土地有人管，每一项任务有人落实”。认真开展社区两委换届和村两委换届试点，选好用好村居干部，充实综合服务团队力量，建立完善管理服务机制，千方百计满足群众诉求。

（八）以加强党的建设为保障，全力以赴狠抓落实。结合“两创两提”主题活动和“商城先锋”创先争优活动的深入开展，全面加强党的思想、组织、作风和党风廉政建设，强化机关效能和执行力建设，在工作中锻炼队伍，在队伍建设中促进工作落实，确保圆满完成全年各项工作任务。

1. 统一思想抓落实。思想统一是抓好落实的重要基础。市委、市政府认真贯彻落实上级党委政府重大决策精神，集思广益、充分论证，集体研究、科学决策，做出了推进生态文明建设、建设国际商贸名城、开展“创新创优、提质提效”主题活动、推动两项改革、加快“四个十”建设，以及促进市场转型升级、打造“实业洼地”、发展城市经济、开发利用低丘缓坡等重大决策部署。各级党政组织和广大党员干部要当好领头雁，从讲政治、讲大局的高度，把思想认识统一到市委、市政府的重大决策部署上来，以耽误不得、失误不起的紧迫感、危机感和责任感，认认真真抓好落实。要唱好主旋律，以宏伟的目标凝聚人心，以发展的成就振奋信心，以重大的举措坚定决心，带领全市人民群众心往一处想，劲往一处使，真正形成奋发有为的气势，顺利完成各项任务，实现既定目标。

2. 苦练内功抓落实。加强干部队伍建设，是推进工作落实的根本保证。为打造一支能干事、会干事、干成事的干部队伍，市委将深化“商城先锋”创先争优活动，在全市部署开展争当“双十干部”活动。每位党员干部要在“标杆意识、学习思考、廉洁自律”等十方面强素质，在“敢于担当、突破节点、深入一线”等十方面抓落实，严格要求自己。要以学习型党组织和学习型领导班子建设为契机，养成自觉学习、终身学习的习惯，提高自身素质。以贯彻落实廉洁从政准则为契机，进一步加强党风廉政建设。各级党政组织要把“双十干部”作为新时期检验干部的重要标尺，强化考核评选，并将考评结果作为选人用人的重要依据。

3. 强化责任抓落实。明确责任是推进工作落实的前提。要明确职责，进一步厘清单位之间职能交叉、管理重叠、责任不清、管理真空等问题，按照依法行政的工作要求，落实行政执法责任制，从体制源头上防止推诿扯皮的发生。要责任到人，确保每个环节都有人抓、有人管、有人负责到底。我们每一位党员干部，都要时刻把发展责任放在心上，把工作重点抓在手中，把推进义乌的发展作为毕生事业来追求。要加强督查，建立完善与重点工程、重点工作推进相适应的督查机制，开展定期督查和不定期抽查，及时通报“比学赶帮超”竞赛等情况，形成你追我赶、争当先进的良好氛围。要严格问责，严肃处理“不作为”、“慢作为”、“乱作为”的单位和个人，从重从快查办各类违法违纪案件。

4. 研究方法抓落实。不管是老办法、土办法、笨办法，只要能促进工作落实，就是好办法，特别是重点工程建设等难点工作上，尤其要讲究工作方法，着力在“谋、快、准、敢”四字上下功夫。“谋”就是要精细谋划，在每项工作实施前，深入调研，广泛听取意见，充分考虑各方面的困难和挑战，制定切实可行的工作计划和方案，“打有准备之战”。“快”就是在工作实施过程中，要一鼓作气、速战速决，力争在较短时间内取得阶段性成果。“准”就是要集中最精锐的力量解决最关键问题，务求通过点上的突破，带动线上的创新，推动面上的落实。“敢”就是要敢担当，敢碰硬，在急难险重的工作中，勇于冲锋陷阵，敢于攻坚破难。在用人导向上，要“重要岗位用重兵”，让那些成绩优秀、能力突出、责任心强的干部脱颖而出。

5. 形成合力抓落实。我们要善于整合纵向、横向和内部等各方力量。“纵向”就是市四套班子、部门、镇街、村居之间，要统一步调，上下联动。对市委、市政府的决策部署，要创造性地、不折不扣地予以落实。“横向”就是部门之间、镇街之间、镇街和部门之间，要多联系、多沟通、多协调，密切配合、齐抓共管。“内部”就是单位班子成员之间、科室之间、干部之间，要坦诚相见、精诚合作。“一把手”统揽不包揽、善断不武断、信任不放任、大度不失度，副职到位不推诿、服从不盲从、补台不拆台、分工不分家，形成齐心协力抓落实的工作态势。

同志们，建设生态文明是我们长期奋斗目标，完成年度目标任务是我们当前最紧迫工作。全市各级党政组织、广大党员干部，要继续团结和带领全市人民，坚定信心、狠抓落实，为推进经济社会健康协调发展、加快建设国际商贸名城而努力奋斗！

市政府工作报告

在义乌市第十三届人民代表大会第五次会议上
（2011 年 2 月 27 日）

义乌市人民政府市长　何美华

各位代表：

现在，我代表市人民政府向大会作政府工作报告，请予审议，并请市政协委员和其他列席人员提出意见。

一、“十一五”规划执行情况和政府主要工作

“十一五”时期，是义乌发展史上极不平凡的五年。面对复杂多变的国内外环境，全市人民在中共义乌市委的正确领导下，深入贯彻落实科学发展观，认真执行上级党委政府的决策部署，深化“兴商建市”发展战略，创新创优、提质提效，努力保持经济平稳较快发展，促进社会和谐稳定，圆满完成了“十一五”规划确定的主要目标任务，科学发展水平不断提高，朝着建设国际商贸名城宏伟目标大步迈进。

——综合实力大幅提升。2010 年全市实现地区生产总值 614 亿元，比 2005 年翻了 1 番多，五年平均增长 13.3%，人均地区生产总值从 43100 元增加到 83539 元。工业总产值 1174.9 亿元，其中规模以上工业产值 592.5 亿元，分别比 2005 年增长 1 倍和 1.4 倍。投资、消费、出口进一步协调，全社会固定资产投资 207.3 亿元、社会消费品零售总额 290.4 亿元、自营出口 28.6 亿美元，年均分别增长 11.8%、17.7%和 21.3%。金融机构存款余额 1500.5 亿元、贷款余额 1062.9 亿元，分别比 2005 年增长 1.6 倍和 2 倍。

——增长质量逐步提高。产业结构不断优化，三次产业结构由 2005 年的 2.9∶46.2∶50.9 调整为 2.8∶43.2∶54.0。工业增加值、规模以上工业企业利润分别增长 85.5%和 152%。2010 年完成综合财政预算总收入 173.7 亿元，比 2005 年增长 90%，其中财政一般预算收入 77 亿元、地方财政收入 42.8 亿元，均增长 120%。全面完成节能减排任务，预计万元生产总值能耗、化学需氧量和二氧化硫排放量分别下降 20%、17.6%和 21.2%。

——社会发展全面加快。全面实行免费义务教育，十五年教育普及率达到 99.4%；高等教育毛入学率 61.6%，高出全省平均水平 17.1 个百分点。高起点建设医疗卫生服务体系，完成 12 所镇街中心卫生院标准化建设，每千人执业医生数 3.67 人，比 2005 年增长 63.1%。城乡公共文化服务能力明显增强，《义乌商报》成为全国唯一由当地主管主办的县市报，广电台成为全国唯一拥有双电视频道的县市广播电视台。社会公共安全体系进一步健全，社会保持稳定。通过国家生态市考核验收、国家卫生城市复评和国家语言文字二类城市评估，荣获国家环保模范城市、国家园林城市、中国优秀旅游城市等称号。

——人民生活持续改善。全市农村居民人均纯收入 14775 元、城镇居民人均可支配收入 35220 元，比 2005 年分别增长 91%和 85.3%。城乡居民储蓄存款 836 亿元，增长 1.8 倍。新增农房改造建筑面积 1602 万平方米，商品房住宅竣工面积 383 万平方米，城乡居住条件显著改善。45～60 周岁人员城乡居民社会养老保险参保基本实现全覆盖，城乡居民医疗保险参保率 90%。新增城镇就业 5.9 万人，转移农村富余劳动力 6.8 万人，城镇登记失业率控制在 3%以下。

五年来,我们始终坚持解放思想不停步、创新创优不松劲,牢牢把握国内外环境的新变化和改革发展的新机遇,坚定信心、砥砺奋进,推动经济社会发展继续走在全省乃至全国前列。

(一)始终坚持标本兼治、保稳促调,致力于推进结构调整和发展方式转变,经济持续平稳较快发展。

成功应对国际金融危机。在金融危机冲击初期就及时提出并实施一系列“保稳促调”措施。深入开展“四个年”活动,积极实施“义乌市场万里行”。成立帮扶办,办理历史遗留工业用房“两证”608件,增加有效抵押额11亿元,累计为106家企业提供应急还贷周转资金37.8亿元,开展市场商位使用权质押贷款,积极组织银企对接,有效缓解企业担保难和融资难问题,并减轻企业负担65亿元。以国家扩大内需为契机,组织实施一批重大项目建设,31个项目列入中央投资计划或储备项目,13个项目列入新增省重点工程。大力压缩行政开支,公用经费占比减少0.5个百分点。

加速提升商贸服务业。市场体系进一步完善,建成国际商贸城四区、五区和篁园市场、副食品市场、家具市场等7个市场区块,新建市场面积242万平方米。“义乌·中国小商品指数”由商务部向全球发布,开发小商品编码和市场信用指数,荣获全国首个“市场信用分类监管示范市场”称号。电子商务发展势头强劲,集聚各类网商3万多家、第三方平台企业100多家。会展业取得新突破,新增文博会、森博会、旅博会3个国家级展会,举办各类会展活动510个。现代物流业快速发展,2010年全社会货运量4331万吨,比2005年增长72.7%。成立义乌海关,监管出口57.6万标箱,比2005年增长106.5%。现代金融体系不断完善,新增银行、证券、保险等金融机构30家,建行、工行、人保等7家金融机构实现升格。购物旅游成为长三角特色品牌之一,2010年接待游客突破800万人次。

大力推进工业转型升级。优化产业空间布局,整合提升经济开发区和义乌工业园区,新增国家级产业基地10个,饰品行业列为全省21个产业集群转型升级试点之一。积极培育行业龙头骨干企业,新增销售收入亿元以上企业75家、上市公司3家。加大自主创新扶持力度,引导企业向研发设计和品牌营销环节拓展提升。累计投入技改资金216亿元,新增高新技术企业50家、企业技术(研发)中心81家。全力开展国家知识产权试点工作,企业主导或参与制订国家和行业标准34项,新增中国名牌产品4只、行政认定中国驰名商标7件、专利授权7764件,商标综合实力居全国县级市第2位。引进国家旅游商品研发中心、国家小商品质量安全检测重点实验室、国家日用小商品质量监督检验中心等国家级研究检验机构和研发基地,建立科研院校虚拟研究院、浙大义乌创业育成中心、义乌创意园等产学研服务平台,智企对接进一步加强。

加快发展现代农业。围绕建设高效生态农业目标,积极推进现代农业综合区和粮食生产功能区建设,佛堂高效生态农业示范区、七一农业生态园等初具规模,建成省级农业标准化示范区10个,形成瓜果蔬菜、花卉苗木、规模养殖等一批优势产业。设施农业发展迅猛,耕种收机械化水平达69%。农产品质量安全监管体系更加健全,在全省率先实现镇街农业检测室全覆盖,新增无公害农产品基地180个,总面积13万余亩。规模经营稳步推进,新增农业龙头企业64家、农民专业合作社189家,60%以上耕地实现流转,政策性农业保险参保率70%。上溪桃花坞等一批乡村生态休闲游项目日趋成熟。

(二)始终坚持改革创新、开放带动,致力于构筑体制机制和国际化新优势,发展活力和动力进一步增强。

不断深化各项改革。国际贸易综合改革得到国家发改委、商务部等部委和省委、省政府大力支持,改革总体方案已上报国务院,改革试点写入省委“十二五”规划建议和省政府“十二五”规划纲要。深入推进省级统筹城乡综合配套改革,城乡统筹的规划建设体制、产业发展体系、社会事业体系、社会保障体系和公共管理体系得到长足发展。扎实抓好扩权强县改革,618项扩权事项全面落实并规范运行。大力推进扩权强镇改革和中心镇建设,深化综合行政执法改革,佛堂镇成为全国25个经济发达镇行政管理体制改革试点之一、全省首批小城市培育试点之一。国有资产监管体制改革深入推进,重组建立四大市属国有企业。

加快经济国际化进程。深入实施国际化战略，大力推进国际贸易货物、资金、人员往来便利化，经济外向度不断提高。新增境外企业驻义代表处 2332 家，2010 年来义境外客商 42.2 万人次。建立进口商品馆，吸引 55 个国家的近 3 万种特色商品入驻。成功举办 4 次义博会海外展，组织企业参加 200 多个境外展会，47 家企业开展境外投资。海关总署专门为义乌量身定制“旅游购物商品”和简化归类政策，成立全省首家本外币兑换公司，航空口岸连续 4 年临时开放。外贸风险预警与纠纷调处能力进一步增强，中国国际经济贸易仲裁委员会在义乌设立全国首个县级办事处。国际交往进一步扩大，新增国际友好交流城市 14 个，接待外国元首和政府首脑 7 位。

加强区域合作交流。积极推动跨地域、跨领域的交流合作，实现要素资源互补，不断拓展发展空间。加强与科研院校的产学研合作，与浙江大学建立全面战略合作关系。大力拓展劳务协作，在 14 个省份新建 57 个劳务协作基地。积极融入长三角，主动对接上海世博会，深入推进与上海杨浦区的合作交流。加强与周边市县的区域合作，协力推动浙中城市群发展。深化山海协作工程，成功举办义博会山海协作专区，市场来料加工业务辐射全国 25 个省份。进一步做好“双对口”工作，圆满完成支援青川县板桥乡灾后恢复重建任务。

(三) 始终坚持统筹兼顾、协调发展，致力于统筹城乡、经济社会发展，城乡综合品质不断提升。

全面推进城乡一体化建设。修订实施市域总体规划，城市建成区面积从 55 平方千米增至 90 平方千米，城市化率达 75%。实施 133 项重点工程，浙赣铁路义乌段移线、铁路新客货站、民航义乌机场航站楼、国际博览中心、商博大桥、凌波大桥等一批重大工程建成投用，甬金高速、凌云互通、金义东南线二期、环城南路拓宽、稠佛公路改造等工程竣工通车，新建改造公路 345 千米，公路通车里程达 1303 千米。加快城乡新社区建设，推行高层公寓、农村住房功能分区、宅基地换住房等新型改造模式，新增 118 个村实施旧村改造，新建农房 2.5 万户。拨付市级新农村建设奖励补助资金 4.7 亿元，带动农民投入 130 多亿元。

大力发展社会事业。全面优化办学条件，新建、扩建、改造校舍 67 万平方米，累计解决外来建设者子女就学 18.6 万人。不断提高教育质量，通过全国区域教育均衡发展特色示范市评估验收，被评为全国推进义务教育均衡发展先进地区，义乌工商学院成为全省唯一“创业型”大学建设试点高职院校。深化医药卫生体制改革，加强农村医疗资源统筹配置。健全疾病预防体系，成功处置登革热、甲流等疫情。开工建设浙大医学院附属义乌医院等项目。人均寿命提高到 77 岁，达到中等发达国家水平。大力发展文化体育事业，扎实开展“送文化”和“种文化”活动，镇街全部创建成为省级体育强镇(街)，义乌道情被列为全国非物质文化遗产。继续加强人口与计划生育工作，年均人口自然增长率 4.48‰。积极发展妇女、儿童、老龄和残疾人事业，统计、档案、对台事务、人防、气象、慈善、红十字会等工作取得新成绩。

不断推进生态文明建设。城乡一体供水网络基本建成，自来水普及率 90%，生活垃圾收集处理实现城乡全覆盖，绿色村庄工程建设任务全面完成。建成 5 个污水处理厂，日处理能力 29 万吨，354 个村庄完成生活污水治理，顺利通过新“811”水环境污染整治验收，义乌江水质持续改善。城市环境空气质量优良天数占全年的 85%以上。全市森林覆盖率 49.8%，成功创建全国绿化模范市和浙江省森林城市，6 个镇都创建成为国家级生态镇。

(四) 始终坚持改善民生、确保稳定，致力于解决人民群众最关心、最直接、最现实的利益问题，和谐社会建设稳步推进。

持续改善民生。把为民办实事摆在更加突出的位置，财政用于民生的支出累计达 206 亿元，年均增长 20%；民生支出比重达 56%，比 2005 年提高 17.8 个百分点。社会保险基金累计支出 46 亿元，年均增长 25.3%，覆盖城乡的社会保障体系全面建立，符合条件的 60 周岁以上城乡居民每月发放 70 元基础养老金。完善保障性住房体系,加快农村住房特困户解困工作。以城乡居民最低生活保障、农村五保、医疗救助为基础,廉租住房、教育等专项救助相配套的社会救助体系进一步完善。2008 年以来每年坚持办好十大民生实事,累计完成住房、交通、社保、就业、公共安全等方面 144 项民生实事。

切实维护社会公共安全。强化安全生产监督管理,实行网格化监管模式,开展"四加一"集中整治,安全生产形势持续好转。高度重视信访维稳、社会治安工作,加强社会矛盾防范排查和调处化解,严厉打击各类违法犯罪活动。加强食品药品质量监管,积极处置"问题奶粉"等公共安全事件,成功创建国家级食品安全示范市。稳妥开展民族宗教工作。全面完成"五五"普法任务,连续 3 年圆满完成"平安义乌"创建目标,人民群众安全感进一步提高。加强国家安全工作,民兵预备役和军民共建工作扎实推进。

(五)始终坚持创新创优、提质提效,致力于转变政府职能和提高行政效能,政府自身建设不断加强。

加快法治政府和服务型政府建设。主动接受人大依法监督、政协民主监督、司法监督和社会监督。切实提高人代会议案、代表建议和政协提案办理质量,五年来共办理人代会议案、代表建议 1554 件,政协提案 1748 件。加强规范性文件清理,行政执法责任制进一步健全。开展行政许可职能归并改革,承担行政审批职能的内设机构由 103 个缩减至 41 个。狠抓简化审批流程,全市审批项目提速位居全省领先水平。深化"镇财市管"改革,全面推进行政事业单位国有资产管理改革,积极开展"小金库"治理。启用数字城市 96150,探索建立应急与非应急协调联动的公共管理服务平台。加强政府廉政建设,强化行政监察和审计监督,推进政府绩效管理,行政效率和执行力进一步提高。

各位代表,在这五年期间,党和国家领导人吴邦国、温家宝、贾庆林、李长春、习近平、贺国强等亲临义乌视察指导,对义乌发展都给予了充分肯定;"中国义乌国际贸易综合改革试点"争取等工作取得阶段性进展;我市被列为全国改革开放 18 个典型地区之一;省委、省政府号召在全省学习推广"义乌发展经验",并赋予义乌设区市的经济社会管理权限。五年发展取得的成绩来之不易,创新发展理念、推动科学发展的经验尤为可贵。这是上级党委、政府和中共义乌市委正确领导的结果,是全市人民万众一心、共克时艰、奋力拼搏的结果,也是我市认真践行科学发展观的结果。在此,我代表市人民政府,向全市人民和外来建设者,向给予政府工作支持和监督的人大代表、政协委员,向各民主党派、工商联、人民团体和社会各界人士,向驻义人民解放军和武警部队官兵,向关心、支持义乌发展的海内外朋友们,表示衷心的感谢和崇高的敬意!

二、2010 年主要工作

刚刚过去的 2010 年,市政府以创新十大工作机制、打造十大发展平台、建设十大重点工程、办好十大民生实事为抓手,全面开展"创新创优、提质提效"主题活动,着力加快转变经济发展方式,着力深化改革开放,着力保持社会和谐稳定,顺利实现了市十三届人大四次会议确定的主要预期目标。地区生产总值增长 11.5%,地方财政收入增长 10.7%;全社会固定资产投资增长 16.4%,社会消费品零售总额增长 18.9%,自营出口额增长 34.1%;农村居民人均纯收入、城镇居民人均可支配收入分别增长 14.5%和 14.2%;人口自然增长率 4.21‰;预计万元生产总值综合能耗下降 2.2%以上,化学需氧量和二氧化硫排放量分别下降 4%和 3%。一年来,我们突出抓好以下六个方面工作。

一是抓重大规划编制和平台建设。精心编制"十二五"规划纲要和 26 个专项规划,完成新一轮市级土地利用总规修编,开展首次镇街土地利用总规编制,稳步推进城市分区规划、专项规划和控制性详细规划编制。成功获批义乌商贸服务业集聚区为全省 14 个产业集聚区之一。全面开展生产资料市场前期工作,加快金融商务区、国际文化中心、总部经济区等重大区块建设,开工世贸中心等项目。积极规划建设全国性物流节点城市和国家级综合客运枢纽,基本建成内陆口岸场站一期。低丘缓坡开发利用取得突破性进展,6 个低丘缓坡项目林地占用获批。

二是抓重大产业转型升级。圆满完成新一轮市场行业布局调整,进口商品馆、购物旅游中心实现扩容提升，副食品市场名特优新产品展销中心建成投用。积极培育壮大网商队伍，与中科院计算所合作开发电子商务平台。成功举办义博会等128个会展活动，引进第三届非洲商品展、第59届中国教学仪器设备展等品牌展会。完成饰品行业产业集群转型升级试点实施方案等一批优势和重大产业发展规划，新增省级以上重大重点科技项目86项、省级技术研发中心4家，与中国汽车零部件公司达成基地建设协议。

三是抓重大项目带动。积极争取中央及省项目支持，新增省重点项目7项，向上争取资金7.6亿元，同比增长58%。开展重点工程开工挂牌销号，实施征迁等节点大攻坚大督查，以十大重点工程为核心的105项重点工程扎实推进，提前4个月完成杭长高铁客专征地任务。完成图书馆、档案馆等一批重大基础设施项目，上溪自来水厂、枫坑水库除险加固扩容、江东东路延伸等一批项目投入使用，37省道改造等一批项目开工建设。狠抓工业项目开工投产，18个重大产业项目全部开工建设，352个遗留工业项目开工率99.1%，投产率81%；2009年供地的39项“招拍挂”工业项目开工率92%。

四是抓重大改革推进。国际贸易综合改革争取工作取得阶段性成果，海关、检验检疫、税务、工商、外汇管理等部门正在研究制定与小商品国际贸易相适应的监管政策。被列为全国第二批跨境贸易人民币结算试点城市之一，“非洲产品展销中心”建设有序推进，航空口岸临时开放时间由原来3个月扩大为4.5个月。统筹城乡综合配套改革不断深化，土地承包经营权流转、综合行政执法、扩权强镇分项改革成效初显，政府机构改革方案已上报审批。

五是抓重大民生实事办理。开展城市交通综合治理，全面实施城乡公交一体化改革，实现城乡统一票价，开通各镇街至国际商贸城直达公交。出台经济适用住房、公共租赁住房等系列住房保障政策，南洲花园、苏溪紫竹苑小区930套安居房分房到户，首个国家康居示范工程通过评审。制订实施“空心村”改造等政策，实施农房改造10957户、异地奔小康886户。被列为首批实施国家基本药物制度试点之一，药品让利率56.7%，门诊和住院均次费用分别下降31.7%和27.1%。

六是抓重大社会事务管理创新。以“两创两提”为主抓手，推出便民服务新举措396项、创业承诺590项，明确职能交叉、管理真空等32个疑难问题的责任主体。新行政服务中心建成投用，35个职能部门726项行政审批项目集中办理，审批服务项目平均提速2.7天。推行“网格化管理、组团式服务”，整合各类社会服务资源，实现基层社会管理服务全覆盖。设立市急救中心，全市120急救实行统一指挥。建立医调会和医疗纠纷预防处理机制，医患关系更趋和谐。“平安义乌”建设不断深化，圆满完成世博安保任务。安全生产工作进一步强化，安全生产死亡人数和直接经济损失比上年分别下降7.1%和3%，未发生重特大安全生产事故。第六次全国人口普查工作取得阶段性成果。荣获“双拥模范城”称号。

2010年市政府十大民生实事

2010年，市政府坚持问情于民、问需于民、问计于民，通过向社会公开征集、部门推荐等方式，确定“住房保障和改善”、“交通出行”、“生态环境”、“社会保障和就业”、“教育文化”、“医疗卫生”、“环保绿化”、“公共生活设施”、“扶弱助残”、“公共安全”、“便民服务”10个方面的50个事项为市政府2010年十大民生实事，写入政府工作报告，向社会公布并付诸实施。在实事办理过程中，市政府切实落实人民群众的知情权、参与权、选择权、监督权，做到事项来自民间，重点突出民生，解决依靠民主，实施接受监督，圆满完成2010年十大民生实事。

实事征集坚持公开透明。通过广播、电视、报纸、网络等新闻媒体发布公告，在重要公共场所设置征集平台等方式，公开征集实事事项，共收到各类建议1000余条。各项实事都体现了群众的心声，凝聚着群众的期待。

实事确定坚持量力而行。市政府在充分尊重群众的意愿和要求的基础上，坚持量力而行、尽力而为、循序渐进的原则，把群众呼声最强烈的问题纳入到实事中，征集的事项通过组织各相关单位认真归纳、反复论证，几上几下后才最终确定并付诸实施。

实事办理机制不断完善。市政府常务会议专题审议《十大民生实事工作任务细化分解方案》，对各项实事任务进行量化、细化，明确牵头责任单位和相关责任单位，并把完成时限倒排至月份。市政府主要领导和分管领导多次到实事责任单位现场检查指导，市人大、市政协对十大实事办理十分关注，专门安排听取汇报，开展专项视察予以推动。

实事项目带动民生持续改善。建立以实事项目带动民生改善的机制，通过确立十大实事，政府把改善民生的政策、措施、做法纳入其中，把相关民生的“小事”放大，增强政府部门为民办实事的能动性。由于每年市政府推出的实事有限，部分单位根据自身特点，又主动选取一批部门、镇街一级的民生实事项目加以落实。

实事实施接受群众监督。新闻媒体全年有计划地开辟“实事回音壁”专栏等栏目，对实事工作进展情况进行宣传报道。每个季度，市政府在新闻媒体上全面公布十大实事具体进展情况，接受群众评议。在2011年2月召开的市人代会上，市长何美华代表市政府向人大代表、政协委员和全市人民就实事办理工作作详细报告。

2010年市政府十大民生实事落实情况对照表

	序号	承诺的实事事项	承　办　者	2010年底落实情况
一、住房保障和改善方面	1	年内实施农房改造、异地奔小康8000户，竣工5000户，力争30个村庄启动新社区建设。	★农办 各镇(街道) 建设局 国土局	各镇(街道)已拆农村旧房13518户，新实施农房改造10957户，其中佛堂525户、苏溪407户、上溪299户、大陈654户、义亭134户、赤岸109户、稠城2250户、江东1021户、稠江1561户、北苑1户、后宅1081户、廿三里763户、城西495户。已竣工9132户。实施异地奔小康886户。新启动33个村庄新社区建设，其中佛堂1个、苏溪2个、上溪4个、大陈1个、义亭1个、赤岸1个、稠城5个、江东6个、稠江4个、北苑3个、后宅2个、廿三里2个、城西1个。

续 表

	序号	承诺的实事事项	承 办 者	2010年底落实情况
一、住房保障和改善方面	2	扩大廉租房受惠面。	建设局	上半年和下半年先后2次扩大廉租房受惠面，将廉租房准入范围从低保标准2倍扩大到本地人均可支配收入的50%(约为低保标准的3.2倍)。
	3	启动两个城市老小区基础设施改造。	★稠城 ★稠江 建设局	杨树塘小区基础设施改造工程完成90%以上，胜利、城店、金苑小区基础设施改造工程已开工建设。
	4	确保江东塔下洲区块、苏溪区块930套城镇职工安居房分房到户。	★住房办 建设局 江东、苏溪、大陈	江东塔下洲区块(南洲小区)安居房434户已于7月底前分房到户。苏溪区块安居房496户已于10月底分房到户。
二、交通出行方面	5	(1) 出台城乡公交一体化实施方案。	★交通局 国资局 交通发展公司	《关于义乌市城乡公交一体化改革的实施意见》10月15日出台实施。
		(2) 开通各镇街至国际商贸城直达公交。		先后开通东河、义亭、佛堂、赤岸、上溪至国际商贸城公交线路。目前，所有镇(街道)均已开通至国际商贸城的直达公交。
		(3) 规划建设国际商贸城区块公交首末站。	★国资局 交通局 交通发展公司	公交枢纽与长途客运站一体建设工程已开工，国际商贸城区块公交换乘已启用。
	6	(1) 03省道改建工程城区段全面开工。	★指挥部 建设局 交通局 稠城、稠江、北苑、苏溪	省发改委于1月26日完成初步设计方案审批。
		(2) 阳光大道全线贯通。	稠城 苏溪	稠城段花园下村节点：已基本贯通，主车道尚有1户未拆除。苏溪段高岭村节点：已基本贯通，高岭村段主车道尚有4户未拆除。
	7	国际商贸城周边的诚信大道、西城路延伸等7条主干道全面实施建设。	★国际商贸城建设指挥部 ★建设局 ★交通局 稠城、江东 苏溪 农业开发区	银海路(37省道—阳光大道)、诚信大道(春风大道—阳光大道)完成总工程量的60%以上；大通路(37省道—阳光大道)、涌金大道(稠州北路—阳光大道)完成总工程量的55%左右；西城路延伸(内陆口岸场站与环城路连接线)完成24%左右；诚信大道延伸(稠州路—西城路)完成22%左右；北城路延伸(37省道—阳光大道)完成8%左右；春风大道于12月27日开工建设。
	8	宾王路、江东东路、江滨南路等道路延伸段基本打通。	★建设局 ★稠江 稠城、江东、北苑	江东东路已基本打通；宾王路延伸除老火站段以外，其余已基本打通； 江滨南路延伸工程已建成通车。

续 表

	序号	承诺的实事事项	承 办 者	2010 年底落实情况
二、交通出行方面	9	(1) 中心城区完成路段整治 4 处以上。	★交通整治办 建设局 公安局 行政执法局 稠城 稠江 北苑	已完成篁园路等 6 处路段整治。
		(2) 新建人行天桥、地下通道 2 座。		基本完成国际商贸城周边 3 座人行天桥(地下通道)工程施工图设计。
		(3) 改建停车场 2 个。		丹溪北路停车场立体改建工程已进入招投标程序,化工路停车场立体改建方案正在作进一步完善。
		(4) 增划临时停车泊位 1500 个。		增划临时停车泊位 1638 个,主要位于会展中心周边、雪峰西路、望道路等处。
三、生态环境方面	10	佛堂、大陈、江东、稠江、后宅 5 座污水处理厂全面运行,全市日处理污水能力达 36 万吨。	★污水处理厂建设指挥部 公用事业公司 环保局 相关镇(街道)	后宅污水处理分厂已正式运行,稠江、江东、佛堂分厂运行基本正常,大陈分厂正在试运行。全市日处理污水能力达 36 万吨。
	11	实施城南河、洪溪等城区内河沿线截污纳管工程。	★建设局 稠城 稠江	城南河:已完成所涉南门街污水管网改造和绣湖小学前污水管网改造。洪溪:已完成稠州北路(产权交易所前)污水管网改造。 主城区截污纳管:已完成化工路、江滨路截污纳管工程。
	12	完成重点区域雨污分流和污水支管建设 100 千米。	★污水处理厂建设指挥部 环保局 各镇(街道)	累计已完成 128 千米污水支管建设,其中佛堂 8.3 千米,苏溪 4.8 千米,上溪 9.3 千米,大陈 30 千米,义亭 7.5 千米,赤岸 4.2 千米,稠城 10.1 千米,江东 7.6 千米,稠江 12.5 千米,北苑 2.9 千米,后宅 18.1 千米,廿三里 6.7 千米,城西 6 千米。
	13	全市一半村庄完成生活污水收集管道及厌氧净化池建设,惠及 40 万农村人口。	★农业局 各镇(街道)	全市 667 个需进行生活污水治理村庄中,有 354 个村庄已完成治理并通过验收,其中年内新完成 81 个。
	14	义乌江和 19 条主要溪流水质实现好转。	★环保局 农业局 水务局 建设局 公用事业公司 各镇(街道)	2010 年,义乌江出境低田断面共进行了 50 次监测,其中四类以上水质 35 次,占比 70%,比 2009 年同期提高 56%。 2010 年,19 条主要溪流 30 个断面总监测断面 330 个次,监测结果五类以上累计 96 个次,占比 29%,比 2009 年提高 10%。
	15	新建城区绿化面积 80 公顷。	★建设局 稠城、江东 稠江、北苑 后宅、廿三里、城西	已新建城区绿地 84.47 公顷,其中,稠城 4.9 公顷,江东 18.07 公顷,稠江 16.87 公顷,北苑 15.2 公顷,后宅 7.73 公顷,廿三里 5.87 公顷,城西 7.2 公顷,建设局 8.6 公顷。

续 表

	序号	承诺的实事事项	承 办 者	2010 年底落实情况
三、生态环境方面	16	完成绿色村庄工程 100 个。	★林业局 各镇(街道)	新完成 115 个村绿色村庄工程建设。其中,佛堂 14 个,苏溪 10 个,上溪 14 个,大陈 7 个,义亭 12 个,赤岸 8 个,稠城 8 个,江东 8 个,稠江 7 个,北苑 5 个,后宅 10 个,廿三里 7 个,城西 5 个。
	17	启动环城南路沿线生态景观林工程。	★林业局 建设局 江东	生态景观林一期工程已完成建设。 环城南路生态景观林二期工程正在招投标。
四、社会保障和就业方面	18	落实城乡居民社会养老保险制度,确保符合条件的本市户籍 60 周岁以上城乡居民按规定领取到每月 70 元的基础养老金。	★人劳局 财政局 公安局 民政局 残联 各镇(街道)	已有 9.36 万名本市户籍 60 周岁以上符合条件的城乡居民享受基础养老金待遇。 全面实施城乡社会养老保险政策,已有 21.2 万名 60 周岁以下城乡居民参保缴费。
	19	城镇职工基本医疗保险基金年度最高支付限额由 4.8 万元提高到 18 万元,城乡居民小额、大额医疗保险基金年度最高支付额分别由 5 万元和 9.8 万元提高到 8 万元和 17 万元,适度提高城乡居民医疗保险住院等医疗费用报销比例,实施城镇职工医疗保险和城乡居民医疗保险普通门诊统筹制度。	★人劳局 财政局 公安局 卫生局 民政局 残联 各镇(街道)	出台城镇职工医疗保险和城乡居民医疗保险新政策,2010 年 7 月 1 日起已正式实施。 城镇职工基本医疗保险基金医疗年度支付最高限额由 4.8 万元提高到 18 万元。 城乡居民小额、大额医疗保险基金年度最高支付限额分别由 5 万元和 9.8 万元提高到 8 万元和 17 万元。小额医疗保险的医疗费用报销比例由 30%～50%提高到 35%～60%,大额医疗保险的医疗费用报销比例由 50%～75%提高到 55%～85%。 建立门诊医疗费用报销制度,同一医疗年度内,参保人员在本市定点医疗机构门诊就医累计发生的符合基本医疗保险基金支付范围的医疗费用(不包括特殊病种门诊),100 元以上、1100 元(含)以下由门诊统筹基金按一级医疗机构报销 30%,二级医疗机构报销 15%,三级医疗机构报销 10%的标准进行报销。
	20	建设佛堂、苏溪、义亭、廿三里 4 个劳动力分市场和 40 个充分就业村居,在全市村居开设劳动保障服务窗口。	★人劳局 财政局 各镇(街道)	佛堂、苏溪、义亭、廿三里人力资源分市场建成投用。完成 44 个社区(村)充分就业社区(村)创建。全市各村居均设立劳动保障服务岗,确定劳动保障协理员,为群众开展劳动保障服务。

续 表

	序号	承诺的实事事项	承 办 者	2010 年底落实情况
五、教育文化方面	21	完成中小学校舍安全改造10万平方米。	★教育局 佛堂、苏溪 大陈、义亭 稠城、稠江 北苑、后宅	已完成12所中小学10.12万平方米校舍安全改造工程。分别是,后宅小学1100平方米,绣湖中学1.1万平方米,官塘小学5400平方米,田心小学1400平方米,保联小学1700平方米,义乌三中4300平方米,义乌四中5700平方米,旅游学校2000平方米,荷叶塘初中2600平方米,杭畴小学8000平方米,大陈初中4.4万平方米,佛堂三小1.4万平方米。
	22	建设8所镇街中心幼儿园,确保4所竣工。	★教育局 佛堂、苏溪 大陈、赤岸 稠城、江东 稠江、北苑	江东中心幼儿园已竣工并投用,赤岸、稠江中心幼儿园已竣工,稠城中心幼儿园已完成主体工程。苏溪、大陈中心幼儿园已开工在建,佛堂、北苑中心幼儿园已完成初步设计等前期工作。
	23	公办学校新增3000个学位接纳外来建设者子女就学。	★教育局	公办学校共新增3468个学位接纳外来建设者子女就学,其中小学2807个,初中661个,并已于9月初开学时落实到位。
	24	扶持建设15个小康体育工程示范点和20个市民健身晨晚练点。	★体育局 各镇(街道)	已完成各镇(街道)16个小康体育工程示范点和20个市民健身晨晚练点建设。
	25	新增数字电视用户5万户。	★广电台 文广新局 各镇(街道)	新增数字电视用户9万户,全市用户总数达到19.1万户。完成农村有线电视网络改造10.6万户。
六、医疗卫生方面	26	实施国家基本药物目录,将457种基本药物全部纳入基本医疗保障药品报销目录,全市社区卫生机构实行基本药品零差率销售。	★卫生局 财政局 人劳社保局	已将457种基本药物全部纳入医疗保障药品报销目录,并在全市各基层医疗机构实施国家基本药物零利率销售。到年底,此项政策药品让利于民共计4089余万元。群众明显受益,门诊均次费用37.03元,比上年同期下降31.65%,住院均次费用1262.88元,较上年同期下降27.13%。
	27	(1)支持医疗卫生机构添置医疗设备。	卫生局	支持中心医院、中医院、第二人民医院等市级医院,以及赤岸、城西等中心卫生院添置各类设备共计700余万元。
		(2)实施预约挂号服务平台建设。		中心医院、中医院、妇保院、二院、三院、皮肤病医院、北苑中心卫生院、精卫中心、稠州医院、復元医院等10家医院预约挂号服务平台已正式运行,中心医院已开通在线支付功能。
	28	启用120急救中心。	卫生局	急救中心已正式启用,开通中心医院、中医院、復元医院、稠州医院、第二人民医院急救站点。

续 表

	序号	承诺的实事事项	承 办 者	2010年底落实情况
六、医疗卫生方面	29	基本完成全市镇街中心卫生院建设。	★卫生局 上溪、大陈 赤岸、城西	赤岸、城西中心卫生院已建成投用，大陈中心卫生院已完成竣工验收，上溪中心卫生院主体工程结顶，正在进行内外墙粉刷。
	30	实施社区卫生服务站危旧房改造1万平方米。	★卫生局 各镇街	苏溪、上溪、大陈、赤岸、江东、稠江、北苑、后宅、廿三里等镇街16个社区卫生服务站共计1.09万平方米已完成改造，并交付使用。
七、公共生活设施方面	31	加快苏溪和义南自来水厂建设，确保上溪水厂建成投用，进一步扩大农村安全饮用水覆盖面。	★国资局 公用事业公司 水务局 佛堂、苏溪 上溪、赤岸	上溪水厂于10月试运行；苏溪、义南水厂完成主体工程。
	32	完成8项输变电工程。	★供电局 义亭、赤岸 稠城、稠江 后宅、城西	110 kV义亭变、长岛变、开诚变、国贸变、赤岸变，220 kV官塘变等6座输变电站已建成投运。 110 kV万界变、孙村变正在土建施工。
	33	完成老城区3个以上区块的平面改水，实施自来水一户一表改造2500户。	★国资局 公用事业公司 稠城	已完成词林社区、宾王社区、下车门社区平面改水。自来水一户一表改造完成2600户，其中词林社区、宾王社区1399户，下车门社区862户，其他零星区块339户。
	34	启用管道燃气过渡气源站，新铺设燃气管道30千米，覆盖1.5万户，实现管道燃气入户。	★国资局 建设局 公用事业公司	管道燃气过渡气源站已投入使用；已完成宗泽路等25处路段累计约31千米管道铺设；累计覆盖用户1.6万户以上，嘉和广场等小区实现管道燃气入户。
	35	(1) 完成城乡菜市场规划。	★市场发展局 国资局 恒大开发公司	已完成城乡菜市场规划编制。
		(2) 新建城区菜市场3个。	★国资局 恒大开发公司 市场发展局 稠城、北苑	稠城街道殿山、福田菜市场已开工建设。北苑石桥头菜市场因涉及石桥头村信访问题未落实用地，尚未开工。
	36	加快绣湖小区等城市排水设施建设。	★建设局 稠城、江东	完成贯穿绣湖小区的城西河临时河道改造工程，以及义东路、绣湖西路等部分路段雨水口改造。
	37	改建、新建城区公厕11座、垃圾中转站4座。	★行政执法局 稠城、江东 北苑、城西	完成东洲花园等9处公厕改造，建成福田路中转站边公厕及国际商贸城安置四区1号公厕。 完成宾王垃圾中转站、东河垃圾中转站改造，建成国际商贸城垃圾中转站、柳青垃圾中转站建设。

续 表

	序号	承诺的实事事项	承 办 者	2010年底落实情况
八、扶弱助残方面	38	继续推进残疾人共享小康工程，帮扶救助残疾人7000人次。	残联	共帮扶救助残疾人8370人次。其中，实施残疾人生活补助5433人，其中重度一级残疾人托(安)养1029人；实施残疾人康复866人，精神病人免费施药1666人；实施残疾学生助学405人次。
	39	新增安排残疾人就业220名。	★民政局 残联	共新增安排246名残疾人就业。
	40	慈善基金年内安排580万元开展慈善救助。	慈善总会	开展"送温暖"慈善救助困难户269户，发放救助款94.8万元。开展重大病救助困难户471户，发放救助款230.2万元。开展困难户救助197户，发放救助款96.35万元。开展贫困家庭大学生救助102人，发放救助款61.2万元。白内障手术补助18.39万元，尿毒症血透专项支助59.91万元，慈善超市救助物资1.6万元，临时救助33.9万元。共发放救助款598.86万元。
九、公共安全方面	41	对全市部分老街的电气设备进行安全改造。	★安监局 相关镇(街道)	已完成各镇(街道)2538间老街旧房的电气线路改造。
	42	完成7座病险水库除险加固。	★水务局 佛堂、上溪 赤岸、稠城 江东、北苑 城西	已完成佛堂成山坑水库、上溪社建水库、赤岸朝阳水库、稠城建设水库、江东利民水库、北苑山东青水库、城西应家塘水库等7座水库的除险加固工程。
	43	开展高危行业群众性初级卫生救护知识培训3000人次。	红十字会	已开设17期培训班共计培训3115人。其中，培训酒店和旅行社从业人员1552人，建筑、物业、燃气从业人员371人，电力从业人员767人，教师300人，公安、林业、水务125人。
	44	全面实行食品流通领域市场准入"一票通"制度。	★工商局 食药监局 国资局 恒大开发公司	与全市食品经营单位签订食品安全责任书，印制"一票通"票据以成本价提供给各批发经营单位使用，将原先各自使用的各类销售票据替换为统一格式、分多联可供多方存档备查的票据，实现食品流通的可追溯。至9月15日，全市食品流通领域市场准入"一票通"推行率100%。
	45	建设中国小商品城经济案件预警系统。	★公安局 商城集团	义乌中国小商品城经济案件预警及贸易信息采集系统已建成并正式投入使用，网站地址为：http://jz.onccc.com，网站日访问量达两万余人次，已成功防范外贸合同诈骗案件16起，直接防止及挽回经济损失3900余万元。

续 表

	序号	承诺的实事事项	承 办 者	2010 年底落实情况
九、公共安全方面	46	在镇街重点部位、案件多发区域新增治安动态监控探头点位 500 个。	公安局	共在 9 个镇(街)的治安复杂部位增设监控点 530 个。
十、便民服务方面	47	(1) 启用新行政服务中心;	★行政服务中心管委会 北苑	新行政服务中心 12 月 27 日正式启用,综合行政审批系统已正式运行。
		(2) 启用机动车驾驶考试中心。	★公安局 赤岸	已完成机动车驾考中心工程建设和设备安装。
	48	设立市法律服务中心。	★司法局 法院 公安局 卫生局	整合市人民调解委员会和市法律援助中心资源,7 月 20 日成立市法律服务中心,相应机构已充实到位,设立医疗纠纷、交通事故、治安纠纷委托等人民调解委员会。
	49	新建 50 个农村社区服务中心。	★民政局 各镇(街道)	完成各镇(街道)54 个农村社区服务中心建设。
	50	上门为全市 60 周岁以上老人办理第二代居民身份证。	公安局	安排人员逐户上门为 60 周岁以上老年人办理二代证,除部分老人在外地联系不上及部分老人失踪难以办理外,其余均已办理二代证,办理总数为 6169 人。

(何鹤翔)

重要文件目录

2010年国家、省、市有关义乌的重要文件

浙政函〔2010〕213号《关于义乌商贸服务业集聚区发展规划的批复》

浙发改地区〔2010〕1251号《关于印发义乌商贸服务业集聚区发展规划的通知》

国函〔2011〕22号《国务院关于浙江省义乌市国际贸易综合改革试点总体方案的批复》

2010年中共义乌市委文件目录

市委文件目录

6号　关于嘉奖市委党史研究室的决定

7号　关于在全市开展“创新创优、提质提效”主题活动加强执行力建设的决定

9号　关于命名表彰小六石等37个村为义乌市“新农村建设示范村”的决定

10号　关于印发《义乌市镇(街道)、市机关部门年度工作目标责任“双百”考核办法》的通知

11号　关于印发《2010年镇(街道)、市机关部门“创新创优、提质提效”承诺事项》的通知

12号　关于加快工业经济转型升级的若干政策意见

13号　关于深入开展以学习实践科学发展观建设服务型基层党组织为主要内容的“商城先锋”创先争优活动的实施意见

15号　关于加快总部经济发展的若干政策意见(试行)

18号　关于深化学习型党组织建设的实施意见

21号　关于加强安全生产工作的实施意见

22号　关于在全市非公有制企业中深入开展争当“发展强、党建强”先进企业活动的实施意见

28号　关于进一步推进企业上市工作的若干意见

30号　关于表彰义乌市“十佳农村党组织书记”、“十佳村民委员会主任”和农村党组织书记、村民委员会主任“好搭档”的通知

31号　关于认真做好农村党组织选举工作的意见

32号　关于认真做好村民委员会换届选举工作的意见

市委发文件目录

1号　关于建设都市农业促进城乡统筹发展的若干意见

2号　关于深化集体林权制度改革的若干意见

8号　关于加快推进现代服务业和先进制造业产业集聚区建设的若干意见

9号　关于深化医药卫生体制改革的实施意见

10号　关于加强镇(街)国有资产管理的若干意见

11号　中共义乌市委关于推进生态文明建设的决定

12号　关于加强国际商贸城商位管理的意见

13号　关于全面加快旅游业发展的政策意见

市委办文件目录

5号　关于召开市委十二届七次全体(扩大)会议的通知

11号　关于印发《2010年义乌市反邪教警示教育工作意见》的通知

12号　关于召开市级班子党员领导干部以防腐倡廉为主要内容的专题民主生活会的通知

16号　关于印发《2010中国义乌文化产品交易博览会总体方案》的通知

19号　关于召开全市“创新创优、提质提效”主题活动动员大会的通知

22号　关于印发《义乌市开展“创新创优、提质提效”主题活动实施方案》的通知

25号　关于印发《中共义乌市委办公室开展“创新创优、提

质提效”主题活动实施方案》的通知

26号 关于召开全市农村工作会议的通知

31号 关于召开中国共产党义乌市第十二届纪律检查委员会第五次全体(扩大)会议的通知

37号 关于印发《义乌市“创新创优、提质提效”主题活动考核评议办法》的通知

38号 关于印发《义乌市“创新创优、提质提效”主题活动责任追究办法(试行)》的通知

39号 关于印发《义乌市基层站所、机关科室民主考评实施办法》的通知

40号 关于印发《义乌市治理“慢作为”暂行办法》的通知

41号 关于印发《关于进一步发挥镇街效能监察投诉中心作用的意见》的通知

42号 关于印发《义乌市行政审批服务效能考评实施办法》的通知

43号 关于印发《义乌市市场管理服务民主考评实施办法》的通知

44号 关于印发《义乌市贯彻〈2009—2013年全国党员教育培训工作规划〉实施意见》的通知

46号 义乌市2010年大规模干部教育培训计划

47号 关于成立2010中国义乌文化产品交易博览会执委会办公室的通知

48号 关于重新印发《2010中国义乌文化产品交易博览会总体方案》的通知

50号 关于印发《义乌市重大投资项目联合办理暂行办法》的通知

51号 印发《关于进一步加强新时期人民调解工作的若干意见》的通知

53号 关于印发《市委党建工作领导小组2010年工作要点》的通知

55号 中共义乌市委办公室转发《关于健全完善聘请民主党派成员、无党派人士担任特约人员工作制度的意见》的通知

57号 关于在全市开展“深化作风建设年”活动的通知

60号 关于做好金华市第七批拔尖人才选拔推荐工作的通知

61号 关于举办2010中国义乌文化产品交易博览会开幕式的通知

63号 2010年人才工作要点

64号 关于印发《第59届中国教学仪器设备展示会组委会各工作部门人员组成及职责分工》的通知

66号 关于重新安排市领导、市机关各单位联系镇街的通知

67号 十大重点工程重点产业

68号 义乌市领导干部经济责任告知办法

69号 关于建立领导干部经济责任年度报告制度的通知

70号 《创新十大工作机制2010年工作计划表》和《建设十大发展平台2010年工作计划表》

71号 关于印发《义乌市党政信息工作考核办法》的通知

75号 关于印发《义乌市2010年普法依法治理工作要点》的通知

78号 关于召开“商城先锋”创先争优活动动员大会的通知

81号 关于公布新一轮市场行业布局调整方案的通知

82号 关于建立健全学习实践科学发展观长效机制的意见

83号 关于组织开展“领导干部下基层”蹲点调研活动的通知

87号 关于印发《义乌市领导班子和领导干部专项考察实施办法(试行)》、《义乌市领导干部日常监督考核量化评价办法(试行)》的通知

88号 关于进一步加强规范管理切实发挥退出现职领导干部作用的意见

91号 关于印发《2010中国国际旅游商品博览会总体方案》的通知

97号 关于印发《义乌市创建国家知识产权示范城市工作方案》的通知

100号 关于重新公布市领导、市机关各单位联席新农村建设村的通知

101号 关于认真组织开展庆祝“七一”系列活动的通知

102号 关于举办2010中国国际旅游商品博览会开幕式的通知

108号 关于印发《2010年度镇街、市机关各部门工作目标责任制定量考核细则》的通知

113号 关于成立第3届中国义乌国际森林产品博览会组

委会办公室的通知

115号　关于印发《第16届中国义乌国际小商品博览会总体方案》的通知

116号　关于组织义乌市第十二次党代会代表活动的通知

117号　关于召开市委十二届八次全体（扩大）会议暨市政府第七次全体会议的通知

119号　关于认真做好城市社区换届选举工作的意见

122号　关于印发《义乌市领导干部经济责任审计评价办法》和《义乌市领导干部经济责任审计结果运用及责任追究办法》的通知

123号　关于成立义乌市“网格化管理、组团式服务”工作领导小组的通知

124号　关于印发《义乌市干部教育培训学分制考核管理办法（试行）》的通知

126号　关于印发《开展“无邪教市”创建活动的意见》的通知

127号　关于进一步明确领导干部外出报告制度的通知

128号　关于印发《“村情八问”工作法》的通知

129号　关于印发《义乌市2010年“网格化管理、组团式服务”工作要点》的通知

133号　关于印发《第3届中国义乌国际森林产品博览会总体方案》的通知

135号　关于开展义乌市第八批拔尖人才选拔工作的通知

138号　关于开展“网上信访”工作的通知

141号　关于在全市开展村级组织集中教育整顿和后进村帮扶整转工作的意见

143号　关于举办第16届义博会开幕式的通知

144号　关于印发《义乌市市管正职领导干部离任交接办法（试行）》的通知

145号　关于举办第3届森博会开幕式的通知

147号　关于印发《来市非正常上访行为处置预案（试行）》的通知

149号　关于成立义乌市怡乐新村（第二福利院）工程建设指挥部的通知

151号　关于在市直机关党组织领导班子换届选举中进一步扩大公推直选试点工作的意见

156号　印发《关于进一步加强党校工作的实施意见》的通知

159号　关于认真做好2010年度村级干部基本报酬考核工作的通知

160号　关于印发《义乌市事业单位岗位设置管理实施意见（试行）》的通知

161号　关于开展2010年度总结、考核、评比工作的通知

2010年义乌市政府文件目录

义政发文件目录

8号　关于印发《义乌市森林、林木和林地流转管理暂行办法》的通知

12号　关于给市教育局等单位集体记功的决定

14号　关于修订印发《义乌市城乡居民医疗保险实施办法》的通知

15号　关于加强低丘缓坡综合开发利用工作的意见

36号　关于进一步深化殡葬改革加强公墓规划建设管理的意见

37号　关于加强普通高校毕业生就业工作的实施意见

38号　关于2010年廉政工作的实施意见

40号　关于调整市政府领导分工的通知

42号　关于印发《义乌市荣誉市民评选暂行办法》的通知

43号　关于公布2009年度工业“五十强”、“成长型”企业和工业经济年度先进人物的通知

47号　关于印发《义乌市政府信息依申请公开工作规程（试行）》的通知

48号　关于印发《义乌市政府信息发布协调暂行办法》的通知

49号　关于印发《义乌市行政机关澄清虚假或不完整信息工作暂行办法》的通知

57号　关于建立国土资源管理共同责任制度的通知

71号　关于义乌市低丘缓坡宜建地块开发利用规划（2010～2020）的批复

72号　关于公布2009年度“商贸流通明星企业”的通知

73号　关于义乌市殡葬设施布局规划的批复

74号　关于义乌市殡葬事业发展规划的批复

86号　关于印发《义乌市深

化医药卫生体制改革 2010—2011 年重点任务实施计划》的通知

87 号　关于印发《义乌市农村(社区)医疗卫生服务体系建设与改革实施方案 》的通知

88 号　关于加快管道天然气开发利用的若干意见

89 号　关于确认义乌红糖农产品地理标志保护申请人资格的批复

90 号　关于印发《义乌市贯彻落实国家技术创新工程浙江省试点工作的实施意见》的通知

92 号　关于进一步加强病险水库山塘除险加固工作的实施意见

98 号　关于重大商贸服务业项目招商的若干意见

99 号　关于进一步加强内部审计工作的指导意见

100 号　关于同意义乌市城市旅游规划的批复

101 号　关于表彰 2009 年冬季征兵工作先进单位和先进个人的通报

102 号　关于义乌市城乡公交一体化改革的实施意见

103 号　关于加快电子商务发展的意见

105 号　关于公布 2010 年度义乌市科技进步奖奖励项目的通知

106 号　转发《浙江省人民政府关于进一步加强企业安全生产工作的实施意见》的通知

107 号　关于印发《义乌市公共租赁住房管理办法》的通知

108 号　关于印发《义乌市经济适用住房管理办法》的通知

110 号　关于印发《义乌市公共区域路灯照明电费支付管理办法》的通知

112 号　关于印发《义乌市高新技术企业认定与管理办法》的通知

115 号　关于印发《义乌饰品块状经济向产业集群转型升级实施方案》的通知

119 号　关于《义乌市佛堂镇总体规划(2009—2020)》的批复

121 号　关于印发《义乌市冬季消防安全百日攻坚大行动实施方案》的通知

128 号　关于公布 2010 年义乌名牌产品名单的通知

义政办发文件目录

4 号　关于印发《义乌市医疗机构危房处理工作实施方案》的通知

6 号　关于下达《义乌市 2010 年度政府投资信息化项目建设计划》的通知

10 号　转发浙江省人民政府办公厅关于开展规范行政处罚裁量权工作的通知

11 号　关于印发《义乌市开展打击传销集中统一行动实施方案》的通知

12 号　关于调整部分优抚对象等人员抚恤和生活补助标准的通知

16 号　关于国际商贸城新区 2010 年重点工作专题会议纪要

21 号　关于印发《义乌市责任林技推广制度实施意见》的通知

23 号　关于公布 2010 年度市政府挂牌整治重大火灾隐患单位的通知

26 号　关于印发《义乌市佛堂古镇保护工程房屋拆迁、整饬管理办法实施细则》的通知

30 号　关于印发《义乌市开展仿真饰品质量安全专项联合检查工作方案》的通知

31 号　关于印发《义乌市国有资本经营预算管理试行办法》的通知

32 号　印发《关于加快发展现代物流业若干意见的实施办法(试行)》的通知

36 号　关于印发《义乌市企业国有资本收益收缴管理试行办法》的通知

37 号　查处无证运输燃气危险品等行为执法主体有关争议问题的专题会议纪要

39 号　转发市人劳局、财政局关于扩大失业保险基金支出范围实施意见的通知

40 号　关于印发《义乌市国有资本经营预算管理试行办法》的通知

42 号　关于加快佛堂古镇保护开发利用工程建设专题会议纪要

44 号　关于下达 2010 年度农业丰收计划的通知

45 号　转发市人劳局、财政局、地税局关于义乌市 2010 年部分企业实行临时性下浮社会保险费缴纳比例实施意见的通知

46 号　关于印发 2010 年义乌市发展现代物流业实施方案的通知

49 号　关于印发《义乌市抚恤优待对象优待办法》的通知

51 号　关于印发义乌市药品安全专项整治工作实施方案的通知

56 号　关于印发《义乌市国家园林城市复查迎检工作实施方案》的通知

62 号　关于印发《义乌市 2010 年度地质灾害防治方案》的通知

63 号　关于印发《义乌市突发性地质灾害应急预案》的通知

64 号　关于印发《义乌市会展业发展专项资金使用管理办法》的通知

65 号　关于印发《义乌市罚没物品管理和处置暂行办法》的通知

66 号　关于落实行政执法责任制工作的通知

67 号　关于进一步规范请示性公文报送和转办工作的实施意见

70 号　关于进一步加强学校、幼儿园及周边安全工作的通知

71 号　关于进一步推进语言文字规范化工作的若干意见

72 号　关于印发《义乌市都市农业发展资金和项目管理实施办法(试行)》的通知

73 号　关于明确数字城市(二期)建设相关单位职责的通知

74 号　关于印发《义乌市人民政府驻外办事机构管理暂行办法》的通知

75 号　关于土地登记行政诉讼案件相关问题专题会议纪要

77 号　关于下达《义乌市机关部门 2010 年一般性政府投资项目建设计划》的通知

78 号　关于下达《义乌市各镇街 2010 年一般性政府投资项目建设计划》的通知

80 号　关于成立镇(街)国有资产清产核资工作领导小组的通知

81 号　关于印发义乌市“十二五”重点规划任务与分工的通知

82 号　关于建立义乌市地质灾害防治工作联席会议制度的通知

84 号　关于印发《2010 年义乌市金融系统支持地方经济发展考核奖励办法》的通知

85 号　关于批转《义乌市艾滋病综合防治示范区规划(2009—2013 年)》的通知

89 号　关于印发《杭长铁路客运专线(义乌段)征地拆迁工作实施细则》的通知

92 号　关于开展强农惠农资金专项清理和检查工作的通知

93 号　转发义乌经济开发区管委会《关于加快总部经济发展若干政策意见的实施细则(试行)》的通知

95 号　转发国际商贸城管委会关于《金融商务区总部经济发展实施细则(试行)》的通知

97 号　关于进一步加快第三代移动通信网络建设的通知

98 号　关于印发《义乌市汛期地质灾害隐患再排查紧急行动实施方案》的通知

100 号　关于印发《义乌市供水调度管理办法(试行)》的通知

102 号　关于印发《义乌市财政扶持企业发展资金管理暂行办法》的通知

104 号　关于做好规范性文件清理工作的通知

106 号　关于开展第二次地名普查工作的通知

109 号　关于印发《义乌市照明亮化工程补助管理办法》的通知

110 号　关于开展土地开发整理复垦后备资源调查工作的通知

111 号　关于开展农村“空心村”改造的实施意见

112 号　转发市统计局等部门关于认真做好农村住户调查样本轮换工作意见的通知

113 号　转发浙江省人民政府关于做好乡镇土地利用总体规划编制和审批工作的通知

116 号　关于印发《义乌市财政支出项目绩效目标管理办法(试行)》的通知

117 号　关于加快杨梅岗农垦场终止进程协调会议纪要

118 号　关于印发义乌市建立健全“十小”行业质量安全监管长效机制的意见的通知

119 号　关于加强基层农业公共服务体系建设的实施意见

120 号　关于加快全市城乡路网融合构建道路建设协调机制专题会议纪要

121 号　关于印发《义乌市基层医疗卫生机构实行国家基本药物制度经费补助办法(试行)》的通知

122 号　关于加快推进金融商务区建设会议纪要

123号 关于下达新一轮土地利用总体规划控制指标的通知

127号 关于组织开展2011年市重点工程和重大产业项目计划编制工作的通知

128号 关于印发《义乌市低收入家庭认定工作实施方案》的通知

129号 关于进一步完善基层水利工程防汛防台抗旱工作责任制的通知

131号 关于开展气象灾害基层应急准备认证活动的通知

134号 转发市人劳社保局关于《义乌市创建省级创业型城市工作方案》的通知

136号 关于进一步加强节能降耗工作的通知

139号 关于印发《义乌市促进电子商务发展的扶持政策(试行)》的通知

140号 关于成立义乌市事业单位改革领导小组的通知

141号 关于印发《义乌市加强企业商业秘密保护工作实施方案》的通知

143号 关于进一步加强水环境保护的实施意见

144号 关于印发《义乌市机动车排气污染防治实施方案》的通知

145号 关于进一步严肃会风会纪的通知

146号 关于《义乌市科技特派员资金管理办法》的通知

147号 《义乌市工业用地招标出让试点工作方案》的通知

148号 关于要求各镇街、各部门开展2011年十大民生实事事项征集推荐工作的通知

149号 关于印发《义乌市低收入家庭收入认定办法(试行)》的通知

150号 关于推荐评选首批义乌市荣誉市民的通知

151号 关于印发义乌市"地沟油"专项整治工作实施方案的通知

154号 关于印发《义乌市殡葬基本服务项目免费办法》的通知

160号 关于对节水项目实施财政奖励的通知

163号 转发市质量强市工作领导小组办公室关于苏溪镇"质量强镇"试点工作方案的通知

164号 关于印发《义乌市农村公路养护与管理办法》的通知

166号 关于印发《义乌市村级拍卖项目招标投标管理办法》的通知

168号 关于印发《义乌市重大道路交通事故应急处置预案》的通知

170号 关于印发《义乌市打击侵犯知识产权和制售假冒伪劣商品专项行动方案》的通知

171号 关于成立义乌市农村土地承包仲裁委员会的通知

172号 关于成立义乌市机动车排气污染防治工作领导小组的通知

178号 关于印发《义乌市促进散装水泥发展和应用管理办法》的通知

179号 关于加快推进残疾人社会保障体系和服务体系建设的通知

重要报道题录

中央媒体报道

新华社

不独地气暖　更有岁寒心——中国式反转的义乌样本(1月16日)

新年首月中国小商品城成交额同比增7.13%(2月2日)

中国义乌旅游商品博览会魅力初现(6月24日)

一双袜子的"转型升级"路(7月10日)

开始卖进口货的义乌越来越有"国际范儿"(9月8日)

义乌走上转型升级之路——后危机时期的义乌发展模式解读(11月30日)

中央电视台

找工忙　招工难　节后用工市场喜忧参半(2月19日)

义乌：2010中国国际旅游商品博览会吸引众多中外客商(6月26日)

规划建设合民意　展望蓝图吐心声(10月21日)

义乌国际小商品博览会：境外采购团数量创历届之最(10月21日)

人民日报

浙江义乌市实施高效节水灌溉　滴灌节水成时髦(1月17日)

中新社

义乌成中非双边贸易主角

拟设非洲产品展销中心(2月16日)

义乌常驻外国人数居浙江全省第一　超过11000人(2月19日)

义乌外商借世博东风过"团圆节"(5月1日)

非洲商人"摆摊"义博会　优惠政策筑巢引凤(10月22日)

人民网

浙江义乌新年重点治庸治懒　6千名干部誓师(2月25日)

万名经纪人领走40亿元来料加工业务(3月10日)

第五届义乌文博会开幕　老字号新动漫齐聚一堂(4月21日)

义乌小商品市场的冲击与思考(10月18日)

买小商品　看大世界——第16届义博会21日开幕(10月20日)

浙江义乌给力信息技术发展　加快推进数字商务创新模式(12月6日)

新华网

义乌:鼓励外商不当"买办"当"老板"(3月8日)

"义乌代理商城"成功在欧洲建立第一家代理合作伙伴(3月9日)

义乌文博会客商云集要加座(4月20日)

义乌联姻创意产业"用心"做小商品(4月24日)

义乌六千干部新年大誓师　两创两提共建商贸名城(7月25日)

义乌:48次群众举报催生一份治理行政"慢作为"清单(8月18日)

浙江义乌成"中国权力最大县":拥有618项行政审批权(8月18日)

专家解读"义乌模式":中阿经贸合作范本(9月25日)

专利商标双增加　浙江义乌市场知识产权指数创新高(10月2日)

义乌:经济预警平台有效阻断外贸骗局(10月18日)

250余名侨商代表聚首中国侨商会长峰会(10月19日)

12万名海内外客商云集义博会(10月21日)

浙江"十二五"将投资190亿元打造"义乌内陆港"(12月4日)

义乌小商品城日进亿金相当于3个王府井(12月9日)

中新网

汗水铸就金色盾牌——记义乌市公安局巡特警大队(1月13日)

浙中首例银团融资方案落地　中小企业迎"及时雨"(1月17日)

严守新"丝绸之路"起点　义乌打造"阳关海关"(1月18日)

从街头小摊到"中国味道"　新义乌人十年成就"义乌梦"(1月22日)

浙江人大代表建议义乌应建真正"大通关"(1月29日)

义乌首家保税仓库揭牌　架起国内外贸易"桥梁"(1月19日)

义乌首家海关AA类企业"诞生"　填补金华地区空白(1月21日)

义乌人均GDP首破1万美元　达中等发达国家标准(2月8日)

浙江义乌探索建立经济犯罪预警平台(3月8日)

浙江义乌:外商迅速回流　小商品出口量猛增加(3月18日)

义乌外商争当"趣活族"　"中国风"创意产品受追捧(3月20日)

浙江义乌欲打造世界无缝服装之都(3月21日)

电子市场叫板实体市场　义乌国际商贸城何去何从(4月6日)

阿联酋高材生义乌就业　小联合国吸引老外"学徒"(4月14日)

义乌知识产权保护惠及24国　销毁千万件侵权货物(4月14日)

义乌文博会聚爱心　浙江省委书记带头为玉树捐款(4月20日)

南非世界杯开战在即　义乌市场足球用品热销不减(5月9日)

小摊主不再"躲猫猫"　义乌首创流动摊点进厂经营(5月19日)

浙江义乌加快经济转型升级　摆脱无核心技术情况(6月7日)

电子商务成义乌经济新引擎　网络年成交近三百亿(6月10日)

浙江义乌来料加工带动200万农民就业(6月10日)

义乌新农村:让农民享受城市生活保留乡村宁静(6月12日)

学会尊重才能赢未来　义乌企业主用"心"待员工(7月

8日)

会展精英齐聚小商品城 建言义乌会展坚持“小”特色(7月24日)

最苛刻玩具法实施进入倒计时 义乌政企联合提前应对(8月3日)

2亿到20亿的裂变 走进中国第一淘宝村义乌青岩刘(8月26日)

义乌警方采取措施 强化治理外籍驾驶人交通违法(11月5日)

义乌将建设成为世界现代物流中心和国际内陆港(12月4日)

省级媒体报道

浙江日报

556亿义乌市场2009年成交增13% 创历史新高(1月2日)

义乌“人才白皮书”发布 销售总监月薪14288元(1月18日)

老外评上了平安示范户 义乌拨浪鼓传递出国际元素(1月21日)

义乌农民平均家产两百万 信用档案里的农民“家当”(1月29日)

义乌在全国建来料加工基地 200万农民家门口创业(2月12日)

义乌网友写诗感激外来建设者 温馨帖得强烈回应(2月24日)

义乌治理10种“慢作为”(3月2日)

义乌文博会演绎经济大戏 文化产业成义乌新名片(4月23日)

金华义乌网络直选团干部(5月13日)

义乌外商合伙办公司(5月31日)

义乌:一个创意产品 一月推向全球(6月4日)

义乌国资重树大旗引领地方经济发展(6月7日)

义乌纳税人足不出户申报纳税 网上报税本月推广(6月18日)

构筑市场高地和实业洼地 义乌港扬帆闯四海(8月29日)

义乌国际小商品博览会开幕(10月21日)

义乌倾力构筑国际商贸名城人才高地(12月13日)

义乌:强者恒强的商业世界(12月21日)

江西日报

借鉴义乌:“慢作为”当从严问责(4月5日)

浙江在线

义乌市七一村扎实开展创先争优活动(2010年第34期)

义乌创先争优活动的调查与思考(2010年第123期)

义乌市启动“创新创优、提质提效”执行力建设(4月11日)

义乌中国小商品城上半年成交额169亿元,同比增长7.8%(7月5日)

经营户紧急时做起调解员 义乌市场有群“处纠民兵”(8月5日)

义乌商品网购额要超传统市场 将缔造暴富新神话(10月25日)

义乌举行亚洲最大林业展会 千余企业欢迎市民采购(10月31日)

义乌市机关党员干部创先争优扎实推动中心工作(11月16日)

浙江领导参考

义乌经验,后危机时代如何演绎(2010年第6期)

义乌政府买单为百姓治住“电老虎”(2010年第36期)

“闯过一道关,又遇另一道闸”——国际金融危机两周年再访义乌国际小商品城(2010年第37期)

浙江工人日报

义乌加强农民工心理疏导(9月7日)

义乌市总工会助推创先争优活动深入开展(11月10日)

浙江共产党员

义乌下功夫提升执行力(8月5日)

其他媒体报道

法制日报

义乌国资监管体制改革法治建设的启示(6月19日)

义乌小商品市场内“政法机关”齐全(8月23日)

中国经营报

强县扩权:义乌试点热身(2

月6日)

试水国际贸易综改　浙江义乌转型"全商品"(2月9日)

中国青年报

义乌开始新一轮经济"起跑"(1月3日)

中国商报

"义乌模式"新传义乌文博会高调推广(4月2日)

中国产经新闻报

义乌市场总成交额去年创下历史新高(1月7日)

中国经济时报

义乌:加快转型升级　培育新兴产业(12月20日)

中国国门时报

义乌玩具产业驶入发展快车道　出口额增长52%(10月28日)

中国产经新闻报

产权质压贷款成为义乌老板融资首选(1月14日)

中国知识产权报

义乌:保护知识产权就是保护生产力(9月14日)

中华工商时报

小商品集散地寻求利润增长点(9月21日)

中国广播网

第三届中国国际森林产品博览会在义乌举行(11月1日)

中国经济网

浙江加快推进旅游制造业　义乌小商品转型升级(6月25日)

市场导报

构建政企联络机制　义乌群策"强者恒强"路径(3月4日)

义乌每天诞生百名个体和企业"老板"(5月7日)

从扶一把到推一把　义乌新出台"30条"(5月28日)

义乌精确执法　建构自己裁量基数制度(7月2日)

涨薪后解构义乌劳动密集型产业变通之道(7月20日)

义乌邀侨商海外再建小商品市场(10月21日)

森博会:一场绿色产品的饕餮盛宴(11月5日)

"洋主体"抢滩义乌市场(11月23日)

义乌搭建服务发展平台　倾力助推经济转型升级(12月20日)

每日商报

义乌受人瞩目　入围长三角最具创新能力县市(1月11日)

义乌企业参展德国三大展会　欧洲已成为义商出口重地(2月8日)

2010年义乌对欧出口贸易面临新形势(2月22日)

市场复苏势头强劲　义乌海关2月出口报关单达1.2万份(3月22日)

义乌今年一季度指数报告表明市场行情稳健上行(4月19日)

"旅博会"欲成旅游用品行业孵化器　义乌旅游用品行业发展迅猛(6月7日)

出台帮扶政策　五月份义乌新增个体工商户三千多户(6月7日)

吃、住、行、游全攻略体验"小联合国"的旅博会(6月27日)

外商义乌采购持续增加　入境外商人数创历史新高(7月5日)

义乌淘宝代理商悄然兴起　或诞生"隐形冠军"(7月19日)

义乌企业借展会拓展美洲新兴市场(8月9日)

义乌巧借侨商资源探路对外贸易　建小商品市场或成"新义乌模式"(10月25日)

仍位列亚洲林业展会之首　义乌森博会11月1日开幕(11月1日)

东方早报

"六连阳"下的义乌复苏样本(1月27日)

浙江义乌问责行政"慢作为"(3月26日)

钱江晚报

义乌小商品发虎威(2月3日)

1+1>2 浙江首家外商投资合伙企业亮相(3月8日)

浙江:义乌总工会开出六家服务公司"半公益性"服务工作(6月4日)

义乌有个经济案件网上预警平台　预防诈骗很管用(6月11日)

质量专家入驻义乌玩具企业　应对世界上最严苛玩具法规(7月26日)

“淘宝村”，义乌开风气之先（8 月 13 日）

杭州日报

义乌小商品走海外直销之路（5 月 24 日）

台湾最大农业县在义乌设立在陆最大农副产品中心（8 月 31 日）

义乌请来复旦教授帮“富二代”练练情商（9 月 1 日）

为什么又是义乌？（10 月 19 日）

上海侨报

侨商义乌论剑　期待笑傲江湖（10 月 30 日）

21 世纪经济报道

义乌如何续写“鸡毛换糖”（11 月 16 日）

都市快报

义乌：服务业独占鳌头（3 月 1 日）

一件无缝内衣的启示（3 月 19 日）

义乌：景气度超越两年前（4 月 19 日）

潇湘晨报

他山之石：“强县扩权”造就“浙江小香港”（1 月 15 日）

义乌扩权：大县小市的新考验（7 月 24 日）

人民公安报

义乌：创新工作方法提升执法质量（11 月 9 日）

人民论坛

“红色招牌”成市场引擎——浙江义乌“市场”党建调查（288 期）

人民法院报

小商品大作为县级市审专利（2 月 9 日）

今日早报

义乌欲打造成内陆“虚拟海港”（4 月 16 日）

证券日报

传统产业不“传统”　义乌玩具谋划创意“新名片”（7 月 28 日）

劳动时报

以创新实现向服务型工作华丽转身——义乌社会化维权机制内涵的丰富与拓展（7 月 6 日）

每日经济新闻

这个圣诞不太冷　义乌礼品订单量增价涨（9 月 7 日）

千龙网

打造会展文化　第六届会展文化节 7 月义乌开幕（6 月 30 日）

商务部网站

义乌：非洲与义乌定下“秋天之约”（10 月 20 日）

经济参考报

义乌样本解析：“中国制造”期待现代物流“为虎添翼”（12 月 17 日）

凤凰网

外文版“法制大餐”送进小商品市场（12 月 9 日）

香港大公报

侨商占义乌贸易额六成（10 月 21 日）

香港文汇报

义乌致力构筑高效政府　国际商贸名城建设启崭新征途（3 月 5 日）

义博会 5000 展位引 130 国客商（10 月 22 日）

法新社

全球危机冲击中国庞大的义乌市场，但乐观情绪仍然存在（2 月 1 日）

欧洲时报

义乌有个圣诞村（9 月 29 日）

义乌指数：世界小商品行情风向标（12 月 3 日）

南非华侨新闻报

中国“第三届非洲的商品展”首次亮相万商云集的义乌市（10 月）

美国侨报

义乌谋“双向通路”美国货迎巨大商机（9 月 25 日）

义乌开始在全球物色合作伙伴共建“海外物流中心”（11 月 6 日）

义乌，会展新城（12 月 3 日）

美国 CNN 电台

义乌：中国最大的圣诞用品市场（11 月 22 日）

秘鲁商报

一座中国小城变成了一个

超级卖场——秘鲁客商在义乌找到了购物天堂(10 月 30 日)

星岛日报

从"义乌造"到"义乌创" 市场上 70% 是新产品(11 月 26 日)

依托市场 前店后厂 义乌工业年产值超千亿元(11 月 26 日)

义乌文化产业生产销售额年超千亿元(12 月)

千岛日报

"义乌,一座随时可以发现商机的城市"——海外客商眼中的义乌和"义博会"(11 月)

今日中国

建在市场上的城市——今日义乌印象(9 月 2 日)

"义博会"交易额 从 1 亿到超百亿元的奥秘(2010 年 11 月第 1 期)

(陈璎昱整理)

义乌特产

【白字酒】 白字酒,又称白字号。因不借他物作色,纯素不饰,故名。含有 18 种氨基酸、葡萄糖、乳酸、琥珀酸及多种维生素营养成分。其液色金黄似琥珀,清澈有光泽似胶,含辉闪烁,香气陈醇,味甘似蜜,甘冽爽口,酒力缓而大,斟满杯而不溢,饮后杯内遗留稠液,为风味独特的极甜型黄酒,酒中上品。

朱丹溪曾把义乌白酒当做药饵,记入所著《金匮钩玄》医案之中。义乌的风俗,凡生子生孙请满月酒和摆寿酒时,一向用白字酒封筵(黄酒开筵,白字酒封筵),用来炫耀豪华,显示丰盛。民国 18 年(1929),在杭州西湖博览会上,佛堂镇商会选送的陈日升酒坊的白字酒获好评。1953 年,被轻工业部评为全国优质酒。在 1961 年 11 月召开的全国酿酒技术协作会上,其白字酒质量优良和独特风味,深受与会者赞赏。1985 年,义乌酒厂生产的白字酒被评为中国健身酒。

传统酿酒系采用纯质糯米,糯米选用当年的精白糯米,含支链淀粉量高,易蒸煮,易糖化发酵,故酿成的酒,酒味醇厚,酒香好,出酒率高。制麦曲以当年的色黄、形齐、粒满、均匀、无病虫害、无杂质异味、胚乳呈粉状的小麦为宜。制曲时,先把麦粒轧碎,用蓼水拌均匀,即放入木柜压实成横断曲块,用荷叶或草纸包裹,放于密闭曲室发酵,3 周～4 周后,曲菌发育成熟。上等麦曲为菌丝发育整齐,呈黄色或黄绿色,气香、味甘、粒坚、干燥。制红曲取当年形齐、粒饱满、无杂质、无碎粒的籼米为原料,采用饭胶制曲法或天雷(醋)胶制曲法制红曲。制成后需晒干。水是酿酒全过程的原料和酶的溶剂。无论浸米、洗涤、发酵,皆须用立冬期间的天然水(冬水)。

酿酒加工,第一步为浸米,将糯米倒入经消毒杀菌放有水的缸内搅拌后,马上过缸,糯米被水淋清后,放入缸内浸渍,一般浸 24 小时～30 小时。第二步为蒸煮,浸渍过的糯米倒入箩筐里,用水淋洗后,置入饭甑内蒸煮。饭要蒸透而不烂(糊),而后将饭甑搁木桶上,用清水淋至宜于发酵糖化的温度。第三步为加水、拌和(加麦曲、红曲、水),把已适宜发酵糖化温度的糯米饭倒入特制木桶,加入麦曲、红曲作糖化发酵剂(麦曲、红曲的比例为 6∶4,总量约占糯米的 7%),再用冬水拌匀(糯米、水比例为 1∶0.5),不能存有块粒。第四步为封缸发酵,把拌匀的糯米饭(加过糖化发酵剂)倒入缸内搭成酒窝,并在上面撒一层曲粉末,温度控制在 32℃左右,缸口用木板盖住,进行密封。下缸 20 小时后温度开始上升,如超过 40℃,须掀开木盖开耙 1 次,然后重新密封。发酵期 7 天～10 天,存醅期 90 天以上。再经过榨酒(过滤)、煮酒(温度一般控制在 88℃～99℃间)工序后,装入陶坛封存,一般 2 年～3 年后出售、饮用。

【三花梨】 义乌三花梨,又称山花梨,有早三花(大暑时成熟)、迟三花(立秋至处暑时成熟)之分。系蔷薇科梨属砂梨种,果实呈圆形或卵圆形,一般个重约 200 克以上。果皮细而薄,为黄褐色,果肉雪白嫩脆,汁多味鲜甜,微带酸,果心小,耐储藏。8 月中旬成熟,贮后风味更佳,除供鲜食外,还可酿酒和加工罐头食品。与山东雪梨、天津鸭梨相比,风味别具一格,为浙江省著名梨品种。

清朝初年义乌梨便已大规模种植，并且名声在外。清康熙《义乌县志》卷之八《土物》载："梨，实名快果，十三都演头岭陈氏有一二树，岁止收十余枚，大径四五寸。"清乾隆五十七年(1792)修编的《大岭丁氏宗谱》有"时而耕于野，叆叇云横数里之梨花映白"之记载。说明清代三花梨已广为种植。民国《义乌县志稿》载："梨：实名快果，六都(西山下、新厅、里忠、江村、尚经、西张、高岭等地)为最产，五都(华溪、李塘、大岭、连坑等村)，十一都(遗安、后余、寺前、后明堂、马踏石、马交塘等处)，绸岩下诸村(曹村、陈宅、李祖、塘下、岭脚等村)亦是一种大出产。"民国33年(1944)出版的《浙江农业》(49～51期合刊)载："浙江梨以诸暨、嵊县、义乌县为最盛，其中义乌一县在太平天国以前即有栽培。"民国36年，《大岭丁氏重修宗谱序》载："所谓大岭梨者，又崭露头角于金兰严徽杭沪市场，脍炙人口。"表明20世纪40年代义乌是浙江省三花梨主要产区。1959年，三花梨被评为省佳优果品，曾多次送北京全国农业展览馆展出。1985年，省农业厅把5根三花梨接穗作为浙江梨良种回赠日本静冈县。从1986年起，由早三花梨和黄蜜梨进行有性杂交成的黄花梨成为义乌梨主栽品种。至20世纪90年代，除华溪、塘下店、李塘一带及后宅镇塘李一带老产区尚有部分三花梨老树外，基本已被黄花梨等所取代。

【豆腐皮】 根据今大陈镇金山村标着清乾隆年号的挑卖豆腐皮用的篾箩筐，义乌产豆腐皮迄今至少有210余年历史。其产区主要在义北的大陈镇大陈、东塘、楂林一带，苏溪镇新新，稠城街道荷叶塘，后宅街道湖门一带，及义南的赤岸镇尚阳等地。义北一带以生产厚张为主，义南一带以生产薄张为主。义乌豆腐皮具有色如玉、腻如脂、薄如翼(最薄的每千克约250张)、不易霉变、韧而不脆、可卷可折等特点，含有高达48%～54%的蛋白质、各种氨基酸等营养成分。有厚张、薄张两种。厚张用于制春卷、响铃、泡鲜汤等，薄张用于制豆腐皮包等，均为上等素食品。

加工豆腐皮一般在每年10月至翌年2月。加工工序为：黄豆筛选→翻晒→脱壳(皮)→浸泡→磨浆→煮糟→沥浆→晾干→收叠→包装。其间需掌握好3个技术环节。浸泡，先将经脱壳(皮)洗净的黄豆加水，夏天浸2小时～3小时，春秋季浸5小时～8小时，冬季浸8小时～10小时。未浸透或浸过头都会影响产量和质量。制浆，把已浸透的黄豆磨成浆汁(越细越好)，倒入桶里，加适量开水搅拌，随即盖闷10分钟左右，捞净表面一层泡沫后，把浆汁倒入滤布沥浆，除去豆渣，即得清浆汁。捞皮，把清浆汁倒入锅内煮沸，除去上层泡沫，然后用慢火(要尽量烧得均匀)，煮到锅内浆汁表面结一层薄薄的皮时，用豆腐刀顺锅沿划一下，然后用筷子或长细棒轻轻捞起，悬挂在1根特制的实心细竹上，等豆腐皮上的浆汁沥尽，挂到通风处晾干，依次连续进行。一般每只锅灶一昼夜需用10千克黄豆磨成的浆汁，可捞豆腐皮6.5千克～7千克。此外，朱店村豆腐皮加工企业于2005年进行食用酒精喷洒、真空包装试验，能达到保鲜防腐的效果，2006年起，已批量生产。今豆腐皮除销往杭州、宁波等省内各地外，还销往沪、津、京、辽、苏、赣、闽、粤、甘等省市和香港、澳门特别行政区。

(陈金春)

骆宾王公园

LUO BIN WANG GONG YUAN

楼子荣　摄

索 引

D

E

F

G

H

J

K

L

M

N

T

W

X

Y

Z

图书在版编目（CIP）数据

义乌年鉴. 2011/义乌市志编纂委员会,《义乌年鉴》编辑部编. —上海：上海人民出版社,2012
ISBN 978－7－208－10576－8

Ⅰ. ①义… Ⅱ. ①义…②义… Ⅲ. ①义乌市－2011—年鉴
Ⅳ. ①Z525.53

中国版本图书馆 CIP 数据核字（2012）第 030064 号

责任编辑　楼岚岚　黄玉婷　马瑞瑞
封面设计　储　平

义乌年鉴 2011

义乌市志编纂委员会
《义乌年鉴》编辑部　编

世纪出版集团
上海人民出版社出版
（200001　上海福建中路 193 号　www.ewen.cc）
世纪出版集团发行中心发行
上海锦佳印刷有限公司印刷
开本 889×1194　1/16　印张 32.25　插页 5　字数 843,000
2012 年 3 月第 1 版　2012 年 3 月第 1 次印刷
ISBN 978－7－208－10576－8/Z・185
定价　218.00 元